Gespenster des Realismus

Elisabeth Strowick

Gespenster des Realismus

Zur literarischen Wahrnehmung von Wirklichkeit

Wilhelm Fink

Gedruckt mit freundlicher Unterstützung durch die Alexander von Humboldt-Stiftung und das NYU Center for the Humanities

Umschlagabbildung:
Tokihiro Sato: Photo Respiration Trees Shirakami #10, 2008
51 × 61 cm © Micheko Galerie, München

Bibliografische Information der Deutschen Nationalbibliothek

Die Deutsche Nationalbibliothek verzeichnet diese Publikation in der Deutschen Nationalbibliografie; detaillierte bibliografische Daten sind im Internet über http://dnb.d-nb.de abrufbar.

Internet: www.fink.de

Einbandgestaltung: Evelyn Ziegler
Herstellung: Brill Deutschland GmbH, Paderborn

ISBN 978-3-7705-6366-1 (paperback)
ISBN 978-3-8467-6366-7 (e-book)

Inhalt

Wirklichkeit als „Augengespenst"

1 Zum wissensgeschichtlichen Einsatz der Studie

Im Abschnitt über Robert Waring Darwins *Ocular Spectra of Light and Colours* im historischen Teil seiner *Farbenlehre* schreibt Goethe: „Das Auge täuscht sich nicht; es handelt gesetzlich und macht dadurch dasjenige zur Realität, was man zwar dem Worte aber nicht dem Wesen nach, ein Gespenst zu nennen berechtigt ist."[1] Wenn Goethe in diesem Zusammenhang Darwins „Ocular Spectra" mit „Augengespenster" statt mit dem in der deutschen Übersetzung von Joachim Dietrich Brandis gebrauchten Ausdruck „Augentäuschung" übersetzt, artikuliert sich dabei nicht nur eine Übersetzungsproblematik, sondern zugleich ein nachhaltiger epistemischer Umbruch im Verhältnis von Wahrnehmung und Wirklichkeit.

Goethe kritisiert Darwin, da dieser zwar erkennt, dass „alles Sehen von der Tätigkeit der Netzhaut abhängen möchte", es ihm jedoch nicht darum geht, „die Gesetze wornach ein solches gesundes Organ wirkt und gegenwirkt" (F 942) zu erkunden, und er stattdessen die entsprechenden Erscheinungen „mehr pathologisch als physiologisch" (F 941) verhandelt. Mit dem erklärten Ziel einer physiologischen Bestimmung schließt Goethe an Darwins Beobachtungen an, ja, setzt das Phänomen der „physiologischen Farben" an den Anfang seiner *Farbenlehre*. Sinnesphysiologie könnte damit nicht prominenter platziert sein: Die Farben, die „dem Subjekt, [...] dem Auge [...] zugehören", bilden „das Fundament der ganzen Lehre" (F 31). Kurz: Goethe erkennt subjektive Farben, die bis dahin als „Augentäuschungen und Gesichtsbetrug" (F 31) betrachtet wurden und in den Bereich des Zufalls, der Pathologie oder Einbildungskraft fielen, als dem „gesunden Auge" (F 31) zugehörig an und erklärt sie zur „notwendigen Bedingung[] des Sehens" (F 31).

Wie verschiedentlich hervorgehoben wurde, markiert Goethes *Farbenlehre* eine „Transformation in der Episteme von Wahrnehmung, Ästhetik und Wissenschaft"[2]. Goethes prominente Einsetzung der Sinnesphysiologie steht

1 Johann Wolfgang Goethe, *Zur Farbenlehre*, in: *Sämtliche Werke. Briefe, Tagebücher und Gespräche I. Abt., Bd. 23/1*, Frankfurt am Main: Deutscher Klassiker Verlag 1991, 942.

2 Joseph Vogl, „Bemerkung über Goethes Empirismus", in: Sabine Schimma/Joseph Vogl (Hg.), *Versuchsanordnungen 1800*, Zürich/Berlin: Diaphanes 2009, 113-123, hier: 114. Zu Goethes *Farbenlehre* als „Theorie der Wahrnehmung" vgl. Sabine Schimma, *Blickbildungen. Ästhetik und Experiment in Goethes Farbstudien*, Wien/Köln/Weimar: Böhlau 2014, bes. 425-433; weiter: Beate Allert, „Hidden Aspects of Goethe's Writings on Color, Seeing, and Motion and their Significance for a Feminist Visual Theory", in: Laura Doyle (Hg.), *Bodies of Resistance: New*

 | DOI:10.30965/9783846763667_002

im Kontext einer grundlegenden Rekonfiguration des Feldes visueller Wahrnehmung im ersten Drittel des 19. Jahrhunderts. Wie Jonathan Crary gezeigt hat, verliert die *camera obscura* bis 1840 ihre Bedeutung als das Modell des Betrachtens bzw. Funktionsweise des Sehens. Der Blick löst sich aus seiner statischen Ausrichtung und wird zum Bestandteil eines „um Wechsel und Bewegung [exchange and flux] aufgebaute[n] Erkenntnisfeld[es]“[1]. In enger Wechselwirkung von experimenteller physiologischer Forschung, optischen Medien, institutionellen Praktiken und ökonomischen Faktoren verschiebt sich ein Modell des Sehens, in welchem der als passiv gedachte Betrachter „einem Gefüge von Positionen und Unterteilungen unterworfen war“[2], hin zum Sehen als einem Prozess, in welchem der Körper des Betrachters eine aktive Rolle spielt. Goethes physiologische Farben sind paradigmatisch für „the emergence of the body as a productive physiological apparatus“[3]. „The human body, in all its contingency and specificity, “ schreibt Crary, „generates ‚the spectrum of another color,‘ and thus becomes the active producer of optical experience.“[4]

Die physiologischen Forschungen von Goethe, Jan Evangelista Purkinje und Johannes Müller richten Wahrnehmung am „Eigenleben“ der Sinne aus[5] – dies

---

Phenomenologies of Politics, Agency, and Culture, Evanston: Northwestern University Press 2001, 144-191; Clark S. Muenzer, „Fugitive Images and Visual Memory in Goethe's Discourse on Color“, in: Evelyn K. Moore/Patricia Anne Simpson (Hg.), *The Enlightened Eye: Goethe and Visual Culture, Amsterdamer Beiträge zur Germanistik*, 62, 2007, 219-237.

1 Jonathan Crary, *Techniques of the Observer. On Vision and Modernity in the Nineteenth Century*, Cambridge Mass./London: MIT Press 1992, 62; Jonathan Crary, *Techniken des Betrachters. Sehen und Moderne im 19. Jahrhundert*, Dresden/Basel: Verlag der Kunst 1996, 78.

2 Jonathan Crary, „Die Modernisierung des Sehens“, in: Herta Wolf (Hg.), *Paradigma Fotografie. Fotokritik am Ende des fotografischen Zeitalters*, Frankfurt am Main: Suhrkamp 2002, 67-81, hier: 71.

3 Jonathan Crary, „Modernizing Vision“, in: Hal Foster (Hg.), *Vision and Visuality*, Seattle: Bay Press 1988, 29-50, hier: 46.

4 Crary, *Techniques of the Observer*, 69. Zu Goethes *Farbenlehre* vgl. ebd., 67-104. Kritik an Crary wurde verschiedentlich formuliert (vgl. u.a. William J.T. Mitchell, *Picture Theory. Essay on Verbal and Visual Representation*, Chicago: University of Chicago Press 1994, 19-25; Jutta Schickore, „Eröffnung des Auges“, in: Gabriele Dürbeck/Bettina Gockel (Hg.), *Wahrnehmung der Natur, Natur der Wahrnehmung*, Dresden: Verlag der Kunst 2011, 165-177, bes. 166f.; Joseph Wachelder, „Nachbilder, Natur und Wahrnehmung“, in: Dürbeck/Gockel (Hg.), *Wahrnehmung der Natur, Natur der Wahrnehmung*, 253-275, bes. 258f.; Christoph Hoffmann, *Unter Beobachtung. Naturforschung in der Zeit der Sinnesapparate*, Göttingen: Wallstein 2006, 15), steht hier allerdings insofern nicht zur Debatte, als Crarys Diagnose der Reorganisation von visueller Wahrnehmung und Beobachterpositionen zu Beginn des 19. Jahrhundert lediglich den Einsatzpunkt der vorliegenden Studie markiert, welche Inszenierungen von Wahrnehmung in der Literatur des 19. Jahrhunderts untersucht.

5 Jan Evangelista Purkyne, *Beiträge zur Kenntnis des Sehens in subjectiver Hinsicht*, Prag: Clave 1819, 7. Zum Verhältnis von Sinnesphysiologie und Ästhetik im frühen 19. Jahrhundert

die Formulierung aus Purkinjes *Beiträge[n] zur Kenntnis des Sehens in subjectiver Hinsicht* (1819), welche Goethe in seiner Rezension dieses Textes, *Das Sehen in subjektiver Hinsicht, von Purkinje 1819* (1824), zitiert[1] und im Schlusssatz derselben wiederholt. Wenn Goethe darin in Hinsicht auf das Zeichnen schreibt: „Alles kommt darauf an, das Eigenleben des Auges und der korrespondierenden Finger zu der entschiedensten verbündeten Wirksamkeit heranzusteigern“ (SP 827), wendet er das „Eigenleben“ der Sinne produktionsästhetisch; anders gesagt: Kunst wird zur ‚Mimesis‘ der – die Realität definierenden – Produktionsästhetik der Sinne. Das von Johannes Müller aufgestellte „Gesetz der spezifischen Sinnesenergie“[2], wonach ein identischer Reiz in verschiedenen Sinnen unterschiedliche Reaktionen hervorrufen kann, formuliert die Beziehung zwischen Reiz und Empfindung als fundamental arbiträr; auch die physiologische Untersuchung, wonach der Druck auf den Augapfel auch im vollständigen Dunkel zu einer Lichtempfindung führt, löst das Sehen vom Akt des Schauens und einer entsprechenden Logik der Referenz ab. Emblem der am „Eigenleben“ des Auges orientierten Wahrnehmungs- und Darstellungstheorie ist das geschlossene Auge. Purkinje schreibt – wiederum von Goethe zitiert –: „Ich stelle mich mit geschlossenen Augen in hellen Sonnenschein, das Angesicht senkrecht gegen die Sonne.“ (SP 819)[3] Und auch in Goethes wahrnehmungsphysiologischen Experimenten nimmt das Schließen des Auges einen entscheidenden Platz ein: „Schließen wir das Auge sogleich, wenn wir in die Sonne gesehen haben“ (F 36)[4]. Die produktionsästhetische Dimension des geschlossenen Auges formulieren auch Goethes Ausführungen zum „Nachbild“ in *Das Sehen in subjektiver Hinsicht*; die Verschränkung von Aisthesis und Ästhetik zeigt sich darin aufs deutlichste:

---

anhand von Purkinje vgl. Jutta Müller-Tamm, „Die ‚Empirie des Subjektiven‘ bei Jan Evangelista Purkinje“, in: Dürbeck/Gockel (Hg.), *Wahrnehmung der Natur, Natur der Wahrnehmung*, 153-164; vgl. auch: Jutta Müller-Tamm, „Augengespenster, Lügengeschichten und Gesichtswahrheiten. Zur Theorie des Sehens zwischen 1780 und 1830“, in: Werner Busch (Hg.), *Verfeinertes Sehen. Optik und Farbe im 18. und frühen 19. Jahrhundert*, München: Oldenbourg 2008, 151-164; Vogl, „Bemerkung über Goethes Empirismus“.

1 Johann Wolfgang Goethe, „Das Sehen in subjektiver Hinsicht, von Purkinje 1819“, in: *Sämtliche Werke. Briefe, Tagebücher und Gespräche I. Abt., Bd. 25: Schriften zur Allgemeinen Naturlehre, Geologie und Mineralogie*, Frankfurt am Main: Deutscher Klassiker Verlag 1989, 817-827, hier: 817.

2 Johannes Müller, *Handbuch der Physiologie des Menschen für Vorlesungen, Bd. 2*, Coblenz: Hölscher 1840, 251.

3 Purkyne, *Beiträge zur Kenntnis des Sehens in subjectiver Hinsicht*, 11.

4 Zum Schließen der Augen bei Goethe vgl. auch: Crary, *Techniques of the Observer*, 70.

> (Von der Produktivität solcher innern vor die Augen gerufenen Bilder bliebe mir manches zu erzählen. Ich hatte die Gabe, wenn ich die Augen schloß und mit niedergesenktem Haupte mir in der Mitte des Sehorgans eine Blume dachte, so verharrte sie nicht einen Augenblick in ihrer ersten Gestalt, sondern sie legte sich aus einander und aus ihrem Innern entfalteten sich wieder neue Blumen aus farbigen, auch wohl grünen Blättern; es waren keine natürliche Blumen sondern phantastische, jedoch regelmäßig wie die Rosetten der Bildhauer. Es war unmöglich die hervorquellende Schöpfung zu fixieren, hingegen dauerte sie so lange als mir beliebte, ermattete nicht und verstärkte sich nicht. Dasselbe konnt' ich hervorbringen, wenn ich mir den Zierat einer buntgemalten Scheibe dachte, welcher denn ebenfalls aus der Mitte gegen die Peripherie sich immerfort veränderte, völlig wie die in unsern Tagen erst erfundenen Kaleidoskope. [...]) (SP 825f.)[1]

Die Einsetzung des „Eigenlebens“ der Sinne als maßgeblicher Faktor in der Wahrnehmung von Wirklichkeit verabschiedet Modelle von Repräsentation und Referenz und erschüttert den epistemischen Status von Wirklichkeit radikal. „[T]he ‚referential illusion‘“, so Crary, „is unsparingly laid bare. The very absence of referentiality is the ground on which new instrumental techniques will construct for an observer a new ‚real‘ world.“[2] Realismus – so ließe sich pointiert sagen – macht sich gerade in der Trennung von Wahrnehmung und Referenz geltend. Realität ist Wahrnehmungseffekt, Effekt des „Eigenlebens“ der Sinne, die den grundsätzlichen Simulakrum-Charakter des Wirklichen artikulieren.

Goethe verhandelt die „Augengespenster“ ausdrücklich in Bezug auf die Frage nach Realität: „Das Auge täuscht sich nicht; es handelt gesetzlich und macht dadurch dasjenige zur Realität, was man zwar dem Worte aber nicht dem Wesen nach, ein Gespenst zu nennen berechtigt ist.“ (F 942) Der Terminus „Augentäuschung“ wird von ihm grundsätzlich verworfen[3]; von „*optische*[*m*] *Betrug*“ zu sprechen, nennt Goethe „Gotteslästerung“[4].

Wie Grimms *Deutsches Wörterbuch* belegt, verwendet Goethe das Wort „Gespenst“ in der ganzen Breite verbürgter Bedeutungen von „bloszer schein,

1 Vgl. dazu auch: Müller, *Handbuch der Physiologie des Menschen für Vorlesungen, Bd.* 2, 567.

2 Crary, *Techniques of the Observer*, 91.

3 „Das Wort Augentäuschungen, welches der sonst so verdienstvolle Übersetzer der Darwinischen Zoonomie dafür gebraucht hat, wünschten wir ein für allemal verbannt“ (F 942).

4 „Es ist eine Gotteslästerung zu sagen: daß es einen *optischen Betrug* gebe“ (Johann Wolfgang Goethe, *Beiträge zur Optik*, in: *Goethe. Die Schriften zur Naturwissenschaft* [Leopoldina-Ausgabe], 1. Abteilung, Bd. 3, Weimar: Hermann Böhlaus Nachfolger 1951, 1-108, hier: 93).

scheinbild, schatten", „geistererscheinung", „schrecken und grauen erregende erscheinung, schreckbild" bis zu „bild, das dem inneren auge vorschwebt, vorstellung, die die gedanken mächtig aufregt"[1]. Der Eintrag zur optischen Bedeutung von „Gespenst" – „für spectrum" – führt als Nachweis einzig Goethe auf, dem – wie John Henning in seinem instruktiven Aufsatz „Zu Goethes Gebrauch des Wortes ‚Gespenst'" schreibt – „der Versuch, das Wort ‚Gespenst' in die Optik einzuführen, eigen geblieben ist."[2] In seiner Rezension von Darwins *Ocular Spectra of Light and Colours* in der *Farbenlehre* spricht Goethe u.a. „Von Gespenstern aus Mangel von Empfindlichkeit", „Von Gespenstern aus Übermaß von Empfindlichkeit", „Von direkten Augengespenstern", „Von umgekehrten Augengespenstern" (F 940), wozu er folgende Erläuterung gibt:

> Wir haben bei Rezension des Darwinischen Aufsatzes den Ausdruck *Augengespenst* mit Fleiß gewählt und beibehalten, teils weil man dasjenige was erscheint ohne Körperlichkeit zu haben, dem gewöhnlichen Sprachgebrauche nach, ein Gespenst nennt, teils weil dieses Wort, durch Bezeichnung der prismatischen Erscheinung, das Bürgerrecht in der Farbenlehre sich hergebracht und erworben. (F 942)

Goethes Verwendung von „Gespenst" für optische Phänomene zielt auf die physiologisch-subjektiven Faktoren visueller Wahrnehmung, wobei „Augengespenst" als Goethes Wortschöpfung gelten kann.[3] „Bürgerrecht in der Farbenlehre" genießt „Gespenst" des Weiteren als Übersetzung von „Spektrum". Im 17. Jahrhundert noch im allgemeinen Sinne von Gespenst oder Phantom gebraucht, gewinnt Spektrum (lat. *spectrum*, engl. *spectre*) erst mit Newtons *Opticks* von 1704 eine spezifisch optische Bedeutung als ein durch ein Prisma erzeugtes Farbspektrum. Wenn Goethe von einem „prismatische[n] gespenst"[4] spricht, spielt er zweifellos auf diese Sprachgeschichte an und stellt zugleich die entsprechende semantische Ambivalenz wieder her. Verwendet Goethe in Bezug auf die physiologischen Farbphänomene systematisch den Ausdruck „Gespenst", ist dies – wie Hennig zeigt[5] – in seiner Übersetzung von Newtons *spectrum* keineswegs der Fall, welche Worte wie „Schattenlicht",

1 Grimm, Jacob und Wilhelm, *Deutsches Wörterbuch*, Bd. 5, Sp. 4140-4146 („Gespenst"): http://woerterbuchnetz.de/cgi-bin/WBNetz/wbgui_py?sigle=DWB.

2 John Hennig, „Zu Goethes Gebrauch des Wortes ‚Gespenst'", in: *Deutsche Vierteljahrsschrift für Literaturwissenschaft und Geistesgeschichte* (*DVjs*), 28, 1954, 487-496, hier: 487.

3 Vgl. Grimm, *Deutsches Wörterbuch*, Bd. 1, Sp. 806 („Augengespenst").

4 Goethe 59, 71, zitiert nach: Grimm, *Deutsches Wörterbuch*, Bd. 5, Sp. 4143 („Gespenst").

5 Hennig, „Zu Goethes Gebrauch des Wortes ‚Gespenst'", 488.

„Halbfinsternis“, „Erscheinung“, „Bild“ und nur selten: „Gespenst“ – darunter auch „(das sogenannte) Gespenst“ – wählt.

Was an Goethes Verwendung des Wortes „Gespenst“ auffällt, ist die Breite des Bedeutungs-*Spektrums*: Das „gradweise“, welches Goethe am optischen Spektrum – respektive „Gespenst“ – beschreibt, lässt sich ebenso für das Wort „Gespenst“ reklamieren: „*gradweise* – Und so ist denn gleich ein auf und aus einander folgendes Bild, eine Skala, ein aus verschiedenen Teilen, aber aus unendlichen bestehendes, in einander fließendes und doch separables, zugleich aber auch inseparables Bild fertig, ein Gespenst“ (F 307). In gradueller Verschiebung betreibt Goethe die *Spektralisierung* der Bedeutung des Wortes „Gespenst“. Als fungierte seine Übersetzung des Newtonschen *spectrum* als sprachliches Prisma, durch welches der Ausdruck „Gespenst“ in unendliche ‚Grade‘, Bedeutungsnuancen, zerfällt. Eine solche Ausfaltung des Spektrums der Bedeutung des Wortes „Gespenst“ destabilisiert nicht allein die optische Terminologie, sondern legt das Gespenstische von Bedeutung überhaupt frei.

Goethes Einführung des Ausdrucks „Gespenst“ respektive „Augengespenst“ in die Optik hat epistemologisch weitreichende Konsequenzen: Sie nimmt nichts Geringeres als eine Neudefinition des Wirklichen als „Augengespenst“, sprich: eine strikt wahrnehmungsphysiologische Bestimmung von Realität vor: „Das Auge […] macht […] dasjenige zur Realität, was man […] ein Gespenst zu nennen berechtigt ist.“ (F 942) Wo ausgerechnet das Gespenst für Wirklichkeit einsteht, passiert zweierlei: Zum einen wird dessen Bedeutung als ‚unwirklich‘, ‚täuschend‘, ‚übersinnlich‘ gekappt; zum anderen erfährt Wirklichkeit eine nachhaltige Verschiebung: Der Begriff des Wirklichen wird nicht nur wahrnehmungsphysiologisch ausgerichtet, sondern zugleich mit Dimensionen des Gespenstischen wie ‚Erscheinung‘, ‚Schreckbild‘, ‚Unheimliches‘ semantisch angereichert, welche damit ihrerseits zu Kategorien sinnlicher – nicht ‚übersinnlicher‘ – Wahrnehmung werden. Ein „Wesen“ des Gespenstischen ist Goethe fremd – das Auge macht zur Realität, „was man zwar dem Worte aber nicht dem Wesen nach, ein Gespenst zu nennen berechtigt ist“ (F 942) –; das Gespenstische situiert sich im Bereich sinnlicher Phänomene sowie der Sprache, und es ist in diesen Domänen, wo es die Spektralisierung von Wirklichkeit betreibt. Was als geringfügiger sprachlicher Eingriff erscheint – Goethes Übersetzung von Darwins *Ocular Spectra* als „Augengespenster“ statt als „Augentäuschungen“ –, konzipiert Realität grundsätzlich neu: als *wahrgenommene Wirklichkeit*.[1]

1 In ihrem kurzen Aufsatz „Goethes Gespenster“ kommt Jutta-Müller Tamm zu folgendem Schluss: „Goethes ‚Gespenster‘ sind Gespenster des Wissens, deren Aufgabe die Austreibung von Gespenstern ist.“ (Jutta Müller-Tamm, „Goethes Gespenster“, in: Ute Holl/Claus Pias/

Wahrgenommene Wirklichkeit respektive ein entsprechend orientierter Realismus lässt sich in zweierlei Hinsicht charakterisieren: 1) Wirklichkeit konstituiert sich im Kontext einer Ästhetik des Erscheinens jenseits von Abbildlichkeit und Repräsentation. „Das Auge", schreibt Goethe in seinen Vorstudien zur *Farbenlehre*, „sieht keine Gestalten, es sieht nur was sich durch Hell und Dunkel oder durch Farben unterscheidet."[1] Wahrnehmung unterliegt keinem Prinzip von Gestalt, sondern ist Wahrnehmung von Differenz („Das Auge sieht [...] was sich [...] unterscheidet"). Wie Joseph Vogl gezeigt hat, formuliert Goethes *Farbenlehre*, wo sie visuelle Wahrnehmung von Form und geometrischer Ordnung löst, eine Ästhetik der Erscheinungen jenseits von Anschauung. Wahrnehmung ist nicht Wahrnehmung von etwas, sondern „Ereignis", wobei Vogl Goethes Farben als „reine[] visuelle[] Ereignisse[]"[2] fasst. 2) Mit der epistemischen Transformation des Verhältnisses von Wahrnehmung und Wirklichkeit im 19. Jahrhunderts geht die grundlegende Zeitlichkeit/Dynamisierung von Wahrnehmung einher, wie sie Goethes *Farbenlehre* artikuliert: Wiederholt charakterisiert Goethe die physiologischen Farben als „unaufhaltsam flüchtig" (F 26), „schnell verschwindend" (F 1044), ja, ihre Flüchtigkeit sei – so Goethe – der Grund für ihre frühere Verbannung ins Reich der Gespenster: „Die Erscheinungen derselben [physiologische Farben, E.S.] sind von frühern Zeiten her bekannt, aber weil man ihre Flüchtigkeit nicht haschen konnte, so verbannte man sie in das Reich der schädlichen Gespenster" (F 31). Auch Crary hebt Zeitlichkeit als entscheidende Komponente der Moderne des Sehens hervor: „It is a moment when the visible escapes from the timeless incorporeal order of the camera obscura and becomes lodged in another apparatus, within the unstable physiology and temporality of the human body."[3] Mit Blick auf Benjamins Analysen der tiefgreifenden „Veränderungen im Medium der

Burkhardt Wolf (Hg.), *Gespenster des Wissens*, Zürich/Berlin: Diaphanes 2017, 277-281, hier: 281). Diametral entgegengesetzt dazu steht die hier von mir entwickelte Goethe-Lektüre, welche Goethes Gespenster im Sinne einer *hantologie* (Jacques Derrida, *Marx' Gespenster. Der verschuldete Staat, die Trauerarbeit und die neue Internationale*, Frankfurt am Main: Fischer 1995, 27), Goethe als „‚Gelehrte[n]' der Zukunft" (ebd., 275) liest, welcher es verstünde, dem Gespenst „das Wort zu lassen oder es ihm zurückzugeben" (ebd., 276).

1 Johann Wolfgang Goethe, „Das Auge", in: *Sämtliche Werke. Briefe, Tagebücher und Gespräche I. Abt., Bd. 23/2*, Frankfurt am Main: Deutscher Klassiker Verlag 1991, 268f., hier: 268.

2 Vogl, „Bemerkung über Goethes Empirismus", 119. „Das Sehen von Etwas ist nur ein Grenzfall des Sehens überhaupt und gewinnt seine besondere Dichte, seine Opazität gerade dadurch, dass mit jedem wahrgenommenen Ereignis ein Ereignis der Wahrnehmung interveniert" (ebd., 115).

3 Crary, *Techniques of the Observer*, 70.

Wahrnehmung“[1] im 19. Jahrhundert, wie dieser sie anhand medialer Technologien, urbaner Räume sowie technischer und ökonomischer Entwicklungen vornimmt, schreibt Crary: „Perception for Benjamin was acutely temporal and kinetic; he makes clear how modernity subverts even the possibility of a contemplative beholder.“[2]

Die skizzierten „Veränderungen im Medium der Wahrnehmung“ (Benjamin) bestimmen Konzeptionen von Realität und Realismus nachhaltig. Sie vollziehen sich im diskursiven Wechselspiel u.a. zwischen Wahrnehmungsphysiologie, Ästhetik, medialen Technologien und – wie meine Studie zeigen will – literarischen Darstellungsverfahren. Die Allianz von Wahrnehmung, Wirklichkeit und Gespenstischem, wie sie sich bei Goethe formiert, wird in der realistischen Literatur des 19. Jahrhunderts wieder aufgenommen. Goethes „Das Auge täuscht sich nicht“ bekräftigt Storms *Schimmelreiter* mit: „[...] aber Sie können Ihren eigenen Augen doch nicht mißtrauen“[3]. Die Lektüren des Buches analysieren Inszenierungen von Wahrnehmung in Texten Adalbert Stifters, Theodor Fontanes und Theodor Storms – sprich: jener Literatur, die gemeinhin als „realistisch“ bezeichnet wird, und deren Realismus sich gerade dadurch auszeichnet, dass ihm „Wirklichkeit“ epistemologisch radikal problematisch geworden ist, insofern sie sich grundsätzlich als *wahrgenommene Wirklichkeit* zeigt. Wenn realistische Texte entgegen dominanter Tendenzen in den Programmschriften zum poetischen Realismus von einem Gespenstischen durchzogen sind, ist dieses nicht Ausweis eines Übernatürlichen oder notwendig „Wiederkehr der eben erst ausgetriebenen Romantik“[4], sondern Bezug auf eben jene Felder des

---

1 Walter Benjamin, *Das Kunstwerk im Zeitalter seiner technischen Reproduzierbarkeit* (Dritte Fassung), in: *Gesammelte Schriften, Bd. I.2: Abhandlungen*, Frankfurt am Main: Suhrkamp 1974, 431-508.

2 Crary, *Techniques of the Observer*, 20.

3 Theodor Storm, *Der Schimmelreiter*, in: *Sämtliche Werke in vier Bänden, Bd. III: Novellen 1881-1888*, Frankfurt am Main: Deutscher Klassiker Verlag 1988, 634-755, hier: 755.

4 Christian Begemann, „Gespenster des Realismus. Poetologie – Epistemologie – Psychologie in Fontanes *Unterm Birnbaum*“, in: Dirk Göttsche/Nicholas Saul (Hg.), *Realism and Romanticism in German Realism*, Bielefeld: Aisthesis 2013, 223-253, hier: 229. Christian Begemanns instruktive Arbeiten zum Gespenstischen im Realismus verorten „die Frage nach den Gespenstern“ im „Kernbereich der realistischen Poetik [...], der programmatischen wie der textimmanenten“ (ebd., 227). Begemann zeigt die Bedeutung des Gespenstischen in der Programmatik des poetischen Realismus u.a. mit Blick auf Konzepte der Verklärung auf, wobei er das Gespenst als „poetologische Struktur einer Wiederkehr des Verdrängten, einer intertextuellen Wiederkehr der eben erst ausgetriebenen Romantik“ (ebd., 229) liest. In Begemanns Aufsatz „Realismus und Phantastik“ heißt es: „So viele ‚realistische‘ Texte sind von Spuk, Gespenstern, prophetischen Ahnungen oder zumindest ‚abergläubischen‘ Anwandlungen der Figuren durchzogen, dass es angebracht scheint, die Polarisierung von Realismus und Phantastik neu zu beleuchten.“ (Christian Begemann, „Realismus und Phantastik“, in:

Wissens, Formen experimenteller Beobachtung und medialer Technologien, die mit dem Diskurs um subjektive Wahrnehmung so maßgeblich an der Verfertigung des Wirklichen arbeiten. (Augen-)Gespenster sind nicht das Andere des Realismus; auf der Ebene von Wahrnehmung situiert, sind sie vielmehr konstitutiv für Wirklichkeit; ja, es ist gerade das Gespenstische, Unheimliche, das sich als Wirklichkeitseffekt geltend macht und in dem sich die Modernität des Realismus artikuliert.

Goethes *Farbenlehre* zum wissensgeschichtlichen Ausgangspunkt für eine Studie zum Realismus zu nehmen, impliziert eine dezidiert epistemologische Formulierung/Konzeption von Realismus.[1] Realismus – so die hier eröffnete Lektüre, die sich ausdrücklich *neben* andere Zugänge zu realistischen Darstellungsverfahren stellt – betreibt die Konstitution des Wirklichen als wahrgenommene Wirklichkeit. Die im Folgenden untersuchten Texte erweisen sich als wahrnehmungspoetologische Anordnungen, sprich: Apparaturen zur Auslotung von Wahrnehmung mit literarischen Mitteln, womit Realismus im selben Zuge Wirklichkeit generiert wie spezifische Formen literarischer Darstellung entwickelt.[2] Was dabei ‚Wahrnehmung', was ‚Wirklichkeit' heißen kann, lässt sich entlang wenigstens vier verschiedener darstellungstheoretischer Interventionen in dieses epistemische Feld beschreiben, die sich in Ansätzen bereits bei Goethe finden und bei Stifter, Fontane und Storm ihre je spezifische Ausarbeitung erfahren.

1) Goethes „Augengespenster" – dies sollte deutlich geworden sein – lassen sich nicht auf Sinnesphysiologie reduzieren, sondern reichen in ihren

---

Veronika Thanner/Joseph Vogl/Dorothea Walzer (Hg.), *Die Wirklichkeit des Realismus*, Paderborn: Fink 2018, 97-113, hier: 99). Vgl. auch Christian Begemanns Aufsatz „Spiegelscherben, Möwengeflatter. Poetik und Epistemologie des Realismus, bodenlose Mimesis und das Gespenst", in: *Poetica* 46, 3-4, 2014, 412-438, der den epistemologischen Einsatz des Gespenstischen im Realismus diskutiert und diesbezüglich von „epistemologischen und in der Folge [...] poetologischen Verunsicherungen gleichsam im Herzen des Realismus", von einem „Entzug von ‚Wirklichkeit'" (ebd., 428) spricht.

1 Vgl. auch den von Veronika Thanner, Joseph Vogl und Dorothea Walzer herausgegebenen Band *Die Wirklichkeit des Realismus*, welcher Realismus ebenfalls „ausdrücklich nicht im Sinne einer historischen Epochenbeschreibung [...], sondern als spezifische Schreibweise der Erzeugung, Erprobung und Ver(un)sicherung von Wirklichkeit" (Thanner/Vogl/Walzer, „Die Wirklichkeit des Realismus. Einleitung", 9-15, hier: 10) versteht.

2 Meine Studie fühlt sich mithin der von Gerhart von Graevenitz formulierten „[...] alte[n] und unhintergehbare[n] Einsicht" verbunden, „daß realistische Literatur nicht Wirklichkeit abbilde, sondern Wirklichkeitskonstitution darstelle" (Gerhart von Graevenitz, „Memoria und Realismus. Erzählende Literatur in der deutschen ‚Bildungspresse' des 19. Jahrhunderts", in: Anselm Haverkamp/Renate Lachmann [Hg.], *Memoria – Erinnern und Vergessen. Poetik und Hermeneutik XV*, München: Fink 1993, 283-304, hier: 299).

epistemologischen und darstellungstheoretischen Konsequenzen weit darüber hinaus. Wo das Gespenst in die Logik von Wahrnehmung und Repräsentation interveniert, leistet es der Spektralisierung von Darstellung ebenso Vorschub wie dem Simulakrum-Charakter des Wirklichen. Ob Stifters Trübe, das feine Sensorium für minimale Wahrnehmungs- und Bedeutungs-Differenzen bei Fontane oder Storms Gespenstergeschichten: Realistische Literatur eröffnet einen Wahrnehmungs-/Darstellungsraum von Nuancen, dessen graduelle Verschiebungen Wirklichkeitseffekte als „Spektral-Effekt[e]“[1] generieren.

2) Die Zeitlichkeit von Wahrnehmung erweist sich als vielschichtiges Experimentierfeld in Bezug auf ästhetische Form und literarische Darstellung. Es ist qua Dynamisierung literarischer Darstellungsverfahren, dass Realismus die Herausforderung der wissenschaftlich-technologischen Moderne aufnimmt und ästhetisch-poetologisch daran mitarbeitet: In spezifischen Modi von Beschreibung, dynamisch-szenischen Anordnungen, seriellem Erzählen und Rahmentechniken inszenieren realistische Texte den bewegten Blick, Wahrnehmung als *déjà vu*, Dauer und Langeweile und *zeitigen* derart ein Wirkliches, das sich der Präsenzlogik entzieht, und dessen genuin zeitliche Signatur sich in Figuren des Übergänglichen, von Flüchtigkeit, Wiederkehr, Nachträglichkeit und Heterochronie darstellt.

3) Wenn realistische Inszenierungen von Wahrnehmung das Unheimliche zum Angelpunkt haben, so lässt sich dies durchaus als Resonanz auf Goethes „Augengespenster“ verstehen. Gespenstisches ist auch im Realismus dezidiert an Wahrnehmungsakte geknüpft, ist – wie der gespensterbesessene Storm in einem Brief vom 4. August 1882 an Gottfried Keller schreibt – nichts „Un- oder Uebernatürliches“, sondern „das Natürliche, was nicht unter die alltäglichen Wahrnehmungen fällt“[2] – ein Gespenstisches, ein Unheimliches der Wahrnehmung also. Wo sich Wirklichkeit qua Wahrnehmung an das Unheimliche

1 „[…] muß man sich […] fragen, ob der *Spektral-Effekt* oder die *Wirkung des Gespenstischen* nicht darin besteht, diese Opposition, wenn nicht gar diese Dialektik zwischen der wirklichen Anwesenheit und ihrem anderen außer Kraft zu setzen“ (Derrida, *Marx' Gespenster*, 70). Vgl. weiter zum Gespenstischen als poetologische Selbstreflexion von Literatur: Robert Stockhammer, „Zur Theorie der Gespenster oder Die Un-Logik der Literatur“, in: Mario Grizelj (Hg.), *Der Schauer(roman). Diskurszusammenhänge – Funktionen – Formen*, Würzburg: Königshausen & Neumann, 2010, 13-42; Monika Schmitz-Emans, „Wiedergänger. Über Gespenstergeschichten als poetologische Texte“, in: Kurt Röttgers/Monika Schmitz-Emans (Hg.), *Spiegel. Echo. Wiederholungen*, Essen: Die Blaue Eule 2008, 111-130; sowie weiter: Moritz Baßler/Bettina Gruber/Martina Wagner-Egelhaaf (Hg.), *Gespenster: Erscheinungen – Medien – Theorien*, Würzburg: Königshausen & Neumann 2005.

2 „[…] nicht daß ich Un- oder Uebernatürliches glaubte, wohl aber, daß das Natürliche, was nicht unter die alltäglichen Wahrnehmungen fällt, bei Weitem noch nicht erkannt ist“ (Theodor Storm, „Brief an Gottfried Keller, 4. August 1882“, in: *Theodor Storm – Gottfried Keller:*

verwiesen sieht, vollzieht sich ein epistemischer *shift*: Wenn das Unheimliche der Wahrnehmung eine epistemische Verunsicherung in der Konzeption von Wirklichkeit bedeutet, so ist es eben diese Verunsicherung, dieser Wirklichkeits ‚verlust', die/der das Wirkliche allererst ausmacht. Das Wirkliche, um das es dem Realismus geht, ist das *Reale*.[1]

4) Die Ausrichtung von Wirklichkeit auf subjektive Wahrnehmung ist nur ein Moment der epistemologischen Neuformatierung des Wirklichen. Im selben Zuge, wie Realismus Wirklichkeit als *wahrgenommene Wirklichkeit* konzipiert, arbeitet er Strukturen und Dynamiken von Wahrnehmung zu, die das Subjekt als Träger von Wahrnehmung verabschieden. Dies geschieht mittels literarischer Form- und Darstellungsexperimente, die in ihrer Performanz spezifische Wahrnehmungsszenarien kreieren: In seriellen Anordnungen – Reihenbildungen, Aggregaten, vibrierenden Stellen – wie auch szenisch-theatralen Apparaturen produzieren realistische Texte Wahrnehmungsereignisse, die jeglichen „Thäter" „hinter dem Thun, Wirken, Werden"[2], jegliches ‚Subjekt' hinter dem Akt der Wahrnehmung, ausstreichen. Die unheimlichen Schauplätze realistischer Wahrnehmung torpedieren die perspektivische Ordnung ebenso wie die Synthese von Wahrnehmungsereignissen. Wahrnehmung geht an Milieus über, ist Niemandes Wahrnehmung, proliferiert als kollektive Dynamik und serielle Heimsuchung, in der sich gespenstische Wirklichkeit generiert. – Benjamins Formulierung vom „Medium der Wahrnehmung" ist hier erneut aufschlussreich, insofern sie Wahrnehmung als Medium lesbar macht. *Wahrnehmung als Medium* bezeichnet präzise den epistemologischen und poetologischen Einsatz realistischer Inszenierungen von Wahrnehmung. Gewinnen diese vor dem Hintergrund von Goethes „Augengespenstern" und der in ihnen

---

Briefwechsel. Kritische Ausgabe, hg. von Karl Ernst Laage, Berlin: Erich Schmidt 1992, 91-92, hier: 92).

1 Wenn Lacans Begrifflichkeit des Realen hier in Bezug zu Wahrnehmungs- und Darstellungsverfahren des Realismus gesetzt wird, dann nicht im Sinne einer Applikation von Theorie auf Literatur, sondern einer wechselseitigen Verschiebung: Erweist sich das Reale als Denkfigur, die es erlaubt, spezifische Dynamiken und epistemische Unsicherheiten in realistischer Darstellung zu konturieren, so ermöglicht Realismus im Gegenzuge, ein Reales jenseits des Subjekts zu denken. Zum Realen des Realismus vgl. auch: Thanner/Vogl/Walzer, „Die Wirklichkeit des Realismus. Einleitung", bes. 10ff.; zur Epistemologie des Realen in der Moderne vgl. Albrecht Koschorke, „Das Mysterium des Realen in der Moderne", in: ders./Helmut Lethen/Ludwig Jäger (Hg.), *Auf die Wirklichkeit zeigen. Zum Problem der Evidenz in den Kulturwissenschaften*, Frankfurt am Main: Campus 2015, 13-38.

2 „[…] es giebt kein ‚Sein' hinter dem Thun, Wirken, Werden; der ‚Thäter' ist zum Thun bloss hinzugedichtet, – das Thun ist Alles" (Friedrich Nietzsche, *Zur Genealogie der Moral*, in: *Kritische Studienausgabe, Bd. 5: Jenseits von Gut und Böse, Zur Genealogie der Moral*, München/Berlin/New York/Boston: de Gruyter 1999, 245-412, hier: 279).

vollzogenen Verschaltung von Wahrnehmung, Wirklichkeit und Gespenstischem Kontur, treiben sie das Gespenstische von Wahrnehmung zugleich über das Subjekt hinaus. Wo gespenstische Wahrnehmung zum Medium wird, nimmt das Medium gespenstische Züge an, wird es zur heterochron-seriellen Dynamik/*force* – ein *haunting* Medium, in dem das Wirkliche spukt. Es ist ein solches Medium der Wahrnehmung, in dem die Gespenster des Realismus ihr bevorzugtes Terrain finden.

2 Wahrnehmungspoetologische Versuchsanordnungen

Noch in einem weiteren Sinn schließt Realismus an Goethes „Augengespenster“ an: Obgleich keine Experimente im wahrnehmungsphysiologischen Sinn, stellen die Texte gleichwohl literarische Experimentalanordnungen im Medium der Schrift dar.[1] Wahrnehmung erweist sich als grundlegendes Experimentierfeld realistischer Literatur. Literarische Darstellungsverfahren und Anordnungen fungieren als spezifische Techniken der Beobachtung von Wahrnehmung und bilden sich – zusammen mit ihrem epistemischen Ding und im Wechselspiel mit anderen Diskursen und Medien – in ihrer Modernität heraus.[2] Meine Analyse literarischer Inszenierungen von Wahrnehmung und Beobachtung setzt den Akzent auf wahrnehmungspoetologische Aspekte. Unterliegt wahrnehmungsphysiologische Forschung – wie Christoph Hoffmann gezeigt hat – einem „Regime der Beobachtung“[3], in dem „Auge und Ohr des Beobachters ganz so wie seine Instrumente als unhintergehbare Fehlerquellen einer jeden Beobachtung Präsenz gewinnen“[4] und das die Verstrickung von

1 Vgl. diesbezüglich auch Hans-Jörg Rheinbergers Begriff „Experimentalsystem“, welcher sich u.a. auf Goethes Aufsatz *Der Versuch als Vermittler von Objekt und Subjekt* bezieht (Hans-Jörg Rheinberger, *Experimentalsysteme und epistemische Dinge. Eine Geschichte der Proteinsynthese im Reagenzglas*, Göttingen: Wallstein 2001, 20f.).

2 In diesem Sinne fasst auch Christiane Arndt Realismus als „Abschied von der Wirklichkeit“. Ihre gleichnamige Studie zeigt auf, „daß der Realismus eine *ganz bestimmte* Phase des Abschieds von der Nachahmung der Wirklichkeit vertritt: Während die Romantik die […] Tiefe des Abgrunds feiert, der sich durch die Selbstbespiegelung auftut, erkennt der Realismus in der Bedrohung der Repräsentation die weitreichende Konsequenz der sich in der Moderne noch steigernden Sprachkrise. Die Dynamik zwischen tradierten Erzählformen und moderner Beobachtungshaltung, die sich aus dieser Zwischenstellung für den Realismus ergibt, reflektiert die kulturellen und technischen Veränderungen des späten 19. Jahrhunderts. Exemplarisch dafür stehen […] Indizienbeweis, Fotografie und Museum“ (Christiane Arndt, *Abschied von der Wirklichkeit. Probleme bei der Darstellung von Realität im deutschsprachigen literarischen Realismus*, Freiburg im Breisgau/Berlin/Wien: Rombach 2009, 254).

3 Hoffmann, *Unter Beobachtung*, 14.

4 Ebd., 8.

Wahrnehmung in Beobachtung entsprechend eines wissenschaftlichen Wahrheitsanspruches reguliert, mobilisiert Literatur – wie zu zeigen sein wird – gerade die Verschränkung von Wahrnehmung und Beobachtung für die Poiesis wahrgenommener Wirklichkeit. Dies geschieht in Verfahren der Beschreibung, theatral-szenischen Apparaturen, Reihenbildungen, seriellen Erzählverfahren, Aggregatstrukturen etc. Poetologische Aspekte von Goethes serieller Anlage des Versuchs werden im ersten Kapitel ausführlich behandelt; hier sei der Einstieg über ein anderes wahrnehmungspoetologisches Arrangement bei Goethe genommen, der sich mithin auch in dieser Hinsicht als fruchtbarer Anknüpfungspunkt für realistische Experimentierfreude erweist.

Es ist eine spezifische „Stelle", an der sich Wahrnehmung und Gespenstisches verschalten, sprich: wo die gespenstische Dimension des Wirklichen hervortritt – eine Stelle, mit der Goethe an Theorien des blinden Flecks anschließt. Der blinde Fleck, mit dem seit Soemmering die „Lücke im Zentrum der Repräsentation"[1] zu einem Thema der Wahrnehmungsphysiologie wird, bezeichnet den Eintritt des Sehnervs in die Netzhaut, der zugleich die Grundlage visueller Wahrnehmung bildet wie deren Ausfall markiert. Auch Goethe konzipiert Wirklichkeit von dem konstitutiven Ausfall von Wahrnehmung her, jener – wie es in *Über Kunst und Altertum* (V 2, 1825) heißt – „Stelle wo sich kein Gegenstand abspiegelt, wie denn auch im Auge selbst ein Fleckchen ist das nicht sieht"[2]. Qua diskursiver Überlagerung wird die „Stelle" poetologisch als Textstelle, genauer: Leerstelle lesbar, welche Bedingung der Hervorbringung/Poiesis („hervorbringen"[3]) von Wirklichkeit ist.

> Wird der Mensch auf diese Stelle besonders aufmerksam, vertieft er sich darin, so verfällt er in eine Geisteskrankheit, ahnet hier *Dinge aus einer*

1 Roland Bogards, „Die Wissenschaft vom Auge und die Kunst des Sehens. Von Descartes zu Soemmerring, von Lessing zu A.W. Schlegel", in: Thomas Lange/Harald Neumeyer: *Kunst und Wissenschaft um 1800*, Würzburg: Königshausen & Neumann 2000, 39-62, hier: 47.

2 Johann Wolfgang Goethe, *Über Kunst und Altertum, Band V (1824-1826)*, in: *Sämtliche Werke. Briefe, Tagebücher und Gespräche I. Abt., Bd. 22: Ästhetische Schriften 1824-1832*, Frankfurt am Main: Deutscher Klassiker Verlag 1999, 9-290, hier: 183. Vgl. hierzu auch: Sabine Schneider, „Sehen in subjektiver Hinsicht? Goethes aporetisches Projekt einer ‚Kritik der Sinne' und seine Interferenzen zur Romantik", in: Helmut Pfotenhauer/Sabine Schneider (Hg.), *Nicht völlig Wachen und nicht ganz ein Traum. Die Halbschlafbilder in der Literatur*, Würzburg: Königshausen & Neumann 2006, 37-51, bes. 43-47. Zum blinden Fleck/Eintritt des Sehnervs ins Auge bei Haller, Soemmering etc. vgl. Borgards, „Die Wissenschaft vom Auge und die Kunst des Sehens", 45-48.

3 „Der Mensch ist als wirklich in die Mitte einer wirklichen Welt gesetzt und mit solchen Organen begabt, daß er das Wirkliche und nebenbey das Mögliche erkennen und hervorbringen kann" (Goethe, *Über Kunst und Altertum, V 2*, 183).

> *andern Welt*, die aber eigentlich Undinge sind und weder Gestalt noch Begränzung haben, sondern als leere Nacht-Räumlichkeit ängstigen und den der sich nicht losreißt mehr als gespensterhaft verfolgen.[1]

Was die „Stelle“ produziert, sind *„Dinge aus einer andern Welt“*, „Undinge“, die „weder Gestalt noch Begränzung haben“, „leere Nacht-Räumlichkeit“. Leere generiert Leere, gegenstandlose, gestaltlose, unförmige Wahrnehmungen/Erscheinungen. In der „Stelle“ fallen Poiesis und Gespensterproduktion zum Wirklichkeitseffekt zusammen: Die (Leer-)„Stelle“ erzeugt das Wirkliche selbst als *„Ding*[] *aus einer andern Welt“*.

Das *„Ding*[] *aus einer andern Welt“* und die „gespensterhafte verfolgen[de]“ (Leer-)„Stelle“ erfahren andernorts bei Goethe ihre Ausgestaltung hin zu einer wahrnehmungspoetologischen Versuchsanordnung. Der Text selbst wird qua Performanz zur Produktionsstätte von Wahrnehmungserscheinungen. Mit den Mitteln literarischer Darstellung – anhand einer gespenstisch wiederkehrenden Stelle – kreiert Goethe ein textuelles „Augengespenst“, das, wo es seine szenische Wirksamkeit entfaltet, einen gespenstischen Wirklichkeitseffekt generiert.

Die unheimliche Erscheinung des Pudels, die sich in einem Abschnitt zu Nachbildern in den *Nachträgen zur Farbenlehre*[2] findet, kann wohl getrost als ein solches *„Ding*[] *aus einer andern Welt“* gelten. Genauer gesagt, ist es ein doppelter Pudel, der im Abschnitt „Hell und Dunkel im Auge bleibend“ das Auge des Lesers kreuzt. „In Scherz und Ernst“[3], d.h. im Zeichen von Ironie und also in erkenntniskritischer Absicht[4], zitiert Goethe *Faust*: Es ist der ‚gespenstische‘ schwarze Pudel mit „Feuerstrudel“ aus der Szene „Vor dem Tor“, welcher hier seinen Auftritt findet, gefolgt von der Erscheinung eines schwarzen Pudels mit „hellem Lichtschein“ vor dem Fenster auf der Straße, die sich dem mit wahrnehmungsphysiologischen Fragen befassten Goethe darbietet.

Die Pudel-Wahrnehmung in der Szene „Vor dem Tor“ verdankt sich spezifischen Wahrnehmungsbedingungen. „Was stehst du so“, so Wagner zu Faust,

---

1 Ebd., 183f.

2 *„Hell und Dunkel im Auge bleibend“* ist der erste Abschnitt unter der Überschrift *Physiologe Farben* (Johann Wolfgang Goethe, *Physiologe Farben*, in: ders., *Chromatik*, in: FA I/25, 741-746, hier: 742f.). Goethe veröffentlichte diesen Text gemeinsam mit Arbeiten unter dem Titel *Chromatik* im vierten Heft des ersten Bandes *Zur Naturwissenschaft überhaupt* (1822). Die *Ausgabe letzter Hand* sowie die WA, die dieser folgt, fassen diese Texte gemeinsam mit Goethes Arbeiten zu entoptischen Farben unter dem Titel *Nachträge zur Farbenlehre* zusammen.

3 Goethe, *Physiologe Farben*, 742.

4 Vgl. Goethe, *Zur Farbenlehre*, 14.

„und blickst erstaunt hinaus?/Was kann dich in der Dämmrung so ergreifen?“[1] Im Unterschied zu Newton, welcher die *camera obscura* wählt, um die Entstehung von Farberscheinungen zu demonstrieren, bevorzugt Goethe den Bereich zwischen Hell und Dunkel – „Dämmerung“ (F 46) und „Halbdämmerung“ (F 46) – für die Hervorbringung und Beobachtung visueller Phänomene. „Die Dämmerung ist Ursache, daß das Auge völlig ausgeruht und empfänglich ist“ (F 47), heißt es in der *Farbenlehre*; in der Empfänglichkeit des Organs liegt m.a.W. dessen Produktivität. Im Eingangsabschnitt zu *Physiologe Farben* schreibt Goethe: „Das Organ des Sehens ist, wie die übrigen, auf einen Mittelstand angewiesen. Hell, Dunkel und die zwischen beiden entspringenden Farben sind die Elemente, aus denen das Auge seine Welt schöpft und schafft.“[2] Erscheint das Auge hier erneut als ‚weltschöpfendes‘, ‚weltschaffendes‘ Organ, sprich: mit poetischer Kraft ausgestattet, so setzt sich dies auch im folgenden Abschnitt „Hell und Dunkel im Auge bleibend“ fort. Goethe behandelt darin Nachbilder in Kontrastfarbe: „Ein dunkler Gegenstand, sobald er sich entfernt, hinterläßt dem Auge die Nötigung dieselbe Form hell zu sehen.“[3] Der in der Dämmerung erscheinende Pudel, welcher einen „Feuerstrudel“ hinter sich her zu ziehen scheint, dient Goethe als Beispiel für ein solches – poetisches – Nachbild:

> In Scherz und Ernst führen wir eine Stelle aus Faust an, welche hierher bezüglich ist. Faust und Wagner auf dem Felde, gegen Abend, spazierend bemerken einen Pudel.
>
> Faust.
> Siehst du den schwarzen Hund durch Saat und Stoppel streifen?
> Wagner.
> Ich sah ihn lange schon, nicht wichtig schien er mir.

1 Johann Wolfgang Goethe, *Faust. Eine Tragödie*, in: *Sämtliche Werke. Briefe, Tagebücher und Gespräche I. Abt., Bd. 7/1: Faust. Texte*, Frankfurt am Main: Deutscher Klassiker Verlag 1995, 58, vv. 1145-1146.

2 Goethe, *Physiologe Farben*, 742.

3 Ebd., 742. Zum Nachbild vgl. Crary, *Techniques of the Observer*, 97-112. Zur Kritik an Crary vgl. Joseph Wachelder, welcher sich um eine größere Nuancierung des „Phänomenbereichs Nachbild“ bemüht (Wachelder, „Nachbilder, Natur und Wahrnehmung“, 275). Weiter zum Nachbild: Carolin Meister, „Einleitung. Das Gedächtnis des Auges“, in: Werner Busch/Carolin Meister (Hg.), *Nachbilder. Das Gedächtnis des Auges in Kunst und Wissenschaft*, Zürich: Diaphanes 2011, 7-15; Mary Ann Doane, *The Emergence of Cinematic Time: Modernity, Contingency, the Archive*, Cambridge, Mass.: Harvard University Press 2002, 69-107 (The Afterimage, the Index, and the Accessibility of the Present).

Faust.
Betracht' ihn recht! für was hältst du das Tier?
Wagner.
Für einen Pudel, der auf seine Weise
Sich auf der Spur des Herren plagt.
Faust.
Bemerkst du, wie in weitem Schneckenkreise
Er um uns her und immer näher jagt?
Und irr ich nicht, so zieht ein Feuerstrudel
Auf seinen Pfaden hinterdrein.
Wagner.
Ich sehe nichts als einen schwarzen Pudel;
Es mag bei euch wohl Augentäuschung sein.[1]

An das Zitat unmittelbar anschließend findet sich der Auftritt eines zweiten Pudels:

> Vorstehendes war schon lange, aus dichterischer Ahnung und nur im halben Bewußtsein geschrieben, als, bei gemäßigtem Licht, vor meinem Fenster auf der Straße, ein schwarzer Pudel vorbei lief, der einen hellen Lichtschein nach sich zog: das undeutliche, im Auge gebliebene Bild seiner vorübereilenden Gestalt.[2]

In beiden Fällen zeitigt Dämmerung/Zwielicht – ein Dämmerungszustand, der auch auf den Schreibakt übergreift („im halben Bewußtsein geschrieben“) – eine durchaus zwielichtige Gestalt, genauer gesagt: ein Gespenst. Die gespenstischen Züge treten einmal mehr, einmal weniger hervor: Was Faust vor dem Tor als „Feuerstrudel“ erscheint, wird von Goethe als „heller Lichtschein“ vor dem Fenster wahrgenommen. Indem der Famulus Wagner Fausts unheimliche Wahrnehmung als „Augentäuschung“ bezeichnet, neutralisiert er sie im Register sinnesphysiologischen Wissens, ja, entkleidet sie ausdrücklich des Gespenstischen: „Du siehst! ein Hund, und kein Gespenst ist da.“[3] Scheint Goethes Beschreibung des „hellen Lichtscheins“ auf den ersten Blick eine ähnliche Bewegung hin zur Bannung des Unheimlichen im Terrain naturwissenschaftlichen Wissens zu vollziehen, wäre eine Gleichsetzung von Wagner und Goethe

1 Goethe, *Physiologe Farben*, 742f.

2 Ebd., 743. Eine – allerdings anders gelagerte – Lektüre dieser Passage findet sich auch in: Hennig, „Zu Goethes Gebrauch des Wortes ‚Gespenst‘“, bes. 491f.

3 Goethe, *Faust*, 59, v. 1163.

zweifellos unangemessen. Indem Goethe Wagner den von ihm verworfenen Begriff der „Augentäuschung“ in den Mund legt, diskreditiert er dessen Position grundsätzlich. Berücksichtigt man die strukturelle Anlage des Paragraphen zeigt sich, dass Goethes „Augengespenst“ von Fausts „Gespenst“ durchaus nicht so weit entfernt ist: Qua Wiederholung des Pudels setzt Goethes Text zum Nachbild das Nachbild performativ in Szene, transformiert er es in eine wahrnehmungspoetologische Versuchsanordnung, sprich: erzeugt er ein literarisches Nachbild vor den und für die Augen des Lesers und kreiert so einen (augen-)gespenstischen Wirklichkeitseffekt. Nimmt man Goethes Charakterisierung des Nachbildes als Leseformel – „das undeutliche im Auge gebliebene Bild seiner vorübereilenden Gestalt“ –, lassen sich beide Pudel bzw. Pudel-Stellen als wechselseitige Nachbilder lesen. Eine Pudelerscheinung evoziert die andere, wobei sie zugleich immer schon deren Effekt ist. Goethes Beobachterblick zielt auf die grundsätzliche Nachbildlichkeit visueller Wahrnehmung, womit jegliches „wahre Bild“ immer schon in die Logik und Zeitlichkeit des Nachbildes eingetreten, in sich doppelt/nachträglich, ein Simulakrum wäre. Im Kontext eines Versuchs zum Nachbild heißt es in der *Farbenlehre*: „Schielt man aber mit dem Augenwinkel hin, so entsteht eine momentane Doppelerscheinung, bei welcher das Scheinbild gleich neben und an dem wahren Bilde erblickt wird.“ (F 47) Liest man die beiden Pudel-Stellen mit schielendem – anders gesagt: gespenstischem – Blick, welcher das „Scheinbild“ *an* dem „wahren Bild“ sieht, die eine „Stelle“[1] *an* der anderen liest, supplementieren sich „Feuerstrudel“ und „Lichtschein“ wechselseitig. Über die (strukturell unmögliche) Verschaltung von Unheimlich-Ungestaltem und Gebannt-Gestalthaftem generiert Goethes poetisches Nachbild Wahrnehmung jenseits von Anschauung, als Ereignis: Nachbild-als-Lektüre setzt einen oszillierenden Feuerstrudel der Stellen in Gang; Wahrnehmung wird in ein Ereignis des Sehens/Lesens überführt, das zugleich sieht/liest und nicht sieht/liest. Goethes wahrnehmungspoetologische Anordnung produziert Leer-Stellen, die „gespensterhaft verfolgen“, „*Dinge aus einer andern Welt*“[2], kurz: Wirkliches als irreduzible „Doppelerscheinung“ (F 47). Bei Stifter – darauf wird in dem Kapitel zu den *Nachkommenschaften* zurückzukommen sein – hieße eine solche „Doppelerscheinung“: „wirkliche Wirklichkeit“.

Wenn Goethe in seiner *Farbenlehre* auf die Gefahr der Vermischung von Nachbild und Beobachtung hinweist, indiziert er zugleich die strukturelle Untrennbarkeit von Verfahren und Gegenstand der Beobachtung, insofern Beobachtung von Wahrnehmung immer zugleich Wahrnehmung ist, ja, qualifiziert

1 Goethe, *Physiologe Farben*, 742.
2 Goethe, *Über Kunst und Altertum, V 2*, 183f.

er das Nachbild – unter Maßgabe der Kontamination von Beobachtung und „Augengespenst“ – als einen Modus von Beobachtung. Es heißt: „Bei optischen, besonders chromatischen Versuchen, wo man oft mit blendenden Lichtern [...] zu tun hat, muß man sich sehr vorsehen, daß nicht das zurückgebliebene Spektrum einer vorhergehenden Beobachtung sich mit in eine folgende Beobachtung mische und dieselbe verwirrt und unrein mache.“ (F 39) Im Unterschied zu der in dieser Passage intendierten Trennung von Spektrum/Gespenst und Beobachtung reizt das poetische Nachbild beider Vermischung zu Beobachtungs- und Darstellungszwecken aus, vollzieht es Beobachtung/Lektüre als „Augengespenst“, womit es zugleich den Ausfall von Beobachtung im Akt des Beobachtens selbst artikuliert.

Bei Goethes Anordnung zweier Pudel handelt es sich nicht allein um ein poetisches Nachbild und Beobachtungsverfahren mit literarischen Mitteln, welches Fragen der Darstellung und Lektüre wahrgenommener Wirklichkeit adressiert, ja Wirklichkeitseffekte produziert; insofern der eine Pudel einem vorgeblich literarischen Text, der andere einer vorgeblich sinnesphysiologischen Untersuchung entstammt, lässt sich zudem von einem wissenspoetologischen Nachbild sprechen, in dem sich Literatur und Wahrnehmungsphysiologie überlagern, einander eingetragen sind. Entsprechend der Dynamik des Nachbildes lässt sich das Verhältnis von Literatur, Ästhetik und Sinnesphysiologie als wechselseitige Teilhabe von Darstellungsweisen beschreiben, die einander zugleich hervorbringen wie suspendieren, was spezifische Verfahren zur Analyse, Beobachtung und Darstellung wahrgenommener Wirklichkeit generiert.

Die in der literarischen Versuchsanordnung erzeugte Wahrnehmung unterliegt keiner fixen Perspektive. Träger von Wahrnehmung ist kein Subjekt, sondern einzig die literarische Darstellung/Experimentalanordnung selbst, welche sich als mobiles Gefüge, veränderliche Konstellation, serielle Dynamik, heterochroner Schauplatz erweist. Was Goethes Nachbilder, Wolkenstudien, Sprachaggregate, Stifters Trübe, bewegte Beschreibungen, serielle Textverfahren und Szenen der Schrift, Fontanes Atmophärisches, Technik der Nuancen, theatrale Beobachtungsapparaturen und wiederkehrende Schauplätze, Storms Milieus, Rahmentechniken und unheimliche „Stellen“ – wie sie im Folgenden analysiert werden – gemein haben, ist, dass es sich bei ihnen sämtlich um literarische Darstellungsverfahren/wahrnehmungspoetologische Anordnungen handelt, welche Wahrnehmung als Ereignis und, daran geknüpft, ein Wirkliches hervorbringen.

Es sind diese literarischen Verfahren zur Wirklichkeits*erzeugung*, auf die das Buch sein Augenmerk legt. Die Fragen, die die verschiedenen Lektüren verbinden, sind: Was *tun*, welche Art Wirklichkeit *produzieren* realistische

Texte, wo sie offensichtlich nicht müde werden, Wahrnehmungsprozesse zu inszenieren? Welche Strukturen, Organisationsformen, Dynamiken von Wahrnehmung und Wirklichkeit zeichnen sich dabei ab? Und schließlich: Was für einer Epistemologie des Wirklichen arbeitet ein Realismus zu, welcher Wahrnehmung als Übergängliches, Dynamik des Seriellen oder Aggregat zu denken gibt?

Wenn im ersten Kapitel anhand von Goethe grundlegende literarische Darstellungsweisen und Strukturen von Wahrnehmung herausgearbeitet werden, dann um einen systematischen Zugang zum Untersuchungsfeld – der Wahrnehmung von Wirklichkeit in der Literatur des 19. Jahrhunderts – zu eröffnen. Es sind die sich bereits bei Goethe herausbildenden Verfahren von Beschreibung und Theatralität, Dynamiken des Übergänglichen, von Serialität, Aggregatbildung, Nachträglichkeit und Unheimlichem, die in den nachfolgenden Lektüren von Stifter, Fontane und Storm ihre je spezifische Wiederaufnahme finden, sprich: sich durch das gesamte Buch ziehen und derart als Koordinaten wahrgenommener Wirklichkeit im Realismus gelten können.[1]

1 Zu einzelnen Teilkapiteln des Buches liegen bereits Aufsatzpublikationen von mir vor, die hier überarbeitet wurden.

KAPITEL I

Aggregate von Wahrnehmung. Versuch mit Goethe

So wenn der Maler, der Poet,
Mit Howards Sondrung wohl vertraut,
Des Morgens früh, am Abend spät,
Die Atmosphäre prüfend schaut,

Da läßt er den Charakter gelten;
Doch ihm erteilen luftige Welten
Das Übergängliche, das Milde,
Daß er es fasse, fühle, bilde.[1]

Mit diesen beiden Strophen endet Goethes Gedicht-Trilogie zu Howards Ehren. Bereits seit den 1770er Jahren mit Wolkenbeobachtungen befasst, systematisiert Goethe diese nach seiner Lektüre von Luke Howards *On the Modification of Clouds* 1815. Es ist – so die zwei letzten Strophen aus „Wohl zu merken" – der mit Howards meteorologischen Schriften ‚wohl vertraute' Dichter, der, wo er Wolken beobachtet, von diesen zugleich eine Poetologie empfängt. In der das wissenschaftliche Klassifikationssystem („Sond'rung") überschreitenden poetischen Betrachtung erschließen sich Wolken als „das Übergängliche" oder besser ‚erteilt' Wolkenbildung dem Dichter das Übergängliche, auf dass er Übergängliches poetisch „bilde". Wolkenbildung verschaltet m.a.W. die Beobachtung des Atmosphärischen mit einer Poetologie des „Übergänglichen".[2]

Wie Joseph Vogl gezeigt hat, ist das „Übergängliche" bei Goethe kein Problem von Taxonomie.[3] Wenn Goethe Howards „vier Hauptbestimmungen"[4] der Wolkenformen (Zirrus, Kumulus, Stratus, Nimbus) übernimmt, nicht allerdings die Bestimmung der „Zwischen-Erscheinungen" (W 233) durch Kombination dieser Grundformen (wie z.B. cirro-stratus oder cumulo-stratus), „weil die Mannigfaltigkeit so groß ist daß solche zu bestimmen keine Terminologie vermag"

1 Johann Wolfgang Goethe, „Wohl zu merken", in: FA I/25, 244.

2 Für einen Überblick über literatur- und kulturwissenschaftliche Forschung zum Atmosphärischen siehe: Urs Büttner/Ines Theilen, „Phänomene der Atmosphäre. Zur Einleitung", in: dies. (Hg.), *Phänomene der Atmosphäre: Ein Kompendium literarischer Meteorologie*, Stuttgart: Metzler 2017, 1-25.

3 Vgl. Joseph Vogl, „Wolkenbotschaft", in: *Archiv für Mediengeschichte. Themenheft: Wolken*, 5, 2005, 69-79.

4 Johann Wolfgang Goethe, „Wolkengestalt nach Howard", in: FA I/25, 214-234, hier: 233.

 | DOI:10.30965/9783846763667_003

(W 233), so artikuliert sich darin nicht eine Problematik der Naturgeschichte des 18. Jahrhunderts, sondern ein grundlegender epistemischer Umbruch. Die „Statik der Nomenklaturen“ ist einer Dynamisierung/„Verzeitlichung“ von Wissensordnungen gewichen.[1] Nicht an der Unterscheidung verschiedener Wolkenformen bzw. deren Scheitern, sondern am „Übergängliche[n]“[2] als „Bewegliche[m]“[3], sprich: der zeitlichen Dimension von Wissen, Wahrnehmung und Darstellung ist Goethe interessiert und diese ist es, die ihm Wolkenbildung ‚erteilt‘. Auch wenn der Fokus im Folgenden auf wahrnehmungsästhetischen und -poetologischen Aspekten von Wolkenbildung liegt, sei darauf hingewiesen, dass sich das „Übergängliche“ keinesfalls auf Goethes meteorologische Studien beschränkt, sondern durchaus als *die* ‚Kategorie‘ von Goethes Denken und Darstellen – insbesondere seiner Morphologie[4] – gelten kann. In diesem Sinne heißt es auch in Goethes Gespräch mit Johann Daniel Falk: „Betrachten Sie mir ja fleißig diese Übergänge, worauf am Ende alles in der Natur ankommt. Etwas, wie Sie sehen, ist da, was einander aufsucht, durch-dringt und, wenn es Eins ist, wieder einem Dritten die Entstehung gibt.“[5]

Inbegriff des „Übergängliche[n]“[6], des „Bewegliche[n]“[7] geben die Wolken der Dynamisierung der Episteme, Wahrnehmung und Darstellung statt. Goethes Aufzeichnungen zum Atmosphärischen lassen sich als ästhetische wie als Warnehmungsstudien lesen; von Beginn an verschalten sie Wahrnehmung, Beobachtung und Darstellung im Zeichen von Bewegung, sprich: Zeitlichkeit. Im selben Zuge wie Darstellung als Verfahren der Beobachtung, Inszenierung, ja, Hervorbringung von Wahrnehmung im Medium des Atmosphärischen fungiert, bildet sie sich anhand der Flüchtigkeit des ‚Gegenstandes‘ in ihrer spezifischen Form heraus: In seriellen Darstellungsverfahren, dynamischen Beschreibungen, theatralen Anordnungen setzt Goethe *Wahrnehmung als*

1 Vogl, „Wolkenbotschaft“, 76. Vgl. auch Peter Matussek (Hg.), *Goethe und die Verzeitlichung der Natur*, München: Beck 1998.

2 Goethe, „Wohl zu merken“, 244.

3 Johann Wolfgang Goethe, „Luke Howard to Goethe. A biographical scetch“, in: FA I/25, 235-236, hier: 235.

4 Zu Goethes Morphologie vgl. insbesondere Eva Geulen, welche den Akzent auf das „Schwanken“, „die Unbestimmbarkeit einer Form als Form“ (Eva Geulen, *Aus dem Leben der Form. Goethes Morphologie und die Nager*, Berlin: August 2016, 66) setzt, Goethes morphologische Hefte als „Theorie verzeitlichter Form“ (ebd., 46) liest.

5 Johann Daniel Falk, *Goethe aus näherm persönlichen Umgange dargestellt. Ein nachgelassenes Werk von Johannes Falk*, Leipzig: F.A. Brockhaus 1832, 27.

6 Goethe, „Wohl zu merken“, 244.

7 Goethe, „Luke Howard to Goethe“, 235.

Übergängliches in Szene und formuliert damit zugleich eine Aisthesis/Ästhetik des Wirklichen.

Es ist eine bestimmte Organisationsform, die sich mit Goethes atmosphärischem Wahrnehmungs- und Wirklichkeitsapparat abzeichnet, eine – mit einer Formulierung aus Goethes Morphologie gesprochen – „Art Organisation"[1], die von serieller Struktur und spezifischer Zeitlichkeit ist und sich als privilegierter Schauplatz des Studiums von *Wahrnehmung als Übergänglichem* erweist: das Aggregat.[2] Wiederholt beschreibt Goethe Wahrnehmung anhand des Wechsels von Aggregatzuständen atmosphärischer Erscheinungen und konzipiert damit Wahrnehmung selbst als Aggregat.

Goethe erwähnt und verhandelt Aggregate in verschiedenen Feldern, in den Arbeiten zur Botanik, Zoologie und Mineralogie, im Kontext der *Farbenlehre*, im Zusammenhang kunstästhetischer Fragen sowie in Bezug auf die Romanform der *Wanderjahre*[3]. Das für Goethe wohl prominenteste Feld zur Untersuchung des Aggregats sind atmosphärische Erscheinungen. In dem kurzen, in den *Schriften zur Farbenlehre nach 1810* enthaltenen Text „Der Ausdruck Trüb" (1822) heißt es: „(Dunst, Dampf, Rauch, Staubwirbel, Nebel, dicke Luft, Wolke, Regenguß, Schneegestöber sind sämtlich Aggregate [...])"[4]. Goethe fasst die Aggregatstruktur des Trüben/Atmosphärischen als Verbindung aus

1 Johann Wolfgang Goethe, *Hefte zur Morphologie*, in: *Sämtliche Werke. Briefe, Tagebücher und Gespräche I. Abt., Bd. 24: Goethes Schriften zur Morphologie*, Frankfurt am Main: Deutscher Klassiker Verlag 1987, 442 („Einwirkung der neueren Philosophie").

2 Auch Luke Howards „Essay on the Modification of Clouds", welches Goethe zuerst in der 1815 in den *Annalen der Physik* erschienenen deutschen Übersetzung liest, hebt den Aggregatcharakter der Wolken hervor: „Eine Wolke ist eine sichtbare Ansammlung (*aggregate*) von kleinen Wassertropfen, welche in dem Luftkreise schwebt. Dasselbe Aggregat wird *Nebel* genannt, wenn man es von der Erde oder dem Wasser aufsteigen sieht (*mist*), oder wenn es den Beobachter umhüllt oder bedeckt (*fog*)" (Lukas Howard, „Versuch einer Naturgeschichte und Physik der Wolken", in: *Annalen der Physik*, Bd. 51, 1, 9, 1815, 1-48, hier: 2f.).

3 „[...] das Buch [die *Wanderjahre*, E.S.] gebe sich nur für ein Aggregat aus" (Goethe im Gespräch mit Kanzler von Müller 18.2.1830, in: *Goethes Briefe und Briefe an Goethe*, hg. von Karl Robert Mandelkow, Hamburger Ausgabe in 6 Bänden, Bd. 4: Briefe der Jahre 1821-1832, München: Beck 1988, 628). Martin Bez hat mit seiner Studie *„Wilhelm Meisters Wanderjahre": Aggregat, Archiv, Achivroman*, München/Berlin/New York: de Gruyter 2013, die bisher einlässlichste Auseinandersetzung mit Goethes Aggregatbegriff vorgelegt, vgl. bes. 52-59 (Aggregat, Aggregation).

4 Johann Wolfgang Goethe, „Der Ausdruck Trüb", in: FA I/25, 782-784, hier: 783. Zum Trüben bei Goethe vgl. auch: Crary, *Techniques of the Observer*, 71; Beate Allert, „‚Trübe' as the Source of New Color Formation in Goethe's Late Works *Entoptische Farben* (1817-20) and *Chromatik* (1822)", in: *Goethe Yearbook*, Vol. 19, 2012, 29-47.

heterogenen Teilen: „Versammlung[] von Ungleichartigem" (T 783), „ungleichartige[s] Gewebe[]" (T 782), „ungleichartige[] Teilchen zwar gesondert doch aneinander hangend" (T 783), „gestörte[] Einheit, […] Zusammenhang solcher Teile" (T 783), „Zerreißen und Durchlöchern eines *Continuum* oder Dichten" (T 784) – eine Struktur, die sich nicht zum Ganzen schließt[1], sondern im *Übergang*, in Bewegung, bleibt.

Goethes Aggregat steht im Zeichen der Verzeitlichung der Episteme, sprich: die zeitliche Dimension ist ihm wesentlich. Die „Art Organisation", die mit Goethes Aggregat begegnet, ist selbst Übergängliches. Und es ist eben darin, dass es eine so geeignete Konfiguration zum Studium von Übergängen ist. So wenig sich Wahrnehmung, Darstellung und Episteme in Goethes Aufzeichnungen zum Atmosphärischen voneinander trennen lassen, so innig verbinden sich wahrnehmungsästhetische, epistemische und poetologische Dimension in Goethes Aggregat. Die Aggregate des Atmosphärischen – neben der *Farbenlehre* der wichtigste Schauplatz zur Untersuchung von Wahrnehmung bei Goethe – sind zuleich Inszenierung von Wahrnehmung, Produktionsstätte von Erkenntnis und poetologische Versuchsanordnung zur Genese wahrgenommener Wirklichkeit. Es ist dieser Konnex, dem dieses Kapitel mit Blick auf die Aggregatstruktur des Wirklichen bei Goethe nachgeht.

1 „Es wird Zeit!": Wolkige Wahrnehmung und Dynamisierung von Darstellung

Goethes Reserviertheit Beschreibungen gegenüber ist bekannt und findet ihren deutlichen Ausdruck etwa in den Werthers Nachlass zugeschriebenen *Briefen aus der Schweiz*:

> Wie ekeln mich meine Beschreibungen an, wenn ich sie wieder lese! […] Ich las auch so viele Beschreibungen dieser Gegenstände, ehe ich sie sah. Gaben sie mir denn ein Bild oder nur irgendeinen Begriff? […] Da setz' ich mich hin und schreibe und beschreibe. So geht denn hin ihr

1 Im Unterschied hierzu definiert Adelung das „Aggregat" als „ein Haufen mehrerer zusammen gebrachter Dinge. […] In der Physik ist das Aggregat, eine Verbindung mehrerer […] Theile zu einem Ganzen, welche wieder aus merklich verschiedenen Theilen bestehen, und ein auf solche Art zusammen gesetztes Ding; die Zusammenhäufung, ein Haufwerk." (Johann Christoph Adelung, *Grammatisch-kritisches Wörterbuch der Hochdeutschen Mundart.* Elektronische Volltext und Faksimile-Edition nach der Ausgabe letzter Hand, Leipzig 1793-1801: http://lexika.digitale-sammlungen.de/Adelung).

> Beschreibungen! betrügt meinen Freund, macht ihn glauben, daß ich etwas tue, daß er etwas sieht und liest. –[1]

Die Passage markiert die wechselseitige Abhängigkeit von Repräsentation und Wahrnehmung zugleich mit dem *simulatio*-Charakter von Beschreibung. Angesichts des Ekels gegen dieses Darstellungsverfahren mag die Fülle an Beschreibungen im Zusammenhang mit Goethes Beobachtungen der Atmosphäre erstaunen. Schließt die erste Abteilung der *Briefe aus der Schweiz* mit einer Beschreibung von „Reflexionen“ über die Unmöglichkeit, „mit Worten die Reihe von [...] Bildern“ darzustellen, die ihn der schöne Mädchenkörper sehen lässt, wo „[a]lle Bewegungen [...] so natürlich auf einander [folgten, E.S.]“[2], zeigt sich Beschreibung in Goethes meteorologischen Schriften durchaus als Mittel von Bewegungsdarstellung: Im selben Zuge, wie Goethe Beschreibung als Verfahren zur Beobachtung von Wolkenbewegungen profiliert, erfährt diese eine Dynamisierung.

Eine deutlich temporale Dimension gewinnen Goethes Wolkenbeschreibungen über das häufig verwendete Präsens Partizip. So heißt es in der Aufzeichnung vom 24. Juni 1822 aus „[Über die Ursache der Barometerschwankungen]“: „Ein Heer von Kumulus hochgehend, auf keiner untern Luftschicht aufliegend, [...] vielmehr an allen Rändern sich in Zirrus auflösend“[3] oder in „Wolkengestalt nach Howard“:

> „[...] schwül heranziehende Wolken, aufgelöst und sich wieder vereinigend“ (W 227), „Kumulus, weit und hoch stehend, [...] Regenwolken drunter herziehend“ (W 229), „Wolliger Kumulus in Zirrus aufgelöst, dieser sich aneinander reihend und steigend, jener wieder sich ballend und sinkend.“ (W 230)

1 Johann Wolfgang Goethe, *Briefe aus der Schweiz. Erste Abteilung*, in: *Sämtliche Werke. Briefe, Tagebücher und Gespräche I. Abt., Bd. 8: Werther/Wahlverwandtschaften*, Frankfurt am Main: Deutscher Klassiker Verlag 2006, 594-609, hier: 594.

2 Ebd., 608.

3 Johann Wolfgang Goethe, „[Über die Ursache der Barometerschwankungen]“, in: FA I/25, 255-264, hier: 258.

Auf den „Agens-Charakter“[1] respektive das „Partizipial-Werden der sprachlichen Form“[2] wurde verschiedentlich hingewiesen. Was aber genau hat es mit dem Präsenz Partizip auf sich? Samuel Weber arbeitet die spezifische zeitliche Struktur des „present participle“[3] in verschiedenen Kontexten als eine heraus, die Präsenz im Modus von Präsenz suspendiert. Strukturell unabschließbar legt das Präsens Partizip Gegenwart auseinander zu einer Folge, in der Präsenz sich zugleich selbst vorausgeht wie nachfolgt. Immer schon vergangen wie strukturell noch ausstehend ist Gegenwart durch und als eine Serie von Wiederholungen konstituiert. Wenn Goethes Poetik des Übergänglichen Beschreibung qua Präsens Partizip dynamisiert, bedeutet dies in Hinsicht auf Wolkenbildung wie auf Darstellung zweierlei: Diese verfahren nicht teleologisch (1), sondern seriell (2).

(1) Goethe begrüßt Howards Wolkenlehre nicht zuletzt deshalb so enthusiastisch, weil sie sich mit seinen morphologischen Interessen verzahnt:

> Wie sehr mir die Formung des Formlosen, ein gesetzlicher Gestalten-Wechsel des Unbegrenzten erwünscht sein mußte folgt aus meinem ganzen Bestreben in Wissenschaft und Kunst […]; da fand ich denn durch jene sondernde Terminologie immer Fördernis wenn ich sie unter mannigfachen Bedingungen im Übergange und Verschmelzen studierte.[4]

1 Albrecht Schöne betont den Agens-Charakter der „transitive[n] Verben, deren vom Subjekt ausgehende Aktion durchs akkusativische Reflexivpronomen auf das Subjekt selbst gerichtet wird“ (Albrecht Schöne, „Über Goethes Wolkenlehre“, in: *Jahrbuch der Akademie der Wissenschaften in Göttingen 1967*, 26-48, hier: 32): „Indem er [Goethe, E.S.] die Wolke als Agens setzt, vermittelt er die Vorstellung einer auf den Metamorphosen-Gang gerichteten Eigenkraft dieser Wolke, eines ihr selber innewohnenden Gestalt-Triebes.“ (Ebd., 32) Vgl. zu Goethes Wolkenstudien auch: Christian Begemann, „Wolken. Sprache. Goethe, Howard, die Wissenschaft und die Poesie“, in: Gerhard Neumann/David E. Wellbery (Hg.), *Die Gabe des Gedichts. Goethes Lyrik im Wechsel der Töne*, Freiburg im Breisgau/Berlin/Wien: Rombach 2008, 225-242; Gerhard Neumann, „1820. Wolkenspuren. Goethes Erfindung der Poetik des Übergänglichen“, in: Roland Borgards/Almuth Hammer/Christiane Holm (Hg.), *Kalender kleiner Innovationen – 50 Anfänge einer Moderne zwischen 1755 und 1856 – Für Günter Oesterle*, Würzburg: Königshausen & Neumann 2006, 303-317; Marianne Schuller, „Über Wolken. Zu Goethe“, in: Georg Mein (Hg.), *Transmission. Übersetzung – Übertragung – Vermittlung/Traduction – Transfer – Méditation (Festschrift für André Michels)*, Berlin: Turia und Kant 2010, 249-259; Claus-Michael Schlesinger, „Wolken: Zur Funktion und Geschichte diagrammatischer Darstellung in einer meteorologischen Skizze Goethes“, in: Urs Büttner/Ines Theilen (Hg.), *Phänomene der Atmosphäre: Ein Kompendium literarischer Meteorologie*, Stuttgart: Metzler 2017, 319-328.

2 Joseph Vogl hebt weniger auf das Präsens Partizip als auf das „Partizipial-Werden der sprachlichen Form“ ab, womit Wolken als „Handeln ohne Handelndes“ (Vogl, „Wolkenbotschaft“, 76), „unkörperliche[] Ereignisse[]“ (ebd., 77) lesbar werden.

3 Samuel Weber, *Theatricality as Medium*, New York: Fordham University Press 2004, 15.

4 Goethe, „Luke Howard to Goethe“, 235.

Das Studium „im Übergange“ ist es, welches Goethe interessiert, und als eben solches lässt sich das Präsens Partizip erachten: Beobachtung von Übergängen mit den Mitteln der Beschreibung. Im Lichte des Präsens Partizips nun stellen sich diese Übergänge in spezifischer Weise dar: als eine zeitlich ungerichtete wie unbegrenzte Bewegung, die Goethe an methodische Grenzen bringt. Goethes Anspruch, „alle Naturphänomene in einer gewissen Folge der Entwickelung zu betrachten und die Übergänge vor und rückwärts aufmerksam zu begleiten“ (W 216), scheitert angesichts einer Zeitlichkeit/Bewegung, die das vor- und rückwärts, sprich: die Ordnung von „vor“ und „nach“ zugunsten eines zugleich immer schon Vergangenen wie noch Ausstehenden suspendiert. Wenn Goethe in einem Brief an Carl Friedrich Zelter vom 4. März 1829 gesteht, dass „[d]as Studium der Witterungslehre [...] nur auf Verzweiflung hinaus[geht, E.S.]“[1], wobei er die Unmöglichkeit beklagt, mit seinen Theorien Prognosen zu erstellen, so ist auch seinen dynamischen Wolkenbeschreibungen ein solches Verzweiflungspotential inhärent. „[D]ie Bewegung der Wolken schien aus ihnen selbst herzustammen“[2], heißt es in „[Nordlicht]“, womit die ursprungs- wie ziellose Bewegung des Präsens Partizips nicht treffender beschrieben sein könnte, welche jede Möglichkeit zur Prognostik verabschiedet und Zeitlichkeit hin auf Serialität und Kontingenz öffnet. (2) Goethes Präsens Partizip formuliert seine serielle Struktur selbst, wenn es heißt: Zirrus „sich aneinander reihend“ (W 230); Wolkenbildung ist Reihenbildung aus sich heraus. Es ist Gegenwart/Präsenz selbst, die hier „sich aneinanderreihend“ suspendiert. Dies also die zweite Konsequenz von Goethes Poetik des Übergänglichen für eine Konzeption von Wolkenbildung bzw. dynamisierter Darstellung: Diese vollzieht sich seriell.

Tagebuchaufzeichnungen über Wetterbeobachtungen, inklusive Wolkenbewegungen, datieren weit früher als die als Wolkendiarien bezeichneten Aufzeichnungen nach 1818. Insbesondere die an Charlotte von Stein gerichteten Tagebuchaufzeichnungen vom 8.–14. September 1786 von Goethes Reise nach Italien wie die 1796 in den *Horen* erschienenen „Briefe auf einer Reise nach dem Gotthardt“ von 1779 (1808 als *Briefe aus der Schweiz. Zweite Abtheilung* publiziert[3]) lassen die Genese des Genres *in nuce* erkennen. Bewegung/

1 Johann Wolfgang Goethe, „Brief an Carl Friedrich Zelter, 4. März 1829“, in: *Goethes Briefe und Briefe an Goethe*, hg. von Karl Robert Mandelkow, Hamburger Ausgabe in 6 Bänden, Bd. 4: Briefe der Jahre 1821-1832, München: Beck 1988, 321f.

2 Johann Wolfgang Goethe, „[Nordlicht]“, in: FA I/25, 197-198, hier: 198.

3 Vgl. Wolf von Engelhardt, *Goethe im Gespräch mit der Erde. Landschaft, Gesteine, Mineralien und Erdgeschichte in seinem Leben und Werk*, Weimar: Hermann Böhlaus Nachfolger 2003, 50, Fn. 4.

Flüchtiges schriftlich darzustellen, zeigt sich dabei als Herausforderung an das Goethesche Aufschreibesystem.

Was sich Goethe am 8. September 1786 auf seiner Reise nach Italien darbietet, sind bewegte Bilder. Wenngleich dabei nicht von Wolken die Rede ist, stellt der Signifikant „Bewegung“ Goethes Beschreibung doch genau in den hier untersuchten Kontext: Als das „Bewegliche“/„Übergängliche“ ist die Wolke nicht auf figurale Darstellung zu reduzieren, sondern markiert die genuine Zeitlichkeit von Wahrnehmung/Beobachtung/Darstellung.

> Die duncklen mit Fichten bewachsnen Vorgründe, die grauen Kalckfelsen, die höchsten weisen Gipfel auf dem schönen Himmelsblau, machten köstliche, ewig abwechselnde Bilder. […] Endlich ward es dunckel und dunckler, das Detail verlohr sich und die Massen wurden größer und herrlicher. Endlich da alles nur wie ein tiefes geheimnißvolles Bild vor mir sich bewegte, sah ich auf einmal die hohen Gipfel wieder vom Monde erleuchtet und die Sterne herabblincken.[1]

Verzeitlichung von Beobachtung vollzieht sich auf verschiedenen Ebenen: Zum einen ist es der bewegliche Blick des Betrachters, welcher Bilder in Bewegung („abwechselnde Bilder“) zeigt; zum anderen ist Zeitlichkeit dem Bild selbst inhärent, das Bild ist Bild einzig in der Zeit („endlich“ – „endlich“, „dunckel und dunckler“), d.h. in seiner Form unabgeschlossen, „bewegt“, seriell. Das zeitlich strukturierte Bild, die Bildbewegung, schließlich generiert Wahrnehmungen, welche sich – ihrerseits zeitlich – im Verhältnis von Singularität und Wiederholung darstellen: „sah ich auf einmal […] wieder“. Dabei sind es nicht allein „sich bewegende Bilder“, in denen sich Goethes bewegte Aisthetik artikuliert, auch das schriftliche Aufzeichnungsverfahren ist strikt temporal reflektiert.

Ist das Flüchtige eine Herausforderung der Darstellung, so eine andere das Verhältnis von Wahrnehmung und Beschreibung, welches sich als durchaus kompliziert erweist. So heißt es in Goethes Aufzeichnung von der zweiten Schweizer Reise am 4. November 1779: „Meine Beschreibung fängt an unordentlich und ängstlich zu werden; auch brauchte es eigentlich immer zwei Menschen, einen der's sähe und einen der's beschriebe.“[2] (Dass Wahrnehmung

1 Johann Wolfgang Goethe, „1786; Von Karlsbad nach Rom 3.9. – 19.10.1786, Fr d 8 Sept. Abends“, in: *Sämtliche Werke. Briefe, Tagebücher und Gespräche II. Abt., Bd. 3: Italien – Im Schatten der Revolution. 1786-1794*, Frankfurt am Main: Deutscher Klassiker Verlag, 9-149, hier: 18f.

2 Johann Wolfgang Goethe, *Briefe aus der Schweiz. Zweite Abtheilung*, in: *Goethes Werke. Herausgegeben im Auftrage der Großherzogin Sophie von Sachsen. Abt. I, Bd. 19: Die Leiden des jungen Werther. Briefe aus der Schweiz*, Weimar: Böhlau 1899, 193-306, hier: 247.

und Beschreibung nicht zu trennen sind, beklagt Werther in der ersten Abteilung der *Briefe aus der Schweiz*; und auch die Rede vom ‚sich bewegenden Bild‘ in Goethes Tagebuchaufzeichnung vom 8. September 1786 stellt die wechselseitige Abhängigkeit von Wahrnehmung und Darstellung unmissverständlich heraus.) Es ist nur zwei Tage nachdem die *Briefe aus der Schweiz* die Untrennbarkeit von Wahrnehmung und Beschreibung beklagen und auf zwei Personen verteilt sehen wollen, dass sie beides in ein Verhältnis wechselseitiger Bedingtheit setzen. Am 6. November 1779 notiert Goethe:

> Indem ich dieses schreibe, geschieht an dem Himmel eine herrliche Erscheinung: Die Nebel, die sich bewegen und sich an einigen Orten brechen, lassen wie durch Tagelöcher den blauen Himmel sehen und zugleich die Gipfel der Berge [...] Es wird Zeit! Ich nehme zugleich von diesem geliebten Thal und von Ihnen Abschied.[1]

Sehen und (Be-)Schreiben könnten nicht enger geführt sein, wobei ihre Engführung zeitlicher Art ist. Nicht allein auf Simultanität legt es der erste Satz an: Lässt sich „indem“ als *während* lesen und also im Sinne einer Gleichzeitigkeit von Schreibakt und Naturereignis, formuliert sich in ihm auch eine performative Dimension der Aufzeichnung: „Indem“, *dadurch dass* „ich dies schreibe, geschieht an dem Himmel eine herrliche Erscheinung“. Der Akt des Schreibens selbst bringt das Himmelereignis („geschieht“), eine „Erscheinung“, hervor. Dieses ‚Ereignis‘/diese Erscheinung lässt sich noch weiter spezifizieren: Es ist nichts Geringeres als ein Wahrnehmungsereignis, genauer: *Wahrnehmung als Ereignis*[2], die sich aus Bewegung zeitigt. War es in der Tagebuchaufzeichnung an Charlotte von Stein vom 8. September 1786 das ‚sich bewegende Bild‘, welches der Wahrnehmung des vom Mond erleuchteten Gipfels stattgibt („sah ich auf einmal [...] wieder“), so sind es hier die „Nebel, die sich bewegen“ und Himmel und Gipfel „sehen“ „lassen“. Am selben Tag abends heißt es: „Die Wolken wechselten, daß die Gipfel der Berge bald erschienen, bald verschwanden, bald die Sonne streifweis in's Thal dringen konnte, bald die Gegend wieder verdeckt

1 Ebd., 251f.

2 Die hier entwickelten Ausführungen zu Goethes Poetologie der Wahrnehmung korrespondieren eng mit Joseph Vogls Überlegungen: „Die Wolke ist ein Entstehen und Vergehen, die Wolke ist also kein Gegenstand, sondern ein Werden: die Wolke ist – und das scheint ihre entscheidende Bestimmung zu sein – ein Ereignis. Sie ist ein Ereignis der Wahrnehmung, das an der Schwelle des Sichtbaren passiert; sie ist ein Ereignis der Natur, das auf unsichtbare, unspürbare Kräfte verweist; und sie ist schließlich ein semiotisches Ereignis, das am Flüchtigen und Unwiederholbaren alle Kräfte der Benennung und der Sprache versammelt“ (Vogl, „Wolkenbotschaft“, 72f.).

wurde."[1] „Bald" – „bald" – „bald" – „bald": Im Medium des Atmosphärischen – aus serieller (Wolken-)Bewegung, die poetologisch auch als Schreibbewegung gelesen werden kann – generieren sich je singuläre Wahrnehmungsereignisse/-ereignisserien[2]. Rhythmisch skandiert ist Wahrnehmung genuin zeitlich, ja, die schriftliche Aufzeichnung das Performativ, seriell-singuläre Ereignisse von Wahrnehmung zu *zeitigen*: „Es wird Zeit!" – Es *wird* Zeit qua Schreibbewegung, über welche der Brief Wahrnehmungen in Serie hervorbringt. Genuin zeitlich ist Wahrnehmung zugleich Abschied: „Es wird Zeit! Ich nehme zugleich von diesem geliebten Thal und von Ihnen Abschied." Das „zugleich" eröffnet verschiedene Lesarten: So es den gleichzeitigen Abschied von Tal und Adressaten artikuliert, bekräftigt es die strukturelle Verschränkung von Wahrnehmungsereignis und Schreibakt. Die andere Lesart bezieht das „zugleich" auf den vorangegangenen Satz, womit das Abschied-Nehmen in das Werden der Zeit selbst verlegt würde. Das Ereignis der Wahrnehmung wäre damit immer schon Abschied. Beide Lesarten, die einander nicht ausschließen, artikulieren eine dem Schreib- respektive Wahrnehmungsakt inhärente Abschiedsstruktur[3], sprich: Nachträglichkeit. Ja, das Ereignis wird im Modus von Nachträglichkeit hervorgebracht; anders gesagt: es ist qua Nachträglichkeit, dass sich die Dynamisierung von Darstellung wie Wahrnehmung allererst vollzieht.

Weit davon entfernt, Phänomene aufzuzeichnen oder Beobachtungen zu registrieren, eruieren Goethes Aufzeichnungen zum Atmosphärischen vielmehr die Bedingungen von Wahrnehmung/Beobachtung selbst. Sie sind Produktionsstätte von „Erscheinung[en]", einer – mit Joseph Vogl gesprochen – „Ästhetik des Erscheinens"[4], oder hier noch genauer: einer Ä/Aisthetik des Erscheinens/Verschwindens, welche mit dem Verschwinden zugleich die Grenze von Wahrnehmung in den Akt von Wahrnehmung einträgt.

---

1 Goethe, *Briefe aus der Schweiz. Zweite Abtheilung*, 252.

2 Vogl spricht mit Blick auf statistische Datenerhebungen von „Ereignisserien" (Vogl, „Wolkenbotschaft", 78). Ich verwende die Formulierung „Wahrnehmungsereignisse" hier im Sinne der Verschränkung von Singularität und Serialität, wie sie Goethes Wolkenaufzeichnungen qua Schreibbewegung generieren. Zum Verhältnis von Sehen und Schreiben bei Goethe mit Blick auf Aspekte des Seriellen/des Experiments vgl. auch Richard Block, „Scribbles from Italy: Cy Twombly's Experiment in Seeing Goethe See Language", in: Evelyn K. Moore/Patricia Anne Simpson (Hg.), *The Enlightened Eye: Goethe and Visual Culture*, Amsterdamer Beiträge zur Germanistik, 62, 2007, 289-309.

3 Abschied meint „die Wahrung eines Mangels, der zum Impuls einer Verschiebung wird. [...] Sofern ‚Abschied' dem Fehl Rechnung trägt, wird ein wesentlicher Bezug zur Artikulation gestiftet: ‚Abschied' artikuliert nicht nur eine Trennlinie, sondern die Artikulation als Grenze. [...] Schreiben selbst ist immer auch Abschied." (Marianne Schuller, *Moderne. Verluste.*, Frankfurt am Main: Stroemfeld 1997, 76)

4 Vogl, „Wolkenbotschaft", 78.

Angesichts der in Goethes Ä/Aisthetik des Erscheinens/Verschwindens installierten Verschränkung von Wahrnehmungsakt und Schreibakt mag man an Freuds „Notiz über den ‚Wunderblock'" denken, welche die rhythmische Verkostung der Außenwelt durch den Wahrnehmungsapparat als Schreibszene figuriert: als gegenläufige Bewegung zweier Hände, von denen „eine Hand die Oberfläche des Wunderblocks beschreibt", während „eine andere periodisch das Deckblatt desselben von der Wachstafel abhebt"[1], in welcher also – mit Derrida gesprochen – die „Spuren [...] den Raum ihrer Niederschrift nur [erzeugen, E.S.], indem sie sich die Periode ihrer Tilgung setzen"[2]. Goethes Studien zum Atmosphärischen generieren Wahrnehmung als seriellen Akt, Schreibakt, unterbrochen, skandiert. Kein Subjekt schreibt hier, nimmt hier wahr, sondern die Wolken selbst.

2 Ästhetik/Aisthesis des Aggregats

Es ist eine spezifische Formproblematik, die mit Goethes Ä/Aisthetik des Erscheinens/Verschwindens, in den Blick rückt, eine – wie bereits gesagt – „Art Organisation": das Aggregat. Anhand des Wechsels von Aggregatzuständen lotet Goethe Übergänge des Atmosphärischen und damit zugleich das Übergängliche von Wahrnehmung aus. In seiner Aufzeichnung an Charlotte von Stein vom 9. September 1786 schildert Goethe das Verschwinden einer Wolke in größter Detailliertheit:

> Ich sah das Aufzehren einer solchen Wolcke ganz deutlich sie hing am Berge fest, löste sich mit der grösten Langsamkeit auf, kaum daß einige Flocken sichtbar sich ablösten und in die Höhe stiegen die aber auch gleich verschwanden. Und so verschwand sie nach und nach und hinter dem Berge bemerckt ich in der Lufft ganz leichte weiße Streiffgen, die mir zuletzt auch aus dem Gesicht kamen.[3]

Das (partizipiale) Sich-Auflösen der Wolke vollzieht sich sukzessiv („verschwand sie nach und nach"[4]). Dabei geht das Verschwinden des beobachteten

1 Sigmund Freud, „Notiz über den ‚Wunderblock'", in: *Studienausgabe, Bd. III*, Frankfurt am Main: Fischer 1975, 363-369, hier: 369.

2 Jacques Derrida, „Freud und der Schauplatz der Schrift", in: ders., *Die Schrift und die Differenz*, Frankfurt am Main: Suhrkamp 1972, 302-350, hier: 343f.

3 Goethe, „1786; Von Karlsbad nach Rom 3.9. – 19.10.1786, Fr d 8 Sept. Abends", 22.

4 Zum „nach und nach", sprich: der sukzessiv-seriellen Struktur von Erscheinen/Verschwinden vgl. auch: „Es zeigen sich nach und nach zarte horizontale Streifen [...]; dichte Wolke, die

Objekts mit dem Verschwinden von Beobachtung/Wahrnehmung einher. Das große Interesse des „Augenmenschen" Goethe an der Figur des Vor-Augen-Stellens, die sowohl rhetorisch im Sinne der *evidentia* als auch theatral mit Blick auf die Funktion des Vorhangs[1] gelesen werden kann, ist bekannt.[2] Im Medium des Atmosphärischen nun findet das Vor-Augen-Stellen sein Pendant: ein Vor-Augen-Verschwinden. Goethe ist damit nicht weniger „Augenmensch", wohl aber spezifischer: ‚Augengespenstermensch'. Was die Aggregatwechsel wiederholt inszenieren, ist nicht das bloße Verschwinden, Sich-Auflösen von Erscheinungen, sondern das Verschwinden *vor* den Augen, womit Goethes Wahrnehmungsaggregate zugleich den Nullpunkt von Wahrnehmung selbst in den unmöglichen/verschwindenden Blick nehmen. Wiederum im Tagebuch an Charlotte von Stein heißt es am 9. September 1786 („Note a. Gedancken über die Witterung"):

> Da ieder Dunst und Wassertropfen durch Mittheilung der Atmosphärischen Elasticität [...] ins unendlich kleine getheilt werden kann; so kann auch die Wasser Masse sich in eine weit grösere Höhe austheilen und vor unsern Augen so verschwinden daß sie zuletzt auch nicht den geringsten Dunst bemerckbar laßt.[3]

Goethes Ästhetik des Erscheinens/Verschwindens artikuliert sich im Übergang zwischen Aggregatzuständen; anders gesagt: das Aggregat ist Schauplatz der Inszenierung von Wahrnehmung als Übergänglichem. Eine solche Wahrnehmungstheorie des Übergänglichen, ein solches Wahrnehmungsaggregat, bewegt sich nicht im Register sichtbar-unsichtbar, sondern eruiert die Produktion von Erscheinungen entlang eines rhythmischen Alternierens von *Zu-Sehen-Geben* und *Verschwinden-Machen*. Derridas Begrifflichkeit der „Eskamotage" als „Kunst oder [...] Technik des *Verschwindenmachens*" aufnehmend, ließe sich Goethes Aisthetik des Atmosphärischen als „Hyper-Phänomenologie" bezeichnen, die „verschwinden [...] mach[t]", indem sie „‚Erscheinungen'

sich aber nach und nach aufzuzehren schien. " (W 218); „alle unbelaubten Bäume, bisher unbemerkbar, wenigstens unbemerkt, kommen nach und nach zur Erscheinung, wie sie ihre Blätter entfalten" (W 226).

1 Zum Vor-Augen-Stellen als Funktion des Vorhangs vgl. Gabriele Brandstetter, „Lever de Rideau – die Szene des Vorhangs", in: dies./Sibylle Peters (Hg.), *Szenen des Vorhangs – Schnittflächen der Künste*, Freiburg im Breisgau: Rombach 2008, 19-44.

2 Auch in Goethes meteorologischen Aufzeichnungen findet das Vor-Augen-Stellen Erwähnung. So schreibt Goethe am 11. September 1786 an Charlotte von Stein: „Der Mond ging auf und beleuchtete ungeheure Gegenstände. [...] Wenn ich dir sie nur vor die Augen hätte stellen können" (Goethe, „1786; Von Karlsbad nach Rom 3.9. – 19.10.1786, Fr d 8 Sept. Abends", 28).

3 Ebd., 21.

produziert, was", so Derrida, „nur dem Anschein nach einen Widerspruch darstellt, da man verschwinden macht, indem man Halluzinationen produziert oder Visionen gibt."[1] Es handelt sich dabei um einen theatralen Akt, wie anhand von Goethes Wolken-Theater noch genauer zu sehen sein wird.

Dass sich Goethes Wahrnehmungsaggregate nicht aufs Visuelle beschränken, wird meine spätere „Erlkönig"-Lektüre zeigen. Hier sei nur kurz auf die akustische Dimension eines anderen Aggregats in Goethes Aufzeichnungen zum Atmosphärischen verwiesen. Thomas Manns Worte aus dem *Zauberberg* „Ein Wasserfall ist immer ein anziehendes Ausflugsziel"[2], treffen auch für Goethes zweite Reise in die Schweiz zu. Am 9. Oktober 1779 erreicht Goethe den Staubbach, der bereits durch von Hallers *Alpen* literarische Berühmtheit erlangt hatte, und dem die dispersive Dynamik des Aggregats in Form unendlicher Austeilung, Mitteilung, Verteilung zu eigen ist. Ein Hauch des in feinsten Nebel zerstäubenden Wassers findet sich in Vers 11 („stäubt") von Goethes am Staubbach geschriebenem *Gesang der Geister über den Wassern*[3]. An Charlotte von Stein schreibt Goethe am 9. Oktober 1779 aus Lauterbrunnen:

> [...] wir haben den Staubbach bei gutem Wetter zum erstenmal gesehen [...] Es lässt sich von ihm kein Bild machen, die Sie von ihm gesehen haben sehen sich mehr oder weniger ähnlich; aber wenn man drunter ist, wo man weder mehr Bilden noch beschreiben kann, dann ist man erst auf dem rechten Flek. Jezo sind die Wolken herein ins Thal gezogen und deken alle die heitere Gründe. Auf der rechten Seite steht die hohe Wand noch hervor über die der Staubbach herab kommt. Es wird Nacht, wir sind beim Pfarrer in Lauterbrunn eingekehrt es ist ein aus ein ander liegendes Dorf, genannt, wie die Leute sagen weil lauter Brunnen nichts als Brunnen in dieser Gegend von den Felsen herunter kommen.[4]

Die dispersive Kraft des Aggregats schießt als defiguratives Moment in die Darstellung ein. Goethes Brief bricht mit Bild und Beschreibung. Erst „wenn man drunter ist, wo man weder mehr Bilden noch beschreiben kann, [...] ist man

1 Derrida, *Marx' Gespenster*, 202.

2 Thomas Mann, *Der Zauberberg*, in: *Große kommentierte Frankfurter Ausgabe. Werke – Briefe – Tagebücher, Bd. 5.1*, Frankfurt am Main: Fischer 2002, 928.

3 Johann Wolfgang Goethe, „Gesang der Geister über den Wassern", in: *Sämtliche Werke nach Epochen seines Schaffens, Bd. 2.1: Erstes Weimarer Jahrzehnt 1775-1786*, München: Hanser 1987, 48-49, hier: 49.

4 Johann Wolfgang Goethe, „Brief an Charlotte von Stein, 9. Oktober 1779", in: *Sämtliche Werke. Briefe, Tagebücher und Gespräche II. Abt., Bd. 29: Das erste Weimarer Jahrzehnt 1775-1786*, Frankfurt am Main: Deutscher Klassiker Verlag 1997, 199-203, hier: 199.

[…] auf dem rechten Flek". Auffällig ist nicht nur die Lösung vom Modus des Visuellen, sondern auch das Verstummen des Briefes. Auf dem „rechten Flek" könnte das Getöse vermutlich nicht größer sein, ein akustisches Spektakel, das, wollte man die Beschreibung des Wasserfalls im *Zauberberg* ein weiteres Mal heranziehen, die „Ohren überfüllt und dicht verpolstert", eine „Dauerkatastrophe aus Schaum und Geschmetter, deren irres und übermäßiges Brausen" „betäubt" und „Gehörstäuschungen" verursacht, ein „unsinnige[r] Lärm", von dem einem „die Sinne […] vergehen", ja, der alle Worte verschlingt.[1] So bei Thomas Mann. Nichts davon bei Goethe. Oder doch? Äußert sich der Text – am „rechten Flek" – „in das alles verschlingende Getöse hinein"[2] und ist es darum, dass wir nichts hören/lesen? Ein „tauber Toast" wie derjenige von Mynheer Peeperkorn? Ausfall von Darstellung ist der „rechte Flek" eine Leerstelle. Und wie immer bei einer Leerstelle, lässt sich nicht sagen, was der Text tut. Was folgt, allerdings, zeigt den Wechsel zum Akustischen an. Wenn es heißt: „Lauterbrunn", so genannt, „weil lauter Brunnen nichts als Brunnen in dieser Gegend von den Felsen herunter kommen"[3], lässt sich die Repetition von „lauter" und „Brunnen" durchaus als Echo eines nicht verlautbar gewordenen Wechsels ins Akustische vernehmen. Im Zeichen des Wahrnehmungsausfalls am Wasserfall wird Sprache *sound*, Aggregat: „lauter Brunnen nichts als Brunnen". Sprachliche Verlautbarung/Lautwerdung vollzieht sich als Echo von lauter *Rauschen*. Mit dem Rauschen im/als Namen zeigt auch der „Ort" „Lauterbrunn" Züge eines Aggregats: „ein aus ein ander liegendes Dorf".

3 Wolken-Theater: Simulakrum des Wirklichen

Kehren wir zu Goethes Wolkenstudien zurück; gehen wir der Ästhetik des Erscheinens/Verschwinden noch etwas genauer nach: Goethes Aufzeichnungen zum Atmosphärischen kreieren ein Theater aus Wolken[4], in dem es weniger um eine Dramatisierung von Wolkenbewegung geht, als um die Genese

1 Mann, *Der Zauberberg*, 938f.
2 Ebd., 941.
3 Goethe, „Brief an Charlotte von Stein, 9. Oktober 1779", 199.
4 So heißt es etwa in *Camarupa* im Abschnitt über den Stratus, dass „diese Streifen, wie Soffiten von Kulisse zu Kulisse, so vom Felsen der einen Seite zum Fels der andern horizontal herübergezogen waren" (Johann Wolfgang Goethe, „Camarupa", in: FA I/25, 199-205, hier: 200). In „Wolkengestalt nach Howard" ist die Rede von einem „übereinander getürmte[n] Amphitheater von Kumulus" (W 220), einem „herrliche[n], höchst unterrichtende[n] Schauspiel" (W 220), von „Wolkenkonflikt" (W 222) und „Wettstreit[]" (W 222), und der Eintrag vom 30. September 1820 lautet: „Das alte Spiel vom Auflösen und Verkörpern der Wolken, ohne Resultat" (W 221).

eines spezifischen Schauplatzes, einer spezifischen Theatralität, die wesentlich Inszenierung von Wahrnehmung/Beobachtung ist. Nicht Konflikte strukturieren Goethes Wolken-Theater/szenische Wahrnehmung, sondern minimale Akte, unmerkliche, kleine Bewegungen, sprich: Übergänge, auf die ich mich entsprechend beschränken will. Der Eintrag vom 21. Juni 1822 in „[Über die Ursache der Barometerschwankungen]" lautet:

> Ein Kumulus der hohen Region ward nicht etwa teilweise zerzupft, sondern löste sich, seine Gestalt behaltend, in Zirrus auf, und schien in derselben Stelle beharrend nach und nach zu verschwinden; eigentlich aber, und genau beobachtet, wird gleichsam ein Vorhang weggezogen und ohngefähr die vorige Wolkengestalt steht als Zirrus scheinbar etwas weiter hinten; die Wolke hat ihre Körperlichkeit, während einer geringen Bewegung, verloren.[1]

Goethes Beschreibung ist zweischrittig, wobei beide Schritte durchaus nicht zum selben Ergebnis kommen. Während der Zirrus im ersten Teilsatz „in derselben Stelle" wie der Kumulus zu beharren scheint, „steht" er im zweiten Teilsatz „scheinbar etwas weiter hinten". Die Stellung, sprich: die Frage des Raumes – oder sollen wir sagen: der Zeit, der Bewegung – scheint das Strittige, und Goethe wählt ein theatrales Mittel zur Präzisierung der Beobachtung: „genau beobachtet, wird gleichsam ein Vorhang weggezogen". Die hier hergestellte Verkoppelung von Beobachtung und Theatralität wird bis zum Ende des Eintrags beibehalten. Beobachtung wird theatralisiert, in eine Szene der Produktion von Erscheinungen transformiert: „steht *als* Zirrus". Die Präzisierung der Beobachtung qua Theatralisierung („genau beobachtet") eröffnet einen Raum von Simulakren. Wo der Vorhang weggezogen wird, wird kein Gegenstand sichtbar, sondern Wahrnehmung/Beobachtung *inszeniert.* Beobachtung reflektiert auf Beobachtung nicht im Sinne einer möglichen Aufteilung auf verschiedene Ebenen (*second order observation*), sondern im Sinne einer Produktion von Simulakren: Was Werther an den Beschreibungen beklagt, bestimmt Goethes Wolken-Theater als (bewusst prekäre) Methode von Beobachtung. Dem Wolken-Theater ist das Double, eine spektrale Dimension, inhärent: Beobachtung/Beschreibung entgeht nicht ihrer eigenen Performanz, welche – entsprechend der Ästhetik des Erscheinens/Verschwindens – zugleich Gegenstände von Beobachtung als Erscheinungen wie Wahrnehmung als spektrales Geschehen produziert. Die Formulierung „steht *als* Zirrus *scheinbar*" lässt sich auf den Akt der Wahrnehmung rückwenden, womit sie dessen

1 Goethe, „[Über die Ursache der Barometerschwankungen]", 258 (21.6.1822).

zutiefst zweifelhaften Status enthüllt, in welchem *sehen* und *scheinbar sehen* nicht voneinander zu unterscheiden sind. Goethes (Wolken-)Theater zeitigt Wahrnehmungsereignisse als Simulakra.

Liest man Goethes Eintrag vom 21. Juni 1822 im Sinne einer Konzeption von Theater bzw. Szene von Wahrnehmung, so ist die Suspension des Dramatischen zugunsten von Raum-/Zeitwerdung auffällig. Partizipial- und Passivkonstruktionen lösen Handlung von jeglichem handelnden Subjekt und eröffnen einen theatralen Raum spezifischer Art: Nicht Figuren erscheinen auf einer Bühne, sondern der Schauplatz selbst gerät in Bewegung, wird zu einem Ort des Übergangs. Das Wegziehen des Vorhangs erzeugt einen in sich versetzten, gestaffelten Raum („steht [...] etwas weiter hinten"). In minimaler Bewegung („während einer geringen Bewegung"), die die des Wegziehens des Vorhangs sein mag, generiert sich der theatrale Raum als immer schon „etwas weiter hinten", sprich: als räumlich wie zeitlich versetzt. Die minimale Bewegung ist Ausweis von Goethes Poetik des „Übergänglichen": Raum selbst wird zum „Sich-Entfernenden", „Sich-Nähernden", „Sich-Auflösenden", „Erscheinenden". Der szenische Wahrnehmungsraum, wie ihn Goethes Wolken-Theater konzipiert, ist genuin zeitlich, Übergang, Schwelle, Raum *als Bewegung*, die Wahrnehmungsereignisse im Modus von Erscheinen/Verschwinden produziert.

Wo der Vorhang weggezogen „*wird*" („wird [...] ein Vorhang weggezogen"), artikuliert sich nicht nur ein passives, sondern auch ein zeitliches Moment, das von dem Andauern der minimalen Bewegung („*während* einer geringen Bewegung") sekundiert wird. Als fände Goethes Wolken-Theater seinen bewegten Schauplatz in eben jenem Akt des Vorhang-Wegziehens – einer, ruft man sich das Präsens Partizip der Wolkenbewegung in Erinnerung, zugleich immer schon vergangenen wie noch ausstehenden, sprich: so geringen wie niemals abzuschließenden Bewegung („Übergängliches"). Goethes Wolken-Theater respektive szenische Wahrnehmung bleibt damit strukturell ‚vor dem Theater', ist genuin Vorspiel, das nirgendwo anders seinen beweglichen ‚Ort'/ Zwischenraum hat als in eben jenem minimalen Akt des Vorhang-Wegziehens selbst. Dabei steht noch das Vorhang-Wegziehen selbst in Frage, denn vergessen wir nicht: auch der Vorhang wir nur „*gleichsam*" weggezogen, noch die geringste Bewegung ist nicht von einem Simulakrum zu unterscheiden.

Der Vorhang ist in der Tat das einzige Theater-Utensil, das Goethes Wolken-Theater hier aufweist; eine Bühne tritt nicht in Erscheinung. Außer dem Vorhang, welcher im Akt des Weggezogen-Werdens den Schauplatz eröffnet, gibt es keine räumliche Begrenzung. Das Wolken-Theater nimmt m.a.W. eine Transformation des gesamten Raumes der Beobachtung/Wahrnehmung hin zu einem beweglichen Schauplatz vor. Der Beobachterblick findet keinen Halt an den Grenzen einer Bühne, die es ermöglichte Täuschung von

Nicht-Täuschung zu unterscheiden. Vielmehr ist das Beobachterauge in die Bewegung des Vorhangs hinein verlegt, erscheint als ‚Auge des Vorhangs', das qua seriell-minimaler Bewegung je verschobene Schauplätze zeitigt. Kein Subjekt ist Träger von Wahrnehmung, der Blick des Vorhangs ist kein menschlicher Blick. Das Aggregat wird zum Träger von Wahrnehmung, eines seriell-mannigfaltigen Blicks, der – jeglicher fixen Perspektive beraubt – Wirkliches als Simulakrum generiert.

Auch andernorts überschreitet Goethes Wolken-Theater die traditionelle Metapher des Schauplatzes als Szene von Beobachtung in entscheidender Weise. In der ersten Abteilung der *Briefe aus der Schweiz* heißt es:

> So wie mich sonst die Wolken schon reizten mit ihnen fort in fremde Länder zu ziehen, wenn sie hoch über meinem Haupte wegzogen, so steh' ich jetzt oft in Gefahr, daß sie mich von einer Felsenspitze mitnehmen wenn sie an mir vorbeiziehen. Welche Begierde fühl' ich, mich in den unendlichen Luftraum zu stürzen, über den schauerlichen Abgründen zu schweben und mich auf einen unzugänglichen Felsen niederzulassen.[1]

Werthers begehrliche Anverwandlung an die Wolkenbewegung lässt sich im Sinne einer Zerstreuung von Perspektive im szenischen Wahrnehmungsaggregat lesen. Was Wolkenbildung, was das Aggregat „erteil[t]"[2], ist eine grundlegende „Gefahr" („so steh' ich jetzt oft in Gefahr"): Das „Ich" selbst steht in Gefahr und mit ihm jegliche subjektive Wahrnehmung, die zugunsten einer prekären Nicht-Position von Wahrnehmung verabschiedet wird, eines seriellen Blicks zwischen Schweben und schwindelerregendem Abgrund, der Transformation der Szene zum *abyme*.[3]

---

1 Goethe, *Briefe aus der Schweiz. Erste Abteilung*, 595f.

2 Goethe, „Wohl zu merken", 244.

3 Es wäre lohnenswert zu untersuchen, wie sich Goethes Wolken-Theater mit seiner Konzeption von Handlung, spezifischen Zeitlichkeit, Ä/Aisthetik des Erscheinens/Verschwindens und der damit verbundenen Dynamisierung des theatralen „Raumes" zur Theatralität des Auftritts im Goetheschen Theater verhält, vgl. dazu Juliane Vogels Studie *Aus dem Grund. Auftrittsprotokolle zwischen Racine und Nietzsche* (Paderborn: Fink 2018), welche u.a. bei Goethe den „Grund" als produktive Kraft eines Theaters untersucht, das „den Wechsel von Hervorkommen und Verschwinden in neuer Weise organisier[t]" (116), vgl. bes. 109-199 (Kap. II: Schwankende Gestalten. Goethes Auftrittstheater). Zwei Szenen im *Faust* springen diesbezüglich ins Auge: 1) die „schwankende[n] Gestalten" aus der „Zueignung" in *Faust I*, welche mit den „schwankende[n] Erscheinungen" der Wolken in *Camarupa* korrespondieren (Goethe, „Camarupa", 199). Einen Bezug zwischen Goethes Studien zum Atmosphärischen und der „Zueignung" in *Faust I* stellt auch Marianne Schuller her, wenn sie letztere „als Dichtung einer Dämmerungsästhetik des Erscheinens" charakterisiert (Schuller, „Über Wolken",

4 Epistemologie des Aggregats

Der Aggregatstruktur des Atmosphärischen korrespondiert das schriftliche Darstellungsverfahren. Am bekanntesten sind zweifellos Goethes Wolkentagebücher zwischen 1818 und 1823, doch datieren Tagebuch- und Briefaufzeichnungen zum Atmosphärischen weit früher. Qua Datierung und sequentieller Struktur scheinen Tagebuchaufzeichnung und Brief prädestiniert, Goethes Anspruch, „alle Naturphänomene in einer gewissen Folge der Entwickelung zu betrachten und die Übergänge vor und rückwärts aufmerksam zu begleiten" (W 216), Genüge zu tun. Das Tagebuch erlaubt es, die so veränderlichen atmosphärischen Erscheinungen in Folge zu beobachten, es datiert Ereignisse und richtet sie nach einer Ordnung des ‚vor' und ‚nach' aus. Strukturell entsprechen Goethes Reiseaufzeichnungen seinen Anforderungen an den Versuch, wie er sie in seinem Essay *Der Versuch als Vermittler von Objekt und Subjekt* (1793) formuliert: Sie erfüllen die Bedingung der Serialisierung von Versuchs- und Beobachtungssituation, ‚reihen' bedächtig „das Nächste ans Nächste"[1] und verzichten, insofern sie strikt auf der Ebene von Beschreibung verbleiben, darauf, Beobachtungen in ein System der Interpretation bzw. Erklärung zu überführen: „Man kann sich [...] nicht genug in acht nehmen, aus Versuchen nicht zu geschwind zu folgern" (V 30). John Constable, dessen serielle Wolkenstudien ebenfalls auf die Jahre 1820-1822 datieren, betrachtet Malerei als Wissenschaft, deren Experimente die Bilder sind.[2] Ließen sich in diesem Sinne Goethes Aufzeichnungen zum Atmosphärischen als Versuchsanordnungen, experimentelle Studien lesen? Es wäre dies ein Experiment, das Atmosphärisches und serielle Aufzeichnung miteinander in Beziehung setzt,

258); 2) der Auftritt – oder besser: die Metamorphose – des Pudels in der Studierszene, welche/r Wahrnehmung als „Augengespenst" so eindrücklich in Szene setzt: „Aber was muß ich sehen!/Kann das natürlich geschehen?/Ist es Schatten? ist's Wirklichkeit?/Wie wird mein Pudel lang und breit!/Er hebt sich mit Gewalt, /Das ist nicht eines Hundes Gestalt!/Welch ein Gespenst bracht' ich ins Haus!" (vv. 1247-1253)/„Es will zum Nebel zerfließen" (v. 1313). Vgl. hierzu auch die instruktive Lektüre von Juliane Vogel, welche den Auftritt des Pudels im Sinne eines „Theater[s] des produktivischen Grundes" liest: Juliane Vogel, „‚Nebulistische Zeichnungen'. Figur und Grund in Goethes Weimarer Dramen", in: Gottfried Boehm und Matteo Burioni (Hg.), *Der Grund. Das Feld des Sichtbaren*, München: Fink 2012, 317-334, hier: 327; sowie dies., *Aus dem Grund. Auftrittsprotokolle zwischen Racine und Nietzsche*, 126-131.

1 Johann Wolfgang Goethe, *Der Versuch als Vermittler von Objekt und Subjekt*, in: FA I/25, 26-36, hier: 34.

2 „Painting is a science and should be pursued as an inquiry into the laws of nature. Why, then, may not landscape painting be considered as a branch of natural philosophy, of which pictures are but the experiments?" (John Constable, zitiert nach Ernst H. Gombrich, *Art and Illusion: A Study in the Psychology of Pictoral Representation*, Princeton: Princeton University Press 1961, 33)

ein Experiment m.a.W. in der Beobachtung mit poetischen Mitteln wie in der Dynamisierung von Poesie.

Die genauere Analyse von Goethes Aufzeichnungen zum Atmosphärischen zeigt, dass die lineare Abfolge und Ordnung der Ereignisse durchaus nicht garantiert ist. Abschiedsstruktur und Nachträglichkeit habe ich bereits angesprochen. Flüchtigkeit und offene Form sind weitere Merkmale von Goethes die eigene Zeitlichkeit konsequent reflektierenden Aufzeichnungen. Den permanent wechselnden atmosphärischen Erscheinungen korrespondieren Goethes an Charlotte von Stein adressierte „flüchtige Bemerkungen". Am 9. September 1786 abends notiert Goethe:

> Da ich meine flüchtige Bemerckungen dieser Tage zusammenbringe, schreibe und hefte; so findet sich's das sie beynahe ein Buch werden, ich widme es dir. So wenig es ist wird es dich erfreuen und wird mir in der Folge Gelegenheit geben besser ordentlicher und ausführlicher zu erzählen. [...] Ich werde so fortfahren von Zeit zu Zeit einen Rasttag zu machen und das Vergangne in Ordnung zu bringen[1].

Die dem flüchtigen Gegenstand der Beobachtung verbundene Flüchtigkeit der schriftlichen Form wird von Goethe nachträglich ausgerichtet: ‚Zusammenbringen', ‚Heften', das Vergangene „in Ordnung"/in eine „Folge" bringen, bis die „flüchtige[n] Bemerckungen" „beynahe ein Buch werden", sind systematisierende Operationen. Und doch, das Flüchtige behauptet sein Recht, insofern auch die endgültige Form nur „beynahe" Form ist. Das Tagebuch ist immer nur „beynahe ein Buch". Die unabschließbare Folge ist *strukturelle* Grundlage des Erzählens („wird mir *in der Folge* Gelegenheit geben besser ordentlicher und ausführlicher zu erzählen", Herv. E.S.) wie des Lesens: Wenn Goethe schreibt „[s]o wenig es ist wird es dich erfreuen", mag dies nicht notwendig die spärliche Menge der Sendung bezeichnen, sondern ihre niemals zu erreichende Präsenz. Nicht „so *wenig* es ist", sondern „so wenig es *ist*" mag es die Adressatin erfreuen. Und wenn Goethe Charlotte von Stein widmet, was „beynahe ein Buch" wird, so mag auch die Widmung weniger dem „Buch" als dem „beynahe" gelten, dem Werden der Form, in die Flüchtiges einschießt; als könnte Goethe Charlotte genauso gut – oder hätte es eben damit getan – eine Wolke widmen. – Keine Linearität, keine Ordnung von vorher-nachher verbürgen die seriellen Aufzeichnungen zum Atmosphärischen, wie es Goethes methodischer Anspruch verlangt; die Dynamisierung von Wahrnehmung und Darstellung, die sich angesichts der Aggregate des Atmosphärischen vollzieht, ist anderer Art:

1 Goethe, „1786; Von Karlsbad nach Rom 3.9. – 19.10.1786, Fr d 8 Sept. Abends", 20.

Qua Nachträglichkeit installiert sich eine Flüchtigkeit, die sich nur „beinahe" zu einem Ganzen schließt, sprich: offene Form, „Übergängliches" bleibt.

Wenn gesagt war, dass Atmosphärisches und Tagebuchaufzeichnung das Serielle mit Goethes Überlegungen zum *Versuch* teilen, so ist nach den Konsequenzen zu fragen, die Goethes Praktiken des Seriellen – sprich: das Atmosphärische/Aggregat als Träger des Übergänglichen – für ein Denken des Versuchs/Experiments haben. Ich werde hier keine einlässliche Analyse von Goethes Essay *Der Versuch als Vermittler von Objekt und Subjekt* vornehmen und verweise diesbezüglich auf die exzellenten, in ihren theoretischen Schlussfolgerungen durchaus unterschiedlichen Lektüren von Eva Geulen[1] und Eckart Förster[2]. Anknüpfend an diese will ich mich hier auf zeitliche und epistemologische Aspekte des Aggregats als Träger des Übergänglichen beschränken.

Struktur und methodische Maxime von Goethes Versuch ist die *Reihenbildung*. Bedächtig „das Nächste ans Nächste zu reihen", „alle Seiten und Modifikationen [...] eines einzigen Versuches, nach aller Möglichkeit durchzuforschen und durchzuarbeiten", die „*Vermannigfaltigung eines jeden einzelnen Versuches* ist also die eigentliche Pflicht eines Naturforschers" (V 33), so – wie gesagt – Goethe in seinem Essay zum *Versuch*. Dabei bleibt noch das Resultat des seriellen Versuchs seriell: Die Erfahrung der „*höhern Art*" („eine Erfahrung, die aus mehreren andern besteht") muss „in Reihen geordnet und niedergelegt sein, nicht auf eine hypothetische Weise zusammengestellt, nicht zu einer systematischen Form verwendet" (V 35f.). Weder *ist* Reihenbildung noch *zielt* sie auf eine systematische Form.

Wie sowohl Eckart Förster als auch Eva Geulen bemerken, spart Goethes Essay zum *Versuch* die Kategorie des „Übergangs", die so grundlegend für Goethes morphologisches Interesse ist, aus. Wo „alles in einer steten Bewegung schwank[t]" (HM 392), wo „[d]ie Gestalt [...] ein bewegliches, ein werdendes, ein vergehendes" (HM 349), „Gestaltenlehre [...] Verwandlungslehre" (HM 349) ist, hängt mehr oder weniger die ganze Lehre am „Übergang". Eckart Förster liest Goethes Essay zum *Versuch* als „Methodologie des intuitiven Verstandes"[3], ergänzt hierfür allerdings die Kategorie des Übergangs. Neben der Serialisierung des Experiments bedarf es der Beobachtung der Übergänge, die – so Förster – der Essay zum *Versuch* noch nicht formuliert und welche erst

1 Eva Geulen, „Serialization in Goethe's Morphology", in: *Compar(a)ison: An International Journal of Comparative Literature, Comparative Epistemologies of Literature*, 2, 2008, 53-70; dies., *Aus dem Leben der Form*, bes. 109-122 (Reihenbildung).

2 Eckart Förster, *Die 25 Jahre der Philosophie: Eine systematische Rekonstruktion*, Frankfurt am Main: Vittorio Klostermann 2012, bes. 257ff.

3 Förster, *Die 25 Jahre der Philosophie*, 263.

mit den späteren Heften zur Morphologie in den Blick rücken.[1] Demgegenüber möchte ich behaupten, dass das Übergängliche im Kontext des Seriellen längst im Fokus der Aufmerksamkeit ist, eben in den Aufzeichnungen zum Atmosphärischen, welches Goethe dezidiert als Übergängliches interessiert.

Zirrus „sich aneinander reihend" (W 230). In dieser Formel artikuliert sich die Serialität des Atmosphärischen in ihrer spezifischen Zeitlichkeit: dem Präsens Partizip, welches bereits angesprochen wurde. Das Präsens Partizip ist nicht nur Studium „im Übergange"[2]; „sich aneinander reihend" formuliert zugleich das Übergängliche als in sich mannigfaltige, ungerichtete wie seriell-unbegrenzte Bewegung: „die Bewegung der Wolken schien aus ihnen selbst herzustammen"[3], heißt es in „[Nordlicht]". Reihenbildung aus sich heraus suspendiert das Präsens Partizip die Ordnung von Vergangenheit, Gegenwart und Zukunft zugunsten eines zugleich immer schon Vergangenen wie noch Ausstehenden. Nicht linear vor- und rückschreitend, sondern Simultanes und Sukzessives verbindend, trägt das Präsens Partizip des Atmosphärischen Züge des methodischen Wahnsinns, der Goethes „gegenständliches Denken"[4] charakterisiert: „eine Naturwirkung die wir der Idee gemäß als simultan und sukzessiv zugleich denken sollen, scheint uns in eine Art Wahnsinn zu versetzen" (HM 449). Ein solches Übergängliches ist nicht als Übergang zwischen gegebenen Elementen einer Serie zu denken, oder gar als Verbindung, welche die Serie zu einem Ganzen komplettiert.[5] Übergängliches betreibt vielmehr die Dynamisierung des Seriellen, verabschiedet ein lineares *nach* und *nach* zugunsten einer *Nach*träglichkeit, die Serielles als *genuin* Übergängliches installiert. Die partizipiale Formulierung „sich aneinander reihend" artikuliert Nachträglichkeit als Zeitlichkeit des Seriellen. Qua struktureller Nachträglichkeit und durch diese in Gang gesetzt, kommt die proliferierende Dynamik des Übergänglichen, wie sie Goethes ästhetisch-aisthetische Aggregate produzieren, nie zu sich selbst. – Wenn Goethe in Bezug auf seine „flüchtigen Bemerkungen" an Charlotte von Stein schreibt, dass diese „beynahe ein Buch werden", so lässt sich dieses „beinahe" als präzise Formel des Übergänglichen

1 Vgl. ebd., 262.

2 Goethe, „Luke Howard to Goethe", 235.

3 Goethe, „[Nordlicht]", 198.

4 Zu Goethes „gegenständlichem Denken" vgl. Jost Schieren, *Anschauende Urteilskraft. Methodische und philosophische Grundlagen von Goethes naturwissenschaftlichem Erkennen*, Düsseldorf/Bonn: Parerga 1998; Geulen, *Aus dem Leben der Form*, 136-144.

5 Während Eckart Förster Übergang als Verbindung denkt und Eva Geulen auf den isolierten Charakter des Seriellen insistiert, lese ich das Übergängliche als Dynamisierung des Seriellen im Sinne einer strukturellen Nachträglichkeit, womit das Serielle/Aggregat zum Ort von Intensitäten wird, Wahrnehmungsereignisse im Modus von Erscheinen/Verschwinden produziert.

begreifen, eines Übergänglichen, das – jenseits einer Logik von Präsenz, von Verbindung/Trennung, von Teil und Ganzem – einen Schwellenraum von Intensitäten eröffnet.

Was nun bedeutet die spezifische Zeitlichkeit/Übergänglichkeit des Atmosphärischen in Hinsicht auf die bei Goethe deutlich angelegte Epistemologie des Aggregats? Gemessen am *System* kommt dem *Aggregat* bei Kant erkenntnistheoretisch eine deutlich pejorative Bedeutung zu. So heißt es bei Kant zur Architektonik der reinen Vernunft (*Kritik der reinen Vernunft*, 1781):

> Weil die systematische Einheit dasjenige ist, was gemeine Erkenntnis allererst zur Wissenschaft, d. i. aus einem bloßen Aggregat derselben ein System macht, so ist Architektonik die Lehre des Szientifischen in unserer Erkenntnis überhaupt [...] Ich verstehe aber unter einem Systeme die Einheit der mannigfaltigen Erkenntnisse unter einer Idee. Diese ist der Vernunftbegriff von der Form eines Ganzen, so fern durch denselben der Umfang des Mannigfaltigen so wohl, als die Stelle der Teile unter einander, a priori bestimmt wird. [...] Die Einheit des Zwecks, worauf sich alle Teile [...] unter einander beziehen, macht, daß ein jeder Teil bei der Kenntnis der übrigen vermißt werden kann, und keine zufällige Hinzusetzung [...], die nicht ihre a priori bestimmten Grenzen habe, stattfindet. Das Ganze ist also gegliedert (articulatio) und nicht gehäuft (coacervatio)[1].

Im Unterschied hierzu setzen Goethes serielle Praktiken und dynamische Darstellungsverfahren dezidiert auf die Aggregatstruktur von Erkenntnis. Goethes Aggregate zeigen die flexible, nicht durch ein Ganzes definierte Stellung der Teile zueinander. Die „zufällige Hinzusetzung" ist nicht wie bei Kant gefürchtet, sondern willkommenes transformatorisches Moment einer als dynamisch gedachten Struktur, die eben dadurch zur Produktionsstätte von Erkenntnis wird. Im Tagebuch vom 26. Februar 1780 notiert Goethe:

> [...] den Rest des Tags bis Abends 8 gezeichnet. Es fängt an besser zu gehen, und ich komme mehr in die Bestimmtheit und in das lebhaftere Gefühl des Bildes. [...] Auch hier seh ich dass ich mir vergebne Mühe geben, vom Detail ins ganze zu lernen, [...] durch Aggregation begreiff ich nichts, aber wenn ich recht lang Holz und Stroh zusammengeschleppt habe und immer mich vergebens zu wärmen suche, wenn auch schon

1 Immanuel Kant, *Kritik der reinen Vernunft*, in: *Werke in sechs Bänden*, hg. von Wilhelm Weischedel, Bd. II, Darmstadt: Wissenschaftliche Buchgesellschaft 1966, 695f.

> Kohlen drunter liegen und es überall raucht, so schlägt denn doch endlich die Flamme in Einem Winde übers ganze zusammen.[1]

Scheint dem Aggregat hier zunächst jedes Erkenntnispotential abgesprochen, so ist es eben der Prozess des Zusammenschleppens, Sammelns, Anhäufens, sprich: von Aggregation, der schließlich die Flamme zeitigt. Das Ereignis – so unerwartet wie unkalkulierbar – entspringt einer seriellen Struktur und wird sich im Augenblick seines Auftretens immer schon vollzogen haben. Es bedarf des entscheidenden Funkens, der – mit Kant gesprochen „zufälligen Hinzusetzung" –, welche/r sich immer nur nachträglich darstellt. Goethe wählt eine durchaus ambivalente Formulierung: „die Flamme [schlägt, E.S.] in Einem Winde übers ganze zusammen". Das Eine/Ganze taucht einzig im Akt seiner Verzehrung/Zerstörung auf. Das Aggregat ist m.a.W. Übergängliches, Prozess von Transformation, in welchem das *nach-und-nach* des Sammelns in die Nachträglichkeit des Ereignisses umschlägt. Goethes deutlich epistemologisches Vokabular zum Aggregat fordert zu einer weiteren Bezugnahme auf den Essay zum *Versuch* auf: Das geduldige Anreihen von Versuchen und Beobachtungen zeitigt „denn doch endlich" eine zufällig-ereignishafte Einsicht, welche ihrerseits flüchtig, seriell, im Übergang bleibt. Würde – anders gesagt – Goethes dynamische Konzeption des Aggregats erlauben, die serielle Anlage des Versuchs in Hinsicht auf das Übergängliche zu denken? Den Versuch als Aggregat, welches Erkenntnis generiert? Eine Produktionsstätte von *Aperçus* in Serie?

In der Tat scheint Goethes Begrifflichkeit des Aperçu[2] geeignet, die Zeitlichkeit seiner Erkenntnistheorie weiter zu spezifizieren. Ein bedeutendes Aperçu ereignet sich am 27. März 1784 in Jena: Goethe entdeckt den Zwischenkieferknochen beim Menschen und macht keinen Hehl aus der zufälligen

1 Johann Wolfgang Goethe, „Tagebuch, 26. Februar 1780", in: *Sämtliche Werke. Briefe, Tagebücher und Gespräche II. Abt., Bd. 29: Das erste Weimarer Jahrzehnt 1775-1786*, Frankfurt am Main: Deutscher Klassiker Verlag 1997, 245. Vgl. hierzu auch Bez, *Goethes „Wilhelm Meisters Wanderjahre": Aggregat, Archiv, Achivroman*, 58.

2 Zum *Aperçu* vgl. u.a. *Goethe-Wörterbuch*, hg. von der Berlin-Brandenburgischen Akademie der Wissenschaften, der Akademie der Wissenschaften in Göttingen und der Heidelberger Akademie der Wissenschaften, Stuttgart: Kohlhammer 1978ff.: http://woerterbuchnetz.de/cgi-bin/WBNetz/wbgui_py?sigle=GWB, Bd. 1, Sp. 766-767; Hartmut Köhler, „Aperçu", in: *Historisches Wörterbuch der Rhetorik*, hg. von Gert Ueding, Bd. 1, Tübingen: Max Niemeyer 1992, Sp. 760-767; Peter Matussek, „‚Es ist das Höchste, wozu es der Mensch bringt'. Das Aperçu bei Goethe", in: Akio Ogawa/Kazuhiko Tamura/Dieter Trauden (Hg.), *Wie alles sich zum Ganzen webt. Festschrift für Yoshito Takahashi zum 65. Geburtstag*, Tübingen: Stauffenburg 2010, 103-115; Stefan Blechschmidt, *Goethes lebendiges Archiv. Mensch – Morphologie – Geschichte*, Heidelberg: Winter 2009, 182-191.

Natur dieses Fundes, wenn er am selben Tag an Herder schreibt: „[I]ch [muß] dich auf das eiligste mit einem Glücke bekannt machen, das mir zugestoßen ist. Ich habe gefunden [...] das os intermaxillare am Menschen! Ich verglich [...] Menschen- und Thierschädel, kam auf die Spur und siehe da ist es." Als „glückliche[] Eingebungen des Augenblicks" (HM 505) bezeichnet Goethe die Erkenntnis des Aperçu in den Aufzeichnungen zur Entdeckung des Zwischenkieferknochens von 1784. „Ein solches aperçu", heißt es in *Dichtung und Wahrheit*, „entspringt ganz und vollendet im Augenblick."[1] Dabei besteht kein Zweifel, dass der glückliche Augenblick der Erkenntnis nicht-kausales, sprich: singulär-zufälliges Resultat eines durchaus zähen, langwierigen, ja, langweiligen und in jedem Fall andauernden Prozess des Forschens, Beobachtens und Versuchens ist, wie es die Tagebuchaufzeichnung zum Zusammenschleppen von Holz und Stroh artikuliert. Die singuläre Erkenntnis entspringt Seriellem und generiert Serielles. „Alles wahre Aperçu", so Goethe in den *Heften zur Morphologie*, „kömmt aus einer Folge und bringt Folge. Es ist ein Mittelglied einer großen produktiv aufsteigenden Kette." (HM 568) Eine weitere Parallele zum Essay über den *Versuch* drängt sich auf. Aus der Reihenbildung, Vermannigfaltigung des Versuchs resultiert eine Erfahrung der „höhern Art", die ihrerseits seriell ist, variable Relationen stiftet. Im Unterschied zur „aufsteigenden Kette" allerdings gibt das Aggregat als Übergängliches einer anderen Zeitlichkeit/ Dynamik von Erkenntnis statt. Das Ereignis der Erkenntnis, die das Ganze verzehrende Flamme, ist selbst transformatorischer Akt, der das Aggregat stets wieder neu figuriert, als veränderliche, anschlussfähige[2] wie qua struktureller Nachträglichkeit unabschließbare Versuchsapparatur in Gang hält, die flüchtige Erkenntnisse zeitigt. Die „zufällige Hinzusetzung" (Kant), das gefährliche Supplement, das die Proliferation des Aggregats betreibt, ist nichts anderes als das Aperçu, die Flamme der Erkenntnis selbst – eine Flamme, die blendet, eine Erkenntnis/Einsicht, die nicht von der Ordnung des Begreifens/Verstehens ist, sondern transformativer Akt.

Das Aperçu geht mit einem spezifischen Wahrnehmungsmodus einher: „Alles kommt in der Wissenschaft auf das an, was man ein Aperçu nennt, auf ein Gewahrwerden dessen, was eigentlich den Erscheinungen zum Grunde liegt. Und ein solches Gewahrwerden ist bis ins Unendliche fruchtbar" (F 689) – so Goethe in der *Farbenlehre*. In *Dichtung und Wahrheit* heißt es: „Es sind [...] was wir in wissenschaftlichen und poetischen Angelegenheiten aperçu's

1 Johann Wolfgang Goethe, *Aus meinem Leben. Dichtung und Wahrheit*, in: *Sämtliche Werke nach Epochen seines Schaffens, Bd. 16*, München: Hanser 1985, 726.

2 „Damit ziehen Anschlußfähigkeit und Unabschließbarkeit [...] mit ein in das Aggregat." (Bez, *Goethes „Wilhelm Meisters Wanderjahre": Aggregat, Archiv, Achivroman*, 69)

nennen: das Gewahrwerden einer großen Maxime, welches immer eine genialische Geistesoperation ist; man kommt durch Anschauen dazu, weder durch Nachdenken noch durch Lehre oder Überlieferung."[1] Goethe übersetzt das Changieren zwischen „Wahrnehmen" und „Entdecken", wie es *apercevoir* formuliert, kongenial mit „Gewahrwerden", welches nicht nur den Zusammenhang von „Wahrnehmung und Erkenntnis"[2], sondern überdies die spezifische Zeitlichkeit des Erkenntnisaktes akzentuiert. „Gewahrwerden" markiert zugleich ein Gewahrgewordensein, sprich: ein strukturell nachträgliches Ereignis, wie eine Zukünftigkeit: Gewahrwerden im Sinne von Witterung/Ahnung. Nicht nur im wahrnehmungsästhetisch-meteorologischen, sondern auch im erkenntnistheoretischen Sinne – so könnte man sagen – interessiert sich Goethe für Witterung.[3] Angesichts der Verschränkung von Nachträglichkeit und Zukünftigkeit im Akt des „Gewahrwerdens" ließe sich von einer ‚Witterung des *nach*' bei Goethe sprechen – eines *nach*, das zugleich ein irreduzibel Vergangenes wie ein noch Ausstehendes adressiert. – Neben der Zeitlichkeit ist der Wahrnehmungsmodus des Aperçu auffällig: Gewahrwerden ist gerade nicht

1 Goethe, *Dichtung und Wahrheit*, 725.

2 Köhler, „Aperçu", Sp. 762.

3 Wie Rainer Nägele anhand der „Witterung der Musen" bei Hölderlin gezeigt hat, „fallen Wahrnehmung und Wahrgenommenes" in der Witterung zusammen: Witterung ist zugleich „atmosphärisch Wahrgenommenes, [...] atmosphärisches Medium des Erfassens" wie „witternde Wahrnehmung" (Rainer Nägele, *Darstellbarkeit. Das Erscheinen des Verschwindens*, Basel/Weil am Rhein: Urs Engeler 2008, 125). „In ihm [dem Wort ‚Witterung'] nämlich fallen Wahrnehmung und Wahrgenommenes in Eins zusammen, als hätte sich die intellektuelle Anschauuung, die nach Kant dem menschlichen Verstand verwehrt ist, hier einen abgelegenen Ort, um nicht zu sagen Ab-Ort, gefunden." (Ebd., 115) „[...] dass Witterung auch das Wahrgenommene, die Witterung als Wetter und Atmosphäre, sein kann, dass also in ihm im buchstäblichsten Sinne des Wortes Subjekt und Objekt, Wahrnehmung und Wahrgenommenes Eins werden, dass also [...] die intellektuelle Anschauung sich als intellektuelle Witterung rettet." (Ebd., 119) Lassen sich Denken und Anschauen bei Goethe nicht trennen, markiert das Gewahrwerden/die Witterung des Aperçu zugleich eine Dynamik, welche jegliche Anschauung unterläuft. Joseph Vogl verortet dieses Moment im anderen Wortsinn von Witterung, in der meteorologischen Wahrnehmung, wenn er schreibt: „dass die meteorologische Wahrnehmung jede Anschauung unterläuft. Wie für Howard die Haut zu einem besonderen Witterungsorgan geworden ist, so erschließt sich für Goethe die Wettergestalt ganz konsequent in einem Bereich unbestimmter Fühlbarkeit. Diese Ausweitung der Sinne lenkt die Wahrnehmung in ein anästhetisches Feld und vielleicht könnte man hier vom Auftauchen eines Atmosphärischen sprechen, von der Bildung eines neuen ästhetischen wie physiologischen Gegenstands. Die besondere Wendung besteht allerdings darin, daß sich gerade hier die höchste Wahrnehmungsintensität realisiert. Auf einer seiner Schweizer Reisen, 1779, anlässlich seiner Ausflüge ins Gebirge, von einer Wolke umhüllt und aller Sichtbarkeit beraubt, notierte Goethe: Hier fühle man die ‚ewig innerliche Kraft der Natur [...] sich ahnungsvoll durch jede Nerve bewegen'. Was sich hier, diesseits der Anschauung, fühlbar und nur fühlbar macht, ist die Tätigkeit des Lebens selbst" (Vogl, „Wolkenbotschaft", 79).

Sichtbarmachung, sondern bewegt sich am Rande von Wahrnehmbarkeit. Das Aperçu ist ein „Modus der Wahrnehmung des noch nicht, im Grenzfall sogar überhaupt nie Wahrnehmbaren“[1], bezeichnet m.a.W. einen prekären Wahrnehmungs- wie Erkenntnisakt, der sich mit Goethe auch als „Sinnesänderung“[2] bezeichnen lässt. Dabei handelt es sich weniger um eine *„änderung des sinnes, der gemütsart oder gesinnung, stimmung“*[3] als um eine „Änderung der Sinne“, Übergang zwischen Wahrnehmung und Nicht-Wahrnehmung, wie ihn Goethes Wahrnehmungsaggregate in Szene setzen. Epistemologie und Ästhetik/Aisthesis des Aggregats zeigen sich im Aperçu miteinander verschränkt.

Mit der performativ-szenischen Dimension des Gewahrwerdens formuliert Goethes Aperçu zugleich die Untrennbarkeit von Erkenntnis und Darstellung. In diesem Sinne wirft das Aperçu ein Problem von Darstellbarkeit auf: Das Aperçu, so Goethe, lässt sich „aussprechen, aber nicht beweisen, im einzelnen läßt sichs wohl vorzeigen, doch bringt man es nicht rund und fertig.“ Ja, noch „der einzelne [...] Beobachter“ bleibt „mit sich selbst nicht immer einig“ (HM 504). Der seriell-transformative Akt von Erkenntnis ist nicht identisch mit sich selbst, noch lässt sich ihm ein Subjekt unterstellen. Träger von Erkenntnis wie von Darstellung ist das Aggregat. Dass dies nicht zuletzt eine Konzeption von Sprache als Aggregat impliziert, wird im Folgenden zu sehen sein.

5 Sprach-Aggregate

Was Goethes Ausführungen zum Aggregat verhandeln, sind nicht allein ästhetische oder epistemologische, sondern auch sprachlich-poetologische Überlegungen. Goethe markiert die Frage nach dem Aggregat ausdrücklich als Problem sprachlicher Darstellung, des „Ausdrucks“. Der kurze Text zum Trüben trägt den Titel „Der *Ausdruck* Trüb“, und was er u.a. enthält, sind Auflistungen von Bezeichnungen um das Bedeutungsfeld „trüb“ im Lateinischen, Griechischen, Italienischen, Spanischen und Französischen. Die Untersuchung der Aggregatstruktur verbindet sich mit einem Wörterbuchprojekt. Das Resultat ist die Generierung von Sprach-Aggregaten auf verschiedenen Ebenen. Zum einen produziert Goethes Text Wort-Reihen um das Wort „trüb“ qua minimaler semantischer Verschiebungen: von lat. „*turbo*“, „*turbidus*“, über ein „völlig Undurchsichtige[s]“ oder „Schwarze[s]“, „*locker, dünn*“ bis hin zu „*angelaufen beschlagen blind*“ (T 783f.). – Zum anderen ist auch die Argumentation von

1 Köhler, „Aperçu“, Sp. 762.

2 Goethe, *Dichtung und Wahrheit*, 726.

3 Grimm, *Deutsches Wörterbuch*, Bd. 16, Sp. 1174 („Sinnesänderung“).

der metonymischen Bewegung affiziert: Goethes Text wird nicht müde, Wort-Reihen zu bilden, wie z.B. „Erklärung, Beschreibung, Bestimmung des *Trüben*" (T 782), „ihr Körperliches, ihr Medium" (T 782), „[d]ie erste Minderung des Durchsichtigen d.h. die erste leiseste Raumerfüllung, gleichsam der erste Ansatz zu einem Körperlichen, Undurchsichtigen" (T 782), und schließlich ist auch die Wort-Reihe „Dunst, Dampf, Rauch, Staubwirbel, Nebel, dicke Luft, Wolke, Regenguß, Schneegestöber", die „sämtlich Aggregate" (T 783) sind, der Liste der Sprach-Aggregate zuzuordnen.

Sind Goethes Beschreibungen des Aggregats Beschreibungen der Bildungsgesetze einer „wolkigen" Sprache? Wäre der „Ausdruck Trüb" weniger ein spezifischer Ausdruck als vielmehr Anlass, die strukturelle *Trübheit* des sprachlichen Ausdrucks zu eruieren? In der Tat lassen sich Goethes Charakterisierungen des Aggregats als präzise Beschreibung der Aggregat-Struktur von Sprache lesen: Da ist die Rede von „ungleichartige[m] Gewebe[]" (T 782), „gestörte[r] Einheit, [...] Zusammenhang solcher Teile" (T 783), „Zerreißen und Durchlöchern eines *Continuum* oder Dichten" (T 784), „ungleichartigen Teilchen zwar gesondert doch aneinander hangend" (T 783), von „Mannigfaltigkeit, Abgesondertheit, Verbindung und Übergängen, [...] ganze Reihen" (W 219), sowie von der Dynamik unendlicher Teilung („ins unendlich kleine getheilt"[1]) und Zerstreuung („sich endlich allesamt zerstreuten", W 217).

Goethes Ausführungen zur Aggregatstruktur des Atmosphärischen formulieren eine Theorie von Sprache als Aggregat, anders gesagt: Das Sprach-Aggregat ist ein wesentliches Instrument zum Studium des „Übergänglichen". Mit dem Sprach-Aggregat installiert Goethe eine serielle Technik der Differenzierung („in mannigfaltigen Graden", T 784), einen Exzess des Unterscheidens/der Distinktion („ins unendlich kleine getheilt werden kann"[2]), der in Differenzlosigkeit umschlagen kann (bis „nichts mehr zu unterscheiden ist", T 783). In strukturell unendlichen Reihungen semantisch leicht verschobener Ausdrücke entwickeln Goethes Wolkenbeschreibungen eine *Poetik der Nuance*.[3] Die etymologische Nähe von Nuance zu Wolke (Nuance: von frz. *nue* „Wolke", lat. *nubes* „Wolke")[4] wird hier als Darstellungsverfahren produktiv.

---

1 Goethe, „1786; Von Karlsbad nach Rom 3.9. – 19.10.1786, Fr d 8 Sept. Abends", 21.

2 Ebd., 21.

3 Zur Nuance vgl. Wolfgang Lange, *Die Nuance. Kunstgriff und Denkfigur*, München: Fink 2005.

4 Zum Wort „Wolke" sowie zur Frage nach dem Verhältnis von Ähnlichem/Unähnlichem bei Benjamin vgl. Werner Hamacher, „The Word ‚Wolke' – if it is one", in: *Studies in 20th Century Literature*, 11, 1, 1986, 133-161. Benjamin produziert zweifellos andere (a-semantische) Aggregate (vgl. Hamacher, „The Word ‚Wolke'", 160f.) als Goethe, dessen Sprach-Aggregate eine serielle Technik semantischer Nuancierung sind. Vgl. zur fehlenden Ähnlichkeit der Wolke „mit sich selbst" auch JosephVogl: „Die Wolke ist Wolke nur, sofern sie die Ähnlichkeit mit

„angelaufen beschlagen blind" – Goethes (serielle) Sprach-Aggregate sind ein Verfahren semantischer Nuancierung und eben darin die geeignete Darstellungsform zur Untersuchung des „Übergänglichen" der Wolkenbildung oder – wie es bei Howard heißt –: der „unendlich vielen geringen Verschiedenheiten"[1] von Wolkenformen. Goethe weist – wie gesagt – die von Howard zur Klassifikation von „Zwischen-Erscheinungen" (W 233) gebrauchten Kategorie-Kombinationen (wie z.B. cirro-stratus, cirro-cumulus, oder cumulo-stratus) zurück mit der Begründung, dass „die Mannigfaltigkeit so groß ist daß solche zu bestimmen keine Terminologie vermag" (W 233). Stattdessen, habe er, so Goethe, die „Zwischen-Erscheinungen [...] nach ihrem Vorkommen und Erscheinen jedesmal [...] beschrieben". Es ist im Dienste eben dieser – dynamisch gefassten – „Mannigfaltigkeit", dass Goethe seine Technik nuancierter Beschreibung entwickelt.

Goethes Poetologie der Nuance dient aber nicht nur zur Analyse wolkiger „Zwischen-Erscheinungen", wir haben es hier zugleich mit der Genese poetischer Sprache zu tun: einer Erzeugung serieller Sprach-Aggregate, in denen Sprache selbst als „Übergängliches", Mannigfaltigkeit, zwischen „Dunst – Dampf – Rauch – Staubwirbel – Nebel – dicke Luft – Wolke – Regenguß – Schneegestöber" erscheint. Wenn Goethe in seinem *Versuch einer Witterungslehre* schreibt, „[...] daß alles was ist oder erscheint, dauert oder vorübergeht, nicht ganz isoliert [...] gedacht werden dürfe; eines wird immer noch von einem anderen durchdrungen, begleitet, umkleidet, umhüllt"[2], so markiert dies nicht nur ein Problem von Theoriebildung angesichts eines komplexen Feldes der Phänomene, sondern formuliert präzise seine Kunst bzw. Methode der Nuance/des Übergangs, durch die eines „immer noch von einem anderen durchdrungen, begleitet, umkleidet, umhüllt" wird. Der Satz – im Übrigen selbst wieder ein Sprach-Aggregat („durchdrungen, begleitet, umkleidet, umhüllt") – ist ein Akt einer solchen Umhüllung, in der sich Sprache als Wolke generiert.

Ein solches Sprach-Aggregat ist auch in Goethes Gedicht-Trilogie zu Howards Ehren am Werk, deren letzte zwei Strophen (aus „Wohl zu merken") ich bereits zu Beginn des Kapitels zitiert hatte. Die dritte Strophe von „Howards Ehrengedächtnis" lautet:

---

sich selbst verliert [...], man hat es [...] mit einem Gegenstand zu tun, der nie und nirgends ähnlich mit sich selbst bleibt" (Vogl, „Wolkenbotschaft", 74).

1 Howard, *Versuch einer Naturgeschichte und Physik der Wolken*, 5.

2 Johann Wolfgang Goethe, „Versuch einer Witterungslehre 1825", in: FA I/25, 274-300, hier: 275.

Er aber, *Howard*, gibt mir reinen Sinn,
Uns neuer Lehre herrlichsten Gewinn;
Was sich nicht halten, nicht erreichen läßt,
Er faßt es an, er hält zuerst es fest;
Bestimmt das Unbestimmte, schränkt es ein,
Benennt es treffend! – Sei die Ehre dein! –
Wie Streife steigt, sich ballt, zerflattert, fällt,
Erinre dankbar Deiner sich die Welt.[1]

Dem offensichtlichen Lob arretierender Unterscheidung, der ‚Bestimmung des Unbestimmten‘ zum Trotz, findet sich hintergründig eine andere Bewegung: ein Sprach-Aggregat ganz in dem hier entwickelten Sinne: eine Serie von Nuancen, die in sich verschiebender Übergänglichkeit jegliche Bestimmung unterlaufen und den Text dynamisieren:

„nicht halten“ – „nicht erreichen“
„faßt an“ – „hält fest“
„bestimmt“ – „schränkt ein“ – „benennt“

Goethes Poetik des „Übergänglichen“ generiert ein poetologisches Aggregat, einen Wolkenzug der Nuancen, übereinandergeschichtet, quer ziehend, mit minimaler Bewegung, in dem sich Wolkenbildung als Sprachbildung vollzieht.

6 „Erlkönig“: Ballade als Aggregat

Vor dem Hintergrund der hier entwickelten Überlegungen zur wahrnehmungsästhetischen, epistemologischen sowie sprachlich-poetologischen Dimension von Goethes Aggregat, will ich mich abschließend dem „Erlkönig“ zuwenden. Wenn gesagt war, dass das Aggregat Fragen von Wahrnehmung, Darstellung und Epistemologie im Zeichen von Bewegung, sprich: Zeitlichkeit, verschaltet, dann lässt sich Goethes Ballade im präzisen Sinne des Wortes als Aggregat bezeichnen, präziser noch: als Aggregat der Schrift. Fernab jeglichen Anspruchs, eine auch nur annähernd erschöpfende Interpretation des Gedichtes zu geben, will ich mich in meiner Lektüre auf die genannten Aspekte des Goetheschen Aggregats beschränken: In welcher Weise stellt der „Erlkönig“ ein Wahrnehmungsaggregat dar? Und welche poetologische Wirksamkeit entfaltet dabei das Aggregat – nämlich als (dynamische) Aggregatstruktur der Ballade?

1 Johann Wolfgang Goethe, „Howards Ehrengedächtnis“, in: FA I/25, 238.

Verschiedene Rezeptionspfade werde ich nicht einschlagen: so etwa die Lektüre des „Erlkönig“ als „naturmagische“ Ballade[1], die Zuordnung der verschiedenen Wahrnehmungsweisen von Vater und Sohn auf das Oppositionspaar Rationalismus – Irrationalismus[2] oder die Analyse des Atmosphärischen als Medium von Einbildungskraft. Insbesondere scheint mir eine Lektüre der Erscheinung des Erlkönigs als Sinnestäuschung Goethes Wahrnehmungstheorie grundlegend zu verfehlen.[3] Wie in der Einleitung gezeigt, könnte Goethes Zurückweisung des Terms Sinnestäuschung, wie er sie mit der Übersetzung von „ocular spectra“ als „Augengespenster“ vollzieht, nicht deutlicher sein. Genuines Moment von Wahrnehmung, ist es ausgerechnet das Gespenstische/Spektrale, welches Wirklichkeit verbürgt und diese damit zugleich in die Ordnung des Simulakrums einrückt. Goethes Ballade – so meine These – stellt eine poetologische Versuchsanordnung auf die spektrale Dimension des Wirklichen dar, ein Wahrnehmungsaggregat, welche/s Wahrnehmung als Gespenstisches, Wirkliches als Wahrnehmungsgespenst modelliert. Ich will dem Aggregatcharakter der Ballade im Folgenden in formal-struktureller wie in zeitlicher Hinsicht nachgehen.

Auffällig ist zunächst die serielle Struktur der Wahrnehmungen. Ganz im Sinne der Anforderung an den Versuch inszeniert die Ballade unterschiedliche Sinnesmodalitäten in Serie: John Hennig spricht von einer „series of sensations“[4], und ist – soweit ich sehe – der einzige, der in einem Aufsatz von

1 Vgl. Erich Trunz, „Die Weltanschaulichen Gedichte“ (Herausgeberkommentar), in: Johann Wolfgang Goethe, *Werke. Hamburger Ausgabe in 14 Bänden, Bd. 2: Gedichte und Epen I*, München: dtv 1962, 563f.

2 Vgl. hierzu Alexander von Bormann, „Erlkönig“, in: Regine Otto/Bernd Witte (Hg.), *Goethe-Handbuch*, Stuttgart: Metzler 1996, 212-217; Gert Ueding, „Vermählung mit der Natur: zu Goethes ‚Erlkönig‘“, in: Gunter E. Grimm (Hg.), *Deutsche Balladen*, Stuttgart: Reclam 1988, 93-107; Robert Stockhammer, „‘Erlkönig‘: Dichter – Vater – Kind“, in: Bernd Witte (Hg.), *Gedichte von Johann Wolfgang Goethe*, Stuttgart: Reclam 1998, 96-108.

3 Vgl. Winfried Freund, *Die Deutsche Ballade. Theorie, Analysen, Didaktik*, Paderborn: Ferdinand Schöningh 1978, 29.

4 John Hennig, „Perception and Deception in Goethe's ‚Erlkönig‘ and its sources“, in: *Modern Language Quarterly*, 17, 3, 1956, 227-235, hier: 229. Hennig weist auf die serielle Anlage der Ballade hin, welche die Sequenz der Versuchungen („sequence of temptations“, ebd., 229), wie sie sich in der dänischen Volksballade findet, in eine Serie von Sinneswahrnehmungen transformiert. Was Hennig gleichfalls hervorhebt, ist Goethes im Terminus „Gespenst“ artikulierte Zurückweisung der Vorstellung einer Sinnestäuschung. Obgleich Hennig Goethes „Augengespenst“ gegen die Vorstellung einer Sinnestäuschung, wie sie die „Erlkönig“-Forschung den Wahrnehmungen des Kindes (Fieber, Halluzination) nur allzu oft attestiert hat, ins Feld führt, verkürzt er die radikalen epistemologischen Konsequenzen von Goethes Wahrnehmungstheorie. Anstatt das Gespenstische als konstitutives Moment von Wahrnehmung/Wirklichkeit anzuerkennen, reduziert Hennig es auf die Isolation einzelner

1956 den „Erlkönig“ dezidiert auf Goethes wahrnehmungsphysiologische Studien, insbesondere die *Farbenlehre*, bezieht. Der „Erlkönig“ lässt eine Sinnesmodalität auf die nächste folgen: „*Siehst*, Vater, du den Erlkönig nicht?“[1]/„Mein Vater, mein Vater, und *hörest* du nicht“[2]/„Mein Vater, mein Vater, und *siehst* du nicht dort“[3]/„Mein Vater, mein Vater, jetzt *faßt* er mich an!“[4]. Während diese Aneinanderreihung Sukzessivität etabliert, fügen sich die einzelnen Wahrnehmungen nicht zur Simultanität: Die unterschiedlichen Sinnesmodalitäten verknüpfen sich nicht zu einer einheitlichen Empfindung, sondern bleiben als je isolierte nebeneinanderstehen.

Nicht nur an Sukzessivität allerdings ist Goethes (morphologische) Methode interessiert, sondern am ‚wahnsinnigen‘ Zusammendenken von Sukzessivität und Simultanität und so findet sich in der Ballade in der Tat eine – so denkwürdige wie unmögliche – Simultanität: die Gleichzeitigkeit von Wahrnehmung und Nicht-Wahrnehmung bzw. einander ausschließender Wahrnehmungen, die die Ballade auf Vater und Sohn verteilt. Wo der Sohn „sieht“/„hört“, „sieht“/„hört“ der Vater *nicht*; wo der Sohn Erlkönigs Stimme hört, hört der Vater das Säuseln des Windes; wo dem Knaben die Gestalt Erlkönigs erscheint, sieht der Vater einen Nebelstreif. Simultanität birgt m.a.W. ein rhetorisch-aporetisches Spiel von Figuration/Defiguration. Robert Stockhammer hat die irreduzible Verstrickung des Rezipienten in diese Wahrnehmungsstruktur herausgestellt, welcher – insofern er nicht das Säuseln des Windes, sondern die von Erlkönig gesprochenen Verse hört, die Wahrnehmung des Kindes notwendig teilt bzw. – wollte er der Position des Vaters beipflichten – sich selbst einer Halluzination bezichtigen müsste.[5]

Inszeniert Goethes „Erlkönig“ Wahrnehmung einerseits sukzessiv, als Abfolge isolierter Sinnesmodalitäten, andererseits simultan, als Gleichzeitigkeit einander ausschließender Wahrnehmungen, welcher auch der Rezipient nicht entkommt, ist im nächsten Schritt zu fragen, in welcher Weise die Ballade diese so heterogenen Wahrnehmungen organisiert. Ein Blick auf das Schriftbild des Erstdrucks zeigt, dass das Gedicht keinerlei Hierarchisierung vornimmt.

Sinnesmodalitäten, ja, spricht ihm den Realitätsstatus ab, schlägt es der „internal reality“ (ebd., 234) zu.

1 Johann Wolfgang Goethe, „Erlkönig“, in: *Sämtliche Werke. Briefe, Tagebücher und Gespräche I. Abt., Bd. 1: Gedichte 1756-1799*, Frankfurt am Main: Deutscher Klassiker Verlag 1987, 303-304, hier: 303, v. 6, Herv. E.S.

2 Ebd., 304, v. 13, Herv. E.S.

3 Ebd., 304, v. 21, Herv. E.S.

4 Ebd., 304, v. 27, Herv. E.S.

5 Vgl. Stockhammer, „‚Erlkönig‘“, 100, 102. Zur unterschiedlichen Rezeption der Verse durch Kind, Vater und Leser vgl. auch von Bormann, „Erlkönig“, 215.

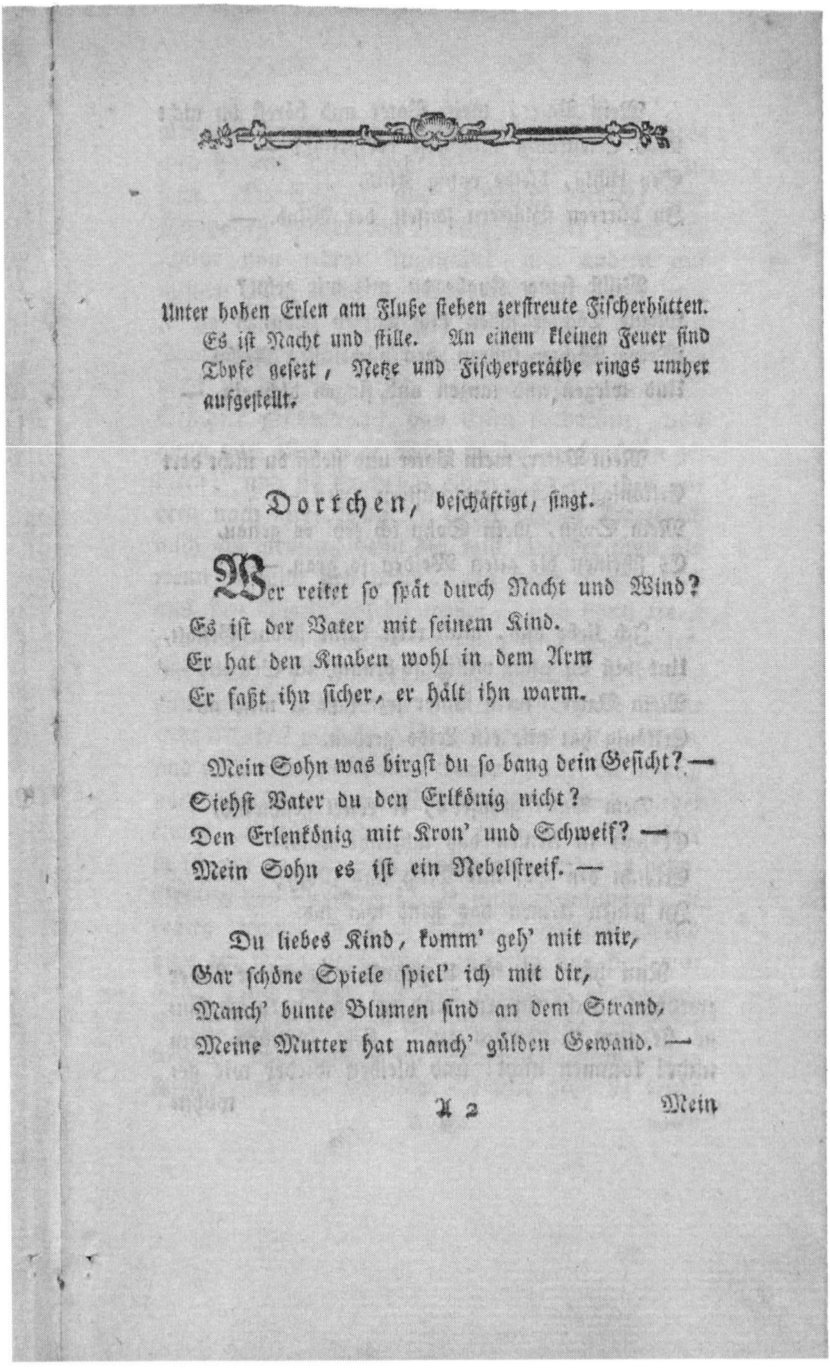

Unter hohen Erlen am Fluße stehen zerstreute Fischerhütten. Es ist Nacht und stille. An einem kleinen Feuer sind Töpfe gesezt, Netze und Fischergeräthe rings umher aufgestellt.

Dorchen, beschäftigt, singt.

Wer reitet so spät durch Nacht und Wind?
Es ist der Vater mit seinem Kind.
Er hat den Knaben wohl in dem Arm
Er faßt ihn sicher, er hält ihn warm.

Mein Sohn was birgst du so bang dein Gesicht? —
Siehst Vater du den Erlkönig nicht?
Den Erlenkönig mit Kron' und Schweif? —
Mein Sohn es ist ein Nebelstreif. —

Du liebes Kind, komm' geh' mit mir,
Gar schöne Spiele spiel' ich mit dir,
Manch' bunte Blumen sind an dem Strand,
Meine Mutter hat manch' gülden Gewand. —

A 2 Mein

Abb. 1 Johann Wolfgang Goethe, *Die Fischerinn, ein Singspiel. Auf dem natürlichen Schauspiel zu Tiefurth vorgestellt*, Privatdruck von Anna Amalia, Weimar 1782

Mein Vater, mein Vater und hörest du nicht
Was Erlenkönig mir leise verspricht? —
Sey ruhig, bleibe ruhig Kind,
In dürren Blättern säuselt der Wind. —

Willst feiner Knabe du mit mir gehn?
Meine Töchter sollen dich warten schön,
Meine Töchter führen den nächtlichen Reihn
Und wiegen und tanzen und singen dich ein. —

Mein Vater, mein Vater und siehst du nicht dort
Erlkönigs Töchter am düstern Ort? —
Mein Sohn, mein Sohn ich seh' es genau,
Es scheinen die alten Weiden so grau. —

Ich liebe dich, mich reizt deine schöne Gestalt,
Und bist du nicht willig, so brauch' ich Gewalt! —
Mein Vater, mein Vater jetzt faßt er mich an!
Erlkönig hat mir ein Leids gethan.

Dem Vater grauset's, er reitet geschwind,
Er hält in Armen das ächzende Kind,
Erreicht den Hof mit Müh und Noth;
In seinen Armen das Kind war tod.

Nun hätt' ich für Ungeduld alle meine Lieder zweymal durchgesungen, und es thäte noth ich fänge sie zum drittenmal an. Sie kommen noch nicht! kommen nicht! und bleiben wieder wie gewöhn-

Die unterschiedlichen, ja, einander ausschließenden Wahrnehmungen bestehen in ihrer Heterogenität nebeneinander, die Ballade präsentiert sich als ein Wahrnehmungs- und „Stimmengewirr[ ]“[1].

Goethes Ballade erscheint im Erstdruck (Privatdruck von Anna Amalia, 1782) titellos als Teil des Singspiels *Die Fischerinn, ein Singspiel. Auf dem natürlichen Schauspiel zu Tiefurth vorgestellt.* Nachfolgend wird der Text als eigenständige Ballade publiziert[2], ergänzt um den Titel „Erlkönig“ und mit leicht veränderter Interpunktion: Anders als im Erstdruck sind etwa die Reden des Erlkönigs in Anführungszeichen gesetzt und damit von den anderen Stimmen unterschieden.

Im Erstdruck von 1782 präsentiert sich die Ballade als eine Abfolge verschiedener Stimmen und an diese gekoppelte Wahrnehmungen – durch Gedankenstriche voneinander abgesetzt. Das Schriftbild markiert nicht, wer spricht, noch differenziert es in Bezug auf den Wirklichkeitsstatus der Reden (wie dies die späteren Anführungszeichen tun). Wenn Goethe an Caroline Herder schreibt, dass der „Erlkönig“ „gespielt und nicht gesprochen wird, /Auch wohl gesprochen wird, doch schlecht, geschrieben, /Sich ausnimmt“[3], so artikulieren diese Worte genau jene prekäre Dynamik der Schrift, wie sie der Erstdruck offenlegt. Hatten bereits Goethes Tagebuch- und Reiseaufzeichnungen eine Nähe der Schrift zur seriellen Anlage des Versuchs unter Beweis gestellt, lässt sich diese auch für das auffällige Schriftbild des Erstdrucks behaupten: Was die schriftliche Form installiert, ist die Serialisierung der Wahrnehmungssituation. „[D]as Nächste [ist] ans Nächste“ (V 34) gereiht, nicht in eine „systematische[ ] Form“ (V 36) überführt. Die Ballade verzichtet auf jedwede Erklärung, jegliches „Urteil“ (V 30). In der schriftlichen Form des Erstdrucks, in der die Ballade so „schlecht [...] sich ausnimmt“, tritt ihr Versuchscharakter hervor. Ja, es ist diese strukturell-formale Auffälligkeit, aufgrund derer sich die Ballade als poetologische Versuchsapparatur/ Aggregat bezeichnen lässt. Das Schriftaggregat betreibt die serielle An- und Gleichordnung der Stimmen/Wahrnehmungen – verkoppelt durch Gedankenstriche, welche als verbindend-isolierende Momente des Übergangs, als Schaltstellen zwischen verschiedenen Sprechern und Wahrnehmungen fungieren. Das Goethesche Aggregat, so Martin Bez, zeichnet sich durch sein „Sensorium für die es mitkonstituierenden Zwischenräume und Leerstellen“[4] aus; der „Erlkönig“ setzt diese in Form von Gedankenstrichen prominent in Szene.

---

1 Stockhammer, „‚Erlkönig‘“, 97.

2 So etwa in *Goethes Schriften*: Johann Wolfgang Goethe, „Erlkönig“, in: *Goethes Schriften, Bd. 8: Vermischte Gedichte*, Leipzig: Göschen 1789, 157-158.

3 Johann Wolfgang Goethe, „An Caroline Herder“, in: *Sämtliche Werke nach Epochen seines Schaffens, Bd. 2.1: Erstes Weimarer Jahrzehnt 1775-1786*, München: Hanser 1987, 80, hier: 80.

4 Bez, *Goethes „Wilhelm Meisters Wanderjahre“: Aggregat, Archiv, Achivroman*, 63.

Über ihre formale Anlage produziert die Ballade Wahrnehmung als heterogen-dynamisches Gebilde. Goethes „Erlkönig“ präsentiert sich als Wahrnehmungsaggregat. Über die Leerstellen/Gedankenstriche – als lose-dynamische Koppelungen/Zwischenräume des Aggregats – ereignet sich Wahrnehmung als Spiel von Figuration und Defiguration, in welchem sich Wahrnehmungsmodi und Zeiten überlagern und dem noch der Ausfall von Wahrnehmung inhärent ist. So wenig, wie das Aggregat ein Ganzes, einen „Sinn des Ganzen“ generiert, liefert es ein „Ganzes des Sinns“[1]. Goethes Aggregat bewerkstelligt keine Synästhesie, verknüpft unterschiedliche Sinnesmodalitäten nicht zu einer einheitlichen Empfindung, sondern treibt Wahrnehmung in ihrer Heterogenität und Heterochronie hervor. Das Unheimliche des „Erlkönig“ ist diese Heterogenität von Wahrnehmung, mit der sich Wahrnehmung als in sich different, unheimlich darstellt, Wirklichkeit als „Augen-“/„Wahrnehmungsgespenst“ generiert.

Das Wahrnehmungsaggregat, wie es der „Erlkönig“ inszeniert, löst Wahrnehmung vom Subjekt. Kein Subjekt ist Träger von Wahrnehmung; Wahrnehmung vollzieht sich vielmehr als seriell-dynamischer Akt von Figuration/Defiguration, der in einem kollektiven Gefüge zirkuliert und Intensitäten/Erscheinungen zeitigt. Goethes Studien zum Atmosphärischen machen das Aggregat zum Träger von Wahrnehmung. Was damit entsteht, mag eine Poetik, eine Epistemologie, eine Rhetorik[2] oder Ästhetik von Wahrnehmung sein; es ist eines nicht: eine Psychologie von Wahrnehmung.

Wenn ich die Ballade hier als Aggregat und Versuchsapparatur lese, dann stellt sich vor dem Hintergrund meiner Ausführungen zur Zeitlichkeit des Aggregats bei Goethe die Frage, wo die „zufällige Hinzusetzung“ (Kant) im „Erlkönig“ ist, die spezifische Nachträglichkeit, über die sich die serielle Struktur des Aggregats in ein Ereignis von Wahrnehmung/Erkenntnis transformiert. Wo ist im „Erlkönig“, mit Goethes Tagebuchaufzeichnung vom 26. Februar 1780 gesprochen, „die Flamme“, die „in Einem Winde übers ganze zusammen[schlägt, E.S.]“[3]? Das der seriellen Struktur entspringende Ereignis, das sich im Moment

---

1 Peter Utz, *Das Auge und das Ohr im Text. Literarische Sinneswahrnehmung in der Goethezeit*, München: Fink 1990, 169. Mit Bezug auf Goethes *Westöstlichen Divan* schreibt Utz: „Denn ‚Ganzheit‘, auch und gerade jene der sinnlichen Wahrnehmung, scheint nicht mehr von einem einzelnen Text zu erwarten [...] In einem Brief an Zelter vom 17.5.1815 verweist Goethe auf die ‚Einbildungskraft‘ des Lesers, die erst den Zusammenhang der Einzelgedichte stiften könne, in dem der ‚Sinn des Ganzen‘ liege (WA IV, 25, S. 333). Gewendet auf das Problem der Wahrnehmung heißt dies: Höchstens vom ‚Sinn des Ganzen‘ ist das Ganze der Sinne zu erwarten“ (ebd., 169).

2 Zur Rhetorik von Wahrnehmung vgl. auch meine Lektüre von Storms *Schimmelreiter* in Kap. III/3.

3 Goethe, „Tagebuch, 26. Februar 1780“, 245.

seines Auftretens immer schon vollzogen haben wird und die Struktur, der es entspringt, nachträglich transformiert? Wo ist – mit anderen Worten – das Aperçu des „Erlkönig", welches das Wahrnehmungsaggregat in spezifischer Weise dynamisiert? Es ist der letzte Vers „In seinen Armen das Kind war tot", der wie eine Flamme über das Ganze der Ballade zusammenschlägt und selbige in unwiderruflich anderem Licht erscheinen lässt. Das Aperçu, die „zufällige Hinzusetzung" (Kant), ist ein *Zeitsprung*, der durch nichts vorbereitete Wechsel/Übergang vom Präsens ins Präteritum: „war" tot. Weder wird das Sterben des Kindes dargestellt, noch ist zu sagen, wann das Kind gestorben ist, der Tod wird immer schon eingetreten, der Tempuswechsel immer schon vollzogen sein. Was sich ereignet, ist kein „unerklärlicher plötzlicher Kindstod"[1], sondern das *Ereignis der Nachträglichkeit* selbst. Die „zufällige Hinzusetzung" ist die Nachträglichkeit als Supplement, die das Ganze transformiert und sich in den Anfang einfaltet. Eine *andere* Zeit/der Tod wird immer schon in die Wahrnehmung/in die Ballade Einzug gehalten haben.

Gemäß der im Zeichen des Todes/der Nachträglichkeit veränderten Zeitlichkeit der Wahrnehmung/des Gedichts geht nicht präsentische Wahrnehmung („siehst du", „hörst du") einem plötzlichen Tod voran. Je schon im Zeichen des Todes erscheint Gegenwart/Präsentisches vielmehr selbst als *zu spät*/Wiederkehr, ereignet sich Wahrnehmung als *déjà-vu*, wird Wirklichkeit zum unheimlichen Wiedergänger.

Die Flamme/der Zeitsprung des letzten Verses versetzt das gesamte Geschehen in eine Szene der Wiederkehr, stattet die Figuren mit Zügen von Wiedergängern aus. Das Stimmengewirr ist die Kommunikation von Untoten. Die Worte des Kindes „Vater, siehst Du [...] nicht" (dies die Freudsche Variante im „Traum vom verbrannten Kinde"[2]) sind Worte des toten Kindes – von dem überlebenden, untoten, gespenstisch umherreitenden Vater einzig im Modus der Verfehlung beantwortet und von dem Erzähler wieder und wieder erzählt.[3] Die gespenstischen Stimmen von Vater, Sohn und Erzähler lassen sich in ihrem

---

1 Stockhammer, „„Erlkönig"", 104.

2 Zur Konstellation von Goethes „Erlkönig" und Freuds „Traum vom verbrannten Kinde" – allerdings ohne Bezug auf die von mir diskutierte Frage von Nachträglichkeit und Wahrnehmung vgl. Raimar Zons, *Randgänge der Poetik*, Würzburg: Königshausen & Neumann 1985, 82-88 (Exkurs: Ein Familienzentrum: Goethes „Erlkönig"); James Simpson, „Freud and the Erl King", in: *Oxford German Studies*, 27, 1998, 30-63.

3 Zum Weitererzählen in Bezug auf Freuds „Traum vom verbrannten Kinde" vgl. Cathy Caruth, *Unclaimed Experience. Trauma, Narrative and History*, Baltimore: Johns Hopkins University Press 1996, 91-112 (Traumatic Awakenings: Freud, Lacan, and the Ethics of Memory), sowie meine Lektüre in „Singularität des Aktes. Zur Performanz des Lesens", in: Marianne Schuller/Elisabeth Strowick (Hg.), *Singularitäten. Literatur – Wissenschaft – Verantwortung*, Freiburg im Breisgau/Berlin/Wien: Rombach 2001, 59-72.

Status nicht von der Stimme des Erlkönigs unterscheiden – auch diese Interpretation findet Rückhalt im Erstdruck, der die Worte des Erlkönigs nicht in Anführungszeichen setzt.

Zum Gespenstischen/Wiedergängernden der Ballade stimmt auch der abrupte Einsatz des Reitens. Der Ritt folgt nicht dem zeitlichen Schema von Ausritt und Ankunft, Anfang und Ende. In der Uneinholbarkeit des „nach“ hat der Ritt immer schon begonnen wie er zugleich immer schon verspätet ist. Der Tod des Kindes ist nicht Ende, sondern Taktgeber eines niemals endenden, unablässig zu wiederholenden Ritts. Die erste Charakterisierung des Ritts ist zeitlicher Art: „Wer reitet so *spät*“. Der Ritt ist wesentlich „spät“, angesichts des letzten Verses, d.h. bei wiederholter Lektüre der Ballade: „zu spät“. Das „wer“, das da reitet, mag nichts anderes sein als ein Gespenst.[1] Die Ballade ist dieser gespenstische Ritt.

Der (zu) späte Ritt der Ballade findet seine Korrespondenz im Kontext des Singspiels *Die Fischerinn.* Dortchen singt das Lied, während sie auf die Heimkehr ihres Vaters und ihres Bräutigams wartet, die wieder einmal zu spät sind. Im Anschluss an die Ballade heißt es: „Nun hätt’ ich für Ungeduld alle meine Lieder zweymal durchgesungen, und es thäte noth ich fänge sie zum drittenmal an. Sie kommen noch nicht! kommen nicht!“[2] Womit das Singspiel einsetzt, was wir hören/wahrnehmen, ist also immer schon eine Wiederholung – und zweifellos nicht die letzte. Die Ballade ist immer schon ihre eigene Wiederkehr. Niemand wird sie jemals zum ersten Mal gehört haben.

Die zeitliche Ordnung wie sie Goethes Aggregat „Erlkönig“ installiert, ist keine von „Willkommen und Abschied“, sondern von „Abschied, Tod und Wiederkehr“.[3] Wahrnehmung erscheint als *déjà-vu,* welches jegliches Subjekt übersteigt und Wirkliches als Wiedergänger generiert. Dies eine weitere Dimension von Goethes „Augengespenst“.

---

1 In diesem Sinne ist die zweite Rahmenerzählung von Storms Novelle *Der Schimmelreiter*, auf die noch zu sprechen kommen sein wird, eine kongeniale Rezeption von Goethes „Erlkönig“.

2 Goethe, *Die Fischerinn, ein Singspiel. Auf dem natürlichen Schauspiel zu Tiefurth vorgestellt*, Privatdruck von Anna Amalia, Weimar 1782, 2f.

3 Anhand von Goethes Aufsatz „Über die Spiraltendenz“ (1831) diskutiert Jocelyn Holland „Tod“ als „eine immanente Komponente in Goethes Formbegriff“ (91), die „auch die Anschaulichkeit der Goetheschen Form selbst infrage [ ]stellt“ (92), vgl. Jocelyn Holland, „‚Eine Art Wahnsinn‘. Intellektuelle Anschauung und Goethes Schriften zur Metamorphose“, in: Sibylle Peters/Martin Jörg Schäfer (Hg.), *„Intellektuelle Anschauung“. Figurationen von Evidenz zwischen Kunst und Wissen*, Bielefeld: transcript 2006, 79-92, bes. 85-92. Die hier von mir anhand des „Erlkönigs“ entwickelte Konzeption des Goetheschen Aggregats, welche den Akzent auf die serielle Dynamik, Nachträglichkeit und Kontingenz legt, lässt sich ganz im Sinne eines solches Einschießens des Todes in Goethes Formbegriff lesen, als eine „Art Organisation“, die die Grenze von Anschauung in Goethes Formdenken artikuliert.

Mit den hier umrissenen Aspekten des Atmosphärischen, dynamisierter Beschreibung, von Serialität, Theatralität, Aggregat und Nuance sind strukturelle Elemente wahrgenommener Wirklichkeit ausgelegt, die bei Stifter, Fontane und Storm ihre je spezifische Wiederaufnahme finden werden. Welchen Einsatz finden die Gespenster der Wahrnehmung im Realismus? Welche Aggregate des Wirklichen zeichnen sich dabei ab?

KAPITEL II

„Wirkliche Wirklichkeit". Stifters Wahrnehmungsstudien

1 Bewegung beschreiben. Inszenierung von Wahrnehmung

In Stifters *Hochwald* findet sich eine bemerkenswerte Beschreibung eines Geiers: Nicht dessen Größe, nicht sein Aussehen wird charakterisiert; einzig seine Bewegung scheint für die Darstellung von Interesse. Anders gesagt: Was hier beschrieben wird, ist weniger ein Geier, als eine Bewegung:

> Er zeigte [...] in die Luft, und die Mädchen sahen einen schönen Geier mit gespannten Flügeln hoch über dem See schweben. [...] auf seinen Schwingen ruhend, die Gabel des Schweifes wie einen Fächer ausgebreitet, ließ er sich gleiten auf dem Busen seines Elementes, langsame Kreise und Figuren beschreibend, während Schwung- und Ruderfedern oft zierlich gedreht im Sonnenscheine spielten, und die Fittige nur nach langen Zwischenräumen zwei bis drei leichte Schläge thaten.[1]

In genauer Lektüre zeigt sich, dass hier nicht nur die Bewegung beschrieben wird, sondern das Beschreiben der Bewegung selbst: „langsame Kreise und Figuren *beschreibend*". Eine ‚Bewegung beschreiben' lässt sich in doppelter Hinsicht lesen: als Beschreibung von Bewegung wie auch als deren Vollzug (‚eine Bewegung vollziehen'). Stifters Projekt des Beschreibens von Bewegung ist denn auch in dieser doppelten Ausrichtung zu verstehen: Wo Stifter Bewegungen beschreibt, entwickelt er zugleich eine literarische Technik von Beschreibung als Bewegungsvollzug. Dass es bei der hier zitierten Beschreibungsszene um eine Beobachtungsszene handelt, ist dabei nicht zufällig, sondern zeigt präzise die im Folgenden genauer zu analysierende Verschränkung von visueller Wahrnehmung und Beschreibung von Bewegung bei Stifter.

Mit „Beschreiben" und „Beobachten" sind zwei gängige Topoi der Realismus-Forschung aufgerufen. So spricht etwa Lukács in seinem Essay „Erzählen oder Beschreiben?" (1936) mit kritischem Blick u.a. auf Flaubert von

1 Adalbert Stifter, *Der Hochwald*, in: *Werke und Briefe. Historisch-Kritische Gesamtausgabe, Bd. 1,4: Studien. Buchfassungen 1*, Stuttgart: Kohlhammer 1980, 209-318, 263f.

 | DOI:10.30965/9783846763667_004

einer „Literatur der Beobachtung, der Beschreibung“[1]. Und auch Barthes’ von Jakobson inspirierte Analyse des Wirklichkeitseffektes als Effekt der Darstellung „unnützer Details“[2] versteht sich im Kontext ästhetischer Debatten um die Beschreibung. Charakteristika, die der Beschreibung seit ihrer nachhaltigen Verwerfung durch Lessing, deren Spuren sich noch in Lukács’ Essay finden, regelmäßig zukommen, sind u.a. ihre strukturelle Maßlosigkeit und Unendlichkeit; die offene Form der Reihenbildung, des bloßen Nacheinanders von Elementen; der „Zerfall der Komposition“[3] in einer Wucherung von Details, die Gleichwertigkeit der beschriebenen Einzelheiten; ihre fehlende Kraft zur Täuschung, d.h. ihr Unvermögen, das Medium Schrift vergessen zu machen, welche sie vielmehr in ihrer strukturellen Beschaffenheit, ihrem zeitlichen Verlauf und ihrer Materialität ausstellt; sowie ihr Hang zur Mortifikation, insofern sie ihre Gegenstände in Statisches, Stillstehendes verwandelt.

Niemand hat sich diesbezüglich harschere Kritik zugezogen als Stifter. Hebbels – auf Lessings *Laokoon* bezugnehmende – polemische Kritik des „überschätzten Diminutiv-Talentes“ Stifter, der – so Hebbel – „zuletzt […] alles Maß verlieren“[4] musste, und dessen *Nachsommer* so interessant ist wie ein „Inventar“[5] oder ein „Register der Staubfäden“[6], ist hinlänglich bekannt. In zwei Hinsichten erweist sich Hebbel dabei durchaus als präziser Beobachter des Stifterschen Beschreibungsverfahrens. Zum einen bringt Hebbels Polemik die Selbstreflexion als strukturelles Moment von Stifters Beschreibungen zur Sprache: „Was wird hier nicht alles weitläufig betrachtet und geschildert; es fehlt nur noch die Betrachtung der Wörter, womit man schildert, und die Schilderung der Hand, womit man diese Betrachtung niederschreibt“[7]. Zum anderen macht er Stifters Beschreibungstechnik als Verfahren der Sichtbar*machung* kenntlich: „Weil das Moos sich viel ansehnlicher ausnimmt, wenn der Maler sich um den Baum nicht bekümmert, und der Baum ganz anders hervortritt, wenn der Wald verschwindet“[8]; Hebbel spricht sich strikt dagegen aus, dieses Verfahren der Darstellung über andere zu erheben, die – wie es heißt – „den Mückentanz schon darum nicht schildern, weil er neben dem Planetentanz

1 Georg Lukács, „Erzählen oder Beschreiben?“, in: *Georg Lukács Werke. Probleme des Realismus I. Essays über Realismus*, Neuwied/Berlin: Luchterhand 1971, 197-242, hier: 211.

2 Roland Barthes, „Der Wirklichkeitseffekt [L’effet de réel, 1968]“, in: ders., *Das Rauschen der Sprache. Kritische Essays IV*, Frankfurt am Main: Suhrkamp 2006, 164-172, hier: 166.

3 Lukács, *Erzählen oder Beschreiben?*, 218.

4 Friedrich Hebbel, „Der Nachsommer“, in: *Werke, Bd. 3: Gedichte, Erzählungen, Schriften*, München: Hanser 1965, 682-683, hier: 682.

5 Ebd., 683.

6 Ebd., 682.

7 Ebd., 682f.

8 Friedrich Hebbel, „Das Komma im Frack“ in: *Werke, Bd. 3: Gedichte, Erzählungen, Schriften*, München: Hanser 1965, 684-687, hier: 685.

gar nicht sichtbar ist“[1]. Stifters Realismus des Details, so wird zu zeigen sein, löst die Beschreibung von der Logik von Repräsentation ab; sie wird vielmehr zu einem Verfahren, das spezifische ‚Räume‘ des Sichtbaren überhaupt erst erzeugt. Das etwa für Lukács so selbstverständliche Diktum „Man beschreibt das, was man vor sich sieht“[2] trifft auf Stifters Beschreibungen keineswegs zu. Stifter, so ließe sich sagen, beschreibt durchaus, was man nicht sieht, präziser: er entwickelt eine Technik der Beobachtung qua literarischer Beschreibung.

Mit ihren Annahmen der Mortifikation und Stillstellung des beschriebenen Gegenstandes sind die Ansätze der Beschreibungskritik bis in die aktuelle Stifter-Forschung hinein wirksam. Insbesondere angesichts der literaturtheoretischen und kulturwissenschaftlichen Revitalisierung der Stifter-Rezeption seit den 1990er Jahren, welche Stifters „Modernität“ auf vielfältige Weise herausgearbeitet hat, ist der Mangel an Analysen zeitlicher Aspekte des Stifterschen Darstellungsverfahrens auffällig. Mit Zähigkeit halten sich Positionen, die Stifters Erzählen als „Statisches Erzählen“[2] charakterisieren, „als ein Anhalten, als Stillstand der Bewegung“[4], „Anhalten der Zeit“[5]. Anliegen meiner nachfolgenden Ausführungen ist eine diesbezügliche Neuperspektivierung von Stifters Projekt. In Auseinandersetzung mit visuellen Medien, optischen Instrumenten und im diskursiven Kontext moderner wahrnehmungsphysiologischer Forschungen arbeitet Stifter – so die These – dezidiert an der Dynamisierung von Beschreibung. Zum einen löst er damit das literarische Verfahren der Beschreibung aus seiner ästhetischen Positionierung seit Lessing heraus, zum anderen profiliert er Beschreibung als Technik von Beobachtung/Wahrnehmung. Kein bescheidenes Projekt, welches antritt, die Beschreibung vom Vorwurf der Bewegungslosigkeit/Arretierung der Zeit zu befreien. Wie macht Stifter das? Stifters Beschreibungen sind nicht Beschreibungen von Gegenständen, sondern Inszenierungen visueller Wahrnehmung; was als ‚Gegenstand‘ der Beschreibung erscheint, dient als Vehikel, den Blick in Bewegung zu versetzen.[6] Stifter erforscht visuelle Wahrnehmung mit literarischen Mitteln,

---

1 Ebd., 685.

2 Lukács, „Erzählen oder Beschreiben?“, 216.

2 Mathias Mayer, „Die Angst vor der Musik oder Statisches Erzählen“, in: Alfred Doppler/Johannes John/Johann Lachinger/Hartmut Laufhütte (Hg.), *Stifter und die Stifterforschung im 21. Jahrhundert. Biographie – Wissenschaft – Poetik*, Tübingen: Max Niemeyer Verlag 2007, 201-212.

4 Ebd., 209.

5 Ebd., 209.

6 Dass Stifters Naturdarstellung auf Wahrnehmung reflektiert ist, hebt auch Wolfgang Preisendanz hervor: „Vielmehr ist die Naturdarstellung immer wieder an eine subjektive Perspektive gebunden, verweist sie auf ein Sehen, Beobachten, Schauen“ (Wolfgang Preisendanz, „Die Erzählfunktion der Naturdarstellung bei Stifter“, in: ders., *Wege des Realismus. Zur Poetik und Erzählkunst im 19. Jahrhundert*, München: Fink 1977, 92-103, hier: 101). Die Dynamisierung

d.h. mit dem Medium Schrift und ihrer strukturellen Gesetzmäßigkeit[1]: ihrer Zeitlichkeit, den potentiell unendlichen synagmatischen Verkettungen. Stifters Verfahren verschränkt Beschreibung und Wahrnehmung über die Bewegung: Die Dynamisierung/Verzeitlichung der Beschreibung verbindet sich mit einer Eruierung/Darstellung des bewegten Blicks. Stifters Beschreibungen sind m.a.W. nicht nur Verfahren der Sichtbar*machung*, der Konstitution des Visuellen; sie sind zugleich Einübung in eine literarische Praxis bewegter Beobachtung/des bewegten Blicks. Hierin auch wird das Beschreiben von Bewegung zum Bewegungsvollzug; die traditionell für Referentialität stehende Darstellungsform der Beschreibung macht sich geltend als Performanz, womit Stifters Beschreibungen die in der Beschreibungskritik häufig bemühte Opposition von Körper und Handlung, Beschreiben und Erzählen, Raum und Zeit unterlaufen.[2]

Im Folgenden will ich Stifters Poetik der Beobachtung/dynamischer Wahrnehmung in zwei Aspekten herausarbeiten: zunächst hinsichtlich der Verschränkung von Selbstreflexivität der Beschreibung und Beweglichkeit des

---

von Wahrnehmung, wie ich sie hier anhand der Inszenierung des bewegten Blicks analysiere, wird von Preisendanz nicht thematisiert, welcher gleichwohl den zeitlichen Index von Wahrnehmung einräumt: „Es zeigt sich die Vorläufigkeit oder Hinfälligkeit von Aspekten, die Bewegung durch Raum und Zeit wird zu einer Folge überholter, korrigierter, gewandelter Wahrnehmungen" (ebd., 103). Obgleich ich mich hier weitgehend auf visuelle Wahrnehmung konzentriere, beschränken sich Stifters Beschreibungen keineswegs auf den Modus des Visuellen, sondern inszenieren auch akustische und haptische Wahrnehmung, wie anhand von *Bergkristall* und der ‚Eisgeschichte' zu sehen sein wird.

1 Zum Zusammenspiel von Schreiben und visueller Wahrnehmung – wenn auch nicht dezidiert bei Stifter – vgl. auch Volker Mergenthaler, *Sehen schreiben – Schreiben sehen. Literatur und visuelle Wahrnehmung im Zusammenspiel*, Tübingen: Max Niemeyer 2002, bes. 393-406.

2 Eva Geulen reflektiert das Problem der Referentialität von Beschreibung mit Blick auf ihre Sprachlichkeit und mithin strukturelle Selbstbezüglichkeit, vgl. Eva Geulen, *Worthörig wider Willen. Darstellungsproblematik und Sprachreflexion in der Prosa Adalbert Stifters*, München: Iudicium 1992, 83f. Im Unterscheid zu Eva Geulens „Annahme, daß Beschreibungen weder den Gegenstand, noch das Sehen und seine Bedingungen, sondern daß sie das Beschreiben beschreiben, also sich quasi reflexiv auf ihre eigene Sprachlichkeit beziehen", akzentuiere ich die Untrennbarkeit von Sprache und Wahrnehmung, wie sie die in dieser Studie untersuchten literarischen Wahrnehmungsapparate Goethes, Stifters etc. vielfältig unter Beweis stellen. Eben hier liegt die Performanz von Beschreibung, stellt sich Beschreibung als Verfahren zur Erzeugung wahrgenommener Wirklichkeit und mithin als Instrument der Analyse von Wahrnehmung dar. Dass Wahrnehmung/wahrgenommene Wirklichkeit nicht von der Selbstreflexivität von Sprache zu trennen ist, zeigt sich nicht zuletzt anhand der (Wahrnehmungs-)Gespenster des Realismus. Vgl. zur Beschreibung weiter: Eva Geulen, „Depicting Description: Lukács and Stifter", in: dies./Anette Schwarz (Hg.), *The Germanic Review, Sonderheft: Realismus*, Philadelphia 1998, 267-279; Eckhard Lobsien, *Landschaft in Texten. Zur Geschichte und Phänomenologie der literarischen Beschreibung*, Stuttgart/Weimar: Metzler 1981; Hans Christoph Buch, *Ut pictura poesis: Die Beschreibungsliteratur und ihre Kritiker von Lessing bis Lukács*, München: Hanser 1972, 10-25.

Blicks in den Inszenierungen visueller Wahrnehmung in *Das Haidedorf*, „Aussicht und Betrachtungen von der Spitze des St. Stephansturmes" und *Hochwald*. In einem weiteren Schritt wird Stifters Projekt des Beschreibens von Bewegung auf die Frage nach der Zeitlichkeit/Dynamisierung der Darstellung/Beschreibung selbst zu beziehen sein, wie diese sich etwa in den *Nachkommenschaften* vollzieht. Wie die Anlage des Kapitels zeigt, geht es nicht um die Interpretation der genannten Erzählungen, sondern um eine medien- und diskursübergreifende Analyse des Stifterschen Verfahrens der Beschreibung.

Beschreiben/Zerstreuen von Perspektive

Beginnen wir mit einer Beschreibung aus Stifters *Das Haidedorf*:

> Fast sollte man von der lebenden und bewegenden Gesellschaft nun gar nicht mehr reden, so viel ist schon da [...] Ich will von den tausend und tausend goldenen, rubinenen, smaragdenen Thierchen und Würmchen gar nichts sagen, die auf Stein, Gras und Halm kletterten, rannten und arbeiteten, weil er [der Hirte, E.S.] von Gold, Rubinen und Smaragden noch nichts sah, außer was der Himmel und die Haide zuweilen zeigte; – aber von Anderem muß gesprochen werden. Da war einer seiner Günstlinge, ein schnarrender purpurflügliger Springer, der dutzendweise vor ihm aufflog, und sich wieder hinsetzte, wenn er eben seine Gebiete durchreisete – da waren dessen unzählbare Vettern, die größern und kleinern Heuschrecken, in mißfarbiges Grün gekleidete Heiduken, lustig und rastlos zirpend und schleifend, daß an Sonnentagen ein zitterndes Gesinge längs der ganzen Haide war – dann waren die Schnecken mit und ohne Häuser, braune und gestreifte, gewölbte und platte, und sie zogen silberne Straßen über das Haidegras, oder über seinen Filzhut, auf den er sie gerne setzte – dann die Fliegen, summende, singende, pipende, blaue, grüne, glasflüglige – dann die Hummel, die schläfrig vorbeiläutete – die Schmetterlinge, besonders ein kleiner mit himmelblauen Flügeln, auf der Kehrseite silbergrau mit gar anmuthigen Aeuglein, dann noch ein kleinerer mit Flügeln, wie eitel Abendröthe – dann endlich war die Ammer, und sang an vielen Stellen; die Goldammer, das Rothkehlchen, die Haidelerche, daß von ihr oft der ganze Himmel voll Kirchenmusik hing; der Distelfink, die Grasmücke, der Kibitz, und andere und wieder andere. [...] Inmitten all dieser Herrlichkeiten stand er, oder ging, oder sprang, oder saß er – ein herrlicher Sohn der Haide.[1]

---

1 Adalbert Stifter, *Das Haidedorf*, in: *Werke und Briefe. Historisch-Kritische Gesamtausgabe, Bd. 1,4*, 173-207, hier: 177f.

Die Schilderung erfolgt teilweise aus der Perspektive des zehn- oder zwölfjährigen Hirten, teilweise übersteigt sie dessen Blick. Die Blickführung verläuft vom Größeren ins Kleinere, wobei der Blick niemals ein Über-Blick ist, sondern stets einer des Details. Stifters Beschreibung betreibt die fortwährende Partialisierung des Blicks anhand einer strukturell unendlichen Reihenbildung. Die Unüberschaubarkeit ist nicht nur quantitativ markiert („tausend und tausend", „dutzendweise", „unzählbare Vettern") oder in dem unendlichen Gewimmel, der unablässig bewegten Klangkulisse figuriert („bewegenden Gesellschaft", „kletterten, rannten und arbeiteten", „vor ihm aufflog, und sich wieder hinsetzte", „rastlos zirpend", „zitterndes Gesinge"); die Beschreibung reflektiert explizit auf ihre eigene Unabschließbarkeit: Wiederholt setzt sie an zu enden, nicht weiterzusprechen, und unterläuft dieses Ende im nächsten Moment selbst: „Ich will von den tausend und tausend goldenen, rubinenen, smaragdenen Thierchen und Würmchen gar nichts sagen, die auf Stein, Gras und Halm kletterten, rannten und arbeiteten [...]; – aber von Anderem muß gesprochen werden", „dann endlich war die Ammer". Entsprechend des wiederholt gescheiterten Versuchs zu enden, endet der Satz in einzig konsequenter Weise, insofern er nämlich mit dem Ende seine eigene Unabschließbarkeit artikuliert: „und andere und wieder andere". „Und andere und wieder andere" ist nichts anderes als die Formel für die Unendlichkeit der Reihenbildung, den strukturell unendlichen Fortgang/Verlauf der Beschreibung in der Zeit.

Bei dem größten Teil der hier zitierten Beschreibung handelt es sich um einen einzigen Satz, welcher sich in der kritischen Ausgabe über zwanzig Zeilen erstreckt, sozusagen selbst schier unendlich ist. Bis in die Syntax hinein bezeugt sich der proliferierende Charakter der Beschreibung oder präziser gesagt: Stifters Beschreibung betreibt eine Mimesis an die Schrift mit ihren unendlichen syntagmatischen Verkettungen. Eindrücklicher kann die Loslösung der Beschreibung von der Referenz nicht vollzogen sein. Die im *Haidedorf* erzeugten Räume des Sichtbaren/der Beobachtung sind in keinem Moment zu trennen von dem Verfahren der Beschreibung: Was also und wie wird beobachtet? Auf welche Weise konstituieren sich die „Gegenstände" der Beschreibung? Es werden erwähnt: die „goldenen, rubinenen, smaragdenen Thierchen und Würmchen [...], die auf Stein, Gras und Halm kletterten, rannten und arbeiteten", „Schnecken mit und ohne Häuser, braune und gestreifte, gewölbte und platte", „dann die Fliegen, summende, singende, pipende, blaue, grüne, glasflüglige" sowie der Haidesohn selbst, welcher „stand, oder ging, oder sprang, oder saß". Naturwissenschaftliche Beobachtungs- und Beschreibungsverfahren, genauer: auf morphologischen Merkmalen fußende biologische Systematiken/Klassifikationssysteme, finden hierbei ebenso Eingang wie sprachliche Ordnungen. Stifter wird nicht müde, semantische Reihen zu bilden: ‚Stein,

Gras, Halm', ‚Gold, Rubine, Smaragde', ‚summen, singen, pipen', ‚blau, grün', ‚stand, ging, sprang, saß'. Zudem durchzieht eine ganze Reihe ästhetischer Topoi die Beschreibung: „zitterndes Gesinge", „silberne Streifen", „Kirchenmusik". Was hier beschrieben, beobachtet, sichtbar gemacht wird, ist m.a.W. nichts was sich jenseits von Beschreibungs-/Darstellungsverfahren situieren ließe, sondern diese Beschreibungs-/Beobachtungssysteme selbst. Stifters Beschreibungen sind Beobachtungen *„dargestellter* Wirklichkeit" (Auerbach), d.h. Analysen von diskursiven und medialen Darstellungsverfahren/Perspektivierungen des Wirklichen. Nicht die Natur, sondern das Wissen von Natur in seiner Abhängigkeit von Beobachtungs-/Darstellungsverfahren ist es, was im *Haidedorf* unter Beobachtung ist. Diese Beobachtung erfolgt mit literarischen Mitteln. Stifters Beschreibungsverfahren schafft einen heterogenen Raum der Beobachtung, in welchem sich naturwissenschaftliche, optisch-mediale, ästhetische Darstellungsverfahren und sprachliche Ordnungen überlagern und wechselseitig umschreiben. In diesem Sinne lässt sich sagen, dass Stifter beschreibt, was keinem Blick jenseits der Schrift zukäme, dass er die Schrift als Medium der Beobachtung auslotet. Beschreibung fungiert hier als komplexes System der wechselseitigen Teilhabe/Beleihung von Darstellungsweisen. Als Effekt wechselseitiger Verschiebung von naturwissenschaftlicher Beobachtung/Beschreibung, ästhetischen Konzepten, optisch-medialen Darstellungstechniken und der Schrift erzeugt Stifters Poetik der Beobachtung spezifische Räume des Sicht- und mithin Wissbaren.

In seiner konstanten Selbstreflexion auf die Schrift und ihre unendlichen syntagmatischen Verkettungen ist Stifters Beschreibungsverfahren von einer dezidierten Zeitlichkeit: eine Beobachtung in der Zeit, was heißt: es installiert die permanente Verschiebung/Beweglichkeit der Perspektive – von partiellem Blick zu partiellem Blick. Stifters Auslotung der visuellen Wahrnehmung/Beobachtung mit den Mitteln der Schrift versetzt den Blick in Bewegung und lässt sich damit gleichzeitig als Analyse/Beobachtung des beweglichen Blicks/der wechselnden Perspektive der Moderne lesen. Nicht geht es um die Beschreibung *von* Bewegung auf Motivebene, vielmehr wird Bewegung der Beschreibung selbst eingetragen: Die literarische Beobachtung des bewegten Blicks/der beweglichen Perspektive geschieht mit den Medium Schrift. Im Syntagma der Schrift verkreuzt sich die Zeitlichkeit der Wahrnehmung/der bewegte Blick mit der Dynamisiereung der Darstellung/Zeit des Beschreibens.

Blick in Bewegung. Wahrnehmung mit Schrift und Teleskop

Ein solches Verfahren der Beschreibung entwickelt Stifter in „Aussicht und Betrachtungen von der Spitze des St. Stephansturmes" – dem ersten Text aus der Feuilleton-Sammlung *Wien und die Wiener, in Bildern aus dem Leben*, deren

Redaktion Stifter 1841 übernimmt und welche 1844 erscheint. Der Wanderer, der sich in Stifters „Aussicht und Betrachtungen von der Spitze des St. Stephansturmes" Wien nähert, wird schon von Ferne einer Pappel ansichtig. Einer Pappel? Was von dem Wanderer vom Lande als Pappel wahrgenommen wird, erweist sich bald darauf als der St. Stephansturm. Stifters Text setzt die Abhängigkeit der Wahrnehmung von Deutung/Vorwissen in Szene: Schlank und hoch bedeutet – wenigstens für jemanden, der weder eine Großstadt noch den St. Stephansturm je gesehen hat – „Pappel". Doch nicht nur der Bedingtheit von Wahrnehmung und Wirklichkeitskonstruktion durch die Episteme gilt Stifters Beobachtung, sondern auch den Darstellungsverfahren des Wirklichen, die dem Wanderer zusammen mit dem Leser gezeigt werden:

> „[…] da sind zwei dunkle Linien über dem Strom, fast parallel, sie sind die zwei Brücken, die nordwärts führen"[1]. „Der Theil gerade zu unsern Füßen ist die eigentliche Stadt. Wir sehen sie, wie eine Scheibe um unsern Thurm herumliegen, […] ein Durcheinanderliegen von Prismen, Würfeln, Piramiden, Parallelopipeden, Kuppeln als sei das Alles in toller Kristallisation an einander geschossen, und starre nun da so fort." (ST IX)

Es sind eben nicht Brücken, sondern Linien, nicht Häuser, sondern Scheiben, Prismen, Würfel, Piramiden, Parallelopipeden, d.h. geometrische Figuren und optische Instrumente, die hier in ihrer Funktion als Wahrnehmungsmuster vorgeführt/sichtbar gemacht werden. Wie schon im *Haidedorf* ist auch die Beschreibung in „Aussicht und Betrachtungen von der Spitze des St. Stephansturmes" Beobachtung von Darstellungsformen und -verfahren zur Konstitution wahrgenommener Wirklichkeit. Doch noch etwas anderes fällt ins Auge: Der Eintritt in die Stadt vollzieht sich als Eintritt in die Bewegung. Die „unscheinbare[] Barriere", bei der der Wanderer „hineintritt", ist die Zeit selbst: „und nun schlagen die Wogen über ihm zusammen" (ST VI). Fortan beschreibt Stifter aus beweglicher Perspektive[2]:

> Eine endlose Gasse nimmt ihn auf; ein Strom, der schmutzige und glänzende Dinge treibt, wird immer dichter, und immer lärmender, je näher er jener Pappel kömmt, die er aber jetzt nirgends sieht – ja dort tritt sie

1 Adalbert Stifter, „Aussicht und Betrachtungen von der Spitze des St. Stephansturmes", in: *Werke und Briefe. Historisch-Kritische Gesamtausgabe, Bd. 9,1: Wien und die Wiener, in Bildern aus dem Leben*, Stuttgart: Kohlhammer 2005, V–XXI, hier: XIV.

2 Zur Beweglichkeit der Perspektive in Stifters „Aussicht und Betrachtungen von der Spitze des St. Stephansturmes" vgl. auch Liliane Weissberg, „Das starre Subjekt, das bewegliche Auge. Zur Geburt des ‚realistischen' Blicks", in: Lutz Danneberg/Friedrich Vollhardt (Hg.), *Wissen in Literatur im 19. Jahrhundert*, Tübingen: Max Niemeyer 2002, 127-147.

> hervor, ein dunkler schlanker riesiger Stift in der glänzenden Luft – nein sie ist es nicht; denn weiter rechts steht mit einem Male eine noch größere, ruhigere, graublau dämmernd, den Adler auf der Spitze tragend – diese ist's – man sieht fast das zarte Laubwerk an ihrem Schafte emporstreben. – Jetzt tritt wieder eine Häuserparthie dazwischen [...] – hier oder dort taucht wohl ihre Spitze ein wenig vor, dann wieder lange nicht, dann wieder auf ein Mal an einem ganz anderem Orte – Er geht darauf zu, weicht ein wenig an dieser Ecke ab, dann an jener, es kömmt Gasse an Gasse, aber er erreicht sie nicht – ja dort sieht die Spitze wieder hervor, gerade hinter ihm – Sind ihrer denn unzählige? - - (ST VIf.)

In Bewegung sind hier sowohl der Betrachter als auch das Objekt der Betrachtung. Der Wanderer bewegt sich auf die Pappel zu, diese verschwindet, „tritt" wieder „hervor", wechselt ihren Ort, „taucht" „hier oder dort" wieder auf, eine Häuserpartie „tritt [...] dazwischen". Über die Bewegung, sprich: raum-zeitliche Verschiebung, zerfällt das eine Bild der Pappel konsequent in eine Serie von Wahrnehmungen von Pappeln: „Sind ihrer denn unzählige?" Stifters Verfahren der Beschreibung untersucht dezidiert den Konnex von Bewegung und visueller Wahrnehmung. Indem Stifter (gemeinhin fixes) Sichtbares in Bewegung beschreibt/durch Beschreibung in Bewegung versetzt (Pappel, Häuserpartie), inszeniert er – quasi indirekt – den bewegten Blick, trägt er Bewegung/Zeit in Wahrnehmung ein. Stifters Technik der Beschreibung gewinnt Kontur in ihrem technologischen Kontext. Der Text selbst bringt diesen zur Sprache, und zwar mit dem ersten Objekt, welches der Wanderer durch das Fernrohr sieht:

> [...] nun was siehst du? Einen langen Zug, Wagen an Wagen, langsam fahrend, alle gegen die Stadt – an ihnen vorüberjagend hinein und hinaus die vielerlei leichten Wagen und Reiter, und zwischen ihnen wandelnd die Fußgänger und Wanderer und Heerden von kleinem Vieh und Wagen, die weder zu jenen ganz schweren, noch zu diesen leichten gehören. [...] siehst du am Rande der Stadt jenes palastähnliche Gebäude? Es ist eine Wagenremise, aber von großen mächtigen Wagen, deren gleich immer eine ganze Reihe aneinandergehängt daraus hervorfährt (ST XI).

Die Entwicklung der Eisenbahn und des modernen Verkehrs sind ein maßgeblicher Kontext für Stifters Dynamisierung der Beschreibung.[1] Technikdiskurs, Wahrnehmungsphysiologie und Ästhetik überlagern sich im ersten

1 Zur Dynamisierung der Wahrnehmung im Kontext der Entwicklung der Eisenbahn vgl. u.a. Wolfgang Schivelbusch, *Geschichte der Eisenbahnreise: Zur Industrialisierung von Raum und Zeit im 19. Jahrhundert*, Frankfurt/Main: Fischer 2000.

Drittel des 19. Jahrhunderts vielfältig und konstituieren einen Konnex zwischen Bewegung und visueller Wahrnehmung. An einem solchen arbeitet auch Stifters Verfahren der Beschreibung, wo es über die Beschreibung von Bewegung Wahrnehmung selbst in Bewegung versetzt. Etwa so, wie im Falle eines Bewegungseindrucks angesichts der Wahrnehmung eines anfahrenden Zuges auf dem Nebengleis. Als Beziehung von Bewegung auf Bewegung stellt sich auch die bereits zitierte Szene dar: „Wagen an Wagen, langsam fahrend [...] – an ihnen vorüberjagend hinein und hinaus [...] Wagen und Reiter, und zwischen ihnen wandelnd die Fußgänger und Wanderer". Stifters Beschreibung stiftet einen Bezug von Bewegung auf Bewegung und bezieht hieraus ihr spezifisches dynamisches Potential. Der Bezug, den sie herstellt, ist ein Bezug zwischen dem beweglichen Blick der Moderne und der Bewegung der Schrift. Betrachtet man sich die Charakterisierung der Eisenbahn/des Verkehrs – als Figuration von Bewegung – genauer, so liest sich diese als allegorische Beschreibung der syntagmatischen Struktur der Schrift: „ein[] lange[r] Zug, Wagen an Wagen", „eine ganze Reihe aneinandergehängt". Präziser kann Stifters Verfahren der Beschreibung nicht beschrieben sein; plastischer nicht die Verschränkung von Bewegung, visueller Wahrnehmung und Schrift. Der bewegliche Zug der Schrift trägt die Zeit in das Sehen/die Beobachtung ein und generiert damit Wahrnehmungen in Serie.

Im selben Zuge, wie Stifters Verfahren der Beschreibung Wirklichkeit als wahrgenommene Wirklichkeit generiert, löst es Wahrnehmung vom Subjekt. Die bewegliche Perspektive, wie sie Stifters Beschreibung inszeniert, ist keinem Subjekt zuzuschlagen, ist nicht subjektive Wahrnehmung, sondern seriell: Wahrnehmung im Medium der Schrift. Die Serialität von Wahrnehmung wird im Text vielfältig – und entsprechend poetologisch – reflektiert. Der Sonnenaufgang etwa zeigt sich als eine Serie von Augenblicken („jetzt") der Wahrnehmung, womit der Akt der Wahrnehmung seinerseits eine Serialisierung erfährt: „- - hui! ein Blitz fliegt an unsern Thurm: die Sonne ist herauf!! Die unten aber haben sie noch nicht – jetzt – ganz draußen brennt plötzlich ein Theil der Stadt an; wie es blitzt und von Zeile zu Zeile lodert! Jetzt brennts auch dort, jetzt dort, jetzt in der ganzen Stadt" (ST VIII). Die Serie von „jetzt" markiert nicht nur einen seriellen Wahrnehmungsakt, ein Wahrnehmungsereignis, sondern auch einen Akt des Lesens/Lesen als Ereignis: „von Zeile zu Zeile". Nicht zu überlesen ist hier die Reflexion auf das Medium Schrift. Und noch eine andere Serie von „jetzt" hält der Text bereit: Die bereits zitierte „Wagenremise" wird „von furchtbaren unbändigen Rossen gezogen; ihr Schnauben ist erschütternd, und der Dampf ihrer Nüstern geht als hohe dunkle Säule durch den Himmel" (ST XI). (Das Wort ‚Dampflokomotive' fällt im Text nicht.) Dem Blick durch das Fernrohr bietet sich ein solches Dampfross wie folgt dar:

> Ei – dort fährt er ja – siehe die dunkle Linie schiebt sich durch die Saaten hin – sieh zu, eh sie dir enteilt. Schon steht ihre erste Rauchwolke weit hinter ihr am Himmel, aber auch ihre zweite und ihre dritte – jetzt deckt sie jener Abhang, jetzt ist sie wieder sichtbar, deutlich hinausschwebend – – jetzt ist sie verschwunden, und nur der Rauch zerstreut sich langsam am Himmel. (ST XI)

„Jetzt" bedeutet nicht Präsenz, sondern Unterbrechung. Die Serie von „jetzt" beschreibt das Alternieren von An- und Abwesenheit, ein rhythmisches Erscheinen/Verschwinden nicht nur des sich bewegenden Zuges, sondern eines Wahrnehmungsaktes, der allererst qua serieller Unterbrechung zu einem solchen wird. Ja, noch spezifischer ist diese Passage: Tatsächlich ist die Rede von „Linie": Es ist m.a.W. buchstäblich ein Schrift-Zug, den Stifter hier zum Schreibakt mobilisiert, und der sich als rhythmisches Erscheinen/Verschwinden geltend macht. Anlässlich dieses seriellen Wahrnehmungsaktes als Schreibakt mag man erneut an Freuds „Notiz über den ‚Wunderblock'" und die darin markierte gegenläufige Dynamik der Schrift denken.[1] In der rhythmischen Unterbrechung, Skandierung – in welcher die Serie von „jetzt" strukturell nicht von der Serie unterbrechender Bindestriche („– –") zu unterscheiden ist – liegt die (afformativ-)performative Dimension von Stifters Beschreibungen als Akte von Wahrnehmung im Medium der Schrift.[2]

Die Serialität von Wahrnehmung im Medium der Schrift dokumentiert sich überdies im Zählen der Rauchsäulen oder genauer: „Rauchwolken", welche – erste, zweite, dritte – sich schließlich zerstreuen. Es mag nicht zufällig eine Rauchsäule sein, sprich: ein Index, der hier seine Auflösung erfährt; auch die „Pappel", die „die Stelle anzeigt, an der sich die [...] Stadt hindehnet" (ST VI), hatte sich qua Bewegung in „unzählige" (ST VII) zerstreut. Stifters Dynamisierung von Wahrnehmung im Zeichen der Schrift geht mit der seriellen Zerstreuung/Dissemination von Index und „Stelle" einher. Schauplatz dieser Zerstreuung ist die „Rauchwolke" – eines von Stifters Aggregaten, auf die zurückzukommen sein wird.

---

1 Siehe S. 31.

2 Zum Gedankenstrich bei Stifter vgl. auch: Joseph Vogl, „Der Gedankenstrich bei Stifter", in: Alexander Nebrig/Carlos Spoerhase (Hg.), *Die Poesie der Zeichensetzung: Studien zu Stilistik der Interpunktion, Zeitschrift für Germanistik* 25, 2012, 275-294. Die „Oszillationen von Perspektiven und die Zerrissenheit des Sehraums, die als Gedankenstriche im Syntagma des Textes wiederkehren" (ebd., 286), von denen Vogl in Bezug auf Stifters *Condor* spricht, lassen sich – in dezidiert seriell-rhythmischem Sinne – auch für „Aussicht und Betrachtungen von der Spitze des St. Stephansturmes" behaupten.

Die Schrift ist nicht das einzige Instrument/Medium der Wahrnehmung bei Stifter, es verzahnt sich mit einem weiteren Instrument visueller Wahrnehmung, dem bereits erwähnten Fernrohr, welches außer in „Aussicht und Betrachtungen von der Spitze des St. Stephansturmes“ etwa auch in *Der Condor,* „Die Sonnenfinsternis am 8. Juli 1842“, *Der Nachsommer, Die/Zwei Schwestern* oder in *Der Hochwald* zum Einsatz kommt. Die poetologische Bedeutung des Teleskops für Stifter wurde verschiedentlich herausgearbeitet und von Rilke schon frühzeitig erkannt. Dieser schreibt 1913:

> Irgendein nachdenklicher Leser Stifters [...] könnte es bei sich zur Vermutung bringen, daß diesem dichterischen Erzähler sein innerer Beruf in dem Augenblicke unvermeidlich geworden sei, da er, eines unvergeßlichen Tages, zuerst durch ein Fernrohr einen äußerst entlegenen Punkt der Landschaft herbeizuziehen suchte und nun, in völlig bestürzter Vision, ein Flüchten von Räumen, von Wolken, von Gegenständen erfuhr, einen Schrecken von solchem Reichtum, daß in diesem Sekunden sein offen überraschtes Gemüt Welt empfing[1].

Die Stifterforschung stellt das Fernrohr in den Kontext des biedermeierlichen Fenstermotivs[2] oder nimmt es als ‚poetologische Metapher‘ für Stifters Verfahren perspektivischen Erzählens, des Wechsels von Nah- und Fern-Ansicht, der Überbrückung von räumlichen und zeitlichen Entfernungen oder der Gleichgültigkeit des Erzählens in Anspruch.[3] Martin Selge bringt das zur Zeit des historischen Geschehens des *Hochwaldes* in den 1630er Jahren gerade erst erfundene astronomische Fernrohr mit Keplers Gesetz der Planetenbewegung in Verbindung und arbeitet die elliptische Anlage der Erzählung heraus.[4] Eric Downing untersucht die Stasis des Fernrohrblicks („telescopic vision“) in

1 Rainer Maria Rilke, *Über den jungen Dichter*, in: *Sämtliche Werke, Bd. 6: Malte Laurids Brigge – Prosa 1906-1926*, Frankfurt am Main: Insel 1966, 1046-1055, hier: 1050f.

2 Vgl. Herman Meyer, „Raum und Zeit in Wilhelm Raabes Erzählkunst“, in: *DVjs*, 27, 1953, 237-267, 245f.; Jost Hermand, *Die literarische Formenwelt des Biedermeier*, Gießen: Schmitz 1958, 130.

3 Inge Ackermann, *Adalbert Stifters Studien. Untersuchungen zur Struktur*, Göttingen (Dissertation) 1960, 85f.; Gerald Gillespie, „Space and Time Seen through Stifter's Telescope“, *The German Quarterly*, Vol. 37, 2, 1964, 120-130. Eine Diskussion dieser Ansätze findet sich in: Martin Selge, *Adalbert Stifter. Poesie aus dem Geist der Naturwissenschaft*, Stuttgart: Kohlhammer 1976, 22-28.

4 Selge, *Adalbert Stifter*, 29.

Hinsicht auf eine prekäre Begehrensstruktur: „The association of telescopes with stasis, and stasis with realism, is particularly insistent in *The Mountain Forest*."[1]

Was mich hier in Bezug auf Stifters wahrgenommene Wirklichkeit interessiert, ist eine spezifische Inszenierung des Fernrohrblicks, über welche dieser ganz und gar nicht statisch erscheint: seine Inszenierung in Bezug auf Bewegung. Rilkes Beobachtung, wonach das im Fernrohr bewerkstelligte „Flüchten von Räumen, von Wolken, von Gegenständen", die „völlig bestürzte[] Vision" Stifters poetologisches Interesse weckt, ist diesbezüglich äußerst präzise. Stifter beschränkt die Funktion des Teleskops keineswegs auf die Darstellung von Raumverhältnissen: Vergrößerung, Nahansicht etc., sondern transformiert es in ein Medium von Bewegungsdarstellung, der Darstellung des bewegten Blicks, anders gesagt: Das Fernrohr dient Stifter zur Erkundung der Zeitlichkeit visueller Wahrnehmung: „– ich griff rasch um das Fernrohr und schwang es gegen jene Stelle des Firmaments – Sterne, Wolken, Himmelsglanz flatterten durch das Objektiv"[2], heißt es in *Der Condor* über Gustavs teleskopische Suche nach dem Ballon[3], und auch die erste beschriebene Fernrohrszene im *Hochwald*, in welcher der Blick vom Blockenstein, dem Aufenthaltsort der Mädchen, nach Wittinghausen, der Burg des Vaters, ausgerichtet werden soll, steht ganz im Zeichen der Bewegung:

> Das Fernrohr wurde ausgepackt [...] Clarissa kniete mittlerweise vor dem Rohre und rückte und rückte; [...] jedoch finden konnte sie damit nichts. [...] Abenteuerliche Rücken und Linien und Vorsprünge gingen wie Träume durch das Glas – dann farbige Blitze – dann blau und blau und blau – – sie rührte die Schraube, um es zu verlängern – dann führte sie es dem Saume eines dunklen Bandes entlang – plötzlich ein schwacher

1 Eric Downing, *Double Exposures: Repetition and Realism in Nineteenth Century German Fiction*, Stanford: Stanford University Press 2000, 84. Anhand von Stifters *Hochwald* arbeitet Downing eine „complex logic of desire at the heart of telescopic vision" (ebd., 87) heraus, in welcher sich zugleich das prekäre Verhältnis zwischen Wirklichkeit und Akt des Sehens artikuliert: „Reality becomes what his telescopes do not, cannot represent, and yet what nonetheless emerges to destroy and inhabit their static representation; the off-scene, the unseen. And as a result, for his female protagonists, ‚realism' becomes a seeing what they cannot see, a realizing of the failure of their telescopes to either capture or exclude the reality on which they sought to fix its sights" (ebd., 86).

2 Adalbert Stifter, *Der Condor*, in: *Werke und Briefe. Historisch-Kritische Gesamtausgabe, Bd. 1,4*, 15-41, hier: 20.

3 Zur Bewegungsdarstellung in Stifters *Der Condor* vgl. Elisabeth Strowick, „Poetological-Technical Operations: Representation of Motion in Adalbert Stifter", in: *Configurations*, Vol. 18, Number 3, Johns Hopkins University Press 2011, 273-289.

> Schrei – zitternd im Runde des wunderbaren Glases stand das ganze Vaterhaus, klein und zart, wie gemalt, aber zum Staunen erkennbar an Mauern, Erkern, Dächern – ja die Fenster meinte man durchaus sehen zu müssen. (HW 256f.)

Alles andere als statisch, zeigt sich der Blick als einer in Bewegung, unfokussiert, partialisiert: „Rücken, Linien, Vorsprünge“ *gehen* „durch das Glas“, und „dann blau und blau und blau“. Die beschriebene Bewegung ist auch hier nicht aufseiten des betrachteten Objekts, des Himmels, sondern auf der des Blicks, welcher sukzessive gegen den Himmel verschoben wird („und rückte und rückte“). Und wenn schließlich das Bild des Vaterhauses „zitternd im Runde des wunderbaren Glases“ steht, so dokumentiert sich in dem Zittern ebenfalls nichts anderes als die Bewegung des instrumentellen Blicks. Eine spätere Stelle formuliert dies explizit: Johanna „drängte […] sogleich ihr Auge wieder vor das Glas, jedoch in derselben milden Luft stand dasselbe Bild […] nur zitterte es ein wenig in der Luft, wie sie angestrengten Auges hineinsah; dieß war aber daher, weil […] ihr Auge zu wanken begann.“ (HW 305)

Das zitternde Auge, der bewegte Blick sind es, die Stifter anhand des Teleskops *beschreibt*, und womit er die Zeitlichkeit visueller Wahrnehmung analysiert. Ausgerechnet das Teleskop, welches gemeinhin die Stasis des Realismus verbürgt, als Medium von Bewegungsdarstellung zu profilieren, ist zweifellos bemerkenswert. Man hat es hier mit einem spezifisch poetologischen Blick auf dieses optische Instrument zu tun: Die Beobachtung der teleskopischen Wahrnehmung erfolgt mit den Mitteln der Schrift: „dann farbige Blitze – dann blau und blau und blau“. Es ist dies die bereits bekannte Serialität, syntagmatische Verkettung/Reihenbildung der Schrift, in welche Stifter die teleskopische Wahrnehmung einträgt, und womit er im selben Zuge die Schrift – geschult an der teleskopischen Wahrnehmung/Darstellung – als Medium von Wahrnehmung profiliert. Der optische Raum erfährt eine syntagmatische Ausrichtung, die Schrift wird zum optischen Apparat.

Stifters Technik der Beschreibung konstituiert sich und generiert wahrgenommene Wirklichkeit über die Verschränkung von optisch-visuellen Techniken und Medien und dem Medium Schrift. In diesem Konnex ist für den Landschaftsmaler Stifter neben dem Teleskop das Medium Malerei von Interesse.[1] Wie sich selbige in Stifters Poetik serieller Wahrnehmung fügt und welche Formen dynamisierter literarischer Darstellung Stifter aus ihr gewinnt, soll

---

1 Zur Konstellation von Malerei, Visualität, Literatur bei Stifter vgl. auch Thomas Gann/Marianne Schuller (Hg.), *Fleck, Glanz, Finsternis. Zur Poetik der Oberfläche bei Adalbert Stifter*, München: Fink 2017.

im Folgenden anhand von Stifters Erzählung *Nachkommenschaften* analysiert werden.

2 *Nachkommenschaften*: Stifters Serien

Einmal ist keinmal.[1] (Wirtin zu Friedrich Roderer)

Serialität ist in vielfältiger Hinsicht das Hauptunterfangen von Stifters später Erzählung *Nachkommenschaften* (1864).[2] Schon der Titel, welcher *Nachkommenschaften* in einen unbestimmten Plural setzt, öffnet die Frage nach zeitlicher Abfolge hin auf ein Spektrum von Feldern, welches die Erzählung diskurs- und medienübergreifend ausgestaltet und deren Stränge sie qua Erzählverfahren ineinanderblendet. Bezeichnet „Nachkommenschaft" zum einen die Genealogie des Roderer-Geschlechtes, von dessen Zerstreuung und Fortzeugung die Erzählung handelt, lässt es sich zum anderen im Sinne zeitlicher Aufeinanderfolge, Serialität in Malerei und Literatur lesen.[3] Der als Landschaftsmaler tätige Ich-Erzähler widmet sich mit aller Ausschließlichkeit dem Malen eines Moores. Mit dem Ziel, die „wirkliche Wirklichkeit" darzustellen, wobei das gemalte Moor nicht mehr von dem wirklichen Moor zu unterscheiden wäre, fertigt er zahlreiche Studien im Freien an (Moor in Morgenbeleuchtung, Vormittags-, Mittagsbeleuchtung), welche schließlich zu einem Bild in einem eigens dafür gebauten Blockhaus zusammengefügt werden. Kurz vor der Vollendung des Bildes vernichtet Friedrich Roderer dieses und gibt das Malen für immer auf. Vor der kunstgeschichtlichen Datierung der Anfänge serieller Verfahren in der modernen Malerei[4] entwickelt Friedrich Roderer, wo er das Moor in verschiedenen Beleuchtungen malt, eine serielle Darstellungsweise. Doch nicht

1 Adalbert Stifter, *Nachkommenschaften*, in: *Werke und Briefe. Historisch-Kritische Gesamtausgabe, Bd. 3,2: Erzählungen*, Stuttgart: Kohlhammer 2003, 23-94, hier: 88.

2 Zu Serialität vgl. Christine Blättler, „Überlegungen zur Serialität als ästhetischem Begriff", in: *Weimarer Beiträge*, 49 (2003), Vol. 4, 502-516; dies., „Einleitung", in: dies. (Hg.), *Kunst der Serie. Die Serie in den Künsten*, München: Fink 2010, 7-14; Elisabeth Bronfen/Christiane Frey/David Martyn, „Vorwort", in: dies. (Hg.), *Noch einmal anders. Zu einer Poetik des Seriellen*, Berlin/Zürich: Diaphanes 2016, 7-15; Sabine Mainberger, *Die Kunst des Aufzählens. Elemente einer Poetik des Enumerativen*, München/Berlin/New York/Boston: de Gruyter 2003.

3 Ein weiterer Rezeptionsstrang diskutiert Stifters *Nachkommenschaften* in Bezug auf die Frage von Epigonalität, vgl. etwa Dirk Oschmann, „Absolute Darstellung. Zur Metapoetik von Stifters Nachkommenschaften", in: *Literaturwissenschaftliches Jahrbuch*, 50, 2009, 135-149, wo sich auch eine Übersicht über die entsprechende Forschungsliteratur findet (ebd., 138, Fn. 10).

4 Zum Seriellen in der Kunst vgl. Katharina Sykora, *Das Phänomen des Seriellen in der Kunst. Aspekte einer künstlerischen Methode von Monet bis zur amerikanischen Pop Art*, Würzburg:

nur in Friedrich Roderers Landschaftsmalerei, auch im literarischen Erzählen sind serielle Verfahren am Werk: sei es in den auffälligen Namensserien oder in Stifters Technik des Beschreibens. Serialität erweist sich damit als Scharnier zwischen Stifters Poetik und der Wahrnehmungsästhetik der Moderne. Ebenso wie Friedrich Roderers serielle Maltechnik lässt sich Stifters literarische Serialität als experimentelle Anlage zur Verfertigung des Wirklichen im Zeichen der Dynamisierung von Wahrnehmung/Darstellung lesen – eines Wirklichen, für das der Text die prägnante Formel „wirkliche Wirklichkeit" (NK 65) findet. Es sind die im Folgenden zu analysierenden vielfältigen (Darstellungs-)Verfahren des Seriellen, welche Stifter für eine Archäologie bzw. „Diskursgrammatik"[1] der Moderne so interessant machen.

Obgleich im Sinne der hier verhandelten Frage nach wahrgenommener Wirklichkeit das Hauptaugenmerk auf Aspekten serieller Darstellung in den *Nachkommenschaften* liegt, sei ein Umweg über den genealogischen Einsatz von „Nachkommenschaft" in Stifters Erzählung genommen.[2] Anhand des Geschlechtes der Roderer zeichnet sich ein Begriff von Nachkommenschaft ab, der – statt auf Ursprung bzw. Herkunft – auf Verdoppelung und serielle Zerstreuung geht und derart aufschlussreich für die anschließende Analyse serieller Darstellung und Epistemologie „wirklicher Wirklichkeit" ist.

Stifters närrisches Gesetz der Serie: Obsession, Kontingenz, Zerstreuung

So besessen wie der späte Stifter – Helmut Pfotenhauer spricht diesbezüglich von „Zeichenbesessenheit"[3] – sind auch die Vertreter des Geschlechtes der Roderer.[4] In der Tat ist Obsession ein entscheidender Zug dieser Nachkom-

Königshausen & Neumann 1983, 34-67; Oskar Bätschmann, *Entfernung der Natur. Landschaftsmalerei 1750-1920*, Köln: DuMont 1989, 187-192, 99-135 (Bewegungen).

1 Gerhard von Graevenitz, „Einleitung" in: ders. (Hg.), *Konzepte der Moderne. DFG-Symposion 1997. (Germanistische Symposien, Berichtsbände 20)*, Stuttgart/Weimar: Metzler 1999, 1-16.

2 Zu genealogischen Dimensionen der *Nachkommenschaften* vgl. Konstanze Fliedl, „Berg, Moor und Baum. Eine Lektüre der *Nachkommenschaften*", in: Alfred Doppler/Johannes John/Johann Lachinger/Hartmut Laufhütte (Hg.), *Stifter und die Stifterforschung im 21. Jahrhundert. Biographie – Wissenschaft – Poetik*, Tübingen: Max Niemeyer 2007, 261-282; Stefan Willer, „Grenzenlose Zeit, schlingernder Grund. Genealogische Ordnungen in Stifters *Nachkommenschaften*", in: Michael Gamper/Karl Wagner (Hg.), *Figuren der Übertragung. Adalbert Stifter und das Wissen seiner Zeit*, Zürich: Chronos 2009, 45-62.

3 Helmut Pfotenhauer, „Bild und Schrift. Zur Funktion von Medienwechseln in der realistischen Literatur: Stifter, Keller", in: Jürgen Barkhoff/Gilbert Carr/Roger Paulin (Hg.), *Das schwierige 19. Jahrhundert. Festschrift für Eda Sagarra*, Tübingen: Max Niemeyer 2000, 207-218, hier: 212.

4 Stifters Text situiert Nachkommenschaft strikt auf symbolischer Ebene. Dies zeigt sich nicht nur im Gesetz der Serie, dem das Roderer-Geschlecht untersteht bzw. das es „verkörpert",

menschaft, durch den sich selbige als Serie ausweist, will man Obsession als Merkmal des Seriellen gelten lassen.[1] Der obsessive Charakter des Roderer-Geschlechtes stellt sich in den Worten Peter Roderers folgendermassen dar:

> [...] es lebt seit Jahrhunderten ein Geschlecht, das immer etwas Anderes erreicht hat, als es mit Heftigkeit angestrebt hat. Und je glühender das Bestreben eines dieses Geschlechtes war, desto sicherer konnte man sein, daß nichts daraus wird. Und nicht etwa durch das Schicksal wurden diese Leute aus ihren Bahnen geworfen; [...] sondern Jeder verließ selber freiwillig und mit Freuden seinen Kampfplatz, und wendete sich zu anderen Dingen. (NK 49)

Auch heißt es, dass die Roderers

> „ein Ungethüm von Zeit und Kraft einem Dinge zuzuwenden, um es dann gehen zu lassen, und ein anderes zu ergreifen." (NK 50) „Jeder unseres Geschlechtes war von der Unaufhörlichkeit seines Strebens schlechterdings durchdrungen, bis es aufhörte." (NK 51)

Ein durchaus närrisches Geschlecht – eine närrische Nachkommenschaft bzw. Serie – ist es, von der Stifters Erzählung handelt. Es ist dies keineswegs die einzige närrische Nachkommenschaft in Stifters Oeuvre – eine andere ist die Nachkommenschaft Hans von Scharnasts in Stifters früher Erzählung *Die Narrenburg*, von der später, und zwar dezidert mit Blick auf das Gespenstische des Seriellen, noch zu sprechen sein wird. Wie um die textuelle Verwandtschaft respektive Nachkommenschaft beider Erzählungen augenfällig zu machen,

---

auch die körperlichen Merkmale sind dezidiert auf Zeichenebene inszeniert. Nicht nur weisen alle männlichen Nachkommen des Roderer-Geschlechts dieselbe Art auf, den Bart zu tragen (NK 56), auch haben „[a]lle Nachkommen unseres Ahnherrn [...] fast wie mit Eigensinn [...] braune Haare und braune Augen bei freundlicher Farbe des Angesichtes." (NK 51) Haar- und Augenfarbe finden sich auf einer Ebene mit der Bartlänge, d.h. biologische Merkmale werden in den Status von Zeichen versetzt, was die Formulierung „wie mit Eigensinn" unterstreicht. In diesem Sinne weist auch Mathilde, welche Friedrich in die Familie aufnimmt, ohne dass sie biologisch verwandt wäre, die Zeichen des Roderer-Geschlechts auf: „Das Mädchen hatte sehr schöne rosige Wangen, braune Haare und bedeutend große braune Augen." (NK 57) Kurz: Stifter verhandelt Nachkommenschaft als Frage von Semiotik, genealogische Beziehungen auf Zeichenebene, als sich seriell wiederholende Zeichen – arbiträr und ausgestattet mit „Eigensinn".

1 Vgl. etwa Uwe M. Schneede/Christoph Heinrich (Hg.), *Monets Vermächtnis. Serie – Ordnung und Obsession* (Ausstellungskatalog, Hamburger Kunsthalle, 28. September 2001-20. Januar 2002), Ostfildern: Hatje Cantz 2001.

bezeichnet Stifters *Nachkommenschaften* Friedrich Roderer mit Blick auf seine Malobsession explizit als „Narr[]“ (NK 31).[1] Was die Erzählung mit der Charakterisierung des Roderer-Geschlechts/der Roderer-Nachkommenschaft formuliert, ist das närrische Gesetz der Serie, welches sowohl Erzählgeschehen wie -verfahren bestimmt: die vehemente Obsession mit einer Tätigkeit, welche so unversehens einsetzt wie aufhört, und dem die Ablenkung/Differenz inhärent ist. Angesichts dieser freiherzigen Offenlegung des Gesetzes des Roderer-Geschlechts/der Erzählung frappiert, dass die Stifterforschung so beharrlich an der Suche nach Friedrich Roderers Motiv, das Malen aufzugeben, festhält. Die Deutungen, warum Friedrich Roderer sein Bild vernichtet und das Malen aufgibt, sind zahlreich, ja, die Stifter-Forschung entwickelt diesbezüglich einen regelrechten „detektivischen Spürsinn“[2]. Einer solchen Suche möchte ich mich hier nicht anschließen. Wo das närrische Gesetz der Nachkommenschaften das Geschehen bestimmt, erübrigt es sich, nach einem Motiv, einer detektivisch aufzuspürenden Innerlichkeit einzelner Subjekte zu fragen. Handlung stellt sich vielmehr als Durchlauf der Subjekte durch das Gesetz ihres Geschlechts/der Nachkommenschaft dar – ein närrisches Gesetz der Serie, das es im Folgenden genauer zu konturieren gilt.

Obsession, Kontingenz und Zerstreuung sind die Merkmale des Roderer-Geschlechts und mithin die Aspekte von Stifters närrischer Serialität: Ein jeder des Roderer-Geschlechts war „von der Unaufhörlichkeit seines Strebens schlechterdings durchdrungen, bis es aufhörte.“ Konstitutiv für die Serie ist m.a.W. der durch nichts vorbereitete Wechsel von obsessiver Beharrlichkeit/ „Unaufhörlichkeit“ und „Aufhören“. Von einem Ende der Serie kann gleichwohl nicht die Rede sein; diese setzt sich – wo sie eine Tätigkeit gehen lässt („es […] gehen zu lassen“, NK 50) – in einer ‚anderen‘ fort („immer etwas Anderes erreicht […], als es mit Heftigkeit angestrebt hat“, NK 49; „ein anderes […] ergreifen“, NK 50). Stifters Serie geht auf das Andere, die Differenz/Ablenkung, das Verlassen der Bahn: „Und nicht etwa durch das Schicksal wurden diese Leute

1 „Mein Oheim sagte, als mein Vater Bedenken über meine Malerangelegenheiten äußerte: ‚Lasse dem Narren das Ding‘“ (NK 31). „Närrisch“ findet Friedrich Roderer selbst den Gedanken, mit Peter Roderer verwandt zu sein: „Es wäre doch entsetzlich närrisch, wenn dieser reiche Roderer […] auch noch ein Roderer zu unserem Geschlechte wäre“ (NK 37). Und auch Peter Roderer konstatiert dem Roderer-Geschlecht ein Närrisches, wenn er zu Friedrich Roderer sagt: „[…] ich habe Ihnen Roderergeschichten erzählt, in denen Närrisches genug vorkömmt“ (NK 84).

2 Hans-Peter Ecker, „‚Darum muß dieses Bild vernichtet werden.‘ Über wissenschaftliche Sinnspiele und poetisch gestaltete Medienkonkurrenz am Beispiel von Stifters *Nachkommenschaften*“, in: Hartmut Laufhütte/Karl Möseneder (Hg.), *Adalbert Stifter. Dichter und Maler, Denkmalpfleger und Schulmann. Neue Zugänge zu seinem Werk*, Tübingen: Max Niemeyer 1996, 508-523, hier: 517.

aus ihren Bahnen geworfen; denn dann wäre ja mancher darin geblieben, weil Schicksal und Zufall nicht folgerichtig sind, sondern Jeder verließ selber freiwillig und mit Freuden seinen Kampfplatz, und wendete sich zu anderen Dingen." (NK 49) Interessant an dieser Passage ist, dass Stifter das dem Seriellen inhärente Verlassen der Bahn aus der Logik von Schicksal und Zufall herauslöst; das „Folgerichtige", das, insofern es die „Folge" aufruft, als Serielles gelesen werden kann, ist nicht unumwunden Schicksal oder Zufall zuzuschlagen. Und doch wird man Stifters Serien einen Bezug zur Kontingenz nicht absprechen können. Diese dokumentiert sich in zeitlicher Hinsicht: Das ‚Aufhören' erfolgt so plötzlich und „unversehens" wie das Einsetzen obsessiver Tätigkeit. Der unvermittelte Eintritt in die Erzählung, der zugleich mit der Kontingenz der Serie die Kontingenz des Erzählens artikuliert, lautet: „So bin ich unversehens ein Landschaftsmaler geworden." (NK 25) Wie Robert Stockhammer anhand von Stifters *Zwei Schwestern* gezeigt hat, tritt bei Stifter „der Zufälligkeitssinn mit seinem Gegenteil, einem radikalen Determinismus, in Konjunktion. Wie eine Kugel in einem Billardspiel erleidet das vorgeblich handelnde Subjekt einen bestimmten Stoß, den es weder beeinflussen noch selbst vorausberechnen kann, folgt daraufhin jedoch einer vollständig – wenngleich nicht von ihm selbst – vorausberechneten Bahn. Auf Zufälle folgen nicht andere Zufälle, sondern deren ‚natürliche Folgen' [...] (11, 238)"[1]. Auch das Serielle in Stifters *Nachkommenschaften* stellt sich nicht als Folge von Zufällen dar, wohl aber als Folge/Folgerichtigkeit, die auf dem haltlosen Grund von Kontingenz operiert. Was Stifters *Nachkommenschaften* inszeniert, ist das Ereignis der Serie, die Serie/*Nach*kommenschaft als Ereignis. Einsetzen und Aufhören markieren nicht Anfang und Ende einer Serie; vielmehr fungieren diese Momente von Kontingenz als Zäsur, serielle Unterbrechung: Sie sind Impuls-/Rhythmusgeber eines obsessiven Weiterwucherns, in welchem sich die Serie als je andere, in sich differentiell fortzeugt.

Angesichts dieser Dynamik serieller Ablenkung/Differenz erscheint es nur „folgerichtig", dass Stifters Serie auf Zerstreuung geht:

> „Es ist stets ein merkwürdiges Zeichen der Roderer gewesen, daß sie immer in der Welt zerstreut waren, keiner Gegend angehörten, bald hier bald da auftauchten, und wieder verschwanden, es gehört dieß zu ihrem

1 Robert Stockhammer, „Zufälligkeitssinn. Adalbert Stifters Umgang mit der Kontingenz", in: *Arcadia – International Journal for Literary Studies*, 39, 2004, 271-281, hier: 274. Zum Zufall vgl. auch Friedrich Balke, „Den Zufall denken. Das Problem der Aleatorik in der zeitgenössischen französischen Philosophie", in: Peter Gendolla/Thomas Kamphusmann (Hg.), *Die Künste des Zufalls*, Frankfurt am Main: Suhrkamp 1999, 48-76.

> begabten und unstäten Wesen, und mehrt dieses Wesen hinwiederum." (NK 62) „Was das Zerstreutsein der Roderer in der Welt anbelangt, so trifft dieses bei uns so gut ein, wie bei den Roderern des Herrn Peter Roderer. [...] Ich selber bin noch gar kein Ansässiger, in dem ich [...] seit jener Zeit, als ich die Landschaftsmalerei zu betreiben begonnen habe, am wenigsten bei meinen Eltern in Wien, am häufigsten aber an verschiedenen anderen Stellen gewesen bin" (NK 64).

Das Roderer-Geschlecht/die Nachkommenschaft zeichnet sich durch Zerstreuung aus, taucht „bald hier bald da" auf und verschwindet wieder. Die hier markierte Dynamik ruft den Schrift-Zug aus Stifters „Aussicht und Betrachtungen von der Spitze des St. Stephansturmes" in Erinnerung, welcher das Serielle von Schrift und Wahrnehmung gleichfalls anhand eines rhythmischen Alternierens von An- und Abwesenheit, Erscheinen/Verschwinden, Unterbechung in Szene gesetzt hatte. Hier hatte sich das Serielle ebenfalls als Dynamik von Zerstreuung dargestellt: in Form der sich zerstreuenden „Rauchwolke" oder der in „unzählige Pappeln" disseminierenden „Stelle". Auch Friedrich Roderers Maltechnik, von der noch ausführlich zu sprechen sein wird, betreibt die Zerstreuung/Serialisierung der „Stelle" („seit jener Zeit, als ich die Landschaftsmalerei zu betreiben begonnen habe, [...] am häufigsten [...] an verschiedenen anderen Stellen gewesen bin").

Die serielle Dynamik der Zerstreuung liesse sich mit einem prominenten Begriff der Erzählung wohl auch als „Ausdehnung" beschreiben. Obgleich von der Großmutter ausdrücklich im Sinne genealogischer Fortpflanzung gebraucht[1], thematisiert der Text Verfahren der Ausdehnung, die sich gerade nicht an Fortpflanzung binden – oder doch wenigstens nicht an die eigene: Es sind dies Akte des Verschenkens entlang der für Stifter so charakteristischen Genealogien übers Eck, welche dem zur Kinderlosigkeit entschlossenen Friedrich Roderer[2] die breite Zertreuung/Verteilung seiner Bilder garantieren. In Bezug auf das mögliche Schickal seiner Bilder fragt sich Friedrich „[...] werden sie zerstreut sein?" (NK 30) Eine solche mögliche Zerstreuung verliefe entlang einer sich rapide ausbreitenden Nachkommenschaft:

---

1 „Meine Großmutter sagt, daß unsere Vorfahren immer zahlreiche Nachkommenschaften gehabt haben, und daß das Geschlecht nie so zusammengeschmolzen gewesen wäre, wie eben jetzt: sich aber wieder auszudehnen beginne, indem ihre jüngeren Söhne schon so viele Kinder haben, und noch mehr zu bekommen hoffen dürfen, welche Hoffnung bei meinem Vater auch noch nicht vorüber wäre" (NK 31f.).

2 „[...] ich dehne mich nicht aus, wie mein Großoheim sich nicht ausgedehnt hat, der so unendlich viele Hasen geschossen hat, bis er ohne Kind und Kegel gestorben ist" (NK 32).

> [...] so habe ich eine Schwester, die Kinder hat; so haben meine zwei Oheime Kinder, diese Kinder bekommen einst Kinder, welche wieder Kinder bekommen, so daß ich bei dem hohen Alter, welches ich erreichen werde, Nichten, Neffen, Geschwisterkinder, Urnichten, Urneffen, Urgeschwisterkinder, Ururnichten, Ururneffen, Ururgeschwisterkinder, und so weiter, in großer Zahl haben werde, unter welche ich meine Bilder als Geschenke vertheilen kann. (NK 31)

Nachkommenschaft vollzieht ich als Proliferieren des ‚Ur', qua Serien von ‚Ur', oder präziser noch: als Serialisierung des ‚Ur': In die Formel „Urur [...] und so weiter" fasst Friedrich Roderer die serielle Wucherung, welche ihm die fröhliche Verteilung/Ausdehnung/Zerstreuung seiner Bilder im Zeichen einer Ökonomie der Gabe gestattet.

Gegen diese Kräfte der Zerstreuung, wie sie das Roderer-Geschlecht und Stifters Serialität charakterisieren, setzt Peter Roderer sein Bestreben, „einen festen Stamm der Roderer" zu gründen und sämtliche Nachkommen hier „ansässig" zu machen:

> Ich möchte einen festen Stamm der Roderer in dieser Gegend gründen, und ihn an diese Gegend heften, und wenn meine Nachkommen so denken wie ich, so trocknen sie das Moor völlig aus, verwalten ihre liegende Habe, genießen das Erworbene, vermindern es nie, vermehren es dagegen, wirken gut für die Menschen hier, verwachsen mit ihnen, werden stätig und ruhig, bleiben stets bürgerlich, und sagen: Peter Roderer der Amsterdamer ist der erste gewesen, der sich hier ansässig gemacht hat. (NK 62)

Angesichts der Unstetigkeit und Zerstreutheit des Roderer-Geschlechts erscheint Peter Roderers Ansinnen verwegen. Nichts – so würde man denken – könnte diesem Geschlecht unangemessener sein, als es an Unveränderbarkeit („bleiben stets bügerlich", „werden stätig") und Ansässigkeit zu binden. Stifters Text hält diese gegenstrebigen Kräfte – die Kräfte der Zerstreuung und die der Versammlung – in Spannung. Die Inszenierung dieser Spannung erfolgt auf der Ebene des Erzählens: Es ist anhand unterschiedlicher Erzählverfahren, dass Stifters Erzählung Versammlung und Zerstreuung der Nachkommenschaften gegeneinanderlaufen lässt.

Der Wunsch des alten Roderers, das Roderer-Geschlecht mit festem Stamm an einem Ort zu versammeln, sprich: Stammvater oder „Stifter" zu werden, entspricht einem spezifischen Narrativ: Peter Roderers Erzählung ist einem genealogischen Modell der Abstammung verhaftet, eine Erzählung, die den

Stammbaum mit den einzelnen Zweigen des Roderergeschlechts rekonstruiert. Es scheint durchaus, dass Stifters Erzählung dem genealogischen Erzählmodell Roderers folgt. Nachdem Friedrich Roderer seinen Namen bekannt gegeben hat, nimmt die genealogische Erzählung ihren Lauf:

> Sonach ist der Stammbaum nun aus den Erinnerungen meines Vaters und Roderers völlig aufgestellt worden. Wir, die Friedrich Roderer sind der ältere Zweig von dem Obristen, und die Peter Roderer sind der jüngere. Da der deutsche Herr keine Kinder haben konnte, und die Nachkommenschaft Josephs ausgestorben ist, so sind diese beiden Zweige nun die einzigen Rodererzweige. (NK 90)

Es folgt – auch dies ganz im Sinne von Peter Roderers Zusammenführungsbestrebung – die Vereinigung der Zweige, und da es die einzigen sind: die Wiedervereinigung des gesamten Roderergeschlechts, welche durch die Hochzeit von Friedrich und Susanna gleichsam besiegelt wird. Auch hier erfolgt eine Koppelung von Genealogie und Erzählen: Die Vereinigung der Roderer produziert Erzählung um Erzählung:

> Meine Großmutter war glücklich, daß sich die Roderer nun wieder mit Einem Schlage ausgedehnt hatten. Sie war die lebendige Handfeste unseres Zweiges, und wie so in der alten Geschichte geforscht wurde, kamen ihr immer mehr Erinnerungen zu und von ihren Lippen folgte Erzählung zu Erzählung, die erst mächtig die Klarheit förderte. (NK 91)[1]

Ein ‚happy ending' nach den Vorstellungen Peter Roderers, wie es die Erzählung suggeriert, erscheint allerdings wenig plausibel, verkürzt es doch das so konsequent entwickelte Gesetz der Nachkommenschaft/Serie um die ihm wesentliche Dynamik der Zerstreuung. Ganz in diesem Sinne bleibt auch das „Doppelrodererwohl" (NK 93), welches auf Friedrich und Susanna Roderer ausgebracht wird, auffällig ambivalent: Am vorgeblichen Ende der seriellen Erzählung steht nicht die Ver*ein*igung, sondern ein irreduzibles Doppel; Stifters *Nachkommenschaften* münden in einen Toast auf die Serialität.

Tatsächlich findet sich ein zur Stammbaum-Erzählung Peter Roderers gegenläufiges Erzählverfahren: die nicht zu übersehenden Serien von Namen, welche die Erzählung durchschneiden und entlang ihrer Achsen vorantreiben. Die in der Stammbaum-Erzählung Peter Roderers installierte Ordnung der Generationen und damit verbundene Form linearer Zeitlichkeit kollabiert auf der

1 Zur „Handfeste" vgl. auch Fliedl, „Berg, Moor und Baum", 265f.

Ebene der Namen[1], insofern alle Vertreter des Roderer-Geschlechts gleich heißen: Friedrich oder Peter Roderer. Ein Abstammungsverhältnis lässt sich auf der Ebene der Namensserien nicht etablieren. Diese bilden vielmehr als ein narratives Raster, welches die Subjekte durchlaufen, und das selbige wie auch den Erzählverlauf der Dynamik serieller Zerstreuung aussetzt.

Da ist zum einen die umfangreichste Serie: die Roderer-Serie oder kurz: R-Serie, welche sich über das unaufhörliche Streben und unvermittelte Aufhören/Gehen-Lassen einer Tätigkeit bestimmt. Kleinere Serien sind: die Peter-Serie (P-Serie), welcher – wie der Name sagt – auch der alte Peter Roderer angehört. Differenz als Moment der seriellen Wiederholung des Namens ist hier explizit formuliert: Jeder Peter Roderer ist hauptsächlich: „ein anderer" („ein anderer, Peter Roderer" [NK 52], „Dann war ein anderer Peter Roderer" [NK 52]). Eine weitere Serie ist die der Roderer Peter Buben (RPB-Serie) im Umfang von vier bzw. fünf:

> „Seine Söhne waren die Roderer Peter Buben. Sie waren vier, und hatten ganz gleichen Sinn." (NK 52) „Die Roderer Peter Buben starben unvermählt, jeder über neunzig Jahre alt, und hießen immer die Roderer Peter Buben. [...] Mit den Roderer Peter Buben wären die Roderer Peter Buben ausgestorben, wenn es nicht noch einen Roderer Peter Buben gegeben hätte, einen fünften, der aber nie so geheißen hat; denn als das Volk den Namen Roderer Peter Buben schöpfte, da sie gemeinschaftlich als junge Menschen ihren Hof verwalteten, war er schon lange nicht mehr in dem Hause. Er war schon zu den Lebzeiten seines Vaters fortgegangen. Er hieß Friedrich." (NK 53f.)

Macht die Vier-Buben-Serie eigentlich ein vollständiges Quartett, so zieht Stifter hier noch einen fünften Buben – wenn man so will: einen Joker – aus dem Ärmel und fügt der Serie damit ein entscheidendes strukturelles Moment hinzu: Friedrich gehört der RPB-Serie als fünfter Bube zugleich an und nicht an, und gerade er ist es, der das Weiterleben bzw. Weiterwuchern der Serie/die Ausdehnung des Geschlechts macht, ohne dass man hier von Fortpflanzung sprechen könnte. Hier noch einmal der unnachahmliche Satz: „Mit den Roderer Peter Buben wären die Roderer Peter Buben ausgestorben, wenn es nicht

---

1 Zur Zeitlichkeit/*Nach*träglichkeit des Namens in den *Nachkommenschaften* vgl. Laurence A. Rickels, „Stifter's *Nachkommenschaften*. The Problem of the Surname, the Problem of Painting", in: *MLN* 100, 3, 1985, 577-598: „[...] the name which is pushed back till the end, is precisely the signature, that name which always comes after, at the end, say, of a letter, or in the corner of a completed painting" (ebd., 580).

noch einen Roderer Peter Buben gegeben hätte, einen fünften, der aber nie so geheißen hat". Der Konjunktiv ist frappierend, das Aussterben der Serie wird verhindert durch ein Element der Serie, dass dieser zugleich angehört und nicht angehört und zu einer anderen Serie weiterwuchert, der Friedrich-Serie (F-Serie): ein Abzweig oder besser: eine Aufpropfung/Ablenkung/Abweichung – Friedrich ist explizit ein „räudiges Schaf" (NK 54). Stifters Serien sind keine Reihungen homogener Elemente, sondern beschreiben – in sich kontaminiert – eine Bewegung des Weiterwucherns, der Deterritorialisierung. Die RPB pflanzen sich gerade nicht fort, sondern proliferieren als in sich differente Serie, die niemals in einen Stamm zu überführen, sondern Ereignis von Ablenkung ist. In der Ablenkung RPB-F fallen – wie im Gesetz der R-Serie – Aufhören und Unaufhörlichkeit zusammen. Auf der Ebene der Namen inszeniert Stifter damit ein Konzept von Nachkommenschaft, das weit mehr dem Gesetz des Roderer-Geschlechts/der Serie entspricht als Peter Roderers genealogisches Erzählschema, und das, wo es Unaufhörlichkeit und Aufhören zur Ablenkung/rhythmischen Skandierung verbindet, als serielles Erzählperformativ fungiert.

Serielle Darstellung – Raum-zeitliche Wahrnehmung – „Wirkliche Wirklichkeit"

Die Namensserien sind nicht die einzige Form serieller Darstellung in Stifters Text. Am ausgefeiltesten ist in dieser Hinsicht sicherlich Friedrich Roderers serielle Maltechnik. Bevor ich mich dieser genauer zuwende, sei zunächst das ästhetische Programm diskutiert, welches sich damit verknüpft und die Stifter-Forschung nachhaltig beschäftigt hat. Es ist das Darstellungsprogramm der „wirkliche[n] Wirklichkeit" (NK 65)[1], welches nicht erst in Bezug auf das

1 Zur „wirklichen Wirklichkeit" vgl. Karl Konrad Polheim, „Die wirkliche Wirklichkeit. Adalbert Stifters *Nachkommenschaften* und das Problem seiner Kunstanschauung", in: Vincent Günther/Helmut Koopmann/Peter Pütz (Hg.), *Untersuchungen zur Literatur als Geschichte: Festschrift für Benno von Wiese*, Berlin: Erich Schmidt 1973, 385-417; Friedbert Aspetsberger, „Stifters Erzählung *Nachkommenschaften*", in: *Sprachkunst*, VI, 1975, 238-260; Gerhard Plumpe, „An der Grenze des Realismus. Eine Anmerkung zu Adalbert Stifters *Nachkommenschaften* und Wilhelm Raabes *Der Dräumling*", in: *Jahrbuch der Raabe-Gesellschaft*, 1994, 70-84; Martina Wedekind, *Wiederholen – Beharren – Auslöschen. Zur Prosa Adalbert Stifters*, Heidelberg: Winter 2005, 178. Zu editionsphilologischen Aspekten der Passage zur „wirklichen Wirklichkeit" in Stifters *Nachkommenschaften* vgl. Johannes John, „,Die wirkliche Wirklichkeit derselben ...' Zur Problematik und Praxis der Emendationen in Adalbert Stifters Erzählung *Nachkommenschaften*", in: *Jahrbuch der Jean-Paul-Gesellschaft*, 41, 2006, 205-220; Johannes John, „,Übermalungen', Transkription, Emendation, Interpretation. Zur 17. Manuskriptseite von Adalbert Stifters Erzählung *Nachkommenschaften*", in: Wolfgang Lukas/Rüdiger Nutt-Kofoth/Madleen Podewski (Hg.), *Text – Material – Medium. Zur Relevanz editorischer Dokumentationen für die literaturwissenschaftliche Interpretation*, München/Berlin/New York: de Gruyter 2014, 107-122.

Lüpfinger Moor, sondern bereits mit Blick auf das Malen des Dachsteins Erwähnung findet:

> [...] und als ich in den Alpen oft [...] gewandert war, sagte ich: soll es dann gar nicht möglich sein, den Dachstein gerade so zu malen, wie ich ihn oft und stets vom vorderen Gosausee aus gesehen habe? Warum malen sie ihn alle anders? Was soll denn der Grund dieses Dinges sein? Ich will es doch sehen. [...] ich möchte mir am Ufer des vorderen Gosausees dem Dachsteine gegenüber ein Häuschen mit einer sehr großen Glaswand gegen den Dachstein bauen, und nicht eher mehr das Häuschen verlassen, bis es mir gelungen sei, den Dachstein so zu malen, daß man den gemalten und den wirklichen nicht mehr zu unterscheiden vermöge. (NK 28f.)

Friedrich Roderers Darstellungsprogramm formuliert sich in explizitem Bezug zur Wahrnehmung: „soll es dann gar nicht möglich sein, den Dachstein gerade so zu malen, wie ich ihn [...] gesehen habe?" Der „wirkliche" Dachstein ist der wahrgenommene Dachstein. Die künstlerisch-visuelle Darstellung ist Expedition ins Feld visueller Wahrnehmung. Anlässlich des Malens des Moores errichtet Friedrich ein Blockhaus im Angesicht des Moores: „Ich wollte [...] die wirkliche Wirklichkeit darstellen, und dazu die wirkliche Wirklichkeit immer neben mir haben." (NK 65) Weder auf Nachahmung noch auf den Zusammenfall von Darstellung und ‚Gegenstand' zielt Friedrichs Programm: Insofern der ‚Gegenstand' nichts anderes ist als die Wahrnehmung („den Dachstein gerade so [...] malen, wie ich ihn [...] gesehen habe") gilt Friedrichs Studium der Konstitution des Wirklichen im Medium der Wahrnehmung, welche er qua Malerei zu inszenieren sucht. Das Blockhaus ist m.a.W. eine Versuchsanordung zur Erkundung und Hervorbringung wirklicher, d.h. wahrgenommener Wirklichkeit im Medium der Malerei. Friedrich Roderers Ambitionen zielen ausdrücklich auf das Machen von Wirklichkeit: „Ich aber sage: warum hat denn Gott das Wirkliche gar so wirklich und am wirklichsten in seinem Kunstwerke gemacht [...]? Macht nur die Wirklichkeit so wirklich wie sie ist" (NK 65). Darstellung des Wirklichen heißt: Machen des Wirklichen. Die performative Dimension von Friedrich Roderers Malkunst und Programm ist deutlich und akzentuiert die Frage nach der Darstellung des Wirklichen hin auf die Wirklichkeit der Darstellung. Auffällig an der Versuchsanlage ist die räumliche Anordnung, welche die strukturelle Verdoppelung des Wirklichen impliziert: Die Darstellung der „wirklichen Wirklichkeit" erfolgt im Modus des „neben"[1] und – wie die serielle

1 „Ich wollte [...] die wirkliche Wirklichkeit darstellen, und dazu die wirkliche Wirklichkeit immer neben mir haben" (NK 65).

Maltechnik Friedrich Roderers zeigen wird – des „nach" (Roderers Bilderserien sind *Nach*kommenschaften im buchstäblichen Sinn). Wirklichkeit erscheint m.a.W. räumlich und zeitlich in sich versetzt. Übertragen in das Vokabular wahrgenommener Wirklichkeit ließe sich sagen: Es ist räumliche und zeitliche Wahrnehmung, die Friedrich Roderer im Zeichen „wirklicher Wirklichkeit" mit dem Medium Malerei auslotet und hervorzubringen sucht, und anhand derer Stifters Erzählung spezifische literarische Darstellungsverfahren generiert.

Stifters ästhetische Reflexionen gewinnen Kontur in ihrem diskursiven und medienhistorischen Kontext – der bereits angesprochenen *Moderne des Sehens*. Wahrnehmungsphysiologische Erkenntnisse und visuelle Medien (z.B. Fotografie, Stereoskopie) prägen den Diskurs über ‚Wirklichkeit' maßgeblich und sind mithin auch Referenzpunkte für das Darstellungsprogramm der „wirklichen Wirklichkeit". Dem bereits von zeitgenössischen Lesern aufgebrachten und bis in die neuere Stifterforschung hinein gängigen Vergleich von Stifters Technik detaillierter Beschreibung mit dem Medium Fotografie[1] ist dabei nur begrenzt zuzustimmen. Bei allem Enthusiasmus Stifters über Amalias Foto[2] ist doch auch seine dezidierte Kritik am Medium Fotografie zur Kenntnis zu nehmen und insbesondere für die im Folgenden zu entwickelnden Überlegungen zu Räumlichkeit und Zeitlichkeit von Wahrnehmung/Darstellung im Rahmen von Stifters realistischem Programm der „wirklichen Wirklichkeit" aufschlussreich:

1 Ein Artikel von 1848 bezeichnet Stifter als einen „Daguerrotypisten, der nur dann ein treffliches Bild versprechen kann, wenn eine helle, ruhige Sonne scheint und sein Objekt während des Kopierens nicht im leisesten sich regt" (Moritz Enzinger, *Adalbert Stifter im Urteil seiner Zeit*, Wien: Hermann Böhlaus Nachfolger 1968, 124). Gervinus schreibt: „Stifter versteht die Natur auf Papier zu daguerrotypieren." (zitiert ebd., 127); vgl. auch das Titelkupfer für *Wien und die Wiener* (1842), auf dem sich eine mit *Daguer* beschriftete *camera obscura* findet. Zur Fotografie in Stifters *Nachsommer*, vgl. Bernd Stiegler, *Philologie des Auges. Die photographische Entdeckung der Welt im 19. Jahrhundert*, München: Fink 2001, 348-364; zur Fotografie/Malerei in den *Nachkommenschaften* vgl. auch Heinz Drügh, *Ästhetik der Beschreibung. Poetische und kulturelle Energie deskriptiver Texte (1700-2000)*, Tübingen: Francke 2006, 307-332. Zur Fotografie mit Bezug auf Stifters *Nachkommenschaften* vgl. Larissa Polubojarinova, „Adalbert Stifters *Nachkommenschaften* und der Diskurs der Photographie", in: Alexander W. Belobratow (Hg.), *Österreichische Literatur: Zentrum und Peripherie, Jahrbuch der Österreich-Bibliothek in St. Petersburg*, Bd. 7, 2005-2006, 39-51. Zur Fotografie im Realismus vgl. Gerhard Plumpe, *Der tote Blick. Zum Diskurs der Photographie in der Zeit des Realismus*, München: Fink 1990; Sabina Becker (Hg.), *Literatur im Jahrhundert des Auges: Realismus und Fotografie im bürgerlichen Zeitalter*, München: Edition Text + Kritik 2010.

2 Stifter ist enthusiastisch über Amalias Foto: „klar und bestimmt" im Unterschied zum „Nebel der Einbildungskraft" („Brief an Amalia Stifter, 23. Januar 1866", in: *Adalbert Stifters sämmtliche Werke, Bd. XXI: Briefwechsel 5*, Reichenberg: Kraus 1928, 137-141, hier: 140). „Gott segne die Erfindung der Lichtbilder, mir ist sie jetzt zum Segen geworden" („Brief an Amalia Stifter, 9. März 1866", in: *Adalbert Stifters sämmtliche Werke, Bd. XXI: Briefwechsel 5*, Reichenberg: Kraus 1928, 158-160, hier: 158).

> Im Ganzen bin ich den Photographien feind, sie müssen außer Verhältnis sein, weil jede Sammellinse nur treue Bilder gibt, wenn der Gegenstand nicht in der Raumtiefe, sondern in der Ebene ist, die parallel der Linsenbreite ist, und weil jeder Mensch in dem Augenblicke, wo er von der Linse gefangen wird, starr sein muss, also nicht der ist, der er ist, woher meistens der Mangel an Leben in den Photographien rührt.[1]

Stifters Kritik an der Fotografie gilt der fehlenden „Raumtiefe" sowie der Starr-, d.h. Bewegungslosigkeit der Darstellung. Anders gesagt: Raum und Zeit sind die Dimensionen, denen Stifters darstellungstheoretisches Interesse gilt; das realistische Programm der „wirklichen Wirklichkeit" zielt auf räumliche und zeitliche Wahrnehmung respektive Darstellung.[2] Auch wenn Friedrich Roderer – so sei vorweggenommen – diese ambitionierten Ziele im Medium der Malerei nicht zu erreichen vermag, formuliert er doch das Programm von Stifters modernem Realismus: Es ist auf poetologischer Ebene, im literarischen Erzählen, dass Stifters *Nachkommenschaften* „wirkliche Wirklichkeit" als räumlich wie zeitlich in sich versetzt inszeniert und derart als Simulakrum hervorbringt.

Räumliche Wahrnehmung/Darstellung: Stereoskopisches Erzählen

Friedrichs Anspruch, so malen zu wollen ‚wie er sieht', erscheint im Kontext der zeitgenössischen wahrnehmungsphysiologischen Diskussion als Ding der Unmöglichkeit. Insofern die Malerei gerade keine dreidimensionale Darstellung

1 Adalbert Stifter, „Brief an Gustav Heckenast, 20. Juli 1857", in: *Adalbert Stifters sämmtliche Werke, Bd. XIX: Briefwechsel 3*, Reichenberg: Kraus 1929, 32-42, hier: 35.

2 Herta Wolf ist diejenige, welche Stifters Darstellungsprogramm der „wirklichen Wirklichkeit" am dezidiertesten im Kontext zeitgenössischer wahrnehmungsphysiologischer Erkenntnisse situiert und analysiert (Herta Wolf, „Optische Kammern und visuelle/virtuelle Räume", in: Michael Wetzel/Herta Wolf [Hg.], *Der Entzug der Bilder*, München: Fink 1994, 79-102). Wolf diskutiert Friedrich Roderers Blockhaus im Sinne der *camera obscura* und attestiert – Crary's These der Ablösung der *camera obscura* als Modell des Sehens und Dynamisierung des Sehfeldes folgend – Friedrich eine „Aporie seines Sehdispositivs […] Denn solange ein bewegter Blick das unbewegte Objekt schauen konnte, ließen sich wirkliche Wirklichkeit und die Darstellung von dieser nicht zur Deckung bringen. Verschiedene Blicke auf verschiedene Ansichten zu verschiedenen Tageszeiten zu werfen und diese dann auf einen statischen, planen, zweidimensionalen, mittels eines Rahmens begrenzten Support zu übertragen, ließ sich in der Erzählung beschreiben, ließ sich vorstellen, aber nicht malerisch darstellen. Dazu hätte es anderer Medien bedurft – wie des Films oder des Cineramas" (ebd., 101). An Wolfs Analyse anknüpfend (wobei ich das Blockhaus nicht als *camera obscura*, sondern als potentiell stereoskopisches *setting* lese), eruiere ich im Folgenden die in Stifters *Nachkommenschaften* installierten Schnittstellen zwischen visueller Wahrnehmung/Darstellung und Schrift, anhand derer sich – so meine These – das Darstellungsprogramm der „wirklichen Wirklichkeit" im Sinne stereoskopischen und seriellen Erzählens zeigt.

erlaubt, rangiert sie – neben der Fotografie – in den Diskussionen um räumliche Darstellung als Negativfolie:

> When the painting and the object are seen with both eyes, in the case of the painting two similar objects are projected on the retina, in the case of the solid object the pictures are dissimilar; there is therefore an essential difference between the impressions on the organs of sensation in the two cases, and consequently between the perceptions formed in the mind; the painting therefore cannot be confounded with the solid object.[1]

Wer Friedrich Roderers Ansinnen, den gemalten und den wirklichen Dachstein bzw. gemaltes und wirkliches Moor ununterscheidbar zu machen, hier aus wahrnehmungsphysiologischer Perspektive eine Absage erteilt – bzw. historisch präzise: 1838 bereits erteilt hatte –, ist Charles Wheatstone – Erfinder des Spiegelstereoskops und Verfasser einer auszugsweisen Übertragung von Purkinjes einflussreicher Untersuchung zum subjektiven Sehen ins Englische.[2] Im Unterschied zur Malerei vermag das in engstem Bezug zur Erforschung räumlicher Wahrnehmung entwickelte Stereoskop[3] räumlich darzustellen. In Abkehr von der monokularen Ausrichtung des Sehens in der *camera obscura* wird dabei der betrachtende Körper in seiner Binokularität gefasst. Wesentlich für das Stereoskop ist die Tatsache, dass es sich nicht um zwei identische, sondern

1 Charles Wheatstone, „Contributions to the Physiology of Vision – Part the first. On some remarkable, and hitherto unobserved, phenomena of binocular vision [1838]“, in: Nicholas J. Wade (Hg.), *Brewster and Wheatstone on Vision*, London/New York: Academic Press 1983, 65-93, hier: 66. Vgl. auch Oliver Wendell Holmes: „The first effect of looking at a good photograph through the stereoscope is a surprise such as no painting ever produced. The mind feels its way into the very depths of the picture. The scraggy branches of a tree in the foreground run out at us as if they would scratch our eyes out. The elbow of a figure stands forth so as to make us almost uncomfortable. Then there is such a frightful amount of detail, that we have the same sense of infinite complexity which Nature gives us. A painter shows us masses; the stereoscopic figure spares us nothing – all must be there, every stick, straw, scratch, as faithfully as the dome of St. Peter's, or the summit of Mont Blanc, or the ever-moving stillness of Niagara“ (Oliver Wendell Holmes, „The Stereoscope and the Stereograph“, in: *The Atlantic Monthly*, Vol. 6, 1859, 738-748, hier: 744).

2 Goethe hatte bereits 1824 Purkinjes Dissertation *Beiträge zur Kenntniss des Sehens in subjektiver Hinsicht* (Prag 1819) rezensiert. Wheatstones 1830 erschienene englische Zusammenfassung („abridged description of the most interesting of Dr. Purkinje's experiments“, Jan Evangelista Purkinje, „Contributions to a Physiology of Vision“, in: *Journal of the Royal Institution*, 1, 1830, 101-117, reprinted in: Nicholas J. Wade [Hg.], *Brewster and Wheatstone on Vision*, London/New York: Academic Press 1983, 248-262, hier: 249) beruht auf dem reprint des ersten Bandes aus dem Jahr 1823.

3 Zur Bedeutung des Stereoskops für die Modernisierung des Sehens vgl. Crary, *Techniken des Betrachters*, bes. 122-140.

leicht verschobene und für die Augen voneinander getrennt präsentierte Bilder handelt, welche erst im Blick durch das Stereoskop zu einem einheitlichen Bild synthetisiert werden. Die Reproduktion zweier nicht-identischer Bilder geht m.a.W. der als einheitlich empfundenen räumlichen Wahrnehmung voraus. Damit ist das Stereoskop zugleich paradigmatisch für den in der Moderne des Sehens vollzogenen Bruch mit der Referentialität von Wahrnehmung und die damit einhergehende Konzeption des Realen/Wirklichen als Simulakrum. David Brewster, welcher 1844 Wheatstones Spiegelstereoskop durch Einsetzung linsenartiger Prismen verbessert, fasst das stereoskopische Bild denn auch konsequent als Trugbild: „[...] the relief is given by the play of the optic axes in uniting, in rapid *succession*, similar points of the two pictures."[1] „Brewster bestätigt", so Crary, „daß es gar kein wirkliches stereoskopisches Bild gibt, sondern daß es sich um ein Trugbild handelt, das auf Erfahrung des Betrachters beruht, die Unterschiede zwischen den beiden Bildern auszugleichen."[2]

Es ist eben dieser Trugbild-/Simulakrumcharakter stereoskopischer Darstellung, der sich als Wirklichkeitseffekt geltend macht. Helmholtz spricht von einer „Art der Lebendigkeit, welche jedem einzelnen dieser Bilder, ausserhalb des Stereoscops gesehen, nicht zukommt"[3]. Bezüglich Informationsgehalt und Lebhaftigkeit konstatiert Helmholtz eine Gleichheit zwischen stereoskopischer Darstellung und der nicht instrumentell vermittelten Wahrnehmung von Wirklichkeit:

> Die Naturwahrheit solcher stereoskopischer Photographien und die Lebhaftigkeit, mit der sie die Körperform darstellen, ist nun in der Tat so groß, daß manche Objekte, z.B. Gebäude, die man aus stereoskopischen Bildern kennt, wenn man später in Wirklichkeit vor sie hintritt, nicht mehr den Eindruck eines unbekannten oder nur halb bekannten Gegenstandes machen. Man gewinnt in solchen Fällen durch den wirklichen Anblick des abgebildeten Gegenstandes, wenigstens für die Formverhältnisse, keine neuen und genaueren Anschauungen mehr, als man schon hat.[4]

1 Sir David Brewster, *The Stereoscope: Its History, Theory, and Construction*, London: John Murray 1856, 53.

2 Crary, *Techniken des Betrachters*, 126.

3 Hermann von Helmholtz, „Optisches über Malerei", in: *Populäre wissenschaftliche Vorträge*, Drittes Heft, Braunschweig: Vieweg 1876, 55-97, hier: 59.

4 Hermann von Helmholtz, *Handbuch der physiologischen Optik*, Leipzig: Voss 1850.

Anhand des Stereoskops werden Realität und Optik deckungsgleich.[1] Dabei ist das Stereoskop gerade keine Apparatur, welche den Prozess der Bilderzeugung phantasmagorisch verschleiert, sondern eine, die die mediale Konstruktion von Wahrnehmung/Wirklichkeit ausstellt.[2]

Was sich Friedrich Roderer von der Malerei erhofft, scheint zeitgenössisch m.a.W. vom Stereoskop garantiert. So schematisch wie der wahrnehmungsphysiologische Diskurs die räumliche Darstellung des Stereoskops von der Malerei absetzt allerdings, verhält es sich keineswegs. So zeigt etwa Crary anhand von Courbet, Manet, Seurat oder Cézanne „Merkmale der stereskopischen Bilderzeugung"[3] in der Malerei selbst auf. Im Kontext der „Entstehung dieses optisch neuen Raumes", an der sowohl „der ‚Realismus' des Stereoskops als auch die ‚Experimente' bestimmter Maler"[4] beteiligt sind, ist zweifellos auch Peter Roderers Programm „wirklicher Wirklichkeit" zu verorten. In diesem Sinne ließe sich Friedrich Roderers Blockhaus zum Malen des Moores als binokulares *setting* lesen: Im Modus von Verdoppelung setzt das Blockhaus dargestellte Wirklichkeit *neben* wirkliche Wirklichkeit. Der an optischer Technik und räumlicher Darstellung interessierte und von Wiederholungen besessene Stifter konstruiert eine stereoskopische Szene *in nuce*. Es soll hier keine strukturelle Analogie zwischen der stereskopischer Bilderzeugung und Friedrich Roderers Blockhaus behauptet werden. Die Differenzen sind augenfällig. Keine Rede ist bei Stifter von einem synthetisierten Blick, welche das Nebeneinander-Gesetzte zur räumlichen Wahrnehmung/Darstellung verbindet. Auch schwebt Friedrich ja die Ununterscheidbarkeit von gemaltem und wirklichem Moor vor, während die stereskopische Wahrnehmung auf der Nicht-Identität der beiden Bilder beruht. (Friedrichs noch zu besprechende serielle Maltechnik zielt allerdings durchaus auf das Seriell-Nichtidentische der Darstellung.) Gleichwohl scheint der Diskurs um stereoskopische Wahrnehmung/Darstellung in epistemischer Hinsicht für das Programm der „wirklichen Wirklichkeit" aufschlussreich. Mit der Ununterscheidbarkeit von dargestellter und wahrgenommener

---

1 „Keine andere Repräsentationsform des 19. Jahrhunderts hatte eine so starke Übereinstimmung zwischen dem Realen und dem Optischen hergestellt" (Crary, *Techniken des Betrachters*, 128).

2 „[…] das Wheatstone-Modell verdeckte die illusorische und künstlich hergestellte Natur der Seherfahrung nicht" (Crary, *Techniken des Betrachters*, 133). „Ein wichtiges Merkmal dieser optischen Geräte der dreißiger und vierziger Jahre des 19. Jahrhunderts ist, daß sie ihre Funktionsweise und die Form ihrer Abhängigkeit offen zur Schau stellen. Sie ermöglichen zwar einen Zugang zum „Wirklichen", geben aber nicht vor, das Reale sei irgend etwas anderes als das Produkt einer mechanischen Apparatur" (ebd., 136).

3 Ebd., 130. Vgl. weiter ebd., 130f. sowie Angela Breidbach, *Anschauungsraum bei Cézanne. Cézanne und Helmholtz*, München: Fink 2003.

4 Crary, *Techniken des Betrachters*, 131.

Wirklichkeit zielt Friedrich Roderer letztlich auf die Simulakrum-Struktur des Wirklichen. Es ist die in sich versetzte, irreduzible doppelte wahrgenommene Wirklichkeit, die Stifters „wirkliche Wirklichkeit“ – schon in sich eine Verdoppelungsformel – zum Programm des Realismus erhebt. Und auch wenn das Blockhaus nicht die erhofften stereskopischen Wirklichkeitseffekte generiert, so legt es doch die grundsätzliche Hergestelltheit/mediale Verfasstheit des Wirklichen offen.

Weit entfernt von der Programmatik des poetischen Realismus, ist Stifters Programm „wirklicher Wirklichkeit“ vielmehr ein wissenspoetologisches Unterfangen, welches ein modernes optisches Dispositiv für poetologisch-darstellungstheoretische Fragen in Anspruch nimmt. Friedrich Roderers Landschaftsmalerei – daran lässt der Text keinen Zweifel – vermag seinem programmatischen Anspruch keinerlei Genüge zu tun. Was allerdings im Medium der Malerei scheitert, gelingt in der literarischen Darstellung. So heisst es einerseits über Friedrichs Blick auf das Moor: „kaum daß ich zuweilen Abends ein wenig unter den Apfelbaum trat, und in das Moor *hinaus sah*“ (NK 45, Herv. E.S.), andererseits über Friedrichs Blick auf das Bild: „und ich ging nun während der Arbeit oft in dieses Nebengemach, und *sah* aus demselben auf mein Bild *hinaus*“ (NK 44, Herv. E.S.). Insofern Friedrich sowohl auf das Moor als auch auf das Bild „hinaussieht“, werden wirkliches und gemaltes Moor ununterscheidbar; im Kollabieren der Referenzsysteme zum Simulakrum produziert sich ein „wirklicher Wirklichkeitseffekt“, welchem zudem der Index des Räumlichen eingetragen ist. Wo Friedrich auf die „wirkliche Wirklichkeit“ *hinaus*sieht, handelt es sich um eine räumliche Darstellung. Das moderne Dispositiv des Sehens ist in Stifters *Nachkommenschaften* poetologisch gewendet: Die Bloßlegung einer referentiellen Illusion, auf die das Konzept der „wirklichen Wirklichkeit“ zielt, vollzieht sich über ein stereoskopisches Erzählen.

Zeitliche Wahrnehmung/Darstellung: Serielles Malen/Erzählen

Die räumliche Darstellung ist, wie gesagt, nur ein Aspekt der „wirklichen Wirklichkeit“: Friedrich Roderers und – wie die Fotografiekritik deutlich macht – auch Stifters darstellungstheoretische Ambitionen zielen zudem auf die Bewegung, sprich: auf die Darstellung von Zeit. Und eben hier kommt Friedrich Roderers serielle Technik zum Einsatz, mit welcher dieser das Moor zu verschiedenen Tageszeiten malt.[1]

1 Zum Malprogramm Friedrich Roderers in Bezug zum programmatischen Realismus vgl. Christian Begemann, „Roderers Bilder – Hadlaubs Abschriften. Einige Überlegungen zu Mimesis und Wirklichkeitskonstitution im deutschsprachigen Realismus“, in: Sabine Schneider/

> […] ich wollte Moor in Morgenbeleuchtung, Moor in Vormittagbeleuchtung, Moor in Mittagbeleuchtung, Moor in Nachmittagbeleuchtung beginnen, und alle Tage an den Stunden, die dazu geeignet wären, an dem entsprechenden Blatte malen, so lange es der Himmel erlaubte. […] Es ist doch ein Glück, daß ich für meinen Kasten eine Vorrichtung erfunden habe, viel ölnasse Blätter in ihm unterbringen zu können, ohne daß sie sich verwischen. (NK 38)

Für seine serielle Technik entwickelt Friedrich Roderer eine eigenste Vorrichtung, die es erlaubt, „viel ölnasse Bilder […] unter[zu]bringen […], ohne daß sie sich verwischen“: Er malt m.a.W. zeitgleich an verschiedenen Bildern/Parallelentwürfen, die als dasselbe Motiv das Moor aufweisen, sich jedoch in der Beleuchtung unterscheiden. Wesentlich ist, dass sie nicht verwischen, sprich: dass die Differenzen, die hier systematisch-seriell ausgelotet werden, zwar minimiert werden können, jedoch erhalten bleiben müssen (man könnte hier wohl von einer ‚Kunst der Nuance‘ sprechen). Die Moor-Serie umfasst: Moor in Morgenbeleuchtung, in Vormittagsbeleuchtung, in Mittagsbeleuchtung, in Nachmittagsbeleuchtung. Weniger scheint es um das Motiv, das Moor, als um seine permanente Veränderung im Licht – sprich: in der Zeit (Morgen, Vormittag, Mittag, Nachmittag) – zu gehen. Ja, die Flüchtigkeit, das Vergehen von Zeit ist es, auf welche die serielle Technik zielt, der Gegenstand dient als Vehikel für die permanente Veränderung in der Zeit und ist darüber als Motiv nahezu zum Verschwinden gebracht. Hierfür spricht auch, dass es nicht ein stabiler Moor-Ausschnitt ist, den Friedrich Roderer wählt, sondern dass sich seine Stellung nach der besten Beleuchtung ausrichtet, als gälte es, das Verstreichen der Zeit selbst zu malen: „Ich mußte mich ungemein beeilen; die Stunden flogen wie Augenblicke dahin, die Beleuchtungen wechselten, und ich mußte die

---

Barbara Hunfeld (Hg.), *Die Dinge und die Zeichen. Dimensionen des Realistischen in der Erzählliteratur des 19. Jahrhunderts*, Würzburg: Königshausen und Neumann 2008, 25-41. Während es bei Begemann heißt, dass „Friedrich Roderers Vorhaben […] ziemlich genau den Intentionen des programmatischen Realismus [entspricht, E.S.]“ (ebd., 28), „betreibt Friedrich Roderers Malprojekt“ Ralf Simon zufolge, „intensiv das Ende des realistischen Programms“ (Ralf Simon, „Gespenster des Realismus. Moderne-Konstellationen in den Spätwerken von Raabe, Stifter und C. F. Meyer“, in: Gerhard von Graevenitz [Hg.], *Konzepte der Moderne. DFG-Symposion 1997.* [*Germanistische Symposien, Berichtsbände 20*], Stuttgart/Weimar: Metzler 1999, 202-233, hier: 225); vgl. auch Ralf Simon, „Übergänge. Literarischer Realismus und ästhetische Moderne“, in: Christian Begemann (Hg.), *Realismus. Epoche – Werke – Autoren*, Darmstadt: Wissenschaftliche Buchgesellschaft 2007, 207-223. Zeitlichkeit und serielle Technik des Malens werden dabei weder von Christian Begemann noch von Ralf Simon diskutiert. Einzig Dirk Oschmann weist auf die „*Serialität*“ hin, die „das Kunstwollen des Protagonisten“ prägt (Oschmann, „Absolute Darstellung“, 147), ohne dieser indessen weiter nachzugehen.

Stellen aufsuchen, von denen sich die Beleuchtungen am schönsten zeigten." (NK 38) Eine andere Passage formuliert die Zeitabhängigkeit des Ortes bzw. der „Stelle" noch expliziter: „Ich [...] malte noch so lange fort, bis meine Zeit an dieser Stelle aus war." (NK 43)[1]

Wenn Friedrich Roderer zunächst bemängelt hatte, dass alle den Dachstein anders malen, so entwickelt er in seinen Moorstudien eine Maltechnik, welche dezidiert auf die permanente Andersheit/Veränderung zielt. Friedrichs Satz: „So ändert sich Alles" (NK 33) mag von daher auch in ästhetischer Hinsicht Geltung beanspruchen. Das Vergehen von Zeit/die Zeitlichkeit visueller Wahrnehmung, für welche der Gegenstand nurmehr Vehikel ist, wird zum Maßstab einer Kunstproduktion, der nach einer seriellen Technik verlangt. Die Anwendung von Friedrichs seriellen Entwürfen auf *ein* Bild/Meisterwerk erscheint von daher von vornherein als ein problematisches Unterfangen: „Ich wollte eine Reihe von Entwürfen ausarbeiten, die mir dann dienen sollten, ein sehr großes Bild in Angriff nehmen zu können." (NK 41) Der spätere Entschluss, das nahezu fertige Bild zu vernichten, erfolgt mit der Begründung:

> Mein großes Bild, welches bis auf Kleinigkeiten fertig ist, kann die Düsterheit, die Einfachheit und Erhabenheit des Moores nicht darstellen. [...] Darum muß dieses Bild vernichtet werden (NK 92).

Liest man diese Begründung auf dem Hintergrund von der von Friedrich Roderer entwickelten seriellen Technik, mit ihrer Akzentuierung permanenter Veränderung, ergibt sich die Frage, wie überhaupt *ein* Bild dem ästhetischen Maßstab der „*Nach*kommenschaften" – sprich: der Darstellung von Zeit/Bewegung – Genüge tun könnte. Kurz: Die Erzählung verabschiedet das *eine* Bild zugunsten einer unendlichen Veränderung des Dinges in der Zeit/der Zeitlichkeit visueller Wahrnehmung, wie sie Friedrich Roderers serielle Darstellungstechnik artikuliert.[2] – Wie bereits im Falle der Verzeitlichung des teleskopischen Blicks

1 Wo die „Stelle" zum Träger von Zeit wird, erfährt sie selbst eine Serialisierung, macht sie sich als Dynamik permanenter Verschiebung geltend, wird sie zum flüchtig-zerstreuten Ereignis. Vgl. weiter zur „Stelle" auch Eva Geulen, „Stellen-Lese (Grillparzer, Goethe)", in: *Modern Language Notes*, German Issue 116, 2001, 3, 475-501.

2 Die hier entwickelten Gedanken zur Serialität sind auch für die Frage des Erhabenen bei Stifter relevant. „Mein großes Bild [...] kann die Düsterheit, die Einfachheit und Erhabenheit des Moores nicht darstellen" (NK 92), so Friedrich Roderer, bevor er sein Bild vernichtet. Dass das *eine* Bild die Erhabenheit des Moores nicht darzustellen vermag, mag nicht zuletzt daran liegen, dass das Erhabene bei Stifter selbst eine Serialisierung erfährt. Auch ist – wie Stifters „Vorrede" zu den *Bunten Steinen* zeigt – nicht das Große („mein großes Bild"), sondern das „Kleine" (Adalbert Stifter, „Vorrede", *Bunte Steine*, in: *Werke und Briefe. Historisch-Kritische Gesamtausgabe, Bd. 2,2: Bunte Steine. Buchfassungen*, Stuttgart: Kohlhammer 1982, 9-16, hier:

im *Hochwald*, so lässt sich auch bezüglich Friedrichs Maltechnik sagen, dass sich die Serialisierung der Wahrnehmung/Darstellung der Überlagerung von visuellen Medien mit der Schrift und ihren strukturellen Gesetzmäßigkeiten verdankt: „Moor in Morgenbeleuchtung, Moor in Vormittagsbeleuchtung, Moor in Mittagsbeleuchtung, Moor in Nachmittagsbeleuchtung" ist unverkennbar eines von Stifters Syntagmen.[1]

Das Medium, in welchem sich in den *Nachkommenschaften* die Verzeitlichung der Darstellung vollzieht, ist der literarische Text. Es findet sich eine Passage, welche die „wirkliche Wirklichkeit" in ihrer Zeitlichkeit poetologisch in Szene setzt: die Beschreibung einer Landschaft, welche als Vorlage für die Moordarstellung dient:

> In Wien ist eine Landschaft. Vorne geht über Lehmgrund ein klares Wasser, dann sind Bäume, ein Wäldchen, zwischen dessen Stämmen man wieder in freie Luft sieht. Der Himmel hat ein einfaches Wolkengebäude. Das ist mehrere hundert Millionen Male auf der Welt gewesen, und doch ist die Landschaft die gewaltigste und erschütterndste die es geben kann. (NK 65)

Wie bereits im Falle des „Hinausschauens" auf das Moor und auf das Bild, ist auch die Referenz des ersten Satzes dieser Passage unklar. Von der Formulierung her bleibt es ununterscheidbar, ob von einer „realen Landschaft oder einem

---

9), wie es sich in den unzähligen Wiederholungen des Alltäglichen artikuliert („die gewöhnlichen alltäglichen in Unzahl wiederkehrenden Handlungen", ebd., 14), Ort des Erhabenen (vgl. dazu auch Paul Fleming, *Exemplarity and Mediocrity. The Art of the Average from Bourgeois Tragedy to Realism*, Stanford: Stanford University Press 2008, 139-162). Vom Gewöhnlich-Alltäglichen ist es nur ein „kleiner" Schritt zum Unheimlichen, welches der „eigentliche", sprich: *andere Schauplatz* des Erhabenen bei Stifter ist. Ganz in diesem Sinne wird in den *Nachkommenschaften* das Moor nicht nur als erhabenes, sondern auch als Ort der Gespenster charakterisiert: „[...] da die Fußgänger [...] das Moor am Abende mieden, theils der Dünste, theils der Gespenster wegen" (NK 45). Vgl. zu Stifters moderner Transformation des Erhabenen ins Unheimliche: Michael Minden, „Stifter and the Postmodern Sublime", in: *JASILO*, 11, 2004, 9-21; Eva Geulen, *Worthörig wider Willen*, München 1992, bes. 9-30; Isolde Schiffermüller, *Buchstäblichkeit und Bildlichkeit bei Adalbert Stifter. Dekonstruktive Lektüren*, Innsbruck/Wien: Sturzflüge 1996, bes. 31-50.

1 Ein anderes Syntagma ist: „Moor im Regen", „Moor im Nebel", welches sich unschwer in einem weiteren Aggregat – Stifters Lieblingsaggregat – fortsetzen ließe: ‚Moor im Schnee'. Die Passage unterstreicht zudem das Konzeptionelle der Serienbildung bei Stifter: „Moor im Regen hatte ich mir schon vorgenommen, von meinem Fenster aus zu malen. Ueber das Moor im Nebel habe ich noch nicht nachgedacht" (NK 38).

Landschaftsgemälde die Rede ist." Fritz Novotny[1] hat argumentiert – und die Stifterforschung folgt ihm darin[2] –, dass es sich hierbei um eine Referenz auf Jacob van Ruisdaels Bild *Der Große Wald* (ca. 1655/60) im Kunsthistorischen Museum in Wien handelt. In Stifters Handschrift findet sich der Satz: „In Wien ist eine von Ruisdael gemalte Landschaft." „[V]on Ruisdael gemalte" ist im Zeitschriftendruck getilgt, was mir für Stifters literarisches Verfahren entscheidend scheint, denn gerade diese Streichung ist es, die die referentielle Ambivalenz dieser Passage – sprich: die „wirkliche Wirklichkeit"/den Wirklichkeitseffekt – bewerkstelligt. Die Forschungsliteratur hat die Einfachheit und Allgemeinheit dieser Landschaftsbeschreibung herausgestellt sowie die Tatsache, dass es sich – nimmt man van Ruisdaels Bild tatsächlich als Vorlage – um eine „miserable Bildbeschreibung"[3] handelt. Die Wortwahl ist die schlichteste: die Verben: ‚sein, haben, gehen, sehen, geben', die Substantive: ‚Landschaft, Wasser, Bäume, Wäldchen, Stämme, Luft, Himmel', die Adjektive: ‚klar, frei, einfach'. Polheim kommt zu dem Schluss, „daß vor allem dieses Wesentliche, Einfache und Allgemeine die wirkliche Wirklichkeit des beschriebenen Bildes und seiner Landschaft ausmacht. [...] Gerade das Allgemeingültige, Einfache, Wesentliche ist das Gewaltige und Erschütternde."[4] Eine gängige Stifterrezeption.

Mit Blick auf die hier analysierte Dynamik des Seriellen – *Nach*kommenschaft auf der Ebene von Darstellung – scheint mir an dieser literarischen Beschreibung vor allem ein anderer Aspekt interessant: Nicht die Schlichtheit des Vokabulars ist das Entscheidende, sondern ein Moment von Zeitlichkeit, welches syntaktischer Art ist: „In Wien ist eine Landschaft. Vorne geht über Lehmgrund ein klares Wasser, dann sind Bäume, ein Wäldchen, zwischen Stämmen man wieder freie Luft sieht."

Die Beschreibung, von der man – wenn es eine Bildbeschreibung wäre – erwarten könnte, dass sie die Position der Bäume bestimmt, z.B. „im Hintergrund", verabschiedet jede Topologie zugunsten von Zeitlichkeit: „dann" sind Bäume. „[D]ann" bezeichnet ausdrücklich ein zeitliches Moment, eine – wenn man so will: buchstäbliche *Nach*kommenschaft. Mit dem „dann" wird Nachkommenschaft zum syntaktischen Moment Stifterscher Beschreibung.

Sehen wir uns unter dieser Perspektive noch einmal die bereits zitierten Beschreibungen aus Stifters *Haidedorf* und *Hochwald* an. Diese erschöpfen sich keineswegs in den erwähnten semantischen Reihen; ihr dynamischer

---

1 Fritz Novotny, *Stifter als Maler*, Wien: Schroll 1947, 12; vgl. auch ders., „Adalbert Stifters *Nachkommenschaften* als Malernovelle", in: ders., *Über das „Elementare" in der Kunstgeschichte und andere Aufsätze*, Wien: Rosenbaum 1968, 90-91, hier: 91.

2 Vgl. u.a. Polheim, „Die wirkliche Wirklichkeit", bes. 393ff.

3 Ebd., 396.

4 Ebd., 397.

Charakter ist insbesondere syntaktischer Art. Es sind Serien von „dann", „oder", „und". Hier zunächst eine „dann"-Serie:

> „[...] dann waren die Schnecken [...] – dann die Fliegen [...] – dann die Hummel [...] dann noch ein kleinerer [Schmetterling] mit Flügeln, wie eitel Abendröthe – dann endlich war die Ammer"[1], „dann farbige Blitze – dann blau" (HW 256f.).

Dann eine „oder"-Serie:

> Inmitten all dieser Herrlichkeiten stand er, oder ging, oder sprang, oder saß er.[2]

Des Weiteren eine „und"-Serie:

> „und rückte und rückte", „blau und blau und blau" (HW 257).

In den *Nachkommenschaften* heißt es:

> [...] ich suchte das Moor und den daranstoßenden, einfarbigen Fichtenwald und die gegenüberliegenden Weidehügel und dem hinter ihm liegenden, ebenfalls einfärbigen Fichtenwald, und die hinter diesem Fichtenwalde emporstehenden mit blauen und mit grauen Lichtern glitzernden Berge zu malen. (NK 32)

Über die „und"-, „oder"- und „dann"-Serien installiert Stifter Zeitlichkeit/Bewegung als syntaktisch-poetologisches Moment von Beschreibung. Dabei ist die Zeitlichkeit in den Beschreibungen keine andere als die Zeit der Beschreibung selbst: „dann sind Bäume" – ihre Darstellung im Modus der Beschreibung – ein strukturell unabschließbares Unterfangen.

Was die auf Verzeitlichung der Darstellung gehende serielle Poetik Stifters artikuliert, ist die strukturelle Verschränkung der *Beschreibung der Zeit* mit der *Zeit der Beschreibung*. Frappierend ist in diesem Zusammenhang ein Blick in Stifters Malertagebuch, welches dieser akribisch seit 1854 bis in sein letztes

1 Stifter, *Das Haidedorf*, 178.

2 Ebd. 178. In Stifters *Aus dem bairischen Walde* findet sich die folgende „oder"-Serie: „Wie der Wald lange weiche polsterartige Erhöhungen oder sanfte Dachungen von sich hinab schiebt, auf denen entweder wieder Wald, oder zerstückte Wäldchen, oder helle Matten oder grünende Felder sind, so stehen auf solchen Matten oder an einem Wäldchen oder auf einem Hange die Häuser." (Adalbert Stifter, *Aus dem bairischen Walde*, in: *Adalbert Stifters sämmtliche Werke, 2. Abt., Bd. XV: Vermischte Schriften 2*, Reichenberg: Kraus 1935, 319-353, hier: 323).

Lebensjahr führt. Darin finden sich keine Reiseberichte oder Beschreibungen, sondern die schlichte Dokumentationen seiner Maltätigkeit nach Datum, Malbeginn, Malende, Gegenstand, die anschließend zur Maldauer in Stunden und Minuten bilanziert werden. Es ist nicht zu unterscheiden, ob man es hier mit einer zeitlichen Sequenzierung des Malens oder der Fragmentierung der Zeit anhand der Tätigkeit des Malens zu tun hat. 1854 beginnt Stifter mit einer Bilderserie (Vergangenheit, Heiterkeit, Sehnsucht, Bewegung. Strömendes Wasser; Ruhe, Einsamkeit, Schwermuth, Feierlichkeit), deren eines Element mit „Bewegung" überschrieben ist. Von Oktober bis Dezember 1858 sowie von Februar bis April 1859 arbeitet Stifter fast ausschließlich an der „Bewegung", danach mit Unterbrechungen bis 1867.[1] Im Tagebuch finden sich fast identische Seiten, die als Gegenstand „an der Bewegung gemalt" auflisten.

Die Tagebuchseite 17 zeigt als Bilanz 97 Stunden und 15 Minuten „an der Bewegung gemalt"; die Prag-Reichenberger Ausgabe errechnet 1163 Stunden und 54 Minuten Malzeit an der „Bewegung" insgesamt. – Mich interessiert hier nicht Stifters Tätigkeit als Maler, sondern die Serialität der Schrift, wie sie sich im Malertagebuch findet. Dabei scheint mir die Formulierung des Gegenstands als „an der Bewegung gemalt" entscheidend: So wenig wie die Landschaft in Wien als Bild ausgewiesen ist, ist es hier die Bewegung. Mit der Bewegung ist erneut die Zeit und die Frage nach der Verzeitlichung der Darstellung aufgerufen. „An der Bewegung gemalt" wäre mithin lesbar als ‚an der Bewegung, d.h. an der Zeit selbst gemalt' – und wie anders als durch die Bewegung/Zeit des Malens? Anders gesagt: Die akribische zeitliche Dokumentation des Malens „an der Bewegung" artikuliert die strukturelle Verschränkung des *Malens der Zeit* mit der *Zeit des Malens*, und sie tut dies in der nämlichen Form wie Stifters Poetik der Wahrnehmung: in der Serialität der *Schrift*.[2]

1 Vgl. Adalbert Stifter, *Tagebuch über Malereiarbeiten* [Auszüge], in: *Adalbert Stifters sämmtliche Werke, Bd. XIV*, Prag: Calve 1901, 343-350. Zu Stifters Malertagebuch und seinen Arbeiten „Bewegung" vgl. Novotny, *Adalbert Stifter als Maler*, 71, 93-96; Karl Möseneder, „Stimmung und Erdleben. Adalbert Stifters Ikonologie der Landschaftsmalerei", in: Hartmut Laufhütte/Karl Möseneder (Hg.), *Adalbert Stifter. Dichter und Maler, Denkmalpfleger und Schulmann. Neue Zugänge zu seinem Werk*, Tübingen: Max Niemeyer 1996, 18-57, bes. 32-35; Wedekind, *Wiederholen – Beharren – Auslöschen.*, 143-164; John, „‚Übermalungen' – Transkription – Emendation – Interpretation", bes. 119-122; Ursula Mahlendorf, „Stifters Absage an die Kunst?", in: Gerhart Hoffmeister (Hg.), *Goethezeit: Studien zur Erkenntnis und Rezeption Goethes und seiner Zeitgenossen: Festschrift für Stuart Atkins*, Bern: Francke 1981, 369-383, bes. 373-376; Donald C. Riechel, „Adalbert Stifter as Landscape Painter: A View from Cézanne's Mont Sainte-Victoire", in: *Modern Austrian Literature*, Vol. 20, 1, 1987, 1-21, bes. 14ff.

2 Zur Serialität als literarische Form beim späten Stifter vgl. Hans-Joachim Piechotta, *Aleatorische Ordnung. Untersuchungen zu extremen literarischen Positionen in den Erzählungen und dem Roman „Witiko" von Adalbert Stifter*, Gießen: Schmitz 1981, bes. 77-116.

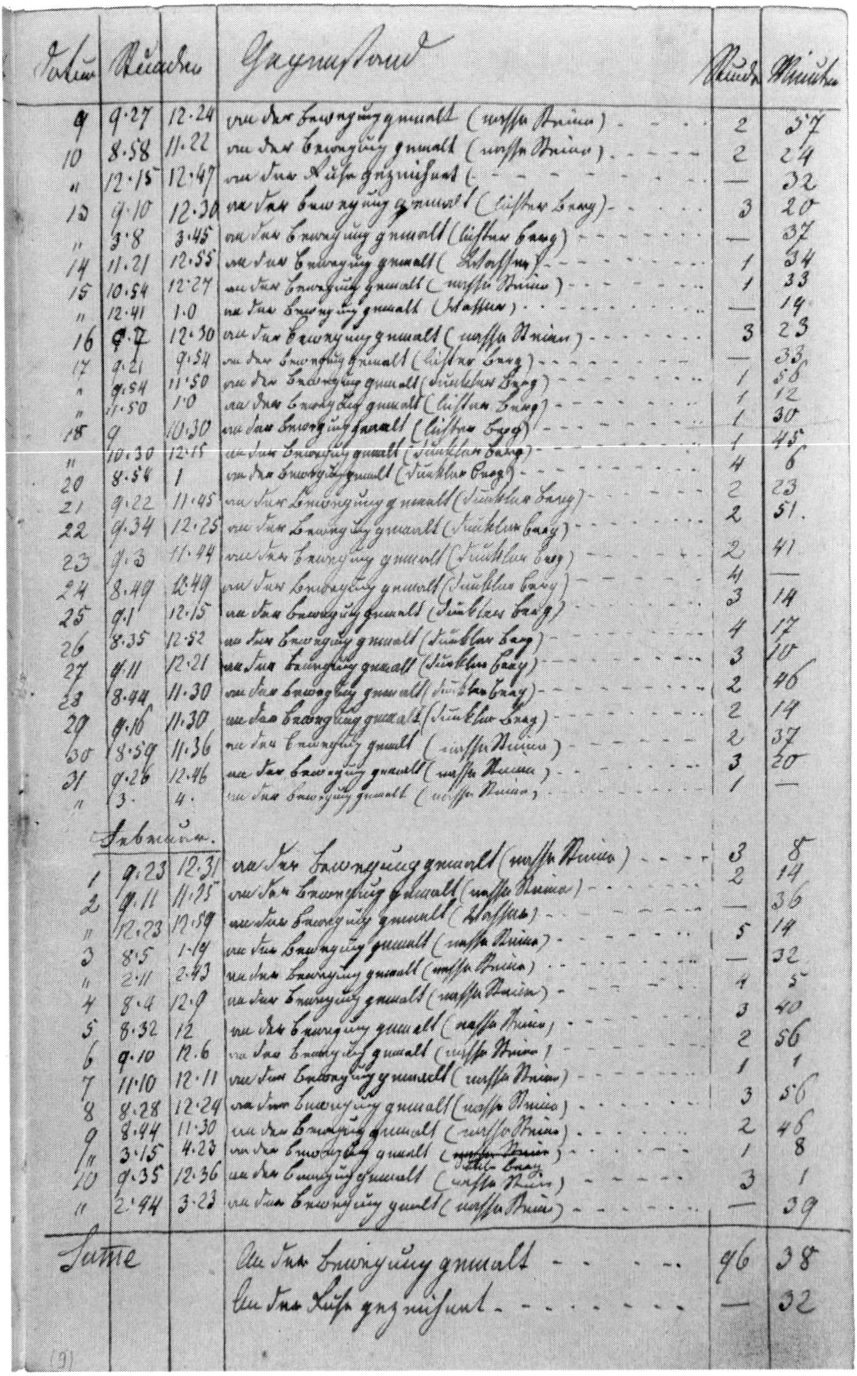

Abb. 2 Adalbert Stifter, *Tagebuch über Malereiarbeiten/am 5t Februar 1854 begonnen*, Januar-April 1859, S. 15-17.

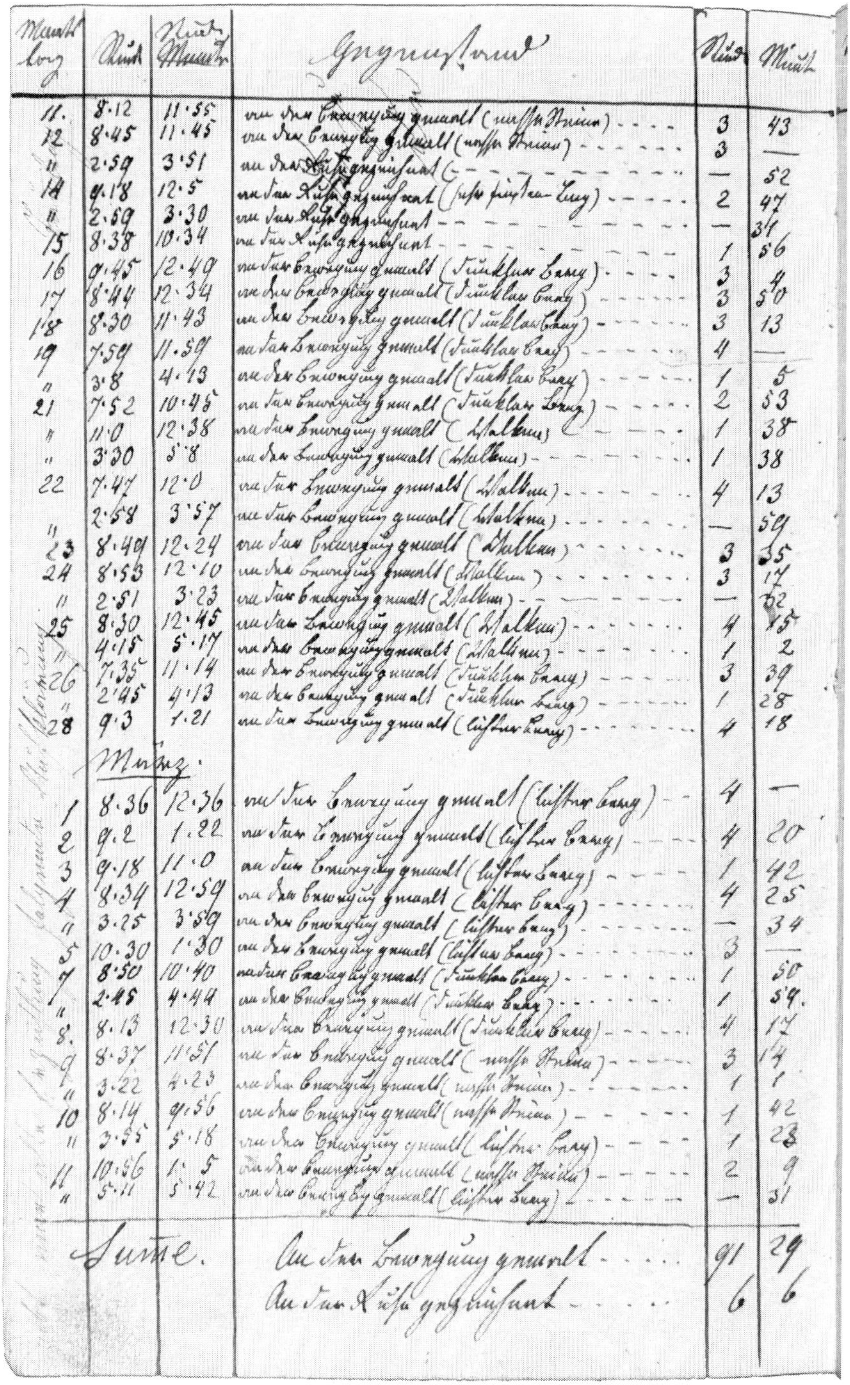

Monattag	Anf.	Ende	Gegenstand	Stund.	Minut.
11.	8·12	11·55	von der Bewegung gemalt (nasse Steine)	3	43
12	8·45	11·45	von der Bewegung gemalt (nasse Steine)	3	—
"	2·59	3·51	an der Ruhe gezeichnet	—	52
14	9·18	12·5	an der Ruhe gezeichnet ([illegible])	2	47
"	2·59	3·30	an der Ruhe gezeichnet	—	31
15	8·38	10·34	an der Ruhe gezeichnet	1	56
16	9·45	12·49	von der Bewegung gemalt (dunklen Berg)	3	4
17	8·44	12·34	von der Bewegung gemalt (dunklen Berg)	3	50
18	8·30	11·43	von der Bewegung gemalt (dunklen Berg)	3	13
19	7·59	11·59	von der Bewegung gemalt (dunklen Berg)	4	—
"	3·8	4·13	von der Bewegung gemalt (dunklen Berg)	1	5
21	7·52	10·45	von der Bewegung gemalt (dunklen Berg)	2	53
"	11·0	12·38	von der Bewegung gemalt (Wolken)	1	38
"	3·30	5·8	von der Bewegung gemalt (Wolken)	1	38
22	7·47	12·0	von der Bewegung gemalt (Wolken)	4	13
	2·58	3·57	von der Bewegung gemalt (Wolken)	—	59
23	8·49	12·24	von der Bewegung gemalt (Wolken)	3	35
24	8·53	12·10	von der Bewegung gemalt (Wolken)	3	17
"	2·51	3·23	von der Bewegung gemalt (Wolken)	—	32
25	8·30	12·45	von der Bewegung gemalt (Wolken)	4	15
"	4·15	5·17	von der Bewegung gemalt (Wolken)	1	2
26	7·35	11·14	von der Bewegung gemalt (dunklen Berg)	3	39
"	2·45	4·13	von der Bewegung gemalt (dunklen Berg)	1	28
28	9·3	1·21	von der Bewegung gemalt (lichten Berg)	4	18
März.					
1	8·36	12·36	von der Bewegung gemalt (lichten Berg)	4	—
2	9·2	1·22	von der Bewegung gemalt (lichten Berg)	4	20
3	9·18	11·0	von der Bewegung gemalt (lichten Berg)	1	42
4	8·34	12·59	von der Bewegung gemalt (lichten Berg)	4	25
"	3·25	3·59	von der Bewegung gemalt (lichten Berg)	—	34
5	10·30	1·30	von der Bewegung gemalt (lichten Berg)	3	—
7	8·50	10·40	von der Bewegung gemalt (dunklen Berg)	1	50
"	2·45	4·44	von der Bewegung gemalt (dunklen Berg)	1	59
8.	8·13	12·30	von der Bewegung gemalt (dunklen Berg)	4	17
9	8·37	11·51	von der Bewegung gemalt (nasse Steine)	3	14
"	3·22	4·23	von der Bewegung gemalt (nasse Steine)	1	1
10	8·14	9·56	von der Bewegung gemalt (nasse Steine)	1	42
"	3·55	5·18	von der Bewegung gemalt (lichten Berg)	1	23
11	10·56	1·5	von der Bewegung gemalt (nasse Steine)	2	9
"	5·11	5·42	von der Bewegung gemalt (lichten Berg)	—	31
Summe.			An der Bewegung gemalt	91	29
			An der Ruhe gezeichnet	6	6

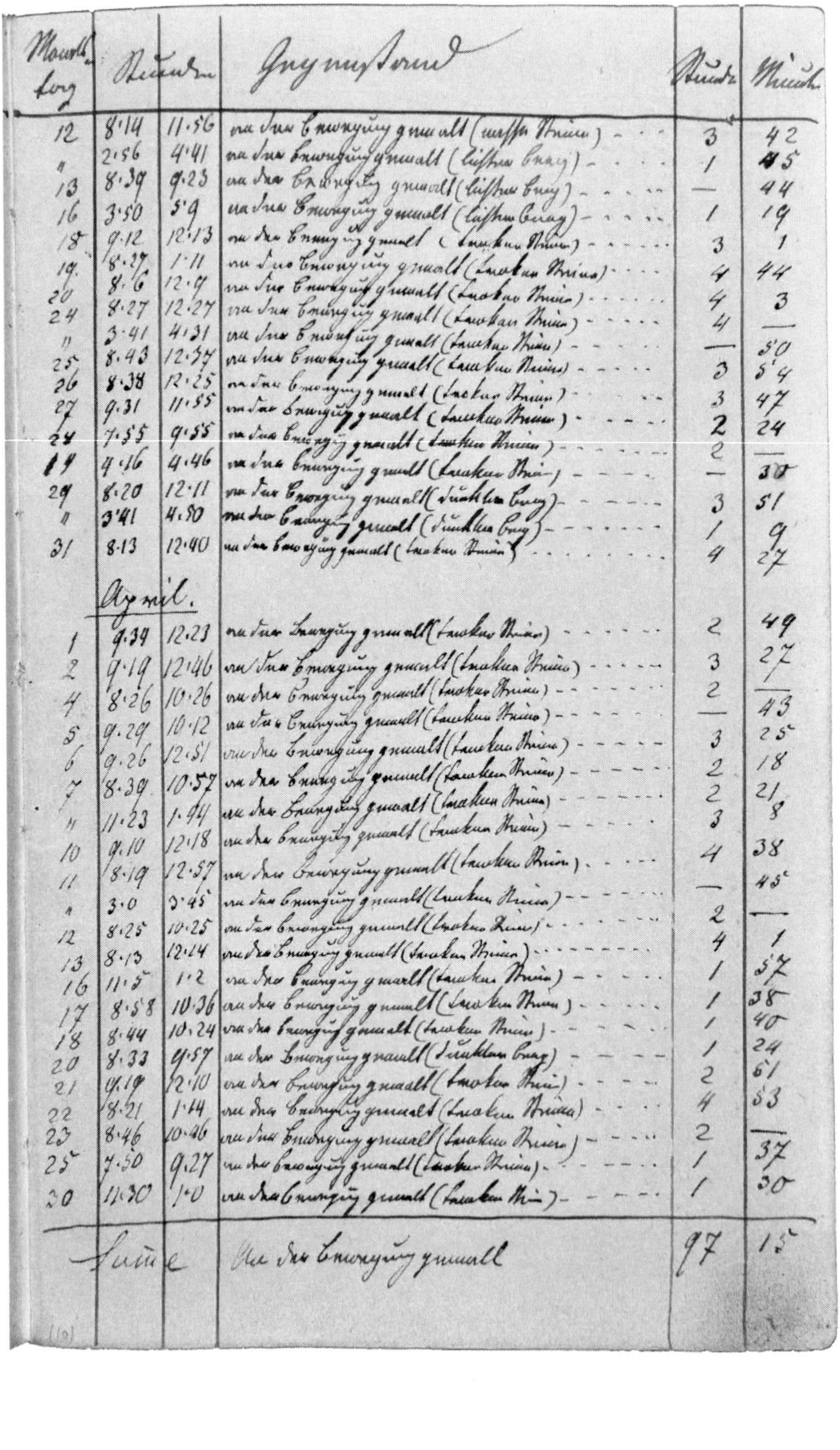

Monatstag	Stunden		Gegenstand	Stunde	Minute
12	8·14	11·56	von der Bewegung gemalt (nasser Stein) - - - -	3	42
"	2·56	4·41	von der Bewegung gemalt (lichter Berg) - - - -	1	45
13	8·39	9·23	von der Bewegung gemalt (lichter Berg) - - - -	—	44
16	3·50	5·9	von der Bewegung gemalt (lichter Berg) - - - -	1	19
18	9·12	12·13	von der Bewegung gemalt (trockner Stein) - - - -	3	1
19	8·27	1·11	von der Bewegung gemalt (trockner Stein) - - - -	4	44
20	8·6	12·9	von der Bewegung gemalt (trockner Stein) - - - -	4	3
24	8·27	12·27	von der Bewegung gemalt (trockner Stein) - - - -	4	—
"	3·41	4·31	von der Bewegung gemalt (trockner Stein) - - - -	—	50
25	8·43	12·37	von der Bewegung gemalt (trockner Stein) - - - -	3	54
26	8·38	12·25	von der Bewegung gemalt (trockner Stein) - - - -	3	47
27	9·31	11·55	von der Bewegung gemalt (trockner Stein) - - - -	2	24
28	7·55	9·55	von der Bewegung gemalt (dunkler Stein) - - - -	2	—
"	4·16	4·46	von der Bewegung gemalt (trockner Stein) - - - -	—	30
29	8·20	12·11	von der Bewegung gemalt (dunkler Berg) - - - -	3	51
"	3·41	4·50	von der Bewegung gemalt (dunkler Berg) - - - -	1	9
31	8·13	12·40	von der Bewegung gemalt (trockner Stein) - - - -	4	27
	April.				
1	9·34	12·23	von der Bewegung gemalt (trockner Stein) - - - -	2	49
2	9·19	12·46	von der Bewegung gemalt (trockner Stein) - - - -	3	27
4	8·26	10·26	von der Bewegung gemalt (trockner Stein) - - - -	2	—
5	9·29	10·12	von der Bewegung gemalt (trockner Stein) - - - -	—	43
6	9·26	12·51	von der Bewegung gemalt (trockner Stein) - - - -	3	25
7	8·39	10·57	von der Bewegung gemalt (trockner Stein) - - - -	2	18
"	11·23	1·44	von der Bewegung gemalt (trockner Stein) - - - -	2	21
10	9·10	12·18	von der Bewegung gemalt (trockner Stein) - - - -	3	8
11	8·19	12·57	von der Bewegung gemalt (trockner Stein) - - - -	4	38
"	3·0	3·45	von der Bewegung gemalt (trockner Stein) - - - -	—	45
12	8·25	10·25	von der Bewegung gemalt (trockner Stein) - - - -	2	—
13	8·13	12·14	von der Bewegung gemalt (trockner Stein) - - - -	4	1
16	11·5	1·2	von der Bewegung gemalt (trockner Stein) - - - -	1	57
17	8·58	10·36	von der Bewegung gemalt (trockner Stein) - - - -	1	38
18	8·44	10·24	von der Bewegung gemalt (trockner Stein) - - - -	1	40
20	8·33	9·57	von der Bewegung gemalt (dunkler Berg) - - - -	1	24
21	9·19	12·10	von der Bewegung gemalt (trockner Stein) - - - -	2	51
22	8·21	1·44	von der Bewegung gemalt (trockner Stein) - - - -	4	53
23	8·46	10·46	von der Bewegung gemalt (trockner Stein) - - - -	2	—
25	7·50	9·27	von der Bewegung gemalt (trockner Stein) - - - -	1	37
30	11·30	1·0	von der Bewegung gemalt (trockner Stein) - - - -	1	30
Summe			Von der Bewegung gemalt	97	15

(19)

‚Wirkliche Wirklichkeitseffekte': Wirklichkeit als Simulakrum und Tautologien des Realismus

„Nicht ein zweites und ein drittes Mal dem ersten hinzufügen, sondern das erste Mal zur ‚n-ten' Potenz erheben. Mit diesem Bezug zur Potenz verkehrt sich die Wiederholung [...]; [...] es ist die erste Seerose Monets, die alle weiteren wiederholt"[1], so Deleuze in *Differenz und Wiederholung*. Was Deleuze über Monets erste Seerose sagt, trifft auch auf Stifters Wirklichkeit zu. Stifters *Nachkommenschaften* transformieren ein erstes Mal zur n-ten Potenz. Die Worte der Wirtin an Friedrich Roderer „Einmal ist keinmal" (NK 88) offenbaren diesbezüglich die unbestechliche Einsicht in die strukturelle *Nach*kommenschaft/Wiederholungsstruktur von Stifters „wirklicher Wirklichkeit". Der „wirkliche"/wahrgenommene Dachstein, das „wirkliche"/wahrgenommene Moor, wiederholt alle weiteren Darstellungen von Dachstein und Moor. Stifters Realismus betreibt die genuine Verdoppelung/Serialisierung wahrgenommener Wirklichkeit, womit er Wirkliches epistemologisch auf die Ebene des Simulakrums/Trugbilds verschiebt. „Neben" und „nach" sind die Präpositionen „wirklicher Wirklichkeit"; diese erzeugt sich in raum-zeitlicher Verschiebung, als irreduzibles Doppel- und Nachbild. Stifters ‚wirklicher Wirklichkeitseffekt' produziert keinen illusionären Zusammenfall von Darstellung und Wirklichkeit, sondern betreibt deren Serialisierung. Stifters Wirklichkeitseffekt basiert nicht auf der „referentiellen Illusion"[2], als welche Barthes das „*direkte* Zusammentreffen zwischen einem Referenten und einem Signifikanten"[3] bezeichnet, sondern legt die Bedingungen der Konstitution von Wirklichkeit offen. Diese Konstitution vollzieht sich im Zeichen serieller Zerstreuung des Referenten, womit die irreduzible Verdoppelung des Wirklichen einhergeht. Stifters Realismus formuliert die grundlegende Unhintergehbarkeit des Simulakrum in der Darstellung von Wirklichkeit. Das Programm „wirklicher Wirklichkeit" produziert keine illusionären, sondern unheimliche Wirklichkeitseffekte – das Unheimliche als Wirklichkeitseffekt/Wirklichkeit als Unheimliches. Ganz wie wirklicher und gemalter Dachstein sind dabei „wirkliche Wirklichkeit" und ‚*un*wirkliche Wirklichkeit' ununterscheidbar. Auf die unheimlich-gespenstischen Aspekte von Stifters Serien wird anhand einer anderen Nachkommenschaft, den närrischen Nachkommen von Heinich von Scharnast aus Stifters *Narrenburg* genauer zurückzukommen sein. Mit dem in Hans von Scharnasts Fideikommiß installierten seriell-gespenstischen Performativ der Schrift eröffnet

1 Gilles Deleuze, *Differenz und Wiederholung*, München: Fink 2007, 16.

2 Barthes, „Der Wirklichkeitseffekt", 171.

3 Ebd., 171.

sich ein „anderer Schauplatz" (Freud), auf welchem sich Wirkliches im Modus von Nachträglichkeit, Wiederkehr, als Szenisch-Unheimliches generiert.

Es sei hier abschließend noch ein anderer – durchaus augenfälliger – Aspekt von Stifters „wirkliche[r] Wirklichkeit" (NK 65) diskutiert. Bei der Formulierung „wirkliche Wirklichkeit" handelt es sich zweifellos um das, was Quintilian als *vitium* (Fehler) bezeichnen würde: um einen Pleonasmus (Quintilian I, 5, 40), bei dem „die Rede mit überflüssigen Worten belastet wird" (Quintilian VIII, 3, 53) bzw. eine Tautologie (Quintilian VIII, 3, 50), eine „ungeschickte[] Wiederholung [...] des gleichen Wortes oder der gleichen Wortgruppe"[1]. Man wird bei Stifter als unangefochtenem Meister rhetorischer Redundanz nur ungern von *vitium* sprechen wollen, und doch bleibt zu fragen, was dieses Schwelgen in Tautologien mit Realismus zu tun hat. Es ist durchaus kein Zufall – so meine These –, dass es das Wirkliche ist, welches bei Stifter eine so intime Beziehung zur Tautologie eingeht: Es ist die Tautologie, das Sagen desselben, welche das Wirkliche markiert; Wirklichkeit artikuliert sich im Überflüssigen. Wenn es, mit Roland Barthes' „Wirklichkeitseffekt" gesprochen, die „unnützen Details"[2] sind, welche – „Widerstand gegen den Sinn" – Wirkliches „bedeuten"[3], so beschränkt sich das Unnütze/Überflüssige bei Stifter nicht auf derartige Details, welche gleichwohl in rauen Mengen vorhanden sind; ein weiteres Überflüssiges sind die häufigen Tautologien, deren Funktion – wie sie sich im Lichte „wirklicher Wirklichkeit" darstellt – es ist, die „Kategorie des ‚Wirklichen'"[4] zu bedeuten. Nichts – so könnte man sagen – ist so unnütz, so überflüssig wie die Tautologie – und eben darin, so wäre zu ergänzen, für Stifter so ‚wirklich wirklich': „So ist es wie es ist" oder auch „Es ist wie es ist", heißt es im *Witiko*[5]. Friedbert Aspetsberger spricht mit Bezug auf Stifters Tautologien von einer „extreme[n] Aussagemöglichkeit"[6]. „Mit ‚es ist so, wie es ist', wird eine letzte Sinnmöglichkeit verwirklicht, die sich zur Motivation aus sich selbst erhebt; darüber hinaus ist keine sinnvolle Aussage mehr möglich." Aspetsberger sieht darin „Ansatzpunkte eines Denkens, das voraussetzungslos bzw. nur unter der Voraussetzung der Welt als eines Schöpfungszusammenhanges möglich ist."[7] Stifters Tautologien betreiben die „Reduzierung des Sinnes eines Satzes auf

1 Heinrich Lausberg, *Handbuch der literarischen Rhetorik: eine Grundlegung der Literaturwissenschaft*, Stuttgart: Steiner 1990, 268 (§502).

2 Barthes, „Der Wirklichkeitseffekt", 165.

3 „[...] das Barometer Flauberts, die kleine Tür Michelets sagen letztlich nichts anderes als: *wir sind das Wirkliche*; bedeutet wird dann die Kategorie des ‚Wirklichen'" (ebd., 171).

4 Ebd., 171.

5 Adalbert Stifter, *Witiko. Eine Erzählung*, in: *Werke und Briefe. Historisch-Kritische Gesamtausgabe, Bd. 5,1-5,3*, Stuttgart: Kohlhammer 1984-1986, hier: *Bd. 5,3*, 44, 626.

6 Friedbert Aspetsberger, „Stifters Tautologien", in: *VASILO*, 15, 1966, 23-44, hier: 41.

7 Ebd., 42.

den bloßen Satzvollzug“[1]. Mit Blick auf den Konnex von Tautologie und Wirklichkeit ließe sich sagen: Wo Stifters Tautologien die Entleerung des Sinns betreiben, werden sie zu Schauplätzen eines Wirkens: des (leeren) Vollzugs des Wirklichen respektive des Wirklichen als (leerem) Vollzug. So voraussetzunglos der Sprechakt und so leer sein Resultat, so eminent wirklich ist sein Vollzug.

„‚Und wenn ich gar nicht gekommen wäre?‘, sprach Witiko. ‚Das ist nicht möglich,‘ sagte Bertha, ‚weil du gekommen bist.‘ ‚Ja, es ist nicht möglich,‘ antwortete Witiko.“[2] Die Tautologie sagt/vollzieht das Wirkliche.[3] „[…] jede nähere Bestimmung, “ so Aspetsbergers Kommentar dieser Stelle, muss „vor der Feststellung der Wirklichkeit zurücktreten.“[4] So sehr Aspetsbergers Beobachtung bezüglich des Konnexes von Tautologie und Wirklichem zuzustimmen ist, so entschieden ist doch seiner epistemologischen Schlussfolgerung zu widersprechen: Aspetsberger sieht in Stifters Tautologien ein Bekenntnis zur „beste[n] Welt aus der Hand Gottes“. Stifter habe sich

> mit der Wirklichkeit abgefunden, aber in einer Weise, die die Welt zu einem Bekenntnis erhebt bzw. eine Welt aus dem Glauben an sie konstruiert. […] Vor dem Wirklichen, das in einem großen Sinnzusammenhang gesehen wird, verstummt die erklärende Spekulation. Stifters Beschränkung auf das Reale steht auf idealem Niveau.[5]

Mit einem „idealen Niveau“ hat Sifters Reales nichts zu tun. Wo Tautologie Wirkliches bedeutet, bedeutet Wirkliches leerer Vollzug. Mit größter Präzision bezeichnet die Formel „wirkliche Wirklichkeit“ das Wirkliche, welches – ganz wie Stifters Programm des Realismus – ist, was es ist: eine Tautologie.

3 Trübe Wahrnehmung: Aggregate des Wirklichen

> Unser Auge sieht alles, was es sieht, als ein Aggregat farbiger Flächen im Gesichtsfelde; das ist seine Anschauungsform.[6]

In *Winterbriefe aus Kirchschlag* findet sich die folgende Passage:

---

1 Ebd., 41f.

2 Stifter, *Witiko*, Bd. 5,3, 127.

3 Die Tautologie ist zweifellos eine der prominentesten Formen von Stifters Langeweile. Welchen Einsatz die Langeweile in der Konstitution des Wirklichen hat, und was dies für die Epistemologie des Wirklichen bedeutet, wird im folgenden Kapitel zu sehen sein.

4 Aspetsberger, „Stifters Tautologien“, 42.

5 Ebd., 42f.

6 Hermann von Helmholtz, *Die Tatsachen in der Wahrnehmung*, Berlin: Hirschwald 1879, 23.

> […] auf die Wolken zu blicken, wie sie werden, sich gestalten, sich verändern, mit Lichtern oder sanften oder tiefen Schatten *spielen, sich heben, thürmen, sich verbinden, sich trennen, sich ausbreiten*, in ländergroßen Flächen dahin gehen, oder in Streifen und Faden verschwimmen, wie sich Nebel bilden, wogen, wallen; mit Bergen in Umarmung liegen, oder die Ebene als Meer bedeken, oder an der Bergspitze als Wolken hinziehen, und das Angesicht des Betrachtenden streifen, wie sich Regen, wie sich Schnee, wie sich Thau und Reif bildet, wie Alles *wechselt, lebt und wandelt*[1].

Wäre hier nicht die „oder"-Serie, welche die semantischen Reihen trennt/verbindet, und in der Stifters Signatur unverkennbar hervortritt, könnte man wohl meinen, man hätte es mit einem Goetheschen Sprachaggregat zu tun: Ein wolkiger Spachzug gleitet in seriell-rhythmischer Skandierung an den Augen des Lesers vorüber. In der Tat hegt auch Stifter eine Vorliebe für Aggregate – seien es serielle Aggregate der Schrift, geologisch-mineralogische Aggregate oder Aggregate des Atmosphärischen.[2] Insbesondere letztere unterhalten zahlreiche Affinitäten zu Goethes Wahrnehmungsästhetik: Ganz wie bei Goethe sind auch Stifters Inszenierungen atmosphärischer Erscheinungen Inszenierungen von Wahrnehmung. In seinen so unablässigen wie unnachahmlichen Darstellungen von Schnee, Eis, Wasser, Wolken etc. entwickelt Stifter Aggregate zur Verfertigung wahrgenommener Wirklichkeit. Trübe – auch hier mag man an

---

1 Adalbert Stifter, *Winterbriefe aus Kirchschlag*, in: *Werke und Briefe. Historisch-Kritische Gesamtausgabe, Bd. 8,2: Schriften. Schriften zu Politik und Bildung*, Stuttgart: Kohlhammer 2010, 318-344, hier: 341, Herv. E.S.

2 Mit dem Fokus auf Stifters Wahrnehmungsstudien beschränke ich mich hier auf Aggregate des Atmosphärischen. Stifters Aggregate im geologisch-mineralogischen Sinne wurden verschiedentlich behandelt, vgl. u.a. Franziska Frei Gerlach, „Erosive Entschleunigung. Stifters Semiotisierung des Raums im Modus der Geologie", in: Roland Berbig/Dirk Göttsche (Hg.), *Metropole, Provinz und Welt. Raum und Mobilität in der Literatur des Realismus*, München/Berlin/New York/Boston: de Gruyter 2013, 273-288; dies., „Die Macht der Körnlein. Stifters Sandformationen zwischen Materialität und Signifikation", in: Sabine Schneider/Barbara Hunfeld (Hg.), *Die Dinge und die Zeichen*, Würzburg: Königshausen & Neumann 2008, 109-122; Lori Wagner, „Schick, Schichten, Geschichte. Geological theory in Stifters *Bunte Steine*", in: *Jahrbuch des Adalbert-Stifter-Instituts*, 2, 1995, 17-41; Peter Schnyder, „Die Dynamisierung des Statischen. Geologisches Wissen bei Goethe und Stifter", in: *Zeitschrift für Germanistik* NF 19, 2009, 540-555; Herwig Gottwald, „Felsen, Steine, Mineralien. Wandlungen eines Motivs im Werk Adalbert Stifters", in: *Jahrbuch des Adalbert-Stifter-Instituts* 16, 2009, 71-81; Gerhart von Graevenitz, „Wissen und Sehen", in: Lutz Danneberg (Hg.), *Wissen und Literatur im 19. Jahrhundert*, Tübingen: Max Niemeyer 2002, 147-190, bes. 163f.; Juliane Vogel, „Prosa der Entfärbung. Stifters *Bunte Steine*", in: Eva Eßlinger/Heide Volkening/Cornelia Zumbusch (Hg.), *Die Farben der Prosa*, Freiburg im Breisgau/Berlin/Wien: Rombach 2016, 65-78, hier: 77f.

Goethe denken – ist eine der bevorzugten Erscheinungsformen des Stifterschen Aggregats. Wie Stifters trübe Wahrnehmung und Aggregate des Wirklichen beschaffen sind, wird im Folgenden anhand von *Bergkristall* und der ‚Eisgeschichte' aus der *Mappe meines Urgroßvaters* zu sehen sein.

„Trüber Raum" und Vibration

> [...] daß das Auge keine Form sehe, indem Hell, Dunkel und Farbe zusammen allein dasjenige ausmachen, was den Gegenstand vom Gegenstand, die Teile des Gegenstandes von einander, fürs Auge unterscheidet. Und so erbauen wir aus diesen Dreien die sichtbare Welt [...]. (F 24)

Diese Sätze aus Goethes Einleitung zur *Farbenlehre* formulieren präzise das poetologische Programm von Stifters *Bergkristall*. Ohne die in der Stifter-Forschung durchaus umstrittene Frage des Bezugs von Stifters Poetik auf Goethes *Farbenlehre*[1] hier eigens zu erörtern, sei gleichwohl der Einstieg in die Lektüre ausgehend von Goethes Wahrnehmungstheorie gewählt, wie sie bereits im Goethe-Kapitel diskutiert wurde. Wo – wie es bei Goethe heißt – „das Auge keine Form", „keine Gestalten"[2] sieht, sondern „nur, was sich durch Hell und Dunkel oder durch Farben unterscheidet"[3], unterliegt Wahrnehmung keinem Prinzip von Form, sondern ist Wahrnehmung von Differenz. Indem Goethes

1 Während Stifters von ihm selbst so bezeichnete Verwandtschaftsbeziehung mit Goethe (vgl. Stifters Bemerkung in seinem Brief an Gustav Heckenast vom 13. Mai 1854, „zwar kein Göthe, aber einer aus seiner Verwandtschaft" zu sein, in: *Adalbert Stifters sämmtliche Werke, Bd. XVIII: Briefwechsel 2*, Prag: Calve 1918, 223-227, hier: 225) von der Stifter-Forschung hinsichtlich der Bezüge von Stifters Prosa auf Goethes naturwissenschaftliche Schriften allgemein anerkannt ist, herrscht – wie Jutta Müller-Tamm gezeigt hat (Jutta Müller-Tamm, „Farben, Sonne, Finsternis. Von Goethe zu Adalbert Stifter", in: *Goethe-Jahrbuch 125*, 2008, 165-173, hier: 166 inkl. Fn 2) – bezüglich der *Farbenlehre* Uneinigkeit (vgl. Nancy Birch Wagner, *Goethe as Cultural Icon: Intertextual Encounters with Stifter and Fontane*, New York: Lang 1994, 81; Sepp Domandl, *Wiederholte Spiegelungen. Von Kant und Goethe zu Stifter. Ein Beitrag zur österreichischen Geistesgeschichte*, Linz: Oberösterreichischer Landesverlag 1982, 79). Stifters Fußnote im *Condor* (Adalbert Stifter, *Der Condor*, in: *Werke und Briefe. Historisch-Kritische Gesamtausgabe, Bd. 1,1: Studien. Journalfassungen 1*, Stuttgart: Kohlhammer 1978, 9-31, hier: 20f.), welche auf die Entstehung der Spektralfarben durch Brechung weißen Lichts verweist, d.h. mit Newtons Theorie übereinstimmt, wird entweder als Zurückweisung von Goethes *Farbenlehre* gelesen oder ein Bezug von Stifters Texten zu Goethes *Farbenlehre* überhaupt in Frage gestellt (Wagner, „Goethe as Cultural Icon", 81). *Für* einen Bezug von Stifters „Farbenkunst" auf Goethes *Farbenlehre* spricht sich Jutta Müller-Tamm („Farben, Sonne, Finsternis") aus, ohne diesen jedoch im Einzelnen zu entwickeln.

2 Goethe, „Das Auge", 268.

3 Ebd., 268.

Farbenlehre visuelle Wahrnehmung von Form und geometrischer Ordnung löst, formuliert sie eine Ästhetik der Erscheinungen jenseits von Anschauung. Wahrnehmung ist – mit Joseph Vogl gesprochen – nicht Wahrnehmung „von Etwas“, sondern „Ereignis“, wobei Vogl Goethes Farben als „kontingente“[1], „reine[] visuelle[] Ereignisse[]“[2] fasst. Was sich in ihnen artikuliert, ist eine ‚reine‘ Sehfunktion, in der das „Sehen von Etwas [...] nur ein Grenzfall des Sehens überhaupt“ ist und in der in „jedem wahrgenommenen Ereignis ein Ereignis der Wahrnehmung interveniert“[3].

Wenn *Bergkristall* etwas tut – man wird die für Stifter nicht unübliche Inhaltsleere auch dieser Erzählung gern attestieren –, dann ist es die exzessive Kreation eines solchen Ereignisraumes von Wahrnehmung. Und die Erzählung tut dies qua systematischer Entfärbung, Entstellung der Welt ins Trübe. Ganz im Sinne der bei Goethe vollzogenen „Verschiebung“ der „Frage des Sehens“ „von einer Physik des Lichts zu einer Physiologie des Auges [...,] von den Brechungseigenschaften des Lichts und der Linse zur Tätigkeit der Retina hin“[4] setzt Stifters *Bergkristall* das „Eigenleben“ (SP 817) der Sinne produktionsästhetisch in Szene. Am Ende der durchwachten Nacht heißt es: „Auch für die Augen begann sich etwas zu entwikeln“[5]. *Bergkristall* und ‚Eisgeschichte‘[6] – so soll im Folgenden gezeigt werden – stellen Experimentalsysteme für die Produktionsästhetik von Wahrnehmung und einen entsprechend ausgerichteten Realismus dar. Stifters trübe Aggregate bilden ein dynamisches Arrangement von Beobachtung und Aufzeichnung – genauer: der (rhythmischen) Erzeugung und Vertilgung von Spuren –, welches serielle Wahrnehmungsereignisse zugleich mit dem Wirklichen als Aggregat generiert. –

Besieht man sich das Farbspektrum in *Bergkristall*, so nimmt es wunder, dass sich die Erzählung in der Sammlung *Bunte Steine* findet. Eher zeichnet sich in ihr ein ‚Unbuntes‘ ab – dominieren doch „weiß“ und „grau“ die Darstellung weit mehr als das gelegentliche Rot oder das „schrekhaft[e] blau“ (B 219) des Gletschers. Prozesse der Entfärbung/Eintrübung bestimmen Stifters Erzählung und den in ihr eruierten Konnex von Ästhetik und Aisthesis. So wie Goethe

---

1 Vogl, „Bemerkung über Goethes Empirismus“, 116.

2 Ebd., 119.

3 Ebd., 114f.

4 Ebd., 114.

5 Adalbert Stifter, *Bergkristall*, in: *Werke und Briefe. Historisch-Kritische Gesamtausgabe, Bd. 2,2: Bunte Steine. Buchfassungen*, Stuttgart: Kohlhammer 1982, 181-240, hier: 228.

6 Zur Wahrnehmung in Stifters ‚Eisgeschichte‘ mit Bezug auf Hermann von Helmholtz' Theorien der visuellen Wahrnehmung vgl. auch: Kathrin Maurer, „‚Ich hatte dieses Ding nie so gesehen wie heute.‘ Zur Verunsicherung der Wahrnehmung in Adalbert Stifters Eisgeschichte“, *Colloquia Germanica* Vol. 4, 1-2, 2010, 35-48.

den Bereich zwischen Hell und Dunkel („Dämmerung", „Halbdämmerung") für die Beobachtung visueller Wahrnehmung privilegiert, da hier „das Auge völlig ausgeruht und empfänglich ist", entwirft auch Stifter bevorzugt Räume zwischen Hell und Dunkel – „undurchsichtige[]" Räume (B 215), Räume der Dämmerung, trübe Räume („trübe[r] Raum", B 213) – als Beobachtungsstätten der Wahrnehmungsfunktion. Stifters Wirklichkeit ist entfärbt/getrübt in ein „ringsum herrschende[s] Grau" – welches von Goethe als „*Unfarbe*"[1] bezeichnet wird – bzw. „lauter Weiß".[2]

Schon die Anlage der Erzählung weist *Bergkristall* als Prozess der Entfärbung aus: Die beiden Dörfer werden über ihre Farblichkeit eingeführt. Zeichnet sich das Dörfchen Gschaid durch seinen Kirchthurm aus, der wegen seiner „rothen Farbe [...] weithin ersichtlich ist" (B 185), heißt es über das im Tal jenseits des Berges gelegene ungleich repräsentativere Millsdorf: „In Millsdorf war ein Färber." (B 195) Der Weg von Gschaid nach Millsdorf führt an einer „roth angestrichene[n] hölzerne[n] Säule" (B 190), der sogenannten Unglücksäule, vorbei, die schon zu Beginn des Ganges der Kinder von Gschaid nach Millsdorf, nicht mehr an ihrer Stelle ist: „sie ist ja umgefallen, und da wird es darauf schneien, und da wird die rothe Farbe weiß sein" (B 210), so Sanna. Nicht wird die rote Säule mit weißem Schnee bedeckt, sondern die „rothe Farbe" selbst wird „weiß sein". Auf dem Rückweg der Kinder von Millsdorf nach Geschaid zeitigt der fortdauernde Schneefall eine Trübe, die alles entfärbt, defiguriert, ja den Raum selbst zu verschlingen droht. Raum wird zum „trüben Raum" (B 213) – „ein einziges Weiß und Grau durch einander" (B 232), „ringsum herrschende[s] Grau" (B 214), „überall nur Weiß – lauter Weiß" (B 225), „alles [...] in eine einzige weiße Finsterniß gehüllt" (B 216). Dem Sog der Trübe entkommen die Kinder kaum. Als sie am nächsten Morgen von den Dorfbewohnern wiedergefunden werden, scheint die Trübe noch das Dorfgefüge selbst affiziert zu haben: Einem Emblem gleich, steht am Ende der „aschenhaft entfärbte Färber" (B 237). Dass die Trübe selbst als Prozess von Entfärbung zu verstehen ist,

---

1 Johann Wolfgang Goethe, „Versuch, die Elemente der Farbenlehre zu entdecken. Beiträge zur Optik. Viertes Stück [1793]", in: *Sämtliche Werke. Briefe, Tagebücher und Gespräche I. Abt., Bd. 23/2: Schriften zur Farbenlehre 1790-1807*, Frankfurt am Main: Deutscher Klassiker Verlag 1991, 168-187, hier: 176.

2 Der in der Stifter-Forschung prominente Topos des Weißen soll hier unter dem Aspekt von Trübheit als Eröffnung eines Wahrnehmungsraumes von Intensitäten neu akzentuiert werden. Zum Weiß bei Stifter vgl. u.a. Juliane Vogel, „Mehlströme/Mahlströme. Weißeinbrüche in der Literatur des 19. Jahrhunderts", in: Wolfgang Ullrich/Juliane Vogel (Hg.), *Weiß. Ein Grundkurs*, Frankfurt am Main: Fischer 2003, 167-192; Sabine Frost, *Whiteout: Schneefälle und Weißeinbrüche in der Literatur ab 1800*, Bielefeld: Transcript 2014, bes. 291-310, 117-159. Zur Entfärbung in Stifters *Bunten Steinen* vgl. Juliane Vogel, „Prosa der Entfärbung. Stifters *Bunte Steine*".

macht auch die ‚Eisgeschichte' deutlich: „es war so trübe, daß sich schon die weißen Gefilde vor uns zu entfärben begannen"[1]. Im Durchgang durchs Trübe, „[U]ndurchsichtige" (B 215), durch Schnee, Eis oder Dämmerung, eruieren Stifters Aggregate des Atmosphärischen wahrgenommene Wirklichkeit von der Grenze der Wahrnehmung her. Der Ausfall von Wahrnehmung ist ein strukturelles Moment von Stifters Trübe. So heißt es in *Bergkristall*: „Das Mädchen schaute mit den willigen Äuglein in das ringsum herrschende Grau" (B 214). „Aber sie erblikten nichts. Sie sahen durch einen trüben Raum in den Himmel." (B 213) Die ‚Eisgeschichte' verlagert das Trübe gar in den Wahrnehmungsakt selbst: „daß wir so trüb sahen" (MU 111).

Ist der „Nullpunkt" von Wahrnehmung, die Auflösung aller Konturen, ein Merkmal von Stifters Trübe, so ist es im Durchgang durch diesen Nullpunkt, dass sich Wahrnehmung als „Ereignis" und mit diesem die aisthetisch-ästhetische Konstitution des Wirklichen vollzieht:

> „In der ungeheueren Stille [...] hörten die Kinder dreimal das Krachen des Eises. [...] Dreimal hörten sie hinter sich den Schall, [...] der sich nach allen Richtungen im Eise verbreitete [...]. Auch für die Augen begann sich etwas zu entwikeln. Wie die Kinder so saßen, erblühte am Himmel vor ihnen ein bleiches Licht [...]. [Das Licht] floß helle durch die benachbarten Himmelsgegenden, es sprühte leise und ging in sanftem Zuken durch lange Räume." (B 227f.) „Endlich [...] geschah etwas anderes. Es fing der Himmel an, heller zu werden, [...] es wurde seine Farbe sichtbar" (B 228f.).

Stifters Wahrnehmungsaggregat der Trübe verschaltet Nullpunkt/Ausfall und Ereignis von Wahrnehmung und tut dies in einer spezifisch zeitlichen Dynamik: Im dreimaligen Krachen, dem Sich-Verbreiten des Schalls „nach allen Richtungen des Eises", dem „in sanftem Zuken durch lange Räume" gehenden Licht vollzieht sich Wahrnehmung als raum-zeitliches Fortschreiten bzw. als serielles „Ereigniß" (B 239). Was Stifters Text im Sich-Ausbreiten von Schall und Licht, im Sichtbarwerden der Farbe inszeniert, ist nicht Sichtbares oder Hörbares, sondern ein Sichtbar*werden*/Hörbar*werden*: Wahrnehmung als Ereignis/Werden/Intensität. Stifters Trübe zeigt sich hier als „trübes Medium" – Joseph Vogl zufolge der Ort, „wo sich an der Grenze des Sichtbaren intensive Differenzen, d.h. Kräftegefälle, Spannungen, Turbulenzen, Schwingungen usw. in

1 Adalbert Stifter, *Die Mappe meines Urgroßvaters*, in: *Werke und Briefe. Historisch-Kritische Gesamtausgabe Bd. 1,5: Studien. Buchfassungen 2*, Stuttgart: Kohlhammer 1982, 9-234, hier: 106.

Extensionen, in erste Anzeichen von ausgedehnten Körpern, Farben, Sichtbarkeiten übersetzen."[1]

Entsprechend zeigt auch der Durchgang der Kinder durch das Eis das Aggregat als Intensität von Wahrnehmung. Das Stiftersche Wahrnehmungsaggregat ist keine Anhäufung von Elementen, sondern ein dynamisches, sich verschiebendes Aggregat aus Intervallen, das den gesamten Wahrnehmungsraum in ein Intervall, einen Zwischenraum ohne Jenseits transformiert:

> „So weit die Augen der Kinder reichen konnten, war lauter Eis. [...] Statt ein Wall zu sein, über den man hinüber gehen könnte, [...] stiegen aus der Wölbung neue Wände von Eis empor, geborsten und geklüftet, mit unzähligen blauen geschlängelten Linien versehen, und hinter ihnen waren wieder solche Wände, und hinter diesen wieder solche" (B 220). „Die Kinder gingen nun in das Eis hinein" (B 219). „Sie schoben sich in die Zwischenräume hinein [...]. Jenseits wollten sie wieder hinabklettern. Aber es gab kein Jenseits." (B 220)

Einen solchen Zwischenraum von Wahrnehmung, der nicht nach Intervallen organisiert, sondern in dem „alles zum Intervall"[2], alles zum Jenseits geworden ist, vermögen die Kinder nur haptisch zu erkunden:

> Sie „griffen [...] sich durch die Mengen des Schnees hindurch, der oft dicht vor ihrem Auge wegbrach" (B 231). „Sie stiegen [...] an der Seite der Mulde empor, um nach einer andern Richtung ein Abwärts zu suchen. Es führte sie eine Fläche hinab, allein die wurde nach und nach so steil, daß sie kaum noch einen Fuß einsezen konnten, und abwärts zu gleiten fürchteten. Sie klommen also wieder empor, um wieder einen andern Weg nach abwärts zu suchen." (B 232)

Halt- und Orientierungslosigkeit sind die Charakteristika dieses Wahrnehmungsaggregats, das nichtsdestotrotz nur tastend erschlossen werden kann. Dass dieser zum Intervall transformierte Wahrnehmungsraum ein dynamischer, sprich: genuin zeitlich ist, macht die folgende Passage deutlich:

---

1 Vogl, „Wolkenbotschaft", 77f. Gerhart von Graevenitz bezieht den „trüben Raum" von Stifers *Bergkristall* auf Platons *chora*, vgl. Gerhart von Graevenitz, „Wissen und Sehen", 171f. Zur *chora* in Bezug auf das Trübe bei Goethe vgl. Vogl, „Wolkenbotschaft", 77.

2 Gilles Deleuze/Félix Guattari, *Tausend Plateaus*, Berlin: Merve 2005, 662.

> Allein sie kamen an keinen Rand [...]. Schneefeld entwikelte sich aus Schneefeld, und am Saume eines jeden stand alle Male wieder der Himmel. [...] es ragte gleichsam Welle hinter Welle auf, das beschneite Eis war gedrängt, gequollen, empor gehoben, gleichsam als schöbe es sich nach vorwärts, und flöße gegen die Brust der Kinder heran. (B 230f.)

Wenn die Kinder keinen Rand finden, dann weil alles Rand, alles Saum ist; wo sich Schneefeld aus Schneefeld entwickelt, Welle hinter Welle aufragt, gerät der Raum in Bewegung, installiert Stifters Text eine permanente Verschiebung/*différance*. Stifters Wahrnehmungsaggregate betreiben eine Verzeitlichung des Raum/Verräumlichung der Zeit, die serielle Proliferation von Intensitäten.

Mit Deleuze/Guattari ließen sich Stifters atmosphärisch-ästhetische Aggregate als „glatter Raum" bezeichnen: „Das Glatte", so Deleuze/Guattari in *Mille Plateaux*, „scheint uns Gegenstand einer nahsichtigen Anschauung *par excellence* und zugleich Element eines haptischen Raumes zu sein (der gleichermaßen visuell, auditiv und taktil sein kann)"[1] – und dies, so wäre hinzuzufügen, bei Stifter auch ist: Die akustischen Sensationen[2] in der ‚Eisgeschichte' etwa entbehren nicht einer haptischen Qualität: sei es der „dumpfe [...] Fall" (MU 107), „ein Geräusch [...] als ob viele Tausende oder gar Millionen von Glasstangen durcheinander rasselten, und in diesem Gewirre fort in die Entfernung zögen" (MU 105), das „unbestimmte[] Rauschen" „in den Lüften" (MU 105), das „ferne[] Getöse" (MU 105), das „Brausen, das [...] durch die Glieder der Bergzüge ging" (MU 112) oder der „Knall", der „wie ein Brausen durch den Wald, und durch die Dichte der dämpfenden Zweige" „ging" (MU 107). Wenn Deleuze an anderer Stelle das „Ereignis" als Vibration beschreibt, als „Schwingung mit unendlich vielen Obertönen oder enthaltenen Vielfachen, wie eine Klang- oder Lichtwelle"[3], so lassen sich im Gegenzuge Stifters Klang- und Lichtwellen als

---

1 Ebd., 682. „Deshalb wird der glatte Raum von Intensitäten, Winden und Geräuschen besetzt, von taktilen und klanglichen Kräften und Qualitäten, wie in der Steppe, in der Wüste oder im ewigen Eis. Das Krachen des Eises und der Gesang des Sandes" (ebd., 664).

2 Angesichts der differenzierten akustischen Sphäre bei Stifter ist Benjamins Diktum von der „Abwesenheit [...] jeglicher akustische[r] Sensation", dem „tauben Raum" Stifters, nicht zuzustimmen (vgl. Walter Benjamin: „Stifter", in: *Gesammelte Schriften, Bd. II.2: Aufsätze, Essays, Vorträge*, Frankfurt am Main: Suhrkamp 1977, 608-610; hier: 609). Stifters Raum ist – auch im akustischen Sinne – ein „trübe[r] Raum" (B 213) und eben darin eine Produktionsstätte von Wahrnehmungsereignissen. Zur Dimension des Akustischen in der ‚Eisgeschichte' vgl. auch Dagmar von Hoff, „Krise der Wahrnehmung: Das Aufmerksamkeitsdispositiv bei Adalbert Stifter in *Die Mappe meines Urgroßvaters* in der *Studien*-Fassung", in: Michael Minden/Martin Swales/Godela Weiss-Sussex (Hg.), *History, Text, Value. Essays on Adalbert Stifter. London Symposium 2003, Stifter-Haus Linz*, Bd. 11, 2006, 98-105.

3 Gilles Deleuze, *Die Falte. Leibniz und der Barock*, Frankfurt am Main: Suhrkamp 2000, 128.

Inszenierung von Wahrnehmung als Ereignis lesen. Es ist die wechselseitige Durchdringung von Perzeptionen, „Perzeptionen, die sich durcheinander ausdrücken"[1], die das Ereignis als *Vibration* kennzeichnet, und in *Bergkristall* und in der ‚Eisgeschichte' mit größter sprachlicher Präzision in Szene gesetzt sind: So ist die Rede von einem „Getöse, das wir eben *durch* die Hufschläge unsers Pferdes *hindurch gehört* hatten." (MU 105f., Herv. E.S.) „Das Rauschen, welches wir früher in den Lüften gehört hatten [...] jetzt war es *bei uns*." (MU 106, Herv. E.S.) „Das Rauschen der Wälder war von ringsum bereits bis hierher zu hören, *dazwischen tönte* der Fall von Bäumen" (MU 113, Herv. E.S.). „Ich konnte jetzt das verworrene Getöse sogar in meine Stube *herein* hören" (MU 114, Herv. E.S.). Akustische Wahrnehmung ist haptisch, ist Ereignis, in welchem Perzeption Perzeption durchdringt: Hören ist Hindurch-Hören, Tönen Dazwischen-Tönen – einer akustischen Sensation durch die andere.

Stifter generiert die Aggregat-/Intervall-/Vibrationsstruktur von Wahrnehmung[2] auf sprachliche Weise, konkret: anhand von Präpositionen: „durch", „hindurch", „dazwischen", „bei", „herein". Diese Engführung von Vibration und Präpositionen des Ortes hat einen doppelten Effekt: Zum einen wird Wahrnehmung als räumlich-materielles Ereignis inszeniert (welches *durch* geht, *bei* uns ist etc.); zum anderen werden Präpositionen des Ortes – im Zuge einer Verzeitlichung des Raumes – zu ‚Orten' der Vibration. Letzteres aber heißt nichts anderes, als dass Stifters Wahrnehmungsaggregate noch die sprachliche Ordnung selbst erschüttern: Indem die Präpositionen des Ortes zu vibrierenden Stellen werden, werden gerade die sprachlichen Funktionen, welche die Koordinaten im Raum verbürgen sollten, aus den Angeln gehoben, in einen dynamischen Schwellenraum (‚Stellen'raum) verwandelt. Stifters Trübe/Wahrnehmungsaggregat betreibt die Proliferation von sich in Intervallen und als Vibrationen fortpflanzenden, „fort und fort und fort"-dauernden (A 341) Intensitäten.

Mimikry des Wirklichen: Stifter – Minkowski – Caillois

Wo sich Perzeptionen wechselseitig durchdringen, Hören Hindurch-Hören, Tönen Dazwischen-Tönen ist, multipliziert sich die Szene, staffeln sich Raum und Zeit, „verdoppeln" sie sich, „und [legen] sich über sich selber"[3] – dies eine Formulierung aus Minkowskis *Le temps vécu* (1933) zum „schwarzen Raum"

1 Ebd., 133.

2 Zu wahrnehmungsphysiologischen und -technologischen Aspekten von Vibration vgl. auch: Shelley Trower, *Senses of Vibration: A History of the Pleasure and Pain of Sound*, New York/ London: Continuum 2012.

3 Eugène Minkowski, *Die gelebte Zeit, Bd. II: Über den zeitlichen Aspekt psychopathologischer Phänomene*, Salzburg: Otto Müller 1972, 257.

[*l'espace noir*], der so wesentlich für Roger Caillois' Konzeption von Mimikry ist. Zu sagen, dass Stifters Realismus phänomenologische Raum- und Wahrnehmungskonzeptionen vorwegnimmt, würde die Dinge simplifizieren. Produktiver erscheint mir eine konstellative Lektüre – Minkowskis und Caillois' mit Stifter and *vice versa* –, über welche sich die Texte wechelseitig konturieren/verschieben: Tritt im Licht von Stifters Trübe/trüber Wahrnehmung die Aggregatstruktur von Minkowskis „schwarzem Raum" hervor, lässt sich im Gegenzuge Stifters Realismus in Bezug auf die „de-realisierenden Effekte" des Raumes (Lacan), ein Verschwinden der Grenze zwischen Organismus und Milieu, Mimikry, denken.

In der Tat ist Minkowski ausdrücklich an der spezifischen „Organisation"[1] [l'*organisation*[2]] von Wahrnehmungen interessiert. Im „schwarzen Raum" ist Wahrnehmung zum Aggregat organisiert: „sensorische[] Elemente"[3] – wesentlich *„vergänglich* [*éphemères*[4]]", insofern „sie zustandekommen, um dann wieder zu vergehen"[5] – begleiten sich wechselseitig, ereignen sich im Modus von Gleichzeitigkeit. Ihre „simultane Koexistenz"[6] ist „rein kontingent"[7]:

> Hier dient das ‚gleichzeitig' [*en même temps*[8]] dazu, heterogene Phänomene, von denen jedes von sich eine unabhängige Existenz beanspruchen zu können scheint, einander näherzubringen und zu verbinden. Dabei handelt es sich um eine Faktensammlung [*conglomération de faits*[9]] [...] das so aufgestellte Verhältnis [ist, E.S.] nicht das Ursache-Folge-Verhältnis [...]; es handelt sich vielmehr um eine besondere Verbindung, so als ob die in Frage stehenden Phänomene von derselben [...] Kraft abhängig wären. Es ist diese geheimnisvolle Kraft [*force mystérieuse*[10]], die den Hintergrund zu bilden scheint, auf dem sich die sinnlichen Phänomene abzeichnen und sich miteinander [...] verbinden.[11]

1 Ebd., 258.
2 Eugène Minkowski, *Le temps vécu. Études phénoménologiques et psychopathologiques*, Paris/Neuchâtel: Delachaux & Niestlé 1968, 389.
3 Minkowski, *Die gelebte Zeit, Bd. II*, 257.
4 Minkowski, *Le temps vécu*, 389.
5 Minkowski, *Die gelebte Zeit, Bd. II*, 257.
6 Ebd., 258.
7 Ebd., 258.
8 Minkowski, *Le temps vécu, 390.*
9 Ebd., 390.
10 Ebd., 390.
11 Minkowski, *Die gelebte Zeit, Bd. II*, 258f.

Als ein „Konglomerat" [*conglomération*], zufällige Relation zwischen heterogenen Phänomenen stellt sich Wahrnehmung als Aggregat/dynamisches Geschehen dar, welches eine Ästhetik des Erscheinens/Verschwindens generiert. Empfindungen sind simultan auftretende, begleitende Empfindungen, „zusätzliche Sensationen [*sensations accessoires*]"[1] – ausgestattet mit einer supplementären Kraft, Kraft des Supplements, welches Figur-Grund-Relationen destabilisiert und in eine serielle Kraft transformiert.

In dieser Aggregatstruktur von Wahrnehmung verwischt sich die Unterscheidung zwischen Organismus und Umwelt: Diese „Wirklichkeit" kennt „keine präzise Lokalisierung [...], sondern [umhüllt, E.S.] das Individuum von allen Seiten", „*hüllt* es *vollständig ein*", ist „*um es herum*", wie ein „Nebel *um den Kopf herum*"[2]. Allerdings umhüllt und umgibt die solcherart wahrgenommen Wirklichkeit das Individuum nicht nur, sie „durchdringt" es auch, „geht durch es hindurch": „Die pathologische Welt", so Minkowski, „dringt in das Individuum ein, nimmt ihm alles, was es Intimes und Persönliches hat, so daß es sich in der es umgebenden mysteriösen Umwelt auflöst"[3]. Die strukturellen Ähnlichkeiten zwischen Minkowskis Beschreibungen des „schwarzen Raums" und Stifters Wahrnehmungsaggregaten fallen ins Auge. Eine erste Beschreibung entnimmt Minkowski Franz Fischers Studien zur Raum-Zeit-Struktur der Schizophrenie:

> „Ich weiß nur noch, daß die Herbstlandschaft, ohne ihren Platz zu verrücken, von einem zweiten Raum durchwoben war. [...] Dieser zweite Raum war dunkel oder leer oder schauerlich, schwer zu sagen, welcher Ausdruck das richtige trifft. Bald schien der eine Raum sich zu bewegen.

1 Minkowski bezieht sich hier auf Karl Jaspers' *Allgemeine Psychopathologie* (54): „Jaspers sagt" – so Minkowski –, dass es sich bei diesen „simultanen [...] Sensationen [...] um wirkliche zusätzliche Sensationen [‚*sensations accessoires*' (Minkowski, *Le temps vécu*, 390)] handelt und nicht um bekannte Assoziationen zwischen einem Ton und einer Farbe, die in der Vorstellung festgestellt wurden (Phonopsie, Farbenhören usw.)." (Minkowski, *Die gelebte Zeit, Bd. II*, 258, Fn 12) Jaspers spricht von „wirkliche[n] Mitempfindungen" (Karl Jaspers, *Allgemeine Psychopathologie*, Berlin/Heidelberg: Springer 1946, 53).

2 „A ce point de vue, nous devons relever tout d'abord que cette réalité pathologique n'a pas de localization precise, mais enveloppe l'individu de toutes partes. C'est ainsi que dans la rue c'est comme un murmure qui l'*enveloppe tout entire*; de même il se sent privé de liberté comme si *autour* de lui il y avait toujours des personnes présentes; au café c'est comme quelque chose de nébuleux *autour de lui* et il sent un tremblement; et quand les voix sont particulièrement fréquentes et nombreuses, l'atmosphére *autour* de lui est saturée comme de feu, et cela determine comme une oppression à l'intérieur du cœur et des poumons et comme un *brouillard autour de la tête*" (Minkowski, *Le temps vécu*, 391).

3 Minkowski, *Die gelebte Zeit, Bd. II*, 259f.

> Bald gingen beide durcheinander. Sie überquerten sich."[1] „Der Raum schien sich mir auszudehnen, ins Unendliche anzuwachsen und war zugleich wie ausgeräumt [...] Ich fühlte mich unvergleichlich einsam und verlassen, ohnmächtig, mich selbst zu erfüllen, und dem unendlich weiten Raume ausgeliefert, der trotz seiner Nichtigkeit bedrohend vor mir stand."[2]

Eine zweite Beschreibung – die eines auditiven Raumes – stammt von Minkowski selbst: „[...] ich werde mich von allen Seiten durch die Musik eingehüllt fühlen, die Töne werden zu mir gelangen, indem sie sozusagen den ganzen Raum, der mich von ihren Ausgangspunkten trennt, erfüllen, sie werden in mich eindringen [...], sie werden diesen Raum sowie mich selbst sozusagen in eine uniforme klingende Sphäre verwandeln, und ich werde vibrieren"[3].

Wer dächte hier nicht an die proliferierenden Schneefelder in *Bergkristall* („Welle hinter Welle"), nicht an die akustischen Sensationen in der ‚Eisgeschichte'? Stifters Trübe zeitigt – mit Lacans Rezension von Minkowski gesprochen – den „[...] *schwarzen Raum* des Tastens, der Halluzination und der Musik [...] die ‚Nacht der Sinne'"[4]. Ist die Verzeitlichung des Raumes ein Aspekt, den Minkowskis „schwarzer Raum" und Stifters „trüber Raum" teilen – weshalb es m.E. präziser wäre von *Szene*/einem *anderen Schauplatz* von Wahrnehmung zu sprechen –, so ein weiterer die Verschaltung von Organismus und Milieu. Minkowskis und Stifters Wahrnehmungsaggregate blenden Organismus und Milieu bis zur Ununterscheidbarkeit ineinander. Die Kinder in *Bergkristall* schieben sich in die haltlosen Zwischenräume des Eises; die akustischen Sensationen in der ‚Eisgeschichte' durchdringen sich und verwandeln die gesamte Szene in einen Schauplatz von Vibration. Wo das Subjekt Raum wird, das Selbst sich auflöst, wird das Aggregat zum Träger von Wahrnehmung. Stifters Wirklichkeit zeugt sich aus einer depersonalisierten, de-subjektivierten Wahrnehmung.[5]

---

1 Franz Fischer, „Raum-Zeit-Struktur und Denkstörung in der Schizophrenie", in: *Zeitschrift für die gesamte Neurologie und Psychiatrie*, Bd. 124, 1930, 241-256, hier: 253 (zitiert in Minkowski, *Die gelebte Zeit, Bd. II*, 266).

2 Franz Fischer, „Zeitstruktur und Schizophrenie", in: *Zeitschrift für die gesamte Neurologie und Psychiatrie*, Bd. 121, 1929, 544-574, hier: 568 (zitiert in Minkowski, *Die gelebte Zeit, Bd. II*, 266).

3 Minkowski, *Die gelebte Zeit, Bd. II*, 264.

4 „[...] l'*espace noir* du tâtonnement, de l'hallucination et de la musique. [...] C'est à la ‚nuit des sense', c'est à la ‚nuit obscure' du mystique que nous croyons pouvoir dire sans abus que nous voilà portés" (Jacques Lacan, „Review of Eugene Minkowski, *Le temps vécu. Études phénoménologiques et psychopathologiques*", in: *Recherches Philosophiques*, 5, 1935-36, 424-431, hier: 431).

5 *„Depersonalisation durch Angleichung an den Raum"* (Roger Caillois, *Méduse & Cie: Die Gottesanbeterin. Mimese und legendäre Psychasthenie*, Berlin: Brinkmann & Bose 2007, 37).

Caillois greift Minkowskis Überlegungen zum „schwarzen Raum" in *Mimétisme et la psychasthénie légendaire* (1935) auf und es ist der Aspekt von Mimikry, der für die Epistemologie von Stifters Realismus aufschlussreich ist. Entgegen der These, es handele sich bei Mimikry um eine Abwehrreaktion und Form der Selbsterhaltung, bezeichnet Caillois Mimikry als einen „gefährlichen Luxus"[1], eine „*Versuchung durch den Raum*"[2], als eine „*Angleichung an die Umgebung*"[3], „des Belebten an das Unbelebte"[4]. Wesentliches Moment von Mimikry ist die Devitalisierung: „Mit dieser Angleichung an den Raum geht zwangläufig ein vermindertes Gefühl von Persönlichkeit und Lebenskraft einher. […] *Das Leben weicht um eine Stufe zurück.*"[5] Es ist der Todestrieb, der das Feld der Wahrnehmungen organisiert. Stifters Aggregate situieren sich nicht nur jenseits des Subjekts, sondern auch jenseits des Lustprinzips. Ein „*Trieb zur Selbstaufgabe*"[6] [*instinct d'abandon*] motiviert die Aisthesis/Ästhetik des Wirklichen/Realen.

„Ich fühlte mich unvergleichlich […] verlassen"[7], so die von Minkowski zitierte schizophrene Rede. Auch Stifters Wahrnehmungsaggregat/realistische Mimikry betreibt die Aufgabe des Selbst. Aufgegeben/verlassen ist allerdings nicht nur das Subjekt, auch die so konstituierte Wirklichkeit entgeht nicht dem *instinct d'abandon*. Mit Bezug auf Caillois bezeichnet Lacan Mimikry als „une obsession de l'espace dans son effet déréalisant"/„an obsession with space in its de-realizing effects"[8]. Ein Wahrnehmungsaggregat in *Aus dem bairischen*

1 Ebd., 33.
2 Ebd., 35.
3 Ebd., 35.
4 Ebd., 38.
5 Ebd., 37.
6 Ebd., 39.
7 Fischer, „Zeitstruktur und Schizophrenie", 568 (zitiert in Minkowski, *Die gelebte Zeit, Bd. II*, 266).
8 "Rappelons seulement les éclairs qu'y fit luire la pensée […] d'un Roger Caillois, quand sous le terme de *psychasthénie légendaire*, il subsumait le mimétisme morphologique à une obsession de l'espace dans son effet déréalisant." (Jacques Lacan, „Le stade du miroir comme formateur de la fonction du je, telle qu'elle nous est révélée, dans l'expérience psychanalytique. Communication faite au XVIe Congrès international de psychanalyse, à Zurich le 17-07-1949", in: *Revue Française de Psychanalyse*, Vol. 13, 4, 1949, 449-455, hier: 452) „We need but recall how Roger Caillois […] illuminated the subject when, with the term ‚legendary psychasthenia', he subsumed morphological mimicry within the derealizing effect of an obsession with space." (Jacques Lacan, „The Mirror Stage as Formative of the *I* Function as Revealed in Psychoanalytic Experience", in: *Écrits: The first complete edition in English*, New York/London: W.W. Norton 2006, 75-81, hier: 77) „Erinnern wir uns nur an die Einblicke, die uns das Denken eines Roger Caillois […] verschaffte, als er unter dem Begriff *psychasthénie légendaire* die morphologische Mimikry einer Zwangsvorstellung vom Raum in ihrer entrealisierenden Wirkung zuordnete" (Jacques Lacan, „Das Spiegelstadium als Bildner der Ichfunktion", in: *Schriften I*, hg. von Norbert Haas, Weinheim/Berlin: Quadriga 1991, 61-70, hier: 66).

Walde setzt die „de-realisierenden Effekte" des Raumes prominent in Szene: Stifter zoomt in den alles verschlingenden Schneefall:

> „Ich konnte nichts thun, als immer in das Wirrsal schauen. [...]. Und wenn man von dem Fenster weg ging, sah man es im Geiste, und man ging lieber wieder zum Fenster." (A 340f.) „Die Starrheit des Wirbelns wirkte fast sinnbestrickend, und man konnte dem Zauber nicht entrinnen." (A 342) „Das Flirren war nun geradezu entsetzlich, und es riß die Augen an sich, wenn man auch nicht wollte." (A 344f.)

Der Erzähler vermag dem „Zauber"/der „Starrheit des Wirbelns" nicht zu „entrinnen" – und dies durchaus auch in einem buchstäblichen Sinn, in welchem das wahrnehmende Subjekt in das Wirbeln hineingerät, davon ununterscheidbar wird. Die von Minkowski zum „schwarzen Raum" zitierte schizophrene Rede liest sich diesbezüglich als Kommentar auf Stifters Wahrnehmungsaggregat: „Ich sah vor mir ein Durcheinanderwirbeln, oder besser gesagt: Ich fühlte mich selber draußen in einem eng umgrenzten Raume durcheinanderwirbeln. Dieser Wirbel war ruhig und bewegt zugleich."[1] Selbstaufgabe/„Depersonalisation"[2] und Aufgabe des Wirklichen/Derealisation gehen in Stifters „wirklicher Wirklichkeit" miteinander einher: Wo das „Flirren" ‚die Augen an sich reißt', ist unklar, wer blickt. Der Blick wandert in das Flirren, in das Aggregat selbst, verliert jegliche Lokalisierbarkeit, wird seriell. Wo der Blick an ein „Flimmern und Flirren und Wirbeln" (A 341) übergeht, ist zudem der Nullpunkt von Wahrnehmung konstitutives Moment wahrgenommener Wirklichkeit: Die (Wahrnehmungs-)Beziehung stellt sich in und als fortwährende/r Unterbrechung her; Ausfall und Ereignis von Wahrnehmung, Beziehungslosigkeit und Beziehung sind koexistent. Stifters Wahrnehmungsaggregat – oszillierendes Oxymoron („Starrheit des Wirbelns") – zeitigt einen stroboskopischen Realitätseffekt: Im fortdauernden Flimmern generiert sich ein Wirkliches, das – sich zugleich selbst ein- und ausschließend – nicht heterogener sein kann: Die serielle Verschaltung von Nullpunkt und Ereignis von Wahrnehmung konstituiert Wirklichkeit im Modus von Verlassenheit – als Bann. In der Tat fällt der

1 Fischer, „Zeitstruktur und Schizophrenie", 568 (zitiert in Minkowski, *Die gelebte Zeit, Bd. II*, 266). Diese Passage lautet weiter: „[...] der näherliegende Teil des Wirbels ist die Zeit, die sich von da allmählich und auf unbegreifliche Art in den Raum und von da ins Leere verflüchtigt – gewiß eine höchst unsinnige Zusammenstellung" (ebd., 568).

2 Caillois, *Méduse & Cie*, 37.

Begriff „Bann“ zweimal in der Erzählung, womit diese nachträglich den unablässig andauernden Schneefall benennt.[1]

Die Figur des Banns – obgleich am prominentesten von Agamben im Kontext politischer Theorie entwickelt[2] – interessiert mich hier in struktureller Hinsicht: als Beziehung von Beziehungslosigkeit. „Der Bann“, so Agamben, „ist […] die zugleich anziehende und abstoßende Kraft“[3], „Grenzform der Beziehung“[4], „äußerste Form der Beziehung, die etwas einzig durch seine Ausschließung einschließt“[5], „Zone der Ununterscheidbarkeit zwischen Außen und Innen, Ausschließung und Einschließung“[6]. „Dasjenige“, so Agamben, „was unter Bann gestellt wird,“ – in Stifters Realismus: das Wirkliche selbst – „ist der eigenen Abgesondertheit überlassen und zugleich dem ausgeliefert, der [das, E.S.] es verbannt und verlässt [es ‚selbst‘, E.S.], zugleich ausgeschlossen und eingeschlossen, entlassen und gleichzeitig festgesetzt.“[7] Stifters Wirkliches bezeichnet die paradoxe Beziehung einer „einschließende[n] Ausschließung“[8], „Geltung ohne Bedeutung“[9], ist *double bind* gleichzeitiger Entlassung und Festgesetztheit, „Setzung einer Beziehung mit dem Beziehungslosen“[10]. Stifters „wirkliche Wirklichkeit“ lässt sich in Anlehnung an Agambens Konzeption von Sprache als Bann modellieren. Agamben charakterisiert die Sprachbeziehung wie folgt: „Als reine Form der Beziehung setzt die Sprache (wie der souveräne Bann) immer schon sich selbst in der Figur von etwas Beziehungslosem voraus, und es ist nicht möglich, mit etwas in Beziehung zu treten, noch aus etwas auszutreten, das zur Form selbst der Beziehung gehört.“[11] Stifters Wahrnehmungsaggregat konzipiert Wirkliches als eben diese Extimität/intime Exteriorität (Lacan): Form der Beziehung, die sich selbst als Beziehungslosigkeit voraussetzt und mithin weder in Beziehung treten, noch aus der Beziehung

---

1 „Der Bann war von mir genommen, und ich fühlte mich vollkommen gesund.“ (A 350); „Ehe wir das Ende des Berges erreichten, war aller Schnee verschwunden, und auf der fest gepflasterten Straße der Ebene liefen die Pferde fröhlich dahin, als wäre auch von ihnen ein Bann genommen“ (A 352).

2 Giorgio Agamben, *Homo sacer. Die souveräne Macht und das nackte Leben*, Frankfurt am Main: Suhrkamp 2002. Zur Verlassenheit vgl. auch Jean-Luc Nancy, *The Birth to Presence*, Stanford: Stanford University Press 1993, 36-47 (Abandoned Being).

3 Agamben, *Homo sacer*, 120.

4 Ebd, 40.

5 Ebd., 28.

6 Ebd., 190.

7 Ebd., 119.

8 Ebd., 31.

9 Ebd., 69.

10 Ebd., 40.

11 Ebd., 61.

austreten kann – eine Form der Beziehung/Nicht-Beziehung, für die die „Starrheit des Wirbelns“, das „Flirren“, das ‚die Augen an sich reißt‘, emblematisch sind. Nichts ist prekärer als Stifters „wirkliche Wirklichkeit“, insofern sie sich einzig im Modus von Verlassenheit konstituiert; nichts wirklicher als der Bann. Stifters Realismus produziert einen *double bind* als Realitätseffekt: Es ist der derealisierende Effekt von Stifters Wahrnehmungsaggregaten, welcher sich als Wirklichkeitseffekt geltend macht. Der *„effet de réel“* (Barthes) ist ein ‚effet de déréalisation‘ (Lacan)[1].

Mimikry ist die darstellungstheoretische Kategorie des Stifterschen Realismus, der sich in diesem Sinne auch als Schizo-Realismus bezeichnen ließe. Nicht auf die Nachahmung des Wirklichen, sondern auf die Anverwandlung/Angleichung von Wahrnehmung an den trüben Raum/das Aggregat, die Einspeisung von Wahrnehmung in die Funktion der Mimikry, zielt Stifters Ästhetik/Aisthesis. Dem trüben Blick erscheint Wirkliches selbst als Mimikry – konstitutiv verlassen. –

Es ist an der Zeit und dies die geeignete Stelle, sich einem notorischen Topos der Stifterrezeption zuzuwenden: der Langeweile, welche sich in dem trüben Licht der hier entwickelten Überlegungen zur Mimikry/Verlassenheit in spezifischer Weise darstellt.

Im Bann des Wirklichen: Stifters Langeweile

Die alles verschlingende Trübe – Stifters Wahrnehmungsaggregat – ist nicht nur räumlicher, sondern auch zeitlicher Art. „Der Knabe“, so in *Bergkristall*, „konnte die Zeit nicht ermessen, […] weil es immer gleichmäßig grau war.“ (B 211) In der ‚Eisgeschichte‘ heißt es: „die graue Stille und die Einöde des Himmels dauerten fort“ (MU 102). Im Trüben verschalten sich Wahrnehmung von Zeit und Zeit der Wahrnehmung zu einem Zustand von Dauer. Im ununterbrochenen Fortdauern, „fort und fort und fort“-Dauern[2], wird Dauer selbst zum Atmosphärischen. Es ist der Zustand von Dauer, anhand dessen Auerbach die

1 „[…] une obsession de l’espace dans son effet déréalisant“ (Lacan, „Le stade du miroir“, 452).

2 „[…] und dieses Flimmern und Flirren und Wirbeln dauerte fort und fort und fort“ (A 341); „Und zwei und siebenzig Stunden dauerte die Erscheinung bei ihrem ersten Auftreten ununterbrochen fort.“ (A 338); „Und immer noch dauerte das Schneeflirren fort.“ (A 342); „[…] waren wir […] ganz eingehüllt in ein fortdauerndes graues Gestöber“ (MU 96); „Der Regen, die graue Stille und die Einöde des Himmels dauerten fort.“ (MU 102); „der Regen dauerte stille fort, gleichmäßig fein und gleichmäßig dicht“ (MU 103); „Das Rauschen […] herrschte […] ununterbrochen fort“ (MU 106); „und das Starren […] dauerte fort“ (MU 107); „Es dauerte aber lange.“ (MU 112); „denn was sollte das werden, wenn der Regen noch immer so fort dauerte“ (MU 116); „Der Wind aber dauerte fort“ (MU 121).

„ernste Nachahmung des Alltäglichen“[1] charakterisiert – das moderne realistische Erzählen, welches sich zur Darstellung von Existenz der „mittelmäßige[n] Alltäglichkeit“ zuwendet. Nicht signifikante Ereignisse oder Handlungen bilden die Sphäre des Wirklichen, sondern das Nicht-Besondere, Ereignislose, die unscheinbaren Details und sich unablässig wiederholenden trivialen Handlungen des Alltags. Als Beispiel dient Auerbach eine Szene aus *Madame Bovary*: die ’zigste Wiederholung einer sich für Emma unerträglich dehnenden Mahlzeit mit Charles in dem kleinen Zimmer im Erdgeschoss mit dem rauchenden Ofen, der knarrenden Tür, den schwitzenden Mauern und den feuchten Fliesen, bei der sich die Bitterkeit ihres Daseins auf ihrem Teller aufzuhäufen scheint. Alltägliches diffundiert in Atmosphärisches, Stimmung[2] ist Bestandteil der Nachahmung des Alltäglichen, welche den Zustand von Figuren qua Inszenierung ihrer Umgebung und einer spezifischen Zeitlichkeit darstellt: „Es geschieht nichts, aber das Nichts ist zu einem schweren, dumpfen, drohenden Etwas geworden“[3]. Auerbach spricht von „dumpfe[r] Dauer“[4], „träge[m] Weiterschieben“[5], einem „gedehnt Zuständliche[n]“[6], von einem „Moment der trägen Dauer, der von qualvollen Spannungen erfüllt ist“[7]. Mit der „dumpfen Dauer“, dem „gedehnt Zuständlichen“ partizipiert Auerbachs Realismus des Alltäglichen am Diskurs der Langeweile. In den 1840er Jahren, so Benjamin im *Passagen-Werk*, begann „Langeweile epidemisch empfunden zu werden“[8]. Ließe sich Langeweile als „Grundstimmung“ (Heidegger)[9] realistischen – oder zumindest Stifterschen – Erzählens charakterisieren?

1 Erich Auerbach, „Über die ernste Nachahmung des Alltäglichen“, in: Karlheinz Barck/Martin Treml (Hg.), *Erich Auerbach. Geschichte und Aktualität eines europäischen Philologen*, Berlin: Kadmos 2007, 439-465.

2 Zur Stimmung vgl. u.a. David Wellbery, „Stimmung“, in: *Ästhetische Grundbegriffe. Historisches Wörterbuch in sieben Bänden, Bd. 5*, Stuttgart/Weimar: Metzler 2003, 703-733; Hans-Ulrich Gumbrecht, *Stimmungen lesen. Über eine verdeckte Wirklichkeit der Literatur*, München: Hanser 2011; Eric Downing, *The Chain of Things: Divinatory Magic and the Practice of Reading in German Literature and Thought, 1850-1940*, Ithaca, London: Cornell University Press 2018, bes. 26-35, 40-46, 168-193.

3 Auerbach, „Über die ernste Nachahmung des Alltäglichen“, 444.

4 Ebd., 450.

5 Ebd., 450.

6 Ebd., 463.

7 Ebd., 450.

8 Walter Benjamin, *Das Passagen-Werk*, in: *Gesammelte Schriften, Bd. V/1*, Frankfurt am Main: Suhrkamp 1982, 165.

9 Vgl. Martin Heidegger, *Die Grundbegriffe der Metaphysik: Welt, Endlichkeit, Einsamkeit*, Frankfurt am Main: Klostermann 1979, bes. 103-256 (§18-39).

Stifters Langeweile ist nahezu sprichwörtlich und von Thomas Mann mit größter Bewunderung und Präzision beschrieben worden. In Manns Brief an Fritz Strich vom 27. November 1945 heißt es:

> Ich gehöre zu denen, die selbst den ‚Witiko' strikt zu Ende gelesen haben und sehe seitdem in dem Schulrat einen der größten und ermutigendsten Ehrenretter der Langenweile. Es ist doch mehr und anderes als das bekannte noble ennui. Es ist ein stiller, blasser, pedantischer Zauber, der fester hält, als das meiste Interessante und einem demonstriert, was, welches Maß von Langweiligkeit unter Umständen möglich ist, möglich gemacht werden kann, – was für einen Erzähler eine sehr wichtige und in sich selbst geradezu aufregende Erfahrung ist.[1]

Hebt Mann die Dynamik des Festgehaltenseins („fester hält") beim Lesen der Stifterschen Langeweile hervor, ließe sich mit Heidegger wohl auch von „Hingehaltenheit" und „Leergelassenheit" sprechen. Heideggers Beispiel für die erste Form von Langeweile – dem „Gelangweiltwerden von etwas …" (im Unterschied zum „Sichlangweilen bei …" und dem „es ist einem langweilig") – ist das Buch, und die Verführung ist groß, hier an ein Buch Stifters zu denken: „Und doch nennen wir das Buch langweilig […]. Ohne weiteres nehmen wir ‚langweilig' in der Bedeutung von *schleppend, öde* […]: wir sind im Lesen dabei, hingegeben, aber nicht hingenommen, sondern eben nur *hingehalten*. Öde besagt: es füllt uns nicht aus, wird sind *leer gelassen*."[2] Ebensowenig wie Heideggers Analyse der Langeweile allerdings erschöpft sich Stifers Langeweile im „Gelangweiltwerden von etwas", vielmehr zielt sie auf die Ablösung der Langeweile von einem Langweiligen, auf den spezifischen Zeithorizont, welchen die Langeweile dem Dasein gibt. Es ist die *tiefe Langeweile*, in welchem sich die Stifterschen Figuren wie der Stiftersche Text bewegen, das „es ist einem langweilig", welches Stifter poetologisch auslotet.

In Stifters Idiom – einer Passage aus Stifters letzter, 1869 posthum veröffentlichter Erzählung *Der Fromme Spruch* – hört sich dies so an:

> ‚Es ist eben die Zeit noch nicht gekommen, in welcher der Sturm seinen Anfang nehmen sollte,' antwortete der Oheim.
>
> ‚Das ist wahr,' sagte die Tante, ‚und er wird vielleicht noch lange nicht anfangen.'

1 Thomas Mann, „Brief an Fritz Strich, 27. November 1945", in: ders., *Briefe 1937-1947*, hg. von Erika Mann, Frankfurt am Main: Fischer 1963, 458-459, hier: 458.

2 Heidegger, *Die Grundbegriffe der Metaphysik*, 130.

‚Wer kann das wissen?‘ fragte der Oheim.

[…] ‚Warten wir,‘ sagte der Oheim, ‚wir können warten. […]‘

[…] ‚So schließen wir die Verhandlung über diesen Gegenstand,‘ sprach die Tante.

‚So schließen wir sie,‘ erwiderte der Oheim, ‚da ja doch nichts zu verhandeln ist.‘

Sie schloßen, weil wirklich nichts da war, das verhandelt werden konnte.“[1]

Kaum wird man hier von Warten, kaum von Dialog, ja, kaum mehr von alltäglichen Figuren sprechen können; der Stiftersche Realismus zieht Wirkliches in den Modus von Gleichgültigkeit. „Je tiefer die Langeweile, umso stiller, unöffentlicher, ruhiger, unauffälliger […] ist sie.“[2] „Das Seiende versagt sich im Ganzen. Es tritt in eine Gleichgültigkeit zurück“[3] – so Heidegger in seinen Vorlesungen zu den *Grundbegriffen der Metaphysik*. Im Modus des „es ist einem langweilig“ enthebt Stifters Text die Figuren nicht nur der *„alltäglichen Personalität“*, sondern hebt sie damit „auch über die jeweilige bestimmte Situation“ hinaus.[4] „Die ganze Situation und wir selbst als dieses individuelle Subjekt“, so Heidegger, „sind dabei gleichgültig“[5]. „[W]ir [werden] […] zu einem indifferenten Niemand.“[6] Im Abzug des Wirklichen vom Alltäglichen und Situativen hin auf die radikale Gleichgültigkeit markiert Stifters Langeweile einen Nullpunkt des Alltäglichen – und mithin den Nullpunkt eines Realismus des Alltäglichen. Wenn Auerbach schreibt, dass die ernste Nachahmung des Alltäglichen keine „Seelenzergliederung“ betreibt, sondern die Figuren als „Mosaik von sehr vielen, sehr genau beobachteten, meist ganz unbedeutenden Lagen und Ereignissen“[7] darstellt, so akzentuiert er damit die Bedeutung des Situativen für realistische Darstellung. Gleichwohl findet sich auch bei Auerbach ein impliziter Hinweis auf die dem Realismus des Alltäglichen innewohnende Gleichgültigkeit: Es ist das „Nichts des gleichgültigen Alltags“, das Auerbach im Auge hat, wenn er schreibt: „Es geschieht nichts, aber das Nichts ist zu einem schweren,

1 Adalbert Stifter, *Der fromme Spruch*, 2. Fassung, in: *Werke und Briefe. Historisch-Kritische Gesamtausgabe, Bd. 3,2: Erzählungen*, Stuttgart: Kohlhammer 2003, 177-361, hier: 297-301.

2 Heidegger, *Die Grundbegriffe der Metaphysik*, 202.

3 Ebd., 218.

4 „[…] mit diesem ‚es ist einem langweilig‘ sind wir nicht bloß der *alltäglichen Personalität enthoben*, ihr irgendwie fern und fremd, sondern in eins damit *hinausgehoben* auch über die jeweilige bestimmte Situation und das *betreffende Seiende*, das uns da umgibt“ (ebd., 207).

5 Ebd., 207.

6 Ebd., 203.

7 Auerbach, „Über die ernste Nachahmung des Alltäglichen“, 449.

dumpfen, drohenden Etwas geworden"[1]. In größter Aufmerksamkeit für das Alltäglich-Situative transzendiert Stifters Langeweile Realismus zugleich hin auf die Gleichgültigkeit des Alltäglichen, die Bannstruktur des Wirklichen, den Bann des Zeithorizontes. In einer Überblendung mit Heideggerschem Vokabular ließe sich sagen: „Gebannt von der Zeit" bekundet sich die Wirklichkeit der Stifterschen Welt als „sich gerade in diesem Horizont der bannenden Zeit *sich* im Ganzen *versagende*"[2] und zugleich *„hingezwungen in die Spitze des Augenblicks* als des eigentlich Ermöglichenden"[3].

Wenn es in Auerbachs *Über die ernste Nachahmung des Alltäglichen* heißt: Die Dauer „selbst entzieht sich jeder Darstellung, und es bleiben nur Annäherungsversuche übrig, um sie anschaulich zu machen"[4], so ließe sich sagen, dass Stifters Texte eine kongeniale Mimesis an das Undarstellbare der Dauer betreiben. Es ist in den Erscheinungen des Trüben, qua Tautologie oder Langeweile, dass Stifter Zustände von Dauer im selben Zuge figuriert wie defiguriert. So auch in der bereits zitierten Passage aus *Der fromme Spruch*: Der Text praktiziert „Leergelassenheit" und „Hingehaltenheit" in einer wiederholten, gleichgültigen Geste, einem seriell fortdauernden, leeren Performativ, das jeglichen Gegenstand verabschiedet, und insofern auch für dieses Kapitel eine würdige Schließung darstellt:

> ‚So schließen wir die Verhandlung über diesen Gegenstand', sprach die Tante./‚Schließen wir sie', erwiderte der Oheim, ‚da ja doch nichts zu verhandeln ist.'/Sie schlossen, weil wirklich nichts da war, das verhandelt werden konnte.[5]

Der Leser/der Leserin mag entscheiden, ob er/sie hierin einen Bann des Wirklichen, eine Tautologie, einen Zustand von Langeweile sehen will oder – bzw. präziser: *und* in alle dem – einen Wirklichkeitseffekt Stifterscher Provenienz: „weil *wirklich* nichts da war, das verhandelt werden konnte".

---

1 Ebd., 444.

2 „Gebannt von der Zeit kann das Dasein nicht zum Seienden finden, das sich gerade in diesem Horizont der bannenden Zeit *als das sich versagende* im Ganzen *bekundet*" (Heidegger, *Die Grundbegriffe der Metaphysik*, 221).

3 „Die *Hingezwungenheit des Daseins in die Spitze des eigentlich Ermöglichenden* ist das Hingezwungensein *durch die bannende Zeit in sie selbst*, in ihr eigentliches Wesen, d.h. *an den Augenblick* als die Grundmöglichkeit der eigentlichen Existenz des Daseins." (Ebd., 224) *„Gebannt in die Weite des Zeithorizontes* und doch damit *hingezwungen in die Spitze des Augenblicks* als des eigentlich Ermöglichenden, das sich als solches nur bekunden kann, wenn es sich als Mögliches aufzwingt – das geschieht in dieser Langeweile" (ebd., 227).

4 Auerbach, „Über die ernste Nachahmung des Alltäglichen", 450.

5 Stifter, *Der fromme Spruch*, 712.

„Medium der Wahrnehmung" – Wirkliches als Aggregat

Stifters Aggregate des Wirklichen – so hoffe ich, gezeigt zu haben – haben ihren Sitz im „Medium der Wahrnehmung" (Benjamin). Wenn ich hier von *Wahrnehmung als Medium* spreche, dann weil diese Wendung den poetologischen und epistemischen Einsatz von Stifters Inszenierung von Wahrnehmung für die Konstitution von Wirklichkeit akkurat benennt. Nicht allein auf die Medialität von Wahrnehmung weist Benjamin hin, wenn er von den „Veränderungen im Medium der Wahrnehmung" spricht, sondern – damit verknüpft – auch auf die spezifische *Organisationsform* von Wahrnehmung: „Die Art und Weise, in der die menschliche Sinneswahrnehmung sich organisiert – das Medium, in dem sie erfolgt – ". In der Tat ist die Frage nach der Organisationsform von Wahrnehmung von entscheidender Bedeutung für den Realismus und seine Konzeption von Wahrnehmung als Medium. Es ist – um noch einmal Goethe zu zitieren – eine „Art Organisation" (HM 442), in der sich realistische Inszenierung von Wahrnehmung manifestiert: das Aggregat – weniger eine Struktur, als eine serielle Dynamik, in der sich der Konnex von Wahrnehmung, Wirklichkeit und Spektralem artikuliert. Es sind Aggregate von Wahrnehmung, die Wirklichkeitseffekte zeitigen, Wirkliches als Aggregat generieren. Wo Realismus Wahrnehmung zum Aggregat organisiert, bricht er mit der Konzeption subjektiver Wahrnehmung, wie sie seit Beginn des 19. Jahrhunderts entscheidend für die Epistemologie des Wirklichen ist. Nicht das Subjekt ist Träger von Wahrnehmung; Wahrnehmung stellt sich vielmehr als heterogen-kollektive Dynamik dar: Das „Medium der Wahrnehmung" ist zum Aggregat organisiert.

Das Aggregat/Medium von Wahrnehmung zeitigt eine Ästhetik des Erscheinens/Verschwindens, begegnet in Form seriell-mannigfaltiger, nicht-lokalisierbarer Blicke, als sich wechselseitig durchdringende Perzeptionen, Vibration, verschaltet Ereignis und Ausfall/Nullpunkt von Wahrnehmung. Es desavouiert die Unterscheidung von Organismus und Umgebung hin auf ein genuines Doppel, ein – mit Rosalind Krauss' Lektüre von Caillois' Mimikry gesprochen – „effacement of the figure. Ground on ground"[1]. In einem solchen Medium/Aggregat von Wahrnehmung konstituiert, erscheint Wirkliches als Simulakrum; im Zeichen des Todestriebs/*instinct d'abandon* ist es grundsätzlich verlassen.

Wo das Wahrnehmungsaggregat Medium zur Verfertigung des Wirklichen ist, lässt sich *Medium als Aggregat* denken: als heterochron-serielle Dynamik, Vibration, Double, serielle Kraft und Werden. Die dem Aggregat/Medium konstitutiven „Zwischenräume und Leerstellen"[2] fungieren als Schaltstellen,

1 Rosalind Krauss, *The Optical Unconscious*, Cambridge, Mass./London: MIT Press 1993, 155.

2 Bez, *Goethes „Wilhelm Meisters Wanderjahre": Aggregat, Archiv, Achivroman*, 63.

dynamisch-flexible Stellen/Kräfte der Transformation, Verschiebung, Trennung, Verbindung, (Mit-)Teilung, Zerstreuung. Die disseminierende, zerstreuende Kraft des Mediums(-als-Aggregat) macht Goethes Definition des Aggregats als „*Zer*reißen und Durchlöchern eines *Continuum* oder Dichten" (T 784, Herv. E.S.) ebenso deutlich wie die folgende Passage aus Stifters ‚Eisgeschichte':

> Und nicht blos herab geschüttelt habe der Wind das Eis, sondern er habe es auch durch seinen warmen Hauch zuerst in den zarteren *Geweben*, dann in den stärkeren *zer*fressen [...] Ein *weißer Schaum* jagte an dem Himmel dahin. Der blaue Rauch [...] *zer*flatterte, wie ein *zer*rissener Schleier. [...] Wasser [...] wurde gekräuselt, und in feinen Tropfen in die Lüfte *zer*spritzt (MU 119, Herv. E.S.).

Hatte bereits Stifters „Aussicht und Betrachtungen von der Spitze des St. Stephansturmes" die serielle „*Zer*streuung" von Index und Stelle in Form der „Rauchwolke" in Szene gesetzt[1], so artikuliert auch hier das „zer" die zerstreuende Kraft des Aggregats-als-Medium: „zerfressen", „zerflattert", „zerrissen", „zerspritzt" ist die Textur des Wirklichen.[2] Nicht aber nur erscheint Wirkliches als ephemerer Stoff, zerflatterter Schaum, Aggregat; Stifters Passage setzt Wirkliches als Wirken selbst in Szene. Mit Nietzsches Einsicht, „daß das ganze Wesen der Wirklichkeit eben nur Wirken ist"[3], zeigt sich die zerstreuende Kraft als das Wirkliche selbst. „Aggregate des Wirklichen" heißt nicht zuletzt Wirkliches als Wirken, serielle Wirkkraft von Aggregation.

Coda: Gespenstische/s Starre/n

Wo aber – so mag man fragen – sind in Stifters Realismus die Gespenster? Konstatiert zum einen Thomas Mann die intime Verbindung zwischen Stifters

---

1 „Rauch zerstreut sich langsam am Himmel" (ST XI).

2 In die Serie des „zer-" reihen sich auch die *Nachkommenschaften* ein, die bekanntlich „immer in der Welt zerstreut waren" (NK 62). Auch Friedrich Roderers Aufgabe des Malens vollzieht sich im Modus des „zer-": „zerlegte den Rahmen" (NK 92), „Was sonst noch an Geräthen war, bestimmte ich späterer Zertheilung" (NK 93).

3 Friedrich Nietzsche, *Die Philosophie im tragischen Zeitalter der Griechen, Fragment 1873*, in: *Kritische Studienausgabe, Bd. 1: Geburt der Tragödie, Unzeitgemäße Betrachtungen, Nachgelassene Schriften 1870-1873*, München/Berlin/New York/Boston: de Gruyter 1999, 824. Auf das Wirken als Dimension von Stifters „wirklicher Wirklichkeit" weist auch Stefan Willer in seiner Lektüre der *Nachkommenschaften* hin: „So vervielfältigt, verweist der Wirklichkeitsbegriff zugleich auf eine ihm wesentliche interne Differenz: nämlich darauf, dass ‚wirklich' eben nicht nur das Reale, Zuhandene bedeutet, sondern auch ein Wirken anzeigt. So verstanden ist Wirklichkeit das, was sich im Wirken erweist." (Willer, „Grenzenlose Zeit, schlingernder Grund", 50)

Langeweile und dem Unheimlichen, wenn er schreibt, dass „[d]as Sensationellwerden der Langeweile [...] ohnehin im schönsten Sinne unheimlich“[1] ist, und hatte zum anderen das Moor in den *Nachkommenschaften*, welches „die Fußgänger [...] am Abende mieden, theils der Dünste, theils der Gespenster wegen“ (NK 45) einen Konnex von Erhabenem und Unheimlichem indiziert[2], so haust das Unheimliche bei Stifter überdies dezidiert im Akt der Wahrnehmung. Es sind starre, glotzende Blicke, die dem Akt des Sehens als ihr unheimliches Anderes eingetragen sind und Stifters wahrgenommene Wirklichkeit mit einem Moment gespenstischer Blindheit ausstatten.

„[T]he Stifterian realist vision“, so Eric Downing, „is not about the visual at all, or only in the second place“[3]. Worauf Eric Downing mit dieser Formulierung zielt, ist nicht die Geringschätzung des Visuellen bei Stifter, sondern dessen eminente Verstrickung mit Gesetz, Macht, Ordnung. „It too is about the imposition of law, order, and meaning behind or within the visual; it is about the unseen. In Lacanian terms, we would say that it is more about the gaze and desire than about the look“[4]. Wenn die vorliegende Arbeit offensichtlich eine andere Richtung einschlägt, nämlich die Episteme des Stifterschen Realismus ausdrücklich ausgehend von der Inszenierung von Wahrnehmung/des Visuellen eruiert, so ist gleichwohl auch hierfür der Blick Dreh- und Angelpunkt. Nicht nur verweigert sich Stifters Inszenierung visueller Wahrnehmung – wie anhand seines Verfahrens von Beschreibung gezeigt – jeglicher naiver Gleichsetzung mit Sichtbarkeit, wie sie etwa Lukács vornimmt („Man beschreibt das, was man vor sich sieht“[5]), und erzeugt wahrgenommene Wirklichkeit allererst in einem komplexen Wechselspiel von Ästhetik, Rhetorik, wahrnehmungsphysiologischem Diskurs, Medientechnologien und dem Medium Schrift; zudem setzt Stifter wiederholt einen radikalen Ausfall von Wahrnehmung im Akt der Wahrnehmung selbst in Szene. Es ist ein spezifischer Blick, anhand dessen sich Blindheit, ein „unseen“[6], im Akt des Sehens artikuliert, und der bei Stifter eine dreifache Kodierung erfährt: als Bewegungslosigkeit, Unheimliches und Szenisches von Wahrnehmung.

Bewegungslosigkeit ist die prekäre Mitgift/Kehrseite von Stifters dynamisch verfasster Wirklichkeit und ist, wo sie autritt, als Moment des Schreckens markiert: sei es, dass der Geier aus Stifters *Hochwald*, dessen Bewegung ich eingangs dieses Kapitels zitiert hatte, schließlich tot auf der ruhigen Wasseroberfläche

---

1 Mann, „Brief an Fritz Strich, 27. November 1945“, 459.

2 Siehe S. 91f., Fn 2.

3 Downing, *Double Exposures*, 32.

4 Ebd., 32.

5 Lukács, „Erzählen oder Beschreiben?“, 216.

6 Downing, *Double Exposures*, 32.

des seinerseits unbewegten Sees[1] liegt, dass in der *Mappe meines Urgroßvaters* die Hülle aus Eis alles – und mithin auch die Schrift[2] – in Starre versetzt, oder dass es über die Espe in *Hochwald*, deren „unaufhörlich zittern[den]" (HW 245) Blätter plötzlich stillstehen, heißt: „alle seine Blätter standen stille; sie waren so ruhig, so grauenhaft unbeweglich, als wären sie in die Luft eingemauert, und sie selber zu festem Glase erstarrt" (HW 246). Auf der Ebene visueller Wahrnehmung zeigt sich Bewegungslosigkeit als ein Starren. Starrende, glotzende Blicke begegnen etwa im *Hochwald* und auch hier niemals ohne ein Moment von Entsetzen: „[R]uhig starr, zum Entsetzen deutlich" (HW 305) steht die Zerstörung der väterlichen Burg vor Augen; „[...] durch ausgebrannte Thüren und Fenster glotzten ihn Gänge und Gemächer an" (HW 310). Mit dem den Schrecken markierenden Starren[3], dem blind-glotzenden Blick installiert Stifter einen unheimlichen Ausfall visueller Wahrnehmung im Akt des Sehens selbst.

Der starrende Blick ist ein unheimlicher Blick, „ein unheimlich Naturauge" (HW 214), wie es über den regungslosen See in *Hochwald* heißt. Den Konnex von blindem Starren und Unheimlichem konstatiert auch Andrew Webber, wenn er in Bezug auf Storms *Schimmelreiter* von „the blind stare of the

1 „Da in diesem Becken buchstäblich nie ein Wind weht, so ruht das Wasser unbeweglich [...] – als sei es ein unheimlich Naturauge, das mich hier ansehe – tief schwarz – überragt von der Stirne und Braue der Felsen, gesäumt von der Wimper dunkler Tannen – drinn das Wasser regungslos, wie eine versteinerte Thräne" (HW 213-214).

2 Der fahrende Wagenzug aus „Aussicht und Betrachtungen von der Spitze des St. Stephansturmes" – „ein[] lange[r] Zug, Wagen an Wagen", „eine ganze Reihe aneinandergehängt" –, den ich als Allegorie des beweglichen Zugs der Schrift, von Schrift als Bewegung, gelesen hatte, findet in der ‚Eisgeschichte' sein unheimliches Pendant: „An den Zäunen [...] hing unsägliches Eis. An mehreren Planken waren die Zwischenräume verquollen, als wäre das Ganze in eine Menge eines zähen Stoffes eingehüllt worden, der dann erstarrte" (MU 103). Reihenbildung/Serialität auch hier, doch unterliegt diese einer Erstarrung, die jegliche Differenz zum Verschwinden bringt: „die Zwischenräume verquollen". Als überzöge das Weiß des Grundes das Schwarz der Schrift wie eine Hülle, indiziert der vereiste Zaun die Auslöschung der Schrift.

3 Im Unterschied zu Aleida Assmanns Begriff des „Starrens" (Aleida Assmann, „Die Sprache der Dinge. Der lange Blick und die wilde Semiose", in: Hans Ulrich Gumbrecht/Karl Ludwig Pfeiffer [Hg.], *Materialität der Kommunikation*, Frankfurt am Main: Suhrkamp 1995, 237-251) akzentuiere ich hier ein traumatisches Moment des Blicks. Während Assmann die starrende Lektüre mit Begrifflichkeiten wie „Staunen" (ebd., 242), „lange[r] faszinierte[r] Blick" (ebd., 249) oder Adornos Formulierung des „langen kontemplativen Blick[s]" belegt, welche nahezu durchgängig in einer Subjekt-Objekt-Opposition verbleiben, artikuliert sich in Stifter, so meine Lektüre, ein Ausfall von Wahrnehmung/ein Moment von Blindheit im Akt des Sehens selbst.

uncanny"[1] spricht. (Auf das Unheimliche der Wahrnehmung bei Storm wird zurückzukommen sein.) Wo das Unheimliche selbst blickt/starrt, eröffnet sich eine szenische Dimension, ein *anderer Schauplatz* von (Nicht-)Wahrnehmung, dessen Blickszenarium zugleich eine Transformation des Szenischen bedeutet: Wo „Gänge und Gemächer" „durch ausgebrannte Thüren und Fenster" ‚glotzen', ist jenseitige Leere dem Schauplatz ebenso eigen wie Blindheit dem Blick. Mit dem unheimlichen Blick vollzieht sich die Verkehrung des Wahrnehmungsaktes: Kein Auge sieht, sondern ein Glotzen blickt. Der Akt des Sehens verschiebt sich vom Gesehenen hin zum Zu-Sehen-Geben, wie es Lacan mit Blick auf die Funktion der Ozellen/des „Flecks" als Verfahren von Mimikry beschreibt.[2] Stifters *Hochwald* setzt die – mit Lacan gesprochen – „Spaltung von Auge und Blick"[3] buchstäblich in Szene: In einer „Scene" von bemerkenswerter Blickdramaturgie treffen das bannende Auge Johannas und das unbewegliche Glotzen eines Hirsches aufeinander:

> [...] da zum Erschrecken nahe stand ein Hirsch am Fichtensaume [...] Verwundert, betroffen und wohlgefällig sah sie [Johanna, E.S.] auf das edle Thier, das seinerseits auch mit den unbeweglichen [...] Augen herüberglotzte [...] auf die weiße in der Morgenluft schwebende Gestalt und ihre bannenden Augen [...] – Mehrere Augenblicke dauerte die Scene (HW 254).

Nicht „Reziprozität von Blick und Angeblicktem"[4], nicht „Beziehung von Subjekt zu Subjekt"[5], sondern gerade der Bruch mit jeglicher Intersubjektivität, die Desorganisation des Wahrnehmungsfeldes ist es, welche/r sich mit der Blick-„Scene" vollzieht, die mehrere „Augenblicke" dauert und in der Auge und Blick nicht zur Deckung kommen. „Über das Auge triumphiert der Blick"[6] – ließe sich mit Lacan über Stifters *anderen Schauplatz* von Wahrnehmung sagen. Welche Wahrnehmungs-/Wirklichkeitsffekte eine solche Szene zeitigt, sei dahingestellt – gespenstische wohl allemal.

Mit dieser anderen Szene/diesem unheimlichen Schauplatz findet auch Stifters Lieblingswort seinen Auftritt: „Ding". So heißt es etwa in der ‚Eisgeschichte':

---

1 Andrew J. Webber, *The Doppelgänger: Double Visions in German Literature*, Oxford: Clarendon Press 1996, 314.

2 Vgl. Jacques Lacan, *Seminar XI: Die vier Grundbegriffe der Psychoanalyse*, Weinheim/Berlin: Quadriga 1987, 80, 106.

3 Ebd., 73.

4 Ebd., 84.

5 Ebd., 91.

6 Ebd., 109.

„Ich hatte dieses Ding nie so gesehen, wie heute." (MU 103)[1] Das „Ding" macht sich hier dezidiert im Akt des Sehens geltend, ist ein ‚Ding des Sehens', transformiert Sehen zum ‚nie so Gesehenen', eröffnet eine unheimliche Perspektive. Als Ausweis der grundlegenden Ambiguität/Unheimlichkeit von Stifters Welt meint „Ding" nicht Gegenständlichkeit, sondern – mit *Granit* gesprochen – die „fürchterliche Wendung der Dinge"[2], plötzliche Verkehrung der Szene in einen *anderen Schauplatz*.

Ein szenisches Moment tritt nicht nur mit dem Blick und entsprechenden Wahrnehmungsakten hervor, auch die Schrift arbeitet Stifters szenischem Realismus zu. Es sind ihre gespenstischen Schauplätze und Wirklichkeitseffekte, denen ich im Folgenden anhand der *Narrenburg* weiter nachgehen will.

4 Gespenstische Szenen. Stifters *Narrenburg*

Beginnen wir mit einer Szene aus Stifters *Narrenburg*, die – so peripher sie daherkommt – gleichwohl die Struktur und Dynamik von Stifters szenischem Realismus, wie ihn die Erzählung entwickelt, *in nuce* enthält. Es ist der schwindelerregende Auftritt Pias – des rätselhaften Kindes, das gemeinsam mit dem Greis Ruprecht in dem verwilderten Schlossgelände lebt –, welcher sich den Besuchern Heinrich und Robert wie folgt darstellt:

> ‚Ich falle nicht, siehe nur, ich falle nicht.' Die Freunde blickten empor, und auf dem höchsten der vielen Balkone des zerfallenden Schlosses, auf einem Balkone, der so in der Luft draußen hing, als klebe er nur an einem einzigen Steine, war ein Kind – ja sogar nicht einmal auf dem Balkone, sondern auf dem Steingeländer desselben war es, halb sitzend, halb reitend, es schien ein Mädchen; [...] am äußersten Geländer saß sie und jauchzte, [...] sie stand auf, und schwebte nun stehend auf dem unsichtbar schmalen Stege des Geländers, und ging vorwärts und ging rückwärts, und neigte sich, und beugte sich über, daß den Männern unten ein Schwindel und Grauen ankam, und daß ihnen die Augen vergingen.[3]

---

1 Zur „Vereisung des Waldes" als „das Ding" vgl. auch: Martin Heidegger, „Adalbert Stifters ‚Eisgeschichte'", in: Daniel Bodmer (Hg.), *Wirkendes Wort*, Zürich: Schweizerische Bibliophilen-Gesellschaft 1964, 23-38, hier: 35.

2 Adalbert Stifter, *Granit*, in: *Werke und Briefe. Historisch-Kritische Gesamtausgabe, Bd. 2,2: Bunte Steine. Buchfassungen*, Stuttgart: Kohlhammer 1982, 21-60, hier: 27.

3 Adalbert Stifter, *Die Narrenburg*, in: *Werke und Briefe. Historisch-Kritische Gesamtausgabe, Bd. 1,4: Studien. Buchfassungen 1*, 319-436, hier: 372.

Erweckt die Passage zunächst den Anschein, als handele es sich um den Auftritt eines handelnden Subjekts/einer handelnden Person auf einem umgrenzten Schauplatz, das/die sich der Beobachtung durch eine Gruppe von Zuschauern darbietet, zeigt ein genauer Blick auf die Struktur der Szene diese weniger als Inszenierung von Sichtbarkeit und Präsenz denn als Apparatur/Dynamik von Transformation, Defiguration und Entgrenzung – ein Geschehen, das jegliche Beobachtung übersteigt. Die Betrachter erfasst „Schwindel und Grauen", die Augen vergehen ihnen. Eigentümlich eingerichtet erscheint hingegen das Kind in dem, was dem Betrachter als prekärer Balanceakt erscheinen muss – als wäre es selbst der Schwerkraft enthoben: „Ich falle nicht, [...] ich falle nicht." Und mit ihm untersteht auch die Szene nicht dem Gesetz der Gravitation, welche vielmehr als schwebender Schauplatz erscheint und entsprechend bewegliche Perspektiven generiert: Pia „schwebte nun stehend", „und ging vorwärts und ging rückwärts, und neigte sich und beugte sich über": „‚Ich sehe hierhin, und dorthin, und sehe alle Mauern, alle Bäume und die ganze Welt.'" (NB 372) – Der Auftritt Pias lässt nicht nur die Augen der Schlossbesucher vergehen, er vollzieht sich als sukzessive Verrückung der Szene auch vor den Augen des Lesers/der Leserin, nämlich im Medium der Schrift: Die fortwährende Verschiebung der Szene geschieht mittels der spezifischen Syntax des Satzes – eines einzigen Satzes wohlbemerkt. In der seriellen Syntax zweier ineinander geflochtenen Stränge schraubt sich der Satz – einer doppelten Spirale gleich – vom Äußeren ins immer weiter Äußere und generiert damit die Szene als serielle Randstruktur. Hier der erste Strang:

> „auf dem höchsten der vielen Balkone des zerfallenden Schlosses" – „auf einem Balkone, der so in der Luft draußen hing, als klebe er nur an einem einzigen Steine" – „ja sogar nicht einmal auf dem Balkone, sondern auf dem Steingeländer desselben" – „am äußersten Geländer" – „auf dem unsichtbar schmalen Stege des Geländers" (NB 372)

In serieller Supplementierung und Korrektur strebt der Satz – und mit ihm die Szene – weiter und weiter in die Peripherie: vom höchsten Balkon über den im Außen hängenden Balkon zum Steingeländer desselben, weiter zum äußersten Geländer und hin zum „unsichtbar schmalen Stege des Geländers". Mit der Entfaltung der Szene vollzieht sich zugleich ihre sukzessive Entgründung. Keine Bühne, sondern schwindelerregende Haltlosigkeit stellt sich als privilegierter ‚Ort' des Auftritts dar, mit welchem die Figur konsequent in bzw. als Bewegung erscheint. Diesen Auftritt und die dynamische Figuration/Defiguration inszeniert der zweite Strang des Satzes – ein Auftritt, der sich entsprechend seriell vollzieht:

> „war ein Kind“ – „war es, halb sitzend, halb reitend“ – „es schien ein Mädchen“ – „saß sie und jauchzte“ – „sie stand auf, und schwebte nun stehend“ – „und ging vorwärts und ging rückwärts, und neigte sich und beugte sich über“ (NB 372)

In der wechselseitig-seriellen Unterbrechung der zwei Stränge des Satzes entfaltet sich ein Schauplatz in Bewegung, die *Szene als abyme*, proliferierende Randstruktur ohne verankerndes Zentrum. Der Schauplatz, der sich hier eröffnet, ist ein *Schauplatz der Schrift* – erzeugt in der seriellen Dynamik der Schrift, die – von Intervall zu Intervall fortschreitend – keine fixe Perspektive, keine stabile Beobachterposition generiert, sondern den Blick, wo sie ihn in die multiple Randstruktur verlegt, dynamisiert, serialisiert. (Man mag hier an die serielle Wahrnehmung, Überlagerung von visueller Wahrnehmung und Schrift, in „Aussicht und Betrachtungen von der Spitze des St. Stephansturmes“ oder *Hochwald* denken.) Was ein solcher Schauplatz/eine solche Szene hervorbringt, sind nicht Handlungen von Personen auf einer Bühne, sondern Erscheinungen. Wirkliches generiert sich in der bereits diskutierten Dynamik von Erscheinen/Verschwinden, wie sie auch der folgende Auftritt Pias in Szene setzt: „[...] – endlich verschwand sie plötzlich oben, [...] – und fast in dem nämlichen Augenblicke wurde sie unten auf dem Rasen sichtbar, wie sie durch eine kleine Bresche neben Himbeergesträuche heraustrat.“ (NB 372f.)

Welchen Einsatz hat das Szenische, das Stifters *Narrenburg* durchzieht, für die Darstellung bzw. Konstitution des Wirklichen? Handelt es sich bei diesem schwindelerregenden, diesem *anderen* Schauplatz, den Stifter kreiert, um eine „Urszene“ des Realismus, auf der sich Wirkliches als szenischer Effekt generiert? Und welchart wäre dieses Wirkliche/Reale? In der Tat fällt der Signifikant „wirklich“ kurz vor der oben besprochenen Szene. Nicht erst durch Pias Auftritt, sondern schon durch seinen Eintritt in den Schlosskomplex mit seinen unzähligen und „närrischen“ Gebäuden fühlt sich Heinrich der Wirklichkeit auf sonderbare Weise entrückt. Gegen diese Ent- bzw. Verrückung des Wirklichen verlangt es Heinrich nach „Umsicht“, sprich: einem festen Standpunkt, welcher Wahrnehmung und Wirklichkeit in festen Koordinaten verankert.

> ‚Das ist ja ganz herrlich und närrisch,‘ rief Heinrich, ‚wer hätte gedacht, daß eine solche Menge von Gebäuden auf diesem Berge Platz haben sollte, und daß noch die schönste Landschaftsdichtung zwischen ihnen und um sie liege. Mir ist es, wie in einem uralten Märchen, alles so wunderlich, als läge die Fichtau gar nicht unten, in der ich doch gestern noch war. Komm, laß uns auf die äußerste Spitze dieser Zunge vorgehen, dort

> muß die schönste Umsicht sein, und ehe wir in all das Mauerwerk kriechen, wollen wir hinuntersehen auf das Land, ob es denn auch wirklich noch ist, wie gestern.' (NB 368)

Wie „närrisch" und „Landschaftsdichtung", so findet sich auch der Ausdruck „wirklich" nur in der Studienfassung, nicht in der Journalfassung[1] der *Narrenburg*. Im Vergleich zur Journalfassung – so ließe sich sagen – arbeitet Stifter in der Studienfassung die Epistemologie eines närrischen Realismus weiter aus. Wenn „wirklich" in der Formulierung „ob es denn auch *wirklich* noch ist, wie gestern" zweifellos Heinrichs Intention zum Ausdruck bringt, sich eines vertrauten Wirklichen zu vergewissern, so scheint in der Betonung des Wirklichen zum Zeitpunkt größter Verunsicherung zugleich ein *anderes Wirkliches* auf – ein Wirkliches, das sich dezidiert im Entschwinden eines (vertrauten) Wirklichen ein-, als Wirklichkeitsverlust darstellt – und wohl darum als närrisch, unvertraut, ja, *unheimlich* bezeichnet werden kann. In der Tat weisen die Szenen/Schauplätze eines solch *anderen Wirklichen*, wie sie Stifters *Narrenburg* durchziehen, die strukturelle Dynamik auf, welche Freud dem Unheimlichen attestieren wird: „Das Unheimliche", so Freud, „wäre eigentlich immer etwas, worin man sich sozusagen nicht auskennt."[2] „[...] es sei etwas eben darum schreckhaft, weil es *nicht* bekannt und vertraut ist."[3] Allerdings ist nicht jedes Unvertraute unheimlich: „Zum Neuen und Nichtvertrauten muß erst etwas hinzukommen, was es zum Unheimlichen macht."[4] Das Supplement – und man kann getrost sagen: das „gefährliche Supplement" (Derrida) – das „hinzukommen" muss, um das Nichtvertraute zum Unheimlichen – zum *Unheimlich-Wirklichen* –, zu machen, ist nichts anderes als ein szenisches Moment: „Unheimlich sei alles, was [...] im Verborgenen bleiben sollte und *hervorgetreten* ist."[5] Freud bezieht sich in dieser Beschreibung des Unheimlichen auf Schelling. Der Akt des Hervortretens ist von besonderer szenischer Qualität: Nicht um einen Auftritt *auf* einer Szene handelt es sich, sondern um die *„emergence of the scene as such"*[6], genauer: um das Hervortreten der

1 Adalbert Sifter, *Die Narrenburg*, in: *Werke und Briefe. Historisch-Kritische Gesamtausgabe, Bd. 1,1: Studien. Journalfassungen 1*, 301-403.

2 Sigmund Freud, *Das Unheimliche*, in: *Studienausgabe, Bd. IV: Psychologische Schriften*, Frankfurt am Main: Fischer 1970, 241-274, hier: 244.

3 Ebd., 244.

4 Ebd., 244.

5 Ebd., 249, Herv. E.S.

6 So Samuel Weber über die Urszene in: ders., *The Legend of Freud*, Stanford: Stanford University Press 2000, 10.

Szene im Modus der „Entstellung"[1], als *anderer Schauplatz*, Schauplatz eines *Unheimlich-Wirklichen.*[2]

Das *Szenisch-Wirkliche*, das in Stifters *Narrenburg* am Werk ist, ist von spezifischer Zeitlichkeit – auch diesbezüglich findet sich eine Korrspondenz zu Freuds *Unheimlichem.* Wenn Freud vom Unheimlichen als „ehemals Heimische[n], Altvertraute[n]"[3] spricht, „was im Verborgenen hätte bleiben sollen und hervorgetreten ist"[4], so charakterisiert er das *Unheimlich-Wirkliche* als Wiederkehr eines Vergangenen. Die intrikate Beziehung von Vergangenheit und Gegenwart kennzeichnet auch Stifters Szenisches. Die Szene, in welcher es Heinrich nach „Umsicht" und Vertrautem verlangt, ist dezidiert zeitlicher Art: Nicht nur die Verunsicherung, in der es Heinrich ist „wie in einem uralten Märchen, alles so wunderlich, als läge die Fichtau gar nicht unten, in der [...] [er, E.S.] doch gestern noch war" (NB 368), auch die Vergewisserung trägt einen zeitlichen Index: „Wohl war das Land noch, wie gestern: grün und weich und ruhig lag die ganze Fichtau [...] – alles bekannt und vertraut, eine holde Gegenwart, herumliegend um die unklare Vergangenheit, auf der sie standen." (NB 368f.) „Gegenwart" und „Vergangenheit" gewinnen hier eine szenische Dimension („Gegenwart, herumliegend", „Vergangenheit, auf der sie standen"), sprich: die Szene verschaltet Gegenwart und Vergangenheit. Wenn Heinrichs Vergewisserung („alles bekannt und vertraut") mit der fein-säuberlichen Trennung von Gegenwart und Vergangenheit einhergeht, so lässt die Szene doch keinen Zweifel daran, dass es sich hier nur um eine temporäre Trennung und Vergewisserung handelt: Das „noch" in der Formulierung „wohl war das Land noch" (NB 368)[5] hält den Schauplatz in ambivalenter Schwebe, kündigt es doch die Verschiebung des Verhältnisses zwischen Gegenwart und Vergangenheit und mit dieser eine entsprechend andere Konfiguration der Szene an. Das Unklare, Verworrene, das in Heinrichs Perspektive der Vergangenheit zugeschlagen wird („unklare Vergangenheit"), trägt die Erzählung konsequent in das Verhältnis von Gegenwart und Vergangenheit ein, womit jegliche „holde Gegenwart" obsolet ist, und Gegenwart nurmehr noch als unheimliche erscheint. Emblematisch hierfür ist die sonderbare ‚Figur' Ruprechts, des Schloss-Kastellans,

1 Sigmund Freud, *Aus der Geschichte einer infantilen Neurose* [„Der Wolfsmann"], in: *Studienausgabe, Bd. VIII: Zwei Kinderneurosen*, Frankfurt am Main: Fischer 1969, 125-231, hier: 153.

2 In seiner Fallgeschichte zum „Wolfsmann" spricht Freud auch von einer „Wirklichkeit von etwas Unbekanntem" (Freud, *Aus der Geschichte einer infantilen Neurose*, 153).

3 „Das Unheimliche ist [...] das ehemals Heimische, Altvertraute. Die Vorsilbe *„un"* an diesem Worte ist aber die Marke der Verdrängung" (Freud, *Das Unheimliche*, 267).

4 Ebd., 264.

5 Die Journalfassung zeigt keinen epistemischen Zweifel, lautet die Passage dort doch: „Freilich lag das Land unten, wie gestern" (NJ 352).

dessen Gegenwart in der Studienfassung explizit als „unheimlich" beschrieben wird: „mir wird es unheimlich in der Gegenwart dieses alten Mannes" (NB 378), so Heinrich zu seinem Begleiter. „Gegenwart" ist hier durchaus auch zeitlich, als Präsens, zu lesen, denn „der Alte" (NB 391) scheint in anderen, längst vergangenen Zeiten zu leben. In solch zeitlicher (statt figurativer) Lesart nimmt die ‚Gegenwart des Alten' dezidiert Züge von Freuds Unheimlichem an. Wenn im Gegenwärtigen das Alte wiederkehrt, sprich: Gegenwärtiges zur Wiederkehr wird, stellt sich Gegenwart nicht als Präsenz, sondern vielmehr als heterochroner Schauplatz der Genese eines Unheimlich-Wirklichen dar.

Die folgende Lektüre geht Stifters szenischem Realismus und seinen unheimlichen Wirklichkeitseffekten, wie sie die *Narrenburg* entfaltet, in verschiedenen Hinsichten nach: mit Blick auf die närrischen Performative – wie etwa das Fideikommiß oder die szenischen Sprechakte des Alten –, die strukturelle Anlage und Rahmung bzw. Ränderung der Erzählung sowie die gespenstischen Züge der Schrift. Insbesondere mit Blick auf den letzten Aspekt schließt meine Lektüre an Christian Begemanns Arbeiten zu Stifters *Narrenburg* an. Begemann knüpft die Inszenierung von Genealogie in der *Narrenburg* dezidiert an das Medium, die Kulturtechnik Schrift: „Tatsächlich gründet das Unglück der Familie in *der* Kulturtechnik par excellence, der Schrift. Das ‚lächerliche[] Fideicommiß' des ‚Stifters' Hans von Scharnast verurteilt seine Nachkommen, ihre Autobiographien fortlaufend zu schreiben und die ihrer Ahnen zu lesen [...] Ganz ausdrücklich ist es die Schrift, durch die sich das der Natur zugehörige Blut überhaupt erst überträgt."[1] In der Konstellation von Stifters *Narrenburg* und der *Mappe meines Urgroßvaters* sieht Begemann die „Zweideutigkeit des Mediums"[2], die „zwei Seiten"[3] der Schrift am Werk: „Die ‚gute Schrift' des Obristen und die ‚böse Schrift' des Hans von Scharnast sind im Grunde dasselbe. Reflektiert werden in beiden Erzählungen die Möglichkeiten und Gefahren eines Mediums, reflektiert wird eine tiefgreifende Ambivalenz des Schreibens und Lesens"[4]. Diese Ambivalenz wird von Begemann genauer bestimmt: Während die *Narrenburg* die „Qual des Nichtvergessenkönnens"[5] als Verhängnis der Schrift in Szene setzt, erweist sich das „Mappenprinzip"[6] als die „bessere

1 Christian Begemann, „Das Verhängnis der Schrift", in: Adalbert Stifter, *Die Narrenburg*, Salzburg/Wien: Residenz Verlag 1996, 121-143, hier: 136.

2 Ebd., 141.

3 Ebd., 141.

4 Ebd., 141.

5 Christian Begemann, *Die Welt der Zeichen: Stifter-Lektüre*, Stuttgart/Weimar: Metzler 1995, 244.

6 Ebd., 244.

Einrichtung“[1]: „[…] diese Form der Verschriftlichung des Lebens [bewirkt, E.S.] einen Abbau der nichtigen und ‚unwahren‘ Subjektivität und eine Erziehung zur ‚Wirklichkeit‘“[2]. Ähnlich beschreibt Begemann das „Mappenprinzip“ in „Das Verhängnis der Schrift“ als „ein Verfahren der lebensgeschichtlichen Selbsterziehung, in dem subjektiver Eigensinn abgebaut wird und eine Wendung zur Wirklichkeit erfolgt. […] Die wiederholte Einsicht in die Nichtigkeit des subjektiven Begehrens erlaubt schließlich die lebenspraktische Konsequenz einer asymptotischen Annäherung an die Wahrheit des Wirklichen.“[3] Begemann attestiert beiden Aufschreibesystemen „einen pädagogisch-therapeutischen Auftrag“[4], wobei die *Narrenburg* „das radikale Scheitern“[5], die *Mappe* hingegen einen „glanzvollen Erfolg“[6] darstellt. In einer semiotischen Deutung der Ambivalenz der Schrift, schlägt Begemann das Aufschreibesystem der *Mappe* dem Signifikat, das der *Narrenburg* dem Signifikanten zu.[7]

Stimmt meine Lektüre mit der Charakterisierung der Schrift als Medium von Übertragung und Genealogie[8] wie auch mit Begemanns Beobachtung überein, dass in der *Narrenburg* „die verrückten Urheber und Referenten der Schrift als Untote, als Wiedergänger und Dämonen“[9] erscheinen, so schlägt sie im Vergleich zu Begemanns strukturalistischem Schriftbegriff und den ihn grundierenden Oppositionen wie auch zu der am Bildungsideal ausgerichteten Konzeption von Wirklichkeit einen entschieden anderen Weg ein. Nicht soll im Folgenden die Inszenierung der Schrift in der *Narrenburg* einem normativen Bildungsideal unterworfen oder an einem diesem verpflichteten Wirklichkeitsbegriff gemessen werden, vielmehr dient sie als Ausgangspunkt zur Eruierung von Stifters Epistemologie des Wirklichen. Welche Auslotung des Wirklichen betreibt Stifters *Narrenburg* im Medium der Schrift – eines

1 Ebd., 244.

2 Ebd., 246.

3 Begemann, „Das Verhängnis der Schrift“, 137f.

4 Begemann, *Die Welt der Zeichen*, 248.

5 Ebd., 248.

6 Ebd., 249.

7 Vgl. ebd., 252ff.

8 Zur Genealogie in Stifters *Narrenburg* vgl. auch Sigrid Weigel, „Zur Dialektik von Generation und Geschlecht um 1800. Stifters *Narrenburg* als Schauplatz von Umbrüchen im genealogischen Denken“, in: Ohad Parnes/Ulrike Vedder/Sigrid Weigel/Stefan Willer (Hg.), *Generation: Zur Genealogie des Konzepts – Konzepte von Genealogie*, München: Fink 2005, 109-124, welche Begemanns „Entgegensetzung von Biologie und Schrift“ in „Das Verhängnis der Schrift“ kritisiert (ebd., 111) und den Akzent stattdessen auf das „subtile[] Zusammenspiel von leiblicher Reproduktion und verschiedenen Kulturtechniken wie Schrift, Bild und Architektur“ (ebd., 111) in Stifters Text setzt.

9 Begemann, *Die Welt der Zeichen*, 244.

Wirklichen mithin, das nicht von der Schrift zu trennen ist? Welche ,Schauplätze der Schrift' entwickelt die Erzählung und welche Wirklichkeitseffekte generieren diese? Wenn das Wirkliche, das sich hierbei abzeichnet, als närrisches, gespenstisch-unheimliches, kurz: szenisches erscheint, dann ist es eben diese epistemische Unsicherheit, der Wirklichkeitsverlust – wie er sich auch in Stifters Aggregaten artikuliert –, die/der es allererst zum Wirklichen macht.

Gespenstisches Performativ der Schrift

Stifters Erzählung steht ganz im Zeichen eines Performativs, des „lächerliche[n] Fideicommiß" (NB 321) von Hanns von Scharnast, das die Erbfolge für seine Burg Rothenstein „sammt Zugehör" (NB 321) regelt. An der Erbfolge selbst – zunnächst auf den ältesten Sohn, in Ermangelung eines solchen weiter auf die Töchter, so diese nicht zu finden sind, weiter auf die Seitenlinien des Geschlechts und schließlich auf den Fiscus – ist nichts Auffälliges zu finden. Die ,beigefügte Bedingung'[1] allerdings gibt „der ganzen Sache eine andere Wendung" (NB 321). Ehe die Burg dem Erben zufällt, muss dieser einen zweifachen Schwur leisten:

> [...] *erstens* mußte er schwören, daß er getreu und ohne geringsten Abbruch der Wahrheit seine Lebensgeschichte aufschreiben wolle, und zwar von der Zeit seiner ersten Erinnerung an bis zu jener, da er nur noch die Feder zu halten im Stande war. Diese Lebensbeschreibung solle er dann Heft für Heft, wie sie fertig wird, in dem feuerfesten Gemache hinterlegen, das zu diesem Zwecke in den rothen Marmorfels gehauen war, der sich innerhalb der Burg erhebt; – *zweitens* muß er schwören, daß er sämmtliche bereits in dem rothen Steine befindlichen Lebensbeschreibungen lesen wolle, wobei es ihm aber nicht gestattet ist, irgend eine vom dem Gemache ihrer Aufbewahrung wegzutragen. (NB 321)

Das Supplement – ein Schwur, der jeden Nachkommen auf die Schrift verpflichtet – verkehrt das Fideikommiß in ein närrisches Performativ: Wo Nachkommenschaft in die hyperbolische Dynamik der Schrift eintritt, wird jegliche pädagogische Intention und Bildungsabsicht des Stifters fröhlich torpediert:

> [...] so hatte Hanns das Unglück, das schnurgerade Gegentheil von dem zu erreichen, was er erzielen wollte. Es mußte nämlich von ihrem Ahnherrn her so viel tolles Blut, und so viel Ansatz zur Narrheit in den Scharnasts

1 „[...] eine Bedingung fügte er dem Fideicommisse bei" (NB 321).

> gelegen haben, daß sie, statt durch die Lebensbeschreibungen abgeschreckt zu werden, sich ordentlich daran ein Exempel nahmen, und so viel verrücktes Zeugs thaten, als nur immer in eine Lebensbeschreibung hineingeht – ja selbst Die, welche bisher ein stilles und manierliches Leben geführt hatten, schlugen in dem Augenblicke um, als sie in den Besitz der verwetterten Burg kamen, und die Sache wurde immer ärger, je mehr Besitzer bereits gewesen waren, und mit je mehr Wust sich der neue den Kopf anfüllen mußte. Der Stifter würde sich im Grabe umgekehrt haben, wenn er durch die dicken Felsenwände in seine Gruft hineingehört hätte, was die Leute sagten; nicht anders nämlich, als die ‚Narrenburg' nannten sie den von ihm gerade in dieser Hinsicht so wohl verklausulirten Rothenstein. (NB 322f.)

Keine erzieherische Wirkung *auf* das Leben hat die Schrift. Vielmehr nimmt das Fideikommiß die konsequente Verschränkung von Leben und Schrift vor. Nachkommenschaft wird in ein komplexes Aufschreibesystem überführt: Mit dem Eintritt in selbiges wird Leben zum Akt des Lesens und Schreibens. Nicht nur ist der Erbe verpflichtet, sämtliche Lebensbeschreibungen seiner Vorfahren zu lesen, überdies ist das eigene Leben vollständig in Schrift zu überführen („und zwar von der Zeit seiner ersten Erinnerung an bis zu jener, da er nur noch die Feder zu halten im Stande war", NB 321) und „Heft für Heft" (NB 321) im Archiv zu hinterlegen. Nicht zu trennen ist dabei der Akt des Lesens von dem des Schreibens, ja, es ist eben in der Überführung vom Lesen (‚anderer' Leben) ins Schreiben (des ‚eigenen'), dass die Schrift Nachkommenschaften generiert: „[…] selbst Die, welche bisher ein stilles und manierliches Leben geführt hatten, schlugen in dem Augenblicke um, als sie in den Besitz der verwetterten Burg kamen, und die Sache wurde immer ärger, je mehr Besitzer bereits gewesen waren, und mit je mehr Wust sich der neue den Kopf anfüllen mußte" (NB 322f.). Der Stiftungsakt – die Verpflichtung auf Lesen und Schreiben – setzt eine proliferierende Dynamik der Schrift in Gang, die das/die Leben affiziert und entsprechend närrische Nachkommen hervorbringt. Leben erscheint als Medium der Fortzeugung von Schrift, welche Nachkommenschaft im Modus von Akkumulation, Affektion, Kontamination, Steigerung generiert. In seriellem Proliferieren – „Heft für Heft" wie ‚Leben für Leben' – *schreibt* sich Nachkommenschaft als Wiederholung närrischer Differenz fort.

So wenig sich die Akte des Lesens von denen des Schreibens trennen lassen, so auch die Leben der Vorfahren von denen der Nachkommen. Die Schrift stiftet auch hier eine wechselseitige Affektion: Der Akt des Lesens schleust vergangene Leben in das „eigene" ein, das sich mithin als heimgesuchtes, gespenstisches erfährt, wie er zugleich vergangene Taten je wieder neu belebt/wiederholt. Jodoks Aufzeichnungen geben eine präzise Analyse dieser gespenstischen Implikationen der Schrift: Nicht nur sind die Taten nicht die eigenen, das Leben weicht zudem dem Untoten: „Was ich hier schreibe, bin nicht ich – mich kann ich nicht schreiben, sondern nur, was es durch mich that." (NB 410) Deutlicher kann der Bruch mit dem Autobiographischen nicht artikuliert werden. Was die Lebenbeschreibung vielmehr eruiert, ist „was es durch mich that". Das Schreibprojekt gilt nicht dem Ich, sondern der Tat/dem Tun, die/das nicht die/das ‚eigene' ist, sondern jeglichen „Thäter" zugunsten von – mit Deleuze gesprochen – „unpersönlichen und präindividuellen Singularitäten, das *man* des reinen Ereignisses, in dem *es* stirbt wie *es* regnet"[1] suspendiert: „was *es* durch mich that." Das Fideikommiß generiert einen „Dämon der Thaten" – Taten mit kollektiver Urheberschaft und seriellem Fortgang, welche sich im Bereich des Untoten ansiedeln und sowohl die früheren wie die nachfolgenden Leben ins Untote einrücken:

> „[...] ich gehe dem Engel meiner schwersten That entgegen," so Jodok, „und aus den Pergamenten des rothen Felsensaales kam dieser Engel zu mir. Dort liegen die Schläfer, von ihrem Ahnherrn verurtheilt, daß sie nicht sterben können; eine schauderhaft durcheinanderredende Gesellschaft liegt dort, vor jedem Ankömmling müssen sie ihre Thaten wieder neu thun, sie seien groß oder klein; – diese Thaten, genug, sie waren ihr Leben, und verzehrten dieses Leben." (NB 411)

Wie die stets zu wiederholenden Taten die Toten nicht zur Ruhe kommen lassen, das Leben verzehren, so ist auch das Leben der Nachkommen „getrübt von dem *nach*ziehenden *After*leben eines Gestorbenen" (NB 411, Herv. E.S.), gespenstisches Leben („daß sich die Gespenster all ihres Thuns nicht in dein Leben mischen und es trüben", NB 412). Ja, es lässt sich wohl sagen, dass die Nachkommenschaft der Schrift Leben grundsätzlich in „*After*leben" verwandelt – *Nach*kommen von daher auch im Sinne der strukturellen Nachträglichkeit des Lebens, welches Stifters *Narrenburg* als untotes, gespenstisches inszeniert. Noch der „Stifter"[2], so heißt es, „würde sich im Grabe umgekehrt haben"

---

1 Gilles Deleuze, *Logik des Sinns*, Frankfurt am Main: Suhrkamp 1993, 190.

2 Die augenfällige Referenz zum Nachnamen des Autors, Adalbert Stifter, wurde verschiedentlich diskutiert, vgl. etwa Marcus Hahn, „Stifters ‚Garten voll Gespenster': Epigonalität/‚Postmoderne', *Narrenburg/Nachkommenschaften*", in: Michael Minden/Martin Swales/Godela Weiss-Sussex (Hg.), *History, Text, Value. Essays on Adalbert Stifter. London Symposium 2003, Stifter-Haus Linz*, Bd. 11, 2006, 56-65, hier bes. 63.

(NB 323), hätte er von den Effekten des Fideikommiß in Gestalt der Narrenburg Kenntnis erhalten; was mit dem ‚untoten Stifter' hinter den Kulissen spukt, ist mithin ein Kollektiv untoter Ahnen/Nachkommen, die, ohne je Urheber ihrer Taten zu sein, selbige „vor jedem Ankömmling" immer „wieder neu thun", d.h. auf- und ausführen müssen. Die Narrenburg ist ein Theater nicht von Akteuren, sondern von sich differentiell wiederholenden Taten/Handlungen – ein sich permanent rekonfigurierender Schauplatz sich seriell fortpflanzender Stiftungsakte.

Wenn im Kontext des Fideikommiß von „Taten" die Rede ist, so kann kein Zweifel bestehen, dass eine entsprechende Tat – wenn nicht *der* privilegierte Akt, den die *Narrenburg* eruiert – der Akt des Schreibens ist, sich Jodoks Analyse des „Dämons der Thaten" m.a.W. als präzise Analyse des gespenstischen Performativs der Schrift lesen lässt: „Was ich hier schreibe, bin nicht ich – mich kann ich nicht schreiben, sondern nur, was es durch mich that." (NB 410) Auch das Schreiben gerät zum Akt, den ‚*es* durch mich tut' – präziser gesagt und den Modus der Nachträglichkeit aufnehmend: ich kann nur schreiben, ‚was es durch mich geschrieben haben wird'. Der Akt des Schreibens speist sich aus der kollektiven Autorschaft untoter Schreiber – ein serieller Akt, der sich im Lesen je wieder aktualisiert, wiederholt, differentiell fortzeugt. Die dezidiert theatral figurierte Szene ist eine Leseszene: „vor jedem Ankömmling müssen sie ihre Thaten wieder neu thun". Das Tun der Taten „*vor* jedem Ankömmling" impliziert den Aufführungs-, d.h. szenischen Charakter des Lesens. Der Schauplatz dieser gespenstischen Akte ist ein Schauplatz der Schrift.

Fluch der Schrift: Szenisches Performativ/anderer Schauplatz

Jodok wie auch Heinrich machen keinen Hehl daraus, dass es sich bei der mit dem Fideikommiß und dem Schwur auf die Schrift implementierten Unvergessenheit der Schrift um einen Fluch handelt – einen Fluch der Schrift, der die Leben heimsucht. In diesem Sinne artikuliert „Afterleben" die Nachträglichkeit des Lebens, seine genuine *Nach*-Kommenschaft, als gespenstische Heimsuchung des Lebens durch die Unvergessenheit/den Fluch der Schrift. Jodok beschwört seine Leser geradezu, die Schrift auszulöschen oder doch wenigstens das Gelesene zu vergessen – ein unmögliches Unterfangen, wie sich u.a. an Heinrich zeigt:

> ‚Das ist keine gute Einrichtung unserer Vorfahren', dachte er, als er den von so vielen Lesern und Schreibern betretenen Pfad durch den alten Garten zurückging, und im Schutte die Fußstapfen drückte, die so viele vor ihm gedrückt. Er konnte dem Rathe des Jodok nicht folgen, und das Gelesene in die Winde streuen, sondern mit beschwertem Herzen überall

> die Gestalt des Jodokus sehend, der vor Kurzem hier gewandelt, dachte er: „wie viele gestalten mögen sich noch hinzugesellen, bis der Garten voll Gespenster ist?" (NB 427)

Es ist über ein spezifisches Performativ, dass Stifter die gespenstische Dimension/Wirkung der Schrift auslotet – einen Schwur (auf die Schrift), der sich ganz im Sinne der von Agamben herausgearbeiteten strukturellen Verschränkung von Eid und Fluch[1] in einen Fluch – einen Fluch der Schrift – verkehrt. „[I]hre Narrheit ist ihr Unglück" (NB 427), so Heinrich nach der Lektüre von Jodoks Aufzeichnungen. Als „Dämon der Thaten", „Engel meiner schwersten That" bezeichnet Jodok den Fluch der Schrift, der aus dem Kollektiv der Untoten auf die Nachkommen kommt, deren Leben/Schriften heimsucht, sich als serielle Kraft[2] in diesen fortzeugt und Nachkommen in die Serie der Gespenster einreiht.

Mit Austin gesprochen ist das Fideikommiß ein verfehltes Performativ („failed" or „unhappy" performative): „so hatte Hanns das Unglück, das schnurgerade Gegentheil von dem zu erreichen, was er erzielen wollte." (NB 322) Ja, es ist in diesem Fehlgehen, dass es seine Wirksamkeit/Produktivität, serielle Fortzeugung, Nachkommenschaft allererst entfaltet. Ich habe andernorts gezeigt, inwiefern der Fluch, welcher in Austins Sprechakttheorie nur beiläufig Erwähnung findet, dieser gleichwohl in einem grundlegenden Sinne innewohnt, nämlich als das dem Performativ strukturell inhärente Fehlgehen.[3] Lässt sich Austins normative Verpflichtung des Performativs auf die Konvention als Eid/Schwur verstehen, so wäre der Fluch im Bruch mit der Konvention zu verorten. Wie insbesondere dekonstruktive Relektüren Austins (Derrida, Butler, Hamacher) gezeigt haben, entspringt die Kraft (*force*) des Performativen gerade nicht – wie es Austin impliziert – aus der Übereinstimmung mit der Konvention, sondern aus dem dem Akt qua Iterabilität konstitutiv inhärenten Bruch mit dem Kontext. Der Akt ist in sich differentiell und eben darin *force*. Entsprechend lassen sich nicht nur Eid und Fluch nicht mehr

1 Vgl. Giorgio Agamben, *Das Sakrament der Sprache. Eine Archäologie des Eides* (*Homo Sacer II.3*), Frankfurt am Main: Suhrkamp 2010, bes. 46-58, 76-87, sowie Peter Friedrich/Manfred Schneider (Hg.), *Fatale Sprachen – Eid und Fluch in Literatur- und Rechtsgeschichte*, München: Fink 2009, 7-16.

2 Zum Fluch als serielles Performativ/serielle Kraft vgl. meinen Aufsatz „Freuds Fluch", in: *MLN, Special Issue: Curse and Modernity*, Volume 131, Number 3, 2016, 679-700.

3 Vgl. Elisabeth Strowick, „Curse and Modernity: A Brief Introduction", in: *MLN, Special Issue: Curse and Modernity*, Volume 131, Number 3, 2016, 571-578, sowie die instruktive performanztheoretische Diskussion des Fluchs in: Björn Quiring, *Shakespeares Fluch. Die Aporien ritueller Exklusion im Königsdrama der englischen Renaissance*, München: Fink 2009, 7-29 (Einleitung).

gegeneinanderstellen; insofern der Fluch strukturell die Brüchigkeit/Differentialität des Kontextes bezeichnet, wird er zum Inbegriff performativer Kraft – einer Kraft, die in sich differentiell ist. In diesem Sinne markiert Austins Formulierung des *„sea-change"*[1] *of circumstances*, mit der dieser literarische Sprechakte als das prekäre Andere des Performativen aus seiner Theorie ausschließt, präzise die strukturelle Dynamik des Fluchs.

Es ist dieser „‚sea-change' in […] circumstances", den Stifters *Narrenburg* in Szene zu setzen nicht müde wird. Der Fluch der Schrift macht sich geltend als Verkehrung/„fürchterliche Wendung der Dinge"[2], gibt „der ganzen Sache eine andere Wendung" (NB 321), installiert ein Umschlagen („schlugen […] um"), Umkehrungen („Der Stifter würde sich im Grabe umgekehrt haben"), Verkehrungen ins Gegenteil (das „Gegentheil […] erreichen"), hyperbolische Steigerungen („die Sache wurde immer ärger"). Stifters närrisches Performativ ist – auch darin korrespondiert es Austins „sea-change" – ein dezidiert szenisches Performativ. Es sind theatrale Akte, die Austin im Auge hat, wenn er von „‚sea-change' in […] circumstances" oder *„etiolation"* spricht, und es scheint, als würde Stifters Fluch der Schrift gerade jenes Szenische des Performativen mobilisieren, das Austins Theorie ausgrenzt. Die närrischen Umdrehungen, Verkehrungen, Wendungen sind fundamental szenische Akte – wenn auch besonderer Art: Wo sich der Fluch der Schrift als szenisches Moment geltend macht, hat er seinen Auftritt weniger auf der Bühne, als dass er die Szene aus dem und *als* „sea-change" – *„sea-change" als Szene/Szene als „sea-change"* – generiert: als permanenten Szenenwechsel, unablässige Veränderung von Koordinaten, proliferierendes Kraftfeld. Wo Stifters szenisches Performativ den Schauplatz in Bewegung versetzt, erfasst den Betrachter „Schwindel und Grauen" (NB 372), wie man es an Pias Auftritt gesehen hat. Mit dem schwindelerregenden Auftritt eröffnet sich die Szene als unheimlicher, *anderer Schauplatz* – eine abgründige, heterochrone Struktur (*Szene als abyme*), die Wirklichkeit als gespenstisch-wiedergängernde Szenen-Effekte generiert. Angesichts des Performativs der Schrift, ist der Schauplatz, von dem hier die Rede ist, kein anderer Schauplatz als der Text. Stifters *Narrenburg* praktiziert szenische Darstellung in verschiedener Hinsicht, wie im Folgenden gezeigt werden soll.

1 „[…] a performative utterance will, for example, be in a *peculiar way* hollow or void if said by an actor on the stage […] This applies in a similar manner to any and every utterance – a sea-change in special circumstances" (John L. Austin, *How to do things with Words*, Cambridge, Mass.: Harvard University Press 1973, 22).

2 Stifter, *Granit*, 27.

Szenische Bild-Akte – Szenische Sprech-Akte: Wiederkehr und Ent-setzung

Die augenfälligste szenische Darstellung findet sich zweifellos in der Führung durch die Ahnengalerie, den „grünen Saal" (NB 382), welche der Schloss-Kastellan den Besuchern Heinrich und Robert gibt. Die Gemälde – in für Stifter charakteristischer Reihung („[...] – – und andere und wieder andere – eine ganze Reihe", NB 383), lassen sich nicht von ihrer Inszenierung trennen, die der Alte mit großer Geschicklichkeit zu bewerkstelligen weiß. Noch der Saal dient einzig dem Zweck der Präsentation der Bilder, ist m.a.W. wesentlich Bühnenraum, in dem die Gemälde zur Wirkung kommen:

> [...] daß der Gründer dieser Anstalt nicht die Bilder des Saales wegen aufgestellt, sondern dass dieser in seiner ungeheuern Größe und einfachen Pracht nur zur Verherrlichung jener dienen sollte. So war auch im ganzen wüsten Zimmer nicht ein einziges Geräthstück; bloß an Fenstervorhängen waren die mannigfaltigsten behutsamsten Vorrichtungen, um theils die verschiedensten Lichterspiele auf die Gemälde wirken lassen zu können, theils dieselben vor unmittelbarer Sonne zu schützen. Und wie sehr Ruprecht mit der Sache vertraut war, und sie liebte, zeigte der Umstand, daß er oft durch unbedeutende gelegentliche Züge an Schnüren oder Federn ganze entfernte Bilderreihen plötzlich in das zarteste Licht legte, da sie vorher in ungünstiger Dämmerung geschwebt hatten. (NB 383f.)

Neben dem Saal als Bühne umfasst Stifters theatrale Apparatur Vorhänge und Vorrichtungen, mit denen sich Lichtspiele erzeugen und derart Betrachtungseffekte generieren lassen, in denen die Bilder abwechselnd erscheinen und verschwinden. Auch, als der Greis schließlich das Bild Sixtus II. präsentiert, liegt der Schwerpunkt ganz auf der Herstellung szenischer Effekte: Er „drückte gegen eine Feder, und zum Erstaunen der Männer sprang der Serpentin los – [...]. Sie sahen nun, daß der Stein bloß auf eine Kupfertafel gemalt war, daß sich diese völlig umlege, und noch ein Bild entblöße, das sie vorher gedeckt hatte [...]: ‚Sixtus II.'" (NB 390f.) Mit der Präsentation des Bildes tritt zugleich die frappierende Ähnlichkeit oder präziser: unheimliche Doppelung – von Sixtus II. und Heinrich als szenischer Effekt hervor: „Allein das Bild war das Heinrichs Zug für Zug, nur in fremden Kleidern." (NB 391)

Zeigt sich schon an der Präsentation der Bilder, dass Stifters *Narrenburg*, insofern sie unheimliche Verdoppelungen sowie eine Dynamik von Erscheinen/Verschwinden in Szene setzt, mit der Logik von Repräsentation bricht, so hat auch die Konzeption der Bilder nichts mit der Logik von Repräsentation gemein[1], ja, lädt vielmehr dazu ein, das Bild als szenische Apparatur/Dynamik zu denken:

> Vorzügliche Gemälde waren alle, obwohl sie augenscheinlich viel später gemalt wurden, als die Urbilder lebten, aber wahrscheinlich nach vorhandenen, wenn auch schlechten Originalen, denn dafür sprach der in allen Gesichtern der Männer fortgehende Familienzug. (NB 383)

Unmissverständlich streicht diese Passage ein der Darstellung vorgängiges Wirkliches oder Leben aus. Zugleich erweist sich Darstellung als seriell gestaffelt, Abbildung von Abbildung: Keiner der porträtierten Vorfahren hat hier Modell gesessen; die „vorzüglichen Gemälde" sind vielmehr nach anderen Gemälden, „schlechten Originalen", gemalt, und zwar posthum in einem spezifischen Sinne, „viel später [...] als die Urbilder lebten". Das Bild referiert nicht auf Leben, sondern ist als Urbild selbst mit Leben ausgestattet. Leben ist in Darstellung eingetragen, womit diese gespenstische Züge annimmt und sich zugleich Leben – im Reigen serieller Darstellung – ins Untote transformiert. Über die Ausstreichung von Referenz und Ausrichtung von Bildlichkeit auf serielle Darstellung – Abbild von Abbild – wird (dargestellte) Wirklichkeit zum Simulakrum, zum gespenstisch-szenischen Wirklichkeitseffekt. Dieser zeigt sich auch im szenisch-unheimlichen Hervortreten der Doppelfiguration Sixtus II./Heinrich, angesichts derer sich nicht sagen lässt, ob Heinrich der Nachkomme von Sixtus II. ist oder umgekehrt. Bezeichnet bereits der Erzähler das Bild Sixtus II. als dasjenige Heinrichs: „Allein das Bild war das Heinrichs Zug für Zug, nur in fremden Kleidern" (NB 391), so betont auch Heinrich später die unheimliche, heterochrone Alterität des Bildes respektive des Ichs: „[...] wie ich auf jenem Bilde in längst verschollenen Kleidern stehe" (NB 399). Die szenische Präsentation lässt sich präzise als Bild-Akt im performativen Sinne bezeichnen: „‚So, jetzt ist Alles geschehen, und gesehen,' sagte er [der Alte, E.S.], und trat zurück." (NB 393) Sehen ist Geschehen, Bild ist Akt/Vollzug: Mit dem szenischen Doppel Sixtus II./Heinrich, das die Unterscheidung von Bild und Betrachter unterläuft, hat man eine Art gespenstisches Spiegelstadium vor sich: zweifellos ein transformatorischer Akt – nicht jedoch im Sinne einer jubilatorischen Setzung eines vorgeblich integren Ichs, sondern einer unheimlichen Ent-setzung, gespenstischen Defiguration, über die sich Nachkommen als einander wechselseitig vorgängig/nachträgliche Wiedergänger generieren.

---

1 Zur Performativität der Bilder in Stifters *Narrenburg* vgl. auch Tove Holmes, *Literary Images: Viewing and Visuality in German Realism*. Unveröffentlichte Dissertation, Johns Hopkins University 2011, 107-148.

So verwirrend diese Szene für Heinrich und Robert ist, so bemerkenswert klar ist der Alte. Wenn „der wahnwitzige Greis", der „einzige" ist, „der völlig klar" (NB 391) ist, dann weil die szenische Darstellung und die durch sie generierte spektrale Wirklichkeit in nichts der Logik des „Wahnwitze[s]" (NB 380) nachstehen, wie sie der Greis verkörpert. Strukturell und in den Worten des Alten heißt dies: Wiederkehr und Ent-setzung. Als sich die Freunde noch vor der Enthüllung des Bildes Sixtus II. zum Gehen wenden wollen, interveniert der Alte mit scharfen Worten: „‚Aber wie seid ihr denn?' rief er mit heftiger Stimme, ‚wozu habe ich euch denn hergeführt? wozu seid ihr denn zurückgekehrt?'" (NB 390) Mit seinem Einwurf benennt der Alte Heinrich als „zurückgekehrt", sprich: als Revenant. Die Position des Zurückkehrenden wird noch genauer markiert. Es ist die des Verworfenen: „Alle sind sie da [...] nur *einer* war verworfen, – ich habe ihn immer sehr geliebt, und dachte, es soll nicht so sein – seht nun: ich war es, der es machte, daß ihr schon im Saale standet, als er [Jodok, E.S.] noch lebte, aber er wußte es nicht, er ging hinüber und wußte es nicht. – – " (NB 390). Noch mit einer anderen Formulierung des Alten lässt sich das szenische Geschehen beschreiben. Die Worte der Warnung Ruprechts an Heinrich, bevor er diesem das Bild Chelions zeigt: „[...] ihr werdet euch entsetzen" (NB 386), lassen sich als präzise Beschreibung der strukturellen Dynamik des Bild-Aktes lesen – eine Ent-setzung, in der nicht nur das Subjekt *sich ent-setzt*, sondern die auch die transformatorische Kraft der *Szene als ent-setzte* markiert. Die Führung durch den „grünen Saal" ist nicht interessierte Bildbetrachtung, sondern szenische Transformation, aus der Heinrich als Nachkomme hervorgeht. Wenn er den „grünen Saal" verlässt, dann *in sich ent-setzt*, der Reihe der Nachkommen wie der Welt der Simulakren einverleibt, ein Untoter, ein Wiedergänger. Auch dies kann den Alten in keinster Weise erschüttern, sind doch die ver-rückten Koordinaten der *Narrenburg* eben diese, wie auch die folgende Passage zeigt: „[...] Heinrich trat einige Schritte weg, aber der wahnwitzige Kastellan folgte ihm sachte mit glänzenden Augen: ‚Er hätte euch über den Stein hinabgestürzt – ihr seid aber auch viel schöner, als er es je gewesen [...] ihr waret fort – – es ist sehr gut, daß ihr fort waret – – [...] alle sind gestorben, die arme Chelion starb, mein Weib Bertha starb, ihr starbet, und wie er das Schloß angezündet hatte, und unten im Häuschen auch todt lag [...] Alle sind sie todt – – ...'" (NB 388). Daß alle, inklusive Sixtus II./Heinrich tot sind, heißt im selben Zuge: ‚Alle sind untot.' Stifters *Narrenburg* gebiert eine Welt von Wiedergängern.[1]

1 „Der alte todte Prokopus geht auch wieder um; ich weiß es gewiß; er hat in der Nacht musicirt, ich hörte es selber, und auch heute Nachmittags hörte ich es; denn da so um vier Uhr herum ein schwacher Wind aufstand und durch die Föhren ging, da trug er deutlich den schweren Ton von dem zerfallenen Schlosse herüber" (NB 337).

Die konsequente Adressierung Heinrichs als Sixtus II. im Sprechen des Alten[1] evoziert die nämliche Doppelung/Wiederkehr/Ent-setzung, die sich auch im szenischen Bild-Akt Sixtus II./Heinrich zeigt; und so lassen sich auch die Sprechakte des Greises als szenisch bezeichnen. Nicht heimischer könnte das unheimliche Sprechen des Alten in der Welt der Simulakren sein, die es mit Verve kreiert: „Ich habe euch", so der Alte zu Heinrich, „[...] nach dem kleinen runden Bilde machen lassen, das im Deckel eures feinen Reisekästchens war" (NB 391). Ganze Kaskaden von Simulakren setzt dieser Satz frei: Nicht nur ist das Gemälde Sixtus II., angesicht dessen diese Worte gesprochen sind, nach einem anderen – dem Bild im Deckel des Reisekästchens – gemalt, sprich: Abbild von Abbild, noch der gegenwärtige Adressat der Worte und vorgeblich Abgebildete wird über die Formulierung „Ich habe euch [...] nach dem kleinen runden Bilde machen lassen" zu einem nach dem Bild aus einer anderen Zeit Gemachten.

Hatte Robert den Alten zunächst für harmlos gehalten („er ist ja übrigens ganz harmlos", NB 378), so gewinnt das Gefühl des Unheimlichen bald die Oberhand. Wie bereits zitiert, ist es Heinrich „unheimlich in der Gegenwart dieses alten Mannes" (NB 378), und auch die Freude, mit der der Alte die Vorrichtungen zur szenischen Präsentation der Bilder bedient, ist als „unheimliche Freude" (NB 390) beschrieben. Dass der Zeitsprung, die wechselseitige Durchdringung von bzw. der bruchlose Wechsel zwischen Vergangenheit und Gegenwart, dafür grundlegend ist, sagt der Text explizit. So heißt es über Heinrichs Reaktion auf den Alten:

> Heinrich „zitterte fast, nur um ein Haar breit in der verdunkelten Seele des Andern weiter zu forschen, um sie nicht noch tiefer zu zerrütten. Die Verrückung jener Gesetze, auf deren Dasein im Haupte jedes Andern man mit Zuversicht baut, [...] trägt etwas so Grauenhaftes an sich, daß man sich nicht getraut, das fremdartige Uhrwerk zu berühren, daß es nicht noch grellere Töne gebe, und uns an dem eigenen irre mache." (NB 380)

Als „fremdartiges Uhrwerk" bezeichnet die Passage die „aberwitzige Vermittlung" (NB 386) des Alten, die – wie anhand seines Sprechens und der Präsentation der Gemälde gesehen – eine grundsätzlich szenische ist. Die „Verrückung" der Zeit, der Zeitsprung als buchstäbliches Zerspringen der Zeit, ist m.a.W. *das* Charakteristikum des Szenischen in Stifters Realismus.

---

1 „[W]ozu seid ihr denn zurückgekehrt?" (NB 390); „daß ihr schon im Saale standet, als er noch lebte" (NB 390); „wahrt eure Seele, Graf Sixtus!" (NB 387); „Fürchtet euch nicht, Graf Sixtus" (NB 392); „O, ich habe euch gleich gekannt" (NB 393).

So unverständlich wie für Heinrich und Robert bleibt die „aberwitzige", sprich: närrische Darstellung des Alten auch für den Leser/die Leserin. Erst die wiederholte Erzählung in Form von Jodoks Aufzeichnungen, vermag etwas Licht ins Dunkel zu bringen, wobei auch diese – dem Performativ der Schrift verpflichtet – des Närrischen nicht entbehrt. Mit der närrisch-szenischen Darstellung setzt Stifters Realismus nicht auf Verstehen, sondern auf Performanz: auf die Erzeugung unheimlicher Wirklichkeitseffekte, mit denen sich Gegenwart/Wirklichkeit als Wiederkehr darstellt. Und so steht zu erwarten, dass sich die närrische Szenographie nicht in Ruprechts Auftritten und Jodoks Aufzeichnungen erschöpft, sondern auch in der Komposition von Stifters Erzählung am Werk ist, deren Zeitsprüngen und Wiedergängerstrukturen ich im Folgenden nachgehen will.

Szenisches Erzählen

In der Tat findet sich Szenisches nicht nur in den augenfälligen Passagen mit dem Alten, es strukturiert vielmehr den gesamten Erzählverlauf der *Narrenburg*: Die Erzählung ist durchzogen von Akten des Ein-, Auf- und Hervortretens, betreibt – wie bereits eingangs gesehen („eine holde Gegenwart, herumliegend um die unklare Vergangenheit, auf der sie standen", NB 369) – die dezidiert szenische Darstellung von Zeitlichkeit, sprich: poetologische Konzeption des Szenischen als Zeitsprung, und lässt qua Rahmentechnik Szenen verschwinden und wieder auftauchen. Gemäß Stifters Szenographie, welche das Szenische an die Schrift bindet, unterliegen all diese szenischen Verfahren einer seriellen Dynamik. So wenig sich ein Eingang in den Text bzw. Schlosskomplex findet, so vielfältig sind die Rahmungen, die sich seriell in den Text einfalten und derart nicht nur die Figuren, sondern auch die Szenen zu Wiedergängern und mithin offenen Szenen machen.

Eintreten: Szenische Randstruktur

Die Frage des Eintritts in die Szene könnte nicht prominenter inszeniert sein. Fast wähnt man sich in Kafkas Welt, mit dem labyrinthischen, durch fortwährendes Graben veränderten Bau, den seriellen Fluchten des Schlosskomplexes und einem sonderbar agierenden Türhüter: „‚Ich werde öffnen'", so der Alte zu den Schlossbesuchern, „‚denn ich halte immer gesperrt.' Und er drehte große Schlüssel in dem knarrenden Schlosse – aber es war lächerlich, zu schließen, wo nichts zu verschließen war; denn alle Mauern klaften" (NB 373f.).

Das Szenische des Schlosskomplexes ist deutlich markiert: Dieser ist aus der „übrigen Welt heraus[geschnitten]", „umfangen" durch eine „graue

Eisenmauer“ (NB 367), an der kein Eingang zu finden ist. Der „Eintritt“ (NB 361) in das Schloss, das „weder Thor noch Eingang hat“ (NB 332), gestaltet sich entsprechend sonderbar:

> Vergeblich rief Robert: ‚He, Holla! *ich* bin es, der Sindikus, den du einzulassen versprochen.‘ Es erfolgte keine Antwort. Nur sah Heinrich, da er zufällig emporblickte, am Mauerrande ein Haupt: Gesicht und Haare so grau, wie daneben die uralte Steinmetzarbeit, und die Augen starr auf die beiden Männer geheftet. Nach einer Weile verschwand es, und kurz darauf hörte man ein seltsames Aechzen und Knarren in der Mauer, und zum Erstaunen des Wanderers schob sich ein Stück derselben gleichsam ineinander, und es wurde die dunkle Mündung eines Pförtchens sichtbar, darinnen, wie in einem Rahmen eine große Gestalt stand, dieselben steingrauen Gesichtszüge tragend, die Heinrich auf der Mauer gesehen hatte, nur ein Lächeln war jetzt auf ihnen, so seltsam, wie wenn im Spätherbste ein einsamer Lichtstrahl über Felsen gleitet. (NB 364)

Kein Akteur – und zweifellos kein menschliches Wesen – steht hinter dem Akt des Öffnens, den das Sichineinanderschieben/die Einfaltung der Mauer bewirkt. Die Schließung erfolgt gleichfalls durch den „Mechanismus der Mauer. Es hob wie eine ablaufende Thurmuhr zu schnarren an, schwenkte herum, und schloß sich, so daß der Ort kaum zu erkennen war, durch den sie hereingekommen.“ (NB 364f.) Die als Grenze figurierte Mauer stellt sich als Dynamik von Öffnung/Schließung dar; die erzählheoretische Formulierung folgt auf dem Fuße: Die Mauer erscheint als Rahmen („wie in einem Rahmen“) – ein Schwellenort, eine Randstruktur, in der die *agency* des Szenischen liegt. So wenig sich Ein- und Ausgang konturieren, so prekär ist der Akt der Figuration, der sich – gleichfalls am „Mauer*rande*“ – abzeichnet: ein „Haupt“ so „grau“ wie der Stein, das bald wieder verschwindet, eine „Gestalt“ „dieselben steingrauen Gesichtszüge tragend, die Heinrich auf der Mauer gesehen hatte, nur ein Lächeln war jetzt auf ihnen, […] wie wenn im Spätherbste ein einsamer Lichtstrahl über Felsen gleitet.“ Mit diesen Formulierungen bleibt ambivalent, ob Gesichtszüge und Lächeln dem Stein zukommen oder der Gestalt, die sich nur unvollständig aus diesem löst. Die steinernen Züge („versteinerten Züge“, NB 366) – Schriftzüge zweifellos – lassen keine klare Figur-Grund-Unterscheidung zu, sondern operieren im Modus von Mimikry, d.h. Defiguration.

Nicht weniger unheimlich stellt sich der Akt des Eintretens dar, der nicht nur vom Erklingen der Töne des Untoten begleitet ist, sondern zudem auf eine Szene führt, die von der „Präsenz“ von Niemandem zeugt:

> Sie traten ein, und in demselben Augenblicke ging ein fürchterlicher, ein zärtlich gewaltiger Ton über ihren Häuptern durch die Luft. ‚Es ist nur die Geige des Prokopus,' sagte der alte Mann, ‚schreitet herein, Erlaucht, in die Stadt des alten Geschlechtes.' Bei diesen Worten verbeugte er sich gegen Stellen, wo Niemand stand – (NB 364).

Überdies überrascht die räumliche Beschaffenheit der Szene: Kein Schlossplatz – und also in szenischer Lesart: kein zentraler Schauplatz/keine Bühne – findet sich; stattdessen führt der Eintritt erneut in ein Außen, in welchem sich der Schloss*komplex* als Labyrinth und proliferierende Randstruktur darbietet.

> „Die Freunde standen aber nun innerhalb der Mauer nicht etwa auf einem Schloßplatze oder dergleichen, sondern wieder im Freien, und vor ihnen stieg der Berg sachte weiter hinan, nur war seiner Senkung ein breites, weites rätselhaftes Vieleck abgewonnen, auf dem sie sich eben befanden; es war mit Quadersteinen gepflastert, aber aus den Fugen trieb üppiges Gras hervor [...] aus den Randsimsen quollen Halme und dürre Blümchen" (NB 365); „Es war alles viel [...] weiter, und auch verworrener, als er gedacht hatte. Ein ganzes Geschlecht mußte durch Jahrhunderte hindurch auf diesem Berge gehauset, gegraben und gebaut haben. Abgesonderte Bauwerke, gleichsam selber wieder Schlösser, standen auf verschiedenen Punkten" (NB 366f.); „von dem eigentlichen Schlosse aber war nichts zu erblicken, als graues Dachwerk, [...] von kreisenden Mauerschwalben umflogen" (NB 365).

Die Szene hat kein Zentrum, sondern strebt in die Peripherie: ein „Vieleck", zerstreute Schlösser an „verschiedenen Punkten", eine durch unablässiges Graben und Bauen erzeugte Weite und Verwirrung, die auf kein Ende angelegt scheint, die kreisende Bewegung von Mauerschwalben. In diesem dynamischen Geschehen kommt den Rändern und Fugen besondere Produktivität zu: „aus den Randsimsen" *quellen* Halme und Blumen, „aus den Fugen" *treibt* üppiges Gras. Mit ‚Quellen' und ‚Treiben' ist die szenische Kraft benannt, die sich als proliferierende Randstruktur fortzeugt – eine serielle Szene, die wie die Zeit buchstäblich aus den Fugen ist („out of joint"[1]). Die Perspektive, die sich mit dieser dynamischen (Schreib-)Szene eröffnet, ist keine „Umsicht" (NB 368), nach der es Heinrich verlangt hatte, sondern die multiple Perspektive partialisierter („wovon er nur einen Theil gesehen", NB 367), beweglicher

1 Vgl. Derrida, *Marx' Gespenster*, bes. 45-55.

Blicke. Was sich darbietet, ist eine in räumlicher wie zeitlicher Hinsicht zersplitterte, multiple Szene.

Ich arbeite hier die Lesart des Schlosskomplexes als Schriftkomplex, wie sie sich auch bei Christian Begemann findet[1], hin auf die Frage des Szenischen – was heißt: eines Dynamisch-Szenischen – aus. Schauplatz der Schrift, ist die Szene eine dezidiert literarische Szene: Wenn die Studienfassung von „Landschaftsdichtung" spricht, so benennt sie die Szene explizit als literarische. Auch die Journalfassung tut dies, welche anstelle von „Landschaftsdichtung" von „Dichterchaos" spricht und überdies das „Wirken"/die Wirkkraft als Charakteristikum des Literarisch-Szenischen hervorhebt:

> [...] ein unabsehliches Feld von Wirken und Schaffen that sich ihm auf, und von Genießen und Schwärmen für seine [Heinrichs, E.S.] arbeitende närrische Phantasie, der ein solches Dichtungschaos, wie dieser Berg, gerade willkomen war. Er mußte von der Platte weggehen: denn ein Wirrsal und ein Getümmel von Plänen und Gedanken kam schon in sein Haupt, die sich schoben und drehten und noch keine Gestalt hatten. (NJ 350f.)

Nicht nur die „närrische Phantasie", auch das Denken wird hier von der Dynamik des Szenischen affiziert, stellt sich als szenisches Denken dar, das keine Gestalt annimmt, sondern in permanenter Bewegung („schoben und drehten") bleibt. (Auf eine weitere literarische Szene – Heinrichs Hervortreten aus dem Buch – wird an späterer Stelle zu sprechen kommen sein.)

Die Szene als bewegter Schauplatz, Schreib-Szene, wie sie der Schlosskomplex darstellt, findet ihre Allegorie in einer weiteren Szene – der unermüdlichen Tätigkeit des Wabenbaus der Bienen im Sixtusbau:

> [...] aus einigen zerbrochenen Scheiben desselben wogte es von Bienen aus und ein, und so viel man durch das trübe Glas erkennen mochte, war der Gang, insbesondere die Nischen abenteuerlich mit riesenhaften Waben bebaut, und die allergrößte Thätigkeit herrschte fort, daß es einem ordentlich im Kopfe wirrte und schwirrte, je länger man dem Treiben dieses Knäuels [...] zusah (NB 378).

Permante Bewegung, Tätigkeit, Wirken, findet das Bauen und Treiben des Geschlechtes der Scharnasts im Bauen und Treiben der Bienen seine

1 Begemann bezeichnet „die ganze Anlage" als „ein überdimensionales Aufzeichnungssystem, eine Schrift der Steine" (Begemann, *Welt der Zeichen*, 224).

Korrespondenz, und wie *jene* Szene (der Schlosskomplex) versetzt auch *diese* (Bienenstock) Betrachung und Denken in ein Wirren und Schwirren. Dabei ist kein Ende je in Sicht: „[...] aber ich lasse sie fortbauen, und es sind schon manche Schwärme in die Fichtau hinausgeflogen" (NB 378) So wenig wie die Bienen oder das Geschlecht der Scharnasts wird die Erzählung müde, die Szene *in actio* zu zeigen – denn, wie gesagt: Kein Mensch ist hier Träger von Handlung („Auf dem ganzen Wege erblickten sie kein einziges menschliches Wesen. [...] Aber nirgends war ein Mensch.", NB 366), sondern das Szenische selbst, dessen seriell-dämonischen Taten des Erzählens ich im Folgenden nachgehen will.

„Dämon der Thaten" – Szenische Wiederkehr

Wie bereits erwähnt, kreisen Jodoks Aufzeichnungen um die Frage der Tat. Das Fideikommiß, so war gesagt, generiert einen „Dämon der Thaten" (NB 410) – Taten mit kollektiver Urheberschaft („was es durch mich that", NB 410) und seriellem Fortgang, die das Leben ‚verzehren' („diese Thaten [...] waren ihr Leben, und verzehrten dieses Leben", NB 411f.). Wie nun agiert der „Dämon der Thaten" (NB 410) im Stifterschen Text? Welche gespenstische Tat treibt die Erzählung voran, ja, wird zum seriellen Akt des Erzählens selbst?

Mit der Formulierung „Engel meiner schwersten That" verweist Jodok die Frage nach dem Urspung der Tat an das Performativ der Schrift: „aus den Pergamenten des rothen Felsensaales kam dieser Engel zu mir" (NB 411). Es ist mithin weniger Jodok, der handelt, als dass eine Tat geschieht, die – wo sie die Dimension des Subjekts übersteigt –, dieses gleichwohl grundlegend affiziert. „Ich hörte die Stimme nicht, bis es zu spät war, und eine That geschah, die Alles, Alles endete. – – " (NB 416) Nicht zu sagen ist, was, wie, wann es geschah; die einzige Signatur der Tat ist zeitlicher Art, ein „zu spät", welches besiegelt, dass die Tat – ganz im Sinne von Kafkas *Landarzt* – „niemals gutzumachen"[1] ist. „‚Jodok, du willst mich tödten.' ‚Ich dich tödten, Chelion?' ‚Ja, du bist so furchtbar.'" (NB 421) Dass Jodok hierauf das Zimmer verlässt und das Fläschchen mit Gift in den Abgrund schleudert, vermag an der Tat nichts mehr zu ändern:

> „Aber es war nicht mehr auszutilgen. Sie hatte mich einmal mit dem Mörderauge an dem Bette stehen gesehen, und dieß war nicht mehr aus ihrer Seele zu nehmen. [...] Wer einmal den Arm erhob zum Todtschlage eines seiner Mitgeschöpfe, wenn er ihn auch wieder zurückzog,

1 Franz Kafka, *Ein Landarzt*, in: *Kritische Ausgabe: Drucke zu Lebzeiten*, Frankfurt am Main: Fischer 1996, 252-261, hier: 261.

> dem kann man nicht mehr trauen; er steht jenseits des Gesetzes, dem wir Unverletzlichkeit zutrauen, und er kann das frevle Spiel jeden Augenblick wiederholen. Ich habe jahrelang das Uebermenschliche versucht, daß Alles wieder sei, wie früher, allein es war vergebens" (NB 424f.). „Nie mehr seit jener Nacht ist die Röthe der Gesundheit wieder in ihr Angesicht gekommen – und so starb sie auch an einem Nachmittage; die brechenden Augen noch auf mich gerichtet, wie das arme Thier den Mörder anschaut, der ihm die Kugel in das furchtsame Herz gejagt hatte." (NB 425)

Entgegen der Suggestion des Textes, geht es hier nicht um Mord*intention*. „Dämon"/„Engel" der Tat heißt, dass Jodok Mörderauge und Tat aus den Pergamenten zukommen, ihn heimsuchen, sich ihm anheften. Die gespenstische Tat macht das Subjekt handeln, ohne dass es weiß, was es tut, rückt es „jenseits des Gesetzes", an den Ab-Ort des Verworfenen (das bereits mit Sixtus II. begegnet war: „nur *einer* war verworfen", NB 390), von dem her es – als Wiedergänger – einen wiedergängernden Akt vollzieht.

Zeitlich aus den Fugen (*out of joint*) ereignet sich die Tat als Heimsuchung und Wiederkehr. Im Modus von Nachträglichkeit (*zu spät*) hat sie sich immer schon vollzogen, wie sie gleichwohl je noch aussteht, verknüpft die Tat m.a.W. ein irreduzibel Vergangenes mit einem Zukünftigen, zwischen denen die *Nach*kommen als serielle Überträger agieren. Es ist diese seriell-gespenstische Übertragung der Tat von einem Nachkommen auf den nächsten, die Stifters *Narrenburg* im Erzählakt – seinerseits ein serieller Akt, Akt der Wiederholung – mobilisiert.

Jodoks Aufforderung, „das Gelesene" „augenblicklich" wieder zu vergessen, vermag Heinrich, wie gesagt, nicht nachzukommen. Vielmehr sieht er „überall die Gestalt des Jodokus" (NB 427) und kann auch auf seiner Hochzeit mit Anna nur an Chelion denkt. Vom Lesen affiziert, mischen sich auch in seine Handlungen die „Gespenster" (NB 427) – nicht nur der „schwersten That" Jodoks, sondern auch die Dämonen, welche schon Jodoks Tat spektralisiert und derart bewirkt hatten. Ein Proliferieren von Gespenstern ist es mithin, die der Akt des Lesens betreibt. Welches Geschehen dies freisetzt, zeigt sich in signifikanter Weise in einem weiteren performativen Akt: der Trauung von Heinrich und Anna. Bemerkenswerterweise wird der Akt der Trauung selbst nicht erzählt, ja, es starrt eine unmarkierte Leerstelle zwischen der beschriebenen Fahrt zur Trauung und dem Satz: „Als die Trauung vorüber war" (NB 432). Wo der Akt der Trauung ausgespart bleibt, erscheint die Stiftung der ehelichen Bindung zwischen Heinrich und Anna verschoben – hin auf die Fahrt zur Trauung und die damit einhergehende, sonderbare Szene:

> „[...] als er mit ihr bis zu dem Wagen gekommen war, sah man, daß von der Hand, bei der er sie führte, kaum zwei Finger die seine berührten, und daß diese Finger zitterten. Auch der Schleier [...] bebte an ihren schlagenden Pulsen" (NB 431). „Auch Anna schien von Ehrfurcht überkommen zu sein; denn dieselben Augen, die ihn sonst, wie er noch mit Pflanzen und Steinen nach Hause gekommen, so freundlich angeblickt hatten, schlugen sich auch während des Fahrens nicht ein einziges Mal zu ihm auf – sondern sie weinten nun fast unablässig fort. Er redete ihr nicht zu, sondern er dachte an Chelion, wie sie kaum so rein, so schön, so schuldlos gewesen sei, als wie die an seiner Seite, und er bezähmte sein Herz, daß es nur nicht breche vor Freude und vor Glück. Als die Trauung vorüber war und die Wagen wieder zurückkehrten" (NB 432).

Wenn sich diese Szene in der Tat als Trauung lesen lässt, dann im Sinne eines närrischen Performativs, mit dem sich eine spezifische Konstellation und Nachkommenschaft eröffnet. Die hoch affektive Szene scheint weniger in der Beziehung zwischen Anna und Heinrich begründet, die hier einander vielmehr entfremdet scheinen, als dass sie eine andere Szene aktualisiert/ wiederholt – in die Nachkommenschaft der schweren Tat und unglücklichen Liebe zwischen Chelion und Jodok eintritt. Weder der Text noch Heinrich unternehmen einen Versuch, Annas rätselhafte, nicht zu stillende Tränen zu deuten. „[S]chien von Ehrfurcht überkommen" ist als Erklärung nicht wirklich plausibel. Zugleich wandern Heinrichs Gedanken zu Chelion, deren tragisches Schicksal Jodoks Lebenbeschreibung in sein Herz inskribiert hatte. Die Hochzeitszene stellt sich m.a.W. als Wiederholungsszene dar: Die Trauung wird zur Artikulation einer unvordenklichen Trauer. Als würde die tragische Liebesgeschichte von Chelion und Jodok – um nicht zu sagen: die „schwerste That" – im Akt der Eheschließung von Anna und Heinrich, d.h. im Modus von Nachträglichkeit/Wiederholung vollzogen, als ‚erfüllte' sich sich einzig in dieser gespenstisch-närrischen Differenz und schriebe sich qua dieser als zukünftige fort. Annas unablässig „fort"dauernden Tränen kennen keine Gegenwart, sondern sind Siegel einer solchen nachträglichen Zukünftigkeit. – Bemerkenswert ambivalent ist in diesem Kontext auch die Formulierung, die sich an die von Heinrich wahrgenommene Ähnlichkeit zwischen Anna und Chelion anschließt: „und er bezähmte sein Herz, daß es nur nicht breche" – war es doch das Brechen des Herzens, das Chelion und Jodok geschehen war. Und wenn der Satz in einem gleichsam syntaktischen Nachtrag endet mit den Worten „vor Freude und vor Glück", so wirkt dieses *happy ending* des Satzes wie ein Kontrast zu der restlichen Szene und ebenso angefügt wie das *happy ending* der Erzählung, über welches noch zu sprechen sein wird.

Stifters närrisches Erzählperformativ zeugt (Ur-)Szenen einer Ehe qua gespenstischer Doppelbelichtung[1]: Im selben Zuge, wie sich Jodoks „schwerste That" konstitutiv nachträglich, d.h. als immer schon andere vollzieht, wird – in der unheimlichen Doppelfiguration – die Bindung zwischen Heinrich und Anna im Modus der Entfremdung gestiftet. Ganz im Sinne des Fideikommiß richtet Stifter Erzählen hin auf Akte der Wiederholung aus, Szenen auf Wiederkehr, Figuren auf Doppelfigurationen. Wenn gesagt war, dass das Fideikommiß die Subjekte zu seriellen Überträgern von Taten macht, so mobilisiert Stifter diese Serialität für die Performanz des Erzählens. Das Szenische ist von der Dynamik der Nachkommenschaft. Strukturell nachträglich, seriell, Ur-Szene, ist die Szene zugleich Ein- und Ausfaltung anderer Szenen. Erzählen vollzieht sich qua szenischer Wiederkehr, und es ist eben das Serielle der Szene, in dem die szenische *agency* liegt. Wie anhand von Jodoks „schwerster That" und Annas rätselhaften Tränen gesehen, ist Stifters szenischem Erzählen ein Nicht-Erzählen, ein Nicht-Wissen, inhärent. So wenig wie die Figuren, weiß der Text was er tut. Das Erratische, das die szenischen Präsentationen des Alten charakterisiert hatte, kennzeichnet auch Stifters szenisches Erzählen. Ja, der Text reflektiert explizit auf die von mir als szenisch bestimmte Zerrissenheit der Darstellung, wenn es heißt, dass uns die Vergangenheit „hie und da von einer zerrissenen Sage, oder einem stummen Mauerstücke erzählet wird, denen wir es wieder nur eben so dunkel und mangelhaft nacherzählen können" (NB 361). Im Ausfall des Erzählens artikuliert sich ein zugleich Unvergessliches wie Unerinnerliches, ein Trauma, das, obgleich es keinen anderen Schauplatz als die Wiederholung hat, doch in keiner Wiederholung abgeglichen werden kann, und mithin das Proliferieren des Szenischen bewirkt. Kein Motiv, kein Inhalt lässt sich diesen szenischen Akten attestieren. Leerstellen/verworfene Stellen im Text, fungieren sie gerade dadurch als Scharniere serieller Übertragung, welche die Erzählung vorantreibt und gespenstische Wirklichkeitseffekte – seien es dämonische Taten oder Tränen – zeitigt.

Mise en abyme oder: Begehren nach dem Surrogat

Die Tränen bei der Hochzeit mögen noch eine andere Quelle haben – oder ist es vielleicht doch dieselbe? Denn Schrift und Akt des Lesens sind hierbei ebenfalls grundlegend: „Es war fast närrisch, wie sehr ich euch gut ward", so Anna

1 Der Text benennt die Wiederholungsstruktur explizit, wenn es heißt: „Des andern Tages [...] führte Heinrich sein junges Weib [...] mit Prunk auf seinen Berg, und geleitete sie dort in die für sie eingerichteten Gemächer des Christophhauses, so wie Jodok einst die unschuldige Chelion in das Parthenon geführt hat" (NB 434).

zu Heinrich, „[d]ie Bücher, welche mir Thrine immer schickte – – sagt, habt ihr auch schon einmal bei einem Buche geweint?" „Wohl, Anna, wohl." „Seht, ich hab' es gleich gedacht, daß ihr das gethan habt" (NB 346f.) Affektproduktion ist auch hier an Schrift, genauer: Literatur, gebunden: „[A]ch, " so Anna weiter über die Bücher, „da standen auch Dinge darinnen, daß mir oft das Herz zerspringen mochte vor lauter Schmerz und Sehnsucht" (NB 345). Damit nicht genug, vollzieht der Text noch eine weitere – dezidiert szenische – Wendung im Verhältnis von Leben und Schrift, wie es das Fideikommiß installiert: Sind Leben und Liebe Heinrichs und Annas gespenstisch gespeist aus der Lektüre von Jodoks Aufzeichnungen, erweisen sich Literatur und Schrift hier zudem als konstitutiv für die Figurenkonzeption. Auf Heinrichs Frage, wie es denn kam, dass sie ihm gut wurde, antwortet Anna, daß es ihr gewesen sei, als wäre Heinrich aus der Literatur herausgetreten: „– – – und da kamet *ihr*" (NB 346) „Es war mir öfters, als seid ihr in einem solchen Buche gestanden, und daraus in unsern Garten getreten" (NB 347). Der szenische Auftritt – ein Heraustreten aus der Schrift – ist im Schriftbild selbst markiert: „– – –" – eine Auslassung, die nicht nur den Liebesaffekt als Schrifteffekt markiert, sondern mit dem sich die Szene/der Schauplatz der Schrift in eine *mise en abyme* transformiert. Heraustreten (des Lebens) aus der Schrift [Heinrich] und Eintreten (des Lebens) in die Schrift [Fideikommiß] fallen im irreduzibel doppelt, szenisch-unheimlichen Akt des Lesens zusammen. Ja, es ist eben dieses *Heraus- und Eintreten der Schrift aus der/in die Schrift*, welche die *Narrenburg* erzähltechnisch installiert – ein abgründiges Szenario, das Simulakren produziert.

Eine solche abgründige Dynamik des Szenischen generiert keine intakten Liebesobjekte oder Figuren, anders gesagt: Heinrichs und Annas Begehren situiert sich dezidiert in der Welt der Simulakren. Wer vermochte zu sagen, wer Heinrich ist? Ja, schon die Frage erscheint mit Stifters *Narrenburg* obsolet. Alles, was sich sagen lässt, ist, dass „Heinrich" eine Serie von Positionen und Begehrlichkeiten durchläuft: Sixtus II., Jodok, ein Prinz aus der Erzählung der Amme[1] oder einer, der aus einem Buch heraustritt. In seiner Serialität ist Heinrich weniger Figur als Nachkomme – Surrogat, welches immer nur auf andere Surrogate verweist, wie alle, die durch die Schrift gehen, und derart Szenen unheimlichen Begehrens unterhalten.

Die Produktion von Begehren durch Schrift/Literatur wird in der Erzählung ausführlich inszeniert. Wo die Antwort auf Heinrichs Frage „[...] wie kam es denn, daß du mir gut wurdest" (NB 343), wohl kurz und bündig lauten könnte:

1 Die Amme ihrer Freundin Thrine erzählte den Kindern Geschichten von Prinz Heuschreck und Prinzessin Goldfischchen, so dass Anna, als Heinrich das erste Mal ins Haus tritt, diesen „im ersten Schreck selber für einen solchen Prinzen" (NB 345) hält.

„durch die Literatur“, wählt die *Narrenburg* den umwegigen Gang der Schrift selbst, über dessen strukturellen Aufschub noch die Frage selbst in Vergessenheit gerät: Zwei Seiten nach dem Beginn ihrer Antwort respektive Erzählung unterbricht sich Anna mit den Worten: „– – aber was wollte ich euch denn eigentlich erzählen?“ „Wie es kam, daß du mir so gut geworden bist.“ (NB 346) Und so hatte Annas Antwort eingesetzt: „„Wie ich euch gut wurde? – Seht! ich weiß nicht, wie es kam; als ich es merkte, war es eben da. Ich will euch etwas von meiner Kindheit erzählen, vielleicht, daß ihr es dann herausfindet.““ (NB 344) In psychoanalytischer Manier *avant la lettre* nimmt Annas Antwort auf die Frage nach der Übertragung/Liebe den Weg über eine Erzählung der Kindheit und Jugend, welche wesentlich Lese-Autobiographie ist: die detaillierte Darstellung ihrer Lesepassion und Liebe für die „Narrheit“ (NB 347) der Literatur. Ganz im Sinne von Freuds Einsicht, dass alle Liebe Wiederholung ist, benennt der Text damit *das* irreduzible Surrogat als „Ursprung“ für Annas Liebesaffektion für Heinrich: die Literatur. Heinrich fasst seine Erwiderung von Annas literarischer Liebesaffektion entsprechend konsequent in die Worte: „will ich dich hüten, daß du bleibst, wie du bist, du holde, liebe Dichtung....“ (NB 346).

Serielle Rahmen: Offene Szenen

Die Randstruktur des Szenischen wurde vielfach angesprochen – im Kontext von Pias Auftritt, des Eintritts in den Schlosskomplex oder des Schlosskomplexes selbst, dessen Szenenhaftigkeit sich als seriell proliferierende Randstruktur darstellt –, und so gilt es abschließend, das spezifische Erzählverfahren Stifters in den Blick zu nehmen, welche die Randstruktur des Textes generiert: die Rahmentechnik, wie sie in der *Narrenburg* am Werk ist. Die vorangegangenen Ausführungen lassen keinen einfachen Rahmen erwarten, und in der Tat wartet Stifters Erzählung mit vielfältigen Rahmungen auf – Rahmen, die sich in den Text einfalten, ihn seriell durchziehen und derart szenische Randstrukturen kreieren.

Die Rahmenstruktur, die die Studienfassung entwickelt, könnte kaum komplexer sein: Da ist – zwischen Titel und erstem Teil der Erzählung („Die grüne Fichtau“) – zunächst das Motto: „Sieh nur, welch düstere Geschichten diese Trümmer reden. *Altes Buch*“ (NB 320). Eine wesentlich zeitliche (alt) und mediale Rahmung (Trümmer, Buch, Schrift), wirft das Motto seinen düsteren Schatten voraus. In deutlichem Kontrast dazu steht, was als unmittelbar anschließende Rahmung gelten kann: die ins Absurde gesteigerte, närrische Beschreibung des Fideikommiß und seiner Bedingungen, in der Stifters Komik voll zur Geltung kommt. Auf die Darstellung des Verfalls der Scharnast-Burg und die schalkhaft vorgetragene, „lächerliche Rechtsfrage [...], ob nun auch der Fiscus seine Lebensbeschreibung werde schreiben müssen“ (NB 323), findet sich der diesen Rahmen schließende Satz, welcher in die Erzählung der Geschichte Heinrichs überleitet: „So standen actengemäß die Sachen, als sich das zutrug, was wir in den folgenden Blättern erzählen wollen.“ (NB 323)[1] Mit dem Eingang in die ‚Binnenerzählung‘ erschöpft sich die Rahmenbildung allerdings nicht; vielmehr bildet die Binnenerzählung in sich einen weiteren Rahmen, faltet sich in sich selbst ein. Dies geschieht im zweiten Abschnitt der Erzählung („Das graue Schloss“), in Vorbereitung des Eintritts Heinrichs und Roberts in den Schlosskomplex. Die Worte des Erzählers lauten:

> [...] – und nun fuhr Alles der grünen Fichtau zu. Wir aber müssen hier von derselben scheiden, so gerne unsre Feder noch bei dem klaren, freien, heiteren Fichtauer Leben verweilen möchte. Allein der Zweck der vorliegenden Blätter führt uns aus dieser harmlosen Gegenwart, die wir

---

1 In der Journalfassung findet sich stattdessen die Passage: „Woher ich das alles weiß. Die Sache trug sich lächerlich zu, und war so: Eines schönen Sommertages gegen Abend im Jahre 1836 schritt ein junger, leidlich schmucker Bursche das romantische Waldthal der Fichtau an dem Flusse Pernitz entlang. Dieser Mann war trotz des jungen, freundlichen Gesichtes lächerlich anzusehen; denn er war confus angezogen und mit den seltsamsten Dingen bepackt.“ (NJ 305). Es folgt die Erzählung über diesen sonderbaren Mann, der niemand anderes als Heinrich ist. In ihrem Aufsatz „‚Alles nicht zu Ende, alles falsch ...‘ Allegorie und Erzählstruktur in Stifters ‚Narrenburg‘“ (*Zeitschrift für Germanistik*, Neue Folge, Vol. 17, 3, 2007, 561-574) nimmt Jutta Müller-Tamm diese Passage zum Ausgangspunkt für ihre These, dass der in der ersten Person sprechende Erzähler („Woher ich das alles weiß“) Heinrich selbst ist. Verschiedene Einwände lassen sich hiergegen formulieren: Wie bereits von Hans-Georg von Arburg kritisiert (Hans-Georg von Arburg, „Neues von der *Narrenburg*? Stifters Architekturen zwischen Historismus und Neuem Bauen“, in: Michael Gamper/Karl Wagner [Hg.], *Figuren der Übertragung. Adalbert Stifter und das Wissen seiner Zeit*, Leipzig: Chronos 2009, 109-133, hier: 117) stützt sich Müller-Tamm ausschließlich auf die Journalfassung der *Narrenburg*. Es ist unverständlich, warum die Autorin, wo sie eine dezidiert erzähltheoretische Frage erörtert – die Frage nach dem Erzähler in Stifters *Narrenburg* („Frage, *wer* hier eigentlich erzählt“, ebd., 564) – nicht die diesbezüglich signifikanten Differenzen zwischen den Fassungen diskutiert, ja, die erzähltechnisch komplexere Studienfassung vernachlässigt. In der Ausführung ihrer These, dass die Erzählung das von Heinrich Geschriebene ist, hantiert Müller-Tamm zudem mit einer vorgeblichen „Entgegensetzung von Literatur und Lebensschrift“ (ebd., 565) und einem entsprechend normativen Modell von Literatur. In diesem Zusammenhang betont Müller-Tamm die „finale Organisation der *Narrenburg*-Erzählung“ (ebd., 565f.), das „Geschäft des Beendens und Vollendens“ (ebd., 566), das „Happy End“ (ebd., 566) sowie die „Poetik der Geschlossenheit“ (ebd., 566) und „geschlossene Gestalt des dichterischen Werks“ (ebd., 572), welche sie als Modell einer „gelingenden Schrift (als Bedingung eines gelingenden Lebens!)“ (ebd., 564) betrachtet. Es bleibt unklar, woher Müller-Tamm ihre normativen Kriterien bezieht; aus dem Stifterschen Text jedenfalls nicht, der sich durch strukturelle Offenheit auszeichnet und seine moderne literarische Form gerade aus der Verschränkung von Literatur und Schrift des Lebens gewinnt.

> mit Vorliebe beschrieben haben, einer dunklen schwermüthigen Vergangenheit entgegen [...]. Zu Ende versprechen wir wieder in die Gegenwart einzulenken, und so ein dämmerndes, düsteres Bild in einen heitern freundlichen Rahmen gestellt zur Ansicht zu bringen. (NB 361)

Explizit spricht der Text hier von Rahmung („Rahmen"), welche er zugleich zeitlich bestimmt: Die „harmlose Gegenwart" wird hin auf eine „dunkle schwermüthige Vergangenheit" verlassen, deren „düsteres Bild" am Ende durch Wiedereinlenken in die „Gegenwart" in einen „heitern [...] Rahmen" gestellt werden soll. Unzweifelhaft stellt das „düstere Bild" der Vergangenheit ein Echo auf das Motto („düstere Geschichten") dar, kehrt m.a.W. das rahmende Motto in der Einfaltung der Binnengeschichte wieder, schlägt sich ein Rahmen in den anderen ein. Auf die Zeitlichkeit des Rahmens wird insbesondere mit Blick auf das Szenische zurückzukommen sein. Hier sei zunächst bemerkt, dass sich der Szenenwechsel von der „harmosen Gegenwart" der Fichtau zur dunklen Vergangenheit des Schlosskomplexes zögerlich vollzieht: Gleichsam ausgestattet mit einem sich sukzessive schließenden Vorhang tritt die Szene der Fichtau nur allmählich aus dem Blick. So lauten die Worte des Erzählers: „Ehe wir sie nun auf den alten Berg und in das alte Schloß geleiten, ist es uns noch gegönnt, den letzten Rückblick in das Fichtauer Thal zu thun" (NB 362). Und eine weitere Seite später heißt es: „Und somit war dieß unser letzter Blick in die Fichtau [...] so versank hinter ihm und auch hinter uns die ganze liebe grüne Fichtau" (NB 363). Auf die Schließung des Rahmens folgt das Eintreten in den Schlosskomplex, dessen Rand- und Rahmenstruktur oben bereits ausführlich diskutiert wurde. Auch dort war – mit Bezug auf die sich selbst öffnende/schließende Mauer – die Rede vom „Rahmen" (NB 364), in dem die Gestalt des Alten erscheint und, insofern sich ihre steingrauen Züge mit denen der Mauer verbinden, zugleich wieder verschwindet. – Einen weiteren Rahmen bilden die szenischen Präsentationen (Bild-Akte, Sprech-Akte) des Alten, die die Geschichte der Vorfahren auf so närrische Weise darbieten und Figuren (Sixtus II./Heinrich) und Geschehen in eine unheimliche Zweizeitigkeit „entsetzen" (NB 386) – eine perforierte Rahmung, die mit ihren notorischen Zeitsprüngen jegliche Trennung zwischen Gegenwart und Vergangenheit, Rahmen- und Binnenerzählung desavouiert. Eine stabilere Rahmung zwischen der Geschichte Heinrichs und der düsteren Vergangenheit der Burg Scharnast verspricht zunächst Heinrichs Lektüre der Aufzeichnungen Jodoks im dritten Teil der Erzählung („Der rothe Stein"): „Auf dem hohen Stuhle sitzend, die Papiere vor sich auf dem Tische, schlug er die ersten Blätter um, bis er zu einem eingelegten Zeichen kam, dann sein Haupt sachte vorwärts neigend, las er weiter, wie folgt:" (NB 410). Wie allerdings gezeigt, agieren auch hier Schrift und Lektüre rahmenübergreifend, suchen Heinrichs Leben gespenstisch heim, speisen Vergangenes ins Gegenwärtige ein, womit letzteres konstitutiv als Wiederkehr erscheint.

Die Zeitlichkeit der Rahmen in der *Narrenburg* könnte nicht prekärer sein. Ja, Stifters Rahmen nehmen – darin den szenischen Präsentationen des Greises verwandt – die fröhlich-unheimliche Verkreuzung der Zeiten vor, generieren ein Heterochron-Szenisches.[1] Die Verschaltung von Vergangenheit und Gegenwart war – man erinnere sich – auch schon bestimmend für das Szenische: In der Szene, in der Heinrich „Umsicht" zu erlangen sucht, lässt sich die umliegende „holde Gegenwart" der Fichtau durchaus nicht klar von der „unklare[n] Vergangenheit, auf der sie standen" (NB 369), unterscheiden; vielmehr emergiert Wirkliches (als Unheimlich-Szenisches) allererst aus der zeitlichen wie räumlichen Ent-setzung/Verschiebung der Szene hin zum *anderen Schauplatz*. Es ist qua Heterochronie, dass die multiplen Rahmen der *Narrenburg* serielle Szenen zeitigen, wie sich zugleich das Szenische als serielle Rahmenstruktur generiert.

Wie gestaltet sich in Anbetracht dieser heterochronen Rahmenstruktur von Stifters szenischem Realismus nun die versprochene Wiedereinlenkung in die „Gegenwart", um derart am Ende das „dämmernde[], düstere[] Bild [der Vergangenheit, E.S.] in einen heitern freundlichen Rahmen gestellt zur Ansicht zu bringen" (NB 361)? Hält der Text sein Versprechen – ein Versprechen, das sich nur in der Studienfassung findet – oder besser: Wie vollzieht sich die Rahmung, die sich der zeitlichen Diskrepanz zwischen Bild und Rahmen wohl bewusst ist, ja, aus eben dieser Diskrepanz ihre spezifische Perspektive gewinnt? Denn es geht ja ausdrücklich um ein „zur Ansicht bringen", sprich: auch hier also um einen szenischen Akt. Bezüglich des Endes der Erzählung besteht wohl der signifikanteste Unterschied zwischen Studien- und Journalfassung: Während die Journalfassung mit einem „Lebe wohl" an das „glückliche[] Paar" (NJ 403) endet, hält die Studienfassung eine Reihe schließender Rahmungen bereit.

Wo Düster-Vergangenes im Heiter-Gegenwärtigen „zur Ansicht gebracht" wird, steht nicht notwendigerweise ein Ungetrübtes, ein *happy ending*, das – wie es in der Journalfassung heißt – „unsägliche Glück" (NJ 403) zu erwarten. Strukturell ließe sich eine spektrale Perspektive, eine gebrochen-doppelte Szene vermuten, in der Düsteres und Heiteres so wenig voneinander zu trennen wären wie Vergangenheit und Gegenwart, die sich immer schon ineinander eingelagert und wechselseitig verschoben hätten. Was also tut, wie endet

1 Zum Begriff der Heterochronie vgl. Michel Foucault, „Andere Räume", in: Karlheinz Barck/Peter Gente/Heidi Paris/Stefan Richter (Hg.), *Aisthesis. Wahrnehmung heute oder Perspektiven einer anderen Ästhetik*, Leipzig: Reclam 1992, 34-46, bes. 43.

die Studienfassung? Der Tenor des Glücks ist zweifellos auch hier vorherrschend, und doch lohnt ein genauerer Blick auf die Sprechakte, mit denen der Text schließt bzw. nicht schließt. Den „heitern […] Rahmen“ (NB 361) aus dem Versprechen zitierend lautet die erste Schließung wie folgt: „Wir […] beschließen unsere Erzählung mit diesem heitern Ausgange der trüben Geschichten des Rothensteins, und wünschen dem Paare, daß es so glücklich fortlebe, wie ihre Ehe glücklich begonnen.“ (NB 434) Zwei Momente lassen innehalten: Zum einen handelt es sich um einen Wunsch, der als solcher Offenheit artikuliert; zum anderen ist es durchaus nicht ausgemacht, dass die Ehe zwischen Anna und Heinrich glücklich begonnen hatte. Man denke nur an die unstillbaren, gespenstischen Tränen Annas anlässlich ihrer Trauung – Tränen, die sich wiederum nur in der Studienfassung finden. Mischt sich der durch die Tränen getrübte Blick hier in die „Ansicht“ der „trüben Geschichten“ der Vergangenheit durch den heitern Rahmen der Gegenwart – und wäre mithin die glückliche Szene konstitutiv getrübt?

Offensichtlich besorgt um die Dauer des Glücks, fügt der Erzähler einen *Nach*trag hinzu, ein im Präsens gehaltenes Postscriptum, welches den Leser/die Leserin des noch anhaltenden Glückes vergewissert: „Ein Anfang dazu ist schon gemacht; denn die einigen Jahre, die seit dem, was wir eben erzählten, bis auf heute verflossen, sind ganz glücklich gewesen.“ (NB 435) Das „noch“, das bereits im Zusammenhang mit Heinrichs Vergewisserung ob der Fichtau begegnet war („[w]ohl war das Land noch, wie gestern“, NB 368) und dort einen epistemischen Zweifel artikuliert hatte, klingt hier erneut an. Auch lässt sich sagen, dass ein *happy ending* in Serie, wie es die *Narrenburg* in unnachahmlich Stifterscher Manier entwickelt, eine durchaus prekäre Dynamik in Gang setzt. Die schließende Rahmung, die das *happy ending* gemeinhin verbürgt, wird von einem *happy ending* in Serie unterlaufen, in ein *nach* und *nach*, einen Aufschub, eine Zwischenzeitlichkeit/Nachträglichkeit überführt. Mit der durch die Rahmentechnik installierte serielle Schließung/Öffnung wird die Szene in Offenheit, Ambivalenz, Ungewissheit gehalten – und mag eben darin Schauplatz Stifterschen Glücks sein: serielles Fortdauern. Wenn der Erzähler mit dem Nachtrag um die Dauer des Glücks besorgt erscheint, so ist er es wohl in der Tat: nicht jedoch im Sinne einer Sorge um die allzu große Flüchtigkeit des Glücks, das nur den Augenblick kennt, sondern im dezidierten Sinne einer Konzeption von Glück als Dauer. Wie bei Kierkegaard das Glück in der Wiederholung liegt, so bei Stifter im Seriellen, in der gepenstischen Trübung des *nach*.

Und so mag es nicht verwundern, dass sich am Ende der *Narrenburg* noch ein weiterer schließender Rahmen auftut: Auf das aus der Journalfassung bekannte Lebewohl an das glückliche Paar („Und so, du glücklichees Paar, lebe wohl!“, NB 436) folgt in der Studienfassung ein weiterer Abschnitt, der die

Erzählung beschließt bzw. wieder neu eröffnet: „Wenn von den andern Schriften des rothen Felsensaales von Julian, Christoph, Prokop, etwas bekannt wird, so wird es dereinst vorgelegt werden." (NB 436) Mit diesem, ihrem letzten Satz ruft die Erzählung die Gespenster der Schrift erneut auf den Plan. Kein einfaches Wiedereinlenken also nimmt die Rahmung am Ende der *Narrenburg* vor, sondern ein doppeltes: Nicht nur bringt sie das „düstere[] Bild" der Vergangenheit im „heitern [...] Rahmen" der Gegenwart „zur Ansicht" (NB 361), letzterer wird erneut durch die Schrift gerahmt, sprich: in den vergangen-zukünftigen Blick des Gespenstischen genommen. Vergangenes bleibt in Latenz und wird als Zukünftiges wiederkehren („so wird es dereinst vorgelegt werden"). Weit davon entfernt, eine Auflösung des Düsteren ins Heitere zu betreiben, installiert die serielle Rahmung der *Narrenburg* die wechselseitige Heimsuchung von Vergangenheit und Gegenwart und generiert damit eine spezifische „Ansicht" bzw. Szene: ein spektrales Perspektiv, eine doppelte Szene, welche Wirklichkeitseffekte als Simulakrum, *déjà vu*, produziert.

Wenn die *Narrenburg* an einer Sache keinen Zweifel lässt, dann an ihrem Fortgang: Der letzte Satz impliziert die Fortsetzung des Erzählens[1] – garantiert von den Gespenstern der Schrift. Stifters szenischer Realismus und serielle Rahmentechnik produzieren keine geschlossenen, sondern offene Szenen, und so endet die *Narrenburg* weniger, als dass sie sich szenisch fortsetzt – oder um es mit den Worten des Alten zu sagen: „– Alles ist nicht zu Ende; Alles ist falsch" (NB 395).

•••

Mit dem Unheimlichen der Wahrnehmung, den wiederkehrenden Szenen, Wiedergängern und Untoten, der Heterochronie des Rahmens und Simulakrumstruktur des Wirklichen steht Stifter nicht allein. Storms und Fontanes gespenstische Realismen arbeiten an eben solchen Wahrnehmungen, Zeitlichkeiten, Figurationen und Szenarien. Die Überlegungen zum Unheimlichen der Wahrnehmung fortführend, will ich mich zunächst Theodor Storm zuwenden, um mich im letzten Kapitel Fontanes szenisch-theatralen Apparaturen und ihren gespenstischen Wirklichkeitseffekten zu widmen.

---

1 Eine dieser Fortsetzungen ist Stifters Erzählung *Prokopus* (1847). Zudem ist die in enger zeitlicher Nähe zur *Narrenburg* entstandene *Mappe meines Urgroßvaters* diesem Kontext zuzurechnen. In der Journalfassung der *Mappe* trägt der Obrist noch den Namen Julius Scharnast, welcher der Ururgroßvater Heinrichs ist. Zum Verhältnis zwischen *Narrenburg* und *Mappe meines Urgroßvaters* vgl. auch Begemann, *Die Welt der Zeichen*, 242-259.

KAPITEL III

Exzentrik von Wahrnehmung. Storms unheimlicher Realismus

Keiner der Realisten ist so gespensterbesessen wie Theodor Storm. Das Spektrum des Gespenstischen reicht vom frühen Sammeln[1], Verfassen und Erzählen[2] von Spukgeschichten bis zur dezidierten Poetik des Unheimlichen in Storms letzter Novelle *Der Schimmelreiter*.[3] Bei aller Obsession mit dem Gespenstischen ist es nichts „Un- oder Uebernatürliches", welches Storm interessiert, sondern – wie es im Brief vom 4. August 1882 an Gottfried Keller heißt – „das Natürliche, was nicht unter die alltäglichen Wahrnehmungen fällt"[4] – ein Gespenstisches/ein Unheimliches der Wahrnehmung also. Spricht Lukács in Bezug auf „Storms Welt"[5] von den „einheimischen Augen", welche allein in der „grauen Monotonie" Differenz wahrzunehmen vermögen, so gilt mein Augenmerk im Folgenden dem ‚uncanny eye', dem gespenstischen Blick, welcher Wirklichkeit als Schattenreich generiert. Es sind Blicke aus „toten

1 Theodor Storm, *Neues Gespensterbuch. Beiträge zur Geschichte des Spuks*, hg. von Karl Ernst Laage, Frankfurt am Main: Insel 1991. Zur Gespenstergeschichte bei Storm vgl. Gero von Wilpert, *Die deutsche Gespenstergeschichte. Motiv – Form – Entwicklung*, Stuttgart: Kröner 1994, 309-328.

2 Fontane schreibt in seinen Erinnerungen an Storm aus der Zeit von dessen Aufenthalt in Potsdam: „Denselben Abend erzählte er auch Spukgeschichten; was er ganz vorzüglich verstand, weil es immer klang, als würde das, was er vortrug, aus der Ferne von einer leisen Violine begleitet." (Theodor Storm, *Sämtliche Werke in vier Bänden, Bd. IV: Märchen, Kleine Prosa*, Frankfurt am Main: Deutscher Klassiker Verlag 1988, 605, Anm. zu *Am Kamin*).

3 Zum Spuk als Strukturprinzip von Storms Realismus vgl. auch Philipp Theisohn, „Spökenkieken. Storm und das Wissen der Geister", in: *Schriften der Theodor-Storm-Gesellschaft*, 63, 2014, 23-39.

4 Storm „Brief an Gottfried Keller, 4. August 1882", 92. Vgl. auch die Analyse von Anette Schwarz, welche allerdings eine andere, als die hier entwickelte Argumentation verfolgt: „A collector of ghost stories, and well versed in the literature and tradition of the uncanny, Storm draws a sharp line between the uncanny and the supernatural. In a letter to Gottfried Keller, he emphasizes that the realm of the natural or familiar cannot be apprehended by everyday perception and that unperceived forces and phenomena reveal their hidden existence in uncanny tales." (Anette Schwarz, „Social Subjects and Tragic Legacies: The Uncanny in Theodor Storm's *Der Schimmelreiter*", in: *The Germanic Review*, Vol. 73, 1998, 251-266, hier: 253) Storm „[situates] the uncanny in a realm that is inaccessible to us not because of its supernatural quality but due to the limits of perception" (ebd., 253).

5 Georg Lukács, „Bürgerlichkeit und L'art pour l'art: Theodor Storm", in: ders., *Die Seele und die Formen*, Neuwied/Berlin: Luchterhand 1971, 82-116, hier: 95.

 | DOI:10.30965/9783846763667_005

Augen“[1], denen Lebendiges nicht Schatten wirft, sondern sich selbst nurmehr als Schatten darbietet, als „Schatten eines Lebendigen“[2], wie es in *Im Sonnenschein* heißt.

Wahrnehmung ist der privilegierte Darstellungsmodus der Stormschen Texte. Dem in der Storm-Forschung so prominenten Topos der ‚Erinnerungsnovellistik‘[3] will meine Analyse gespenstischer Wahrnehmung eine neue Lesart zur Seite stellen, welche Konsequenzen nicht nur mit Blick auf die Frage der Zeitlichkeit von Wahrnehmung, sondern auch für den epistemischen Status des Wirklichen hat.

1 Wahrnehmung zwischen „Heim*weh*“ und „Heimsuchung“: Thomas Manns Storm-Essay

In seinem Essay über Theodor Storm von 1930 spricht Thomas Mann von dem „Exzentrischen“[4] Storms in Hinsicht auf dessen Heimweh-Versessenheit. Mann liest Storms „Heimatliebe, Heimatbefangenheit, Heimatsmanie“[5] nicht im räumlichen Sinne – wie dies etwa Fontanes Rede von Storms „Husumerei“[6] oder auch die Landschaftsbeschreibungen, mittels derer Lukács Storms Welt charakterisiert[7], nahelegen –, sondern strikt zeitlich: Storms „Heimatlichkeit“, so Mann,

> ist wesentlich Sehnsucht, […] ein Heim*weh*, das durch keine Realität zu stillen ist, denn sie richtet sich durchaus aufs Vergangene, Versunkene, Verlorene. […] Es ist […] sentimental in einem etwas krankhaften Sinn, wenn man die Gleichsetzung von Vergangenheit und Heimat ein wenig krankhaft nennen darf.[8]

---

1 Theodor Storm, *Immensee*, in: *Sämtliche Werke in vier Bänden, Bd. I: Gedichte, Novellen 1848-1867*, Frankfurt am Main: Deutscher Klassiker Verlag 1987, 295-328, hier: 327.

2 Theodor Storm, *Im Sonnenschein*, in: *Sämtliche Werke in vier Bänden, Bd. I*, 349-362, hier: 352.

3 Vgl. u.a. Peter Sprengel, *Geschichte der deutschsprachigen Literatur 1870-1900. Von der Reichsgründung bis zur Jahrhundertwende*, München: Beck 1998, 399.

4 Thomas Mann, „Theodor Storm“, in: *Gesammelte Werke in dreizehn Bänden, Bd. IX: Reden und Aufsätze 1*, Frankfurt am Main: Fischer 1975, 246-267, hier: 255.

5 Ebd., 252.

6 Theodor Fontane, *Von Zwanzig bis Dreißig*, in: *Große Brandenburger Ausgabe. Das autobiographische Werk, Bd. 3*, Berlin: Aufbau 2014, 225.

7 Vgl. Lukács, „Bürgerlichkeit und L'art pour l'art“, 95.

8 Mann, *Theodor Storm*, 253.

Die „Gleichsetzung von Vergangenheit und Heimat“ bedeutet in letzter Konsequenz die Ausstreichung von Präsenz. Wo Heimat bloße Vergangenheit ‚ist‘, ist sie strukturell entzogen, verloren, versunken, „‚[v]orbei‘“[1] – und zwar als eine, die niemals präsent war, sondern sich einzig im „*weh*“ – sei es im „Heim*weh*“ oder in der „*Weh*mut“[2] –, sprich: nachträglich konstituiert. Es ist diese strukturelle Nachträglichkeit, das „*weh*“, welche – wie Mann sagt – „das Gedicht zeitigen“[3], es zeitigen *als* „*weh*“, welches seinerseits jegliche Präsenz ausstreicht, das „vorbei“ als „vorbei“ wiederholt. Heim*weh* – so die hier vorgeschlagene Lesart – ist bei Storm nicht Motiv, sondern Zeitlichkeit, Zeitigung des Gedichts als *weh*. Mann spricht von dem „entnervenden Charakter[]“ des „Romanzenklang[s]“ bei Storm, der „zum Ausdruck eines klagenden Seeleneigensinns zu werden [scheint], dem das Gegenwärtige kalte Fremde bedeutet“[4]. Als *weh* hat das Gedicht selbst keine Gegenwart oder besser: streicht es noch seine eigene Gegenwart aus zugunsten der Wiederholungsstruktur des „noch einmal“ – eines „noch einmal“ gleichwohl nicht von Präsenz, sondern (s)eines „vorbei“. Storms Gedicht „Noch einmal!“ artikuliert die Zeitigung des Gedichtes aus dem (Heim-)*Weh* und die Suspendierung seiner eigenen Gegenwart („kalte Fremde“) qua Wiederholung im Modus gleichzeitigen Willkommens und Abschieds.

NOCH EINMAL!

Noch einmal fällt in meinen Schoß
Die rote Rose Leidenschaft;
Noch einmal hab' ich schwärmerisch
In Mädchenaugen mich vergafft;
Noch einmal legt ein junges Herz
An meines seinen starken Schlag;
Noch einmal weht an meine Stirn
Ein juniheißer Sommertag.“[5]

Mann, der dieses Gedicht in seinem Essay nur beiläufig erwähnt, liest es als „Dankbarkeit des Alternden für seine letzte späte Heimsuchung durch Glück

1 Ebd., 253.

2 Thomas Mann, „Das Ewig-Weibliche“, in: *Gesammelte Werke in dreizehn Bänden, Bd. XIII: Nachträge*, Frankfurt am Main: Fischer 1974, 383-388, hier: 384, Herv. E.S.

3 Mann, *Theodor Storm*, 253.

4 Ebd., 253f.

5 Theodor Storm, „Noch einmal!“, in: *Sämtliche Werke in vier Bänden, Bd. I*, 21.

und Rausch"[1]. Eine formale Analyse vermag noch Weiteres zu der hier entwickelten Argumentation beizutragen. Qua viermaliger Wiederholung – zu Beginn jeder zweiten Verszeile – zeitigt sich das Gedicht aus dem „noch einmal", jener Wiederholungsformel, die (im Unterschied etwa zu ‚wieder') zugleich Wiederkehr *und* Abschied bedeutet. Manns karge Worte erweisen sich hier als strukturell präzise: Der vom „noch", vom „Späten" besessene Mann[2] sieht eben dieses – das „[L]etzte", „[S]päte", sprich: die Dimension des Abschieds im (wiederholten) Moment der Zeitigung des Gedichtes. Im selben Zuge gesellt er dem „Heim*weh*" als Charakterisierung dieser Zeitigung die „Heimsuchung" als Pendant zur Seite: Im Spannungsverhältnis zwischen Heimweh und Heimsuchung, ja, als dieses Spannungsverhältnis wäre mithin die Zeitigung des Gedichts aus dem „noch einmal" zu beschreiben. Es ist das wiederholte „noch einmal", welches das Gedicht rhythmisiert, ihm seine Zeit im selben Zuge gibt wie nimmt, wenn dieses „noch einmal", ein „letzte[s] späte[s]" Mal zum Vers wie zum Abschied ansetzt. – Das „noch einmal" suspendiert die Gegenwart/Präsenz des Gedichtes auch noch auf anderer Ebene. Einem Vorzeichen gleich steht es vor jedem im Präsens gefassten Ereignis: „fällt auf meinen Schoß", „legt ein junges Herz", „weht an meine Stirn". Kein „fällt", „legt", „weht", welches nicht in die Formel der Wiederholung, zwischen Heimweh und Heimsuchung, eingefasst, und mithin seines/r Präsens/z entledigt wäre.

Mit einem Ausrufezeichen versehen, trägt das Gedicht sein poetologisches Programm im Titel: „Noch einmal!" Dieses Programm macht sich nicht allein in Effekten der Zeitigung, Rhythmisierung und Suspendierung der Präsenz des Gedichtes geltend, sondern richtet auch die Inszenierung von Wahrnehmung aus, ja, Wahrnehmung erscheint als bevorzugter Modus Stormscher Heimweh-Besessenheit und mithin als Schauplatz von Wiederholung und Suspendierung von Präsenz: „Noch einmal weht an meine Stirn/Ein juniheißer Sommertag." Was hier noch als einfache Wiederholung eines präsentischen Wahrnehmungsaktes gelesen werden kann, offenbart eine wesentlich komplexere Struktur in einer weiteren Passage, die Mann zitiert, ohne jedoch die zeitliche Exzentrik von Wahrnehmung zu diskutieren, welche sich darin abzeichnet. Mann zitiert Storm:

1 Mann, *Theodor Storm*, 259.

2 In den *Betrachtungen eines Unpolitischen* nennt Mann die „späte Bewußtheit" (Thomas Mann, *Betrachtungen eines Unpolitischen*, in: *Große Kommentierte Frankfurter Ausgabe. Werke, Briefe, Tagebücher, Bd. 13.1*, Frankfurt am Main: Fischer 2009, 116) der *Buddenbrooks* denjenigen Faktor, der „die Monumentalisierung jener Verfallsstimmung ermöglichte, welche Storms bürgerliche Welt umgibt." (Ebd., 116) „Noch! Späte, ja verspätete Bürgerlichkeit machte mich zum Verfallsanalytiker" (ebd., 117).

Er sagt von ‚Immensee‘:

Aus diesen Blättern steigt der Duft des Veilchens,
Das dort zu Haus auf unsern Heiden stand,
Jahraus und – ein, von welchem keiner wußte,
Und das ich später nirgends wieder fand.[1]

– und kommentiert diese Passage mit den Worten: „Der Tonfall hat [...] etwas wahrhaft Sinnbenehmendes [...], und zwar vermöge eben jenes Ineinanderrinnens der beiden Gefühlsideen ‚Zu Haus‘ und ‚Vergangenheit‘ zum Heidenveilchen-Duft unendlicher Heimweh-Sensitivität.“[2] Zwar ist es dezidiert die Wahrnehmung, der Duft, den Mann als Ort der Stormschen Gleichsetzung von Heimat/„Zu Haus“ und „Vergangenheit“, sprich: als Ort von „Heimweh“, bestimmt, doch bleibt seine Lektüre letztlich dem Nostalgie- und Erinnerungskomplex verhaftet. Eine – wenn man so will – exzentrischere Lektüre der zitierten Verse vermag hieraus strukturelle Konsequenzen für den Wahrnehmungsakt selbst zu ziehen: Das in der Gegenwart beschriebene Wahrnehmungsereignis: „steigt der Duft des Veilchens“ hat seine Referenz gerade nicht in der Gegenwart, sondern in der Vergangenheit: „Das dort zu Haus auf unsren Heiden stand“.[3] Dabei ist auch hier die Vergangenheit keine, welche jemals präsent war, sondern als konstitutiv verloren konstruiert: „von welchem Keiner wußte, /Und das ich später nirgends wieder fand.“[4] Wenn Mann seine Zitation von Storms Gedicht „Immensee“ mit den Worten einleitet: „Er sagt von ‚Immensee‘“, reizt er überdies eine referentielle Ambivalenz aus, die den Stormschen Zeilen innewohnt: „Aus diesen Blättern“ bleibt in der Referenz unklar, insofern es zugleich die Blätter des Geschriebenen wie diejenigen eines Veilchens bezeichnen kann. In Bezug auf die „Blätter“ von „Immensee“ gelesen, würden Literatur und Lektüre selbst als exzentrisches Wahrnehmungsereignis lesbar.

Nicht weniger deutlich artikuliert sich die Exzentrik von Wahrnehmung in einer Szene in Storms *Im Sonnenschein*, in welcher die Großmutter den Duft von Buchsbaumrabatten wahrnimmt, welche längst entfernt wurden:

1 Mann, *Theodor Storm*, 254.

2 Ebd., 254.

3 Mann zitiert leicht ungenau. Die Verse von „Immensee“ lauten: „Aus diesen Blättern steigt der Duft des Veilchens, /Das dort zu Haus auf unsren Heiden stand, /Jahr aus und ein, von welchem Keiner wußte, /Und das ich später nirgends wieder fand.“ (Theodor Storm, „Immensee“ in: *Sämtliche Werke in vier Bänden, Bd. I*, 74).

4 Ebd., 74.

> Die Großmutter neigte ein wenig das Haupt; dann blickte sie in der Stube umher und sagte: ‚Mach das Fenster zu, Anne! Es duftet mir so stark; die Sonne scheint draußen auf die Buchsbaumrabatten.' ‚Die Frau hat wieder ihre Gedanken!' murmelte die alte Dienerin; denn der Buchsbaum war vor über zwanzig Jahren fortgenommen [...]. Aber sie sagte nichts dergleichen, sondern schloß, wie ihr geheißen war, das Fenster. (IS 361)

Wo die die Großmutter den Duft von Buchsbaumrabatten wahrnimmt, welche längst entfernt wurden, artikuliert sich Wahrnehmung jenseits von Referenz: Es ist das irreduzible „vorbei" – der seit mehr als zwanzig Jahren nicht mehr und strukturell derart niemals vorhandene Buchsbaum –, welches/r die Wahrnehmung/den Duft der Buchsbaumrabatten allererst zeitigt. Wahrnehmung ist privilegierter Modus der von Storm selbst so genannten „Poesie der Verschollenheit"[1]: strukturell exzentrisch, von irreduzibler Nachträglichkeit. In dezidierter Suspendierung von Referenz werden Wahrnehmungsereignisse selbst zu Wiedergängern, ihre ‚Präsenz'/‚Gegenwart' – wenn man von einer solchen sprechen will – ist eine gespenstische, und einzig sie ist Ausweis des Wirklichen. Als wäre das Wirkliche selbst verschollen und würde von daher niemals zur Gewissheit, sondern Heimsuchung bleiben.

Storms Exzentrik von Wahrnehmung hat weitreichende realismustheoretische Konsequenzen: Bestimmt Barthes den Realismus als „Diskurs, der nur vom Referenten beglaubigte Äußerungen akzeptiert"[2], so steht Storms wahrgenommene Wirklichkeit hierzu entschieden quer: Der Realitätseffekt (*l'effet de réel*), die „*referentielle Illusion*"[3], welche – wie Barthes anhand „konkrete[r] Detail[s]"[4] im realistischen Erzählen ausführt – aus dem „*direkten* Zusammentreffen zwischen einem Referenten und einem Signifikanten"[5] resultiert, stellt sich bei Storm bezeichnenderweise gerade über die Verabschiedung des Referenten (Buchsbaum, Heideveilchen) dar. Dabei könnte der Ort der Verabschiedung des Referenten nicht präziser gewählt sein: Ausgerechnet im Akt der Wahrnehmung, der doch für Präsenz und Referenz zu bürgen hat, selbige zu verabschieden, und gleichwohl Wirklichkeitsdarstellung strikt an

1 Nach erneuter Lektüre von *Im Sonnenschein* schreibt Storm am 6. Juli 1862 an seine Frau Constanze: „[...] diese Poesie der Verschollenheit hat mich, den Verfasser, ganz wieder übermannt" (Theodor Storm, „Brief an Constanze Storm, 6. Juli 1862", in: *Theodor Storm – Constanze Storm: Briefwechsel. Kritische Ausgabe*, hg. von Regina Fasold, Berlin: Erich Schmidt 2009, 212-214, hier: 213).

2 Barthes, „Der Wirklichkeitseffekt", 171.

3 Ebd., 171.

4 Ebd., 171.

5 Ebd., 171.

Wahrnehmung zu binden – Wirklichkeit also als ‚wahrgenommene Wirklichkeit' zu konzipieren –, bewirkt eine nachhaltige epistemische Erschütterung des Wirklichen und damit auch des realistischen Projekts. Storms Inszenierung von Wahrnehmung als Heim*weh* verschiebt die von Barthes für den Realismus konstatierte „referentielle Fülle"[1] hin zur Wirklichkeit als Simulakrum. Wirklichkeit selbst wird zu einer Figur von Heimweh, tritt in die Dynamik von Wiederkehr ein, sprich: einzig als wiedergängernde in Erscheinung. Vom „vorbei" gezeitigt, ist ihr ein Gespenstisches inhärent. Mann spricht von der „Dichtersympathie Storms mit dem [...] Gespenstischen dem er immer eine gewisse Realität zugesteht"[2].

Ausgestattet mit dem „vorbei" suspendiert Storms exzentrische Poetologie der Wahrnehmung nicht nur den Referenten, sondern zugleich damit auch jegliches Kriterium, Wahrnehmung von „Heimsuchung"[3] bzw. – um mit einem anderen Wort aus Thomas Manns Storm-Essay zu sprechen – „Vision"[4] zu unterscheiden. „Und wie steht es im Grunde um das Idyll?"[5] Im Sinne des Vorangegangenen ist es gerade kein Idyll, welches Mann in dem bekannten Gedicht „Im Walde", welches Aufnahme in *Immensee* gefunden hat, sieht, sondern – eine „Vision":

> ‚Im Walde', die sommerzauberversponnene Vision der kleinen Fee unter den niederhängenden Zweigen ...
>
> Sie sitzt im Thymiane,
> Sie sitzt in lauter Duft;
> Die blauen Fliegen summen
> Und blitzen durch die Luft.
> ------------------------------
> Der Kuckuck lacht von ferne;
> Es geht mir durch den Sinn:
> Sie hat die goldnen Augen
> Der Waldeskönigin.[6]

1 Ebd., 172.
2 Mann, *Theodor Storm*, 262.
3 Ebd., 259.
4 Ebd., 250.
5 Ebd., 255.
6 Ebd., 250.

Manns Lesart dieses Bildes als „Vision" statt als Idyll erfährt Unterstützung durch seine Rahmung in *Immensee*.[1] Es steht im Kontext einer Szene des Suchens und Findens, wobei sich das Finden als ein Akt ereignet, der ästhetische Wahrnehmung gerade qua Verabschiedung von Referenz generiert: Elisabeths und Reinhardts Suche nach Erdbeeren gestaltet sich in spezifischer Weise: Die Vergeblichkeit, das „vorbei", ist ihr von Beginn an inhärent: „‚Wo bleiben denn aber Deine Erdbeeren?' fragte sie" (I 301). „‚Hier haben sie gestanden', sagte er; ‚aber die Kröten sind uns zuvorgekommen, oder die Marder, oder vielleicht die Elfen.'" (I 302) Etwas ist immer zuvorgekommen, sprich: die Suche vollzieht sich als Verspätung, wobei es auch hier, wie beim Buchsbaum – oder Veilchenduft, gerade die Verabschiedung von Referenz ist, über welche sich Wahrnehmung/wahrgenommene Wirklichkeit konstituiert: „‚Hier müssen Erdbeeren sein,' sagte das Mädchen, ‚es duftet so süß.' Sie gingen suchend durch den sonnigen Raum; aber sie fanden keine." (I 302) Der referenzlose „süße Duft" kehrt an einem Weihnachtsabend wieder, nachdem Reinhardt die Heimatstadt zum Studium verlassen hat: „Ein süßer Duft schlug ihm entgegen; das heimelte ihn an" (I 307), ob seiner „überfiel ihn unerbittliches Heimweh" (I 308). Die Suspendierung von Referenz geht mit einer Ausstreichung zeitlicher Präsenz einher: „Es ist keine Erdbeerenzeit" (I 324), heißt es an späterer Stelle, wobei die Betonung auf dem „ist" liegen mag. „Erdbeerenzeit" ist niemals gegenwärtig, immer zu früh oder zu spät, *noch nicht* oder *nicht mehr*, womit Wahrnehmung zum *déjà-vu* wird: So heißt es über Reinhardt: „und es kam ihm plötzlich, dies Alles sei schon einmal ebenso gewesen" (I 324).

Reinhardts dichterische Produktion bzw. Storms Gedicht „Im Walde" ist dem „süßen Duft" strukturell verwandt: Wie die Erdbeersuche wahrgenommene Wirklichkeit qua Suspendierung von Referenz generiert/‚findet', tut dies die dichterische „Vision": „Reinhardt hatte aber doch etwas gefunden; waren es keine Erdbeeren, so war es doch auch im Walde gewachsen. Als er nach Hause gekommen war, schrieb er in seinen alten Pergamentband" (I 303f.). Nicht von ungefähr mag die Waldkönigin „in lauter Duft" sitzen, jenem ephemeren Zeugnis wahrgenommener/ästhetischer Wirklichkeit. Als generierte der Duft selbst die ästhetische Vision, wird Elisabeth Reinhardt „Ausdruck für alles Liebliche und Wunderbare seines aufgehenden Lebens." (I 304) Mark Ward kommentiert Reinhardts Verse gleichfalls – im Sinne der Verabschiedung von Referenz

1 Dass Mann das Gedicht „Im Walde" seinerseits im Kontext von *Immensee* liest, deutet seine Formulierung „unter den niederhängenden Zweigen" an. Während in dem Gedicht selbst nichts auf „niederhängende Zweige" hinweist, spricht Storm an einer späteren Stelle in *Immensee*, welche ausdrücklich als Wiederholung der Vision der Waldeskönigin markiert ist („[…] es kam ihm plötzlich, dies Alles sei schon einmal ebenso gewesen", I 324), von „überhängende[n] Zweige[n]" (I 324).

und Genese ästhetischer Wirklichkeit – als „Vision“, ohne jedoch – wie es der Schwerpunkt meiner Lektüre ist – den Akzent auf die Exzentrik von Wahrnehmung zu setzen: „Elisabeth [...] has also become a cipher or symbol; she no longer exists for him exclusively in her own right as an individual, rather she is perceived and subsumed within a vision which is the product of a disinterested or aesthetic appreciation.“[1]

Storms Exzentrik von Wahrnehmung suspendiert das Idyll zugunsten einer Dynamik von „Heim*weh*“ und „Heimsuchung“. Ein Unding, Idyll und Unheimliches zu verbinden, und doch tut Storm gerade das. Der Duft eines vor über zwanzig Jahren entfernten Buchsbaums, eines nie dagewesenen Veilchens oder nicht gefundener Erdbeeren – dies sind die Idyllen Storms, in denen das Idyll selbst zum Wiedergänger wird[2]: eine gespenstische Vision. Storms Texte produzieren keine Idyllen, sondern werden vom Idyll heimgesucht – dies macht ihre „Modernität“[3] aus.[4]

•••

Es sind verschiedene Verfahren, mittels derer Storm die Exzentrik von Wahrnehmung und damit verbundene Genese des Wirklichen als Wiedergänger/Simulakrum in Szene setzt. Ich will ihnen im Folgenden anhand der Rahmentechnik in *Immensee, Im Sonnenschein, Marthe und ihre Uhr* und *Zur Chronik von Grieshuus*, der Erosion von Warnehmung im *Schimmelreiter*, den seriellen Blicken in *Aquis submersus* sowie dem experimentellen *setting* von Storms *Neues Gespensterbuch* genauer nachgehen.

---

1 Mark G. Ward, „More than ‚Stammesverwandtschaft‘? On Tonio Kröger's Reading of *Immensee*“, in: *German Life and Letters*, 36, 1983, 301-316, hier: 310f.

2 Vgl. hierzu auch Theodor Storms Gedicht „Garten-Spuk“, in: *Sämtliche Werke in vier Bänden, Bd. I*, 71-74.

3 Mann, *Theodor Storm*, 249. Meine Storm-Lektüre hält es ganz mit Thomas Manns Akzentuierung der „Modernität“ Storms, welche in deutlichem Kontrast zu Lukács' Diktum steht, dass bei Storm die „Welt der Modernen im Bereich des Unverarbeiteten bleibt“ (Lukács, „Bürgerlichkeit und L'art pour l'art“, 112).

4 Zum Idyll bei Storm vgl. auch Philipp Theisohn, „Erdbeeren. Ökologie und Mediologie der Idylle in Voß' *Luise* (1795) und Storms *Immensee* (1849)“, in: Sabine Schneider/Marie Drath (Hg.), *Prekäre Idyllen in der Erzählliteratur des deutschsprachigen Realismus*, Stuttgart/Weimar: Metzler 2017, 167-181.

2 Die „andere Zeit" der Wahrnehmung. Storms Rahmentechnik

Storms Rahmentechnik fungiert als ein maßgebliches Verfahren zur Inszenierung der Exzentrik von Wahrnehmung und Konstruktion des Wirklichen als Simulakrum. Der von „Würmern [...] zerfressene[] Holzrahmen"[1], der das Bild der Edelfrau mit stechendem Blick in *Aquis submersus* umschließt, kann als Emblem von Storms Poetologie gelten, die an einer spezifischen Zeitlichkeit des Rahmens arbeitet.[2] Wenn im Folgenden von ‚Zeitlichkeit des Rahmens' die Rede ist, so ausdrücklich nicht im narratologischen Sinne der zeitlichen Differenz zwischen Rahmen- und Binnenerzählung, mit der die in der Storm-Forschung so geläufigen Topoi der ‚Erinnerungs'- oder ‚Chroniknovelle' hantieren. Die hier zu analysierende Zeitlichkeit des Rahmens situiert sich vielmehr ausdrücklich auf der Ebene von Wahrnehmung, eruiert die Zeitlichkeit von Wahrnehmung: In den „von Würmern [...] zerfressenen" Erzählrahmen Storms persistiert und entspringt eine *andere* Zeit, ein unvordenklich Vergangenes, die/das Wirkliches rahmt, zum Wirklichen macht, sprich: Wirklichkeitseffekte zeitigt. Rahmen fungieren als Vehikel einer Ästhetik des *aquis submersus*, des Versinkens und Wiederauftauchens, Erscheinens und Verschwindens, in der Figuren, Wahrnehmung und Lektüre in die Dynamik der Wiederholung eingestellt sind. Nicht um Erinnerung, nicht um Historie wird es in den folgenden Lektüren von *Immensee, Im Sonnenschein, Marthe und ihre Uhr* sowie *Zur Chronik von Grieshuus* gehen, sondern um die wurmstichige Wirklichkeit und Heterochronie des Stormschen Realismus.

Wiedergänger: Immensee

Storms Rahmentechnik installiert eine Wiedergängerstruktur von Wahrnehmung und Erzählen. Die Rahmenstruktur von Storms Novelle *Immensee* etwa erschöpft sich keineswegs – wie zumeist behauptet – in Rahmen- und Binnenerzählung, in welcher ein Alter sich seiner früheren Liebe erinnert. Vielmehr setzt schon der Eröffnungsrahmen/Rahmeneingang als eine Rückkehr, genauer: eine Wiederkehr, ein.[3] Die Novelle beginnt mit dem Zwischentitel „Der Alte", auf den die Worte folgen:

---

1 Theodor Storm, *Aquis submersus*, in: *Sämtliche Werke in vier Bänden, Bd. II: Novellen 1867-1880*, Frankfurt am Main: Deutscher Klassiker Verlag 1987, 378-455, hier: 402.

2 Zur Zeit bei Storm vgl. auch: Karl Friedrich Boll, „Das Problem der Zeit bei Theodor Storm", in: *Schriften der Theodor-Storm-Gesellschaft*, 18, 1969, 54-76.

3 Vgl. hierzu auch: Fritz Rüdiger Sammern-Frankenegg, *Perspektivische Strukturen einer Erinnerungsdichtung. Studien zur Deutung von Storms „Immensee"*, Stuttgart: Heinz 1976, bes. 45-62.

> An einem Spätherbstnachmittage ging ein alter wohlgekleideter Mann langsam die Straße hinab. Er schien von einem Spaziergange nach Hause zurückzukehren; denn seine Schnallenschuhe, die einer vorübergegangenen Mode angehörten, waren bestäubt. [...] mit seinen dunklen Augen, in welche sich die ganze verlorene Jugend gerettet zu haben schien, und welche eigentümlich von den schneeweißen Haaren abstachen, sah er ruhig umher [...]. – Er schien fast ein Fremder; denn von den Vorübergehenden grüßten ihn nur Wenige (I 295).

Das Erscheinungshafte („schien") charakterisiert die Gestalt ebenso wie ihr deutlicher Bezug zur Zeit. Die Augen, in welche sich die „verlorene Jugend gerettet zu haben schien" stehen in auffälligem Kontrast zu den „schneeweißen Haare". Der „Alte" scheint unterschiedliche Alter in sich zu vereinigen, oder anders: ein zeitlicher Riss scheint durch die Figur selbst zu gehen, die weniger von einem Spaziergang als aus einer *anderen Zeit* zu kommen scheint: die Schuhe, welche „einer vorübergegangenen Mode" angehören, „bestäubt", „fast ein Fremder". – An späterer Stelle erfährt die „Fremdheit" eine dezidiert zeitliche Konnotation: Erich und Elisabeth fällt die Fremdheit Reinhardts auf, als dieser sie besucht: „Er ist so lange draußen gewesen; wir wollen ihn wieder heimisch machen. Schau nur, wie fremd [...] er aussehen worden ist", worauf Reinhardt entgegnet: „Es ist nur die Zeit, die wir nicht beisammen waren" (I 318). Zeit erscheint hier als ein Unheimliches, oder anders: das Unheimliche ist zeitlich bestimmt – eine *andere Zeit*. Und wenn es über Reinhardts nächtlichen ‚Besuch' der Wasserlilie im See, welche er „früher einmal gekannt" (I 323), heißt, dass es ihm „plötzlich so unheimlich in dem fremden Elemente" (I 323) wurde, so mag das unheimlich-fremde Element nicht zuletzt die Zeit sein. Der Eingangsrahmen öffnet also mit der Figur oder besser: im Zuge einer Rückkehr aus einer anderen Zeit, keiner bestimmten, sondern einer strukturell *anderen Zeit*. „Es war eine andere Zeit" (IS 356), heißt es in *Im Sonnenschein*.

Mit Blick auf die Struktur der Novelle, erweist sich die anfängliche Rückkehr als Wiederkehr. Die (vorgebliche) ‚Binnenerzählung' ‚endet' mit dem Abschied zwischen Reinhardt und Elisabeth und Reinhardts Aufbruch: „Er sah nicht rückwärts; er wanderte rasch hinaus; und mehr und mehr versank hinter ihm das stille Gehöft, und vor ihm auf stieg die große weite Welt." (I 327) Die Rückkehr des Alten am Beginn der Rahmenerzählung lässt sich durchaus als Rückkehr von jenem Gang lesen, zu welchem Reinhardt am Ende der Binnenerzählung aufbricht. Elisabeths Worte an Reinhardt: „Du kommst nicht wieder [...] Ich weiß es [...]; Du kommst nie wieder" (I 327) sind weniger Ausdruck eines endgültigen Abschieds, als dass sie in ihrer Wiederholung eine Wiedergängerstruktur (‚Du kommst wieder') regelrecht beschwören. Und in der Tat wird Reinhardt – so die narrative Struktur der Novelle, in welcher die Rückkehr dem Aufbruch vorausgeht – immer schon wiedergekommen sein. Die Wiedergängerstruktur von *Immensee* erschöpft sich keineswegs im ersten Auftritt des Alten; vielmehr treten beide mit „Der Alte" überschriebene Rahmenszenen mit den letzten Szenen der Binnenerzählung in ein Verhältnis eines wechselseitigen *déjà vu*: So sitzen etwa sowohl Reinhardt kurz vor seinem Abschied von Elisabeth als auch der Alte stundenlang im Lehnstuhl[1], und es wird dem Leser scheinen, als sei „dies Alles [...] schon einmal ebenso gewesen" (I 324).

Qua Wiedergängerstruktur betreibt Stroms Novelle eine Transgression des Rahmens: Wo Rahmen- und Binnenerzählung in ein Verhältnis wechselseitigen Wiedergängerns treten, artikuliert sich eine *andere Zeit* des Erzählens, welcher mit keiner Unterscheidung von Rahmen- und Binnenerzählung beizukommen ist, ja, die eine solche suspendiert. Storms Rahmenkunst – von einer solchen lässt sich sprechen, gerade insofern sich der Rahmen fortwährend ins Erzählgeschehen einfaltet, ja, dieses konstituiert – ist dezidiert zeitlicher Art: Der Rahmen ‚ist' Zeitsprung/*andere Zeit*, über welche jeder Akt der Schließung zu einem Akt der Eröffnung gerät, sich Eröffnung – chiastisch – als Schließung ereignet. Von einer *anderen Zeit* ist Erzählen ein gespenstischer Akt – Szenen und Figuren situieren sich als Wiedergänger. Elisabeths Abschiedsworte, dass Reinhardt nie wiederkommen werde, bekräftigt dieser mit einem „Nie" – und es mag dieses „Nie" sein, welches die Zeichen des Wiedergängers an Elisabeth hervortreten lässt: „Sie stand bewegungslos an derselben Stelle und sah ihn mit toten Augen an." (I 327)

Der letzte Satz des ersten Abschnittes artikuliert die Heterochronie des Rahmens explizit. Über den im Lehnstuhl sitzenden Alten heißt es:

> [...] endlich fiel ein Mondstrahl durch die Fensterscheiben auf die Gemälde an der Wand, und wie der helle Streif langsam weiter rückte, folgten die Augen des Mannes unwillkürlich. Nun trat er über ein kleines Bild in schlichtem schwarzen Rahmen. ‚Elisabeth!' sagte der Alte leise; und wie er das Wort gesprochen, war die Zeit verwandelt; *er war in seiner Jugend.* (I 296)

Der Text indiziert nicht Erinnerung, sondern vollzieht einen Zeitsprung. Keine memoriale Differenz zwischen erinnertem und sich erinnerndem Subjekt tut sich auf, sondern eine *andere Zeit.* Der auf den Rahmen fallende Lichtstrahl löst einen Sprechakt – einen, wenn man so will: Akt des Erzählens – aus, mit

1 „Hier setzte er sich in den Lehnstuhl an's Fenster [...]. So saß er stundenlang" (I 326); „der Alte aber saß noch immer mit gefalteten Händen in seinem Lehnstuhl" (I 327).

dem sich Zeit verwandelt.[1] Damit vollzieht der erste Abschnitt von *Immensee* einen wiederholten Zeitsprung: Gestaltete sich der Auftritt des Alten als Rückkehr aus einer *anderen Zeit*, mündet die Szene in eine weitere zeitliche Transformation: *„er war in seiner Jugend“*. Diese Jugend ist gleichwohl eine immer schon *verlorene Zeit* („verlorene Jugend“, I 295), eine Zeit, die niemals präsent war und mithin ihrerseits nur als Wiedergänger erscheint – *déjà-vu*.

„Schatten eines Lebendigen“: Im Sonnenschein

Als „extreme Umsetzung der Kompositionsprinzipien seiner Situationsnovellen“[2] bezeichnet die Forschung Storms *Im Sonnenschein*. Die zusammen mit *Marthe und ihre Uhr* und *Im Saal* unter dem Titel *Im Sonnenschein. Drei Sommergeschichten* 1854 veröffentlichte Novelle beschränkt die elliptische Folge einzelner Szenen bzw. „Stimmungsbilder“, wie sie auch *Immensee* charakterisiert, auf zwei Szenen. Heyse bemängelt das Fehlen psychologischer Motivierung und schreibt am 26. November 1854 an Storm: „ – ein erstes und ein letztes Capitel, beide aufs Höchste reizend und durch ahnungsvolle Fäden verknüpft – aber wo zum Teufel bleibt der Roman?“[3] Entgegen Heyses Kritik hält Storm an der strikten Zweiteilung der Novelle fest. Die erste Szene: eine Begegnung zwischen Franziska („Fränzchen“) und Constantin, einem jungen Reiteroffizier mit schwarzen Haaren, die keinen Zweifel an beider Liebe füreinander lässt. Die zweite – gleichfalls an einem Sommernachmittag – „wohl über sechzig Jahre später“: zwischen Großmutter und ihrem Enkel Martin. Tante Fränzchen, die Schwester des Großvaters, ist lange tot. Ein Sarg in der Gruft ist eingestürzt: „Das muß Tante Fränzchen sein“ (IS 357), so die Großmutter. Hatte die Tante das Geheimnis ihrer Liebe „mit sich in ihr Grab genommen“ (IS 359), zeitigt das Untote der Gruft einen Fund, der selbiges preisgibt: ein „verstäubtes Kleinod“ (IS 361f.), ein Medaillon, welches der Enkel von einem Bild Tante Fränzchens als das ihre erkennt, und das in seinem Inneren eine schwarze Haarlocke birgt. „Laß es wieder an seinen Ort bringen, Martin“, so die Großmutter, „es taugt nicht in die Sonne.“ (IS 362) Legt die Zweiteilung der Novelle eine oppositionale Struktur von Sonne – Dunkel, Leben – Tod, Jugend – Alter,

---

1 Fritz Rüdiger Sammern-Frankenegg problematisiert die Zeitlichkeit/„Verwandlung der Zeit“ (Sammern-Frankenegg, *Perspektivische Strukturen einer Erinnerungsdichtung*, 38), ohne jedoch den Schluss zu ziehen, dass es sich möglicherweise nicht um eine Erinnerungsnovelle handelt.

2 „Kommentar“ zu Storm, *Im Sonnenschein*, in: *Sämtliche Werke in vier Bänden, Bd. I*, 1053-1063, hier: 1058.

3 Paul Heyse, „Brief an Theodor Storm, 26. November 1854“, in: *Theodor Storm – Paul Heyse: Briefwechsel, Bd. I: 1853-1875. Kritische Ausgabe*, hg. von Clifford Albrecht Bernd, Berlin: Erich Schmidt Verlag 1969, 20-21, hier: 21f.

Licht – Schatten nah, ist es ein spezifisches Rahmenelement, welches eine solche unterläuft. Wie schon in *Immensee* ist es eine zeitliche Differenz, eine *andere Zeit*, über welche sich beide Szenen wechselseitig rahmen, einander zu Wiedergängern werden. „Es war eine andere Zeit" (IS 356) – dieser Satz, oder besser: dieser Zeitsprung zu Beginn der zweiten Szene, fungiert als Rahmen, der beide Szenen in ein Verhältnis wechselseitiger Andersheit setzt; die eine Szene ist der „andere Schauplatz" der anderen Szene – die je „andere Zeit" der Szene, Sonne Schauplatz des Toten ebenso, wie Schatten Ort des Lebendigen.

Wahrnehmung zeigt sich auch hier als privilegiertes Medium der Durchdringung von Sonne und Schatten, Leben und Tod: Sind es in der ersten Szene die Sporen des jungen Offiziers, unter denen die „Muscheln, mit denen der breite Steig bestreut war, knirschten" (IS 349), haftet das Geräusch des Knisterns der Muscheln in der zweiten Szene nurmehr einer „Spur[] dahin gegangenen Lebens" an. Der Enkel, welcher Tante Fränzchen nie gekannt hatte, ist gebannt von ihrem Bildnis:

> Der Enkel konnte nicht die Augen wenden von diesen kargen Spuren eines früh dahin gegangenen Lebens [...]. Der Garten, wie er ihn als Knabe noch gesehen, trat vor seine Phantasie; er sah sie darin wandeln zwischen den seltsamen Buchsbaumzügen; er hörte das Knistern ihres Schuhes auf den Muschelsteigen, das Rauschen ihres Kleides. (IS 357)

In beiden Szenen wiederkehrend, trägt das Knirschen/Knistern der Muscheln Züge eines *déjà-vu*, in welchem das Leben immer schon Spur ist, vom Tod her wiederkehrt, während die Spur des Dahingegangenen sich zur Wahrnehmung belebt. Die „andere Zeit" trägt im selben Zuge Darstellung ins Leben wie Leben in Darstellung ein. Während die Lebende selbst „verblichen" ist, zeichnet sich Darstellung durch Lebendigkeit aus: „Die rote Rose in der weißen Puderfrisur war noch wie frisch gepflückt" (IS 356). Der Enkel kann „die Augen" nicht von den Spuren des Lebens „wenden" (IS 357), wie in der ersten Szene die Augen des Offiziers an dem „Schatten eines Lebendigen" „haften" (IS 352) bleiben. In rhetorischer Hinsicht ließe sich hier wohl von einer *evidentia* des Untoten, einem Vor-Augen-Stellen einer *anderen Zeit* sprechen. Keine größere Lebendigkeit bei Storm als jene, die aus dem Tod, der Abwesenheit (etwa der Buchsbäume) resultiert; auch in *Aquis submersus* generiert das Malen des Toten Effekte des Lebendigen, ist es, dass Johannes „im Angesicht des Todes ein heißer Puls des Lebens" (AS 395) durchfährt.

Im Sonnenschein nimmt selbst eine poetologische Ausdeutung des Untoten vor: Über die doppelte Anlage einer Schreibszene rückt Schreiben selbst ins Schattenreich ein. Die dominante Schreibtätigkeit Franziskas, welche die Begegnung mit Constantin regelrecht rahmt, insofern sie die Feder wieder und wieder „auf's Neue" (IS 350) eintaucht und „ihre Feder", noch während sie mit Constantin spricht, „addierend die Zahlenreihen hinunter" (IS 351) rückt, findet ihr Anderes in der späteren Geißblatt-Szene. Auf einer Bank, „tief verschattet von wucherndem Geißblatt" (IS 352), beginnt Constantin

> mit der Spitze seines Rohrstocks einen Buchstaben um den andern in den Boden zu zeichnen, die er immer wieder, als könne ein Geheimnis durch sie verraten werden, bis auf den letzten Zug zerstörte. So trieb er es eine Zeitlang, bis seine Augen an dem Schatten einer Geißblattranke haften blieben, an deren Ende er die feinen Röhren der Blüte deutlich zu erkennen vermochte. Bald im längeren Betrachten bemerkte er daran den Schatten eines Lebendigen, der langsam an dem Stengel hinaufkroch. Er sah dem eine Weile zu; dann aber stand er auf und blickte über sich in das Gewirr der Ranken, um die gefährdete Blüte zu entdecken und das Ungeziefer herunter zu schlagen. Aber die Sonnenstrahlen brachen sich zwischen den Blättern und blendeten ihn; er mußte die Augen abwenden. – Als er sich wieder auf die Bank gesetzt hatte, sah er wie zuvor die Ranke scharf und deutlich auf dem sonnigen Boden liegen; nur zwischen den schlanken Kelchen der Schattenblüte haftete jetzt eine dunkle Masse, die von Zeit zu Zeit durch zuckende Bewegungen eine emsige tierische Tätigkeit verriet. Er wußte nicht, wie es ihn überkam, er stieß nach dem arbeitenden Klumpen mit seinem Rohrstock; aber über ihm ging der Sommerwind durch das Gezweige, und die Schatten huschten ineinander und entwischten ihm. (IS 352f.)

Auf die Frage der hinzutretenden Franziska, was er da treibe, antwortet Constantin: „[...] ich scharmutziere mit den Schatten." (IS 353) Die akkuraten Züge von Franziskas Feder finden in Constantins Kokettieren mit den Schatten ihr strukturelles Pendant. Als ‚andere Schreibszene' mündet das wiederholte Zerstören der Buchstaben in ein Proliferieren („wuchernd[]", IS 352) von Schatten, denen mit keiner Feder, keinem Stilus, beizukommen ist. Droht im einen Moment der „Schatten eines Lebendigen" die „Blüte" zu erfassen, ist selbige im nächsten schon in eine „Schattenblüte" verwandelt. Das Wuchern von Schatten, die Zeugung im Untoten, entgeht der Beobachtung; ihre Zeitlichkeit ist eine des *Noch-nicht*, des *Nicht-mehr*, zwischen denen der Akt der Blendung durch das Sonnenlicht liegt.

Mit „Sonnenschatten" auf dem Papier[1] – dies ein Ausdruck Storms in einem Brief an Keller – ist Storm selbst einer, der mit Schatten scharmutziert;

1 „Ich sitze hier oben in meinem mattresedagrünen Zimmer [...] und muß an meinem Tische schon vor der goldenen Septembersonne retiriren, wenn ich mir nicht durch Herablassung

ästhetische Produktion stellt sich als Proliferation flüchtiger Schatten dar. Die „Schattenblüte" ist das Emblem einer Zeugung im Untoten. Und in der Tat: Wenn man von Zeugung bei Storm sprechen will, so ist dies eine Zeugung im Untoten: ein Wuchern von Schatten, Akte der Bestäubung, die sich im Verwelkten ereignen. Dem Signifikanten ‚Staub' kommt hierbei besondere Bedeutung zu: Das „verstäubte[] Kleinod" (IS 361f.), welches sich in der Gruft findet, das „bestaubte Dintenfaß" (I 309) auf Reinhardts Tisch, die „bestäubt[en]" (I 295) Schuhe des Alten zu Beginn von *Immensee* sind Insignien von Zeit. Der sprachgeschichtlich belegte schwankende Umlaut – bestaubt/bestäubt – stellt darüber hinaus einen Bezug zu Akten der Bestäubung her, der Tätigkeit der Immen (Bienen), wie zu den botanischen Studien Reinhardts und Elisabeths: „Nun wurden Staubfäden gezählt, Blätter und Blüten sorgfältig ausgebreitet und von jeder Art zwei Exemplare zum Trocknen zwischen die Blätter eines großen Folianten gelegt." (I 311) Über die Verkreuzung von Staub und Bestäubung knüpft Storms Poetik des Untoten Reproduktion an das Wiedergängernde verlorener Zeit, wie sie zugleich Staub, Vergrabenes, Versunkenes als Ort von Zeugung ausweist. Die Neigung zum „Stillleben", welche Mörike Storms *Sommergeschichten* attestiert,[1] lässt sich auch für Storms literarische Botanik behaupten: „Schattenblüten", „Staubfäden", „Blätter eines […] Folianten". Notiert Goethe in Italien als Hypothese zur Metamorphose: „Alles ist Blatt"[2], bestimmt er m.a.W. das Blatt als jene Form und „allgemeines Wort"[3] – aus der(/dem) sich alle Formen, alle „Mannigfaltigkeit" entwickelt, ist es bei Storm das „zwischen den Blättern", mit seinem konstanten Changieren zwischen poetologischer und botanischer Konnotation, welches alles Weitere zeugt. „Zwischen den Blättern" (I 326) finden sich „halbgetrocknete Pflanze[n]" (I 311). „Zwischen den Blättern liegt auch eine Erica; aber es ist nur eine verwelkte. Weißt Du, wer sie mir gegeben hat?" (I 324), so Reinhardt in der späten Begegnung mit Elisabeth. Und auch die weiße Wasserlilie liegt „einsam zwischen den großen blanken Blättern" (I 322f.). Zeugung vollzieht sich im Zwischenraum, in der Zwischenzeit halbgetrockneter, verwelkter, staubiger Blätter, zwischen Leben und Tod.

---

des hellen Rollvorhangs ‚Sonnenschatten' schaffen will; ich bilde mir ein dieß gute Wort gemacht zu haben. […] – Nun muß ich doch Sonnenschatten machen; die Sonne scheint mir grade aufs Papier. – " (Theodor Storm, „Brief an Gottfried Keller, 13. September 1883", in: *Theodor Storm – Gottfried Keller: Briefwechsel. Kritische Ausgabe*, 108-110, hier: 108).

1 Vgl. Theodor Storm, „Meine Erinnerungen an Eduard Mörike", in: *Briefwechsel, Bd. 6: Theodor Storm – Eduard Mörike; Theodor Storm – Margarethe Mörike*, hg. von Hildburg und Werner Kohlschmidt, Berlin: Erich Schmidt 1978, 142-156, hier: 146.

2 Johann Wolfgang Goethe, „[Notizen aus Italien]", in: FA I/24, 9-91, hier: 84.

3 Johann Wolfgang Goethe, „Versuch, die Metamorphose der Pflanzen zu erklären", in: FA I/24, 109-151, hier: 150.

Spricht Austin in Bezug auf literarische Sprechakte von einer „*Auszehrung* der Sprache"[1] („*etiolations* of language"[2]), lässt sich der Ausdruck „etiolation" eingedenk seiner botanischen Bedeutung auch für Storms Poetik des Untoten in Anspruch nehmen: Es ist die Entwicklung im Dunkel/Halbdunkel (sei es in der Gruft, im Schatten, in der Dämmerung, im Trüben oder in der Tiefe des Wassers – *aquis submersus*), ein Etiolement, welches ‚abnorme' Formen und Zeiten generiert – die „blasse[n]" (I 309), „bleichen" (S 636), wiedergängernden Gestalten der Stormschen Welt.

Zerspringen der Zeit: Marthe und ihre Uhr

Die Heterochronie des Rahmens, wie sie *Im Sonnenschein* qua Anordnung zweier Szenen, welche über „eine andere Zeit" miteinander ins Verhältnis treten, markiert, zeichnet sich bereits in Storms erster veröffentlichter Novelle *Marthe und ihre Uhr* ab. Nicht nur trägt die Novelle Zeitlichkeit prominent im Titel, es ließe sich behaupten, dass sie kein anderes Sujet hat als die Zeit, ja, Entfaltung einer zeitlichen Struktur ist und mithin als poetologische Versuchsanordnung auf Storms frühe Situationsnovellen gelesen werden kann. „[…] um das Wesen dieser Geschichten zu bezeichnen, hätte ich ‚Situationen' schreiben müssen"[3], so Storm in seinem Vorwort zu *Sommer-Geschichten und Lieder*. Referenz für Storms Rede von „Situation" ist bekanntlich Georg Gottfried Gervinus' *Geschichte der Deutschen Dichtung*. In einem Brief an Hartmuth Brinkmann vom 22. November 1850 schreibt Storm – Gervinus fast wörtlich zitierend: „die Novelle sei wesentlich Situation", ihr Charakteristikum „Beschränkung und Isolirung auf einzelne Momente von poëtischem Interesse, die sich auch im dürftigsten Alltagsleben finden"[4]. ‚Beschränkung und Isolierung' sind Techniken eines elliptischen Erzählens, das das „Motiviren vor den

1 John L. Austin, *Zur Theorie der Sprechakte* (*How to do things with Words*), deutsche Bearbeitung von Eike von Savigny, Stuttgart: Reclam 2010, 44.

2 Austin, *How to do things with Words*, 22.

3 Theodor Storm, *Sommer-Geschichten und Lieder* [Vorwort], in: *Sämtliche Werke in vier Bänden, Bd. IV: Märchen, Kleine Prosa*, Frankfurt am Main: Deutscher Klassiker Verlag 1988, 377.

4 „Bei dem Ausdruck ‚Situationen' […] habe ich an eine Stelle in Gervinus Literaturgeschichte B.V., p. 697 gedacht, wo er sagt, die Novelle sei wesentlich Situation und als solche geeignet, der großen Gattung subordinirter Conversationspoësie, dem Roman, der sich im Geleise des modernen socialen Lebens bewege, eine große poëtische Seite abzugewinnen durch Beschränkung und Isolirung auf einzelne Momente von poëtischem Interesse, die sich auch im dürftigsten Alltagsleben finden. In dem Sinne glaube ich das meine prosaïschen Stücke recht eigentlich reine Novellen sind, denn eben dem Bedürfnis, nur das wirklich Poetische darzustellen, haben sie ihre knappe Form zu verdanken" (Theodor Storm, „Brief an Hartmuth Brinkmann, 22. November 1850", in: *Theodor Storm – Hartmuth und Laura Brinkmann: Briefwechsel. Kritische Ausgabe*, hg. von August Stahl, Berlin: Erich Schmidt 1986, 26-27, hier: 27).

Augen des Lesers“[1] ablehnt und deren grundlegendes poetologisches Element die „Situation“ bzw. „Szene“[2] ist. Gervinus bezieht sich seinerseits auf Georg von Reinbeck: Die Novelle „ist wesentlich, wie sie ganz kürzlich Reinbeck noch genannt hat, eine Situation.“[3] Bemerkenswert an von Reinbecks Bestimmung der Novelle als Situation ist die zeitliche Beschränkung auf einen Moment: Die Novelle, so von Reinbeck in *Situationen. Ein Novellenkranz. Nebst einigen Worten über die Theorie der Novelle* (1841), stellt „eine einzelne Situation des Menschenlebens dar“[4], sie „gehört einem einzelnen Zeitmomente an“[5], den von Reinbeck auch als „Bild[]“ fasst.[6]

‚Beschränkung und Isolierung‘ charakterisieren die Anlage von Storms früher Novelle in fast aufdringlicher Weise. Das erzählte Geschehen beschränkt sich auf einen einzigen Ort, ein Bürgerhaus der Stadt, in welchem Marthe als „alternde unverheiratete Tochter“ allein „zurückgeblieben“[7] ist, präziser noch: auf die „einsame[] Kammer“ (M 287), in der sich Marthes gesamtes Leben

1 Theodor Storm, „Brief an Paul Heyse, 15. November 1882“, in: *Theodor Storm – Paul Heyse: Briefwechsel, Bd. III: 1882-1888. Kritische Ausgabe*, hg. von Clifford Albrecht Bernd, Berlin: Erich Schmidt 1974, 36-37, hier: 37.

2 „Meine Novellistik [...] hat sich aus der Lyrik entwickelt und lieferte zuerst nur einzelne Stimmungsbilder oder solche einzelnen Szenen [...]“ (Theodor Storm, „Brief an Eduard Alberti, 12. März 1882“, in: Theodor Storm, *Briefe*, Bd. 2, hg. von Peter Goldammer, Berlin, Weimar: Aufbau 1984, 243-247, hier: 245). Vgl. auch: „Meine Novellistik ist aus meiner Lyrik erwachsen; daher zuerst, was man meinetwegen etwas Sprunghaftes oder auch Guckkastenbilder nennen mochte, obgleich auch hier meist die Verbindungsglieder unmerklich mitgegeben waren; nachher aber ist das überwunden, und ich darf mich wohl zu denen rechnen, denen die moderne Novelle ihre Ausbildung verdankt; ich glaube kaum daß das zu unbescheiden ist. Was aber *meiner* Novelle von ihrem Ursprunge her geblieben ist, das ist das schärfere Auge des Verfassers für die Punkte des Stoffes, welche den Keim zu Scenen von poetischem Gehalte bieten“ (Theodor Storm, „Brief an Erich Schmidt, 1. März 1882“, in: *Theodor Storm – Erich Schmidt: Briefwechsel. Kritische Ausgabe, Bd. II: 1880-1888*, hg. von Karl Ernst Laage, Berlin: Erich Schmidt 1976, 55-58, hier: 57).

3 Georg Gottfried Gervinus, *Geschichte der deutschen Dichtung, Bd. V*, 4. Aufl., Leipzig: Wilhelm Engelmann 1853, 697.

4 Georg von Reinbeck, „Einige Worte über die Theorie der Novelle“, in: ders., *Situationen. Ein Novellenkranz. Nebst einigen Worten über die Theorie der Novelle*, Stuttgart: Beck und Fränkel 1841, XI–XXIV, in Auszügen wieder abgedruckt in: Karl Konrad Polheim (Hg.), *Theorie und Kritik der Deutschen Novelle von Wieland bis Musil*, Tübingen: Max Niemeyer 1970, 34-38, hier: 35. Vgl. dazu auch: Alois Wierlacher, „Reinbecks Novellentheorie. Zur Situationsnovelle des 19. Jahrhunderts“, in: *Jahrbuch des Freien Deutschen Hochstifts*, 1971, 430-447.

5 Von Reinbeck, „Einige Worte über die Theorie der Novelle“, in: Polheim (Hg.), *Theorie und Kritik der Deutschen Novelle von Wieland bis Musil*, 36.

6 Ebd., 38.

7 Theodor Storm, *Marthe und ihre Uhr*, in: *Sämtliche Werke in vier Bänden, Bd. I*, 281-287, hier: 281.

abgespielt hat[1], das Marthe auch zum Weihnachtsabend nicht verlässt, ja, in das am Ende noch die Aufzeichnungen des Erzählers Eingang suchen[2].

Die strikte Isolation, nahezu hermetische Abgeschlossenheit und Beschränkung auf die „einsame Kammer" lässt sich durchaus als Versuchsanordnung auf die poetologische Bestimmung der Novelle als Situation lesen, die von Storm gleichwohl in zeitlicher Hinsicht ausgelotet wird. Spricht Storm in Bezug auf seine frühen Novellen von „Guckkastenbildern"[3], so wirft *Marthe und ihre Uhr* einen Blick in das Räderwerk dieses erzählerischen Apparats, ja, weist eine spezifische Zeitlichkeit als konstitutiv für die Szenenproduktion aus. Fern eines gleichmäßig tickenden Uhrwerks, das Bilder fort- und fortschiebt, scheint Marthes Uhr – wie Marthe selbst – aus der Zeit gefallen, ja, war wohl niemals so recht in ihr. Ausrangiert und uralt („ein uraltes Stück", M 283) schon zum Zeitpunkt des Erwerbs hatte sie der längst verstorbene Vater „auf dem Trödelmarkt" (M 283) gekauft. Die als „das Ding" (M 283) bezeichnete Uhr „zeugt" von „einstiger Vergoldung" (M 283); „das Räderwerk durch langen Gebrauch verschlissen" ist „der Perpendikelschlag [...] hart und ungleich" (M 283). Das Uhr-Ding ist Träger einer *anderen Zeit*, die sich nicht mit der ‚neuen' Zeit synchronisieren lässt: Sie „kehrte sich nicht mehr so gar viel an die neue Zeit; daher schlug sie oft sechs, wenn sie zwölf schlagen sollte, und ein ander Mal [...] wollte sie nicht aufhören zu schlagen, bis Marthe das Schlaglot von der Kette nahm." (M 283) Nicht aber nur unregelmäßig ist Marthes Uhr, mit ihr steht noch die Zeit selbst zur Disposition, droht sie doch von Zeit zu Zeit auszusetzen: „Das Wunderlichste war, daß sie zuweilen gar nicht dazu [zum Schlagen, E.S.] kommen konnte; dann schnurrte und schnurrte es zwischen den Rädern, aber der Hammer wollte nicht ausholen" (M 283) Der Zeit selbst scheint ein „Sprunghaftes"[4] – dies ebenfalls eine Beschreibung Storms für seine frühen Novellen – inhärent, ein Zeitsprung[5] bzw. Zerspringen/Aus-Setzen von

1 „[...] in dem kleinen Zimmer, wo sie als Kind gespielt, wo sie später ihren Eltern die Augen zugedrückt hatte, und wo die alte Uhr pickte ganz wie dazumalen" (M 284).

2 „[...] sollten diese Blätter den Weg in ihre Kammer finden" (M 287).

3 Storm, „Brief an Erich Schmidt, 1. März 1882", 57.

4 Ebd., 57.

5 Der anhand von Stifters Inszenierung von Wahrnehmung in *Bergkristall* und ‚Eisgeschichte' eröffnete Dialog zwischen den Gespenstern des Realismus und phänomenologischen Theorien von Raum und Zeit ließe sich über eine Konstellation von Storms *Marthe und ihre Uhr* und eine weitere Fallgeschichte aus Franz Fischers Studien zur Raum-Zeit-Struktur in der Schizophrenie, welche Minkowski ebenfalls zitiert (Minkowski, *Die gelebte Zeit, Bd. II*, 123f.), fortführen: „Was soll ich mit der Uhr? Ich muß sie immer anschauen. Es treibt mich hin, die Uhr anzuschauen. So viele Zeit gibt es, ich bin immer wieder anders. Wenn die Uhr an der Wand nicht wäre, müßte ich umkommen. Bin ich nicht selbst eine Uhr? Überall an allen Stellen? Aber ich kann es nicht anders, es ändert sich zu sehr. Jetzt betrachte ich wieder die

Zeit, der Tod. Die Zeit ist – mit Derridas Hamlet-Lektüre gesprochen – „aus den Fugen" (*out of joint*), und es ist eben diese *andere Zeit*, Derridas *„contretemps"*[1], welche Rahmenfunktion gewinnt und poetische Szenen *zeitigt*.

Marthes Uhr generiert Szenen qua *Unterbrechung* von Gedanken, Erinnerungen, Wahrnehmungen:

> Wenn Marthe in ein Hinbrüten über ihre Einsamkeit verfallen wollte, dann ging der Perpendikel tick, tack! tick, tack! immer härter, immer eindringlicher; [...] er schlug immer mitten in ihre Gedanken hinein. Endlich mußte sie aufsehen (M 283).

Marthe sieht auf, wird geweckt, fährt empor. Mit einem solchen Szenenwechsel ist es allerdings nicht getan, die Uhr gibt keine Ruhe, die *andere Zeit* macht sich unablässig als Unterbrechung geltend, welche Szenen weniger entfaltet als spektralisiert, strukturell auf *andere Szenen* hin öffnet und darin einer Vervielfältigung des Rahmens gleichkommt.

Die Uhr ist nicht der einzige Träger der *anderen Zeit.* Der Text wartet mit zahlreichen zeitlichen Markierungen auf, die nicht weniger *out of joint* sind als Marthes Uhr. Wiederholte „jetzt", „da", „nun" rhythmisieren gleich Schlägen bzw. Nicht-Schlägen einer Uhr die Szenenfolge, die zunächst als Erinnerung einsetzt: „Nun war es Weihnachten." (M 284) Die Uhr bedeutet Marthe, am Weihnachtsabend zu Hause zu bleiben.

> Aber jetzt, nachdem sie [die Uhr, E.S.] ihren Willen bekommen [...], pickte sie so leise, ganz leise und immer leiser, zuletzt unhörbar. – Marthe

---

Uhr, den Zeiger und das Zifferblatt und daß sie geht. Das reißt sich wie von selbst auseinander und ich bin dabei, kann aber nichts ändern. [...] Der Zeiger ist nämlich immer wieder anders, jetzt ist er da, dann springt er gewissermaßen fort und dreht sich so. Ist es immer wieder ein anderer Zeiger. Vielleicht steht jemand hinter der Wand und steckt immer einen neuen Zeiger hinein, jedesmal an einer anderen Stelle. Ich muß schon sagen, das ist keine laufende Uhr, das springt und verändert sich. Man ist hingegeben an die Beobachtung der Uhr und verliert den Faden zu sich selbst – da ich selbst eine Uhr bin, überall in mir; da es so immer durcheinander geht. Dies alles bin ich selbst – es geht mir verloren, wenn ich die Uhr an der Wand betrachte. Es ist ein Weglaufen aus sich selbst, ich bin flüchtig und bin nicht mehr da. Ich weiß nur: die Uhr springt mit vielen Zeigern umher und kann nicht so recht zusammengebracht werden. Jezt ist es wieder genug mit der Wanduhr, aber nicht nach meinem Willen, und ich muß wieder auf die andere Stelle, in die andere Art hinein. Wie ich gesagt habe: ich bin die lebendige Uhr, ich bin überall die Uhr – es kommt und geht immer so weiter." (Fischer, „Raum-Zeit-Struktur und Denkstörung in der Schizophrenie", 247) Auch in Storms wahrgenommener Wirklichkeit finden sich m.a.W. Züge eines Schizo-Realismus.

1 Jacques Derrida, „The time is out of joint", in: Anselm Haverkamp (Hg.), *Deconstruction is/in America: A new sense of the political*, New York: New York University Press 1995, 14-38, hier: 18.

> durfte sich ungestört der Erinnerung aller Weihnachtabende ihres Lebens überlassen: Ihr Vater saß wieder in dem braungeschnitzten Lehnstuhl (M 284).

Marthe überlässt sich der Erinnerung an einen Weihnachtsabend ihrer Kindheit, bis die Uhr sie erneut unterbricht:

> – – Tick, tack! ging es wieder; tick, tack! immer härter und eindringlicher. Marthe fuhr empor [...] Aber was wollte die alte Uhr denn wieder? – Ja, da warnte es auf Elf – und ein anderer Weihnachtabend tauchte in Marthens Erinnerung auf, ach! ein ganz anderer (M 285f.).

„Ein anderer“, „ein ganz anderer“ – in diese Formel fasst der Text selbst die Intervention der *anderen Zeit* in die Ordnung der Erinnerung. Die memoriale Differenz von Vergangenheit und Gegenwart suspendierend, agieren „jetzt“, „da“, „nun“ als Schläge einer *anderen Zeit*; sich verdoppelnd/auseinanderlegend sind sie keiner bestimmten Zeit mehr zuordbar, noch zugehörig:

> Ja, *da* warnte es auf Elf – und ein anderer Weihnachtabend tauchte in Marthens Erinnerung auf [...] Das war schon über drei Wochen, und *nun* war es Weihnachtabend. Marthe saß an ihrem Bett und horchte auf den Atem der Schlummernden; es war totenstill in der Kammer, nur die Uhr pickte. *Da* warnte es auf Elf, die Mutter schlug die Augen auf und verlangte zu trinken. [...] Die Uhr schlug Elf. – Auch *jetzt* schlug sie Elf, aber, leise, *wie aus weiter, weiter Ferne. – Da* hörte Marthe einen tiefen Atemzug; sie dachte, die Mutter wolle wieder schlafen (M 286, Herv. E.S.).

Die Wiederholung von „*da* warnte es auf Elf“ und „*nun* war es Weihnachtabend“ (M 286)/„*nun* war es Weihnachten“ (M 284) löst Erzählgeschehen und Wahrnehmungsereignis aus einer linearen Zeitlichkeit heraus; der zeitliche Index („nun“, „da“, „jetzt“) selbst wird zum Wiedergänger und bewirkt die gespenstische Überlagerung von Szenen. In dem „jetzt [...] aus weiter Ferne“, dem „nun-“/‚jetzt-als-andere-Zeit‘, welches als poetologische Korrespondenz zum ‚Schnurren‘ „zwischen den Rädern“ gelten kann, artikuliert sich die Heterochronie eines Erzählaktes, der Erinnerung zugunsten einer Exzentrik von Wahrnehmung verabschiedet, in der Wahrnehmungsereignisse selbst zu Wiedergängern werden.

Im Unterschied zu von Reinbecks Beschränkung auf einen einzelnen Moment betreibt Storms Novelle die zeitliche Vermannigfaltigung der Situation, wobei Marthes Uhr wie die wiedergängernden zeitlichen Marker („nun“,

„jetzt“, „da“) als Rahmenelemente fungieren, welche den „Total-Eindruck[ ]“[1], auf den von Reinbecks Novelle zielt, in einer gespenstischen Überlagerung von Szenen spektralisieren. Qua wiederholter Einfaltung einer *anderen Zeit* generiert Storms frühe Novelle Szenen als seriell-exzentrische (Wahrnehmungs-) Ereignisse.

Storms Rahmenkunst ist eine des Zeitsprungs[2]: Nicht um Rahmenerzählungen im traditionellen Sinn handelt es sich bei *Im Sonnenschein* und *Marthe und ihre Uhr*, keine Erzählinstanz ist Träger von Rahmen- oder Binnenerzählung; vielmehr implementiert Storm die *andere Zeit* als transgressives Rahmenelement. Die *andere Zeit* ist Rahmen im Sinne der rhythmischen Einfaltung in den Akt des Erzählens, welche Situationen/Szenen im Modus von Unterbrechung, d.h. als strukturell heterochrone, wiedergängernde, andere Szenen generiert und damit nicht zuletzt die Programmatik der Situationsnovelle dynamisiert. Zeitsprung, ist auch der Rahmen exzentrisch, aus den Fugen, um mit einem ebenfalls von Derrida zitierten Wort des Königs aus *Hamlet* zu sprechen: „out of frame“[3].

„Schlimme Tage“: Zur Chronik von Grieshuus

Wenn in der Storm-Forschung davon die Rede ist, dass – poetologisch gesehen – „die historische Novelle Storms im Grunde eine Spielart seiner Erinnerungsnovelle darstellt“[4], so will ich dies als Ausgangspunkt nehmen, um meine hier entwickelte These zum Rahmen als Zeitsprung sowie die Kritik an der Rezeption von Storms Novellen als ‚Erinnerungsnovellen‘ anhand einer von Storms Chroniknovellen fortzuführen. 1886 gibt Storm seine Chroniknovellen in dem Band *Vor Zeiten* (Berlin: Paetel) heraus. Der Band umfasst *Aquis submersus* (1876), *Renate* (1878), *Eekenhof* (1879), *Zur Chronik von Grieshuus* (1884) und *Ein Fest auf Haderslevhuus* (1885).[5] In einem Brief an Gottfried Keller vom 12.

1 Von Reinbeck, „Einige Worte über die Theorie der Novelle“, in: Polheim (Hg.), *Theorie und Kritik der Deutschen Novelle von Wieland bis Musil*, 38.

2 Storm betrachtet den Zeitsprung als notwendig, sieht ihn jedoch nicht als Lücke der Darstellung an: „Allmählich bildete sich die vollständig und völlig lückenlose Novelle heraus (Übergänge, die das Übergehen eines Zeitraumes bezeichnen, sind keine Lücken der Darstellung; jedes länger Dichtungswerk muß Zeiten überspringen)“ (Storm, „Brief an Eduard Alberti, 12. März 1882“, 246).

3 William Shakespeare, *The Tragedy of Hamlet, Prince of Denmark*, Act I, sc. ii, v. 20, in: *The Norton Shakespeare, based on the Oxford Edition*, New York: W.W. Norton 1997, 1659-1760, hier: 1673. Vgl. auch: Derrida, „The time is out of joint“, 20.

4 Regina Fasold, *Theodor Storm*, Stuttgart: Metzler 1997, 141.

5 Zur Chroniknovelle bei Storm vgl. Therese Rockenbach, *Theodor Storms Chroniknovellen. Eine Untersuchung über Quellen und Technik*, Braunschweig: Westermann 1916.

Januar 1887 spricht Storm diesbezüglich von seinen „vorzeitlichen Novellen"[1]. Über *Aquis submersus* wird noch zu sprechen sein. Ich beschränke mich hier auf die Novelle *Zur Chronik von Grieshuus* (1884), welche über die „Chronik" die Frage nach der Zeitlichkeit bereits im Titel führt. Insbesondere der Eingangsrahmen inszeniert Zeitsprünge vielfältigster Art, über welche Szenen aus einer je *anderen* Zeit ineinander geblendet werden und derart eine Lokalisierbarkeit von Ereignissen in Raum und Zeit unterlaufen wird. Nicht um die geschichtstheoretischen oder historiographischen Implikationen von Storms Chroniknovelle geht es mir dabei[2], sondern um ihre spezifische Poetologie, die den Zeitsprung/die *andere Zeit* als haltlosen Grund für jegliches Erzählen von Geschichte artikuliert – ein Erzählen von Geschichte, welches sich, wie gesagt, nicht im Register von Erinnerung, sondern in der Form heterochroner Wahrnehmungsereignissen vollzieht.

Dass der Rahmen mit seiner virtuosen Inszenierung von Zeitsprüngen eine Reflexion des Genres Chronik vornimmt, ja, in selbiges interveniert, machen die letzten Worte der Eingangserzählung deutlich:

> [...] mein Vater aber, wenn er mich die eingeheimsten Kunden in das eigens dazu hergerichtete Heft eintragen sah, nannte mich scherzend den ‚Chronisten von Grieshuus'. Und als solcher, nachdem seit damals wiederum ein halbes Jahrhundert abgelaufen ist, will ich es jetzt erzählen.[3]

Die Bezeichnung „Chronist" durch den Vater ergeht „scherzend", die Selbstbezeichnung des erzählenden Ich („als solcher") lässt in der Schwebe, ob sich selbiges scherzhaft oder nicht scherzhaft als Chronist betrachtet, und so stattet der Rahmen nachträglich auch den Titel der Novelle mit Ironie aus. Noch in anderer Hinsicht aber zieht der Text seinen Status als „Chronik" in Zweifel: Die

---

1 Theodor Storm, „Brief an Gottfried Keller, 12. Januar 1887", in: *Theodor Storm – Gottfried Keller: Briefwechsel. Kritische Ausgabe*, 130-132, hier: 131.

2 Herbert Kaiser verortet Storms *Chronik von Grieshuus* im Kontext zeitgenössischer geschichtstheoretischer Diskurse, insbesondere von Nietzsches *Vom Nutzen und Nachteil der Historie für das Leben* (1874) und der darin formulierten Historismus-Kritik, vgl. Herbert Kaiser, „Tod, Erinnerung, Geschichte. Zur Kritik des historischen Bewußtseins in Meyers ‚Huttens letzte Tage' und Storms ‚Zur Chronik von Grieshuus'", in: *Der Deutschunterricht: Beiträge zu seiner Praxis und wissenschaftlichen Grundlegung*, 43, 4, 1991, 20-31. Kaiser zufolge zeigt Storms literarische Geschichtsdarstellung, dass „das Erinnern in letzter Instanz dem Vergessen, der Konstruktion von Geschichte der Naturmacht der Zeit, das heißt: der Sterblichkeit aller einzelnen unterworfen" ist, und es entsprechend „keine Souveränität des historisch-objektiven Wissens über die Geschichte geben" kann (ebd., 30).

3 Theodor Storm, *Zur Chronik von Grieshuus*, in: *Sämtliche Werke in vier Bänden, Bd. III*, 198-293, hier: 202f.

Tätigkeit des Chronisten ist durch ein Ereignis, das zufällige Finden einer „Stelle“ (C 198) in der Landschaft, motiviert und dient deren Deutung und narrativen Ausstattung. Kein einfacher Fund ist hier beschrieben; vielmehr inszeniert der Rahmen den Akt des Findens als schwindelerregendes Wahrnehmungsereignis, das jegliche raum-zeitliche Bestimmung suspendiert und sich derart als poetologischer Kommentar auf das Genre Chronik lesen lässt: Mit dem eröffnenden Rahmen – so ließe sich sagen – ist der *Chronik von Grieshuus* ihr subversives Anderes konstitutiv eingetragen.

Den Erzähler zieht es immer wieder zu einer „Stelle“ (C 198) in der Heide, deren erstmalige Entdeckung im Modus des Vor-Augen-Stellens beschrieben ist: „und deutlich steht es vor mir, wie ich sie zuerst entdeckte“ (C 199). Die Darstellungsform korrespondiert dem Ereignis des Fundes, insofern auch dieses sich als eine Wahrnehmung vollzieht, mit der sich räumliche und zeitliche Koordinaten verschieben. Es ist an einem „stürmische[n] Oktobernachmittag mit seiner nordischen Sagenstimmung“ (C 199), dass der Erzähler durch die Heide wandert und auf ein „breites muldenförmiges Tal“ (C 199) stößt, dessen Ausgang „kaum erkennbar[]“ (C 200) ist:

> Als meine Blicke länger an dem fernen Punkt gehaftet hatten, meinte ich den Rest eines turmartigen Mauerwerkes zu gewahren; aber die Dämmerung brach jetzt rasch herein, […] und die Nacht begann das Heidetal zu füllen […] meine Augen sahen bald […] nur ein unterschiedloses graues Wogen. (C 200)

Epistemische Unsicherheit („meinte […] zu gewahren“) ist Grundlage der Konstitution eines Wirklichen, die sich im Wechselspiel von Aisthesis und Hörensagen vollzieht:

> Nur meine Phantasie hatte sich dort den Turm erbaut: ‚Nicht jetzt, einst‘, sagte ich mir, ‚hatte ein derartiges Gemäuer dort gestanden‘; denn ich glaubte plötzlich zu wissen, wohin der Zufall mich geführt hatte. Nicht, daß ich jemals selber hier gewesen wäre; aber mit aufhorchenden Knabenohren hatte ich, und mehr als einmal, von diesem Orte reden hören. (C 200)

Es treibt den Erzähler, „trotz der Dunkelheit noch nähere Zeichen aufzuspüren“ (C 200), woraufhin sich im „karge[n] Licht“ „augenscheinlich“ (C 200) die Trümmer eines Gebäudes abzeichnen. „‚Grieshuus!‘ rief ich fast laut. ‚Hier hat Grieshuus gestanden!‘“ (C 201) Wahrnehmung und Stelle aber verdeutlichen sich keineswegs; wo der Wahrnehmende Bestätigung sucht, bricht vielmehr eine *andere Zeit* in die Szene ein:

> Noch einmal war ich gegen den Rand der Fläche vorgetreten und blickte in die jetzt so große Einsamkeit hinaus. Es reizte mich, da vor meinen Füßen den nur noch für die nächsten Schritte erkennbaren Heidestieg hinabzugehen; aber ein Wort war plötzlich in mir laut geworden: ‚die schlimmen Tage!‘ Wenn eben jetzt die schlimmen Tage wären! – Unwillkürlich hielt es mich zurück: ein Aberglaube schwebte über dieser Heide [...] Es sollte eine Zeit im Jahre geben oder einst gegeben haben, wo dem, welcher nach Sonnenuntergang dies Tal durchschritt, etwas Furchtbares widerfuhr (C 201).

In die Formel „schlimme Tage“ fasst Storms *Chronik von Grieshuus* die *andere Zeit* ihres Erzählens, das ‚jetzt-als-andere-Zeit‘, das einen Wirbel, ja, Paroxysmus heterochroner Wahrnehmungen freisetzt. Unentscheidbar, ob Traum oder Wirklichkeit, heißt es über die Wahrnehmungen des von der Heide Heimgekehrten:

> [...] immer wieder stiegen die alten Mauern vor mir aus dem Boden: ich stand in dem umschlossenen Hofe und sah durch den gewölbten Torweg auf das Heidetal hinaus [...] Schon wollte ich [...] in das Innere des Hauses treten; aber das Brausen des Sturmes wurde stärker, und ich sah plötzlich nichts, als nur den Sand in Wirbeln über einem leeren Absturz treiben. (C 201f.)

Zwischen defigurativem „grauen Wogen“ und „leerem Absturz“ geben die „schlimmen Tage“ einer Aisthesis des Erscheinens/Verschwindens statt, die keine Zuverlässigkeit der Sinne kennt und gleichwohl die einzige Basis für die Genese von Wirklichkeit ist. Die „schlimmen Tage“ sind von keiner kalendarischen Ordnung: Datiert die Chronik den Brudermord, in welchem die „schlimmen Tage“ ihren sagenhaften Ursprung haben, präzise auf den 24. Januar 1662[1], unterlaufen diese selbst jede Datierung, insofern sie sich gleichermaßen an einem „Oktobernachmittag“, auf welchen der Heidebesuch des Rahmenerzählers fällt, ereignen könnten: „Wenn eben jetzt die schlimmen Tage wären!“ (C 201)

---

1 Karl Friedrich Boll datiert die „schlimmen Tage“ auf den „23. bis 25. Januar 1713“ (Karl Friedrich Boll, „Das kleine italienische Motiv‘. Anstoß zu Storms Novelle *Zur Chronik von Grieshuus*“, in: *Schriften der Theodor-Storm-Gesellschaft*, 31, 1982, 47-72, hier: 67).

Weder auf Januar noch auf Oktober zu datieren, ereignen sich die „schlimmen Tage“ im „jetzt“ („Wenn eben jetzt die schlimmen Tage wären!“), genauer: zeitigen sie das „jetzt“ aus einer *anderen Zeit*, zugleich Suspendierung von Präsenz wie Wirklichkeitseffekt. Das „jetzt“ selbst ist Wiedergänger einer *anderen Zeit*, gleich den heulenden grauen Wölfen[1], die besonders zu den „schlimmen Tagen“ vermehrt in der Heide erscheinen und bisweilen „gar in die Küche“ kommen (C 245).[2]

Die „schlimmen Tage“ – respektive die überlieferte Erzählung von den „schlimmen Tagen“ und dem mit ihnen verbundenen Brudermord – so lässt sich einem Brief Storms an Theodor Fontane vom 2. November 1884 entnehmen, seien der „Perpendikel=Anstoß“[3] für das Schreiben der Novelle *Zur Chronik von Grieshuus* gewesen. Auch in einem Brief an Gottfried Keller vom 10. November 1884 spricht Storm in Bezug auf seine *Chronik von Grieshuus* von „Perpendikel-Anstoß“[4]. Wer dächte hier nicht an *Marthe und ihre Uhr*, fühlte sich nicht in die einsame Kammer zurückversetzt, hörte nicht das Schnurren, Schlagen oder Picken der *anderen Zeit*? Und in der Tat heißt es an späterer Stelle im selben Brief an Gottfried Keller: „Ich bin allein zu Haus, ich höre die Einsamkeit ordentlich um mich summen; nur meine Kuckucksuhr

---

1 „[...] die Wölfe kommen dort gar in die Küche, und über die Heide geht ein Spukwerk“ (C 245). „Das Heulen, das noch länger durch die Nacht scholl, ist aber von den hungerigen Wölfen kommen, deren derzeit im Übermaße hier gewesen; und ich hab noch lang gelegen und gehorchet; mir war, als könnten sie durch die offene Thorfahrt kommen und mit den Tatzen meine Thür anfallen“ (C 252).

2 Im *Grau* der Wölfe („der Wolf, ‚de griese Hund‘“, C 244) wie auch in dem nach seinen grauen Mauern benannten „Grieshuus“ begegnet das „graue Wogen“ (C 200) wieder, d.h. jenes defigurative Moment der Wahrnehmung aus einer *anderen Zeit*, welches der Rahmen installiert. Die Wölfe lassen sich mithin als Wiedergänger, streunende Einfaltungen des Rahmens in die Erzählung lesen – nicht-lokalisierbare Ereignisse einer *anderen Zeit*, serieller Zeitsprung.

3 In einem Brief vom 2. November 1884 teilt Storm Fontane mit, dass der Augenarzt Dr. Julius Mannhardt aus Kellinghusen ihm die Erzählung von den „schlimmen Tagen“ überliefert habe: „*Dr. Mannhardt*, der viel in Italien gelebt, erzählte mir: ein dortige Marquis habe ihm einmal mitgetheilt, bei seinem Gute wohne ein Einsiedler; aber er müsse ihm alle Jahr auf einige Tage im Gute Quartier geben, weil dann die ‚schlimmen Tage‘ seien, wo es nicht gut da draußen sei. Ich fragte *Mannhardt*: „Woher kamen denn diese Tage?“ „Ich glaube“, sagte er, „ein Brudermord oder so etwas war der Grund.“ Das war der Perpendikel=„Anstoß.“ (Theodor Storm, „Brief an Theodor Fontane, 2. November 1884“, in: *Theodor Storm – Theodor Fontane: Briefwechsel. Kritische Ausgabe*, hg. von Gabriele Radecke, Berlin: Erich Schmidt 2011, 144-145, hier: 144) Vgl. hierzu auch: Boll, „Das kleine italienische Motiv“. Anstoß zu Storms Novelle „Zur Chronik von Grieshuus“, 67f.

4 „Leider haben Sie meine Geschichte wohl schon im Westermann angesehen [...] Sie ist ganz erfunden; ein kleines italienisches Motiv von 5 bis 6 Zeilen gab mir den Perpendikel-Anstoß“ (Theodor Storm, „Brief an Gottfried Keller, 10. November 1884“, in: *Theodor Storm – Gottfried Keller: Briefwechsel. Kritische Ausgabe*, 119-121, hier: 120).

pickt noch dazwischen."[1] Die Kammer mit der pickenden Uhr nimmt hier die Züge einer Schreibszene an. Die *andere Zeit* skandiert das Schreiben, der „Perpendikel-Anstoß" der „schlimmen Tage" wird zum produktionsästhetischen Prinzip, in welchem sich der Akt des Schreibens von seinem Aus-Setzen her vollzieht. –

Storms Chroniken sind Heterochroniken. Der Rahmen, ein für die Chroniknovelle gängiges erzähltechnisches Instrument, wird bei Storm zum gefährlichen Supplement, wie schon der Titel der Novelle zu lesen gibt, insofern er den gesamten Text ins Zeichen einer Hinzufügung stellt: „*Zur* Chronik von Grieshuus". Storm ist der ‚Chronist' „schlimmer Tage", des ‚jetzt-als-*anderer-Zeit*'. Ausgestattet mit dem Rahmen als Zeitsprung eröffnen Storms Chroniknovellen heterochrone Szenen, auf denen sich Wirkliches als Abyss generiert. Wo der Rahmen als Zeitsprung fungiert, fungiert – dies die/der doppelte Wendung/*turn* von Storms Rahmentechnik – der Zeitsprung zugleich als Rahmen: Es sind die vielfältigen Markierungen der *anderen Zeit*, die sich als Rahmen fortlaufend ins Erzählgeschehen einfalten: Wiedergänger, dazwischenpickende Uhren, streunende graue Wölfe, „schlimme Tage" oder unheimliche „Stellen" stellen sich als seriell-oszillierende Rahmenelemente eines Erzählens dar, das *out of frame* wie *out of joint* und eben darin Ausweis von Storms exzentrischem Realismus ist.

Auch Storms letzte Novelle, *Der Schimmelreiter*, wartet mit einer kunstvollen Rahmentechnik auf, die das Unheimliche der Wahrnehmung auslotet wie das Gespenstische des Wirklichen in Szene setzt, und der ich mich im Folgenden zuwenden will.

3 Erosion von Wahrnehmung: *Der Schimmelreiter*

In seinem Essay über Theodor Storm charakterisiert Lukács „Storms Welt"[2] anhand einer Beschreibung, welche deutliche Resonanzen mit Storms Texten unterhält:

> An den Ufern hört man das Brausen der Nordseewogen und gegen die wilde Wucht der Winterstürme schützen die Dämme kaum das Land, doch die reine Luft und noch mehr der dichte Nebel fassen Wiesen, sandige Küsten und Städte zu weichen Flächen zusammen. […] Einfach, ruhig, grau und eintönig ist alles, und Schönheit können hier nur einheimische

1 Ebd., 121.

2 Lukács, „Bürgerlichkeit und L'art pour l'art", 95.

> Augen finden. In dieser grauen Monotonie sieht nur ein solches Auge viele Farben, dem jeder Baum und jeder Strauch von großen und tiefen Erlebnissen erzählt[1].

Wer dächte beim „Brausen der Nordseewogen", der Gefahr des Dammbruchs, den „dichte[n] Nebeln", der „grauen Monotonie" nicht an den *Schimmelreiter*, an die „unaufhörlich" mit „Wutgebrüll" an den Deich schlagenden „gelbgrauen Wellen" (S 634), die das Szenario von Storms letzter Novelle ausmachen? Noch etwas anderes aber ist es, weshalb diese Passage als Einstieg in eine Untersuchung wahrgenommener Wirklichkeit in Storms *Schimmelreiter* so geeignet scheint: „Storms Welt" begegnet im Modus von Wahrnehmung: man „hört" und „sieht". Dass sich der Stormsche Realismus in spezifischer Weise über seine Inszenierung von Wahrnehmung erschließt, sollte bereits aus meinen vorangegangenen Ausführungen deutlich geworden sein. Ich will Lukács' Akzentuierung der Verschränkung von „Storms Welt" mit Wahrnehmungsszenarien hier aufnehmen und wahrnehmungspoetologisch wenden: Wie stellt sich die Verfertigung des Wirklichen aus Wahrnehmungsereignissen im *Schimmelreiter* dar? Dass es sich dabei nicht um eine ungetrübt-sonnige Angelegenheit handelt, dass Storms Wirkliches vielmehr mit Gischt, Nebel und Gebrüll daherkommt, mag nicht überraschen. Das „einheimische Auge", von dem Lukács spricht, zeigt sich bei genauerer Betrachtung als ‚unheimliches Auge'.

Gespenstischer Ritt ins Reich der Wahrnehmung

Eröffnet die erste Rahmenerzählung der Novelle eine Leseszene im Innern des Hauses der Großmutter, könnte die Szene, mit welcher die innere Rahmenerzählung einsetzt, nicht unbehauster sein. Der Erzähler reitet „bei starkem Unwetter auf einem nordfriesischen Deich entlang" (S. 634). Der dramatische Erzähleinstieg gestaltet sich nahezu durchgängig im Modus von Wahrnehmung, wobei Wahrnehmungen expositorisch eingeführt werden, welche in der Binnenerzählung wiederkehren. Die Darstellung des sensorischen Geschehens erfolgt in auffälligem Gestus: Wahrnehmung ist wesentlich in Bezug auf ihren Ausfall sowie auf Undeutlichkeit beschrieben.

> [...] zwar sollte man vom Deiche aus auf Halligen und Inseln sehen können; aber ich sah nichts als die gelbgrauen Wellen, die unaufhörlich mit Wutgebrüll an den Deich hinaufschlugen [...]; dahinter wüste Dämmerung, die Himmel und Erde nicht unterscheiden ließ; denn auch der

1 Ebd., 95.

> halbe Mond, der jetzt in der Höhe stand, war meist von treibendem Wolkendunkel überzogen. [...] Die Nachtdämmerung hatte begonnen, und schon konnte ich nicht mehr mit Sicherheit die Hufen meines Pferdes erkennen; keine Menschenseele war mir begegnet, ich hörte nichts als das Geschrei der Vögel, wenn sie mich oder meine treue Stute fast mit den langen Flügeln streiften, und das Toben von Wind und Wasser. (S 634f.)

Monotonie und Ununterscheidbarkeit sind die Koordinaten dieses Raumes der Wahrnehmung. Unaufhörliches Schlagen der Wellen, Wutgebrüll, Geschrei und Toben bilden eine Geräuschkulisse, einen gleichsam ohrenbetäubenden Lärm, der einen Wahrnehmungsausfall inmitten akustischer Wahrnehmung selbst artikuliert: „ich hörte nichts als das Geschrei". Auch visuelle Wahrnehmung ist wesentlich durch Differenz-/Konturlosigkeit gekennzeichnet: Man sieht nicht, was man sehen sollte, keine Halligen und Inseln; vielmehr ziehen „gelbgraue Wellen" und „wüste Dämmerung" den Unterschied zwischen Himmel und Erde ein, suspendieren mit dem Horizont jede sichtbare Grenze – das Sichtbare als Grenze –, und verweisen zugleich auf die konstitutiven Bedingungen dieses gespenstischen Wahrnehmungszenarios: Es sind „Dämmerung", „Nachtdämmerung" und „treibende[s] Wolkendunkel", die, wo sie Erkennen unmöglich, eine spezifische Wahrnehmung zugleich möglich machen. Kurz: Die Beschreibung suspendiert die Ordnung des Sichtbaren/Hörbaren und verschiebt den Fokus auf den prekären Akt visueller/akustischer Wahrnehmung selbst.

Vor diesem Hintergrund kommt es zur Wahrnehmung einer Gestalt, welche ihrerseits mit einem Zweifel behaftet bleibt. Der Gegenstand der Wahrnehmung wird auch hier niemals unabhängig vom Wahrnehmungsakt beschrieben; dieser ist erneut auf einen Wahrnehmungsausfall – eine Lautlosigkeit – hin inszeniert.

> Jetzt aber kam auf dem Deiche etwas gegen mich heran; ich hörte nichts; aber immer deutlicher, wenn der halbe Mond ein karges Licht herabließ, glaubte ich eine dunkle Gestalt zu erkennen, und bald, da sie näher kam, sah ich es, sie saß auf einem Pferde, einem hochbeinigen hageren Schimmel; ein dunkler Mantel flatterte um ihre Schultern, und im Vorbeifliegen sahen mich zwei brennende Augen aus einem bleichen Antlitz an. [...] ich hatte keinen Hufschlag, kein Keuchen des Pferdes vernommen [...] aber ich hatte nicht lange Zeit zum Denken; schon fuhr es von rückwärts wieder an mir vorbei; mir war, als streifte mich der fliegende Mantel, und die Erscheinung war, wie das erste Mal, lautlos an mir vorüber gestoben.

> Dann sah ich sie fern und ferner vor mir; dann war's, als säh ich plötzlich ihren Schatten an der Binnenseite des Deiches hinuntergehen. (S 635f.)

In wechselnder Beleuchtung, bei der der halbe Mond nur „karge[s] Licht" durch das „treibende[] Wolkendunkel" wirft, ereignet sich eine visuelle Wahrnehmung, die weniger eine Gestalt, als deren Erscheinen und Verschwinden generiert.[1] Das „etwas", welches dem Erzähler entgegenkommt, wird „immer deutlicher", wird zur „dunklen Gestalt" – in der das Wolken"dunkel" der ersten Szene wiederbegegnen mag –, die näherkommt, vorbeifliegt, bis „es" von rückwärts erneut an dem Erzähler vorbeifährt, der die „Erscheinung" bald „fern und ferner" vor sich sieht, bis es ihm ist, als sähe er ihren „Schatten" am Deich hinuntergehen. Die strikte Fokussierung der Beschreibung auf das Wahrnehmungsgeschehen ist auffällig. Nicht etwa entfernt sich die Erscheinung, sondern der Erzähler *sieht* sie *„fern und ferner" vor sich*. Einzig, wo der Text in den Modus von Reflexion wechselt, der Erzähler – unterbrochen von dem zweiten Auftauchen der Gestalt – noch über die erste Begegnung nach*denkt*, erfährt die Gestalt eine Spezifizierung als „Reiter" (S 636). Die übrige Darstellung ist ausschließlich Beobachtung von Wahrnehmung: das Gestaltwerden und ihre Auflösung, Formierung und Deformation von Wahrnehmung, ihre Zeitlichkeit und Veränderung. Wo der Erzähler „etwas", eine „Gestalt", „Erscheinung oder „es" sieht („sah ich es") wird ein Wahrnehmungsprozess beschrieben, kein Gegenstand erkannt (S 636). Unsicherheit, Unzuverlässigkeit, Nicht-Erkennen sind grundlegende Elemente dieses Wahrnehmungsaktes, der das Simulakrum zur strukturellen Mitgift hat. Storms Text spart diesbezüglich nicht mit sprachlichen Indikatoren: „glaubte ich [...] zu erkennen", „mir war als streifte mich", „als säh ich". Lukács hebt zwar den sensorischen Charakter von Storms Welt hervor, das Gespenstische der Stormschen Wahrnehmung bleibt jedoch unberücksichtigt. Neben dem ‚Als ob'-Charakter und der Konturlosigkeit von Wahrnehmung ist in dieser Szene der zweimalige, mit jeder Begegnung einhergehende Wahrnehmungsausfall auffällig: „ich hatte keinen Hufschlag, kein Keuchen des Pferdes vernommen", „die Erscheinung war, wie das erste Mal, lautlos an mir vorüber gestoben". Diese Lautlosigkeit trägt entscheidend zum Unheimlichen dieser Szene bei. Angesichts der konsequenten Ansiedlung der Beschreibung auf der Ebene von Wahrnehmung kommt das Unheimliche weniger der Figur, dem mutmaßlichen Reiter, als dem Wahrnehmungsakt selbst

1 Vgl. auch Albert Meier, „Wie kommt ein Pferd nach Jevershallig?' Die Subversion des Realismus in Theodor Storms *Der Schimmelreiter*", in: Hans Krah/Claus-Michael Ort (Hg.), *Weltentwürfe in Literatur und Medien. Phantastische Wirklichkeiten – Realistische Imaginationen*, Kiel: Ludwig 2002, 167-179, hier: 172.

zu. – Wenn sich der Leser/die Leserin hier des Eindruckes eines *déjà vu* nicht erwehren kann, so nimmt dies nicht wunder: Nicht nur mit dem nächtlichen, gespenstischen Ritt, auch mit der unheimlichen Verschaltung von Wahrnehmung und Nicht-Wahrnehmung legt die Eingangsszene von Storms *Schimmelreiter* ein kongeniales Pendant zu Goethes „Erlkönig" vor. – Inwieweit die Verschränkung von Anästhetischem, Gestalt-/Formwahrnehmung und Unheimlichem der Wahrnehmung Storms gesamte Novelle durchzieht, wird im Folgenden zu sehen sein.

Zwielicht

Was der innere Erzählrahmen expositorisch als Ambivalenz von Wahrnehmung inszeniert, wird nachfolgend als Spannung zwischen Aufklärung und Aberglauben verhandelt. Der als „Aufklärer" bekannte Schulmeister erhält das Wort, wobei auch seine Rede sich nicht vom abergläubischen „Geschwätz des ganzen Marschdorfes" trennen lässt, welches von unheimlichen Wahrnehmungen – so etwa einem Pferd auf Jevershallig – zu berichten weiß (S 755, S 695). Auf die Bemerkung des Schulmeisters, „es ist viel Aberglaube dazwischen, und eine Kunst, es ohne diesen zu erzählen", entgegnet der reisende Ich-Erzähler, dass er „schon selbst die Spreu vom Weizen sondern werde" (S 639). Einer solchen Zuversicht erteilt der neue Deichgraf am Ende der Erzählung eine unzweifelhafte Absage, wenn er den Reisenden an seine eigene Wahrnehmung verweist: „aber Sie können Ihren eigenen Augen doch nicht mißtrauen" (S 755). Was der Reisende im aufklärerischen Gestus auf unterschiedliche Positionen zu verteilen sucht, ist in seiner eigenen Wahrnehmung längst kontaminiert. Die Frage nach der Glaubwürdigkeit von Wahrnehmung ist in die Aporie gleichzeitiger Unmöglichkeit und Unausweichlichkeit geführt: Weder ist es möglich, seinen Augen zu trauen, noch, ihnen zu misstrauen. Wo Storms Novelle Gespenstisches als strukturelles Moment von Wahrnehmung inszeniert, formuliert sie nicht nur eine radikale Aufklärungskritik, sondern öffnet ‚wahrgenommene Wirklichkeit' hin auf die Aporien der Moderne. Dieser Konsequenz von Storms sensorischem Apparat entgeht keine der Positionen: nicht der Schulmeister als Erzähler, nicht der Reisende als Erzähler, nicht der Leser.

Die Lichtverhältnisse spiegeln die aporetische Struktur von Wahrnehmung auf ihre Weise: Storms Novelle wird nicht müde, Dämmerung zu beschreiben und damit visuelle Wahrnehmung als konstitutiv zwielichtige zu inszenieren. Auch das Sonnenlicht – im Kontext der Novelle nicht vom Topos der Aufklärung zu trennen – trägt weniger zur Aufklarung/Aufklärung bei, als dass es seinerseits Blendung/Blindheit produziert: Der erste Wurf Hauke Haiens beim Eisboseln verunglückt, weil ihn ein Sonnenstrahl blendet: „[...] als er eben den Arm hinten ausschwang, um die Kugel fortzuschleudern, war eine Wolke von der Sonne fortgezogen, die sie vorhin bedeckt hatte, und diese traf mit ihrem vollen Strahl in seine Augen; der Wurf wurde zu kurz" (S 667). An späterer Stelle in der Novelle zeitigt das Sonnenlicht noch verheerendere Wirkung: Hauke Haien entdeckt die erodierte Stelle, an welcher der Deich schließlich brechen wird, zuerst in der Dämmerung. Als er sie am nächsten Vormittag erneut in Augenschein nehmen will, herrscht „lichte Frühlingssonne", in deren Schein Hauke Haien das neue Bett des Prieles nicht wiederzufinden vermag. „[...] erst da er gegen die blendenden Strahlen seine Augen mit der Hand beschattete, konnte er es nicht verkennen; aber dennoch, die Schatten in der gestrigen Dämmerung mußten ihn getäuscht haben; es kennzeichnete sich jetzt nur schwach" (S 739). Macht Hauke hier die Dämmerung für eine Wahrnehmungs-‚täuschung' („mußten ihn *getäuscht* haben") verantwortlich, die sich im Sonnenlicht korrigieren lässt, so stellt der Text eben diese Annahme in Frage, wenn es dezidiert mit Blick auf das Sonnenlicht heißt: „Hauke, der nicht wußte, wie uns die Natur mit ihrem Reiz betrügen kann" (S 739). Und in der Tat wird die in der Dämmerung gemachte Wahrnehmung, die *Erkenntnis aus Zwielicht/zwielichtige Erkenntnis*, recht behalten.

Vor diesem Hintergrund stellt sich auch der letzte Satz der Novelle in anderem Licht dar: Der innere Rahmen, welcher mit dem Ritt des Reisenden bei Unwetter und Dämmerung eröffnet wurde, schließt mit dessen Fortreiten „beim goldensten Sonnenlichte": „Am andern Morgen, beim goldensten Sonnenlichte, das über einer weiten Verwüstung aufgegangen war, ritt ich über den Hauke-Haien-Deich zur Stadt hinunter." (S 755) Wie lässt sich dieser Szenenwechsel von Dämmerung zum „goldensten Sonnenlichte" lesen? Indiziert der Text hier tatsächlich ein sonnig-glückliches Ende, das des Unheimlichen, welches mit frühren Szenenwechseln in der Novelle stets einhergegangen war, entbehrt? Der Szenenwechsel zum Schluss ist keineswegs unvorbereitet; vielmehr findet sich eine Passage in der Binnenerzählung, die sich – rahmenübergreifend – als Parallele zum Schlusssatz lesen lässt. Es ist dies die Vorbereitung – ihrerseits ein Szenenwechsel – der soeben zitierten Szene, in welcher Hauke die „unheimliche Stelle" in der „lichte[n] Frühlingssonne" zunächst nicht findet und die Welt wieder in Ordnung *scheint*:

> Am folgenden Vormittag, als er wieder auf den Deich hinauskam, war die Welt eine andere, als wie er sie Tags zuvor gefunden hatte; [...] eine lichte Frühlingssonne ließ ihre Strahlen fast senkrecht auf die unabsehbaren Watten fallen; die weißen Möwen schwebten ruhig hin und wider, und unsichtbar über ihnen, hoch unter dem azurblauen Himmel, sangen die Lerchen ihre ewige Melodie. (S 739)

So trügerisch wie das Sonnenlicht („wie uns die Natur mit ihrem Reiz betrügen kann", S 739) ist auch diese Passage, die nur die erneute Verkehrung der Szene ins Unheimliche vorbereitet, ja, welcher – als Ort von Blendung – das Unheimliche/eine unheimliche Verkehrung inhärent ist. Im Zeichen dieser früheren Passage erscheint auch der letzte Satz der Novelle nicht mehr länger als *happy ending*, sondern verkehrt sich in ein spektrales Doppel, eine „unheimliche Stelle". Das letzte Bild der Novelle ist keine Befriedung, sondern Blendung – ein Trugbild. Das „uns" des Betrugs/Trugbilds, von welchem der Binnenerzähler gesprochen hatte („wie uns die Natur mit ihrem Reiz betrügen kann"), mag hier als Leserreferenz gedeutet werden: Das „goldenste[] Sonnenlichte" des letzten Satzes bewirkt die Blendung des Lesers. Storms Wahrnehmungsexperiment des *Schimmelreiters* endet mit einem unheimlichen Akt der Blendung, durch den jeder Wurf, jede Lektüre, notwendig fehlgehen muss.

„Unheimliche Stelle"

Das Unheimliche der Wahrnehmung, wie es die gespenstische Rahmenerzählung inszeniert hatte, findet sich in der Binnenerzählung wieder: Die „unheimliche Stelle", als welche die von Erosion zerstörte Grasnarbe bezeichnet wird, – und die als „Stelle" immer auch eine poetologische Lektüre erlaubt –, ist ebenfalls auf das Engste mit der Beschreibung ihrer Wahrnehmung verknüpft (S 740). Das Unheimliche liegt mithin auch hier nicht in einem vorgeblichen ‚Gegenstand' von Wahrnehmung, sondern im Wahrnehmungsakt selbst. An der „unheimlichen Stelle" erodiert visuelle Wahrnehmung hin auf ihr Unheimliches: ein Schwanken zwischen Sehen und Nicht-Sehen, eine radikale Unzuverlässigkeit der Wahrnehmung bei wiederholter In-Augenschein-Nahme.

Wiederholung ist für den Wahrnehmungsakt bei Storm grundlegend und öffnet ihn zugleich hin auf eine strukturelle Unzuverlässigkeit. Die erste Wahrnehmung der Stelle gestaltet sich wie folgt: Hauke „sah [...] in großer Breite die Grasnarbe zerstört und fortgerissen und in dem Körper des Deiches eine von der Flut gewühlte Höhlung, durch welche überdies ein Gewirr von Mäusegängen bloßgelegt war." (S 736) Hauke Haien kann seine Augen nicht von der Stelle lassen, welche sich in dieser ersten Szene „deutlich genug" darstellt: „Noch einmal ritt er auf dem neuen Deich bis an die äußerste Nord-Westecke, dann wieder rückwärts, die Augen unablässig auf das neu gewühlte Bett des Prieles heftend, der ihm zur Seite sich deutlich genug in dem bloßgelegten Schlickgrund abzeichnete." (S 736) Der nächste Tag zeitigt den überraschenden Szenenwechsel. Wie bereits gesagt, findet Hauke die Stelle zunächst nicht; erst als er die Augen gegen die Sonnenstrahlen beschattet, zeichnet sie sich „schwach" ab:

> Hauke [...] suchte nach dem neuen Bett des Prieles, das ihn gestern so erschreckt hatte; aber bei dem vom Zenit herabschießenden Sonnenlichte fand er es anfänglich nicht einmal; erst da er gegen die blendenden Strahlen seine Augen mit der Hand beschattete, konnte er es nicht verkennen; [...] es kennzeichnete sich jetzt nur schwach (S 739).[1]

Die Unzuverlässigkeit der Wahrnehmung, das Alterieren von Erscheinen/Verschwinden, An- und Abwesenheit, das *Fort-Da* der Stelle, hält an. Die Stelle lässt Hauke Haien keine Ruhe; der Text stellt diese Situation auf Dauer; nach Monaten sieht er sie „plötzlich wieder" und zwar „schärfer" als je zuvor:

> Das Jahr ging weiter, aber je weiter es ging [...], um so unruhiger ging oder ritt Hauke an dieser Stelle vorüber, er wandte die Augen ab [...]; ein paar Mal, wo er dort hätte vorüber müssen, ließ er sein schon gesatteltes Pferd wieder in den Stall zurückführen; dann wieder, wo er nichts dort zu tun hatte, wanderte er, um nur rasch und ungesehen von seiner Werfte fortzukommen, plötzlich und zu Fuß dahin; manchmal auch war er umgekehrt, er hatte es sich nicht zumuten können, die unheimliche Stelle aufs Neue zu betrachten; und endlich, mit den Händen hätte er Alles wieder aufreißen mögen, denn wie ein Gewissensbiß, der außer ihm Gestalt gewonnen hatte, lag dies Stück des Deiches ihm vor Augen. [...] So war der September gekommen; Nachts hatte ein mäßiger Sturm getobt [...] An trübem Vormittag danach [...] ritt Hauke auf den Deich hinaus, und es durchfuhr ihn, als er seine Augen über die Watten schweifen ließ; dort, von Nordwest herauf, sah er plötzlich wieder, und schärfer und tiefer ausgewühlt, das gespenstische neue Bett des Prieles; so sehr er seine Augen anstrengte, es wollte nicht mehr weichen. (S 740)

Die Stelle verfolgt Hauke, schlägt ihn in Bann, macht ihn die Augen abwenden, reißt sie an sich. Es ist erst hier, dass die Stelle als „unheimlich", das neue Bett des Priels als „gespenstisch" beschrieben wird. Die Dauer mag für die Erosion gesorgt haben – nicht nur des Prieles, sondern vor allem auch der Wahrnehmung hin auf ihr Unheimliches: In einer strikten Lektüre ist es nicht die Stelle, sondern das *Unheimliche der Stelle*, nicht das Bett des Prieles, sondern das *Gespenstische dieses Bettes*, welches Hauke Haien „plötzlich" und in aller Schärfe vor Augen steht und nicht mehr weichen will. Im Unheimlichen/Gespenstischen artikuliert sich die Verkehrung des Wahrnehmungsaktes: Hauke strengt seine Augen an, nicht um etwas zu sehen, sondern um nicht zu sehen. Nicht

1 Vgl. zu dieser Stelle auch Webber, *The Doppelgänger*, 312.

er sieht, sondern die Stelle blickt ihn an und will nicht mehr weichen. (Man erinnere sich an den starrenden Blick bei Stifter.) Die „unheimliche Stelle“ ist der *andere Schauplatz* von Wahrnehmung, auf dem der Blick „[ü]ber das Auge triumphiert“[1]. Die strukturelle Parallele zu der wiederholten Begegnung mit der reitenden Gestalt in der inneren Rahmenerzählung ist augenfällig: Auch hier lässt sich eine Verkehrung des Wahrnehmungsaktes konstatieren: Weniger ist die *gespenstische Gestalt* Gegenstand von Wahrnehmung, als dass das *Gespenstische der Gestalt* den Erzähler anblickt: „sahen mich zwei brennende Augen aus einem bleichen Antlitz an“ (S 636).

Lukács spricht von den *„einheimischen* Augen“[2], welche allein in der „grauen Monotonie“ von „Storms Welt“[3] Schönheit zu finden, Farben zu sehen vermögen. Erkennt er damit die Bedeutung der Sphäre des Heimischen für Storms Welt, „the home-bound catchment of Storm's fictional world“,[4] so verkennt er doch gleichzeitig den Einsatz der *heimischen* Augen für das *Unheimliche* der Wahrnehmung. Wie man seit Storm wissen könnte und seit Freud weiß, hat das Unheimliche keinen anderen ‚Ort‘ als das Heimische/Heimliche.[5] Storms Welt produziert weniger sensorische Erkenntnis, als dass sie die Verfremdung des einheimischen Blicks betreibt.

Bezüge zwischen Unheimlichem und Visualität in Storms *Schimmelreiter* wurden in der Forschung verschiedentlich herausgearbeitet. Andrew Webber etwa weist auf Hauke Haiens Ausrichtung auf das „‚canny eye‘“ hin, das gleichwohl von unheimlichen Illusionen umlagert ist: „Haien's acute vision is shrouded by a ‚net of steam and fog‘, and his sharp eyes accordingly undergo a metamorphosis to ‚starr‘ [...] pre-viewing the stark staring look of his ghostly *alter ego*.“[6] Wo der „canny“ Blick ins Starren kippt, trägt sich Blindheit in visuelle Wahrnehmung ein; Webber spricht von „the blind stare of the uncanny“.[7] – Eine ähnliche Ambivalenz des Sehens konstatiert Anette Schwarz in ihrer Analyse des Unheimlichen im *Schimmelreiter*: „Hauke insists on the integrity of perception and the reliable power of vision. [...] His defense against visual delusions, however, also proves that he is highly susceptible to the phantom-like dance of sea birds and the play of light and fog.“[8] Die Farbe Weiß und die an diese geknüpften Effekte des Scheinens liest Schwarz mit Blick auf eine

1 Lacan, *Seminar XI: Die vier Grundbegriffe der Psychoanalyse*, 109.
2 Lukács, „Bürgerlichkeit und L'art pour l'art“, 95, Herv. E.S.
3 Ebd., 95.
4 Webber, *The Doppelgänger*, 284.
5 Vgl. Freud, *Das Unheimliche*, 264, 267.
6 Webber, *The Doppelgänger*, 311.
7 Ebd., 314.
8 Schwarz, „Social Subjects and Tragic Legacies“, 257f.

Krise der Wahrnehmung: „[…] for what is revealed is exactly the fact that objects cannot be grasped or secured by perception. Thus ‚shimmering' reveals a crisis of perception".[1]

Wenn ich hier den Einsatz des Unheimlichen ebenfalls wahrnehmungstheoretisch lese, so weniger in Hinsicht auf eine spezifische Figur, etwa Hauke Haien, als mit Bezug auf die Frage nach der Form/Gestalt von Wahrnehmung, wie sie Storms Novelle unablässig inszeniert. Hauke Haien mag versuchen, dem Unheimlichen zu entgehen, der Text selbst kennt diesbezüglich kein Refugium: Wahrgenommene Wirklichkeit ist immer schon vom Unheimliche affiziert. Gerade insofern Wahrnehmung auf Gestalthaftigkeit/Form angewiesen ist, wird sie zur Produktionsstätte eines Amorph-Gespenstischen. Gestalt und Gestaltlosigkeit, Form und Unform bilden im *Schimmelreiter* keine Opposition, sondern verschränken sich im Akt der Wahrnehmung: Das Unheimliche/Gespenstische macht sich als defiguratives Moment geltend, markiert die De-Formation der Form, die Einlassung der im Text allgegenwärtigen „Unform" (S 646)/des Anderen der Gestalt – und zwar nirgendwo anders als im Akt von Formation/Gestaltung selbst. Es ist diese prekäre Doppelstruktur der Wahrnehmung, welche der Text in wiederkehrenden, Erzählrahmen transgredierenden Wahrnehmungsakten inszeniert und damit noch die Form der Novelle selbst herausfordert.

Insofern ich das Unheimliche als grundlegende Kategorie von Storms Poetologie der Wahrnehmung profiliere, ergibt sich ein spezifischer Bezug zum psychoanalytischen Konzept des Unheimlichen. Wenn Freud zu Beginn seines Aufsatzes über *Das Unheimliche* dieses als ein vernachlässigtes „Gebiet der Ästhetik"[2] charakterisiert, so erweist es sich mit Blick auf Storm als *Aisthetisches* von Interesse: als Erosion des „heimischen" Auges, von Wahrnehmungskonventionen sowie von Grenzen von Sichtbarkeit/Unsichtbarkeit. In diesem wahrnehmungstheoretischen Sinne ruft meine Analyse nicht zuletzt Benjamins Begrifflichkeit des „Optisch-Unbewußten" auf, welche sich anhand von „Storms Welt" poetologisch reformulieren lässt. In Benjamins *Kleiner Geschichte der Photographie* heißt es:

> Es ist ja eine andere Natur, welche zur Kamera als welche zum Auge spricht; anders vor allem so, daß an die Stelle eines vom Menschen mit Bewußtsein durchwirkten Raums ein unbewußt durchwirkter tritt. Ist es schon üblich, daß einer, beispielsweise vom Gang der Leute, sei es auch nur im groben, sich Rechenschaft gibt, so weiß er bestimmt nichts mehr

1 Ebd., 262.

2 Freud, *Das Unheimliche*, 243.

> von ihrer Haltung im Sekundenbruchteil der „Ausschreitens". Die Photographie mit ihren Hilfsmitteln: Zeitlupen, Vergrößerungen erschließt sie ihm. Von diesem Optisch-Unbewußten erfährt er erst durch sie, wie von dem Triebhaft-Unbewußten durch die Psychoanalyse.[1]

Das *Optisch-Unbewusste*, welches Benjamin anhand optischer Techniken wie Fotografie und Film und ihren Möglichkeiten von Vergrößerung und Zeitlupe formuliert, ließe sich mit Blick auf Storms *Schimmelreiter* poetologisch spezifizieren: Qua literarischer Darstellung erzeugt die Novelle alternative Räume und Zeiten von Wahrnehmung, macht sie Unsichtbares sichtbar/Sichtbares unsichtbar, verkehrt sie Wahrnehmungsakte hin auf eine „Unform" (S 646), das Andere der Gestalt. Mit Storms *Aisthetisch-Unbewusstem* eröffnet sich ein *anderer Schauplatz* von Wahrnehmung, auf dem sich ein gespenstisches Wirkliches generiert.

„Leere Augenhöhlen": Expedition zum anderen Schauplatz *der Wahrnehmung*

Der innere Rahmenerzähler und Hauke Haien sind keineswegs die einzigen, die Unheimliches „schauen" (S 696). Das Unheimliche der Wahrnehmung zeigt sich noch in einer weiteren Szene, die wohl wie keine andere der Novelle als literarische Inszenierung des *Aisthetisch-Unbewussten* gelten kann. Es ist dies die von dem Knecht Iven Johns und dem Dienstjungen des Deichgrafen Carsten wahrgenommene bzw. nicht-wahrgenommene Erscheinung eines Pferdes auf Jevershallig. Die Szene ist als Wahrnehmungsszene ausgewiesen[2]: Zunächst stehen Iven Johns, der Knecht des Deichgrafen, und ein namenloser Tagelöhner „nebeneinander" auf dem Deich und „starren" „unbeweglich nach der im trüben Mondduft kaum erkennbaren Hallig hinüber[]" (S 696). Klingt das Unheimliche der Wahrnehmung bereits im „Starren" an, wird der Banncharakter des Sehens noch deutlicher, wenn es heißt, dass „etwas Auffälliges [...] sie dort so festzuhalten" (S 696) schien.[3] Noch nachdem der Tagelöhner gegangen

---

1 Walter Benjamin, *Kleine Geschichte der Photographie*, in: *Gesammelte Schriften, Bd. II/1: Aufsätze, Essays, Vorträge*, Frankfurt am Main: Suhrkamp 1991, 368-396, hier: 371.

2 Zu dieser Szene als „Wahrnehmungsexperiment" vgl. auch Claus-Michael Ort, *Zeichen und Zeit. Probleme des literarischen Realismus*, Tübingen: Max Niemeyer 1998, 20-49 (Visuelle Wahrnehmung und Zeichenbildung in Theodor Storm: *Der Schimmelreiter* [1888]), hier: 40.

3 Wenig später heißt es: „Der Knecht sah wie *gebannt* hinüber." (S 699, Herv. E.S.) Dass auch Storm die Konzeption des Wirklichen als Bann, wie ich sie bereits mit Blick auf Stifter diskutiert habe, nicht fremd ist, zeigt ein Brief Storms an Gottfried Keller, in welchem Storm vom „Banne der Wirklichkeit" spricht (Theodor Storm, „Brief an Gottfried Keller, 7. August 1885", in: *Theodor Storm – Gottfried Keller: Briefwechsel. Kritische Ausgabe*, 125-127, hier: 125).

ist, kann der Knecht den Blick nicht von der Erscheinung lösen: „Der Knecht sah sich ein paar Mal nach dem Fortlaufenden um; aber die Begier, Unheimliches zu schauen, hielt ihn noch fest." (S 696) Der hinzukommende Dienstjunge des Deichgrafen, Carsten, tritt hinzu und in den gemeinschaftlichen Bann des Betrachtens ein. „Beide standen eine Weile schweigend, die Augen nur nach Dem gerichtet, was sie drüben undeutlich vor sich gehen sahen." (S 697) Ist einerseits auffällig, *was man sieht*: ein Pferd, das auf Jevershallig umhergeht, so andererseits zugleich, *was man nicht sieht*: das Pferdegerippe, welches dort gewöhnlich bei den Schafsgerippen liegt. „‚[...] das Pferdsgerippe, das sonst dabei lag, wo ist es? Ich kann's nicht sehen!' ‚Ich seh es auch nicht! Seltsam!' sagte der Knecht." (S 697) Die Frage, die der Text aufwirft, ist mithin nicht die nach Existenz oder Nicht-Existenz von Pferd oder Gerippe, sondern die nach dem Status von Wahrnehmung, nach dem also, was man sieht bzw. nicht sieht. Dass dieses radikal unzuverlässig ist, zeigt sich am nächsten Tag erneut: „‚Da geht es wieder', sagt der Knecht; ‚nach Mittag war ich hier, da war's nicht da; aber ich sah deutlich das weiße Pferdsgerippe liegen!' Der Junge reckte den Hals: ‚Das ist jetzt nicht da, Iven', flüsterte er." (S 698) Und so ist denn auch die Erkundungstour auf die Hallig, welche Carsten bei Mondlicht unternimmt, während Iven auf dem Deich bleibt und das Geschehen aus der Ferne beobachtet, weniger eine Untersuchung der irdischen oder überirdischen Pferdenatur, als vielmehr eine Expedition ins Unheimliche der Wahrnehmung. Während Iven das lebendige Pferd auf der Hallig und Carsten auf selbiges zugehen sieht, sieht Carsten einzig das Gerippe. Der Text berichtet die Beobachtungen zeitlich versetzt, zunächst im Modus der Beschreibung aus der Perspektive Ivens:

> Mehrere hundert Schritte nordwärts sah er [Iven, E.S.], was sie für einen Schimmel angesehen hatten; und jetzt! – ja, die Gestalt des Jungen kam gerade darauf zugegangen. Nun hob es den Kopf, als ob es stutzte; und der Junge – es war deutlich jetzt zu hören – klatschte mit der Peitsche. Aber – was fiel ihm ein? er kehrte um, er ging den Weg zurück, den er gekommen war. Das drüben schien unablässig fortzuweiden (S 699).

Von Jevershallig zurückgekehrt und von Iven nach der Erscheinung befragt, stellt Carsten das Geschehen folgendermaßen dar:

> ‚Nichts war es!' sagte er. ‚Noch kurz vom Boot aus hatt ich es gesehen; dann aber, als ich auf der Hallig war – weiß der Henker, wo sich das Tier verkrochen hatte; der Mond schien doch hell genug; aber als ich an die Stelle kam, war nichts da als die bleichen Knochen von einem halben

> Dutzend Schafen, und etwas weiter lag auch das Pferdsgerippe mit seinem weißen, langen Schädel und ließ den Mond in seine leeren Augenhöhlen scheinen!' (S 699)

Die Szene betreibt buchstäblich eine Anatomie des Blicks: Die „leeren Augenhöhlen" des Pferdegerippes markieren einen Wahrnehmungsausfall, der nicht stabil zu verorten ist, sondern jegliche Perspektive affiziert: Iven sieht das lebendige Pferd, nicht jedoch das Gerippe; Carsten das Gerippe, nicht jedoch das lebendige Pferd. Lebendiges Pferd und Pferdegerippe aber sind nicht zwei gleichzeitig mögliche Perspektiven, sondern schließen einander aus. Sprich: Die unterschiedlichen Blickpositionen produzieren nicht verschiedene Ansichten des Geschehens, keinen Perspektivismus von Wahrnehmung, sondern verschalten – paradox – Wahrgenommenes mit dem im Akt der Wahrnehmung konstitutiv Ausgeschlossenen. Über die *Gleichzeitigkeit von Wahrnehmung und Nicht-Wahrnehmung* inszeniert Storm einen unmöglichen, strukturell ‚ent-setzten', unheimlichen Blick. Als vollbrächte die doppelte Blickszene das Unmögliche, die beiden einander ausschließenden und sich qua Ausschließung wechselseitig konstituierenden Bilder eines Vexierbildes, Gestalt und Anderes der Gestalt, gleichzeitig zu aktivieren. Und eben in Bezug darauf wäre von einem *Aisthetisch-Unbewussten*, einem Unheimlichen der Wahrnehmung, zu sprechen. Was Carsten nach seiner Rückkehr als Verschwinden („weiß der Henker, wo sich das Tier verkrochen hatte", S 699) und Wiedererscheinen des Wahrnehmungsgegenstandes zu erklären sucht, stellt sich als aporetische Struktur des Wahrnehmungsaktes selbst heraus: „– ‚Wahrhaftig, da geht's ja wieder!' ‚Wieder?' sagte der Knecht; ‚ich hab die ganze Zeit hinübergeschaut; aber es ist gar nicht fortgewesen; du gingst ja gerade auf das Unwesen los!' Der Junge starrte ihn an; ein Entsetzen lag plötzlich auf seinem sonst so kecken Angesicht" (S 700).

Es ist die Gleichzeitigkeit von Wahrnehmung und Wahrnehmungsausfall, Blick und Blicklosigkeit, die das Entsetzen macht. „Der Junge *starrte* ihn an" (S 700, Herv. E.S.) – als sähe er nicht Iven, sondern ein Gespenst bzw. als hätte er selbst „leere Augenhöhlen" (S 699). Radikaler kann die Erschütterung des Wahrnehmungsapparates und der Episteme des Wirklichen nicht sein: Wie der Wahrnehmung trauen, wie ihr nicht trauen, wo die „leeren Augenhöhlen" eines Pferdegerippes in die „einheimischen Augen" gewandert sind? Mit der unheimlichen Exzentrik der Wahrnehmung, dem Eintreten der toten, „leeren Augenhöhle" in die visuelle Wahrnehmung, gestaltet Storms Novelle einen wahrhaft gespenstischen Blick, der Wahrnehmung hin auf das sie zugleich konstituierende wie erodierende Andere ausreizt: das Andere der Gestalt, die „Unform" (S 646), das „Unwesen" (S 700).

Mit Paul de Man lässt sich Storms literarisches Wahrnehmungsexperiment in rhetorischer Hinsicht lesen: Wenn de Man Rhetorik als Unmöglichkeit bestimmt, „zwei einander wechselseitig ausschließende Bedeutungen"[1] zugunsten einer von beiden mit sprachlichen Mitteln aufzulösen, so tun sich weitreichende strukturelle Korrespondenzen zu Storms Blickszenarien auf: Die Gleichzeitigkeit einander ausschließender Wahrnehmung und Nicht-Wahrnehmung, die der *Schimmelreiter* auf so gespenstische Weise inszeniert, ließe sich als rhetorische „Struktur der wechselseitigen Suspendierung"[2] charakterisieren. Es wäre mithin die Rhetorizität von Wahrnehmung, an welcher Storms Poetologie arbeitet, und die es erlaubt, Expeditionen ins Unheimliche zu unternehmen.

Strukturell entfaltet sich das Unheimliche der Wahrnehmung damit auf zwei Weisen: zum einen in der hier als Rhetorizität der Wahrnehmung gelesenen Struktur wechselseitiger Suspendierung von Wahrnehmung, der *Gleichzeitigkeit* von Wahrnehmung und Nicht-Wahrnehmung; zum anderen – wie die wiederholte Wahrnehmung/Nicht-Wahrnehmung der „unheimlichen Stelle" gezeigt hatte – in zeitlicher Dimension: in der *Wiederholung*, welche Erosion als Zeitlichkeit akzentuiert. Es ist über die Wiederholung, dass Storms Poetologie der Wahrnehmung erzähltechnisches Potential gewinnt. Der *Schimmelreiter* entwickelt ein poetologisches Verfahren – von mir im Folgenden ‚Parallelszenenverfahren' genannt –, welches beide Weisen verbindet: Über die Wiederholung strukturell paralleler Szenen verschaltet der Text einander ausschließende, sich invertierende Wahrnehmungsformen im Modus von Gleichzeitigkeit. Wie dies im Einzelnen geschieht, wird anhand der Analyse von Parallelszenen bzw. -stellen zu zeigen sein.[3]

Form/„Unform"

Storms Poetologie der Wahrnehmung ist dem „un" verpflichtet: dem Unheimlichen („unheimlich", S 644; „unheimliche Stelle", S 740), Unsichtbaren („unsichtbar", S 644, S 736, S 739), Unabsehbaren („unabsehbare eisbedeckte Fläche der Watten", „der unabsehbare Strand", S 643f.), dem „Unwesen" (S 645, S 700), der „Unform" (S 646). Insbesondere in dem letzten Wort wird die Frage der Form explizit, anhand derer Storm Wahrnehmungsprozesse verhandelt, und

1 Vgl. Paul de Man, *Allegorien des Lesens*, Frankfurt am Main: Suhrkamp 1988, 39-40, 42.

2 Werner Hamacher, „Unlesbarkeit", in: Paul de Man, *Allegorien des Lesens*, 7-26, hier: 15.

3 Wenn ich hier von Parallelszenen bzw. -stellen spreche, dann gerade nicht im Sinne eines hermeneutischen Parallelstellenverfahrens, wie es Peter Szondi in seinem Traktat „Über philologische Erkenntnis" kritisiert, sondern im Sinne der hier entwickelten Wiederholungsstruktur der Szene/Stelle, der ihr inhärenten unheimlichen Verkehrung, sprich: der Szene/Stelle als *anderem Schauplatz*.

die es erlaubt, die Erosion der Wahrnehmung auf die Form der Novelle selbst zu beziehen.

Eine der ersten Szene, in welcher Hauke Haien vorgestellt wird, weist signifikante Parallelen zur Eingangsszene des inneren Erzählrahmens auf. Es ist auch dies eine Wahrnehmungsszene, wobei Hauke Haiens Wahrnehmung diejenige des Erzählers regelrecht invertiert:

> Er hörte weder das Klatschen des Wassers noch das Geschrei der Möwen und Strandvögel, die um oder über ihm flogen und ihn fast mit ihren Flügeln streiften, mit den schwarzen Augen in die seinen blitzend; er sah auch nicht, wie vor ihm über die weite, wilde Wasserwüste sich die Nacht ausbreitete; was er allein hier sah, war der brandende Saum des Wassers, der, als die Flut stand, mit hartem Schlage immer wieder dieselbe Stelle traf und vor seinen Augen die Grasnarbe des steilen Deiches auswusch. Nach langem Hinstarren nickte er wohl langsam mit dem Kopfe oder zeichnete, ohne aufzusehen, mit der Hand eine weiche Linie in die Luft, als ob er dem Deiche damit einen sanfteren Abfall geben wollte. (S 641)

Wahrnehmung wird über Nicht-Wahrnehmung konturiert: Hauke hört *nicht* das „Klatschen des Wassers“, *nicht* das „Geschrei“ der Vögel, die ihn „fast mit ihren Flügeln streiften“, er sieht *nicht* die „wilde Wasserwüste“, *nicht* die Dämmerung. Der Kontrast zwischen seiner Wahrnehmung und der des inneren Rahmenerzählers könnte nicht schärfer sein: Dessen Wahrnehmung war nahezu vollständig auf Atmosphärisches ausgerichtet. Er registriert den Einfall der Nachtdämmerung, hört „*nichts als* das Geschrei der Vögel“, wenn sie ihn „fast mit ihren [...] Flügeln streiften“, *nichts als* das „Toben von Wind und Wasser“ (S 635, Herv. E.S.). Noch wo die schwarzen Augen der Vögel in die seinen blitzen, kennt Hauke Haien keine gespenstische Verkehrung des Blicks; seiner ist der des Technikers, der einzig den „Saum des Wassers“, die bewegte Linie, sprich: die Form sieht. Um diese Form zu sehen – dies macht diese Passage deutlich –, braucht es die Ausgrenzung der in der Wahrnehmung des Erzählers hervortretenden „Unform“. Auffällig ist auch die Zeitlichkeit des Geschehens respektive der Wahrnehmung: Wenn es heißt, dass der Saum des Wassers „mit hartem Schlage immer wieder dieselbe Stelle traf und vor seinen Augen die Grasnarbe des steilen Deiches auswusch“ dehnt der Text den Blick ins zeitlich Unermessliche. Erosion vollzieht sich eben gerade nicht ‚vor den Augen‘, sondern unmerklich, mit minimalen Schlägen von unendlicher Wiederholung, Dauer, Langeweile, die noch Wahrnehmung selbst auswaschen.

Die Formwahrnehmung Hauke Haiens zeichnet sich auch in einer der nächsten Szenen ab, welche allerdings kurz darauf in den bereits bekannten

Modus gespenstischer Wahrnehmung umschlägt. Hatte Hauke den Deich als „Linie" in die Luft gezeichnet, so fällt im Folgenden die Linie[1], d.h. die abstrakte Form/Darstellung, mit dem Wahrgenommenen zusammen. Hauke Haien *sieht* Linien[2]: „[...] aber von Toten war nichts mehr zu sehen; nur wo die unsichtbaren Wattströme sich darunter drängten, hob und senkte die Eisfläche sich in stromartigen Linien" (S 644). Wie über die „unheimliche Stelle" der Deichbruch dem Deich, so ist der Linienbruch der Formwahrnehmung eingetragen. An einem der nächsten Abende ist Hauke wieder dort. Wo sich Linien abgezeichnet hatten, ist die Eisdecke gebrochen; es gebiert sich eine Wahrnehmung gänzlich anderer Art:

> Auf jenen Stellen war jetzt das Eis gespalten; wie Rauchwolken stieg es aus den Rissen, und über das ganze Watt spann sich ein Netz von Dampf und Nebel, das sich seltsam mit der Dämmerung des Abends mischte. Hauke sah mit starren Augen darauf hin; denn in dem Nebel schritten dunkle Gestalten auf und ab, sie schienen ihm so groß wie Menschen. [...] plötzlich begannen sie wie Narren unheimlich auf und ab zu springen [...]; dann breiteten sie sich aus und verloren alle Form. [...] [Hauke, E.S.] sah starr dem possenhaften Unwesen zu, das in der einfallenden Dämmerung vor seinen Augen fortspielte. (S 644f.)

Das Gespenstische/Unheimliche ist auch hier nicht nur im figurativen Sinne, sondern als Wahrnehmungsereignis in Szene gesetzt: Mit „starren Augen" „sah" Hauke „dem [...] Unwesen zu, das in der einfallenden Dämmerung vor seinen Augen fortspielte". Es ist ein spezifischer Blick – das bereits bekannte Starren –, über welchen sich Hauke Haiens Wahrnehmung derjenigen des inneren Rahmenerzählers angleicht: Aggregate des Atmosphärischen (Dampf, Nebel) – wie es sich auch in Goethes und Stifters Wahrnehmungsstudien finden – stellen sich als Ereignis von (Nicht-)Wahrnehmung dar, das in dieser Passage explizit auf die Frage der Form bezogen ist: „verloren alle Form" (S 645). Das amorph-gespenstische Andere der Gestalt erfährt hier seine Spezifizierung als Formverlust/„Unform" von Wahrnehmung. In diesem Kontext gewinnt auch die „Unform von einem Kater" (S 646) Signifikanz, als welcher der Kater von

1 Zu den Linien im *Schimmelreiter* vgl. auch Andrea Krauß, „Linienführung. Ästhetisches Kalkül in Storms *Schimmelreiter*", in: Elisabeth Strowick/Ulrike Vedder (Hg.), *Wirklichkeit und Wahrnehmung. Neue Perspektiven auf Theodor Storm*, Bern/Frankfurt am Main: Lang 2013, 149-168.

2 Man mag sich hier an die Verschränkung von Darstellung und Wahrnehmung des Wirklichen in Stifters „Aussicht und Betrachtungen von der Spitze des St. Stephansturmes" erinnert fühlen, vgl. meine diesbezüglichen Ausführungen in Kapitel II/1.

Trien' Jans beschrieben wird. Haukes Mord an dem Kater wäre entsprechend weniger als Mord an der Kreatur, denn als gewaltsame (Deich-)Befestigung von Wahrnehmung gegen die dauerhaft-erodierende Gefährdung der Linie/Form durch das ihr Andere der „Unform" zu lesen.

Die Wahrnehmung im *Schimmelreiter* bewegt sich im „vexierbildlichen" Verhältnis zwischen Form und Unform. Storms Novelle arbeitet dieses Verhältnis anhand einer rahmenübergreifenden Serie von Szenen und Parallelszenen aus, der auch die Beschreibung von Sturmflut und Deichbruch angehört. Nicht nur weist diese zahlreiche Parallelen bzw. Inversionen früherer Inszenierungen von Wahrnehmung auf, sie ist zudem explizit als Wahrnehmungsereignis charakterisiert: „es war ja Sturmflut; nur hatte er sie selbst *noch nimmer so gesehen*" (S 748, Herv. E.S.).

> Eine furchtbare Böe kam brüllend vom Meer herüber, und ihr entgegen stürmten Roß und Reiter den schmalen Akt zum Deich hinan. Als sie oben waren, stoppte Hauke mit Gewalt sein Pferd. Aber wo war das Meer? [...] Wo blieb das Ufer drüben? – – Nur Berge von Wasser sah er vor sich, die dräuend gegen den nächtlichen Himmel stiegen, die in der furchtbaren Dämmerung sich über einander zu türmen suchten und über einander gegen das feste Land schlugen. Mit weißen Kronen kamen sie daher, heulend, als sei in ihnen der Schrei alles furchtbaren Raubgetiers der Wildnis. Der Schimmel schlug mit den Vorderhufen und schnob mit seinen Nüstern in den Lärm hinaus (S 748).

Zahllos sind die Parallelen zu früheren (Wahrnehmungs-)Szenen: In „Roß", „Reiter" und Hufen lässt sich die Ankunft des inneren Rahmenerzählers ebenso wiedererkennen wie die diesem begegnende Gestalt. Beiden Szenen ist der Bruch mit Wahrnehmungskonvention und -erfahrung eingetragen: Sieht der Erzähler nur „gelbgraue Wellen", wo er „Halligen und Inseln" erwartet hatte, zeichnet sich auch in Hauke Haiens Wahrnehmung kein „Ufer", kein „Meer" ab, sondern „Berge von Wasser" (S 748). Die „fürchterliche Dämmerung" lässt sich als Echo der „wüste[n] Dämmerung" der Eingangsszene lesen. Das Schlagen des Wassers („gegen das feste Land schlugen", „an den Deich hinaufschlugen"), „Schrei" und „Lärm" sind weitere beide Szenen beherrschende ästhetische Sensationen (S 748).[1] Angesichts dieser Parallelstruktur lässt sich sagen, dass der Deichbruch bereits in der Rahmensetzung vorformuliert, ja, in sie eingetragen ist. (Was dies für die *Form* der Novelle bedeutet, wird im letzten Abschnitt

1 Zum „sound-track" bzw. zur „storm-symphony" im *Schimmelreiter* vgl. Walter Silz, „Theodor Storm's ‚Schimmelreiter'", in: *PMLA*, Vol. 61, 3, 1946, 762-783, hier bes. 774f.

dieses Kapitels zu diskutieren sein.) Doch noch andere Szenen werden von der Sturmflut aufgerufen: In aisthetischer Hinsicht stellt sich diese nachgerade als Inversion der Wahrnehmung des jungen Hauke Haien dar: Hatte dieser, ganz auf den „Saum des Wassers“ konzentriert, das „Klatschen des Wassers“ und „Geschrei der Möwen“ nicht wahrgenommen (S 641), verschlingt der „Lärm“ jetzt alles: „nur ein Brausen wie vom Weltenuntergang füllte ihre Ohren und ließ keinen andern Laut hinein“ (S 753). Der *Schimmelreiter* inszeniert Sturmflut/Deichbruch als uner*hörtes* Ereignis von Wahrnehmung: „sinnverwirrenden Strudel“ (S 752). Der Deichbruch bzw. Durchbruch der Unform vollzieht sich als Reiz-Überflutung, Aggregierung von Wahrnehmung („Brausen“, „sinnverwirrender Strudel“), mit der zudem die Aggregierung/Zerstreuung der Sprache einhergeht: „Aber Sturm und Meer waren nicht barmherzig, ihr Toben zerwehte seine Worte“ (S 752); „von ihr zu ihm, von ihm zu ihr waren die Worte all verloren“ (S 753). In welcher Weise – so sei abschließend gefragt – affiziert der von Beginn an allgegenwärtige Deichbruch, das Übergreifen der Unform, die *Form* der Novelle selbst?

Unform der Novelle: Rahmenbruch

Die strukturelle Beziehung zwischen dem Deichbruch und der Form der Novelle[1] zeichnet sich verschiedentlich in Storms Text ab, insbesondere in der Verhandlung des Verhältnisses von innerer Rahmen- und Binnenerzählung. Zweimal wird die Rede des Schulmeisters unterbrochen, bricht die Wahrnehmung des Äußeren ins Innere der Schimmelreitererzählung ein:

> „Alle wandten sich dem Fenster zu. Draußen – man sah es durch die unverhangenen Fenster – trieb der Sturm die Wolken, und Licht und Dunkel jagten durcheinander; aber auch mir war es, als hätte ich den hageren Reiter auf seinem Schimmel vorbeisausen gesehen.“ (S 646) „Der Erzähler hielt inne und blickte sich um. Ein Möwenschrei war gegen das Fenster geschlagen“ (S 678).

1 Zur Gattungs-Diskussion des *Schimmelreiters* als Novelle oder Roman vgl. Heribert Kuhn, „Kommentar“, in: Theodor Storm, *Der Schimmelreiter*, Frankfurt am Main: Suhrkamp 1999, 163-167; weiter: Wolfgang Preisendanz, „Theodor Storm: Novellistik im Zeitalter des Romans“, in: Brian Coghlan/Karl Ernst Laage (Hg.), *Theodor Storm und das neunzehnte Jahrhundert. Vorträge und Berichte des Internationalen Storm-Symposions aus Anlaß des 100. Todestages Theodor Storms*, Berlin: Erich Schmidt 1989, 12-17. Zum Bezug zwischen Deichbruch und novellistischem Erzählen vgl. auch Philipp Theisohn, „*Der Schimmelreiter*. Gespenstisches Erzählen“, in: Christoph Deupmann (Hg.), *Theodor Storm. Novellen*, Stuttgart: Reclam 2008, 104-125, hier bes. 105f.

Beide Unterbrechungen der Binnenerzählung sind einem Geschehen am Fenster geschuldet, welches insofern als Figuration des Erzählrahmens gelten kann. Dabei unterhalten auch diese beiden Szenen zahlreichen Korrespondenzen zu anderen Passagen im Text: Das ‚Als ob' der Wahrnehmung – „mir war es, als hätte ich den hageren Reiter auf seinem Schimmel vorbeisausen gesehen" – ist bereits von der Ankunft des inneren Rahmenerzählers her bekannt. Das „unverhangene Fenster" – der Rahmen – fungiert hier weniger als trennendes Element zwischen Innen und Außen, als dass es/er Permeabilität für Blick und Erzählen ermöglicht. Die zweite Unterbrechung – der gegen das Fenster schlagende Möwenschrei – zeigt die strukturelle Verbindung zwischen Deich und Rahmen aufs deutlichste: „Schrei" und „Schlagen" kehren unablässig wieder, wenn es um die prekäre Grenze zwischen Wasser und Land, die Linie des Deiches und seinen späteren Bruch geht: angefangen mit den den inneren Rahmenerzähler empfangenden „gelbrauen Wellen, die unaufhörlich wie mit Wutgebrüll an den Deich hinaufschlugen" (S 634) und dem sie begleitenden „Geschrei der Vögel" (S 635), weiter zum „Geschrei der Möwen", welches Hauke Haien nicht hört, da er nur Augen hat für den „Saum des Wassers, der [...] mit hartem Schlage immer wieder dieselbe Stelle" trifft (S 641), bis hin zur Sturmflut, bei welcher die „Berge von Wasser" „gegen das feste Land schlugen [...] heulend, als sei in ihnen der Schrei alles furchtbaren Raubgetiers der Wildnis" (S 748). Wenn „Schrei" und „Schlag" am Fenster wiederbegegnen, enthüllen sie den Rahmen als prekäre Grenze, „unheimliche Stelle" der Ordnung des Erzählens. Der spätere Bruch des Deiches ließe sich poetologisch als Rahmenbruch, Hereinbrechen der Unform in die Form der Novelle lesen. Noch etwas anderes ist an der zweiten Fensterszene auffällig: Wo der Möwenschrei gegen das Fenster „schlägt", gewinnt akustische Wahrnehmung eine materiale Dimension, überlagern sich Wahrnehmungs- und Erzählraum. Der *Schimmelreiter* knüpft Wahrnehmung/Erzählen an eine parergonale Struktur, die Innen und Außen, Form und Unform in ein Verhältnis setzt, das prekärer nicht sein kann.

Der Deichbruch geschieht nicht unvorbereitet, sondern ist – qua Parallelszenenverfahren, sprich: als *anderer Schauplatz* – bereits in die Wahrnehmung des inneren Rahmenerzählers, d.h. in die Rahmensetzung selbst eingetragen. Wie die bisherige Lektüre gezeigt hat, sind rahmenübergreifende Parallelszenen grundlegend für das Erzählverfahren von Storms *Schimmelreiter*. Was impliziert dies für die Frage nach der Form/Unform der Novelle? In Bezug auf Deich- und Rahmenbruch tut sich eine Differenz zwischen diegetischer und poetologischer Ebene auf: Beschreibt die Binnenerzählung eine Dynamik, in welcher der Deichbruch aus der Erosion der „unheimlichen Stelle" resultiert, stellt sich das Verhältnis von Erosion und (Deich-/Rahmen-) Bruch auf poetologischer Ebene anders dar: Durch die rahmenübergreifende

Wiederholungsstruktur sind sich überbordende Parallelstellen einander wechselseitig eingetragen, ist die Unform der Form strukturell inhärent, der (Deich-/Rahmen-)Bruch kein einmaliges Geschehen, sondern immer schon vollzogen und mit jedem „Schrei", jedem „Schlag" wieder praktiziert. Ort von Erosion, ist der Rahmen zugleich Bruch und Aufschub des Bruchs. Der Rahmen existiert einzig im Modus von Erosion, als „unheimliche Stelle", die den Bruch auf Dauer stellt. Mit dem Parallelstellenverfahren betreibt Storm eine Serialisierung ‚unheimlicher Stellen', welche die Form der Novelle ‚vor den Augen' des Lesers unmerklich auswaschen.

Nach der zweiten Unterbrechung der Erzählung, dem Möwenschrei, heißt es:

> Ein starker Mann [...] war eingetreten. ‚Herr', sagte er, ‚wir Beide haben es gesehen, Hans Nickels und ich: der Schimmelreiter hat sich in den Bruch gestürzt!' [...] ‚Saht Ihr's nur einmal?' – ‚Nur einmal; es war auch nur wie Schatten; aber es braucht drum nicht das erste Mal gewesen zu sein.' (S 678)

Die Frage nach der Wiederholung zielt dezidiert auf die Ebene von Wahrnehmung: „*Saht* Ihr's nur einmal?" (S 678, Herv. E.S.) „Nur einmal" hat es der Eintretende gesehen, ein anderes Mal der Erzähler des Binnenrahmens, dem es ist, als sähe er die unheimliche Gestalt bzw. „ihren Schatten an der Binnenseite des Deiches" zu einem Bruch „hinuntergehen" (S 636). Obgleich nicht auf Figurenebene, findet sich in der Tat eine Instanz, die das Geschehen zweimal *gesehen* hat: der Leser/die Leserin. Die Wiederholung der Stelle/Szene installiert eine Wiederholungs-/Wiedergängerstruktur von Wahrnehmung – für den Leser/die Leserin. Noch die unerhörte Begebenheit, dass sich der Schimmelreiter in den Bruch stürzt, ist in die Wiederholung/Erosion von Wahrnehmung/Lektüre eingespannt. Auch der Leser findet mithin seinen Platz im Zeichen der Erosion von Wahrnehmung: Als Leser ‚unheimlicher Stellen', ausgesetzt an das *déjà vu*, wird er den Sturz des Schimmelreiters in den Bruch am Ende mindestens dreimal gesehen haben. Oder – um die ‚Als ob-'/Simulakrumstruktur von Storms wahrgenommener Wirklichkeit präzise zu reflektieren –: wird es ihm gewesen sein, als hätte er den Sturz des Schimmelreiters in den Bruch mindestens dreimal gesehen. –

Mittels Parallelszenen/-stellen inszeniert Storms *Schimmelreiter* die Aporie/den *anderen Schauplatz* von Wahrnehmung: Der innere Rahmenerzähler sieht/hört, was Hauke – auf den „Saum des Wassers" fixiert – gerade nicht wahrnimmt und umgekehrt. Beide Wahrnehmungen schließen einander aus, die eine die Kehrseite der anderen, ihr Verhältnis das von Form zu Unform. Strukturell korrespondiert dies mit dem gespenstischen Blickszenario angesichts des Pferdes auf Jevershallig: Während Iven das lebendige Pferd sieht, sieht Carsten das Pferdegerippe. Was sich in dieser Szene dramatisch vollzieht, bewerkstelligt das Verfahren der Parallelszenen/-stellen poetologisch: die Inszenierung der Gleichzeitigkeit sich wechselseitig ausschließender Wahrnehmungen, des unmöglichen Blicks. Die Parallelstellen schalten Invertiertes gespenstisch zusammen, betreiben seine Aktualisierung im Modus der Gleichzeitigkeit, d.h. die „wechselseitige[] Suspendierung"[1] von Form und Unform, Wahrnehmung und Nicht-Wahrnehmung. Die unmögliche Aufgabe, die Storms Poetologie der Wahrnehmung an den Leser stellt, wäre mithin keine Geringere als die, mit „leeren Augenhöhlen" (S 699) zu lesen.

Noch in einer anderen Hinsicht interferieren Form/Unform der Novelle und rahmenübergreifende Parallelszenen: Die Form der Novelle wird von Storm als eine mit vier Beinen bestimmt: „‚Der Schimmelreiter', eine Deichgeschichte; ein böser Block, da es gilt eine Deichgespenstsage auf die vier Beine einer Novelle zu stellen, ohne den Charakter des Unheimlichen zu verwischen."[2] Die Forschung hat verschiedentlich einen Bezug zwischen den „vier Beine[n] einer Novelle" und denen des gespenstischen Schimmels hergestellt[3] und darin das Moment des Unheimlichen, ja, die Öffnung der Novelle hin auf eine „non-form"[4] gesehen. Hieran anknüpfend sei abschließend das Verhältnis zwischen Form/Unform der Novelle und Form/Unform der Wahrnehmung, wie es sich anhand der „vier Beine" darstellt, betrachtet: Diese begegnen – in Form von Hufen – ebenfalls bereits in der ersten Szene der inneren Rahmenerzählung. Die Frage nach der Form der Novelle („vier Beine") ist mithin mit der Eröffnung des zweiten Rahmens virulent: Es sind hier zunächst die Hufe des Pferdes des Erzählers, die sich überdies wesentlich als Wahrnehmungsproblem darstellen: „Die Nachtdämmerung hatte begonnen, und schon konnte ich nicht mehr mit Sicherheit die Hufen meines Pferdes erkennen" (S 635). Die epistemische Unsicherheit ist vielfach gelagert: Nicht nur zeitigt die Dämmerung allenfalls zwielichtige Wahrnehmungen, auch ist es keineswegs ausgemacht, dass es die Hufe des *eigenen* Pferdes sind („nicht mehr mit Sicherheit die Hufen *meines* Pferdes erkennen"). In der Tat lässt die Doppelgänger-Szene, in welcher der Erzähler in Erscheinung tritt – dem reitenden Erzähler kommt eine unheimliche reitende Gestalt auf einem „hochbeinigen" Schimmel entgegen – eine Lesart zu, nach der Figur und Hufe von vornherein verdoppelt und mithin nicht umstandslos

1 Hamacher, „Unlesbarkeit", 15.

2 Theodor Storm, „Brief an Paul Heyse vom 29. August 1886", in: *Theodor Storm – Paul Heyse: Briefwechsel, Bd. III: 1882-1888. Kritische Ausgabe*, 139-141, hier: 140.

3 Vgl. Webber, *The Doppelgänger*, 315.

4 Schwarz, „Social Subjects and Tragic Legacies", 252.

als eigene zu erkennen sind. Für eine solche unheimliche Lesart spricht zudem, dass der Erzähler „keinen Hufschlag" des anderen Pferdes hört (S 636). Sind es also von Beginn an *andere* Hufe, die Hufe eines gespenstisch-*anderen* Pferdes, die den Erzähler tragen – aber wer ist es dann, der erzählt? Ist es ein „es", ein Gespenstisches, das erzählt? Die Ordnung des Erzählens, welche durch die Rahmenstruktur der Novelle installiert wird, wird in der Metaphorik der Form der Novelle („vier Beine") von in sich verdoppelten Hufen buchstäblich unterlaufen: Etabliert die Rahmenordnung eine Erzählgenealogie, die vom „Geschwätz des [...] Marschdorfes" (S 695), über den Schulmeister weiter zum inneren Rahmenerzähler und schließlich hin zum Journal lesenden Urenkel verläuft, so stiften die Hufe das unheimliche Andere dieser Form: Innerer Rahmenerzähler und Schimmelreiter, Erzähler und Figur der Erzählung, gehen eine Doppelgänger-Beziehung ein. Auch in dieser Hinsicht schließt der Text einander Ausschließendes kurz: Erzähler und Figur werden in einem rahmenübergreifenden Wiedergänger-Szenario miteinander verschaltet, in welchem der Erzähler als Wiedergänger der Figur, diese als Wiedergänger des Erzählers erscheint. Auch hier also die „Struktur der wechselseitigen Suspendierung"[1]: von Erzähler und Figur, „vier Beine[n]" und doppelten Hufen, von Form und Unform der Novelle. Angesichts der durch den Text hindurch betriebenen Erosion von Wahrnehmung, Inszenierung des unmöglichen Blicks, *déjà vus*, lässt sich „nicht [...] mit Sicherheit [...] erkennen", wer das Ich des letzten Satzes der Novelle ist, das am „anderen Morgen [...] über den Hauke Haien-Deich zur Stadt hinunter[reitet]" (S 755), noch, wessen Hufe es sind, die den Deich unter sich haben („wenn Sie morgen nach der Stadt reiten [...] so werden Sie ihn [den Hauke-Haien-Deich, E.S.] unter den Hufen Ihres Pferdes haben", S 754). Es mag der Erzähler oder der wiedergängernde Schimmelreiter, der Erzähler auf den Hufen des Schimmels, als Schimmelreiter, oder der Schimmelreiter als Erzähler sein; ein gespenstisches „es" auf einem gespenstischen Pferd. Die Unentscheidbarkeit ist strukturelle Mitgift von Storms „double vision"[2] und damit auch die Unentscheidbarkeit, ob sich der Rahmen schließt oder ob der Leser mit der den Rahmen transgredierenden Figur wieder in die Geschichte eintritt. Storm schließt diese beiden sich wechselseitig ausschließenden Möglichkeiten in der Unform der Novelle zusammen.

•••

1 Hamacher, „Unlesbarkeit", 15.

2 Webber, *The Doppelgänger*, 315.

Von den Zügen gespenstischer Wahrnehmung, wie sie Storms *Schimmelreiter* entwickelt, soll demjenigen der Serialität im Folgenden noch genauer nachgegangen werden. Hatte sich das Serielle im *Schimmelreiter* mit den unheimlichen Stellen sowie dem auf Dauer gestellten Rahmenbruch als Erosion von Wahrnehmung geltend gemacht, so ist in *Aquis submersus* Serialität dezidiert in den Blick verlagert. Der stechende Blick der Edelfrau, deren Bild sich in dem „von [...] Würmern [...] zerfressene[n] Holzrahmen" (AS 402) in der Gemäldegalerie findet, sucht die Nachfahren heim, heftet sich einzelnen Subjekten an, verschwindet wieder, um – über weite Latenzen hinweg – erneut aufzutauchen, im Auge des Junker Wulf ebenso wie in den Augen des toten Knaben. Nicht nur als Moment von Wahrnehmung, auch als Performativ des Fluchs strukturiert der Blick das Geschehen der Novelle. Qua serieller Dynamik löst Storm den Blick vom Subjekt ab und transformiert ihn in ein Medium von Kraft/Transmission, welche Wirkliches als Heimsuchung generiert. Der Titel der Novelle fasst die serielle Dynamik dieser Heimsuchung in eine präzise Formel: *aquis submersus* – Versinken im Wasser (und Wiederauftauchen) – die, insofern sie die Wiedergängerstruktur des Wirklichen bezeichnet, zugleich als Formel für Storms gespenstischen Realismus gelten kann.

4 Serielle Blicke – Heimsuchung des Wirklichen: *Aquis submersus*

Blicke einer „anderen Zeit"

„Ein saeculum und drüber rinnt es heimlich wie unter einer Decke [...] fort; dann, längst vergessen, taucht es plötzlich wieder auf, den Lebenden zum Unheil." (AS 402) In einer Rhetorik des *aquis submersus* – dem Versinken, ‚Fortrinnen' und plötzlichen ‚Heraufkommen' aus tiefer Vergangenheit – formuliert diese Passage die strukturelle Dynamik der Novelle: *Aquis submersus* ist im selben Zuge eine Erzählung über das Versinken im Wasser wie über das Wiederauftauchen einer *anderen Zeit.* Wie die Geschichte zeigt, gibt es keinen Schutz vor dieser Heimsuchung der „Lebenden" durch das Wiederaufsteigen eines unvordenklich Vergangenen („die alte Zeit stieg auf", AS 452). Die Wiedergängerstruktur des *aquis submersus* artikuliert nicht nur die strukturelle Dynamik von Storms gleichnamiger Novelle, sondern – weit grundlegender – die Zeitlichkeit des Wirklichen von Storms Realismus. Wahrnehmung/Wirkliches *zeitigt* sich – wie bereits anhand von Thomas Mann Storm-Essay diskutiert – aus einem irreduzibel „Vergangene[n], Versunkene[n], Verlorene[n]"[1], ist m.a.W.

1 Mann, *Theodor Storm*, 253.

strukturell nachträglich, d.h. immer schon *déjà vu.* „Storms Welt"[1] ist eine heimgesuchte Welt, Wirkliches „Heimsuchung"[2].

Aquis submersus setzt diese Heimsuchung über eine Serie von Blicken in Szene. Es sind Blicke aus tiefster Vergangenheit, wiedergängernde Blicke, ja, der Blick ist der einer „längst vergangenen Zeit" selbst. So heißt es gleich zu Beginn von *Aquis submersus* über die „wunderbaren Dinge[]" (AS 380) „oder wohl gar unheimlichen Dinge[]" (AS 381) in der Dorfkirche – unter ihnen das Bildnis des toten Knaben mit der Wasserlinie in der Hand, daneben dasjenige eines „finstere[n] schwarzbärtige[n] Mann[es] in Priesterkragen und Sammar" (AS 381) –, dass aus ihnen „eine längst vergangene Zeit [...] zu uns Lebenden aufblickte." (AS 380f.)

Mit dem Blick der *anderen Zeit* löst Storm den Blick von jeglichem Subjekt ab, *spektralisiert* ihn zu einem nicht-menschlichen, seriellen Blick/Zug, der einzelnen Subjekten lediglich anhängt, um wieder zu verschwinden und nach einer Latenz erneut aufzutauchen. Die Ahnengalerie erweist sich als Ort des Wiederfindens dieses Blicks der *anderen Zeit*:

> Oft, wenn ich die Palette hingelegt, stand ich noch lange vor den schönen Bildern. Katharinens Antlitz fand ich in dem der beiden Eltern wieder [...]; wo aber war hier der harte Mundwinkel, das kleine Auge des Junker Wolf? – Das mußte tiefer aus der Vergangenheit heraufgekommen sein! Langsam ging ich die Reih' der älteren Bildnisse entlang, bis über hundert Jahre weit hinab. Und siehe, da hing im schwarzen, von den Würmern schon zerfressenen Holzrahmen ein Bild [...]. Es stellete eine Edelfrau von etwa vierzig Jahren vor; die kleinen grauen Augen sahen kalt und stechend aus dem harten Antlitz [...]. ‚Hier, diese ist's! [...] Ein saeculum und drüber rinnt es heimlich wie unter einer Decke [...] fort; dann, längst vergessen, taucht es plötzlich wieder auf, den Lebenden zum Unheil.' (AS 402)

Nicht aber nur im Auge des Junker Wolf findet sich der Blick einer ‚tiefen Vergangenheit'/*anderen Zeit*; der Blick der Ahnin begegnet dem Vater auch in den toten Augen des Knaben:

> Da bückete ich mich hinab, im Wahne, ich möchte noch einmal meines Kindes Blick gewinnen; aber als die kalten Augensterne vor mir lagen, überlief mich Grausen; mir war, als sähe ich die Augen jener Ahne des

1 Lukács, „Bürgerlichkeit und L'art pour l'art", 95.

2 Mann, *Theodor Storm*, 259.

> Geschlechtes, als wollten sie noch hier aus unseres Kindes Leichenantlitz künden: ‚Mein Fluch hat doch Euch Beide eingeholet!‘ (AS 453)

In der Serialisierung artikuliert sich nicht nur die spezifische Zeitlichkeit des Blicks, sondern zugleich seine Performanz. Der wiedergängernde Blick der Ahnfrau ist Fluch:

> „[…] sie soll ihr einzig Kind verfluchet haben; am andern Morgen aber hat man das blasse Fräulein aus einem Gartenteich gezogen; der nachmals zugedämmt ist.“ (AS 407) „Ich weiß, Katharina; es wachsen heut noch Schachtelhalm und Binsen aus dem Boden.“ „Wisset Ihr denn auch, Johannes, daß eine unseres Geschlechtes sich noch immer zeigen soll, sobald dem Hause Unheil droht? Man sieht sie erst hier an den Fenstern gleiten, dann draußen in dem Gartensumpf verschwinden.“ (AS 407) „Katharina!“ Ich war aufgesprungen. „Hätte jene Frau auch dich verflucht?“ Sie athmete tief auf. „Auch mich, Johannes!“ (AS 408)

Was die Sage zu erzählen weiß, wiederholt sich nach der gemeinsam verbrachten Nacht. Nicht nur sinkt Johannes’ Fuß, als er auf den Binsensumpf gerät, „bis übers Änkel ein, gleichsam als ob ihn was hinunterziehen wollte. ‚Ei‘, dachte ich, ‚faßt das Hausgespenste doch nach dir!‘“ (AS 420); eine gespenstische Erscheinung, ein „Augengespenst“, sucht ihn auch auf der Ebene visueller Wahrnehmung heim:

> Nahezu erschrocken aber wurd’ ich, da meine Augen bei einem Rückblick aus dem Gartensteig […] die unteren Fenster neben dem Thurme streiften; denn mir war, als sähe hinter einem derselbigen ich gleichfalls eine Hand; aber sie drohete nach mir mit aufgehobenem Finger und schien mir farblos und knöchern gleich der Hand des Todes. Doch war’s nur wie im Husch, daß solches über meine Augen ging; dachte zwar erstlich des Märleins von der wiedergehenden Urahne; redete mir dann aber ein, es seien nur meine eigenen aufgestörten Sinne, die solch Spiel mir vorgegaukelt hätten. (AS 420)

Nicht als Sinnestäuschung, sondern als Gespenstisches der Wahrnehmung inszeniert Storm die „wiedergehende[] Urahne“: eine mit einem Zweifel behaftete („als sähe […] ich“) flüchtige Erscheinung/Geste, die nur unwesentlich später im Text wiederkehrt. Als Katharina nicht zum verabredeten Treffpunkt erscheint, weiß der alte Dietrich folgende Beobachtung eines Gesprächs zwischen der Bas’ Ursel und dem Junker zu berichten:

> Verstanden, Herr Johannes, hab' ich von dem Allen nichts; dann aber [...] hielt sie mit ihrer knöchern Hand, als ob sie damit drohete, dem Junker was vor Augen; und da ich näher hinsah, war's ein Fetzen Grauwerk, just wie Ihr's da an Euerem Mantel traget. (AS 423f.)

Gegen den Anschein wird hier nicht eine gespenstische Wahrnehmung in zuverlässige Beobachtung überführt; vielmehr bleibt der Beobachtung ein a-semantisches Moment („Verstanden [...] hab ich von dem allem nichts") ebenso inhärent wie der Geste die *simulatio* („als ob sie damit drohete"). Was der Text inszeniert, ist eine Wiedergängerstruktur der Geste, welche gleich der „wiedergehenden Urahne" und dem verfluchenden Blick seriell durch den Text mäandert. Der irreduziblen Wiedergängerstruktur der Geste korrespondiert der *simulatio*-/Simulakrum-Charakter von Wahrnehmung selbst: „als sähe [...] ich" (AS 420), der sich – wie gezeigt – auch im *Schimmelreiter* findet („dann war's, als säh ich", S 636). Sehen lässt sich nicht von der *Geste des Sehens* trennen. Über Storms gestische Wahrnehmung lässt sich mithin sagen, was Derrida in *La double séance* über den Mimen sagt: „Er ist kein Nachahmer, er mimt die Nachahmung."[1] Storms wahrgenommene Wirklichkeit installiert eine Ordnung eines „supplementären Doubles/zweifachen Supplementären"[2], in der Wahrnehmung immer auch zugleich Wahrnehmung mimt. Diese „Operation, die nicht mehr zum System der Wahrheit gehört",[3] produziert gleichwohl „‚Realitätseffekte'"[4]. Es ist gerade die ‚Als ob'-/Simulakrum-Struktur von Wahrnehmung, das Gestische des Sehens aus „toten Augen" (I 327) in *Immensee* oder „leeren Augenhöhlen" (S 699) im *Schimmelreiter*, über welche Storms gespenstischer Realismus Wirklichkeitseffekte zeitigt.[5]

Auch der Fluch des Blicks lässt sich nicht von der *simulatio*-/der Wiedergänger-Struktur des Wirklichen trennen. Das Wiedergängern/*aquis submersus* ist streng genommen der Fluch der *anderen Zeit*; dieser hat keinen Inhalt jenseits seiner zeitlichen Struktur, keinen Schauplatz als das Wirkliche selbst. Fluch ist, dass es wiederkommt, wieder aufsteigt, Heimsuchung durch die *andere Zeit*, welcher durch kein Subjekt beizukommen ist.

Hinsichtlich der Dynamik des Versinkens (*aquis submersus*) und Wiederaufsteigens findet sich in der Novelle eine erzählerische Diskrepanz: Während

1 Jacques Derrida, „Die *zweifache Séance*", in: ders., *Dissemination*, Wien: Passagen 1995, 193-322, hier: 245.

2 Ebd., 212.

3 Ebd., 232.

4 Ebd., 230.

5 Zum „Tod des Referenten" (85) sowie zu Wahrnehmungsakten in *Aquis submersus* vgl. auch Ort, *Zeichen und Zeit*, 53-68, 83-91.

Titel und letzter Satz der Erzählung „Aquis submersus" lauten und auch Johannes' Manuskript (die ‚Binnenerzählung') mit einer aus dem „dumpfen Brausen des Meeres" „immerfort, gleich einem finsteren Wiegenliede" tönenden Wiederholung „Aquis submersus – aquis submersus" (AS 454f.) endet – sprich: der Text die Dynamik von Verschwinden und Auftauchen jenseits eines handelnden Subjekts in Szene setzt –, nimmt die Erzählung eine andere Ausdeutung von „aquis submersus" vor. Bereits die Rahmenerzählung thematisiert die Frage der Deutung der Bildunterschrift C.P.A.S. explizit:

> [...] so möchten die beiden letzten Buchstaben wohl mit ‚Aquis Submersus', also mit ‚Ertrunken' oder wörtlich ‚Im Wasser versunken' zu deuten sein; nur mit dem vorangehenden C.P. wäre man dann noch immer in Verlegenheit! [...] ‚Culpa?', wiederholte der Pastor. ‚Durch Schuld? – aber durch wessen Schuld?' Da trat das finstere Bild des alten Predigers mir vor die Seele, und ohne viel Besinnen rief ich: ‚Warum nicht: ‚Culpa Patris'?' [...] so blieb denn der eigentliche Sinn der Inschrift nach wie vor ein Geheimnis der Vergangenheit. (AS 383)

Johannes' Manuskript gibt schließlich den gewünschten Aufschluss: „Dann tauchete ich meinen Pinsel in ein dunkles Roth und schrieb unten in den Schatten des Bildes die Buchstaben: C.P.A.S. Das sollte heißen: Culpa Patris Aquis Submersus, ‚Durch Vaters Schuld in der Fluth versunken.'" (AS 453) Der Moment, in welchem Johannes das Geschehen als Schuld des Vaters deutet und die Buchstaben unter das Bild setzt, ist signifikant: Hatte der Text bereits vor dem Tod des Knaben dessen Antlitz einen Zug attestiert, welcher das Leben des Knaben übersteigt,[1] findet sich auch nach seinem Tod ein solcher Zug aus einer *anderen Zeit*. Es ist – wie gesagt – der Blick der Ahnin, welchem der Vater in den toten Augen des Knaben begegnet. Die Szene ereignet sich, als sich Johannes daransetzen will, seinen toten Sohn zu malen[2]:

1 „Es war etwas in dieses Kindes Antlitz, das nicht aus seinem kurzen Leben kommen konnte; aber es war kein froher Zug" (AS 439).

2 Die Beziehung zwischen Malerei und Tod wird von der Novelle wiederholt gestaltet, welche das Medium Malerei auf diese Weise mit gespenstischen Züge versieht. Malen/Zeichnen erfolgt im Angesicht des Todes: sei es anlässlich des aufgebahrten Herrn Gerhardus (AS 395) oder des toten Knaben („[...] dann malte ich, – rasch, wie man die Todten malen muß, die nicht zum zweiten Mal dasselbig' Antlitz zeigen", AS 451). Mit dem Tod wählt Storms Malerei ein unmögliches *sujet*; eines das – permanente Veränderung – nicht auf die Leinwand zu bannen ist. Angesichts der Vergänglichkei des Toten wird Malen zur „rasch[en]", flüchtigen Geste. Nicht aber nur erscheint der Tod als umögliches *setting* und *sujet* des Malens, es scheint, als wäre es die „knöchern Hand des Todes" (AS 450) selbst, welche den Pinsel führt. Von einem intentionalen Subjekt kann bei Storms Inszenierung des Malens nicht die Rede

> Als ich drüben eingetreten und mich an die Arbeit setzen wollte, zeigete es sich, daß in dem kleinen Angesicht die Augenlider um ein Weniges sich gehoben hatten. [...] mir war, als sähe ich die Augen jener Ahne des Geschlechtes [...] ‚Nein, nein, mein armer Knabe, deine Seele, [...] die blickte nicht aus solchen Augen; was hier herausschaut, ist alleine noch der Tod. Nicht aus der Tiefe schreckbarer Vergangenheit ist es heraufgekommen; nichts Anderes ist da als deines Vaters Schuld; sie hat uns alle in die schwarze Fluth hinabgerissen. (AS 452f.)

Gleichsam um den Fluch abzuwenden, setzt Johannes die „Schuld des Vaters" gegen das „aus der Tiefe schreckbarer Vergangenheit" Heraufgekommene. Die im Text entfaltete Dynamik des wiederholten Auftauchens/Verschwindens, dergemäß Subjekte lediglich als Träger serieller Blicke/Züge erscheinen, erfährt auf diese Weise eine spezifische Interpretation – mit Nietzsche gesprochen: eine „Causal-Auslegung". Im metaleptischen Schluss setzt Johannes die ‚Schuld des Vaters' als ursächlich für die Bewegung des *aquis submersus* („schwarze Fluth") und stattet diese so mit einem Tätersubjekt aus. Der „‚Thäter'", so Nietzsche in der *Genealogie der Moral*, „ist zum Thun bloss hinzugedichtet"[1], nachträglich als ursächlich gesetzt.

Mit seiner jegliches Subjekt übersteigenden Handlungs-/Fluchstruktur ist Storms gespenstisches Wirkliches durchaus jenem „Thun"/„Wirken"[2] verwandt, das Nietzsche beschreibt, und das sich mit Deleuze als „Ereignis" charakterisieren ließe, „in dem *es* stirbt wie *es* regnet"[3]. Dem „es", welches „heraufgekommen" ist („ist es heraufgekommen", AS 453), dem „es" in „es war eine andere Zeit", wie es Storms Dynamik des *aquis submersus* mit seinem wiederholten Versinken und Wiederauftauchen in Szene setzt, vermag kein Subjekt beizukommen. In diesem Sinne unterläuft nicht nur die Zeitlichkeit des Erzählens, sondern auch das erzählte Geschehen selbst die Selbst-Setzung des väterlichen Subjekts. Spätestens nach der Trennung von Johannes

---

sein. Der Maler erscheint „gleich einer Maschine, wodurch ein Bild sich auf die Leinwand malete" (AS 406). Unter den Pinselbewegungen der „knöchern[en] Hand" erscheint ein *Anderes* im Bild: In das Bild des Lazarus schleichen sich die Züge des toten Gerhardus ein: „Und also rückwärts sinnend, setzete ich meinen Pinsel wieder an; als aber selbiger eine gute Weile hin und wider gegangen, mußte ich zu eigener Verwunderung gewahren, daß ich die Züge des edlen Herrn Gerhardus in des Lazari Antlitz hineingetragen hatte. Aus seinem Lailach blickte des Todten Antlitz gleichwie in stummer Klage gegen mich" (AS 433). Im unheimlichen Akt des Malens transformiert sich die Auferstehung des Lazarus in die Wiederkehr des toten Gerhardus; Malerei ist Medium nicht des Lebenden, sondern des Untoten.

1 Nietzsche, *Zur Genealogie der Moral*, 279.

2 Nietzsche, *Die Philosophie im tragischen Zeitalter der Griechen*, 824.

3 Deleuze, *Logik des Sinns*, 190.

und Katharina, welche mit der gemeinsamen Nacht, d.h. mit der Zeugung des Kindes zusammenfällt, erscheinen beide nurmehr als gespenstische Wiedergänger. So heißt es über Johannes, welcher den Junker Wulf aufsucht, um um die Hand Katharinas zu bitten: „Er [der Junker Wulf, E.S.] schauete mich an, als ob ich von den Tollen käme. ‚So!' sagte er gedehnet; ‚wahrhaftig, Sieur Johannes, wenn's nicht schon sein Gespenste ist!'" (AS 425) Und auch die Wiederbegegnung zwischen Johannes und Katharina stellt sich eher als Begegnung im Schattenreich, denn als Begegnung zwischen Lebenden dar: Folgt einerseits Johannes dem Klang von Katharinas Stimme wie die Toten dem Hermes[1], trägt andererseits Katharina gespenstische Züge: „[...] sie war [...] gänzlich todtenbleich. [...] – ‚Und kannst denn du so leben, Katharina?' ‚Leben? – –'" (AS 447); „[...] ihre Augen sahen groß und geisterhaft mich an." (AS 447). Auf den Ruf des Predigers entfernt sie sich „wie ein Schatten" (AS 448).

Der Akt der Zeugung stellt die Figuren in die Ordnung des Untoten ein – auch hier also, wie schon in *Immensee* oder in *Im Sonnenschein*, eine Zeugung im Untoten. Was die Geste väterlicher Selbstbezichtigung auf ein Subjekt zu versammeln sucht, ist längst der Spektralisierung preisgegeben. Das Ende der Erzählung verabschiedet die väterlich-auktoriale Subjektposition ein weiteres Mal: Kein Name bleibt, kein Werk, alles wird – im unaufhörlichen „Brausen des Meeres" (AS 454) – dem *aquis submersus* anheimgegeben:

> Sein Name gehört nicht zu denen, die genannt werden; kaum dürfte er in einem Künstlerlexikon zu finden sein; ja selbst in seiner engeren Heimath weiß Niemand von einem Maler seines Namens. Des großen Lazarusbildes tut zwar noch die Chronik unserer Stadt Erwähnung, das Bild selbst aber ist zu Anfang dieses Jahrhunderts nach dem Abbruch unserer alten Kirche gleich den anderen Kunstschätzen derselben verschleudert und verschwunden. Aquis submersus. (AS 455)

Die hier entwickelte Lektüre findet Rückhalt in Storms Überlegungen zum Tragischen, wie er sie in einem Brief an Schleiden vom 9. November 1881 formuliert. Mit explizitem Verweis auf *Aquis submersus* charakterisiert Storm das Tragische als eben das, welches eine individuelle Schuld suspendiert:

> Für die Tragik besonders in der epischen Poesie, eine *eigne* Schuld der betreffenden Personen zu fordern, beruht auf einer zu engen und – sit venia verbi – etwas philisterhaften Auffassung des Tragischen; der vergebliche

1 „Unwillens schritt ich solchem Schalle nach; so mochte einst der griechische Heidengott mit seinem Stabe die Todten nach sich gezogen haben" (AS 445).

> Kampf gegen das, was gegen die Schuld oder auch nur die Begrenzung, die Unzulänglichkeit *des Ganzen der Menschheit*, von der der Einzelne ein unablösbarer Theil ist, der betreffenden Person entgegensteht und der dadurch herbeigeführte Untergang, sei es der Person selbst oder ihres eigentlichen Lebensinhaltes, das ist nach meiner Überzeugung das Tragische im rechten großen Sinn; und so habe ich es in [...] ‚Aquis submersus' [...] aufgefaßt; der Untergang nur wegen eigner Schuld ist schon mehr eine pädagogische, polizeiliche oder criminelle Bestrafung.[1] –

Fluch des Blicks: Mimikry, Kraft

Aquis submersus stellt alle Wahrnehmung und Handlung, ja, das gesamte Erzählgeschehen in die Funktion des Blicks ein. Der Akt des Malens wie der des Lesens vollziehen sich unter der Präsenz von Blicken: Während der Rahmenerzähler ausdrücklich darum bittet, das Manuskript in Anwesenheit des Ölgemäldes, welches den toten Knaben mit Wasserlilie zeigt, zu lesen, kommt es Johannes erst spät zu Bewusstsein, dass die Blicke der Urahnin während der gesamten Dauer des Malens auf ihn und Katharina gerichtet sind:

> Da, unter dem Malen, fiel mein Auge auch auf jenes alte Frauenbildniß, das mir zur Seite hing und aus den weißen Schleiertüchern die stechend grauen Augen auf mich gerichtet hielt. Mich fröstelte, ich hätte nahezu den Stuhl verrücket. [...] ‚Diese Augen haben hier all die Tage auf uns hingesehen.' (AS 407)

Zwei strukturelle Aspekte von Storms wahrgenommener Wirklichkeit lassen sich aus der Inszenierung des Blicks in *Aquis submersus* gewinnen: 1) Der Blick zeigt sich – wie schon Stifters Wahrnehmungsaggregate in *Bergkristall* und ‚Eisgeschichte' – als Moment von Mimikry, wobei sich diese mit Storms Blick von einer spezifischen zeitlichen Dimension zeigt. 2) Qua Serialisierung und Überblendung des Blicks mit dem Fluch transformiert Storm den Blick in eine Kraft von Transmission, die das Geschehen der Novelle vorantreibt. Beide Aspekte betreiben die Suspendierung des Subjekts als Träger von Wahrnehmung und Handlung und richten diese auf Umgebung/Milieu und Kraft/Ereignis hin aus.

Ad 1) Insofern Storms Novelle Wahrnehmung konsequent vom Blick her inszeniert, erweist sich auch hier eine Konstellation mit phänomenologischen

1 Theodor Storm, „Brief an Heinrich Schleiden, 9. November 1881", in: *Theodor Storm – Heinrich Schleiden: Briefwechsel. Kritische Ausgabe*, hg. von Peter Goldammer, Berlin: Erich Schmidt 1995, 25-26, hier: 25f.

und psychoanalytischen Blicktheorien des 20. Jahrhunderts produktiv. Anknüpfend an meine früheren Ausführungen zu Blick und Mimikry bei Stifter[1] will ich mich hier auf das Spezifische der Stormschen Mimikry beschränken: Wie gesagt ist der Blick bei Storm ein Blick aus „toten Augen" (I 327), Blick einer *anderen Zeit*, Fluch. – In seiner Analyse des Blicks bezieht sich Lacan auf das Mimikry-Phänomen der Ozellen, wie es Caillois im Kontext einer der drei Funktionen der Mimese, der Einschüchterung/Intimidation, beschreibt: jene Augenflecken an der Flügelunterseite gewisser Schmetterlinge etwa, die – plötzlich aufgerichtet – den „Angreifer vor Schreck erstarren lassen"[2]. Dabei ist es gerade nicht die Ähnlichkeit von Ozellen mit Augen, welche ihre bannende Wirkung erzeugt; vielmehr – so Caillois' und Lacans Zurückweisung einer solchen anthropomorphen Deutung – schüchtern Augen nur ein, „insofern sie Ozellen ähneln".[3] „[...] es handelt sich gar nicht um Augen", so Caillois über den im Außen lokalisierten Blick,

> „sondern um ein glänzendes, ungewöhnliches, unbewegliches, kreisrundes Etwas an einem Lebewesen, ein Etwas, das, in der Tat, ohne Auge zu sein, zu beobachten scheint."[4] „Man sieht nur noch die ungeheuren Augen, die aber schon keine Augen mehr sind, nämlich nicht mehr schlechthin Sehorgane, sondern übernatürliche Erscheinungen, die wie aus dem Jenseits auftauchen: riesig, blind, empfindungslos, phosphoreszierend und mit der Starre und unheimlichen Perfektion geometrischer Figuren."[5]

Der Mensch übersetzt diese Funktion der Mimese in Mythen vom *bösen Blick*: „Der böse Blick, das heißt die Ozelle, behext, [...] verhängt Flüche."[6] Wer dächte hier nicht an den verfluchenden Blick der Ahnfrau, die Augen des toten Knaben in *Aquis submersus* oder Elisabeths Blick aus „toten Augen" (I 327) in *Immensee*? Was hier blickt, ist kein Subjekt, kein Lebendiges mehr, sondern – und hier liegt das Spezifische des Stormschen Blicks – die *andere Zeit*. Wenn

1 Vgl. Kap. II/3.

2 Caillois, *Méduse & Cie*, 111.

3 Ebd., 107. „[...] ob nicht umgekehrt die Augen nur faszinieren, weil sie eine Beziehung auf die Form von Ozellen aufweisen. Mit andern Worten: Müssen wir hier nicht die Funktion des Auges von der Funktion des Blicks unterscheiden?" (Lacan, *Seminar XI: Die vier Grundbegriffe der Psychoanalyse*, 80) Vgl. auch Peter Berz, „Die vier Verschiebungen des Blicks", in: Claudia Blümle/Anne van der Heiden (Hg.), *Blickzähmung und Augentäuschung. Zu Jacques Lacans Bildtheorie*, Zürich/Berlin: Diaphanes 2005, 183-216.

4 Caillois, *Méduse & Cie*, 108.

5 Ebd., 112f.

6 Ebd., 113.

Caillois – wie bereits diskutiert – Mimikry als eine *„Angleichung an die Umgebung“*[1], „des Belebten an das Unbelebte“[2] und *„Versuchung durch den Raum“*[3] charakterisiert, so ließe sich bei Storm von einer ‚Versuchung durch die Zeit‘ sprechen, in welcher die Funktion des Blicks nicht plötzlich, nicht auf einen Schlag in Erscheinung tritt, sondern in der der Blick selbst zum gespenstischen Wiedergänger wird.

Neben dem bösen, dem verfluchenden Blick findet sich bei Storm die unmögliche Beschreibung eines Blicks aus „toten Augen“ (I 327): „Aber des Menschen Augen sehen das Dunkel nicht, das vor ihm ist“ (AS 427), heißt es in *Aquis submersus*. Es sind mithin keine menschlichen Augen, deren Blick *Immensee* beschließt:

> Allmählich verzog sich vor seinen Augen die schwarze Dämmerung um ihn her zu einem breiten dunklen See; ein schwarzes Gewässer legte sich hinter das andere, immer tiefer und ferner, und auf dem letzten, so fern, daß die Augen des Alten sie kaum erreichten, schwamm einsam zwischen breiten Blättern eine weiße Wasserlilie. (I 328)

An der Grenze von Wahrnehmung und Halluzination werden in einer letzten Geste des Sehens fast blinde Visionen im und aus Dunkel generiert – eine Zeugung im Dunkel/im Untoten auf der Ebene des Sehens – oder präziser: des *Zu-sehen-Gebens*.[4] Wo sich „ein schwarzes Gewässer hinter das andere“ legt, multipliziert sich die Szene, staffeln sich Raum und Zeit, „verdoppeln“ sie sich, „und [legen] sich über sich selber“[5] – dies die bereits im Stifter-Kapitel zitierte Formulierung aus Minkowskis *Le temps vécu*. In der dynamischen Vervielfältigung/Ausfaltung von Raum und Zeit, in der sich „ein schwarzes Gewässer […] hinter das andere [legt]“ (I 328), vollzieht sich die Angleichung/Mimikry des Blicks an die *andere* Zeit, den *anderen* Raum.

Minkowskis „schwarzer Raum“ bezeichnet nicht Nichts, sondern eine Materialität mit einer spezifischen Produktivität: Was sich in ihm ereignet, wird „nur ein Zwischenfall sein“, „vergänglicher“ als seine „Materie“.[6] Mit Storm stellt sich die Produktivität des Dunkels als ein Zu-sehen-Geben dar, welches einer Ästhetik des Erscheinens/Verschwindens stattgibt, in der sich wahrgenommene Wirklichkeit als strukturell flüchtig konstituiert. Ist für Minkowski

1 Ebd., 35.
2 Ebd., 38.
3 Ebd., 35.
4 Lacan, *Seminar XI: Die vier Grundbegriffe der Psychoanalyse*, 106.
5 Minkowski, *Die gelebte Zeit, Bd. II*, 257.
6 Ebd., 263.

Tiefe [*profondeur*] – wie sie sich auch in der letzten Vision von *Immensee* findet („immer tiefer und ferner") – die einzige Dimension des „schwarzen Raumes"[1], inszeniert Storm *Tiefe* zudem als zeitliche (bzw. raumzeitliche) Dimension: Von der „Tiefe schreckbarer Vergangenheit" (AS 453) ist die Rede, ja, über den Blick heißt es: Er „mußte tiefer aus der Vergangenheit heraufgekommen sein" (AS 402). Es ist die *Tiefe* als zeitliche Dimension, als Dimension einer *anderen Zeit*, über welche Storms gespenstisch-serielle Blicke den Wahrnehmungsraum dynamisieren.

Ad 2) Mit der Inszenierung des Blicks als Fluch/des Fluchs als Blick erfährt der starre Blick, wie er sich etwa bei Stifter oder in Storms *Schimmelreiter* findet, eine Serialisierung und Dynamisierung. Als Fluch wird der Blick zum Performativ, zur seriellen Kraft (*force*), die das Geschehen der Novelle motiviert. Storms Fluch ist Fluch der *anderen Zeit*[2], Fluch eines unvordenklich, niemals präsenten Vergangenen, das – irreduzibel nachträglich – als je ausstehendes Zukünftiges wiederkehrt.[3] Weniger erfährt der Fluch damit eine inhaltliche Bestimmung, als dass er sich als zeitliche Struktur, Dynamik von Nachträglichkeit und Wiederkehr, geltend macht. Wesentlich zeitliche Dynamik, zielt der Fluch nicht auf Erfüllung eines spezifischen Inhaltes, sondern einzig auf die Transmission von Kraft – eine Kraft, die sich aus und als raum-zeitliche/r Differenz/Aufschub/Nachträglichkeit generiert und fortzeugt, serielle Fluch-Kraft, die – wenn überhaupt – nur eine ‚Erfüllung' kennt: ihr eigenes Proliferieren. Fluch ist, dass es wiederkehrt, dass es nicht aufhört wiederzukehren –

1 „Mais cette nuit obscure que nous décrivons, a-t-elle encore quelque chose à voir avec l'espace? Je le crois, seulement ce sera un espace particulier. Ce ne sera pas évidemment un espace analytique. Il n'y aura pas en lui, à L'encontre de l'espace clair, d'à côte, ni de distance, ni de surface, ni d'étendu, à proprement parler; mais il y aura cependant quelque chose de spatial en lui; il y aura de la *profondeur* en lui, mais non pas de la profondeur qui viendrait s'ajouter à la largeur et à la hauteur, mais comme seule et unique dimension qui s'impose d'emblée justement comme profondeur; c'est comme une sphere opaque et illimitée don't tous les rayons sont pareils, tous ayant le même caractère de profondeur. Et cette profondeur reste noire et mystérieuse" (Minkowski, *Le temps vécu*, 394f.).

2 Dies macht Storms Inszenierung des Blicks als Träger des Fluchs in *Aquis submersus* deutlich: Der Blick „mußte tiefer aus der Vergangenheit heraufgekommen sein" (AS 402); es ist „eine längst vergangene Zeit", die „zu uns Lebenden aufblickte" (AS 380f.).

3 In *Antigone's Claim* markiert Judith Butler die Zeitlichkeit des Fluchs als Nachträglichkeit: „The action predicted by the curse for the future turns out to be an action that has been happening all along, such that the forward movement of time is precisely what is inverted through the temporality of the curse. The curse establishes a temporality for the action it ordains that predates the curse itself. The words bring into the future what has always already been happening." (Judith Butler, *Antigone's Claim: Kinship between Life and Death*, New York: Columbia University Press, 2000, 61) Vgl. auch meine früheren Ausführungen zum Fluch der Schrift in Stifters *Narrenburg* in Kap. II/4.

aquis submersus. Die Zeitlichkeit des Fluchs ist keine andere als die von Storms wahrgenommer Wirklichkeit – ein Wiedergängern, Heimsuchung aus Nachträglichkeit. Das Performativ des Fluchs setzt m.a.W. die Wirkkraft des Wirklichen in Szene: Im Fluch zeigt sich Wirkliches als serielle Kraft, Transmission. Wenn von Heimsuchung des Wirklichen die Rede ist, dann im genitivus subjectivus: nicht im Sinne eines vorgeblich vorgängigen Wirklichen, das heimgesucht/verflucht würde, sondern eines Wirklichen, das nichts anderes ist als serielle Heimsuchung, Fluch.

Es ist die Schnittstelle von Aisthesis und Kraft, welche Storms Inszenierungen des Fluchs/Blicks ausloten. Wo Storm den Fluch anhand des Blicks, den Blick als Fluch inszeniert, markiert er ein performatives Moment von Wahrnehmung, akzentuiert er das gespenstische „Medium der Wahrnehmung" als Kraft, Ereignis, Transmission.

Die hier skizzierte Verschiebung von Wahrnehmung weg vom Subjekt hin auf Umgebung/Milieu sowie die Akzentuierung von Wahrnehmung als (serielle) Kraft/Ereignis findet sich in variierter Form auch in einem anderen Projekt Storms, dem ich mich abschließend zuwenden will: Mit den gespenstisch-wiedergängernden Wahrnehmungen produziert Storms *Neues Gespensterbuch* nicht nur serielle Wahrnehmungsereignisse jenseits eines Subjekts, zudem stellt es selbst eine serielle Versuchsanordnung zur Untersuchung des Unheimlichen der Wahrnehmung dar.

5 Niemandes Wahrnehmung: *Neues Gespensterbuch*

Storm lässt keinen Zweifel an dem bevorzugten Terrain seiner Untersuchungen zur Wahrnehmung von Wirklichkeit. Ganz im Sinne seiner Auffassung des Gespenstischen nicht als Ausdruck eines „Un- oder Uebernatürliche[n]", sondern desjenigen, „was nicht unter die alltäglichen Wahrnehmungen fällt"[1], fungieren Häuslichkeit und Alltäglichkeit als Milieus für Storms Wahrnehmungsexperimente – Milieus, die sich dabei gleichwohl in Stätten des Unheimlichen transformieren. Eine auffällige Inszenierung findet das Unheimliche der Wahrnehmung in Storms Sammlung von Gespenstergeschichten. Seine Aufzeichnungen aus den Jahren 1842/43 sind betitelt *Neues Gespensterbuch*; das Inhaltsverzeichnis listet 69 Spukgeschichten aus verschiedensten Quellen auf. Storm bringt das Konvolut niemals zum Druck; drei der darin versammelten Erzählungen finden – in signifikant veränderter Erzählform – Eingang in

1 Storm, „Brief an Gottfried Keller, 4. August 1882", 92.

Storms Novelle *Am Kamin*[1]. Angesichts des Stellenwertes des Gespenstischen als Anderem der Wahrnehmung bei Storm lässt sich seine Sammlung von Gespenstergeschichten als Experimentalanordnung auf wahrgenommene Wirklichkeit lesen: Ganz im Sinne von Goethes Konzept des Versuchs betreibt Storms Sammlung von Gespenstergeschichten die Serialisierung von Versuchs- und Beobachtungssituation, „reiht" bedächtig „das Nächste ans Nächste" (V 34), ohne die einzelnen Beobachtungen in ein System der Interpretation bzw. Erklärung zu überführen: „Übrigens habe ich niemals einen Grund oder eine Aufklärung über dies Seltsame erfahren können", heißt es in der Geschichte *Herein!*[2]. Unheimliche Wahrnehmungen sind im *Neuen Gespensterbuch* ein regelmäßig wiederkehrendes Phänomen: Wiederholtes Anpochen, plötzliches Klopfen, ununterbrochenes Kehren, Tropfenfall, langsames Tappen erscheinen als gespenstisch-serielle Wahrnehmungsereignisse, die es erlauben, das „Hereinragen einer andern Welt in die unsere"[3], sprich: Wahrnehmung von ihrem unheimlichen Anderen her zu untersuchen. Das experimentelle *setting* ist weitgehend auf das Häusliche beschränkt. Es sind Kammern, Zimmer, Wände, Türen, „*unsere*[] Wohnung"[4], in/an denen wiederkehrende Phänomene auftreten, ja, die zu Medien von Wahrnehmung werden. Unheimliche Wahrnehmungen sind dezidiert an den Aufenthalt zu Hause gebunden: „Dieser Vorfall wiederholte sich nun, so oft ich zu Hause war"[5]. Die „Vorfälle wiederholten sich stets auf dieselbe Art, so lang ich dies Zimmer bewohnte"[6]. Storms Welt transformiert Häusliches in ein unheimliches Milieu, das aisthetisch-ästhetische Wirksamkeit entfaltet.

Storms *Neues Gespensterbuch* als serielle Versuchsanordnung auf das Unheimliche der Wahrnehmung zu lesen, findet Rückhalt schon in der Erzählung *Die weiße Frau an der Dorfslinde*, welche die Sammlung eröffnet. Als erste Erzählung prominent platziert, enthält diese Erzählung maßgebliche Aspekte von Storms literarischem Wahrnehmungsexperiment: Der aufgeklärte „neue Pastor"[7], der abends nach einer Kindstaufe den kurzen Weg nach Hause „über

1 Theodor Storm, *Am Kamin*, in: *Sämtliche Werke in vier Bänden, Bd. IV*, 52-78.
2 Theodor Storm, *Herein!*, in: *Neues Gespensterbuch*, 78.
3 So Hermione von Preuschen über Storm, zitiert nach: Gerhard Ranft, „Theodor Storms Briefe an Hermione von Preuschen", in: *Schriften der Theodor-Storm-Gesellschaft*, 22, 1973, 55-94, hier: 64.
4 Theodor Storm, *Die Nächtliche Unruhe*, in: *Neues Gespensterbuch*, 99.
5 Storm, *Herein!*, in: *Neues Gespensterbuch*, 77.
6 Ebd., 78.
7 Theodor Storm, *Die weiße Frau an der Dorfslinde*, in: *Neues Gespensterbuch*, 11.

die Äcker“[1] anstatt „den Weg durch das lange Dorf“[2] nehmen will, stößt auf Widerstand bei den Dorfbewohnern. Niemand will ihn begleiten, da – dem dörflichen Aberglauben zufolge – des Abends bei der Linde die „weiße Frau“[3] erscheinen könnte. Auf seine Frage „Was ist das für eine Frau?“[4] erhält der Pastor die Antwort: „Ein Gespenst!“[5]. Nur nach großem Zögern seitens der Dorfbewohner kommt „Einer damit hervor[ ]“, „daß es dort nicht geheuer sei, seit sich an der großen Linde jeden Abend ein Geist zeige, den auch er gesehen. Kaum war dies gesprochen, so stimmten auch alle Andern mit ein und jeder wollte das Gespenst gesehen haben.“[6]

Gemäß seines aufklärerischen Sinnes macht der Pastor das Gespenstische zum Studienobjekt[7], ohne allerdings eine „natürliche Ursache“[8] der sonderbaren Wahrnehmungsereignisse zu finden. Gelangt er am Abend nach der Kindstaufe nach Hause, „ohne das Geringste gesehn zu haben“[9], lässt sich die Erscheinung am Abend darauf nicht von der Hand weisen:

> Am andern Abend rief die Magd in das Studierzimmer ihres Herrn: „Herr Pastor, Herr Pastor! Die weiße Frau!“ und winkte ihn nach dem Fenster. Als der Pastor hinzutrat, glaubte er doch auch etwas zu sehen. Er schlug daher schnell seinen Mantel um, ging aus dem Hause und nach der Linde. Hier sah er deutlich eine weiße Gestalt; sie wich nicht von der Stelle; aber so wie er darauf zutrat, zerging sie; ganz nahe war nichts zu sehen. – Diese Versuche wiederholte der Pastor drei Abend nach der Reihe; als sie jedoch immer dasselbe Resultat lieferten, wurde auch diesem beherzten Manne etwas unheimlich. Die Magd wagte endlich die Frage, was es denn gewesen sei. „Nichts! Natürlich nichts!“ antwortete der Prediger und sann doch die ganze Nacht vergeblich dem Zusammenhange nach.[10]

Es zeichnet sich hier eben jene aporetisch-unheimliche Struktur des Aktes der Wahrnehmung ab, welche Storm im *Schimmelreiter* anhand der

1 Ebd., 11.
2 Ebd., 11.
3 Ebd., 11.
4 Ebd., 11.
5 Ebd., 11.
6 Ebd., 12.
7 „Ich habe den Baum aus meiner Studierstube grade vor Augen, und werde euch bald überzeugen, daß es ein Schaf, oder ein Kalb oder sonst etwas ganz Natürliches gewesen ist.“ (Ebd., 12)
8 Ebd., 12.
9 Ebd., 12.
10 Ebd., 12f.

Wahrnehmung/Nicht-Wahrnehmung des Pferdes auf Jevershallig ausarbeiten wird. Diesbezüglich bringt auch das vom Pastor initiierte ‚Nachgraben' keine Erklärung:

> Am andern Morgen ließ er unter dem Baume nachgraben und nun fand man dort das Gerippe eines wenige Wochen alten Kindes, das grade so lange dort gelegen haben konnte, als die Leute das Gespenst unter dem Baume gesehen hatten. Die allgemeine Meinung sprach sich dahin aus, dass das Kind ermordet, die Mutter sich aber aus Verzweiflung auch das Leben genommen habe. – Die Sache kam in Untersuchung.[1]

Ist schon im Text von „Versuche[n]" – und zwar ausdrücklich von einem seriellen Versuch („Reihe") – die Rede, so ist auch der letzte Satz der Erzählung paradigmatisch mit Blick auf das Projekt von Storms *Neuem Gespensterbuch*: „– Die Sache kam in Untersuchung." Das ‚Ende' der Erzählung bleibt ostentativ offen: Kein Ergebnis einer Untersuchung wird präsentiert, sondern diese wird allererst eröffnet. Obgleich dieser letzte Satz auf den vermuteten kriminalistischen Fall von Kindsmord und Suizid der Mutter referieren mag, lässt er sich doch auch – mit einem Bindestrich von dem Vorherigen abgesetzt – auf die „Sache" von Storms *Neuem Gespensterbuch* beziehen: Die „Sache", welche „in Untersuchung" kommt, wäre die gespenstischer Wahrnehmung. Die nachfolgenden Gespenstergeschichten stellten die „Untersuchung", den seriellen Versuch auf das Unheimliche der Wahrnehmung dar.

Ausgehend von Storms Wahrnehmungsexperimenten im *Neuen Gespensterbuch* lässt sich die *andere* Wahrnehmung des Wirklichen in wenigstens zweierlei Hinsicht charakterisieren: 1) Wahrnehmung entbehrt jeglicher Ursache, löst sich von der Ordnung von Referenz. 2) Kein Subjekt ist Träger von Wahrnehmung; Wahrnehmung geht vielmehr an Umgebung/Milieus über[2], welche auf diese Weise zu Medien/Ereignissen von Wahrnehmung werden.

(1) Was die unheimlichen Wahrnehmungen in Storms Gespenstergeschichten auszeichnet, ist, dass der Akt der Wahrnehmung jegliche Ursache, jegliches das wiederkehrende Geräusch verursachende Tätersubjekt ausstreicht

---

1 Ebd., 13.

2 Zum Aspekt von Mimikry in Storms *Neues Gespensterbuch* vgl. auch Ethel Matala des Mazza, welche an Deleuze anknüpfend die „gespenstische Erfahrung" in *Der Gespensterbesen* „als Wahrnehmung [...], die an der *Indifferenz* von Figur und Grund laboriert", liest (Ethel Matala de Mazza, „Spuk als Gerücht: ‚Theodor Storms Volkskunde'", in: Elisabeth Strowick/Ulrike Vedder [Hg.], *Wirklichkeit und Wahrnehmung. Neue Perspektiven auf Theodor Storm*, Bern/ Frankfurt am Main: Lang 2013, 107-129, hier: 120).

und damit seine eigene referentielle Verortung suspendiert: „Er habe alles auf das Genaueste untersucht […], ohne auch im Mindesten der Ursache jenes grauenhaften Klangs auf die Spur kommen zu können"[1], heißt es über einen Tropfenfall, der insbesondere über die Abwesenheit der „Ursache" zum „grauenhaften Klang" zu werden scheint. Eine andere Geschichte (*Herein!*) wartet mit einem wiederholten Klopfen an die Tür auf, wobei auf den Ruf „Herein!" niemals jemand erscheint: „[…] als plötzlich an meine Tür geklopft wird […] ‚Herein!' rief ich; aber es kam Niemand; […] als plötzlich wieder an meine Tür gepocht wurde. Auf mein ‚Herein' wurde es ruhig; aber es erschien Niemand […]. Draußen aber war auch niemals Jemand zu finden."[2] Auch bei einer anderen nächtlichen Unruhe ist „Niemand zu sehen"[3].

Die deutlichste Verabschiedung von einer Ursache/einem verursachenden Subjekt erfährt akustische Wahrnehmung in der Geschichte „Sopha", in welcher es heißt: „Ich hörte leise Tritte die Treppe heraufkommen und sich der Stubentür nähern, welche offen stand. […] wie die Schritte in die Tür und auf uns zukamen, ohne eine Person mit sich zu führen, da fühlte ich, wie es mir rieselnd über die Haut kroch."[4]

Die Schritte entbehren einer Person, ja, eine solche wird explizit als parasitäre Zugabe/Supplement ausgewiesen: Die Person wäre, was die Schritte „*mit* sich führen" – dies im Fall der gespenstischen Wahrnehmung allerdings gerade nicht tun. Storms Wahrnehmungsexperimente unterlaufen jegliche „Causal-Auslegung", metaleptische Interpretation von Wahrnehmung, wie sie auch Nietzsche in seiner *Genealogie der Moral* kritisiert. „[…] unsre ganze Wissenschaft", so Nietzsche, „ist die untergeschobenen Wechselbälge, die ‚Subjekte' nicht losgeworden"[5]. Die unheimliche Heimsuchung führt auf keine Ursache, keinen Täter hinter der Tat. Zudem übersteigen die gespenstischen Phänomene den Sinn jeglichen wahrnehmenden Subjekts, das – wenn überhaupt – nurmehr noch als paralysiertes erscheint. Storms Realismus betreibt die dezidierte Ent-Subjektivierung von Wahrnehmung. Wenn man von einem *sujet* der Wahrnehmung sprechen will, so ist es das bereits aus *Aquis submersus* oder Stifters *Narrenburg* bekannte unpersönliche ‚es' des Ereignisses[6]: „da fühlte ich, wie es mir rieselnd über die Haut kroch." In den unpersönlichen

1 Theodor Storm, *Der Tropfenfall*, in: *Neues Gespensterbuch*, 61.

2 Storm, *Herein!*, in: *Neues Gespensterbuch*, 77f.

3 Storm, *Die Nächtliche Unruhe*, in: *Neues Gespensterbuch*, 100.

4 Theodor Storm, *Das Sopha*, in: *Neues Gespensterbuch*, 104.

5 Nietzsche, *Genealogie der Moral*, 279f.

6 Vgl. Deleuze, *Logik des Sinns*, 190, sowie meine früheren Ausführungen zu Storms *Aquis submersus* (Kap. III/4) und Stifters *Narrenburg* (Kap. II/4).

Pronomen „es“, „man“, „jemand“, von denen es in den Gespenstergeschichten nur so wimmelt, artikuliert sich Wahrnehmung als Ereignis.

So heißt es etwas in der Geschichte *Die Violine*:

> Noch einmal riefen wir: ‚Werda?‘ – Statt der Antwort wurde Eisfelds Violine, welche ganz frei an der Wand hing, dreimal nacheinander auf allen vier Seiten geschnippt [...] Es ging aber [...] wieder zur Zelle hinaus, schlug die Türe zu, schlurfte die Treppe hinunter, lärmte noch einmal in der Schulstube und dann war es still.[1]

oder in *Das Turmgemach*:

> [...] sie vernahmen nun deutlich, als wenn in der Mauer Jemand langsam eine Treppe hinaufsteige [...] So tappte es langsam nach oben; dann stand es still und tappte dann eben so wieder hinunter tiefer und tiefer, bis endlich alles ruhiger wurde. [...] dann tappte es langsam, wie in der vorigen Nacht in der Mauer hinauf, welche die eine Wand des Zimmers bildete; dann stand es still; dann tappte es ebenso stufenweise wieder hinab; [...] tief unten endlich verschwand es.[2]

Storms gespenstische Wahrnehmungen gehen aber noch einen Schritt weiter: Die unpersönlichen Singularitäten des Wahrnehmungsereignisses – „es“, „man“, „jemand“ – finden im „Niemand“ ihr irreduzibles Pendant. Niemand kommt, Niemand klopft, Niemand ist zu sehen, Niemand erscheint. Niemand ist allgegenwärtig, wenn man dies – paradoxerweise – über die radikale Ausstreichung von Präsenz im Wahrnehmungsakt sagen kann. Als absoluter Niemand ist es der Tod, der Storms gespenstische Wirklichkeit begleitet. Niemandes Klopfen an die Tür zeigt den Tod des Bruders an[3], das „es“ des Violinenklangs den Tod des Musikanten[4]. Das Ereignis von Wahrnehmung ist vom Tod, vom Aus-Setzen der Zeit, her gegeben – so auch, wie gezeigt, in *Marthe und ihre Uhr*. Bis an die unmenschlich-zeitliche Grenze lotet Storm Wahrnehmung aus. In letzter Konsequenz ist Niemand Träger von Wahrnehmung; das Wirkliche von Storms Realismus ist Niemandes Wahrnehmung.

Wo das Subjekt der Wahrnehmung suspendiert, Wahrnehmung an Umgebung geknüpft ist, wird letztere – dies der zweite Aspekt von Storms

---

1 Theodor Storm, *Die Violine*, in: *Neues Gespensterbuch*, 144f.

2 Theodor Storm, *Das Turmgemach*, in: *Neues Gespensterbuch*, 119f.

3 Theodor Storm, *Das Anpochen*, in: *Neues Gespensterbuch*, 34.

4 Storm, *Die Violine*, in: *Neues Gespensterbuch*, 144f.

Wahrnehmungsexperimenten (2) – zum Medium von Wahrnehmung, Wahrnehmung zum Ereignis. Die Vibrations-/Ereignisstruktur von Wahrnehmung, wie ich sie mit Deleuze bereits anhand von Stifters *Bergkristall* und der ‚Eisgeschichte' herausgearbeitet hatte, findet sich auch in Storms *Neues Gespensterbuch.* Auch Storms Gespenstisches der Wahrnehmung zeichnet sich durch die wechselseitige Durchdringung von Perzeptionen aus: So heißt es über den unheimlichen Tropfenfall, der klingt „wie wenn ein Regentropfen hinabfiele in ein metallnes Becken", dass der Tropfen „wie *durch* mein Inneres nieder[fällt, E.S.] in das Metall, das in gellendem Laut *erdröhnte*."[1] „Ich fühlte, wie Eisströme mich *durch*glitten, wie kalte Schweißtropfen von meiner Stirn herabtröpfelten."[2] Das Geräusch in der Wand des Turmgemachs erweist sich ebenfalls als Resonanzraum anderer Klänge: „[...] und sie vernahmen nun deutlich, als wenn in der Mauer Jemand langsam eine Treppe hinaufsteige; *dazwischen* klirrte es, als wenn es eine schwere Kette trüge, die mitunter auf steinernen Treppenstufen *hintennach* schleppte [...] *daneben* klang es mitunter wie von einer eisernen Kette"[3]. Im *dazwischen klirren, daneben klingen, hintennach schleppen* zeigt sich Wahrnehmung als in sich räumlich und zeitlich versetzt, Dazwischen/Intervall/Vibration, welche auch bei Storm nicht einer haptischen Dimension entbehrt: „da fühlte ich, wie es mir rieselnd über die Haut kroch"[4], „wie Eisströme mich *durch*glitten"[5]. Storms Gespenstergeschichten gestalten die Vibrationsstruktur von Wahrnehmung mit größter sprachlicher Präzision: „[D]urch", „dazwischen", „daneben", „hintennach" sind die Präpositionen, mit denen Storm nicht nur Wahrnehmung als serielles Ereignis inszeniert, welches *durch* geht, *dazwischen* klirrt, sondern im selben Zuge das Häusliche (Mauern, Wände, Türen, Fenster etc.) in einen dynamischen Schwellenraum, Schauplatz von Vibration, verwandelt. Die Erzählung *Die nächtliche Unruhe* setzt das Ereignis von Wahrnehmung/Vibration-Werden des Häuslichen mit aller Deutlichkeit in Szene:

> [...] als sich etwa um 12 Uhr ein seltsames Geräusch vernehmen ließ. Es war, als ob Jemand eine Haustür – wie es schien mit einem nicht passenden Schlüssel – öffnen wollte und nicht wohl konnte, und in Verzweiflung darüber zur Gewalt schritt. Das Geräusch wurde endlich so stark, daß meine Frau in der Meinung, es sei an der Haustür *unserer* Wohnung,

---

1 Storm, *Der Tropfenfall*, in: *Neues Gespensterbuch*, 60.

2 Ebd., 60.

3 Storm, *Das Turmgemach*, in: *Neues Gespensterbuch*, 119f.

4 Storm, *Das Sopha*, in: *Neues Gespensterbuch*, 104.

5 Storm, *Der Tropfenfall*, in: *Neues Gespensterbuch*, 60.

> aufstand, und aus dem Fenster sah. […] Gleich darauf entstand ein andres und weit stärkeres Geräusch; es war, als ob Jemand wohl verwahrte Türen und Fensterladen mit eisernen Stangen erbrechen wollte. Der Lärm ward endlich so stark, daß, wenn er von Dieben verursacht wäre, diese höchst unvorsichtig gewesen wären […]. Die Verzweiflung über die Unmöglichkeit, die Tür oder die Laden zu erbrechen, schien in eine förmliche Wut überzugehn, welche alle Rücksichten […] bei Seite setzte. […] Während ich lauschte, war es plötzlich, als ob sich der Lärm in dem unter unserm Schlafzimmer befindlichen Laden vernehmen ließ. Ein gewaltiges Reißen und Brechen, als ob eiserne Kasten mit aller Anstrengung gesprengt oder in der Diele befestigte Behälter losgerissen würden. Auch klang es einmal, als ob ein Stein aus der Mauer gebrochen und auf das Steinpflaster geschmissen würde.[1]

Was sich in dieser Szene, bei der kein Stein auf dem anderen bleibt, ja, in dem sich Häusliches in serielles Beben, in eine Dynamik des Zerberstens, Sprengens, Reißens, Brechens transformiert, vollzieht, ist das *Wahrnehmung-Werden des Milieus*. Das serielle Ereignis der Wahrnehmung zeigt sich als Transmission, Proliferieren von Kraft. Storms Wahrnehmungsmilieus sind offene Milieus, ineinander übergehende Milieus – eine Dynamik, welche Deleuze/Guattari als Rhythmus bezeichnen: „[D]er Rhythmus", so Deleuze/Guattari, „[…] verknüpft sich mit dem Übergang von einem Milieu in ein anderes. Er wirkt nicht in einem homogenen Zeitraum, sondern operiert mit heterogenen Blöcken. Er ändert die Richtung."[2] „Das Milieu wechseln, immer auf dem Sprung, das ist der Rhythmus."[3] – Nicht zu übersehen ist die zentrifugale Kraft/Dynamik, die dem Wahrnehmung-Werden des Milieus, dem gespenstischen Ereignis/Medium von Wahrnehmung inhärent ist. Es begegnet hier erneut die Dynamik des „zer-", wie sie bereits aus Stifters und Goethes Aggregaten von Wahrnehmung/Wirklichkeit bekannt ist und also auch Storms *Wirk*liches als Kraft von Zerstreuung, Zerspringen, Zerbersten markiert.

Wie schon Stifter treibt auch Storm das Gespenstische von Wahrnehmung – Goethes „Augengespenster" – über das Subjekt hinaus: Mit dem Tod als Rhythmusgeber, in seriellen Blicken aus „toten Augen" und einer „anderen Zeit", in Milieus, die zu Wahrnehmungsereignissen werden, erzeugt sich Wirkliches als Niemandes Wahrnehmung, Heimsuchung, Simulakrum. Die

1 Storm, *Die nächtliche Unruhe*, in: *Neues Gespensterbuch*, 99f.
2 Deleuze/Guattari, *Tausend Plateaus*, 427f.
3 Ebd., 428.

Wirklichkeitseffekte von Storms unheimlichem Realismus sind – mit Derrida gesprochen – „Spektral-Effekt[e]“[1].

•••

Der Fokus der Studie, der bisher auf der Inszenierung von Wahrnehmung lag, soll im abschließenden Fontane-Kapitel über Fontanes Wahrnehmungsapparate hinaus auf andere szenische Anordnungen zur Genese von Wirklichkeit erweitert werden. Ist das Unheimliche der Wahrnehmung Gegenstand meiner Lektüre von *Effi Briest*, zeigt sich Gespenstisches bei Fontane darüber hinaus in einer Epistemologie, die Wirkliches *per se* unter Verdacht stellt, wie auch in einer Ordnung des Obsoleten/der Überreste, die den Schauplatz der Gespenster des Realismus als Schauplatz der Moderne ausweist.

1 Derrida, *Marx' Gespenster*, 70.

KAPITEL IV

„Es spukt nur hinter der Scene". Fontanes Apparaturen des Wirklichen

> Man braucht die Namen-Anregung und das Bewußtsein, daß ein bestimmtes Quantum von Sachlichem neben einem liegt – und aus diesem Besitz-Bewußtsein heraus producirt man dann. Wie oft habe ich schon gehört: „aber Sie scheinen es nicht gebraucht zu haben." Falsch. Ich habe es *doch* gebraucht. Es spukt nur hinter der Scene.[1]

Was Fontane in seinem Brief vom 6. Februar 1888 an Georg Friedlaender, Amtsgerichtsrat zu Schmiedeberg im Riesengebirge, zum Ausdruck bringt, ist ein durchaus komplexes Verhältnis zwischen seiner literarischen Produktion und den „Realien des Realismus"[2]. Die übersandten Namen von Orten aus dem Riesengebirge, um welche Fontane zu Zwecken der Anreicherung einer Ballade mit Lokalkolorit gebeten hatte, finden keinen Eingang in den literarischen Text – und *„doch"*, so Fontane, habe er sie „gebraucht": Ich „setzte [...] mich [...] hin und schrieb unter dem Eindruck von ‚Heiden-Tilke' und ‚Hexentreppe' die Ballade nieder, in der natürlich nichts von Heiden-Tilke und Hexentreppe vorkommt, wie das immer der Fall zu sein pflegt."[3] Wenngleich die Realie keinen Eingang in den literarischen Text findet, so macht sie sich doch geltend in der literarischen Produktion („producirt man dann") – dies auch die Lesart Thomas Manns, welcher diese Passage in seinem Fontane-Essay zitiert: „Er spricht da etwa von den kleinen Hilfen und Stützen bei der Produktion"[4]. Bekanntlich affirmiert Fontane Spielhagens programmatisches Diktum „Finden, nicht erfinden"[5], und die begierige Aufnahme und weitgehende Verfremdung

1 Theodor Fontane, „Brief an Georg Friedlaender, 6. Februar 1888", in: *Werke, Schriften und Briefe, Abt. IV, Briefe, Bd. 3*, hg. von Walter Keitel und Helmuth Nürnberger, München: Hanser 1980, 582-583, hier: 582.

2 Zu den „Realien des Realismus" bei Fontane vgl. Stephan Braese/Anne-Kathrin Reulecke (Hg.), *Realien des Realismus. Wissenschaft – Technik – Medien in Theodor Fontanes Erzählprosa*, Berlin: Vorwerk 8 2010.

3 Fontane, „Brief an Georg Friedlaender, 6. Februar 1888", 582.

4 Thomas Mann, „Der alte Fontane", in: *Große kommentierte Frankfurter Ausgabe. Werke, Briefe, Tagebücher, Bd. 14,1: Essays I, 1893-1914*, Frankfurt am Main: Fischer 2002, 245-274.

5 „Das Wort Spielhagens: ‚finden, nicht erfinden' enthält eine nicht genug zu beherzigende Wahrheit; in der Erzählungskunst bedeutet es beinah alles" (Theodor Fontane, *Von Zwanzig bis Dreißig*, 252).

 | DOI:10.30965/9783846763667_006

gefundener Geschichten im Zuge von Fontanes literarischer Produktion wurde vielfach untersucht. Gleichwohl erschöpft sich Fontanes Briefpassage nicht im Konstatieren einer wie auch immer gearteten Bedeutung gefundener Stoffe, ist da doch auch die Rede von Szene und Spuk. Was kann es heißen, dass ‚es hinter der Szene spukt'? Zum einen mag der Satz das Szenische als Produktions- und Darstellungsmodus von Fontanes Realismus charakterisieren. Es sind theatrale Anordnungen, szenische Apparate, die Fontane zur Verfertigung des Wirklichen dienen, und die das folgende Kapitel untersuchen will: Wahrnehmungsapparate in *Effi Briest*, Beobachtungszenarien in *Unterm Birnbaum* sowie das doppelbödige Theater des Wirklichen in *Die Poggenpuhls*. Zudem spezifiziert Fontanes Brief das Szenische: Die Szenen zur Verfertigung des Wirklichen sind Szenen des Spuks. Was „spukt" hält Fontanes Formulierung strikt auf der Ebene des unpersönlichen Pronomens: „*Es* spukt"[1], womit jegliche metaleptische Auslegung der Szene durchkreuzt, selbige vielmehr als gespenstischer Effekt ausgewiesen wird.

Gleich doppelt vertrackt stellt sich das Verhältnis von Fontanes szenischem Realismus und einem Wirklichen/Realen in dieser kurzen Briefpassage dar: Zum einen erscheint Wirkliches als gespenstischer Szeneneffekt, als Reales im Sinne eines „es spukt"; zum anderen geht die Realie in die literarische Produktion ein, ohne, dass sie im Text „vorkommt". Fontanes Brief an Friedlaender wartet diesbezueglich mit einer spezifischen Szene auf: „setzte ich mich [...] hin und schrieb unter dem Eindruck von ‚Heiden-Tilke' und ‚Hexentreppe' die Ballade nieder". Was Fontane hier beschreibt, ist nichts anderes als eine „Diktat-Szene"[2]: die Niederschrift der Ballade unter dem Eindruck von Worten – ein „haunted writing"[3]. Was bei diesem gespenstischen Diktat passiert, ist nicht die Niederschrift eines spezifischen Wortlauts, sondern die Freisetzung/Entfaltung der Kraft zur Niederschrift/des Diktats. Es sind Worte

1 Vgl. zum „*Es spukt*" auch Derrida: „‚*Es spukt*': das ist schwer zu übersetzen [...] Eine Frage des Wiedergängers und der Heimsuchung, gewiß, aber was noch? Das deutsche Idiom scheint die Wiedergängerei (*la revenance*) zu bezeichnen, aber in Form eines Verbs. Dieses sagt nicht, daß es Wiedergänger gibt, Gespenst(er) oder Phantom(e), es sagt nicht, daß es Erscheinung(en) gibt oder *Spuk*, es sagt noch nicht einmal, daß es (etwas) erscheint, sondern daß ‚es gespenstert', daß ‚es wiedergängert' (*ça apparitionne*)" (Derrida, *Marx' Gespenster*, 269). Vgl. ebd., 269ff.

2 Vgl. zur „Diktat-Szene" in ihrer Bedeutung für die Poetologie literarischen Schreibens auch Natalie Binczek/Cornelia Epping-Jäger (Hg.), *Das Diktat. Phono-graphische Verfahren der Aufschreibung*, München: Fink 2015, 16.

3 Vgl. Avital Ronells Überlegungen zum Diktat: „‚Dictations' implies that writing always comes from elsewhere, at the behest of another, and is, at best, a shorthand transcription of the demand of this Other whose original distance is never altogether surmounted" (Avital Ronell, *Dictations: On Haunted Writing*, Bloomington: Indiana University Press 1986, xiv).

(„Heide-Tilke“, „Hexentreppe“), die sich hier als ‚Realie bzw. Reales des Realismus‘ geltend machen. Nicht Wirkliches wird dabei aufgeschrieben, sondern die *Wirk*kraft der Worte („unter dem Eindruck“) ist es, die diktiert, Fontane zu einem Akt von „haunted writing“, einem *Du „mußt* […] *schreiben“*[1] ruft. Fontanes Schreib-/Diktat-Szene artikuliert – mit Avital Ronell gesprochen – „a primary gap between the text and the source; and this gap repels the source itself […], enabling it to exercise from a distance an inordinate force […]: it is strength that dictates.“[2] ‚*Es* diktiert‘ wie ‚*es* spukt‘ in Fontanes szenischem Realismus. Wo die Realie Eingang in Fontanes literarische Produktion findet, sie ‚gebraucht‘ wird, ohne dass sie ‚vorkommt‘, transformiert sich Schreiben in ein gespenstisches Diktat. In eben dieser gespenstischen Schreibszene artikuliert sich der Bezug zwischen Fontanes Realismus und einem Wirklichen/Realen: Wirkliches macht sich als Wirken/Wirkkraft, „unknown force“[3], Kraft des Diktats geltend. Sind es die Worte „Heiden-Tilke“ und „Hexentreppe“, welche die Ballade, so die Worte „Effi komm“, welche Fontanes Roman *Effi Briest* diktieren. „Effi komm“ ist Ruf nicht nur an Effi, sondern auch an Fontane: Diktat, Ruf zur Niederschrift. An Hans Hertz schreibt Fontane: „Meine Gönnerin Lessing (von der Vossin) erzählte mir […] die ganze Effi-Briest-Geschichte, und als die Stelle kam, […] wo die spielenden Mädchen durchs Weinlaub in den Saal hineinrufen: ‚Effi komm‘, stand mir fest: ‚*Das* mußt du schreiben.‘“[4] Es ist im Zeichen dieses Rufs/Diktats, dass ich mich im Folgenden den Szenen des Spuks in *Effi Briest* zuwenden will. Wenn Crampas mit Blick auf Innstettens Kalkül „Spuk“ als „Angstapparat“[5] bezeichnet, so bringt diese Wendung nicht zuletzt das Apparathafte/Szenische des Spuks zum Ausdruck, sprich: gibt sie *Spuk als szenischen Apparat* zu lesen. In der Tat wartet Fontanes Roman mit einem breiten Spektrum solch szenischer Apparaturen auf: Es sind Urszenen des Erzählens, Szenen unheimlicher Wahrnehmung, Tanz- und Schreibszenen, mittels derer *Effi Briest* die Verfertigung eines Gespenstisch-Wirklichen betreibt. In seiner Reaktion auf Joseph Viktor Widmanns Besprechung des Romans bezeichnet Fontane im Brief an diesen vom 19. November 1895 den „Spuk“ in *Effi Briest* als

1 Theodor Fontane, „Brief an Hans Hertz vom 2. März 1895“, in: *Werke, Schriften und Briefe, Abt. IV, Bd. 4*, hg. von Otto Drude und Helmuth Nürnberger, München: Hanser 1982, 430-431, hier: 430.

2 Ronell, *Dictations: On Haunted Writing*, xxviii.

3 Ebd., xiv.

4 Fontane, „Brief an Hans Hertz vom 2. März 1895“, 430.

5 Theodor Fontane, *Effi Briest. Roman*, in: *Große Brandenburger Ausgabe. Das erzählerische Werk, Bd. 15*, Berlin: Aufbau 1998, 157.

einen „Drehpunkt für die ganze Geschichte“[1]. Inwiefern damit ein szenisches Moment bezeichnet ist, Spuk als szenischer Drehpunkt, Eröffnung eines *anderen Schauplatzes* von Fontanes Realismus verstanden werden kann, will die folgende Lektüre eruieren.

1 Szenen des Spuks: *Effi Briest*

„Wie mit einem Psychographen geschrieben“ – „Effi komm“

‚*Es* diktiert‘ heißt im selben Zuge: ‚*es* schreibt‘. „Wie mit einem Psychographen“, so Fontane in seinem Brief vom 2. März 1895 an Hans Hertz, habe er seinen Roman *Effi Briest* – oder noch präziser: habe er „es“ – geschrieben:

> Ja, die arme Effi! Vielleicht ist es mir so gelungen, weil ich das Ganze träumerisch und fast wie mit einem Psychographen geschrieben habe. [...] Es ist so wie von selbst gekommen, ohne rechte Überlegung und ohne alle Kritik.[2]

Die Rede vom „Psychographen“[3] findet sich auch in einem Brief an Max Schlenther vom 11. November desselben Jahres, in welchem Fontane zudem das Diktathafte des Schreibens affirmiert:

> Ich habe das Buch wie mit dem Psychographen geschrieben. Nachträglich, beim Corrigieren, hat es mir viel Arbeit gemacht, beim ersten Entwurf gar keine. Der alte Witz, daß man Mundstück sei, in das von irgendwoher hineingetutet wird, hat doch was für sich und das Durchdrungensein davon läßt schließlich nur zwei Gefühle zurück: Bescheidenheit und Dank.[4]

---

1 „Sie sind der erste, der auf das Spukhaus und den Chinesen hinweist: ich begreife nicht wie man daran vorbeisehen kann, denn erstlich ist dieser Spuk, so bilde ich mir wenigsten ein, an und für sich interessant, und zweitens, wie Sie hervorgehoben haben, steht die Sache nicht zum Spaß da sondern ist ein Drehpunkt für die ganze Geschichte.“ (Theodor Fontane, „Brief an Joseph Viktor Widmann, 19. November 1895“, in: *Werke, Schriften und Briefe, Abt. IV, Bd. 4*, München: Hanser 1982, 506, hier: 506) Vgl. auch: Gisela Warnke, „Spuk als Drehpunkt in Fontanes Effi Briest“, in: *Literatur für Leser*, 1, 1978, 214-242.

2 Fontane, „Brief an Hans Hertz vom 2. März 1895“, 430.

3 An seine Frau schreibt Fontane: „Meine ganze Produktion ist Psychographie und Kritik, Dunkelschöpfung im Lichte zurechtgerückt“ (Theodor Fontane, „Brief an Emilie Fontane, 14. Mai 1884“, in: *Werke, Schriften und Briefe, Abt. IV, Briefe, Bd. 3*, hg. von Walter Keitel und Helmuth Nürnberger, München: Hanser 1980, 318-19, hier: 319).

4 Theodor Fontane, „Brief an Paul Schlenther vom 11. November 1895“, in: *Werke, Schriften und Briefe, Abt. IV, Bd. 4*, hg. von Otto Drude und Helmuth Nürnberger, München: Hanser 1982, 502, hier: 502.

Das Diktat ergeht, genauer gesagt, nicht von „irgendwoher" („daß man Mundstück sei, in das von irgendwoher hineingetutet wird"), sondern – wie es der „Psychograph" nahelegt – aus dem Jenseits. Wenn Fontane ausgerechnet den Psychographen als „Schreibapparat"[1] bemüht, markiert er damit zugleich den Spuk als Medium wie das Medium als Spuk. Dass Schreiben „Verkehr mit Gespenstern"[2], Schrift ein gespenstisches Medium ist, wusste vor Kafka schon Fontane.

Effi Briest ist nicht nur „wie mit dem Psychographen" geschrieben, dieser findet auch im Roman selbst Erwähnung und zwar in dem denkwürdigen Dialog zwischen der Trippelli und Effi, über den noch ausführlicher zu sprechen sein wird:

> „Ich bin', " so die Trippelli zu Effi, „‚aus einer sehr aufgeklärten Familie [...], und doch sagte mir mein Vater, als das mit dem Psychographen aufkam: ‚Höre Marie, das ist 'was.' Und er hat recht gehabt, es ist auch 'was damit. Überhaupt, man ist links und rechts umlauert, hinten und vorn.'" (EB 109)

Mit dem Verb „umlauert" hebt die Passage nicht nur das Gespenstische des Psychographen hervor, dessen Aufkommen weist zudem die Moderne als gespenstische Szene aus: „Überhaupt, man ist links und rechts umlauert, hinten und vorn." (EB 109) Dieser Satz kann als Fontanes Kulturdiagnose der Moderne

1 Psychograph ist „ein bei spiritistischen Sitzungen benutzter Schreibapparat, durch den sich die Geister Verstorbener mitteilten" (Theodor Fontane, *Effi Briest*, in: *Sämtliche Romane, Erzählungen, Gedichte, Nachgelassenes, Bd. 4*, Darmstadt: Wissenschaftliche Buchgesellschaft 2002 [Lizenzausgabe, München: Hanser 1974], 735, Anm. zu S. 94). Zum Psychographen mit Bezug auf *Effi Briest* vgl. Christian Begemann, „‚Ein Spukhaus ist nie was Gewöhnliches ...'. Das Gespenst und das soziale Imaginäre in Fontanes *Effi Briest*", in: Peter Uwe Hohendahl/ Ulrike Vedder (Hg.), *Herausforderungen des Realismus. Theodor Fontanes Gesellschaftsromane*, Freiburg im Breisgau/Berlin/Wien: Rombach 2018, 203-241: „Fontanes psychographisches Schreiben [führt, E.S.] in einen Tiefenraum der Gesellschaft. Auch dieser gehört zu den Strukturen der Wirklichkeit, mehr noch: Er strukturiert die Wirklichkeit, von der sich offenbar nicht anders erzählen lässt als im Rückgriff auf das, was sie scheinbar aus sich ausschließt." (Ebd., 240f.); Inka Mülder-Bach, „‚Verjährung ist [...] etwas Prosaisches'. *Effi Briest* und das Gespenst der Geschichte", in: *DVjs*, 83, 2009, 619-642: „Apparatur des ‚Psychographen' [...]: [...] eine[] Seelenschrift also oder ein[] Aufzeichnungssystem des Unbewussten, das zu lesen gibt, was in der konversationellen Rede mitspricht, ohne ausgesprochen zu werden. Was dabei zutage tritt, ist nicht gerade anheimelnd. Denn der „Psychographie" Fontanes zufolge gehen ein Jahrzehnt nach der Reichgründung in Preußen die Gespenster um." (Ebd., 626); Bernhard J. Dotzler, „‚... diese ganze Geistertummelage': Thomas Mann, der alte Fontane und die jungen Medien", in: Eckhard Heftrich/Thomas Sprecher (Hg.), *Thomas-Mann-Jahrbuch*, Bd. 9, Frankfurt am Main: Klostermann 1996, 189-205, hier bes. 190f.

2 Franz Kafka, *Briefe an Milena*, Frankfurt am Main: Fischer 1986, 302 (Brief von Ende März 1922).

gelten.[1] Mit Bezug auf Trippellis Worte nennt Gerhard Neumann den Psychographen „ein besonderes und vielversprechendes Gerät moderner Wirklichkeitswahrnehmung“[2], womit auch seine Lektüre der hier entwickelten These des Gespenstischen wahrgenommener Wirklichkeit/der Gespenster des Realismus zuarbeitet und überdies die Moderne als deren Schauplatz benennt.[3]

Bringt zum einen die Rede vom „Psychographen“ das Diktathafte des Schreibens zum Ausdruck, so sind es – wie bereits gehört – bestimmte Worte, die Fontane sich niedersetzen und das Ganze aufschreiben lassen. Der gefundene „Stoff“ für *Effi Briest* ist die Geschichte Elisabeth von Ardennes, welche Fontane von Emma Lessing, der Gattin Carl Robert Lessings, des Miteigentümers der *Vossischen Zeitung*, für welche Fontane als Kritiker tätig ist, erfährt. Doch ist es nicht die Geschichte, sondern die Formulierung „Effi komm“, welche „Eindruck“ macht, sprich: der die Kraft des Diktats zukommt. So schreibt Fontane am 21. Februar 1896 an Friedrich Spielhagen:

> Die ganze Geschichte ist eine Ehebruchsgeschichte wie hundert andre mehr und hätte, als mir Frau L. davon erzählte, weiter keinen großen Eindruck auf mich gemacht, wenn nicht (vergl. das kurze 2. Kapitel) die Szene bez. die Worte „Effi komm“ darin vorgekommen wären. Das Auftauchen der Mädchen an den mit Wein überwachsenen Fenstern, die

1 „Psychographie“ ist, so Gerhard Neumann, Fontanes Bezeichnung für sein „kulturdiagnostisches Verfahren“ (Gerhard Neumann, „,Eigentlich war es doch ein Musterpaar‘. Die trübe Passion der Effi Briest“, in: Karl Heinz Götze/Ingrid Haag/Gerhard Neumann/Gert Sautermeister [Hg.], *Zur Literaturgeschichte der Liebe*, Würzburg: Königshausen & Neumann 2009, 221-240, hier: 222). „[...] eine Diagnose, die darauf gerichtet war, sichtbar zu machen, in welcher Art Affekte und soziale Energien durch Sprache produziert oder repräsentiert werden. Dabei ließ Fontane offen, wie – und ob überhaupt – diese Alternative von Produktion und Repräsentation des ‚Wirklichen‘ zu entscheiden sei: Ob denn eigentlich der Herstellung des Sozialen durch die Sprache die Priorität zukomme oder ob umgekehrt die Sprache nur die Abbildung eben dieses Sozialen und seiner Konfigurationen liefere!“ (Ebd., 222) „Mit andern Worten: Fontane beobachtet das Spiel der Sprachformeln, die in der Kultur zirkulieren und ausgetauscht werden, er prüft, aus welchen sozialen Kraftfeldern sie erwachsen und er beobachtet die Art und Weise, in der diese Formeln soziale Wirklichkeit herstellen“ (ebd., 223).

2 Ebd., 222.

3 Zum Gespenstischen in *Effi Briest* vgl. u.a. Begemann, „Ein Spukhaus ist nie was Gewöhnliches ...‘“, 203-241; Wilpert, *Die deutsche Gespenstergeschichte*, 341-345; Mülder-Bach, „,Verjährung ist [...] etwas Prosaisches‘“; Russell Berman, „*Effi Briest* and the End of Realism“, in: Todd Kontje (Hg.), *A Companion to German Realism, 1848-1900*, Rochester: Camden House 2002, 339-364: „Within the cultural process of modernization unleashed by the Enlightenment, the irrational reasserts itself not simply as a vestige of a past somehow inadequately eradicated but as a dialectical component of the social condition itself. Life takes place in the shadow of death, and the past remains present, even in the shape of ghosts: denying the specters would itself be profoundly unrealistic“ (ebd., 344).

> Rotköpfe, der Zuruf und dann das Niederducken und Verschwinden machten *solchen* Eindruck auf mich, daß aus *dieser* Szene die ganze lange Geschichte entstanden ist.[1]

Ähnlich heißt es in dem bereits zitierten Brief an Hans Hertz vom 2. März 1895:

> Meine Gönnerin Lessing (von der Vossin) erzählte mir auf meine Frage: ‚Was macht denn *der*?' (ein Offizier, der früher viel bei Lessings verkehrte und den ich nachher in Instetten [!] transponiert habe), die ganze Effi-Briest-Geschichte, und als die Stelle kam, 2. Kapitel, wo die spielenden Mädchen durchs Weinlaub in den Saal hineinrufen: ‚Effi komm', da stand mir fest: ‚*Das* mußt du schreiben.'[2]

Fontanes Bezeichnung dessen, was „Eindruck" macht, changiert zwischen „Worten", „Szene", „Stelle" („die Szene bez. die Worte ‚Effi komm'", „die Stelle"), ja, dieses Changieren mag nicht zuletzt die performative Dimension eines Realismus indizieren, dem die szenische Kraft von Worten wohl bekannt ist, der sich von dieser herschreibt und selbige wiederholt in Szene setzt. („Szenen" und „Stellen" werden entsprechend vielfältig in diesem Kapitel zu untersuchen sein.)

Noch etwas anderes aber frappiert in dem Brief an Hans Hertz. Wenn es heißt: Sie „erzählte mir [...] die ganze Effi-Briest-Geschichte, und als die Stelle kam, 2. Kapitel, wie die spielenden Mädchen durchs Weinlaub in den Saal hineinrufen: ‚Effi komm', da stand mir fest: ‚Das mußt du schreiben'", wird sich der Leser/die Leserin spätestens bei der Wendung „als die Stelle kam, 2. Kapitel" einer gewissen Verblüffung nicht erwehren können. Weniger scheint die Erzählerin den Stoff für die Effi-Briest-Geschichte zu liefern, als dass sie den Roman *Effi Briest* vorliest, in dessen zweitem Kapitel eben jene Szene vorkommt. Fontane inszeniert hier ein *déjà écrit*. Das diktathafte Schreiben vollzieht sich strukturell nachträglich, ist *Nach*schreiben, Wiederschreiben; die Schreib-/Diktatszene ist *Urszene* im präzisen Sinne des Wortes.

Die Wiederholungsstruktur der Szene lässt sich nicht nur mit Blick auf die Entstehung des Romans behaupten; die Szene beziehungsweise die Worte „Effi

---

1 Theodor Fontane, „Brief an Friedrich Spielhagen, 21. Februar 1896", in: *Fontanes Briefe in zwei Bänden, Bd.* 2, 394-395, hier: 394f. Fontane fügt diese poetologische Reflexion seinem Brief an Spielhagen als Nachtrag hinzu und leitet sie mit den Worten ein: „Der Brief war schon im Couvert, aber ich nehme ihn nochmal heraus, um noch folgendes hinzuzufügen, was keinen andern Menschen interessieren kann, aber einen Romancierkonfrater, meiner Meinung nach, interessieren muß" (ebd., 394).

2 Fontane, „Brief an Hans Hertz vom 2. März 1895", 430.

komm" spuken auch durch den Romantext, diktieren das Geschehen: als Urszene des Erzählens. Nicht nur Fontane oder Innstetten, auch der Leser/die Leserin können „von den zwei Worten nicht los" (EB 22), welche sich nicht nur im Ruf Herthas im zweiten Kapitel (EB 18), sondern auch im dritten Kapitel, als die Szene Innstetten gespenstisch heimsucht (EB 22), sowie im Telegramm der Eltern (EB 328), die die kranke Effi zurück nach Hohen-Cremmen holen, finden. Zweifellos handelt es sich bei den Worten „Effi komm" um eine von Fontanes „Finessen" – deren Fund- und Wiedergängerstruktur ich in den nächsten beiden Kapiteln genauer analysieren will –, die hier ihre szenische Dimension zeigt, sich als szenische Kraft entfaltet.

Und so also lautet die Szene gegen Ende des zweiten Kapitels von *Effi Briest*:

> Effi, als sie seiner ansichtig wurde, kam in ein nervöses Zittern; aber nicht auf lange, denn im selben Augenblicke fast, wo sich Innstetten unter freundlicher Verneigung ihr näherte, wurden an dem mittleren der weit offen stehenden und von wildem Wein halb überwachsenen Fenster die rotblonden Köpfe der Zwillinge sichtbar, und Hertha, die Ausgelassenste, rief in den Saal hinein: ‚Effi komm.' (EB 18)

Dass es sich bei dieser Szene, die sich um die Worte „Effi komm" rankt, um die „Urszene" des Romans handelt, wurde verschiedentlich bemerkt: Gerhard Neumann spricht von „der Geburt des Geschehens aus einer Sprachformel, einer Klangfigur"[1]: „So wird der Roman aus einer Sprachformel, einem indistinkten, aus einem von wildem Wein umrankten Fenster herausklingenden Ruf geboren – und so kehrt er in dessen Unbestimmtheit zuletzt zurück: eine Botschaft, fast nur wie ein Rauschen an Effis Ohr dringend, weit mehr erlauschter Ruf denn artikulierter Sinn!"[2] Kenneth Calhoon nennt diese Szene „the novel's most memorable and ominous scene"[3], the „‚primal scene' of the novel (it will haunt Innstetten)"[4].

---

1 Gerhard Neumann, „Zitierte Authentizität in Stifters Nachsommer und Fontanes *Effi Briest*. Hegel – Bergson – Barthes", in: Eva Horn/Bettine Menke/Christoph Menke (Hg.), *Literatur als Philosophie – Philosophie als Literatur*, München: Fink 2005, 105-126, hier: 118.

2 Ebd., 118. „Die ganze Anfangsszene des Romans, innerhalb deren ja dieser Ruf erklingt, ist beherrscht von dieser Struktur, einem ‚frisson du sens', der von den erregten Dingen auszugehen scheint, und beherrscht von dem Versuch, diesem Raunen aus dem Natürlichen einen tieferen Sinn abzulauschen" (ebd., 118).

3 Kenneth S. Calhoon, „Alchemies of Distraction: James's *Portrait of a Lady* and Fontane's *Effi Briest*", in: *Arcadia*, Bd. 34, 1, 1999, 90-113, hier: 110.

4 Ebd., 111.

Betrachtet man sich die Szene genauer, so ist nicht klar zu sagen, wo ihr Fokus liegt. Am ehesten liesse sie sich wohl als geteilte beschreiben. Ja, es scheint, als schöbe sich mit dem weit geöffneten Fenster, den sichtbar werdenden Köpfen der Zwilinge und dem Ruf „Effi komm" ein dezidiert Szenisches – eine *andere* szenische Rahmung – in die sich entwickelnde Szene zwischen Effi und Innstetten, welche dadurch unterbrochen, abgelenkt wird. Dabei ist was hier unterbrochen wird, nichts Geringeres als die erste Begegnung zwischen Effi und Innstetten, welcher, wie Effi von ihrer Mutter weiß, gerade um Effis Hand angehalten hat. Die Schilderung dieser Begegnung findet keine Fortsetzung. Das nächste, was wir zu Beginn des dritten Kapitels hören, ist: „Noch an demselben Tage hatte sich Baron Innstetten mit Effi Briest verlobt." Die Szene ist mithin wesentlich Szene von Unterbrechung, und nicht zuletzt von daher wohl, was heimsucht. Der Ruf „Effi komm" ergeht aus dem plötzlich sichtbar gewordenen *Off* – ein Ruf, der Effi, ins selbige ruft.

Ein weiteres Merkmal der Szene ist, dass sie wiederkehrt. Ja, die Szene ist Wiederkehr. Im dritten Kapitel vermag sich Innstetten nicht auf die Konversation mit seinem Schwiegervater *in spe* zu konzentrieren, da ihm die Szene erneut vor Augen steht:

> Innstetten „nickte mechanisch zustimmend, war aber eigentlich wenig bei der Sache, sah vielmehr, wie gebannt, immer aufs neue nach dem drüben am Fenster rankenden wilden Wein hinüber, von dem Briest eben gesprochen, und während er dem nachhing, war es ihm, als säh' er wieder die rotblonden Mädchenköpfe zwischen den Weinranken und höre dabei den übermütigen Zuruf: ‚Effi, komm'.' Er glaubte nicht an Zeichen und Ähnliches, im Gegenteil, wies alles Abergläubische weit zurück. Aber er konnte trotzdem von den zwei Worten nicht los, und während Briest immer weiter perorierte, war es ihm beständig, als wäre der kleine Hergang doch mehr als ein bloßer Zufall gewesen." (EB 22)

Die Szene sucht nicht nur das Erzählen heim, mit ihr tritt auch Wahrnehmung in eine Wiedergänger-/Simulakrum-/Bannstruktur ein: „sah […], wie gebannt", „war es ihm, als säh' er wieder". Was als Urszene des Erzählens fungiert, ist zugleich ein szenischer Wahrnehmungsapparat – eine Apparatur zur Verfertigung wahrgenommener Wirklichkeit, auf deren gespenstische Züge zurückzukommen sein wird.

Serielles Erzählen: Effi als Wiedergänger

Die Wiedergänger-, sprich: serielle Struktur ist grundlegend für das Erzählverfahren in *Effi Briest*. Dies zeigt sich nicht nur anhand der wiederkehrenden

Szene und Worte „Effi komm“, auch Effi selbst findet sich strukturell am Ort des Wiedergängers[1], den der Text als „das andere“ markiert. Von Beginn an macht der Roman keinen Hehl daraus, dass es sich bei der Geschichte Effis um eine Fortsetzung, Wiederholung einer anderen Geschichte handelt: Die den Zwillingen von Effi anlässlich des Besuchs Geert von Innstettens bei ihrer Mutter in Aussicht gestellte Erzählung („von dem ich Euch nachher erzählen muß“, EB 9), „eine Liebegeschichte mit Held und Heldin“ (EB 9) macht sich wesentlich in Aufschüben und Unterbrechungen geltend: „Nun aber Effi, nun ist es Zeit, nun die Liebesgeschichte mit Entsagung.“ (EB 9) „[…] ehe Hertha nicht von den Stachelbeeren genommen, eh' kann ich nicht anfangen.“ (EB 9) „‚Aber ich komme vom Hundertsten aufs Tausendste und vergesse die Geschichte.‘ ‚Ja, Du brichst immer wieder ab; am Ende willst Du nicht.‘ ‚O, ich will schon, aber freilich, ich breche immer wieder ab‘“ (EB 10) – und eine weitere Seite später heißt es: „‚Kann schon sein,‘ unterbrach hierauf Hertha. ‚Aber nun endlich die Geschichte.‘ ‚Nun, gieb Dich zufrieden, ich fange schon an … Also Baron Innstetten!‘“ (EB 11). Der Anfang ist vielfach unterbrochen, aufgeschoben – die spätere Geschichte vom Chinesen wird dieselbe Struktur aufweisen[2] – ; die Geschichte ist keine Geschichte mit „Held und Heldin“, sondern Indiz einer Wiederholungsstruktur, die jegliches Subjekt – und so auch das erzählende – übersteigt. Effi stellt sich im selben Zuge als Produkt der Geschichte wie als Medium dar, in welchem sich die Geschichte – nachdem Effi den Platz ihrer Mutter an der Seite Innstettens eingenommen hat – wiederholt. Als Fortsetzung und auf Wiederholung angelegt ist der Akt des Erzählens mit einem Inkommensurablen ausgestattet: einem „anderen“, welches Effi selbst ist. In Effis Worten ihren Freundinnen gegenüber: „… Und das andere, was sonst noch kam, nun, das wißt Ihr … das andere bin ich.“ (EB 12)

---

1 Auch Innstetten weist Züge eines Wiedergängers/Revenants auf, wie dies in der Forschungsliteratur verschiedentlich herausgearbeitet wurde, vgl. z.B. Berman, „*Effi Briest* and the End of Realism“, hier bes. 354-359 (Innstetten's Ghost); Mülder-Bach, „‚Verjährung ist […] etwas Prosaisches‘“, 624; Renate Böschenstein, „Die Ehre als Instrument des Masochismus in der deutschen Literatur des 18. und 19. Jahrhunderts“, in: Johannes Cremerius/Wolfram Mauser/Carl Pietzcker/Frederick Wyatt (Hg.), *Masochismus in der Literatur*, Freiburger literaturpsychologische Gespräche, 7, 1988, 34-55, hier: 49-52; Michael Masanetz, „Vom Leben und Sterben des Königskindes. *Effi Briest* oder der Familienroman als analytisches Drama“, in: *Fontane-Blätter*, 72, 2001, 42-93, hier: 45, 52. Gisela Warnke, „Spuk als Drehpunkt in Fontanes Effi Briest“, 224.

2 Effi zu Innstetten: „‚[…] und die Geschichte von dem Chinesen.‘ ‚Du hast mir ja gar keine erzählt.‘ ‚Nein, ich hab' ihn nur eben genannt. Aber ein Chinese ist schon an und für sich eine Geschichte …‘“ (EB 54). Effi: „‚Fange nur an.‘ ‚Ja, das ist leicht gesagt. Der Anfang ist immer das schwerste, auch bei Geschichten.‘“ (EB 97) Effi – eine Seite später: „Und dann will ich vor allem auch die Geschichte hören. Also wir waren bei Kapitän Thomsen“ (EB 98).

In poetologischer Lesart bezeichnet „das andere" die Fortsetzung („was sonst noch kam"), strukturelle Unabschließbarkeit des Erzählens, die diesem – als Inkommensurables („anderes") markiert – innewohnt. Effi als „das andere" ist Impulsgeber einer Geschichte, die immer schon eine andere wiederholt und mithin immer schon ihr ‚eigenes' Gespenst, ihr ‚eigener' Wiedergänger ist.

Die ostentativen Unterbrechungen und Aufschübe von Effis Erzählung lassen sich durchaus als Reflexion des Romans auf die medialen Bedingungen von Fontanes literarischer Produktion und Rezeption, ihrem innigen Bezug zum zeitgenössischen Zeitschriftensystem lesen.[1] Fontanes *Effi Briest* erscheint zunächst als Fortsetzungsroman in der *Deutschen Rundschau.*[2] Die erste Folge[3], welche die ersten sechs Kapitel umfasst, endet mit einem *cliffhanger* wie er ‚im Buche' – oder eben bei Fontane – steht: Effis Versuch, Innstettens Hand zu küssen, weist dieser mit den Worten zurück:

> ‚Nein, Effi, um Himmels willen nicht, nicht so. Mir liegt nicht daran, die Respectsperson zu sein, das bin ich für die Kessiner. Für Dich bin ich …'
> ‚Nun was?'
> ‚Ach laß. Ich werde mich hüten, es zu sagen.'
> (Fortsetzung folgt.)[4]

Dialog und Kapitel münden in eine Leerstelle. Innstetten unterbricht seinen Satz „Für Dich bin ich …" und wiederholt die Geste der Unterbrechung, wenn er auf Effis Frage „Nun was?" erwidert: „Ich werde mich hüten, es zu sagen." Mit diesem Ausfall des Sagens endet das 6. Kapitel, im Druckbild gefolgt von den Worten: „(Fortsetzung folgt.)" Der Leser/die Leserin verbleibt in *suspense.* Wie der *cliffhanger* zu Ende des 6. Kapitels reflektieren auch die Unterbrechungen der Erzählung Effis den Fortsetzungs-, sprich: seriellen Charakter des Zeitschriftenromans. In der Weise der Inszenierung seriellen Erzählens allerdings trägt Fontanes Roman ein unheimliches Moment in dieses ein: Mit einem inkommensurablen „anderen" ausgestattet, von welchem her es seine Dynamik bezieht, zeigt sich Serielles als Schauplatz eines Wiedergängerns.

1 Zum Bezug zwischen Fontanes Realismus und dem zeitgenössischen Zeitschriftensystem vgl. Rudolf Helmstetter, *Die Geburt des Realismus aus dem Dunst des Familienblattes. Theodor Fontane und die öffentlichkeitsgeschichtlichen Rahmenbedingungen des poetischen Realismus*, München: Fink 1997.

2 Theodor Fontane, „*Effi Briest*, Roman von Theodor Fontane", in: *Deutsche Rundschau* (Berlin), Oktober 1894-März 1895.

3 Theodor Fontane, „*Effi Briest*, Roman von Theodor Fontane. I./VI.", in: *Deutsche Rundschau*, Bd. LXXXI, Oktober–Dezember 1894, 1-32.

4 Ebd., 32.

Effi gewinnt Züge eines Wiedergängers nicht allein, indem der Roman sie von Beginn an am ‚Ort' des „anderen" platziert; Fontanes Kunst der Finessen knüpft Effi zudem an den Signifikanten des ‚Wiederkommens'. Im ‚Wiederkommen' Effis erfährt die Finesse „Effi komm" ihre konsequente Fortführung bzw. Ausbuchstabierung, insofern die Wiederholung, das Wiederkommen den Worten „Effi komm" immer schon inhärent ist: Effi kommt bzw. kommt nicht wieder. Der Text hält Effis Wiederkommen/Nicht-Wiederkommen mit allen Implikationen des Todes wie des Untoten in der Schwebe: „ich könnte doch auch *nicht* wiederkommen" (EB 221), so Effi bei der Verabschiedung vor ihrer Reise nach Berlin zu Grieshübler auf dessen Frage „Aber [...] Sie kommen ja doch wieder"; oder in einem Brief an Crampas: „ich komme *nicht* wieder ..." (EB 223). Ähnlich äußert sich Innstetten Johanna gegenüber: „... Und dann, Johanna, noch eins: die Frau kommt nicht wieder." (EB 289) In Anbetracht des Handlungsverlaufs gewinnt die Formulierung ‚Wiederkommen/Nicht-Wiederkommen' gespenstische Züge, nimmt sie doch zugleich Effis Tod vorweg wie sie Effi als Wiedergänger/Revenant markiert.

Spuk als Wahrnehmungsapparat

Das „andere" artikuliert nicht nur die Dynamik sich unterbrechender Fortsetzung, es ist dezidiert als Moment von Spuk ausgewiesen. Effis ängstlich verbrachte Nacht im landrätlichen Haus in Kessin zeitigt „das andere" als Unheimliches der Wahrnehmung.[1] Spuk stellt sich m.a.W. als Wahrnehmungsapparat dar, welcher Wahrnehmung von ihrem unheimlichen „[A]nderen" her in Szene setzt. Insbesondere um den Komplex des Chinesen[2] entwickelt der Text

1 Zur Wahrnehmung in *Effi Briest*, allerdings ohne Berücksichtigung des Unheimlichen der Wahrnehmung, vgl. Maria E. Brunner, „*Effi Briest* von Theodor Fontane als Schule des Sehens", in: *Zeitschrift für Literaturwissenschaft und Linguistik*, Vol. 29, 3, September 1999, 143-153; dies., „Sehen und Erkennen in *Effi Briest*: Ist Wahrnehmung ‚ein zu weites Feld'?", in: *Seminar*, Vol. 36, 4, November 2000, 418-435.

2 Auf die akustische Dimension des „Gespenstes des verschwunden Chinesen" weist Gerhard Neumann hin: „Es gibt an die fünfzehn Stellen im Roman, an denen – von den verschiedenen Beteiligten und mit verschiedenen Mitteln – an diesem Gespenst des verschwundenen Chinesen und seinem exotischen Eros, an diesem Simulakrum einer dunklen Passion gearbeitet wird, und zwar vor allem mit akustischen Phänomenen: die schleifenden Geräusche im Oberstock, wehende, am Boden schleifende Vorhänge oder das Streichen von tanzenden Schuhen auf den Dielen." (Neumann, „Zitierte Authentizität in Stifters *Nachsommer* und Fontanes *Effi Briest*", 121) Zur Geschichte des Chinesen vgl. u.a. Ulrike Rainer, „Effi Briest und das Motiv des Chinesen. Rolle und Darstellung in Fontanes Roman", in: *Zeitschrift für deutsche Philologie*, 191, 1983, 545-561; Ingrid Schuster, „Exotik als Chiffre: Zum Chinesen in ‚Effi Briest'", *Wirkendes Wort*, 33, 1983, 111-125; Peter Utz, „Effi Briest, der Chinese und der Imperialismus. Eine ‚Geschichte' im geschichtlichen Kontext", *Zeitschrift für deutsche Philologie*, 193, 1984, 212-225; Judith Ryan, „The Chinese Ghost. Colonialism and Subaltern Speech in

eine Serie akustischer, taktiler, visueller Wahrnehmungsereignisse, die wahrgenommene Wirklichkeit als gespenstische konstituieren.

Aus dem Schlaf geschreckt und von der hinzueilenden Johanna gefragt, ob sie schlecht geträumt habe, antwortet Effi: „Ja, geträumt. Es muß so 'was gewesen sein ... aber es war doch auch noch 'was anderes." (EB 87) „... ich fuhr [...] auf aus dem Schlaf und schrie, und als ich mich umsah, so gut es eben ging in dem Dunkel, da strich 'was an meinem Bett vorbei [...] und dann war es weg" (EB 87). Johanna berichtet Innstetten den Vorfall in ähnliche Worten: „Sie hat wohl geträumt oder vielleicht war es auch das andere." (EB 89) „‚Welches andere?' [...] ‚Und was hatte sie geträumt oder, meinetwegen auch, was hatte sie gehört oder gesehen? [...]' ‚Es sei so hingeschlichen, dicht an ihr vorbei.'" (EB 89)

Versucht Innstetten „das andere" zunächst dem Traum zuzuschlagen, gesteht seine korrigierte Formulierung dessen Situierung im Akt der Wahrnehmung unwillig zu: „meinetwegen auch, was hatte sie gehört oder gesehen?" Im nächsten Moment jedoch erklärt er das Geschehen Effi gegenüber als „Traum, Sinnestäuschung" (EB 91). Ähnlich verständnislos reagiert Sidonie, als Effi ihr gegenüber auf der Schlittenfahrt eine solch „andere" akustische Wahrnehmung beschreibt: „‚... Übrigens hören Sie nichts?' ‚Nein.' ‚Hören Sie nicht etwas wie Musik?' ‚Orgel?' ‚Nein, nicht Orgel. Da würd' ich denken, es sei das Meer. Aber es ist etwas anderes, ein unendlich feiner Ton, fast wie menschliche Stimme ...' ‚Das sind Sinnestäuschungen,'" entgegnet Sidonie, „‚Sie sind nervenkrank.'" (EB 184)

Keineswegs um „Sinnestäuschungen" (EB 184) geht es in diesem gespenstischen „es" der Wahrnehmung, wie Innstetten oder Sidonie meinen, sondern um ein Gespenstisches der Wahrnehmung, welches Wirklichkeit verbürgt. Effis Gespräch mit der Trippelli hebt denn auch den Wirklichkeitsanspruch des „anderen"/Unheimlichen der Wahrnehmung ausdrücklich hervor. Neben dem Gesang bewundert Effi vor allem die Ruhe, mit der die Trippelli ihre gespenstischen Balladen vorträgt.

> ‚Aber eines, wenn Sie mir verzeihen, bewundere ich fast noch mehr, das ist die Ruhe, womit Sie diese Sachen vorzutragen wissen. Ich bin so leicht Eindrücken hingegeben, und wenn ich die kleinste Gespenstergeschichte

---

Fontane's *Effi Briest*", in: William Collins Donahue/Scott Deham (Hg.), *History and Literature. Essays in Honor af Karl S. Guthke*, Tübingen: Stauffenburg 2000, 367-384; Mülder-Bach, „Verjährung ist [...] etwas Prosaisches'", bes. 627ff.; Christian Grawe, *Theodor Fontanes Effi Briest*, Frankfurt am Main: Diesterweg 1985, 111-114 (Der spukende Chinese); Joachim Küpper, „Moderne, Romantik, Postmoderne. Bemerkungen zu Fontanes *Effi Briest*" in: *Literaturstrasse: Chinesisch-deutsches Jahrbuch für Sprache, Literatur und Kultur*, Bd. 9, 2008, 127-150, bes. 138-143.

> höre, so zittere ich und kann mich kaum wieder zurecht finden. [...] ich versichere Ihnen, [...] wenn ich glaube, über mir hörte ich ein leises Tanzen oder Musizieren, während doch niemand da ist, oder es schleicht wer an meinem Bette vorbei, so bin ich außer mir und kann es Tage lang nicht vergessen.' ‚Ja, meine gnädigste Frau, was Sie da schildern und beschreiben, das ist ja auch etwas anderes, das ist ja wirklich oder kann wenigstens etwas Wirkliches sein. Ein Gespenst, das durch die Ballade geht, da graule ich mich gar nicht, aber ein Gespenst, das durch meine Stube geht, ist mir, gerade so wie andern, sehr unangenehm.' (EB 108f.)

Das Gespenst geht durch die „Stube". Das Unheimliche der Wahrnehmung, das „andere" als Wirkliches, hat seinen Schauplatz im Häuslichen. Ausdrücklich als „Spukhaus" charakterisiert Effi in einem Brief an ihre Mutter ihr Heim in Kessin: „denn das Haus, das wir bewohnen, ist ... ist ein Spukhaus; da ist es heraus." (EB 116)[1] In seinem Aufsatz zum *Unheimlichen* nennt Freud das „Haus, in dem es spukt" das „vielleicht stärkste[] Beispiel von Unheimlichkeit"[2], des „Es spukt", und eben das Beispiel, mit dem eine Untersuchung zum Unheimlichen zu beginnen habe. Fontanes Roman *Effi Briest* ist insofern nur konsequent, wenn er die Untersuchung des Unheimlichen der Wahrnehmung um das häusliche Milieu[3], das Haus, in welchem „es spukt" organisiert, das Spukhaus als Appatur zur Erzeugung wahrgenommener Wirklichkeit auslotet – ganz wie Theodor Storms *Neues Gespensterbuch*. Ja, nur schwer vermag man sich angesichts von Effis Worten an Roswitha einer Assoziation zu Storms *Am Kamin* (1862)[4] zu erwehren, in welche u.a. „Der Gespensterbesen" aus Storms *Neues Gespensterbuch* Eingang gefunden hat. Nach Roswithas erster Nacht nach dem Einzug ins landrätliche Haus erkundigt sich Effi, „wie Roswitha geschlafen und ob sie nichts gehört habe?" „‚Was?' fragte diese. ‚O, nichts. Ich meine nur so; so

---

1 Vgl. auch: „daß ein Mann wie Baron Innstetten nicht in einem gewöhnlichen Hause wohnen kann [...] Ein Spukhaus ist nie 'was Gewöhnliches ..." (EB 155).

2 „Wir haben ja gehört, daß manche moderne Sprachen unseren Ausdruck: ein unheimliches Haus gar nicht anders wiedergeben können als durch die Umschreibung: ein Haus, in dem es spukt. Wir hätten eigentlich unsere Untersuchung mit diesem, vielleicht stärksten Beispiel von Unheimlichkeit beginnen können" (Freud, *Das Unheimliche*, 264).

3 Zum Milieu bei Fontane – allerdings mit Bezug auf einen soziologischen Begriff von Milieu – vgl. Detlef Kremer/Nikolaus Wegmann, „Wiederholungslektüre(n): Fontanes Effi Briest. Realismus des wirklichen Lebens oder realistischer Text?", in: *Der Deutschunterricht. Themenheft: Neue Lesarten: Texte im Unterricht*, hg. von Jürgen Förster, Heft 6, 1995, 56-75, bes. 63ff.

4 „Und bald hörte er deutlich ein Kehren wie mit einem scharfen Reisbesen, das von der Richtung des Fensters her allmählich sich nach der Tiefe der Kammer zu bewegte. Er richtete sich auf und blickte mit aufgerissenen Augen vor sich hin; [...] aber er vermochte nichts zu sehen als den völlig leeren Raum" (Storm, *Am Kamin*, 57).

'was wie wenn ein Besen fegt oder wie wenn einer über die Diele schlittert.'" (EB 134) – Dass das gespenstische „[A]ndere" im Häuslich-Gewöhnlichen, in der Monotonie alltäglicher Wahrnehmung haust, macht auch Johannas Bemerkung deutlich: „Früher hörten wir es in der Küche auch. Aber jetzt hören wir es nicht mehr; wir haben uns daran gewöhnt." (EB 61) Spuk, das Unheimliche der Wahrnehmung, ist Fontanes Beitrag zum Realismus des Alltäglichen – ein Beitrag, der Alltägliches in einen *anderen Schauplatz*, eine unheimliche Szene transformiert.

Der szenische Charakter des Unheimlichen der Wahrnehmung wird vom Roman dezidiert gestaltet. Effis akustische Heimsuchung nimmt szenische Züge an, stellt sich als eine Tanzszene dar, wie sie gespenstischer nicht sein könnte.

> ‚Es war über mir ein ganz sonderbarer Ton, nicht laut, aber doch sehr eindringlich. Erst klang es, wie wenn lange Schleppenkleider über die Diele hinschleiften, und in meiner Erregung war es mir ein paarmal, als ob ich kleine weiße Atlasschuhe sähe. Es war, als tanze man oben, aber ganz leise.' (EB 60f.)

Innstetten gegenüber schildert Effi das Geschehen mit den Worten: Es „war [...] mir, als ob ich Schuhe auf der Erde schleifen hörte, und als würde getanzt und fast auch wie Musik. Aber alles ganz leise." (EB 66) Es ist der – heterotopisch funktionierende – leere Saal des Hauses (EB 69), welcher die enervierenden Geräusche hervorbringt.[1] Die gespenstische Lokalität des verödeten Tanzsaals mag verschiedene Korrespondenzen zu Storm unterhalten, etwa zu Storms Novelle *Auf dem Staatshof*[2] (1859) oder zu Fontanes Schilderung von Storms Neigung, Spukgeschichten zu erzählen, in deren Zentrum ebenfalls eine unheimliche Tanzszene steht:

> Er hatte uns nämlich gerade von einem unbewohnten Spukhause erzählt, drin die Nachbarsleute nachts ein Tanzen gehört und durch das Schlüsselloch geguckt hatten. Und da hätten sie vier Paar zierliche Füße gesehen

1 „Es ist ein so sonderbares Geräusch, das einem auf die Nerven fällt" (EB 61).

2 „Wir Andern gingen in's Haus und besichtigten oben den Tanzsaal. Es kam uns eine dumpfe Luft entgegen, als wir die Tür des alten Prunkgemaches geöffnet hatten. Die goldgeblümten Tapeten waren von der Feuchtigkeit gelöst und hingen teilweise zerrissen an den Wänden; überall stachen noch die Stellen hervor, wo vor Zeiten die Familienporträts gehangen hatten." (Theodor Storm, *Auf dem Staatshof*, in: *Sämtliche Werke in vier Bänden, Bd. I*, 392-426, hier: 416f.)

> mit Schnürstiefelchen und nur gerade die Knöchel darüber, und die vier Paar Füße hätten getanzt und mit den Hacken zusammengeschlagen.[1]

Bewegungen von selbständig agierenden Körperteilen oder Schuhen – in Effis Wahrnehmung sind es „Atlasschuhe" – begleiten das Geräusch, doch steht kein Tänzer hinter dem Tanz – man erinnere sich der in Storms *Gespensterbuch* beschriebenen „Schritte", die keine „Person mit sich [...] führen"[2]. Auch Fontanes *Effi Briest* suspendiert jeglichen ‚Täter hinter der Tat' (Nietzsche); dass die Ursache fehlt, macht eben das Unheimliche der Wahrnehmung. Im Gespräch mit der Trippelli benennt Effi den a-personalen Träger der gespenstischen Wahrnehmung/*performance* explizit: „wenn ich glaube, über mir hörte ich ein leises Tanzen oder Musizieren, während doch niemand da ist" (EB 108) *Niemand* tanzt die Totentänze des Realismus, über die sich Häusliches in einen Schauplatz unheimlicher Wahrnehmung, eines wiedergängernden Wirklichen transformiert: „mir ist, als hörte ich oben das Tanzen. Sonderbar, daß es immer wieder kommt." (EB 172f.) Im Zeichen des Spuks inszeniert Fontanes Realismus Wirkliches als inkommensurables „anderes", Unerlöstes der Geschichte, das immer wiederkommend zugleich immer noch aussteht.

„Erlkönig'... ah, bah": Gespenstische performance

Lässt sich die Tanzszene im „Spukhaus" in Kessin als eine gespenstische *performance* des Romans bezeichnen, so erweist sich der Text als noch um einige gespenstische *performances* reicher. Das Gespräch zwischen Effi und der Trippelli über das Gespenstische des Wirklichen erfolgt im Anschluss an eine Gesangsdarbietung der Trippelli, welcher Effi „wie benommen" beiwohnt. Was wird dargeboten? Werfen wir einen Blick auf das Programm bzw. die Auswahl der Gesangsnummern.

Es scheint, als käme der Realismus – jedenfalls ein Realismus, der seiner Gespenster eingedenk ist – nur schwer ohne Goethes „Erlkönig" aus. Stellt der nächtliche Ritt des zweiten Rahmenerzählers in Storms *Schimmelreiter* ein offenkundiges Pendant zum „Erlkönig" dar, so kann sich auch Fontanes *Effi Briest* nicht eines Verweises auf Goethes Ballade enthalten. Allerdings hat der Roman über Goethes „Erlkönig" – oder die Schubertsche Vertonung desselben – nichts als die despektierlichen Worte der Trippelli übrig: „‚Erlkönig'... ah, bah". Gieshübler legt der Trippelli „ein halbes Dutzend Notenhefte" zur Auswahl vor,

1 Fontane, *Von Zwanzig bis Dreißig*, 231f.

2 Storm, *Das Sopha*, in: *Neues Gespensterbuch*, 104.

> die seine Freundin in rascher Reihenfolge durch die Hand gleiten ließ. „Erlkönig‘ ... ah, bah; ‚Bächlein, laß’ dein Rauschen sein ...‘ Aber Gieshübler, ich bitte Sie, Sie sind ein Murmeltier, Sie haben sieben Jahre lang geschlafen ... Und hier Löwe’sche Balladen; auch nicht gerade das Neueste. ‚Glocken von Speyer‘ ... Ach dies ewige Bim-Bam, das beinah’ einer Kulissenreißerei gleich kommt, ist geschmacklos und abgestanden. Aber hier, ‚Ritter Olaf‘ ... nun, das geht.‘ Und sie stand auf, und während der Pastor begleitete, sang sie den Olaf mit großer Sicherheit und Bravour und erntete allgemeinen Beifall. Es wurde dann noch ähnlich Romantisches gefunden, einiges aus dem fliegenden Holländer und aus Zampa, dann der Heideknabe, lauter Sachen, die sie mit eben so viel Virtuosität wie Seelenruhe vortrug, während Effi von Text und Komposition wie benommen war. (EB 107)

Nach der Darbietung bringt Effi der Trippelli gegenüber ihre Bewunderung darüber zum Ausdruck, mit welcher „Ruhe“ (EB 108) diese das Gespenstische vorzutragen weiß:

> ‚Es ist mir unbegreiflich. Und um bei dem stehen zu bleiben, was ich Ihnen diesen Abend verdanke, beispielsweise bei dem Gespenstischen im Olaf, ich versichere Ihnen, wenn ich einen ängstlichen Traum habe oder wenn ich glaube, über mir hörte ich ein leises Tanzen oder Musizieren, während doch niemand da ist, [...] so bin ich außer mir und kann es Tage lang nicht vergessen.‘ (EB 108)

Hinsichtlich des „Olaf‘“ herrscht in den Anmerkungsapparaten der *Effi Briest*-Ausgaben wie auch in der Forschungsliteratur Unklarheit. Die literarische Szene lässt offen, inwieweit die Trippelli, nachdem sie die Schubertschen Vertonungen von Goethes „Erlkönig“ und Wilhelm Müllers „Bächlein, lass dein Rauschen sein“ verworfen hat, die Loeweschen Balladen durchblättert. „Glocken von Speyer“ ist definitiv eine Ballade daraus, „Ritter Olaf“ – die Ballade, die sie schließlich darbietet – allerdings nicht. Während sich in den Balladen Carl Loewes die Ballade „Herr Oluf“ findet – eine Vertonung der von Herder aus dem Dänischen übertragenen und in seine Sammlung *Volkslieder* (1778/79) aufgenommen Ballade „Erlkönigs Tochter“[1], welche auch eine Quelle für Goethes

1 Johann Gottfried Herder, „Erlkönigs Tochter“, in: *Werke in zehn Bänden, Bd. 3: Volkslieder, Übertragungen, Dichtungen*, hg. von Ulrich Gaier, Frankfurt am Main: Deutscher Klassiker Verlag 1990, 335-336. Die Ballade wurde unter dem Titel „Herr Olof“ von Achim von Arnim und Clemens Brentano in die Sammlung *Des Knaben Wunderhorn* aufgenommen: Achim

„Erlkönig" darstellt –, ist „Ritter Olaf" der Titel der 10. Romanze aus Heinrich Heines *Neuen Gedichten* (1844).[1] Die Szene bleibt strukturell ambivalent wie auch Effis Worte des „Gespenstischen im ‚Olaf'". Mag das Gespenstische eher auf „Herr Oluf" deuten denn auf „Ritter Olaf"[2], so ist andererseits Heine in *Effi Briest* vielfach präsent, u.a. in Crampas Versuchen, Effi zu verführen.[3]

Anmerkungsapparate und Forschungsliteratur tendieren dazu, die referentielle Ambivalenz dieser Passage zugunsten von Carl Loewes Ballade „Herr Oluf" aufzulösen, ja, schrecken teils nicht davor zurück, Fontane einen „Irrtum" bzw. eine „Verwechslung" zu unterstellen. Im Kommentar der Reclam-Ausgabe von *Effi Briest* etwa heißt es:

> ‚Herr Oluf', von Loewe vertontes Gedicht aus der Gedichtsammlung *Des Knaben Wunderhorn.* Fontane verwechselt hier offensichtlich diese Ballade mit dem Gedicht „Ritter Olaf" aus Heinrich Heines *Romanzen.*[4]

Die Ausgabe der Nymphenburger Verlagsbuchhandlung merkt an:

> ‚Ritter Olaf': Irrtum Fontanes, die Heinesche Ballade ist von Karl Loewe nicht vertont worden, gemeint ist die von Herder aus dem Dänischen verdeutschte Ballade ‚Erlkönigs Tochter'.[5]

---

von Arnim/Clemens Brentano, *Des Knaben Wunderhorn. Alte deutsche Lieder (1806), Teil I*, in: Clemens Brentano, *Sämtliche Werke und Briefe. Historisch-kritische Ausgabe*, Bd. 6, Stuttgart/Berlin/Köln/Mainz: Kohlhammer 1975, 255-257.

1 Heinrich Heine, „Ritter Olaf" (*Romanzen*), in: *Historisch-kritische Gesamtausgabe der Werke. Düsseldorfer Ausgabe, Bd. 2: Neue Gedichte*, Hamburg: Hoffmann & Campe 1983, 82-84. Eine Vertonung dieser Romanze liegt von Felix Draeseke vor (1881).

2 Ein Indiz, dass sich die Szene nicht in der Buchstäblichkeit, sprich: in „Ritter Olaf", erschöpft, dass „es […] hinter der Scene [spukt]", ist in der Tat das Gespenstische, das Effi mit ihrer Formulierung „das Gespenstische im ‚Olaf'" benennt; „Herr Oluf" weist zweifellos ein größeres Maß an Gespenstischem auf als Heines „Ritter Olaf".

3 Vgl. Neumann, „Zitierte Authentizität", 122. Zu Heine in Fontane *Effi Briest* vgl. Hans Otto Horch, „‚Das Schlechte […] mit demselben Vergnügen wie das Gute'. Über Theodor Fontanes Beziehung zu Heinrich Heine", in: *Heine Jahrbuch*, 18, 1979, 139-176; Dieter Breuer, „Unterwelten. Heines Proserpine und Fontanes Effi Briest", in: Mark H. Gelber/Jakob Hessing/Robert Jütte (Hg.), *Integration und Ausgrenzung: Studien zur deutsch-jüdischen Literatur – und Kulturgeschichte von der Frühen Neuzeit bis zur Gegenwart. Festschrift für Hans Otto Horch zum 65. Geburtstag*, Tübingen: Max Niemeyer 2009, 139-152.

4 *Theodor Fontane, Effi Briest. Erläuterungen und Dokumente*, hg. von Walter Schafarschik, Stuttgart: Reclam 1978, 28. Dieser Kommentar findet sich in sämtlichen Auflagen seit 1972 und wurde auch in den aktuellen Reclam Text- und Kommentar-Band übernommen: Theodor Fontane, *Effi Briest. Reclam XL: Text und Kontext*, hg. von Wolf Dieter Hellberg, Stuttgart: Reclam 2018, 345.

5 Theodor Fontane, *Effi Briest*, in: *Sämtliche Werke. Das erzählerische Werk, Bd. VII: Frau Jenny Treibel. Effi Briest*, München: Nymphenburger Verlagsbuchhandlung 1959, 449, Anm. zu S. 246.

Die Anmerkung in der Ullstein-Ausgabe (© Nymphenburger Verlagsbuchhandlung) lautet entsprechend ähnlich:

> *Löwesche Balladen*: Karl Löwe (1796-1869), der bekannte Balladenkomponist, der auch Fontanes Ballade ‚Archibald Douglas' vertont hat. – *‚Glocken von Speyer'*: Gedicht von Max von Oer (1806-1848), vertont von Karl Löwe. *‚Ritter Olaf'*: Irrtum Fontanes, die Heinesche Ballade (‚Vor dem Dome stehn zwei Männer', Romanzen 1839-1842, Nr. 10) ist von Karl Löwe nicht vertont worden. Gemeint ist die von Herder aus dem Dänischen ins Deutsche übertragene Ballade ‚Erlkönigs Tochter' (von Löwe unter dem Titel *„Herr Oluf"* vertont).[1]

In der Hanser-Ausgabe heißt es:

> *‚Ritter Olaf'*: Heinesches Gedicht („Vor dem Doome stehn zwei Männer", Romanzen 1839-42, 10), von F. Vermutlich mit der von Löwe komp. Ballade „Herr Oluf" (‚Des Knaben Wunderhorn', 1. Bd.) verwechselt.[2]

Die Aufbau-Ausgabe von 1969 schlägt „Ritter Olaf" gar ohne Dikussion den Loeweschen Balladen zu:

> *‚Glocken von Speyer'... ‚Ritter Olaf'* – Balladen von Carl Loewe (1796-1869) nach Texten von Maximilian Freiherr von Oer (1806-1846) und der Sammlung ‚Des Knaben Wunderhorn' (‚Herr Olof').[3]

Auch Hans Otto Horch spricht sich dafür aus, dass die Trippelli die Loewesche Ballade darbietet, wobei er zugleich anmerkt, dass die Heinesche Romanze „besser in den Kontext des Romans" „passt":

> Die Trippelli (Kap. 11) singt u.a. die Loewe-Ballade ‚Ritter Olaf' [...]. Fontane nennt die Heinesche Romanze aus den ‚Neuen Gedichten' als

1 Theodor Fontane, *Effi Briest*, Berlin: Ullstein Taschenbuch, 15. Aufl. 2010 (Lizenzausgabe München: Nymphenburger Verlagshandlung 1979, Berlin: Ullstein 1994), Anm. zu S. 106.

2 Theodor Fontane, *Effi Briest*, in: *Sämtliche Werke I: Romane, Erzählungen, Gedichte, Bd. 4*, München: Hanser 1963, 694, Anm. zu S. 92. Eine fast identische Anmerkung findet sich auch in der Lizenzausgabe 2002 für die Wissenschaftliche Buchgesellschaft der Abteilung I von Theodor Fontane, *Werke, Schriften und Briefe*, 2. Auflage, hg. von Walter Keitel und Helmuth Nürnberger: *„'Ritter Olaf'*: aus Heines „Romanzen" („Vor dem Tor stehn zwei Männer"), von Fontane offensichtlich mit der von Löwe komponierten Ballade aus „Des Knaben Wunderhorn" verwechselt" (ebd., 735, Anm. zu S. 92).

3 Theodor Fontane, *Effi Briest*, in: *Romane und Erzählungen in acht Bänden, Bd. 7*, Berlin/Weimar: Aufbau 1969, 566, Anm. zu S. 97.

> Textgrundlage Loewes, in Wirklichkeit vertonte der Komponist die Ballade ‚Herr Olof' aus ‚Des Knaben Wunderhorn' – eine höchst bezeichnende ‚Verwechslung': denn die Heinesche Romanze passt besser in den Kontext des Romans als die naturmagische Ballade aus dem ‚Erlkönig'-Umkreis[1].

Ein bemerkenswerter Kommentar findet sich auch bei Michael Masanetz, der die textuelle Ambivalenz zunächst leichthändig korrigiert, um schließlich doch beide Texte – „Herr Oluf" und „Ritter Olaf" – als mögliche Referenzen für *Effi Briest* anzuerkennen:

> Vom ‚Ritter Olaf' singt die Trippelli, so berichtet es der Erzähler (97). Er kann damit nur den von Loewe vertonten *Herrn Olof* aus *Des Knaben Wunderhorn* meinen, nennt aber einen Titel von Heine. Mit dieser ‚Differenz' gelingt es Fontane, beide Texte für seinen fruchtbar zu machen und die Vernetzung aller Sinn-Ebenen zu verstärken. Ritter Olaf muß sterben, weil er ‚eines Fürstenkindes', genauer: einer Königstochter, ‚in freier Lust genossen hatte'; und er segnet am Ende angesichts des Todes und der Geliebten noch ‚den Holunderbaum', ‚wo du dich mir ergeben'. Herr Olof, auf dem Wege zu seiner Hochzeit, stirbt nach der Begegnung mit ‚Erlkönigs Töchterlein', also einem Elementarwesen, das menschliche Sittlichkeit nicht anerkennt, ‚Erlkönig' selber, jener kindermordende Goethesche, war eben auch schon aufgerufen worden.[2]

Und schließlich sei hier noch die Anmerkung der Großen Brandenburger Ausgabe aufgeführt, welche sich – philologisch präzise – jedweder Entscheidung enthält:

> *‚Ritter Olaf'* – Titel der 10. Romanze aus Heinrich Heines ‚Neuen Gedichten' (1844), die von der Hochzeit des Ritter mit der von ihm – unter einem Holunderbaum – verführten Königstochter und seiner anschließenden Hinrichtung erzählt: Löwe vertonte jedoch nicht die Heinesche Romanze, sondern das ursprünglich dänische Volkslied ‚Herr Olof'/‚Erlkönigs Tochter', das sich in ‚Des Knaben Wunderhorn' (1806) von Achim von Arnim und Clemens Brentano und in Johann Gottfried Herders Sammlung ‚Stimmen der Völker in Liedern' (1807) findet und vom Tod des Ritters handelt, der am Vorabend seiner Hochzeit einem Verführungsversuch

1 Horch, „Das Schlechte […] mit demselben Vergnügen wie das Gute'", 162.

2 Masanetz, „Vom Leben und Sterben des Königskindes", 72.

> von ‚Erlkönigs Tochter' widerstand (‚Herr Oluf', 1852). (EB 444f., Anm. zu S. 107)

Soweit ich sehe, gibt es keine Studie, die die referentielle Ambivalenz dieser Passage zum Ausgangspunkt für eine Lektüre nimmt. Eine solche sei hier unternommen. Die Rede von „Irrtum" oder „Verwechslung" ist als philologisch unzulässig zurückzuweisen. Ja, es ließe sich sagen, dass Effis Rede vom „Gespenstischen im ‚Olaf'" die Ambivalenz, welche die Forschungsliteratur aufzulösen sucht, eher noch verstärkt – lässt die Formulierung doch dezidiert offen, ob es „Herr" oder „Ritter" heißen müsste. Effis Finesse arbeitet m.a.W. der ausgetüftelten Finesse Fontanes zu, um welche es sich – wie ich behaupten möchte – bei dieser Passage handelt. Der Text konstruiert ein vielschichtiges Palimpsest: Lässt zum einen die szenische Handlung offen, ob die Trippelli eine der Loeweschen Balladen darbietet oder zu einem anderen Notenheft übergegangen ist, evoziert zum anderen die Reihe „Erlkönig" – „Löwe'sche Balladen" – „Ritter Olaf" die Ballade „Herr Oluf" respektive Herders „Erlkönigs Tochter", welche der Signifikantenreihe latent eingeschrieben ist. Effis Wendung „Gespenstische[s] des ‚Olaf'" ist nichts Geringeres als eine gespenstische Finesse, die zugleich die gespenstische Dimension von Fontanes Finessen, ihre unauflösliche referentielle Ambivalenz artikuliert. Qua latent-gespenstischer Überlagerung von „Erlkönig", „Ritter Olaf" und „Herr Oluf" erweist sich Fontanes Finesse als eine weitere Szene des Spuks, eine *double scene*, welche gespenstische *performances* zeitigt. Die gespenstische *performance* findet sich m.a.W. nicht in der Gesangsdarbietung der Trippelli, sondern auf der Ebene des Textes.

Wenn Fontane in einem Brief an Paul Schlenther vom 13. Juni 1888 seine Arbeit an den Finessen als „grenzenlose Düftelei"[1] bezeichnet, wird man eine solche wohl auch bei der Interpretation von Fontane zu walten lassen haben. In der Tat erschöpft sich „das Gespenstische des ‚Olaf'" nicht in den bisher genannten Verweisen. Effi selbst fügt – in dem bereits zitierten Gespräch mit der Trippelli und in latent-gespenstischer Weise – der Finesse respektive *performance* eine weitere Drehung hinzu:

> ‚Und um bei dem stehen zu bleiben, was ich Ihnen diesen Abend verdanke, beispielsweise bei dem Gespenstischen im Olaf, ich versichere Ihnen, [...] wenn ich glaube, über mir hörte ich ein leises Tanzen oder Musizieren, während doch niemand da ist, [...] so bin ich außer mir und kann es Tage lang nicht vergessen.' (EB 108)

1 Theodor Fontane, „Brief an Paul Schlenther, 13. Juni 1888", in: *Werke, Schriften und Briefe, Abt. IV, Briefe, Bd. 3*, München: Hanser 1980, 610-611, hier: 611.

Im selben Atemzug genannt, wird das „Gespenstische des ‚Olaf'" mit dem unheimlichen Tanzen, Musizieren im Kessiner Haus verschaltet. Während die Brandenburger Ausgabe das Motiv der Verführung im „Ritter Olaf" und „Herr Oluf" hervorhebt, mag Effi, die „von Text und Komposition wie benommen" ist, d.h. gleichermassen auf Text wie Musik achtet, durchaus etwas anderes wahrnehmen. Kein Motiv, sondern ein szenisches Moment, eine *performance*, ist es, die das gespenstische Palimpsest des „Olaf" mit dem unheimlichen Tanzen im „Spukhaus" verbindet: eine Tanzszene, die sich sowohl in „Ritter Olaf" als auch in „Herr Oluf"/„Erlkönigs Tochter" sowie im „Erlkönig" findet.

Heines „Ritter Olaf" wartet mit einem dem Henker abgetrotzen Hochzeitstanz ab, in dessen Anschluss Ritter Olaf hingerichtet wird.[1] In der nächtlichen Szenerie von „Erlkönigs Tochter" /„Herr Oluf" drängt Erlkönigs Tochter Herrn Oluf wiederholt, mit ihr zu tanzen. Dieser weist sie konsequent ab, wofür er von ihr verflucht wird und noch vor seiner Hochzeit stirbt.[2] Und schließlich – zwar nicht von der Trippelli dargeboten, aber durch die Geste lapidarer Verwerfung („ah bah") aufgerufen – tritt auch Goethes „Erlkönig" in den gespenstischen Reigen ein: „Meine Töchter führen den nächtlichen Reihn, /Und wiegen und tanzen und singen dich ein."[3]

Wo Effis Bemerkung das „Gespenstische des ‚Olaf'" mit dem unheimlichen Tanzen im Haus verknüpft, generiert sich eine wahrhaft gespenstische *performance*, in der sich eine Reihe unheimlicher Tänze überlagern, getanzt von Niemandem. Die Finesse stellt sich als Tanzszene unauflöslicher Ambivalenzen und gespenstischer Referenzen dar – eine Szene mit doppeltem Boden/Szene als *abyme*, in welcher Spuk als dezidiert szenischer „Drehpunkt"[4] fungiert. Nicht nur Effi, auch der Leser/die Leserin mag von einer solchen textuellen *performance* „wie benommen" (EB 107) sein.

1 „Der Henker steht vor der Thüre./Der Reigen beginnt und Herr Olaf erfaßt/Sein junges Weib, und mit wilder Hast/Sie tanzen, bey Fackelglanz, /Den letzten Tanz – /Der Henker steht vor der Thüre./Die Geigen geben so lustigen Klang, /Die Flöten seufzen so traurig und bang!/ Wer die beiden tanzen sieht, /Dem erbebt das Gemüth – /Der Henker steht vor der Thüre." (Heine, „Ritter Olaf", 83).

2 „Willkommen, Herr Oluf, was eilst von hier?/Tritt her in den Reihen und tanz' mit mir.'/‚Ich darf nicht tanzen, nicht tanzen ich mag, /Frühmorgen ist mein Hochzeittag.'" (Herder, „Erlkönigs Tochter", 335). „Und willt, Herr Oluf, nicht tanzen mit mir; /Soll Seuch und Krankheit folgen dir.'" (Ebd., 335) „Die Braut hob auf den Scharlach rot, /Da lag Herr Oluf und er war tot." (Ebd., 336).

3 Goethe, „Erlkönig", 304, vv. 19-20.

4 Fontane, „Brief an Joseph Viktor Widmann, 19. November 1895", 506.

Schwellenräume: Nuancen des Wirklichen

Fontanes Roman *Effi Briest* schließt mit deutlich szenischem Bezug zum Anfang: im Haus in Hohen-Cremmen am offenen Fenster und mithin in eben dem szenischen Rahmen, der die Geschichte wiedergängernd eröffnet hatte. Die serielle Entfaltung der Urszene des Erzählens setzt sich hier weiter fort. Der Leser/die Leserin der Schlussszene wird sich unschwer der Anfangsszene erinnern, des Rufes „Effi komm“, der durch das offene, weinumrankte Fenster ergeht und Effi ins *Off* ruft. Im letzten Auftritt Effis im Roman finden wir diese am offenen Fenster sitzend, die kühle Nachtluft einatmend. Der energetische Kontrast zwischen den Szenen könnte nicht größer sein: Herrscht in der Anfangsszene wilder Übermut, schließt diese letzte Effi-Szene mit den Worten: „‚Ruhe, Ruhe‘“ (EB 348)[1] Die Szene lässt sich durchaus als Todesszene lesen – eine Szene, in der der Leser/die Leserin den nunmehr stummen Ruf vernehmen mag: „Effi komm“. Effis Tod bleibt im Erzählen ausgespart, ja, wird im Text nur verzögert und als „kleine Veränderung“ registriert. Der folgende Abschnitt beginnt mit den Worten: „Es war einen Monat später“, woraufhin der Leser/die Leserin erfährt, dass sich „[a]uf dem Rondell […] eine kleine Veränderung vollzogen [hatte, E.S.], die Sonnenuhr war fort, und an der Stelle, wo sie gestanden hatte, lag seit gestern eine weiße Marmorplatte, darauf stand nichts als ‚Effi Briest‘ und darunter ein Kreuz.“ (EB 348f.)

Betrachten wie die Fensterszene, welche Effi ein letztes Mal zeigt, genauer. Es handelt sich auch bei dieser Szene um eine Wahrnehmungsszene.

> Effi [erhob sich, E.S.] und setzte sich an das offene Fenster, um noch einmal die kühle Nachtluft einzusaugen. Die Sterne flimmerten, und im Parke regte sich kein Blatt. Aber je länger sie hinaus horchte, je deutlicher hörte sie wieder, daß es wie ein feines Rieseln auf die Platanen niederfiel. (EB 348)

---

1 Einen Bezug zwischen der letzten Fensterszene und der Anfangsszene stellt auch Kenneth Calhoon her: „In the final window scene, in which Effi suicidally exposes herself to the night air, the once bold beckoning of the young playmate (‚Effi, komm‘) is infinitely refined as the barely audible sound of light rain. The pain of renunciation modulates as the relief of simply letting go. Fontane's allusion to another of Goethe's poems (‚Warte nur, balde …‘) intimates an instinct toward death“ (Calhoon, „Alchemies of Distraction: James's *Portrait of a Lady* and Fontane's *Effi Briest*“, 113). Calhoon bezieht sich hier auf die die Szene abschließenden Sätze „Ein Gefühl der Befreiung überkam sie. ‚Ruhe, Ruhe‘“ (EB 348). Im Unterschied zu Calhoon situiert meine Lektüre den Todestrieb, wie er in *Effi Biest* und Fontanes szenischem Realismus zweifellos am Werk ist, gerade in der Wiedergängerstruktur von Figur, Roman und Finessen, den Zügen des Untoten und der Dynamik der Wiederholung.

Das offene Fenster fungiert nicht nur als szenische, sondern auch als Wahrnehmungsschwelle. Fontanes szenischer (Wahrnehmungs-)Apparat stellt sich m.a.W. als spezifisches Sensorium zur Auslotung der Schwellenfunktion von Wahrnehmung dar. Was die Szene generiert, sind minimale Differenzen zwischen Wahrnehmung und Nicht-Wahrnehmung, wobei der zeitliche Index wesentlich ist: Die Szene ist eine Szene von Dauer; es ist über die Dauer („je länger sie hinaus horchte"), dass sich Wahrnehmungsnuancen allererst konturieren („je deutlicher"). Will man von einem *sujet* der Wahrnehmung sprechen, so ist es weniger das „feine Rieseln", welches man zu hören vermeint, und das einzig im Modus des Vergleichs erscheint („*wie* ein feines Rieseln"), als vielmehr das unpersönliche „es" des Ereignisses: „daß *es* wie ein feines Rieseln auf die Platanen niederfiel." Dabei trägt auch dieses szenisch generierte Wahrnehmungsereignis Züge eines Wiedergängers: „hörte sie *wieder*, daß es wie ein feines Rieseln auf die Platanen niederfiel". In der Tat erscheint das „es" der Wahrnehmung als Wiedergänger der unheimlichen Wahrnehmungen, des „*Es* spukt", welches Effi in Kessin heimgesucht hatte. Ja, noch Effis Geste des Hinaushorchens in die Nacht lässt sich als Wiederholung des nächtlichen Horchens auf das unheimliche Geräusch im Kessiner Haus lesen, über welches Effi ihrer Mutter geschrieben hatte: „‚[...] dann horche ich mitunter hinauf, ob ich nicht die Schuhe schleifen höre'" (EB 121).

Die Nuance ist wesentlicher Aspekt von Fontanes szenischem Realismus, welche mit der Nuancierung von Wahrnehmung die Nuancierung des Wirklichen betreibt. Neben den szenischen Wahrnehmungsapparaten, wie sie *Effi Briest* mit dem „Spukhaus" oder der letzten Fensterszene kreiert, entwickelt der Roman noch andere Darstellungsverfahren zur Nuancierung des Wirklichen: Der Einsatz von Adverbien ist hierbei wesentlich. So fein wie Effis aisthetisches ist das poetologische Sensorium von Fontanes Roman: Entlang der verstörend-minimalen Differenz eines „beinah" oder „fast" betreibt der Text die Konstitution des Wirklichen als Nuance. Effis Wahrnehmungen sind Wahrnehmungen des „fast": Es „war [...] mir", so Effi, „als ob ich Schuhe auf der Erde schleifen hörte und als würde getanzt und *fast* auch wie Musik." (EB 66, Herv. E.S.) Effis bereits zitierten Worte an Sidonie auf der Schlittenfahrt hatten gelautet: „Hören Sie nicht etwas wie Musik? [...] es ist etwas anderes, ein unendlich feiner Ton, *fast* wie menschliche Stimme ..." (EB 184, Herv. E.S.). Und auch jenseits der Inszenierung von Wahrnehmung stellt sich der Roman in eine Epistemologie des „fast" und „beinah"[1] ein. So schreibt etwa Effi an ihre Mutter: „‚Kannst Du

1 Dies zeigt sich auch in Innstettens Formulierung, wenn dieser zu Wüllersdorf über Crampas sagt: „Es handelt sich um einen Galan meiner Frau, der zugleich mein Freund war oder doch beinah" (EB 276).

Dir denken, Mama, daß ich mich mit unsrem Spuk *beinah'* ausgesöhnt habe? […] dann horche ich mitunter hinauf, ob ich nicht die Schuhe schleifen höre, und wenn alles still bleibt, so bin ich *fast* wie enttäuscht" (EB 121, Herv. E.S.). Das „beinah" durchzieht Effis Leben: „[…] beinahe", so Effi, „wär' ich wirklich 'rüber nach Wisby gekommen. Denken Sie sich, beinahe nach Wisby. Es ist komisch, aber ich kann eigentlich von vielem in meinem Leben sagen, ‚beinah'." (EB 331)[1] Was sich in der Formel minimalen Verfehlens artikuliert, ist nicht das Verpassen des Lebens, sondern die Transformation des Lebens/des Wirklichen in einen Schwellenraum des „beinahe", des „fast", anders gesagt: in einen Schwellenraum von Intensitäten. Leben verschiebt sich zum „beinahe-Leben", ja, Leben/Wirkliches artikuliert sich nirgendwo anders als in der so minimalen wie unheimlichen Differenz des „beinah", des „fast".

„Beinah" und „fast" sind nicht die einzigen adverbialen Träger des Wirklichen; auch „übrigens" dient Fontane zur adverbialen Bestimmung des Wirklichen. „Erzähle mir das Wirkliche," (EB 97) so Effis Aufforderung an Innstetten, er möge ihr die Geschichte von dem Chinesen erzählen. Hierauf entgegnet Innstetten – und gibt damit eine präzise Definition des Wirklichen: „Übrigens ist es eigentlich gar nichts." (EB 97) Auch Effi gebraucht das Adverb „übrigens", wenn sie Sidonie auf ihre Wahrnehmung aufmerksam macht. „Übrigens hören Sie nichts?" (EB 184) Seit dem 17. Jahrhundert als Adverb von *übrig* belegt und vermutlich unter dem Einfluss von lat. *ceterum* gebildet, bezeichnet *übrigens* zunächst – und gemäß der Bedeutung von *übrig* – ein *anderes, sonstiges*, d.h. einen Zusatz. Maaß'/Eberhards *Deutsche Synonymik*, welche auch in Grimms *Deutschem Wörterbuch* zitiert ist, definiert „übrigens" als „zu dem schon Vorhandenen noch hinzu kommend"[2], und unterscheidet es von „ausserdem" dadurch, dass bei „übrigens" das Hinzukommende in dem Vorhandenen/dem in der Rede Gesetzten bereits enthalten ist, wohingegen es bei „ausserdem" ein diesem Äußerliches ist: „dasz das noch hinzuzusetzende dasjenige sey, was das bereits gesetzte von der in rede stehenden sache noch übrig gelassen habe."[3] Später differenziert sich die Bedeutung von „übrigens" von derjenigen von „im übrigen" und nimmt die Bedeutung von „nebenbei bemerkt", d.h. eines *Beiläufigen* an. Es ist eine supplementäre Rede, eine Rede des Supplements. Die doppelte Bedeutung von „übrigens" mag hierfür förderlich sein, verbindet sich in ihm doch das Beiläufig-Flüchtige mit der Struktur des Restes („übrig").

1 Vgl. auch Effis Bemerkung zu Innstetten: „Hörst du wohl? Das kam von drüben, drüben aus dem kleinen Park. Es ist nicht der eigentliche Tiergarten, aber doch beinah'" (EB 205).

2 Johann August Eberhard/Johann Gebhard Maaß/Johann Gottfried Gruber (Hg.), *Deutsche Synonymik, Zweiter Bd. K-Z*, Vierte Auflage, Leipzig: J.A. Barth 1853, 408.

3 Eberhard/Maaß, *Deutsche Synonymik*, zitiert nach: Grimm, *Deutsches Wörterbuch*, Bd. 23, Sp. 704 („übrigens").

Beiläufiges und Rest zugleich intensiviert sich Wirkliches zum wiederkehrenden Nichts bzw. *übrigens*: „Übrigens ist es eigentlich gar nichts."

Noch zur Definition des Wirklichen bedient sich Fontane – mit Barthes' „Wirklichkeitseffekt" gesprochen – „unnützer Details"[1]: „übrigens", „beinah", „fast" sind nicht nur Ausweis des Wirklichen, sondern verschieben dessen Koordinaten zugleich hin auf einen Schwellenraum von Intensitäten, in Effis Worten: ein Apartes. „[W]enn es aber ausnahmsweise 'mal wirklich etwas zu besitzen galt, so mußte dies immer 'was ganz Apartes sein. Und *darin* war sie anspruchsvoll." (EB 25)[2] Dass auch das Aparte mit dem Spuk assoziiert ist, mag an dieser Stelle schon fast nicht mehr erstaunen. Crampas' Erzählung über Innstettens Vorliebe, „Spukgeschichten zu erzählen", verknüpft Apartes und Spuk ausdrücklich: „[...] so haben Sie sich 'was Apartes ausgesucht und sind bei der Gelegenheit auf den Spuk gefallen." (EB 154). Effi – wie auch Fontanes Realismus – erhebt Anspruch auf das Aparte: im selben Zuge „reizendes"[3] Nichts wie Träger einer gespenstischen Differenz („beinahe", „fast"), mit dem sich Wirklichkeit hin auf supplementäre Schwellenräume öffnet.

Inwiefern die Supplement-/Reststruktur, wie sie sich im „übrigens" artikuliert, für Fontanes Realismus grundlegend ist, ja, dieser sich als ‚Realismus der Überreste' bezeichnen lässt und eben anhand des Übrigen/Übriggebliebenen eine gespenstische Wiedergängerstruktur entfaltet, wird im letzten Kapitel anhand der *Poggenpuhls* zu zeigen sein. Den theatralen Anordnungen dieses Romans kommt diesbezüglich besondere Bedeutung zu. Zuvor jedoch sei einer anderen szenischen Apparatur Fontanes zur Genese und Beobachtung des Wirklichen genauer nachgegangen: dem Verdacht.

2 Wirklichkeit unter Verdacht: *Unterm Birnbaum*

„Schließlich ist alles blos Verdacht"[4]. Diese Worte Schulze Woytaschs zu Ende von *Unterm Birnbaum* artikulieren nicht nur die narrative Unentscheidbarkeit

1 Barthes, „Der Wirklichkeitseffekt", 165.

2 „[...] so zeigte sich ihr wahrer Charakter. Nur das Eleganteste gefiel ihr, und wenn sie das Beste nicht haben konnte, so verzichtete sie auf das Zweitbeste, weil ihr dies zweite nun nichts mehr bedeutete. Ja, sie konnte verzichten, [...] und in diesem Verzichtenkönnen lag etwas von Anspruchslosigkeit; wenn es aber ausnahmsweise 'mal wirklich etwas zu besitzen galt, so mußte dies immer 'was ganz Apartes sein. Und *darin* war sie anspruchsvoll" (EB 25).

3 „Ach, Geert, wie reizend ist das alles und welch Alltagsleben habe ich doch in Hohen-Cremmen geführt! Nie was Apartes" (EB 100).

4 Theodor Fontane, *Unterm Birnbaum*, in: *Große Brandenburger Ausgabe. Das erzählerische Werk, Bd. 8*, Berlin: Aufbau, 1997, 126.

von Fontanes Kriminalgeschichte, welche jegliche Auflösung des Geschehens verweigert, sie formulieren zudem die Epistemologie des Realismus, wie sie Fontane in *Unterm Birnbaum* entwickelt. In dezidiertem Bruch mit der Tradition des Genres stellt Fontanes Kriminalerzählung ein radikal modernes poetologisches Experiment des Realismus dar: die Analyse der Konstitution von Wirklichkeit im Zeichen des Verdachts. Verdacht gewinnt dabei eine vielfältige Funktion: Nicht nur inszeniert Fontanes Kriminalnovelle die Geburt des Wirklichen aus dem Geist des Ressentiments, sie profiliert Verdacht zudem als szenisch-theatrale Apparatur von Wahrnehmung und Beobachtung wie auch als Erzähl- und Lektüreverfahren. Dabei lässt sich Spielhagens bereits zitiertes Diktum „Finden, nicht erfinden" als Knotenpunkt für Fontanes Verfertigung des Wirklichen im Zeichen des Verdachts verstehen: Es ist eine Kunst des Findens, die *Unterm Birnbaum* entwickelt. Wie in *Effi Briest*, wo sich die „Realie" als *Wirk*kraft/Reales eines gespenstischen Diktats geltend macht, verbürgt auch in Fontanes Kriminalerzählung das Finden kein unmittelbar Wirkliches, sondern zeigt sich als Schauplatz einer komplexen Epistemologie des Realismus: einer Epistemologie, die nicht nur Wirkliches auf der Ebene des Indizes situiert, sondern zugleich das Finden – und mithin Spielhagens realistisches Programm – in die zweifelhafte Episteme des Verdachts einträgt.

Fontanes *Unterm Birnbaum* – 1885 in neun Folgen in der Familienzeitschrift *Die Gartenlaube*[1] und noch im selben Jahr als Buch erschienen – ist Spielhagens Diktum in doppelter Hinsicht verpflichtet. Zum einen – so mag man sagen – handelt es sich um eine „gefundene" Geschichte: Der in *Unterm Birnbaum* geschilderte Fall trägt die Züge eines 1842 aufgedeckten Mordes an einem Handelsreisenden in dem Oderbruchdorf Letschin, wo Fontane sich in den 1840er Jahren wiederholt für längere Zeit aufhielt; die Episode mit dem toten Franzosen entnimmt Fontane einem Bericht seiner Schwester Elise aus dem Brandenburgischen Dorf Dreetz. Parallelen und Unterschiede zwischen den historisch verbürgten Fällen und Fontanes Kriminalnovelle wurden von der Forschungsliteratur detailliert herausgearbeitet.[2] Zum anderen – und hier liegt Fontanes Finesse – ist *Unterm Birnbaum* eine Geschichte über das Finden

1 Zur *Gartenlaube* als Lektürekontext für Fontanes Kriminalerzählung vgl. Julia Menzel, „,Was sichtbar war, war gerade genug …'. Theodor Fontanes Kriminalnovelle *Unterm Birnbaum* im Lektürekontext der Familienzeitschrift *Die Gartenlaube*", in: *Euphorion*, 107, 1, 2013, 105-124.

2 Vgl. u.a. H. Spremberg, „Fontanes *Unterm Birnbaum*. Nach mündlicher Überlieferung und handschriftlichen Aufzeichnungen", in: *Brandenburg. Zeitschrift für Heimatkunde und Heimatpflege*, 6, 1928, 2, 6-30; Eda Sagarra, „Die unerhörte Gewöhnlichkeit. Theodor Fontane: *Unterm Birnbaum* (1885)", in: Winfried Freund (Hg.), *Deutsche Novellen. Von der Klassik bis zur Gegenwart*, München: Fink 1993, 175-186; Manfred Gill, „Letschin in Fontanes Kriminalnovelle *Unterm Birnbaum*", in: *Fontane Blätter*, 29, 1979, 414-427.

und mithin als poetologische Analyse der „Realien des Realismus“, ihrer Verschiebung im Zeichen des Verdachts, lesbar. Die Dramaturgie des Textes ist eingespannt in Akte des Findens: Hradschecks zufälligen Fund des toten Franzosen unter dem Birnbaum und den Fund des toten Hradschecks im Keller – „ein Grabscheit in der Hand“ (UB 124) – in nächster Nähe zu einem Arm und einer Hand eines hier Vergrabenen. Die Darstellung verbleibt strikt auf der Ebene des Fundes/Indizes, d.h. von Beobachtung und Interpretation. Was weiß man angesichts dieser Funde? Nichts jedenfalls, was von Gewissheit wäre. „Schließlich ist alles blos Verdacht“ (UB 126) – in diese bereits zitierte Formel fasst der Text selbst seine epistemologische Grundanlage.

Mit Blick auf das realistische Programm des Findens gewinnen die Funde in *Unterm Birnbaum* spezifische Kontur: Es sind eben die Funde, um welche der Text ein System von Wahrnehmung, Beobachtung, Interpretation – eine Welt des Verdachts – erzeugt, welche/s Wirklichkeit allererst generiert. Als Experimentalanordnung auf das realistische Erzählprogramm untersucht *Unterm Birnbaum* den indexikalischen Status des Wirklichen: die interpretatorische Verfertigung von Wirklichkeit qua Indizien und als Indiz. Dies das vorweggenommene Ergebnis von Fontanes Inszenierung von Verdacht als Apparatur des Wirklichen: Die Funde/Realien, in welchen realistisches Erzählen sich zu verankern sucht, erweisen sich als infiniter Regress von Verdacht auf Verdacht. In ihnen artikuliert sich Verdacht als Wirklichkeitseffekt. Es ist diese im Folgenden genauer zu analysierende zwielichtige Poetologie und Epistemologie, über welche sich Fontanes Inszenierung des Verdachts in *Unterm Birnbaum* den Gespenstern des Realismus zugesellt, ja, diese als Gespenster der Moderne ausweist.[1]

1 Christian Begemann zufolge inszeniert Fontane mit dem Spuk in *Unterm Birnbaum* eine „Art von Dialektik der Aufklärung“ (Begemann, „Gespenster des Realismus“, 242), die „Ungleichzeitigkeiten der Moderne“ (ebd., 246, Fn 53). Insbesondere in der Figur Hradschecks sieht Begemann „eine exemplarische Figur der Moderne, einer widersprüchlichen Moderne, die durch mancherlei Ungleichzeitigkeiten in sich zerrissen ist. [...] Der rationale, berechnende und ungläubige, psychologisch kühl kalkulierende Manipulator [...] schwankt zwischen ‚Aber- und Unglauben‘ (UB 459). [...] In Hradscheks Aberglauben lebt ein voraufklärerisches Weltbild fort, wie es die Jeschke vertritt, ein Weltbild, das nur scheinbar überholt und erledigt ist, tatsächlich aber zur steten Wiederkehr bereit steht, um die Erklärungslücken rationaler Wirklichkeitsmodelle zu füllen.“ (Ebd., 245) „Es sind [...] vorzugsweise Gestalten der Wiederkehr und des Wiedergängertums, in denen sich das kulturell Ausgegrenzte und Abgespaltene manifestiert. Diese Diagnose einer gebrochenen Moderne, die sich ihrer selbst und ihrer eigenen Fundamente nicht sicher sein kann, bringt sich nicht nur in der Struktur der Phantastik, sondern auch in der Konzeption von Figuren wie Innstetten oder Hradscheck zur Geltung.“ (Ebd., 246) Während Begemanns „Diagnose einer gebrochenen Moderne“ zweifellos zuzustimmen ist, geht es mir hier zudem um eine strukturelle Pointierung der Gespenster des Realismus als Gespenster der Moderne: Wo Verdacht zum grundlegenden literarischen

Wirklichkeitskonstitution aus dem Geist des Ressentiments

Im Rahmen seiner Kunst des Findens betreibt Fontane Recherchen. So drängt er seine Schwester Elise, Einwohner von Dreetz ausfindig zu machen, welche der „einfachen Thatsache" des „todtgeschlagenen Franzosen"[1], die „doch zu mager"[2] ist, „etwas Begleitendes, resp. Erklärendes"[3] hinzufügen könnten. Dass ein solcher erhoffter Fund schon längst Erfindung ist, könnte dabei nicht klarer formuliert sein:

> Wahr braucht es ja nicht zu sein, der ‚Volksmund' hat das Vorrecht zu lügen so viel er will, es heißt dann ‚Sage' und wird von den Gelehrten oder Käuzen meines Schlages mit höchstem Respekt behandelt. Trommle also in Dreetz noch ein paar Menschen zusammen: einen Schäferknecht, der sich absteigend entwickelt hat, eine ‚weise Frau', einen wahrsagenden Imbecile, einer davon wird doch wohl zum Donnerwetter so viel Erfindungskraft haben, um ‚rauszukriegen', warum dieser arme Franzose überhaupt todtgeschlagen worden ist. *Ich* selbst kann und darf nichts erfinden[4].

Der Fund ist „Sage", „Erfindung" durch „Volksmund"; die ‚Realie' generiert sich durch Hörensagen. Nicht um einen historisch zu rekonstruierenden Sachverhalt geht es bei Fontanes Funden, sondern um den ihnen inhärenten Prozess des Erfindens/Interpretierens, um die diskursive Verfertigung des Wirklichen durch Hörensagen – das „Geplauder der Spinnstuben"[5] –, welche *Unterm*

Darstellungsverfahren, sprich: Produktionmodus von Wirklichkeit wird, lassen sich „Aber- und Unglauben" nicht voneinander unterscheiden. Entsprechend wäre auch nicht von einem „Schwanken" zwischen verschiedenen, historisch zu spezifizierenden epistemischen Ordnungen zu sprechen, welche in der Moderne aufeinandertreffen. Gespenstisches wäre m.a.W. nicht als Wiederkehr eines Verdrängten/Vergangenen/Obsoleten *in* der Moderne zu fassen, sondern als genuin Modernes, als eine Wiedergängerstruktur/Heterochronie, welche die Moderne selbst ist. Anders gesagt: Die Moderne selbst ist Simulakrum, ein Gespenster-Effekt, wie dies noch genauer im nächsten Kapitel anhand von Fontanes Roman *Die Poggenpuhls* zu zeigen sein wird, in welchem sich das Obsolete dezidiert als Schauplatz eines Neuen/Zukünftigen, die Moderne als Urszene darstellt. Vgl. zu den Gespenstern des Realismus als Gespenster der Moderne auch meine Ausführungen im letzten Kapitel dieser Studie: „Realismus des *nach*".

1 Theodor Fontane, „Brief an Elise Fontane, 12. Oktober 1873", in: *Werke, Schriften und Briefe, Abt. IV, Briefe, Bd.* 2, München: Hanser 1979, 441-442, hier: 441.

2 Ebd., 442.

3 Ebd., 441.

4 Ebd., 442.

5 Theodor Fontane, *Havelland. Die Landschaft um Spandau, Potsdam, Brandenburg*, Bd. 3, in: *Große Brandenburger Ausgabe: Wanderungen durch die Mark Brandenburg*, Berlin: Aufbau 1994, 299.

Birnbaum experimentell-mimetisch analysiert. Inszeniert die Kriminalnovelle qua dialektaler Färbung die märkische Kommunikationsgemeinschaft als kollektive Autorschaft des Fundes, so diagnostiziert sie die Erfindungskraft dieser Gemeinschaft zugleich als eine des Ressentiments[1]:

> Im Dorfe gab es inzwischen viel Gerede, das aller Orten darauf hinauslief: ‚es sei was passirt, und es stimme nicht mit den Hradschecks. Hradscheck sei freilich ein feiner Vogel und Spaßmacher und könne Witzchen und Geschichten erzählen, aber er hab' es hinter den Ohren, und was die Frau Hradscheck angehe, die vor Vornehmheit nicht sprechen könne, so wisse jeder, stille Wasser seien tief. Kurzum, es sei Beiden nicht recht zu traun' (UB 51).

Das Misstrauen, welches sämtliche Interpretationen des Geschehens leitet, entzündet sich an der ‚Andersheit' der Hradschecks: er – mit zwielichtiger Vergangenheit in Liebesangelegenheiten, sie – katholisch und aus der Hildesheimer Gegend ins Brandenburgische zugezogen. Das Ressentiment der Dorfgesellschaft, welches Fontane qua „Gerede" (UB 51) und „Klatsch" (UB 52) wie auch – wie noch zu sehen sein wird – als Wahrnehmungs- und Beobachtungsapparatur literarisch seziert, findet bereits in dem Brief an Elise Erwähnung, in welchem Fontane – seinerseits im Ton des Ressentiments – über die Dreetzer scheibt:

> [...] weil es in meinem Gemüthe feststeht, daß der biedre Dreetzer von 1806 den Franzosen so todt schlug wie man einen Pfahl in die Erde schlägt, oder mit noch viel weniger Grund. Wahrscheinlich war es ein Zurückgebliebener, ein Kranker der sich die Füße durchgelaufen oder eine dicke Backe hatte; da rafften sich Muth und Vaterlandsliebe auf und baff, da lag er! Ich kenne meine Dreetzer, einer ist wie der andre.[2]

Im literarischen Text heißt es zu dem toten Franzosen: Der „verscharrte Franzos unterm Birnbaum [hatte, E. S.] alles Zeug dazu [...], die Fantasie der

---

1 Meine nachfolgende Lektüre versteht sich vor dem Hintergrund von Nietzsches Analyse des Ressentiments, wie sie im Vorangegangenen schon vielfach angeklungen ist. Nietzsche charakterisiert das Ressentiment als „Causal-Auslegung" (Nietzsche, *Zur Genealogie der Moral*, 376): „Jeder Leidende nämlich sucht instinktiv zu seinem Leid eine Ursache; genauer noch, einen Thäter, noch bestimmter, einen [...] *schuldigen* Thäter" (ebd., 373f.). Das Ressentiment legt das Geschehen respektive die Handlung gemäß der Ordnung von Ursache und Wirkung aus: Der Täter wird der Tat „hinzugedichtet", was heißt: nachträglich als ursächlich *gesetzt*.

2 Fontane, „Brief an Elise Fontane, 12. Oktober 1873", 442.

Tschechiner in Bewegung zu setzen" (UB 78). Die Geburt des Erfindens aus dem Finden bezeugt sich auch hier; die Kraft der Phantasie ist das Ressentiment.

Auch die von Spremberg zusammengetragenen mündlichen Quellen der Erzählung bezeugen das Vorherrschen von Ressentiment. Sprembergs Darstellung ahmt die Struktur des Hörensagens nach („wollte man", „soll") und liefert zudem eine erstaunliche Charakterisierung dörflicher Beobachtungskraft:

> Im Jahr 1842 [...] wurden in Letschin Bürgersteige angelegt und der Sand dazu aus dem Garten des heutigen ‚Hotel zum Alten Fritz' entnommen. Dabei fand man an einer Stelle ein Skelett. Der Verdacht einen Mord begangen zu haben richtete sich gegen den damaligen Gasthofbesitzer Fitting und dessen Ehefrau. Im Jahre 1836 war von Stettin aus Nachfrage nach einem Getreidereisenden erhalten worden, der in Letschin in diesem Gasthaus über Nacht geblieben und seitdem verschwunden war. Auch wollte man seinerzeit in dem Gasthause weggescheuerte Blutspuren beobachtet haben. Ob der Reisende damals tatsächlich in Letschin ermordet worden ist und ob das aufgefundene Skelett die Überreste desselben gewesen sind, weiß niemand. Fitting geriet bald nachher in schlechte Vermögensverhältnisse und verkaufte den Gasthof. Seine Frau und seine Kinder gingen nach Amerika. Fitting [...] soll später, von Läusen zerfressen, hinter einem Zaun tot aufgefunden worden sein.[1]

In zweifacher Hinsicht ist diese Schilderung für die Frage nach der Genese von Wirklichkeit im Zeichen des Ressentiments aufschlussreich: Zum einen betont sie die Rolle von Beobachtung für die *Konstitution* von Wirklichkeit, zum anderen bricht sie mit dem Konnex von Indiz und Sichtbarkeit. „Auch wollte man seinerzeit in dem Gasthause weggescheuerte Blutspuren beobachtet haben." Was beobachtet wird, ist keineswegs sichtbar; vielmehr wird hier noch Spurlosigkeit selbst zur Spur und derart alles zum Indiz. Ressentiment macht sich als spezifische Beobachtungapparatur geltend, welche Spuren – ja, das Wirkliche als Indiz – allererst konstituiert. ‚Beobachten, was nicht zu sehen ist' – auf diese Formel ließe sich die Performanz des Beobachtens aus Ressentiment bringen. Es ist dies ein Beobachtungsverfahren, welches die dem Sichtbarkeitsparadigma verhaftete Spurenwissenschaft/Kriminalistik – wie sie auch im detektivischen Blick eines Auguste Dupins (1841) oder Sherlock Holmes (1887)

1 Spremberg, „Fontanes ‚Unterm Birnbaum'", zitiert nach dem teilweisen Wiederabdruck in: Theodor Fontane, *Romane und Erzählungen, Bd. 4*, Berlin: Aufbau 1969, 541-542, hier: 541f.

Inszenierung findet[1] – in spezifischer Weise herausfordert. Insofern Fontanes *Unterm Birnbaum* Ressentiment als Beobachtung jenseits von Spuren, ja, als Verfahren der Erzeugung des Wirklichen als Spur auslotet, betreibt er auch von daher eine Transformation des Genres.

Verdacht als szenische Beobachtungsapparatur

Die Allgegenwart des Verdachts, wie sie Fontanes *Unterm Birnbaum* generiert, zeigt sich nicht nur im Ressentiment der Dorfgemeinschaft, sondern auch in der subtilen Inszenierung von Beobachtung: Nicht nur werden vielfach Beobachtungssituationen beschrieben, Erzählen/Lesen selbst wird als Beobachtung in Szene gesetzt. Betrachten wir diesbezüglich zwei Szenen genauer.

Der zufällige Fund des toten Franzosen unter dem Birnbaum ist entscheidend dafür, dass die in Beziehung zu den finanziellen Sorgen stehenden „Gedanken und Vorstellungen" (UB 12), welche Hradscheck mehr und mehr beschäftigen, zu „Pläne[n]" (UB 15) werden. Um was für Pläne, um was für einen Plan, es sich dabei handelt, teilt die Novelle an keiner Stelle mit und so auch nicht in der Szene, in welcher Abel Hradscheck seine Frau Ursel von diesem Plan in Kenntnis setzt. Die Mitteilungsszene gestaltet sich als Szene von Beobachtung:

> ‚So denk' ich auch, Ursel. Nur nicht arm. Aber komm' in den Garten! Die Wände hier haben Ohren.'
>
> Und so gingen sie hinaus. Draußen aber nahm sie seinen Arm, hing sich, wie zärtlich, an ihn und plauderte, während sie den Mittelsteig des Gartens auf und ab schritten. Er seinerseits schwieg und überlegte, bis er mit einem Male stehen blieb und, das Wort nehmend, auf die wieder zugeschüttete Stelle neben dem Birnbaum wies. Und nun wurden Ursel's Augen immer größer, als er rasch und lebhaft alles, was geschehen müsse, herzuzählen und auseinander zu setzen begann.
>
> ‚Es geht nicht. Schlag' es Dir aus dem Sinn. Es ist nichts so fein gesponnen ...'
>
> Er aber ließ nicht ab, und endlich sah man, daß er ihren Widerstand besiegt hatte. Sie nickte, schwieg, und Beide gingen auf das Haus zu. (UB 22f.)

1 Zur medien- und wissenschaftsgeschichtlichen Rekonstruktion des detektivischen Blicks im Kriminalroman vgl. Gabriela Holzmann: *Schaulust und Verbrechen. Eine Geschichte des Krimis als Mediengeschichte (1850-1950)*, Stuttgart/Weimar: Metzler 2001, 70-91.

Offensichtlich setzt Abel Hradscheck seine Frau Ursel von einem Plan in Kenntnis, offensichtlich hat diese Bedenken, offensichtlich lässt sie sich umstimmen. In der Produktion von Offensichtlichkeit entzieht die Szene zugleich jegliches sichere Wissen. Auffällig ist die Umstellung vom Akustischen zum Visuellen. Der Ton wird bis auf die andeutungsreichen Worte Ursels ausgeblendet, die Darstellung schaltet auf visuelle Wahrnehmung um: Erzähler/Leser befinden sich – gleich der alten Jeschke – als Zuschauer/Beobachter am Zaun; der Garten wird zur Bühne, auf der sich eine theatrale Szene mit Auf- und Abtritt darbietet. Qua Überblendung von Beschreibung und Theatralität generiert Fontanes Text eine Sichtbarkeit, die weniger Quelle von Wissen wird, als dass sie dem Sehen die epistemologische Ambiguität des Verdachts einträgt. *Unterm Birnbaum* kreiert Szenen des Verdachts, auf welchen Wirklichkeit zum Indiz wird. Nicht das Medium Fotografie ist Modell für das Beobachten – wie etwa bei Conan Doyle –, sondern das Theater.[1] Beobachten wird am Theater ausgerichtet und damit zugleich das Theater zu einem Raum des Verdachts.

Bevor ich dem Theater des Verdachts genauer nachgehe, sei hier zunächst eine zweite Beobachtungsszene angeführt, eine Beobachtung durch die alte Jeschke, welche ebenfalls im strikten Sinne von Szene/theatralischer Anordnung, gelesen werden kann:

> Mit einem Mal aber gab es einen Krach, als bräche was zusammen, ein Baum oder ein Strauchwerk, und so ging sie [die alte Jeschke, E.S.] denn mit dem Licht ans Fenster und, weil das Licht hier blendete, vom Fenster her in die Küche, wo sie den obern Thürladen rasch aufschlug, um zu sehn, was es sei. Richtig, ein Theil des Gartenzauns war umgeworfen, und als sie das niedergelegte Stück nach links hin bis an das Kegelhäuschen verfolgte, sah sie, zwischen den Pfosten der Lattenrinne hindurch, daß in dem Hradscheck'schen Hause noch Licht war. [...]
>
> Eine Weile stand sie so, ohne daß etwas geschehen wäre, bis sie, als sie sich schon zurückziehn wollte, drüben plötzlich die Hradscheck'sche Gartenthür auffliegen und Hradscheck selbst in der Thüröffnung erscheinen sah. Etwas Dunkles, das er schon vorher herangeschafft haben

1 Zur Rolle des Theaters in Fontanes *Unterm Birnbaum* – allerdings nicht in Bezug zum Erzählverfahren der Novelle und ohne den poetologischen Einsatz von Theatralität zu analysieren – vgl. Eda Sagarra, „*Unterm Birnbaum*", in: Christian Grawe/Helmuth Nürnberger (Hg.), *Fontane-Handbuch*, Stuttgart: Kröner 2000, 554-563, bes. 559ff.; Gerhard Friedrich, „*Unterm Birnbaum.* Der Mord des Abel Hradscheck", in: Christian Grawe (Hg.), *Interpretationen. Fontanes Novellen und Romane*, Stuttgart: Reclam 1991, 113-134; Christine Hehle, „Täuschung und Selbsttäuschung", in: Theodor Fontane, *Unterm Birnbaum*, in: *Große Brandenburger Ausgabe. Das erzählerische Werk, Band 8*, Berlin: Aufbau, 1997, 136-140.

> mußte, lag neben ihm. Er war in sichtlicher Erregung und sah gespannt nach ihrem Hause hinüber. Und dann war's ihr doch wieder, als ob er wolle, *daß* man ihn sähe. Denn wozu sonst das Licht, in dessen Flackerschein er dastand? [...]
>
> Aber ehe sie sich, aus ihren Muthmaßungen heraus, ihre Frage noch beantworten konnte, sah sie, wie der ihr auf Minuten aus dem Auge gekommene Hradscheck von der Thür her in den Garten trat und mit einem Spaten in der Hand rasch auf den Birnbaum zuschritt. Hier grub er eifrig und mit sichtlicher Hast und mußte schon ein gut Theil Erde herausgeworfen haben, als er mit einem Male das Graben aufgab und sich aufs Neue nach allen Seiten hin umsah. Aber auch jetzt wieder (so wenigstens schien es ihr) mehr in Spannung als in Angst und Sorge.
>
> [...]
>
> Dann sah sie, daß er das Loch rasch wieder zuschüttete. Noch einen Augenblick, und die Gartenthür schloß sich, und alles war wieder dunkel.
>
> ‚Hm,' brummte die Jeschke. ‚Dat's joa binoah, as ob he een' abmurkst hett'. Na, so dull wahrd et joa woll nich sinn ... Nei, nei, denn wihr dat Licht nich. Awers ick tru em nich. Un ehr tru ick ook nich.'
>
> Und damit ging sie wieder bis an ihr Bett und kletterte hinein.
>
> Aber ein rechter Schlaf wollt' ihr nicht mehr kommen, und in ihrem halbwachen Zustande sah sie beständig das Flimmern im Kellerloch und dann den Lichtschein, der in den Garten fiel, und dann wieder Hradscheck, wie er unter dem Baume stand und grub. (UB 41-43)

Die alte Jeschke verkörpert in der Novelle wie niemand sonst die „weise Frau" und damit jene Instanz, der Fontanes Brief an die Schwester die poetische Verfertigung des Wirklichen aus dem Fund überantwortet: „[...] einer davon wird doch wohl [...] so viel Erfindungskraft haben, um 'rauszukriegen, warum dieser arme Franzose überhaupt todtgeschlagen worden ist"[1]. Zweifellos ist die Jeschke eine Vertreterin des Ressentiments: „Awers ick tru em nich. Un ehr tru ick ook nich." (UB 43) Der Gendarm Geelhaar, aufgrund einer früheren Auseinandersetzung mit Hradscheck seinerseits daran interessiert, diesen hinter Gitter zu bringen, formuliert die konstitutive Beteiligung der Jeschke an einem Fund unmissverständlich: „Aber es wird sich schon was finden oder doch finden lassen, und dazu müssen sie helfen, Mutter Jeschke" (UB 65).

Die Wirklichkeitskonstitution aus dem Geist des Ressentiments vollzieht sich qua Beobachtung, welche – ganz wie die von Spremberg ‚zitierten'

1 Fontane, „Brief an Elise Fontane, 12. Oktober 1873", 442.

mündlichen Quellen – beobachtet, was nicht zu sehen ist. Weniger lässt Beobachtung Konturen hervortreten, als dass sie solche verwischt. Nicht Gesehenes kristallisiert sich heraus; die theatrale Szene inszeniert visuelle Wahrnehmung vielmehr zugleich in ihrer Bedingung wie in ihrer strukturellen Beschränkung:

> Es [das Licht im Hradscheck'schen Hause, E.S.] flimmerte hin und her, mal hier, mal da, so daß sie nicht recht sehen konnte, woher es kam, ob aus dem Kellerloch unten oder aus dem dicht darüber gelegenen Fenster der Weinstube. [...] das Licht selbst war weg und statt seiner nur noch ein Schein da, viel zu schwach, um den nach wie vor in der Thüröffnung liegenden dunklen Gegenstand erkennen zu lassen. (UB 42)

Gibt schon das Unwetter im selben Zuge Anlass zur Beobachtung, wie es die Sicht einschränkt, sind auch die dargestellten Lichtverhältnisse („Flimmern", „Lichtschein") von der Struktur einer gleichzeitigen Er- und Verunmöglichung visueller Wahrnehmung: ein irreduzibles ‚Zwielicht', wie es Michael Niehaus als strukturelle Metapher für Fontanes Novelle formuliert.[1]

Licht ist nicht das einzige Darstellungsmittel, anhand dessen Fontanes Text Beobachtung auf visuelle Wahrnehmung reflektiert und den partiellen Ausfall als strukturelles Moment von Beobachtung akzentuiert. Auch die topographischen Verhältnisse richten Beobachtung auf den Entzug von Sichtbarkeit aus. Wie Bodo Plachta mit Bezug auf eine von Fontanes Skizzen zu *Unterm Birnbaum* gezeigt hat[2], bildet der Birnbaum den Schnittpunkt zweier Blickachsen: Die eine Blickachse verläuft von der Straßenseite durch den Flur in den Garten bis zum Birnbaum, die andere – im rechten Winkel hierzu – vom Haus der Jeschke zum Birnbaum. Garten und Grundstück sind von einem Zaun umgrenzt. Jeschke hat zu keinem Zeitpunkt Einblick in den Flur und von daher auch nicht in das Haus der Hradschecks. Angesichts dieser grundsätzlich partiellen Perspektive – welcher Fontanes perspektivische Erzähltechnik korrespondiert[3] – bleiben die Jeschke wie auch der Leser/die Leserin auf „Mutmaßungen" angewiesen.

---

1 Michael Niehaus, „Eine zwielichtige Angelegenheit: Fontanes *Unterm Birnbaum*", in: *Fontane Blätter*, 73, 2002, 44-70.

2 Vgl. Bodo Plachta, „‚Tatort' – Die Topographie eines Kriminalfalles in Theodor Fontanes *Unterm Birnbaum*", in: Hans-Peter Ecker/Michael Titzmann (Hg.), *Realismus-Studien. Hartmut Laufhütte zum 65. Geburtstag*, Würzburg: Ergon 2002, 167-181, hier bes. 173-175. Vgl. auch: Fontanes Skizze in: Fontane, *Unterm Birnbaum*, 152.

3 Vgl. Plachta, „‚Tatort' – Die Topographie eines Kriminalfalles in Theodor Fontanes *Unterm Birnbaum*", 173ff.

Als szenisches Geschehen gelesen – und damit komme ich zum Theater des Verdachts zurück –, entwirft Fontanes *Unterm Birnbaum* Beobachtung als ein Theater partieller Blicke, dem der Sichtausfall strukturell inhärent ist und das die Vervielfältigung von Perspektive exzessiv betreibt. Es ist durchaus bemerkenswert, dass sich Abel Hradscheck, wo er etwas zu verbergen sucht, aus dem dem Blick entzogenen Inneren des Hauses hinaus in die Sichtbarkeit des Gartens begibt. Seine Begründung: „Die Wände hier haben Ohren" ist überraschend angesichts der Tatsache, dass der Garten zweifellos Zuschauer/Beobachter hat, ja, wie Niehaus schreibt: „als Beobachtungsfeld von Mutter Jeschke definiert ist"[1]. Und doch ist dieser Wechsel von Beobachtungsmodi (vom Akustischen des gesprochenen Wortes hin zum Visuellen) präzise choreographiert in Hinsicht auf die durch die nachfolgende theatrale Szene produzierte Ambiguität der Zeichen. Der Akt des Verbergens[2] macht nichts geringeres, als sich der Beobachtung gerade zu bedienen. In beiden Szenen ist der Auftritt auf den Beobachterblick und dessen Manipulation hin kalkuliert. So heißt es über Ursel Hradscheck: „Draußen aber nahm sie seinen Arm, hing sich, *wie* zärtlich, an ihn und plauderte, während sie den Mittelsteig des Gartens auf und ab schritten." (UB 22f., Herv. E. S.) Und auch Hradscheck selbst scheint – so jedenfalls die Vermutung der Jeschke – beim nächtlichen Graben im Garten gesehen werden zu wollen:

> Und dann war's ihr doch wieder, als ob er wolle, *daß* man ihn sähe. Denn wozu sonst das Licht, in dessen Flackerschein er dastand? [...] als er mit einem Male das Graben aufgab und sich aufs Neue nach allen Seiten hin umsah. Aber auch jetzt wieder (so wenigstens schien es ihr) mehr in Spannung als in Angst und Sorge. (UB 42f.)

Die theatralische Handlung – oder sollen wir sagen „Tat"? – vollzieht sich einzig angesichts von Beobachtung; Beobachtung ist konstitutiv für das Geschehen, der Beobachterblick in den Auftritt eingespeist. Handlung steht derart immer schon unter einem Täuschungsverdacht, ist mit dem Zweifel des ‚als ob' („wie") ausgestattet. Angesichts des zugleich verbergenden wie ausstellenden Auftritts der Hradschecks – Verbergen als Zeigen/Zeigen als Verbergen – ist nicht zu entscheiden, ob es sich bei diesem Auftritt um eine *simulatio* („So-tun-als-ob") oder um eine *dissimulatio* („So-tun-als-ob-nicht") handelt, von denen

1 Niehaus, „Eine zwielichtige Angelegenheit", 50.

2 Die grundlegende Bedeutung des Verbergens in *Unterm Birnbaum* hebt auch Michael Niehaus hervor, vgl. Niehaus, „Eine zwielichtige Angelegenheit", 45f.

schon Quintilian sagt, dass sie „nah verwandt und fast gleich“[1] seien, und die Fontanes szenisch-theatrale Apparatur des Verdachts zusammenfallen lässt.

Anhand des Mediums Theater entwickelt Fontanes *Unterm Birnbaum* eine spezifische Beobachtungsapparatur und transformiert/konzipiert dabei zugleich Theatralität im Zeichen des Verdachts. Was das Schauspiel der Hradschecks inszeniert, ist nichts anderes als der Zuschauer-/Beobachterblick selbst, womit es diesen auf sich selbst zurückwendet und Handlung zur Täuschung/Manipulation werden lässt. Fontanes szenische Apparatur des Verdachts ist eine Apparatur zur Beobachtung von Beobachtung.[2] Diese Beobachtung von Beobachtung lässt sich allerdings gerade nicht in verschiedene Ebenen von Beobachtung auftrennen; vielmehr betreibt die szenische Anordnung die wechselseitige Kontamination von Blicken. Wo Hradschek den Blick der Jeschke zu manipulieren sucht, bleibt noch sein Kalkül von diesem bestimmt und auf ihn angewiesen; wo die Jeschke Hradschecks Täuschungsabsicht wahrnimmt, bleibt ihr gleichwohl der Anteil ihres eigenen Blickes an diesem Schauspiel verborgen. Fontanes Theater wahrgenommener Wirklichkeit entwirft eine Blickkonstellation, in welcher der beobachtende Blick immer schon Bestandteil der Inszenierung ist, die er beobachtet; die Inszenierung immer schon konstituiert von der Beobachtung, welche sie zu täuschen sucht. Fontanes Beobachtungsapparatur hält kein Refugium bereit: nicht den naiven Blick, nicht den alles kontrollierenden Blick. Kein Blick – nicht der Hradschecks[3], nicht der der Jeschke, nicht der des Erzählers, nicht der des Lesers – entkommt der Dynamik wechselseitiger Hervorbringung und Täuschung. Qua Einspeisung von Beobachtungspositionen ineinander ist jeder Blick, jede Perspektive, von vornherein multipel und sich damit selbst entzogen. Der Erzeugung von Räumen der Beobachtung ist der Ausfall von Wahrnehmung strukturell inhärent.

Im selben Zuge wie Fontane Verdacht anhand theatraler Szenen erkundet, transformiert er den Raum des Theaters: Die Trennung von Bühne und Zuschauerraum ist aufgehoben („ein Theil des Gartenzauns war umgeworfen“,

---

1 Marcus Fabius Quintilianus, *Ausbildung des Redners, Zwölf Bücher, Erster Teil: Buch I–VI*, Darmstadt: Wissenschaftliche Buchgesellschaft, 1972, VI 3, 85; vgl. auch: Wolfram Groddeck, *Reden über Rhetorik. Zu einer Stilistik des Lesens*, Basel/Frankfurt am Main: Stroemfeld 1995, 275f.

2 Die Figur der „Beobachtung von Beobachtung“ wird auch von Christiane Arndt diskutiert, allerdings nicht in Bezug auf Theatralität, sondern auf Niklas Luhmann und die von Lacan analysierten Blickkonstellationen in E.A. Poes *The Purloined Letter*, vgl. Christiane Arndt: „‚Es ist nichts so fein gesponnen, 's kommt doch alles an die Sonnen‘ – Über das produktive Scheitern von Referentialität in Theodor Fontanes Novelle *Unterm Birnbaum*“, in: *Fontane Blätter*, 77, 2004, 48-75.

3 Michael Niehaus zufolge versucht Hradscheck, sich zum „Herrn der Blicke“ zu machen, vgl. Niehaus, „Eine zwielichtige Angelegenheit“, 49.

UB 41) und über die Blickkonstellationen auch die Differenz von Regisseur – Darsteller – Zuschauer außer Kraft gesetzt. *Unterm Birnbaum* erkundet Verdacht als Verfahren, das die mediale Disposition des Theaters grundlegend betrifft: Darstellbarkeit, Sichtbarkeit sowie Position und Tätigkeit des Zuschauers werden neu bestimmt. In diesem Theater treten Sehen/Nicht-Sehen, Beobachtung, Täuschung und Verdacht anstelle von Furcht und Schaudern, Mitleid oder Einsicht. Das Theater der Repräsentation wird verabschiedet zugunsten eines Theaters sich vervielfältigender Zwischenzonen misstrauischer, rivalisierender, täuschender Blicke.

Welchen poetologischen Einsatz haben diese Szenen? Mit der Inszenierung des Theaters des Verdachts arbeitet *Unterm Birnbaum* – quasi auf einem Nebenschauplatz, der sich allerdings wie immer im Krimi als Hauptschauplatz/Tatort herausstellen könnte – an nichts geringerem als an einer Konzeption eines Theaters des Realismus: Dieses Theater/diese Beobachtungsapparatur des Verdachts wäre kein Theater der Repräsentation, sondern eine Experimentalanordnung zur Analyse und Konstitution von Wirklichkeit: In der Konstellation kontaminierter Blicke und den ihr inhärenten Blindheiten generiert sich Wirkliches als Indiz. Es wird also tatsächlich eine Handlung vollzogen, eine Tat begangen, ein Tathergang beschrieben – allerdings nicht der (mutmaßliche) Mord, der mit keiner Silbe erzählt wird. Die Tat, welche *Unterm Birnbaum* beschreibt, qua Beschreibung analysiert – und hier nimmt Fontane einen weiteren virtuosen Eingriff ins Kriminalschema vor –, ist kein Mord, sondern: die Erzeugung der Spur/des Indizes aus der Beobachtung. Hinter dieser Tat steht kein einzelner Täter, den es zu überführen gälte; die Tat resultiert aus der kollektiven Struktur des Ressentiments, wie sie Fontanes Beobachtungsapparatur in Szene setzt. Diese Tat – die Konstitution des Wirklichen als Indiz – vollzieht sich nicht im Verborgenen, sondern vor aller Augen, ja, *unter Beteiligung* der Blicke aller – beschrieben nicht zuletzt vor den und unter Beteiligung der verstrickten Blicke(n) des Lesers/der Leserin.

Analysiert Fontane einerseits die Konstitution des Wirklichen als Indiz mit literarischen Mitteln (Theatralität, Beschreibung), so beleiht er sie andererseits zu poetologisch-erzähltheoretischen Zwecken – macht er Verdacht als Darstellungsverfahren des Realismus produktiv. Ein Aspekt dieser Poetologie des Verdachts respektive Findens lautet: Beschreiben als Beobachten. Theatralität ist keineswegs auf die zitierten Szenen beschränkt, vielmehr wird der gesamte Erzählraum in eine Beobachtungsapparatur transformiert, an welcher Erzählinstanz und Leser/Leserin notwendig partizipieren. Die Verschaltung von Erzählen und Beobachten erfolgt keineswegs nur im Modus personalen Erzählens – wie etwa im Zusammenfall von Erzähl- und Figurenperspektive im Fall der Beobachtungen der alten Jeschke im Garten –, auch ohne die

Vermittlung einer Figur gestaltet sich Erzählen als Beobachtungsfunktion. So lautet eine frühe Beschreibung Hradschecks: „Es war fast, als ob das Ticktack ihn störe, wenigstens ging er auf die Thür zu, anscheinend um sie zu schließen" (UB 9). Gleich dreifach markiert diese Beschreibung ihre eigene Ungewissheit: „fast", „als ob", „anscheinend". Wenn Hradscheck auf die Tür zugeht, um sie „anscheinend" zu schließen, so ist – wie auch später, wenn Ursel Hradscheck sich im Garten „wie zärtlich" an den Arm Abel Hradschecks hängt – der Verdacht auf (*dis-*)*simulatio*/fingierte Handlung nicht auszuschließen. Handlung erweist sich auch hier als Beobachtung von Beobachtung – in einer Szene, die Figur, Erzähler und Leser gleichermaßen involviert. In die Beobachtungsfunktion eingerückt, finden sich Erzähler und Leser nicht nur in der Position des möglicherweise Getäuschten; sie – oder weniger personalisiert: der Akt des Erzählens/Lesens – sind konstitutiver Bestandteil der dargestellten Wirklichkeit/Handlung. Beobachtung als Erzähl-/Lesefunktion bzw. Erzählen/Lesen als Beobachtungsfunktion meint dabei – wie gesagt – gerade nicht das Auffinden vorgängiger Spuren, sondern die – im doppelten Sinne des Wortes – *Aus-Legung* von Spuren: eine Formel, die Fontanes Kunst des Findens präzise beschreibt. Der realistische Prozess des Erzählens/Lesens gestaltet sich als Indizienverfahren: Wo Erzähler und Leser als Beobachter/Detektiv agieren, finden sie sich als Täter wieder – ihrerseits in die Herstellung von Wirklichkeit als Indiz verstrickt.

Fingierte Handlung: Wirklichkeit als Alibi

Schon der Titel von Fontanes Kriminalnovelle rückt den Birnbaum – genauer gesagt: den Ort „unterm Birnbaum" – ins Zentrum der Aufmerksamkeit. Eine am Kriminal-Genre geschulte Lektüre mag hier den Tatort vermuten. Eine entsprechende Aufmerksamkeitslenkung betreibt Hradscheck in Hinsicht auf die Dorfbevölkerung: Sein nächtliches, von der Jeschke beobachtetes Graben im Garten lenkt die Blicke auf die Stelle, an welcher der tote Franzose liegt, dessen Fund Hradscheck die kalkulierte Entlastung verschaffen wird. Auch die Anlage der Novelle selbst unterstützt diese Struktur: Weder Mordtat noch Auflösung werden erzählt, wohl aber werden der zweimalige Fund unterm Birnbaum (Hradschecks Fund und Wiedereingraben des toten Franzosen, die öffentliche Ausgrabung der Leiche) sowie Hradschecks Graben im Garten detailliert beschrieben. Hugo Aust weist auf diese – bemessen am Kriminal-Genre auffällige – Unwucht von Fontanes Novelle hin:

> Gemessen an den ‚Pflichtübungen' des Kriminal-Genres verhält sich Fontanes Erzählung insofern spröde, als sie den Tathergang und die Überführung des Täters ausblendet, bzw. verdunkelt, ohne freilich – und

> das ist eine befremdliche Abweichung – mit solchen Aussparungen die typischen Verrätselungseffekte zu bewirken; [...] Wenn nach dem Maßstab der Spannungserzeugung die Bedeutung des Kriminalistischen abnimmt, so könnte nach den Richtlinien einer sozialen Erzählkunst der Verdacht zunehmen, daß die Mordgeschichte eigentlich von etwas ganz anderem erzählt.[1]

Nimmt man Austs „Verdacht" auf, die (mutmaßliche) Mordgeschichte erzähle „von etwas ganz anderem", und fragt, was denn dieses andere wäre, so liegt die Antwort – so man sie also gerade nicht entsprechend der Logik des Kriminalschemas sucht, sondern aus der Anlage der Novelle heraus entwickelt – gewissermaßen offen zutage: Es geht um „unterm Birnbaum". Dies jedoch ausdrücklich nicht im Sinne einer falschen Fährte, die – für den Mordfall irrelevant – vom eigentlichen Tatort ablenkt, sondern im Sinne einer Aus-Legung von Spuren, wie sie relevanter für den Realismus nicht sein kann: als Tatort der Verfertigung des Wirklichen als Alibi. Das „ganz andere[]", von dem *Unterm Birnbaum* im Gewand einer Mordgeschichte erzählt, ist buchstäblich ein anderes, ein „anderswo": ein Alibi – nicht allerdings eines, das die Unschuld desjenigen bewiese, der zur Tatzeit nicht am Tatort war; sondern eines, das in die Logik des Tatorts selbst interveniert, jeden Tatort immer schon in sich selbst verschiebt, zu einem „anderswo" macht. Mit größter Präzision erkundet und inszeniert Fontane auf der Folie des Kriminalromans den einzigen relevanten Tatort des Realismus: nicht den des Mordgeschehens als unvermittelter Realität, sondern den des Fingierens von Realität[2]/Handlung, des Aus-Legens von Spuren, kurz: „unterm Birnbaum".

Betrachten wir die „unterm Birnbaum" vollzogene Invertierung von Tatort und „anderswo" genauer: In kriminalistischer Hinsicht besitzt die Stelle „unterm Birnbaum" keinerlei Relevanz. Es handelt sich dabei weder um den Tatort, noch um den Ort, an dem ein Beweisstück – etwa die Leiche Szulskis – gefunden wird; stattdessen findet sich der tote Franzose, welcher in keinerlei Beziehung zum Verschwinden Szulskis steht. Während der öffentlichen Ausgrabung des Toten behauptet Hradscheck zwar, „daß dieser Todte [s]eine Unschuld bezeugen wird" (UB 71), tatsächlich aber beweist dieser Fund keineswegs, dass Hradscheck nicht der Mörder von Szulski ist. In kriminalistischer Logik ist ihm mithin kein Alibiwert zuzumessen. – In welcher Hinsicht aber

1 Hugo Aust, „*Unterm Birnbaum*", in: ders., *Theodor Fontane. Ein Studienbuch*, Tübingen/Basel: Francke 1998, 101-106, hier: 101.

2 Zur fingierten Referenz in *Unterm Birnbaum* vgl. auch Arndt, „„Es ist nichts so fein gesponnen [...]"".

zeitigt der Fund doch den kalkulierten Alibieffekt? In welchem anderen als dem kriminalistischen Sinne kann von daher als Alibi gesprochen werden? Wie ist dieses Alibi konstruiert? Welchen poetologischen Ertrag hat es in Hinblick auf Fontanes Kunst des Findens?

Lässt sich sagen, dass in kriminalistischer Hinsicht „unterm Birnbaum" nichts passiert, so passiert mit Blick auf die Wirklichkeitsgenese aus dem Geist des Ressentiments „unterm Birnbaum" alles. In seinem Gesamtverlauf entwickelt der Text diesbezüglich eine Dramaturgie, die diejenige des Alibis sein wird. Ein zufälliger Fund bildet den Ausgangspunkt: Hradschecks Graben bringt den toten Franzosen zum Vorschein. Dass sich der Fund unter Ausschluss der Öffentlichkeit, d.h. unbeobachtet, ereignet, ist Bedingung für die Verfertigung von Hradschecks ‚Plan', der – wie man jetzt wohl sagen kann – wesentlich eine Fiktion, ein indiziertes Narrativ, kurz: ein Alibi ist. Hradscheck – so ließe sich pointiert sagen – wird in genau dieser Szene, genau durch diesen Fund zum Erzähler.[1] Was Fontane hier in Szene setzt, ist nichts Geringeres als eine Urszene des Erzählens: die Geburt des Erzählers aus dem Fund. Akt/Kunst des Findens und Akt/Kunst des Fingierens sind strukturell verzahnt. Der Fund lässt sich in keinem Moment von der Fiktion/der fingierten Realität trennen. Dies führt zu Fontanes Recherchen zu *Unterm Birnbaum* zurück. Auf seinen Brief an seine Schwester Elise vom 12. Oktober 1873 lässt Fontane einen Tag später – gleichsam als *post scriptum* – einen weiteren folgen:

> Der todte Franzose, an dem ich doch unschuldig bin, hat mich nicht schlafen lassen. Kaum war mein Brief fort, so fiel mir ein, dass hier doch vielleicht 'was Gutes, Pikantes steckt [...] Bitte, meine liebe Lise, forsche also dem erschlagenen Franzosen und seiner Geschichte nach. Vielleicht liegt hier nicht blos ein Todter, sondern mit und in ihm auch ein Schatz begraben, den ich mit Deiner [...] Hülfe, heben kann.[2]

Nach einer schlaflosen Nacht – in der Fontane am liebsten wohl hätte selbst graben wollen – ahnt er, dass mit dem Toten ein Schatz vergraben liegt, genauer: ahnt er, welcher Schatz der Fund bedeutet. Die Hebung dieses Schatzes mag schließlich in *Unterm Birnbaum* ihre Inszenierung finden: der Fund des Erzählens selbst.

1 Zur strukturellen Korrespondenz zwischen Hradschecks Tun und dem Erzähler, vgl. auch Arndt, „‚Es ist nichts so fein gesponnen [...]'", 53, wobei Arndt im Unterschied zu der hier entwickelten Argumentation verschiedene Reflexionsebenen unterscheidet.

2 Theodor Fontane, „Brief an Elise Fontane, 13. Oktober 1873", in: ders., *Der Dichter über sein Werk, Bd. 1*, hg. von Richard Brinkmann, München: dtv 1977, 638-639, hier: 638f.

Der zufällige Fund bildet den Beginn einer als Alibi konzipierten Fiktion. Auf diesen folgt Hradschecks verdächtiges Graben im Garten, schließlich die Aushebung des toten Franzosen und damit einhergehende Entlastung Hradschecks. Keine Leiche also hatte Hradscheck vergraben, sondern verdorbenen Speck. Wenngleich kriminalistisch völlig wertlos, hat Hradschecks fingierte Handlung doch einen klaren Alibieffekt mit Blick auf die Dorfgemeinschaft: Hradschecks Aus-Legung von Spuren geschieht nicht in Referenz auf die (mutmaßliche) Mordtat, sondern auf die Beobachtergemeinschaft. Der Alibieffekt verdankt sich denselben Verfahren, durch welche Wirklichkeit als Indiz die gesamte Novelle über konstruiert wird: durch Hörensagen, Beobachtung, Ressentiment. In präziser Kenntnis der Herstellung des Wirklichen aus dem Geist des Ressentiments, kreiert Hradscheck ein Alibi in der Logik des und für das Ressentiment – und eben damit das perfekte Alibi: „Schlicht und unbefangen, ohne Lücken und Widersprüche, waren die Dunkelheiten aufgeklärt worden, so daß an seiner Unschuld nicht länger zu zweifeln war." (UB 72f.) Realismustheoretisch formuliert bedeutet das perfekte Alibi die perfekte Tat. Fontanes Experiment auf das Wirkliche anhand der Kriminalnovelle zeitigt Wirklichkeit selbst als Alibi: fingierte Realität, Mimesis an die (*dis-*)*simulatio*. Wirklichkeit ist nicht Referenzpunkt, sondern Alibi des Realismus.

Dem Ressentiment allerdings ist auch das perfekte Alibi nur vorübergehend unverdächtig. Das „Gerede" (UB 51)/„Gemurmel" (UB 70) kommt nur zeitweise zum Verstummen; ein verdächtiges Indiz taucht auf: Beim Weinholen findet Ede in Hradschecks Keller einen „schwarzübersponnenen Knebelknopf [...]. ‚Sind solche, wie der Pohlsche an seinem Rock hatte'" (UB 84), und insbesondere die alte Jeschke fährt unablässig fort, „in dunklen Andeutungen zu sprechen, als wisse sie was und halte nur zurück" (UB 116) – so jedenfalls scheint es Hradscheck. Das Ressentiment scheint kein Vergessen zu kennen: „‚Is joa wihr ankoamen. Wedder een mit'n Pelz.' ‚So, so,' sagte Hradscheck [...] ‚Wedder een ... wedder een ... Immer noch nicht vergessen.'" (UB 99) Die Fiktion/das Alibi, welche/s Hradscheck anhand des Fundes generiert hatte, *indiziert* ein Geschehen. Semiotisch befindet es sich damit auf derselben Darstellungsebene wie Fontanes Text: *Unterm Birnbaum* setzt ein Indizienverfahren in Gang, in welchem kein Indiz in ein Wissen/Narrativ überführt und gleichzeitig alles zum Indiz wird. Die Spuren halten sich im doppeldeutigen Status der Aus-Legung. Der Erzähler Hradscheck ist nicht Herr über die Fiktion, sondern wird im Akt des Fingierens als Leser in den Fund/in das Indiz eingespeist. Die Ungewissheit/der Verdacht, in welche/n das Indiz den Leser versetzt, zeigt sich bei Hradscheck, als der Zimmermeister Buggenhagen auf Hradschecks Vorschlag, den Keller zum Zwecke seiner Erhöhung zu wölben, entgegnet, dass dieser doch leichter auszuschachten sei:

> ‚Aber warum gleich wölben? Warum nicht lieber ausschachten? Wenn wir zehn Fuhren Erde 'raus nehmen, haben wir überall fünf Fuß im ganzen Keller und kein Mensch stößt sich mehr die kahle Platte. Nach oben hin wölben macht blos Kosten und Umstände. Wir können ebenso gut nach unten gehn.' Hradscheck, als Buggenhagen so sprach, hatte die Farbe gewechselt und sich momentan gefragt, ‚ob das alles vielleicht etwas zu bedeuten habe?' (UB 82)

„[O]b das alles vielleicht etwas zu bedeuten habe?“: Diese Frage nach Bedeutung bzw. Aus-Legung wird von jedem Detail, jeder Handlung, jeder Äußerung, jeder Beobachtung in *Unterm Birnbaum* aufgeworfen und unbeantwortet gelassen. Es ist nicht übertrieben, diese Frage als *die* Grundfrage von Fontanes Text zu bezeichnen. Durchgängig hält sich die Darstellung auf der Ebene des Indizes, d.h. des Nicht-Wissens, der Unzuverlässigkeit, des Verdachts. In diesem Sinne konsequent ist auch der Schluss, welcher wiederum mit einem Fund/Indiz aufwartet: der Fund des toten Hradschecks im Keller, neben „Arm und Hand eines hier Verscharrten“ (UB 124). Es ist dies der einzig mögliche Schluss, um alles im Status des Verdachts zu belassen: „Bewiesen ist am Ende nichts“, so Schulze Woytasch angesichts des toten Hradschecks, „Im Garten liegt der Franzos, und im Keller liegt der Pohlsche. Wer will sagen, wer ihn dahin gelegt hat? Keiner weiß es, nicht einmal die Jeschke. Schließlich ist alles blos Verdacht.“ (UB 125f.) Mit dem Tod Hradschecks verabschiedet die Novelle nicht nur die letzte Quelle des Wissens, sie fügt zugleich die Figuration des Erzählers (Hradscheck) in die Ordnung des Indizes ein; der Erzähler selbst wird zum Fund. Zwischen zwei Funden – dem des toten Franzosen und dem Hradschecks – erzählt Fontanes Text eine Geschichte des Erzählens: die Geburt des Erzählers aus dem Fund und seine gleichzeitige Defiguration zugunsten des Indizes. Wer erzählt? Wohl also kein Erzähler, sondern der Fund/das Indiz selbst. Damit sind wir erneut bei den *Finessen*,[1] jenem poetologischen Grundbegriff Fontanes, welcher der Kunst des Findens auf vielfältige Weise verpflichtet ist.

Finessen oder: Die Kunst des Findens

War Fontanes Erzählverfahren der Finessen bereits im letzten Kapitel im Zusammenhang mit der Finesse „Effi komm“ angesprochen, so ist hier

1 Vgl. Karl S. Guthke, „Fontanes ‚Finessen'. ‚Kunst' oder ‚Künstelei'?“, in: *Jahrbuch der Deutschen Schillergesellschaft*, 26, 1982, 235-261; Renate Böschenstein, „Fontanes ‚Finessen'. Zu einem Methodenproblem der Analyse ‚realistischer' Texte“, in: *Jahrbuch der Deutschen Schillergesellschaft*, 29, 1985, 532-535.

Gelegenheit, der Fundstruktur der Finessen genauer nachzugehen. Der Fundstückcharakter der Finessen wird von Fontane explizit hervorgehoben: So heißt es in den *Poggenpuhls* im Gespräch zwischen Eberhard Pogge von Poggenpuhl und seiner Nichte Manon: „Sieh, das sind so Finessen, auf die man warten muß, bis man sie zufällig 'mal aufpickt, sagen wir auf einem Einwickelbogen oder auf einem alten Zeitungsblatt, da wo die Gerichtssitzungen oder die historischen Miscellen stehn."[1] Was hier als zufälliges Fundstück textueller Natur markiert wird, arbeitet Fontane zum poetologischen Verfahren aus. Sein Begriff der „Finessen" bezeichnet eine Erzähltechnik: die „Kunst des Anknüpfens, des Inbeziehungbringens, des Brückenschlagens"[2], die Fontane an Goethes *Wilhelm Meister* so bewundert, und die er selbst in seinen Romanen perfektioniert. Hinsichtlich seines Romans *Irrungen, Wirrungen* rühmt sich Fontane, diesem nicht weniger als „tausend Finessen [...] mit auf den Lebensweg gegeben"[3] zu haben.

Details erscheinen in besonderem Maße geeignet, Übergänge zu stiften, und leisten überdies dem Unmerklichen – Nicht-Aufzufindenden –, dem „Schein der Absichtslosigkeit"[4], wie ihn die Kunst verlangt, Vorschub. Dass die „Mache"[5] nicht zu merken sei, ist Bedingung für Fontanes Kunst der Finessen.[6] Es ist das Kleine, dem Fontane – darin durchaus prädestiniert für detektivische Spurensuche – die größte Aufmerksamkeit zollt:

> „Die Kunst ist kein Geschäft en gros, sondern en détail, auf den Einzelreichtum der Töne kommt es an; Klavier, nicht Pauke."[7]

---

1 Theodor Fontane, *Die Poggenpuhls*, in: *Große Brandenburger Ausgabe. Das erzählerische Werk, Bd. 16*, Berlin: Aufbau, 2006, 50.

2 Theodor Fontane, „Johann Wolfgang Goethe, *Wilhelm Meisters Lehrjahre*", in: *Sämtliche Werke: Literarische Essays und Studien, Bd. XXI/2*, München: Nymphenburger Verlagshandlung 1974, 109.

3 Theodor Fontane, „Brief an Emil Dominik, 14. Juli 1887", in: *Werke, Schriften und Briefe, Abt. IV, Briefe, Bd. 3*, München: Hanser 1980, 550-551, hier: 551.

4 Die Poesie muss „bei aller Absichtlichkeit [...] den Schein der Absichtslosigkeit und ursprünglichen Freiheit, deren der Kunst bedarf, vollständig bewahren" (Georg Wilhelm Friedrich Hegel, *Vorlesungen über die Ästhetik III, Werke, Bd. 15*, Frankfurt am Main: Suhrkamp 1993, 245).

5 Theodor Fontane, „Brief an Adolf Hoffmann, Mai/Juni 1897", in: *Werke, Schriften und Briefe, Abt. IV, Bd. 4*, München: Hanser 1982, 649-650, hier: 650.

6 Vgl. Heinz Eugen Greter, *Fontanes Poetik*, Bern/Frankfurt am Main: Lang 1973, 67-69 (Das Detail); zu Fontanes Poetik auch: Hugo Aust, „Kulturelle Traditionen und Poetik", in: Grawe/Nürnberger (Hg.), *Fontane-Handbuch*, 305-465, hier bes. 412-465.

7 Theodor Fontane, „Friedrich von Schiller, *Wallensteins Lager/Die Piccolomini/Wallensteins Tod*", in: *Sämtliche Werke, Bd. XXII/2: Causerien über Theater*, München: Nymphenburger Verlagshandlung 1964, 483.

> „Große Geschichten interessieren mich in der Geschichte; sonst ist mir das Kleinste das Liebste."[1]
>
> „Ich möchte nur sagen dürfen, dass das Liebevolle, die Detailmalerei, die Vorliebe für das Kleine an und für sich immer ein Vorzug bleibt"[2].
>
> „Das sind kleine Züge, aber sehr charakteristisch – Strohhalme, an denen man am besten erkennt, wie der Wind weht."[3]

In Hinblick auf die „Kunst des Anknüpfens"/Technik der Finessen erfährt der Detailrealismus eine Spezifizierung als Verfahren der Motivierung des Geschehens: So hebt Fontane an Gustav Freytags *Soll und Haben* lobend hervor, dass der Verfasser „so schrecklich ordentlich und gewissenhaft verfahren sei"[4], dass „im ersten Bande kein Nagel eingeschlagen [werde, E. S.], an dem im dritten Bande nicht irgend etwas, sei es ein Rock oder ein Mensch aufgehängt würde"[5], und sieht in einer solchen Behandlung des Romans „keine[n] bloßen Zufall, sondern eine[...] wohlüberlegte[...] Absicht"[6]. Mit tödlicher Konsequenz – so scheint es – soll der Texthergang motiviert werden. Bekannt ist in diesem Zusammenhang Fontanes von ihm selbst so genannte „‚immer-besser Machungs wollen'-Krankheit"[7] bei der Überarbeitung seiner Texte. Gerhard Plumpe spricht in diesem Sinne von Fontanes Tendenz, „den Zufall und die Inkohärenz aus dem Binnenraum der Romanfiktion vollkommen auszuschließen"[8]. Findet sich also nicht nur bei Hradscheck, sondern auch bei Fontane, d.h. auf poetologischem Terrain, der Hang zur perfekten Tat, oder sagen wir – da es sich um

1 Theodor Fontane, „Brief an Theodor Wolff, 24. Mai 1890", in: *Werke, Schriften und Briefe, Abt. IV, Bd. 4*, München: Hanser 1982, 45-46, hier: 46.

2 Theodor Fontane, „Brief an Hermann Pantenius (Entwurf), Ende Februar 1891", in: *Werke, Schriften und Briefe, Abt. IV, Bd. 4*, München: Hanser 1982, 105, hier: 105.

3 Theodor Fontane„Le saison morte. Lancashire und Lord Stanley. Wer wird Primas? Nur nicht Deutsch", *Neue Preußische Zeitung*, Nr. 229, 1.10.1862, in: Heide Streite-Buscher (Hg.), *Unechte Korrespondenzen 1860-1865*, München/Berlin/New York/Boston: de Gruyter 1996, 271.

4 Theodor Fontane, „Gustav Freytag, *Soll und Haben. Ein Roman in drei Bänden*", in: *Sämtliche Werke: Literarische Essays und Studien, Bd. XXI/1*, München: Nymphenburger Verlagshandlung 1963, 214-230, hier: 217.

5 Ebd., 219.

6 Ebd., 218.

7 Theodor Fontane, „Brief an Wilhelm Hertz, 3. September 1863", in: ders., *Der Dichter über sein Werk, Bd. 2*, hg. von Richard Brinkmann, München: dtv 1977, 615.

8 „Die perfekte Motivierung noch der belanglosesten Ereignisse [...] sollten den Zufall und die Inkohärenz aus dem Binnenraum der Romanfiktion vollkommen ausschließen" (Gerhard Plumpe, „Roman", in: *Hansers Sozialgeschichte der deutschen Literatur vom 16. Jahrhundert bis zur Gegenwart, Bd. 6: Bürgerlicher Realismus und Gründerzeit 1848-1890*, hg. von Edward McInnes/Gerhard Plumpe, München: Hanser 1996, 529-689, hier: 539).

die kalkulierte Herstellung von Beziehungen auf Beziehungen handelt –: zum perfekten Alibi? Wie erfolgreich ist Fontanes Kunst der Finessen darin?

Die Frage nach der Kunst des Findens in *Unterm Birnbaum* sei mithin von poetologischer Seite her noch einmal aufgenommen – ausgehend von den Finessen, die nicht nur ihrerseits Fundstücke sind, sondern als Aus-Legung von Spuren Prozesse des Findens initiieren, wo sonst, als im Lesen selbst? Welche Leseprozesse werden durch die Finessen in *Unterm Birnbaum* in Gang gesetzt? Welches Licht wirft im selben Zuge Fontanes experimentelle Kriminalnovelle und das mit ihr aufgerufene Indizienparadigma auf Technik und Begrifflichkeit der Finessen?

Wenn Fontane in einem Brief an Georg Friedlaender auf die Wichtigkeit der „ersten 3 Seiten“ insistiert, an denen „immer die ganze Geschichte“ „hängt“[1], so wartet *Unterm Birnbaum* mit einer Finesse noch vor dem ersten Kapitel auf: Bereits der Titel „Unterm Birnbaum“ legt eine Spur aus. Er ist wesentlich Verweis, indexikalischer Sprechakt, und damit exakt von der Verknüpfungsstruktur der Finesse. Kontext bzw. Regel für die Verknüpfung bleiben allerdings unbestimmt: Bezeichnet „unterm Birnbaum“ einen Tatort, einen Fundort, ein „anderswo“ (Alibi)? Die Aussparung des Kontextes generiert eine Vielzahl möglicher – im Status der Mutmaßung/des Verdachts verbleibender – Bezugnahmen und mit ihnen mögliche Täuschungen. Anders gesagt: Im selben Zuge, wie die Finesse des Titels eine Spur auslegt, setzt sie die Struktur der (*dis-*) *simulatio* ein, welche nicht nur Hradschecks Handlungen, sondern die indexikalische Struktur der Novelle grundsätzlich charakterisiert. Wo eine solche Technik der Finessen Lesen als Kunst des Findens instruiert, wird auch dieses in die Epistemologie des Verdachts eingerückt: Der Titel „Unterm Birnbaum“ mag ein spezifisches Leseschema aktivieren (Kriminalschema: Birnbaum als Tatort) und eben darin den Leser/die Leserin täuschen (falls es sich stattdessen um ein realismuspoetologisches Experiment handelt) – oder auch nicht. Schon der Titel verstrickt den Leser/die Leserin in eine Beobachtungsapparatur zur Wirklichkeitsgenese, ist Beobachtung möglicher Lesepositionen und zugleich deren mögliche Täuschung.

Wenn der Titel eine Finesse ist, was ließe sich dann hieraus für die poetologische Begrifflichkeit der Finessen gewinnen? Meine hier entwickelte Lektüre erhebt keinesfalls den Anspruch, eine allgemeine Theorie der Finessen zu formulieren.[2] Vielmehr bin ich daran interessiert, anhand des Titels und

1 Theodor Fontane, „Brief an Georg Friedlaender 8. Juli 1894“, in: ders., *Briefe an Georg Friedlaender*, hg. von Kurt Schreinert, Heidelberg: Quelle & Meyer 1954, 350-353, hier: 351.

2 Die Novelle arbeitet in verschiedener Hinsicht mit Finessen, so etwa in der mehrfachen Erwähnung des Keils respektive Brettes, welches die Fässer am Wegrollen hindern soll und zu

der Findestruktur von *Unterm Birnbaum* eine theoretisch radikale Implikation von Fontanes Finessen herauszuarbeiten, die es erlaubt, die Frage nach dem Wirklichkeitseffekt (Barthes) neu zu situieren. Wie also wäre die Technik der Finessen als Technik der Beobachtung, des Alibis, der (*dis-*)*simulatio* zu denken – ja, was würde hier überhaupt (dis-)simuliert? Folgt man Fontanes „Nagel" und ‚Aufhänge'-Metaphorik mag sich der Titel durchaus als Nagel darstellen. Fragt man allerdings, was daran aufgehängt wird, so reicht die Antwort von ‚Kriminalschema' über ‚Alibi' bis hin zu ‚gar nichts' (in Bezug auf den mutmaßlichen Mordfall); dem Leser/der Leserin obliegt die Entscheidung und der Text liefert ihm/ihr dafür kein Kriterium. Von einer entsprechenden Ratlosigkeit sind denn auch die im Text selbst inszenierten Lektüren/Deutungen mutmaßlicher Indizien. Die Zeugenaussagen und deren Auswertung im Rahmen des Ermittlungsverfahrens gegen die Hradschecks lassen sich allegorisch als Leseszenen lesen: Ist etwas ein Indiz/eine Finesse oder nicht, und was kann – wo potentiell alles zum Indiz/zur Finesse wird – selbige(s) dann bedeuten und bedeutet es überhaupt?

Aufgrund vermehrter Verdachtsgründe gegen die Hradschecks ordnet der Justizrat Vowinkel ein Verhör des Dienstpersonals, bestehend aus Ede, Male und Jakob, an. Außer ihm selbst ist Pastor Ecclesius an diesem Verhör beteiligt. Ede, der vor Angst kaum sprechen kann, bringt hauptsächlich und wiederholt die Worte heraus: „Ick weet nich ... He is so anners." (UB 56, UB 57) Male erklärt sofort, „daß sie nichts wisse" (UB 57), sie habe Szulski selbst nicht gesehen, nur Kaffee für ihn gekocht. Auf die Frage von Ecclesius, „ob sie nicht noch weiter was wisse" (UB 57), antwortet sie:

> Nein, weiter wisse sie nichts, oder man blos noch das Eine, daß die Kanne, wie sie das Kaffeegeschirr herausgeholt habe, beinah noch ganz voll gewesen sei. Und sei doch ein gräuliches Wetter gewesen und kalt und naß. Und wenn sonst einer des Morgens abreise, so tränk' er mehrstens oder eigentlich immer die Kanne leer, un von Zucker übrig lassen wär' gar keine Rede nich. Und manche nähmen ihn auch mit. Aber der Pohlsche hätte keine drei Schluck getrunken, und sei eigentlich alles noch so gewesen, wie sie's reingebracht habe. Weiter wisse sie nichts. (UB 57)

Anfang ordentlich in seiner Position liegt (vgl. UB 6), am Ende in einer nachlässigen Geste von Hradscheck selbst entfernt wird (vgl. UB 122), wodurch ein vorgerolltes Ölfass die Falltür verschließt. Strukturelles Moment der Finessen ist ihre Iterabilität, welche – wie ich andernorts gezeigt habe – eine „perfekte Motivierung" (Plumpe, „Roman", 539) bzw. Kalkulierbarkeit der Lektüre verhindert, vgl. Elisabeth Strowick, „‚Mit dem Bazillus is nicht zu spaßen'. Fontanes ‚Finessen' im Zeichen der Infektion", in: *Der Deutschunterricht* 5 (2003), 43-50.

Jakob schließlich weiß zu berichten, dass Szulski, als er ihn durch Klopfen an die Tür geweckt habe, nicht geantwortet und auch beim Herunterkommen der Treppe kein Wort gesprochen habe. Er habe „so'n beten lütt utsoah" (UB 58) und war „so still" und „seggte keen Wuhrd nich" (UB 58).

So mager die Aussagen auch sind, könnten sie doch die Problematik des Lesens als Kunst des Findens nicht präziser in Szene setzen. Der Text selbst führt – in Gestalt Vowinkels und Ecclesius' – zwei unterschiedliche Lesarten vor: Während Vowinkel den Verdacht gegen Hradscheck bestärkt findet und seine Verhaftung als geboten ansieht („[...] die Sache steht doch schlimmer, als *Du* wahr haben möchtest, und fast auch schlimmer als *ich* erwartete", UB 58), „bedeuten all diese Dinge" für Ecclesius „gar nichts oder herzlich wenig" (UB 58): „Der Junge, wie du gesehn hast, konnte vor Angst kaum sprechen, und aus der Köchin Aussage war doch eigentlich nur das Eine festzustellen, daß es Menschen giebt, die *viel*, und andre, die *wenig* Kaffee trinken." (UB 58) Es geht in dieser Szene durchaus nicht nur um die pragmatische Frage, ob Hradscheck zu verhaften sei oder nicht, sondern um eine dezidiert poetologische: Wie lässt sich entscheiden, ob etwas ein Indiz/eine Finesse ist oder nicht, etwa das Nicht-Sprechen oder das Nicht-Trinken des Kaffees? In Vowinkels kriminalistischer Perspektive wird alles – noch die nicht-vollzogene Handlung – zum Indiz; für Ecclesius haben die Beobachtungen der Dienstleute hingegen keinerlei Bedeutung. Der Leser/die Leserin wird hier zum Leser/zur Leserin zweier möglicher, einander ausschließender Lesarten, wie sie keineswegs nur von den Zeugenaussagen, sondern von Fontanes Novelle im Ganzen provoziert werden, ohne dass der Text eine Lektüreanweisung bzw. ein Kriterium für eine Entscheidung zwischen ihnen, bereithielte. Fontanes Kunst der Finessen führt Lesen in die Aporie eines gleichzeitigen ‚alles bedeutet' und ‚nichts bedeutet'. Das einzig Zuverlässige – und vom Dienstpersonal sowie von der Jeschke (UB 66) auch zuverlässig Bezeugte – ist das Nicht-Wissen. Dieses Nicht-Wissen ist mithin nicht nur Nicht-Wissen in Bezug auf die Frage, *was* etwas zu bedeuten habe (ob dieses oder jenes), sondern *ob* etwas überhaupt bedeutet – Nicht-Wissen, also, in Bezug auf Bedeutung überhaupt. Der Verdacht, in welchem Fontanes Kunst der Finessen den Leser/die Leserin hält, könnte – poetologisch betrachtet – nicht radikaler sein: Verdacht, dass dies alles gar nichts bedeutet.

Fontanes Technik der Finessen, so ließe sich ausgehend von *Unterm Birnbaum* sagen, betreibt eine (*dis-*)*simulatio* von Indexikalität selbst – dies ihre so präzise wie verheerende Intervention in das Indizienparadigma[1] und

1 Vgl. Carlo Ginzburg, „Indizien: Morelli, Freud und Sherlock Holmes", in: Umberto Eco/Thomas A. Sebeok (Hg.), *Der Zirkel oder Im Zeichen der Drei. Dupin, Holmes, Peirce*, München: Fink 1985, 125-179.

zugleich radikal moderne poetologische Implikation. Nicht nur, dass der Text den Status des Indizes/Fundes nie verlässt, dem Indiz/Fund ist die paradoxe Möglichkeit inhärent, nicht(s) zu bedeuten; es/er indiziert Nicht-Bedeutung. Die Finessen (dis-)simulieren noch ihre eigene Aufhänger-Funktion. Ob etwas an den Nägeln aufgehängt wird oder nicht, ist nicht zu entscheiden. Damit aber praktiziert Fontanes Kunst der Finessen nichts geringeres als die *(dis-) simulatio* von Bedeutung, Verstehen, Erzählen, Lesen überhaupt. Kurz: Finessen betreiben die *(dis-)simulatio* von Finessen, ihnen ist die *(dis-)simulatio* ihrer Alibi-Funktion inhärent, was heißt, dass sie Alibis von Alibis produzieren, jedes „anderswo" in immer noch weitere „anderswo" aufspalten. Wenn Hradschecks Alibi – Alibi in der Logik des und für das Ressentiment – Beobachtung von Beobachtung, Beziehung auf Beziehung war, so vollzieht die proliferierende Alibistruktur der Finessen noch eine weitere Drehung hin auf eine flimmernde Unentscheidbarkeit zwischen Beziehung und Beziehungslosigkeit, anders gesagt: hin zu (k)eine Beziehung auf (k)eine Beziehung. Die Möglichkeit, dass alles nichts bedeutet, ist in der Tat das perfekte Alibi – für alles Geschehen, Erzählen, Lesen.

Wie lesen, wo Finessen Lesen als Kunst des Findens instruieren und damit zugleich eine *(dis-)simulatio* des Lesens in Gang setzen? Das Nicht-Wissen, ob etwas bedeutet, würde hierbei selbst zur Lesefunktion, welche Funde über Funde, Spuren über Spuren erzeugt/aus-legt, die ihrerseits nichts bedeuten können. Es ist die permanente Einsetzung dieser Möglichkeit, welche der Verdacht als Lektüreverfahren vollzieht. Dies die Formel für die unmögliche Aufgabe des Lesers/der Leserin im Zeichen des Verdachts, d.h. für ein verdächtiges Lesen: Lesen, *als ob* der Text und *als ob* er *nicht*(s) bedeutet.

Verdacht als Wirklichkeitseffekt

Die Lektüre von *Unterm Birnbaum* hat einige poetologische Versatzstücke gezeitigt, die auf die eine oder andere Weise mit Barthes' „Wirklichkeitseffekt" korrespondieren. Es soll mithin abschließend diskutiert werden, wie *Unterm Birnbaum* – als realismustheoretisch-poetologische Experimentalanordnung auf das Kriminalschema – in Auseinandersetzung einerseits mit dem Indizienparadigma, andererseits mit referenztheoretischen Bestimmungen von Realismus an einer Analyse von Realitätseffekten arbeitet. Fontanes Novelle nimmt diesbezüglich eine doppelte Verschiebung vor: Zum einen betreiben die Finessen eine *(dis-)simulatio* von Indexikalität, worüber sie das Indizienparadigma und den diesem verhafteten Diskurs der Kriminalistik desavouieren; zum anderen inszeniert der Text Referenz grundsätzlich als fingierte Referenz: Alibi. Beide Interventionen in diese diskursiv-wirkmächtigen Konstruktionen von Wirklichkeit sind mit dem Terminus „Verdacht" präzise beschrieben. Fontanes Poetologie des Verdachts situiert sich in zweifacher Ausrichtung: als Kritik an indexikalischen und referentiellen Konstruktionen von Wirklichkeit, wobei sie die Mittel zur Analyse von Wirklichkeitskonstruktionen und der poetologischen Erzeugung von Realitätseffekten aus inniger Kennerschaft von und Teilhabe an diesen Diskursen gewinnt.

Barthes fände zweifellos eine Unzahl „unnützer Details“[1] in *Unterm Birnbaum*: die „Löcher und Ritzen“ in den Rapssäcken (UB 5), den „dumpfe[n] Ton“ einer „aufklatschen[den]“ (UB 7) Birne, der „Schlag einer Schwarzwälder Uhr“ (UB 8) oder eine summende „Hummel“ (UB 6). Solche Details als „unnütz“ zu bezeichnen, versteht sich aus der Perspektive einer strukturalen Erzählanalyse, welche die funktionalen Zusammenhänge der Erzählung, ihre Geschichte bzw. Intrige/Fabel[2], freizulegen bestrebt ist. Die Bedeutungslosigkeit einer Eintragung kann mithin nur auf der Basis eines „bereits analysierten Kontextes“[3], einer Analyse der Struktur, behauptet werden. Barthes Frage lautet: „Ist in einer Erzählung alles signifikant, und wenn nicht, wenn in einer Erzählung bedeutungslose Flecken bleiben, wie lautet dann letztlich, wenn man so sagen kann, die Bedeutung dieser Bedeutungslosigkeit?“[4] Eine geringfügige, gleichwohl entscheidende Variation dieser Frage ließ sich bereits als *die* Grundfrage des Fontaneschen Textes bestimmen: „[O]b das alles vielleicht etwas zu bedeuten habe“ (UB 82) oder „bedeuten all diese Dinge gar nichts oder herzlich wenig“ (UB 58)? Der Syntax der Bartheschen Frage angenähert, hieße die Frage des Fontaneschen Textes: ‚Ist in *Unterm Birnbaum* alles signifikant, und wenn nicht, wie lässt sich entscheiden, ob etwas bedeutungsvoll oder bedeutungslos ist, ja, lässt sich das überhaupt entscheiden?‘ Lesen wir also ausgehend von diesen Fragen beide Texte als theoretische Texte zum Wirklichkeitseffekt und sehen wir, zu welchen Schlüssen sie kommen.

Barthes räumt mit der Beschreibung verwandte, „unnütze“ „Reste der funktionalen Analyse“[5] ein: Anhand der unbedeutenden Details etwa bei Flaubert zeigt er deren referentiellen Wert auf („mit realistischen Imperativen durchsetzt“[6]) und analysiert die semiotische Struktur des Wirklichkeitseffektes:

> „Die nicht weiter zerlegbaren Reste der funktionalen Analyse haben eines gemein; sie denotieren, was man gemeinhin als die ‚konkrete

1 Barthes, „Der Wirklichkeitseffekt“, 165.

2 Dies die Termini Roman Jakobsons, an dessen Überlegungen Barthes anknüpft, vgl. Roman Jakobson, „Über den Realismus in der Kunst“, in: Jurij Striedter (Hg.), *Russischer Formalismus: Texte zur allgemeinen Literaturtheorie und zur Theorie der Prosa*, München: Fink 1994, 373-391.

3 Barthes, „Der Wirklichkeitseffekt“, 165.

4 Ebd., 166.

5 Ebd., 169.

6 Ebd., 168.

> Wirklichkeit‘ bezeichnet (kleine Gesten, flüchtige Haltungen, unbedeutende Gegenstände, redundante Worte). Die bloße ‚Darstellung‘ des ‚Wirklichen‘, die nackte Schilderung des ‚Seienden‘ (oder Gewesenen) erscheint somit als ein Widerstand gegen den Sinn.“[1] „Semiotisch besteht das ‚konkrete Detail‘ aus dem *direkten* Zusammentreffen zwischen einem Referenten und einem Signifikanten; das Signifikat wird aus dem Zeichen vertrieben, und mit ihm natürlich die Möglichkeit, eine Form des Signifikats zu entwickeln, d.h. im Grunde die narrative Struktur als solche. [...] Dies ließe sich als *referentielle Illusion* bezeichnen. Die Wahrheit dieser Illusion lautet: das als Signifikat der Denotation aus der realistischen Äußerung vertriebene ‚Wirkliche‘ hält als Signifikat der Konnotation wieder in ihr Einzug; denn in dem Augenblick, in dem diese Details angeblich direkt das Wirkliche denotieren, tun sie stillschweigend nichts anderes, als dieses Wirkliche zu bedeuten; das Barometer Flauberts, die kleine Tür Michelets sagen letztlich nichts anderes als: *wir sind das Wirkliche*; bedeutet wird dann die Kategorie des ‚Wirklichen‘ (und nicht ihre kontingenten Inhalte); anders ausgedrückt, wird das Fehlen des Signifikats zugunsten des Referenten zum Signifikanten [*signifiant*][2] des Realismus: Es kommt zu einem *Wirklichkeitseffekt*, zur Grundlegung dieses uneingestandenen Wahrscheinlichen, das die Ästhetik aller gängigen Werke der Moderne bildet.“[3]

Wo der Realismus, den Barthes als „Diskurs, der nur vom Referenten beglaubigte Äußerungen akzeptiert“[4], bestimmt, die Erzählung mit unbedeutenden Details durchsetzt, transformiert er zugleich Referenz in das Bedeuten von Wirklichkeit. Bedeutungslosigkeit *bedeutet* also die Kategorie des Wirklichen, welches Barthes als semiotischen Effekt (Wirklichkeitseffekt) analysiert. Barthes Argument basiert auf der Prämisse strukturaler Erzählanalyse, dass es strukturell bedeutungslose Elemente in der realistischen Erzählung gibt.

Eben diesbezüglich setzt Fontane anders ein: Seine Kunst des Findens/der Finessen lässt strukturell kein Refugium ‚unbedeutender Details‘ zu. Vielmehr sind gerade die unbedeutend/bedeutenden Details/Finessen Träger des Erzählens, womit nicht zuletzt die Opposition von Erzählen und Beschreiben

---

1 Ebd., 169.

2 Übersetzung modifiziert. In der publizierten deutschen Übersetzung heißt es hier: „zum Signifikat des Realismus“. Mit Blick auf das französische Original muss es korrekt lauten: „zum Signifikanten des Realismus“: „le signifiant même du réalisme“ (Roland Barthes, „L'effet de réel“, in: *Communications*, Vol. 11, No. 1, 1968, 84-89, hier: 88).

3 Barthes, „Der Wirklichkeitseffekt“, 171.

4 Ebd., 171.

hinfällig wird. Wie die Lektüre gezeigt hat, kann jedes Detail zugleich bedeuten und nicht bedeuten. *Unterm Birnbaum* macht nichts anderes, als die Frage nach Bedeutung/Nicht-Bedeutung als Frage nach der Konstitution von Wirklichkeit mit jedem Detail aufzuwerfen und ein Entscheidungskriterium konsequent zu versagen. Anders gesagt: Fontanes Realismus/Kunst des Findens setzt den Wirklichkeitseffekt als unablässige *Frage nach Bedeutung/Nicht-Bedeutung* in Szene, generiert ihn als Wahrnehmungs-, Beobachtungs- und Lektüreverfahren des Verdachts.

Barthes beendet seinen Aufsatz von 1968 mit dem Satz:

> Der Zerfall des Zeichens – der durchaus die große Angelegenheit der Moderne zu sein scheint – ist im realistischen Unterfangen zwar anwesend, aber auf gewissermaßen regressive Weise, da er im Namen einer referentiellen Fülle geschieht, wo es sich doch heute, im Gegenteil, darum handelt, das Zeichen zu leeren und seinen Gegenstand endlos zurückzuversetzen, bis die jahrhundertealte Ästhetik der ‚Repräsentation' radikal in Frage gestellt wird.[1]

In der Tat unterschätzt Barthes' Analyse des Wirklichkeitseffektes Fontanes Modernität. Die „tapfere Modernität"[2], welche Thomas Mann zufolge Fontane auszeichnet, unterliegt gerade keiner Regression zur „referentiellen Fülle"; qua fingierter Referenz und (*dis-*)*simulatio* von Indexikalität betreibt Fontanes Kunst des Findens vielmehr eine rückhaltlose Dissemination. *Unterm Birnbaum*, dem als Kriminalnovelle geringer Erfolg beschieden war, wäre ein Erfolg als radikal modernes poetologisches Experiment des Realismus zu wünschen gewesen – bricht es doch, wo es Verdacht als Wirklichkeitseffekt artikuliert, nicht nur nachhaltig mit der Logik der Repräsentation, sondern erschüttert es zudem den epistemischen Status des Wirklichen: Realistisch betrachtet wäre nichts wirklicher als der Verdacht.

3 Realismus der Überreste: *Die Poggenpuhls*

Dieses abschließende Fontane-Kapitel nimmt verschiedene, in den Lektüren von *Effi Briest* und *Unterm Birnbaum* entwickelte Aspekte von Fontanes Gespenstern des Realismus auf, um sie anhand des kurzen Romans *Die Poggenpuhls* poetologisch und epistemologisch weiter zuzuspitzen. Hatte sich

1 Ebd., 172.

2 Mann, *Der alte Fontane*, 265.

in der Lektüre von *Effi Briest* eine gespenstische Wiedergänger- und supplementäre Reststruktur des Wirklichen („übrigens") abgezeichnet, so generieren die *Poggenpuhls* Wirkliches grundsätzlich aus Resten, Übriggebliebenem, Obsoletem. Die Zeitlichkeit, die dabei zum Tragen kommt, ist erneut eine der Wiederholung/des Wiedergängerns, der auch Fontanes Kunst des Erzählens/der Finessen nicht entgeht. Die Fundstruktur der Finessen, wie sie *Unterm Birnbaum* im Rahmen einer Epistemolgie des Verdachts inszeniert hatte, stellt sich mit den *Poggenpuhls* als eine Dynamik des Wiederfindens dar: Finden ist Wiederfinden im Übriggebliebenen, im Überrest. Dass szenische Apparaturen maßgeblich für die Verfertigung des Wirklichen in Fontanes Realismus sind, haben die Wahrnehmungs-, Schreib-, Erzähl- und Tanzszenen in *Effi Briest* sowie die Beobachtungsapparatur des Verdachts in *Unterm Birnbaum* gezeigt. Die szenische Apparatur des Wirklichen, welche in den *Poggenpuhls* zur Anwendung kommt, ist das Theater. Qua Inzenierung theatraler Aufführungen sowie in der Theatralität des Textes entwirft Fontanes Roman ein doppelbödiges Theater des Wirklichen: Es ist der gespenstische Schauplatz der Moderne, auf denen Fontanes Gespenster des Realismus ihren Auftritt haben und sich auf diese Weise als Gespenster der Moderne zu erkennen geben.

Die formale Eigenart von Fontanes Roman *Die Poggenpuhls* wurde vielfach hervorgehoben. Bereits die zeitgenössische Kritik bemerkt, dass das „Wie", nicht das „Was" entscheidend sei: In den *Poggenpuhls*, so Sigmund Schott in seiner Besprechung, ist „noch mehr, als bei anderen Büchern Fontane's, das Wie, nicht das Was entscheidend für den Werth"[1]. Fontane ist über diese Bemerkung hoch erfreut und schreibt am 14. Februar 1897 in seinem Dankesbrief an Schott: „Das Buch ist kein Roman und hat keinen Inhalt, das ‚Wie' muß für das ‚Was' eintreten – mir kann nichts Lieberes gesagt werden."[2] Angesichts der Verabschiedung des Inhalts wird die Frage der Form eklatant und ist für die

1 „Das neue Buch ist keine Problemdichtung, wie Effi Briest, vielmehr eine ganz inhaltsarme Familiengeschichte, bei der noch mehr, als bei anderen Büchern Fontane's, das Wie, nicht das Was entscheidend für den Werth ist" (Sigmund Schott, „Die Poggenpuhls", in: *Beilage zur Allgemeinen Zeitung* [München], Nr. 34, 12. Februar 1897, 6).

2 Theodor Fontane, „Brief an Sigmund Schott, 14. Februar 1897", in: *Werke, Schriften und Briefe, Abt. IV, Bd. 4*, München: Hanser 1982, 635, hier: 635. Wie Hugo Aust anmerkt (Hugo Aust, „Theodor Fontane: *Die Poggenpuhls*. Zu Gehalt und Funktion einer Romanform", in: ders. [Hg.], *Fontane aus heutiger Sicht. Analysen und Interpretationen seines Werks. Zehn Beiträge*, München: Nymphenburger Verlagshandlung 1980, 214-238, hier: 216), affirmiert Fontane damit nicht zuletzt ein naturalistisches Programm, wie es etwa von Heinrich Hart formuliert wurde: „Nicht das Was bedeutet in der Literatur das Meiste, sondern das *Wie*." (Heinrich Hart, „Die realistische Bewegung. Ihr Ursprung, ihr Wesen, ihr Ziel", in: Erich Ruprecht [Hg.], *Literarische Manifeste des Naturalismus 1880-1892*, Stuttgart: Metzler 1962, 147-154, hier: 148)

literaturwissenschaftliche Rezeption dieses sogenannten „Nebenwerkes"[1] – nämlich als radikal modern – ausschlaggebend.[2] Ganz in diesem Sinne schreibt schon Fontane an Georg Friedlaender: „Daß man dies Nichts, das es ist, um seiner Form willen so liebenswürdig anerkennt, erfüllt mich mit großen Hoffnungen, nicht für mich, aber für unsere literar: Zukunft."[3] *Die Poggenpuhls* sind ein literarischer Text der Zukunft – einer Zukunft, die sich, so die hier zu entwickelnde These, aus dem Obsoleten generiert. Alle Überlebtheit des Sujets, das Obsolete des Adelgeschlechtes der Poggenpuhls, die „nicht mehr dran"[4], die *passé* sind, und von deren goldener Zeit und großen Tagen nurmehr noch verstaubte Repräsentation kündet, können nicht darüber hinwegtäuschen, dass Fontanes später Roman so gar nichts Rückwärtsgewandtes hat. Fontanes Realismus kennt keine Nostalgie. Vielmehr scheint ausgerechnet das Überlebte, Übriggebliebene, Obsolete einem dezidiert Zukünftigen, Modernen, stattzugeben. Aus dem, was „nicht mehr dran" ist, zeitigt sich die zukünftige Form. Als „Vorspiel", „nicht als Nachspiel"[5] bezeichnet denn auch Ingrid Mittenzwei die *Poggenpuhls*.

---

1 So bezeichnet etwa Jost Schillemeit *Die Poggenpuhls* als „ganz sorglos und ohne Rücksicht auf Komposition hingeplauderte[s] Nebenwerk" (Jost Schillemeit, *Theodor Fontane. Geist und Kunst seines Alterswerkes*, Zürich: Atlantis 1961, 16).

2 Vgl. Donald Carl Riechel, „‚Thou com'st in such a questionable shape': Theodor Fontane's *Die Poggenpuhls*", in: Gerald Gillespie/Edgar Lohner (Hg.), *Herkommen und Erneuerung. Essays für Oskar Seidlin*, Tübingen: Max Niemeyer 1976, 241-255; Aust, „Theodor Fontane: *Die Poggenpuhls*"; Ingrid Mittenzwei, *Die Sprache als Thema. Untersuchungen zu Fontanes Gesellschaftsromanen*, Bad Homburg: Gehlen 1970, 156-164; Wolfgang Preisendanz, „Die verklärende Macht des Humors im Zeitroman Theodor Fontanes", in: ders. (Hg.), *Theodor Fontane*, Darmstadt: Wissenschaftliche Buchgesellschaft 1973, 286-328. Diese Lektüren stehen grundsätzlich quer zu Conrad Wandreys Diktum von Fontanes „Versagen der Gestaltungskraft": „In den „Poggenpuhls" *will* Fontane nicht mehr, im „Stechlin" *kann* er nicht mehr formen. […] Wieder eine Milieuschilderung" (Conrad Wandrey, *Theodor Fontane*, München: Beck 1919, 294).

3 Theodor Fontane, „Brief an Georg Friedlaender, 4. Januar 1897", in: ders., *Briefe an Georg Friedlaender*, hg. von Kurt Schreinert, Heidelberg: Quelle & Meyer 1954, 412-413, hier: 413.

4 „Wir sind nicht mehr dran. Was jetzt so aussieht, ist bloß noch Aufflackern" (P 47). Vgl. grundlegend: Gabriele Radeckes instruktiven Herausgeber-Kommentar.

5 „[…] nicht als tolerable Nebensache erscheint es [das Werk *Die Poggenpuhls*, E.S.] hier, sondern als Wegweiser in die Zukunft; nicht als Nachspiel, sondern als Vorspiel. Die so gerühmte Form des Romans, die dies bewirkt, geht nicht auf im Dienst gängiger Romantheorien der Zeit; sie erfüllt weder Spielhagens Forderung nach strenger Objektivität noch Fontanes eigene nach eindrucksvoller Gestaltung einer ‚Geschichte'. […] In den ‚Poggenpuhls' verzichtet der Roman von vornherein auf das bisher Wichtige; er lebt nicht von der respektablen Geschichte einer respektablen Familie, sondern von den Kleinigkeiten ihres Alltags" (Mittenzwei, *Die Sprache als Thema*, 157).

Das „Nichts" der literarischen Form als Träger des Zukünftigen/Modernen mit Blick auf die Gespenster des Realismus zu analysieren, ist Anliegen der folgenden Lektüre. Die implizite Poetik Fontanes tritt in den *Poggenpuhls* mit besonder Deutlichkeit hervor. So unablässig ist darin die Rede von Kunst, Finessen, Theater, Rollen oder Nebenrollen, dass man geneigt ist zu denken, der so handlungsarme, inhaltlose Roman („Inhalt nicht vorhanden"[1]), habe nichts anderes zum impliziten ‚Inhalt' als eben seine Poetik. Eda Sagarra folgend, die von dem „bewußt experimentellen Kunstcharakter"[2] der *Poggenpuhls* spricht, ließe sich der Roman, der so offensichtlich – und von Fontane explizit gegen Spielhagen und Heyse vertreten – mit den Romentheorien seiner Zeit bricht, als Experimentalanordnung auf die Darstellung des Wirklichen lesen. In diesem Licht erscheinen nicht nur die literarischen Inszenierungen implizit-poetologischer Begrifflichkeiten (wie z.B. Nagel, Finden), sondern auch Objekte (Überreste, Makulatur etc.) und theatrale Szenen als Auslotung der Poetologie und Epistemologie des Realismus. Fontanes *Poggenpuhls* – so war gesagt – betreibt eine Radikalisierung hin auf die zukünftige, die moderne Form: Der Einzug des Gespenstischen/Simulakrums in die Konstitution des Wirklichen ist Bestandteil dieses Formexperiments.

Wiederfinden: Wirkliches im Wartestand

Der Überrest, der dem hungrigen Leo zum Abendessen vorgesetzt wird, enthält nicht weniger als die Poetologie des Romans: Es ist ein Edamer oder besser: was von diesem noch übrig ist. In Friederikes Aufzählung der Dinge, die man zum Abendbrot anbieten könnte, rangiert der Edamer ganz hinten: „Nun, eine Boulette von gestern mittag und ein paar eingelegte Heringe mit Dill und Gurkenscheiben. Und dann noch ein Edamer. Aber von dem Edamer is bloß noch sehr wenig." (P 34) Die Reststruktur bezeugt sich bis in die Syntax hinein: „Und dann noch" – und doch ist es just dieser parataktische Zusatz, auf den Leo zurückkommt: „‚Aber du hast ja vorhin von einem Edamer gesprochen. Is noch was da?' ‚Versteht sich.'" (P 37f.)

> […] Friederike [begann, E.S.,] die herumstehenden Teller und Gläser abzuräumen und setzte dafür den halben Edamer, der eigentlich nur noch eine rote Schale war, auf den Tisch. Aber das that nichts. Leo hatte schon sein kleines Taschenmesser, weil ihm das am handlichsten war,

1 Theodor Fontane, „Brief an Heinrich Joseph Horwitz, 6. November 1896", in: *Werke, Schriften und Briefe, Abt. IV, Bd. 4*, 607, hier: 607.

2 Eda Sagarra, „Die Poggenpuhls. Roman", in: Grawe/Nürnberger (Hg.), *Fontane Handbuch*, 651-662, hier: 651.

> herausgenommen und schabte damit die guten Stellen mit vieler Geschicklichkeit heraus, immer versichernd, daß, wenn man noch was fände, wo eigentlich nichts mehr zu finden sei, das sei jedesmal das beste und darin läge auch was Sinniges. (P 38)

Wo Leo – Lieblingskind der Poggenpuhlschen Familie und Glückskind des Lebens – den „ausgehöhlten Edamer“ (P 39) „eine[m] kleinen Halbglobus“ (P 39) gleich auf dem Zeigefinger kreisen lässt, hat man es mit einer Schlüsselszene Fontanescher Poetik zu tun: Wenn der Rest auf den Tisch kommt, geht es darum, „Stellen“ zu finden, ja, etwas zu finden, „wo eigentlich nichts mehr zu finden sei“, und eben darin liegt „was Sinniges“. Allusion an Spielhagens Diktum („Finden, nicht erfinden“) lässt sich Leos Rede vom „Finden“ als dezidiert poetologische Rede lesen. Zugleich charakterisiert die Szene den Ort des Findens als einen, wo „eigentlich nichts mehr zu finden“ ist. Der Rest des Edamers, „der eigentlich nur noch eine rote Schale war“, ist strikt genommen Abfall – das Poetische haust im Wertlosen. Es ist hier, wo sich „das beste“ findet. Kunstproduktion aus Abfall mag das „Sinnige“ sein, das Fontanes *Poggenpuhls* zu lesen geben.

Dass es sich bei Leos Rede vom „Finden“ um eine „Finesse“ handelt, mag an dieser Stelle kaum noch der Erwähnung bedürfen, ebensowenig wie die Tatsache, dass die literarische Inszenierung des Findens einen implizitpoetologischen Kommentar auf Fontanes Erzählkunst der Finessen darstellt. Hatte *Unterm Birnbaum* die Kunst der Finessen als Dynamik des Findens in Szene gesetzt, so arbeiten die *Poggenpuhls* diese Dynamik hin auf ein Wiederfinden aus. Der Roman benennt den Fundstückcharakter der Finessen nicht nur explizit, er markiert zudem den Ort des Findens. Die bereits teilweise zitierte Passage aus dem Gespräch zwischen Eberhard Pogge von Poggenpuhl und seiner Nichte Manon lautet:

> ‚Sieh, das sind so Finessen, auf die man warten muß, bis man sie zufällig 'mal aufpickt, sagen wir auf einem Einwickelbogen oder auf einem alten Zeitungsblatt, da wo die Gerichtssitzungen oder die historischen Miscellen stehn. Denn nach meinen Erfahrungen umschließt die sogenannte Makulatur einen ganz bedeutenden Geschichtsfond, mehr als manche Geschichtsbücher.‘ (P 50)

Ganz wie im Falle von Leos Edamerrest finden sich auch die Finessen dort, „wo eigentlich nichts mehr zu finden“ ist: im Einwickelpapier, im alten Zeitungsblatt. Es ist „Makulatur“/Abfall, die/den Fontanes Erzählkunst poetisch recycelt. Finden ist mithin Wiederfinden eines Neuen – Modernen – im Alten,

Ausgelesenen. Berlin erweist sich dabei als privilegierter Schauplatz von poetischem *trash*:

> ‚Du hast soviel berlinische Ausdrücke, Leo.' ‚Hab' ich. Und weil man nie genug davon haben kann, denk' ich, wir brechen so bald wie möglich auf und gehen in die Stadt auf weitere Suche. Wer Augen und Ohren hat, findet immer was. Ich möchte 'mal wieder eine Litfaßsäule studieren. ‚Wer dreihundert Mark sparen will' oder die ‚goldene Hundertzehn' oder ‚Mittel gegen den Bandwurm'. Ich lese so was ungeheuer gern.' (P 41)

Auf Berlin als Schauplatz wird zurückzukommen sein. Hier sei zunächst noch etwas beim Finden und bei den Finessen verweilt. Finden ist nicht allein poetologisches, sondern auch Lebensprinzip. Wenn es nach Leo geht, findet sich „immer was" – ob eine Finesse für einen, der „Augen und Ohren hat", oder ein kleines Glück. Die Mutter fasst Leos Einstellung in die besorgten Worte: „Aber du bist so leichtsinnig und denkst immer, ‚es wird sich schon finden'. [...] Was finden! Wie soll sich denn was finden, wo soll es denn herkommen?" (P 29) Die Sorge, wo es herkommen soll, ist nicht Leos, denn dass es sich findet, ist ja gerade das Glück bzw. „Wunder" (P 29) des Findens. Leos Rede über das Glück verbindet sich über eine weitere Fontanesche Finesse – das Verb „aufpicken" – mit der Rede des Onkels über das Finden von Finessen. Hatte es in der Rede des Onkels geheißen: „Sieh, das sind so Finessen, auf die man warten muß, bis man sie zufällig mal aufpickt", lauten die Worte Leos: „‚Ja, Friederike, so muß man leben, immer so die kleinen Freuden aufpicken, bis das große Glück kommt ...' [...] ‚Und wenn es nicht kommt, dann hat man wenigstens die kleinen Glücke gehabt.'" (P 38f.) Finessen wie Glück sind, was man findet, aufpickt, und zwar in wertlosen Resten.

Bemerkenswert im Kontext der Rede des Onkels vom Finden ist auch die Rede vom Warten: „das sind so Finessen, auf die man warten muß, bis man sie zufällig mal aufpickt". Finessen sind nicht zu berechnen. Finden geht nicht mit Suchen einher, sondern ist zufälliger Effekt eines Wartens. Es ist in Bezug auf die „Lebensform" des Wartens, dass Peter von Matt Fontanes *Poggenpuhls* eine Verwandtschaft mit Tschechows *Drei Schwestern*, Walser, Kafka, Strindbergs *Traumspiel* sowie Becketts *Waiting for Godot* attestiert. Insbesondere in der Figur Leos wird „Warten zur Lebensform"[1] und tritt der „neue Typus einer

1 Peter von Matt, „Wetterleuchten der Moderne. Krisenzeichen des bürgerlichen Erzählens bei Keller und Fontane", in: Ursula Amrain/Regina Dieterle (Hg.), *Gottfried Keller und Theodor Fontane. Vom Realismus zur Moderne*, München/Berlin/New York/Boston: de Gruyter 2008, 19-30, hier: 28.

gegenbürgerlichen Existenz"[1] hervor, wie er sich im Zeichen der Moderne herausbildet. Allerdings ist Warten – wie meine Lektüre des Findens und der Finessen zeigt – nicht nur Lebensform, sondern zugleich poetologische Praxis. Und es ist in dieser textuellen Dynamik des Findens und der Finessen, dass sich eine spezifische Zeitlichkeit abzeichnet: Wenn Finden Wiederfinden, Genese des „Sinnigen"/Neuen aus dem Abfall, dem Ausgelesenen, sprich: dem Vergangenen/Obsoleten ist, dann ist auch Warten nicht allein Warten auf ein Zukünftiges, sondern auf ein Obsoletes/Unvordenklich-Vergangenes, das als Zukünftiges wiederkehrt und mithin strukturell je noch aussteht. Im Sinne dieser Zeitlichkeit des Wiederfindens ist es nur konsequent, wenn Leo lieber „kleine Freuden" in Serie aufpickt, statt auf das große Glück zu warten, oder wenn Fontane das Wort „Ende", das der Setzer unter den Vorabdruck der *Poggenpuhls* im Stuttgarter Familienblatt *Vom Fels zum Meer* setzt, wieder entfernt. Mit ihrer Dynamik des Wiederfindens im Ausgelesenen lassen Fontanes Finessen das Wirkliche selbst in eine Wiedergängerstruktur eintreten – in einen Wartestand, der strukturell Ausstand ist, *yet to come*. Der Dialog zwischen Leo und dem Onkel formuliert diese Wiedergängerstruktur explizit: Mit Blick auf die verblichenen Tage der Poggenpuhls und die vergangenen Zeiten schneidiger Militärs sagt Leo: „Vielleicht kommt es noch 'mal wieder." Worauf der Onkel erwidert: „Glaub' ich auch. Nur nicht bei uns. Wir sind nicht mehr dran." (P 47) Dass ‚es wiederkommt', ist die poetologische Signatur von Fontanes Finessen. Der Realismus des Wiederfindens, wie ihn die *Poggenpuhls* ins Werk setzen, versetzt nicht nur das Leben, sondern auch den Schauplatz und die Figuren in den Wartestand; ja, es ist eben die Transformation von Überresten (vom Edamer bis zum Poggenpuhlschen Adelsstand) ins Wirkliche-als-Wartestand, in der sich die Modernität Fontanes bezeugt.

Schadhafte Stellen

Die Wiedergänger- bzw. Revenant-Struktur, wie sie im Dialog zwischen Leo und dem Onkel anklingt („Vielleicht kommt es nochmal wieder"), begegnet schon früher im Roman, zu Beginn des zweiten Kapitels, das in die bildliche Repräsentation der Poggenpuhls einführt: Neben der von Leo so genannten „Ahnengalerie des Hauses Poggenpuhl" – eine „Bilderreihe" aus Fotografien und verblichenen Daguerreotypien von „Zeitgenossen" (P 14) –, ist da noch ein Ölbild, das einen historisch bedeutenden Moment aus der Familiengeschichte zeigt: den Überfall auf Hochkirch, wo Major Balthasar von Poggenpuhl – der „Hochkircher", wie er in der Familie genannt wird – Preußen verteidigend, den Österreichern schließlich unterliegt und wenig später den Ehrentod auf eben

1 Ebd., 27.

diesem Schlachtfeld findet. Die Aufmerksamkeit liegt weniger auf der bildlichen Darstellung („Das meiste, was man darauf sehen konnte, war freilich nur Pulverqualm", P 14) oder künstlerischen Qualität („eine Kunstschöpfung dritten oder vierten Ranges", P 14), als vielmehr auf einer physikalischen Eigenschaft: In einen „stattlichen Barockrahmen gefaßt" (P 14) verfügt das Ölbild über ein nicht minder stattliches Gewicht, was gewisse Alltagsprobleme mit sich bringt. Mit diesen ist hauptsächlich Friederike, die Haushälterin, befasst, welche – wie es heißt – mit dem Hochkircher „auf einer Art Kriegsfuß" (P 15) steht.

> „Es hatte dies einfach darin seinen Grund, daß ihr oblag, mit ihrem alten, wie Spinnweb aussehenden Staublappen doch mindestens jeden dritten Tag einmal über den überall Berg und Tal zeigenden Barockrahmen hinzufahren, bei welcher Gelegenheit dann das Bild, wenn auch nicht geradezu regelmäßig, so doch sehr, sehr oft von der Wand herabglitt und über die Lehne weg auf das Sofa fiel. Es wurde dann jedesmal beiseite gestellt und nach dem Frühstück wieder eingegipst, was alles indessen nicht recht half und auch nicht helfen konnte. Denn die ganze Wand*stelle* war schon zu schadhaft und über ein kleines, so brach der eingegipste Nagel wieder aus, und das Bild glitt herab. ‚Gott,' sagte Friederike, ‚daß er da so gestanden hat, nu ja, das war ja vielleicht ganz gut. Aber nu so gemalen,… es sitzt nich und sitzt nich.'" (P 15, Herv. E.S.) „‚[…] ich rühr' ihn ja beinah nich an; aber er sitzt immer so wacklig … Gott, Manonchen, wenn Sie doch bloß 'mal einen recht langen fänden, oder noch besser, wenn Sie 'mal so 'nen richtigen Haken einschlagen könnten. In acht nehmen! Gott, ich denke ja immer dran, aber wenn er denn so mit einmal rutscht, krieg' ich doch immer wieder 'nen Schreck. Un is mir immer, als ob er vielleicht seine Ruhe nich hätte.'" (P 16)

Was hier als Aberglaube daherkommt – Friederikes Schließen vom schlecht sitzenden Bild auf die fehlende Totenruhe –, entfaltet bei genauerer Lektüre eine poetologische Tragweite. Neben der Edamer-Szene ist auch diese Szene voller Finessen, welche poetologische Fragen im Gewand des Alltäglichen inszenieren: „Stellen" und „Nagel" entstammen dem poetologischen Vokabular Fontanes und erfahren hier eine spezifische Ausarbeitung bzw. Verschiebung.

Wie schon im vorigen Kapitel diskutiert, charakterisiert Fontane seine Kunst der Finessen als Verfahren der Motivierung des Textgeschehens: „[S]o schrecklich ordentlich und gewissenhaft"[1] – dies die bereits zitierte, durchaus

1 Fontane, „Gustav Freytag, *Soll und Haben*", 217.

anerkennende Äußerung Fontanes über Gustav Freytags *Soll und Haben* – sei der Verfasser verfahren, dass „im ersten Bande kein Nagel eingeschlagen [werde, E. S.], an dem im dritten Bande nicht irgend etwas, sei es ein Rock oder ein Mensch aufgehängt würde“[1]. Was mich hier interessiert, ist die Rede vom „Nagel“, der aus erzähltechnischen Gründen einzuschlagen ist, zu der sich die zitierte Passage aus den *Poggenpuhls* als präziser Kommentar lesen lässt. Hat Fontane in Bezug auf Gustav Freytag zweifellos einen festsitzenden Nagel im Sinn, an welchem ein Mantel oder ein Mensch aufgehängt werden kann, konterkariert das Bild des Hochkirchers einen solch zuverlässigen Halt aufs Deutlichste. Die Zeit der festen Nägel oder gar Haken ist *passé*. War der Poggenpuhlsche Familienrest – bestehend aus Majorin von Poggenpuhl und ihren drei Töchtern – bereits in einen „noch ziemlich mauerfeuchten Neubau“ (P 5) in der Großgörschenstrasse eingezogen, der durchaus als Emblem für die Moderne stehen mag, wird die ohnehin ‚schadhafte Wand*stelle*‘ durch das wiederholte Eingipsen des Nagels zweifellos nicht besser. Statt eines festsitzenden Nagels findet sich die *schadhafte Stelle*, die zum wiederholten Rutschen und untoten Eigen‚leben‘ des Hochkirchers führt. Dass diese Revenant-Struktur ausdrücklich der Repräsentation zuzuschreiben ist, also auf der Ebene der Darstellung liegt, machen Friedrikes Worte deutlich: „‚[…] daß er da so gestanden hat, nu ja, das war ja vielleicht ganz gut. Aber nu so gemalen … es sitzt nicht und sitzt nich.‘“ Wenn Fontane Darstellung/Repräsentation an „schadhafte Stellen“ knüpft und auf diese Weise mit einer Dynamik des Wiedergängers/Untoten versieht, („[…] aber wenn er denn so mit einmal rutscht, […] is mir immer, als ob er vielleiht seine Ruhe nich hätte“), so ist nach den Konsequenzen für den literarischen Text zu fragen. Finden sich auch hier „schadhafte Stellen“, *haunted/haunting* Stellen, mit denen die Stelle selbst zum Wiedergänger wird?

Die in die Dynamik des Wiederfindens eingespannten Finessen sind zweifellos ein Beispiel dafür. Ganz in diesem Sinne findet sich die poetologische Rede von der „Stelle“ auch in der Edamerszene: Es ist eben die „Stelle“, auf die Leo referiert, wenn er sagt: „daß, wenn man noch was fände, wo eigentlich nichts mehr zu finden sei, das sei jedesmal das beste und darin läge auch was Sinniges.“ (P 38) Mit seinem Taschenmesser „schabt“ er dabei die „guten Stellen“ „heraus“, bis der Edamer „ausgehöhlt[]“ (P 39) ist. Stellen/Finessen – das zeigt diese Szene – erzeugen sich in der, ja, als Bewegung von Aushöhlung – nicht zuletzt der Aushöhlung von Repräsentation selbst. Gerade im Schadhaften, im Rest, im Rutschen, generiert sich ein unvorhersehbarer, ein zufälliger Fund, etwas „Sinniges“. Die Differenz ist dem Wiederfinden/Wiedergängern von Fontanes Finessen/Stellen inhärent.

1 Ebd., 219.

Wenn man unter „Stelle"[1] texttheoretisch verstehen wollte was man zitiert bzw. ‚zitieren kann', so leisten die „schadhaften Stellen" der *Poggenpuhls* einen zitationstheoretisch weitreichenden Beitrag: Wo die Stelle zum Wiedergänger wird, untot, in sich zitiert ist, verweist sie auf die grundlegende Differenzstruktur jedes Zitats. Zitieren im Zeichen „schadhafter Stellen" heißt nicht identische Reproduktion, sondern Wiederholung von Differenz, in Leos saloppen Worten: „falsch zitieren". So schreibt Leo an Manon: „Trauriges Dasein und draußen Thauwetter. Ich könnte den Hamletmonolog deklamieren, aber ich wähle das Kürzere: ‚Nymphe, bete für mich.' Es wird wohl falsch citiert sein; die meisten Citate sind falsch." (P 90) Leos fröhlicher Akt des Zitierens mag in der Tat dem Aushöhlen des Edamerrestes vergleichbar sein: die poetische Erzeugung delikater Stellen.

Doch noch eine andere Bedeutung von „Stelle" greift Fontanes Roman auf. Es ist wieder Leo, der sagt: „Sie geben heute die ‚Quitzows' an zwei Stellen: im Schauspielhause die richtigen Quitzows und am Moritzplatz die parodierten." (P 45) „Stelle" meint hier Schauplatz/Theater, und wie man sieht, ist auch diese „Stelle"/Szene keine einfache, sondern in sich different – immer schon ihre eigene Parodie. Das Szenische der *Poggenpuhls* – und zwar keinesfalls nur im Motiv der Theatervorstellung, sondern als Szenisches der literarischen Darstellung – wurde von der Fontane-Forschung vielfach hervorgehoben. Auf das Romangeschehen bezogen ließe sich Leos Rede folgendermaßen variieren: Fontanes Roman ‚gibt das Wirkliche an zwei Stellen'. Das Szenische des Romans, so wird zu zeigen sein, ist ein strukturell doppeltes, eine *andere* Szene mit „Doppelaussicht" (P 5), die Wirkliches als Double generiert.

Doppelte Szene – Unheimlicher Schauplatz der Moderne

Theatralität und Szenisches des Romans könnten kaum dominanter sein: Die Inszenierungen reichen von der Theateraufführung der *Quitzows* über den Schauplatz Berlin, die umfangreichen Dialoge[2], für die die *Poggenpuhls* berühmt sind, über Techniken szenischen Erzählens wie Raumgestaltung und Gebrauch präsentischer Zeitadverbien („eben", „nun"), die Rollenhaftigkeit der Figuren und Inszenierung der Namen auf Theaterzetteln bis hin zur Spiel- und Schauspielmetapher des Lebens. Ich kann das vielfach bearbeitete Feld des Dramatischen in Fontanes Erzähltechnik[3] hier nicht *in extenso* behandeln,

1 Zur Poetologie der Stelle – wenn auch nicht mit Blick auf Fontane – vgl. Nils Plath, *Hier und anderswo. Zum Stellenlesen bei Franz Kafka, Samuel Beckett, Theodor W. Adorno und Jacques Derrida*, Berlin: Kadmos 2017.

2 Vgl. Eberhard Lämmert, *Bauformen des Erzählens*, Stuttgart/Weimar: Metzler 2004, 226ff.

3 Zum szenischen Erzählen in den *Poggenpuhls* vgl. Michael Scheffel, *Formen selbstreflexiven Erzählens. Eine Typologie und sechs exemplarische Analysen*, Tübingen: Max Niemeyer 1997,

sondern will mich auf die spezifische Verdoppelungsstruktur der Szene/des Schauplatzes in den *Poggenpuhls* sowie deren epistemologische Konsequenzen für Fontanes Realismus beschränken.

Beginnen wir mit der augenfälligsten Szene, der Inszenierung der *Quitzows* „an zwei Stellen“: Im Schauspielhaus werden die „richtigen Quitzows“ gegeben, „am Moritzplatz die parodierten“ (P 45). Während Leo zur Parodie tendiert, geht dies dem Onkel dann doch zu weit: „Nein, Leo, das geht nicht, so gern ich sonst dergleichen sehe. Man ist doch seinem Namen auch was schuldig. Sieh, die Poggenpuhls waren in Pommern so ziemlich dasselbe, was die Quitzows in der Mark waren, und da, mein’ ich, verlangt es der Korpsgeist, daß wir uns eine Parodie der Sache nicht so ganz gemütlich mit ansehn.“ (P 45f.) Die Entscheidung zwischen „den richtigen und den falschen“ (P 46) *Quitzows* geht entsprechend zugunsten der richtigen aus.[1] Nicht aber nur eröffnet der Text eine doppelte Szene, wo er „richtiges“ und „falsches“ Stück zeitgleich zur Aufführung bringt, und damit quasi „richtig“ und „falsch“ ineinanderblendet, auch nachdem man sich für die von Wildenbruchschen *Quitzows* entschieden hat, hält die literarische Inszenierung einiges an Doppelbödigkeit bereit. Der Coup von Fontanes Roman besteht in einer Intervention in die Anordnung von Bühnen- und Zuschauerraum: Wenn „die Poggenpuhls in Pommern so ziemlich dasselbe [waren, E.S.], was die Quitzows in der Mark waren“, und sich die einen auf der Bühne, die anderen im Publikum finden, so sieht sich

154-174; Preisendanz, „Die verklärende Macht des Humors im Zeitroman Theodor Fontanes“, 286ff.; Harald Tanzer, *Theodor Fontanes Berliner Doppelroman: „Die Poggenpuhls“ und „Mathilde Möhring“. Ein Erzählkunstwerk zwischen Tradition und Moderne*, Paderborn: Igel 1997, 65ff., 130ff. Zur Theatralität von Fontanes Erzählen vgl. auch: Michael Scheffel, „Drama und Theater im Erzählwerk Theodor Fontanes“, in: Horst Turk/Jean-Marie Valentin (Hg.), *Aspekte des politischen Theaters und Dramas von Calderón bis Georg Seidel: deutsch-französische Perspektiven*, Bern/Frankfurt am Main: Lang 1996, 201-227; Richard Brinkmann, „‚Der angehaltene Moment‘. Requisiten – Genre – Tableau bei Fontane“, in: ders., *Wirklichkeiten. Essays zur Literatur*, Tübingen: Max Niemeyer 1982, 189-220.

1 Zum Verhältnis von Ernst von Wildenbruchs *Quitzows* und Ernst von Zahmenbruchs Parodie der Quitzows vgl. Bettina Plett, *Zur Kunst der Allusion. Formen literarischer Anspielungen in den Romanen Theodor Fontanes*, Köln/Wien: Böhlau 1986, 301-306. Vgl. des Weiteren Fontanes Rezension von Wildenbruchs *Die Quitzows*: Theodor Fontane, „Ernst von Wildenbruch, *Die Quitzows* (9.11.1888)“, in: *Sämtliche Werke, Bd. XXII/2: Causerien über Theater*, München: Nymphenburger Verlagshandlung 1964, 578-584.; sowie das Kapitel „Quitzöwel“, in: Theodor Fontane, *Fünf Schlösser. Altes und Neues aus der Mark Brandenburg*, in: *Große Brandenburger Ausgabe: Wanderungen durch die Mark Brandenburg, Bd. 5*, Berlin: Aufbau 1994, 11-99. Zur Theateraufführung von Wildenbruchs *Quitzows* in den *Poggenpuhls* vgl. auch Beatrice Müller-Kampel, *Theater-Leben: Theater und Schauspiel in der Erzählprosa Theodor Fontanes*, Frankfurt am Main: Athenäum 1989, 77-84.

die Grenze zwischen Bühnengeschehen und Zuschauerposition perforiert, die theatrale Szene genuin verdoppelt. Fontanes Text generiert eine spezifische *mise en abyme*, in der sich Zuschauer und Stück wechselseitig überlappen und ineinander einfalten: In der Spiel-im-Spiel-Situation, in der sich Zuschauer und beobachtetes Geschehen chiastisch verschränken, betrachtet sich das Stück immer schon selbst wie es sich durch den Akt der Betrachtung allererst vollzieht. Grundlegend dabei ist die von Fontane in das *setting* eingetragene zeitliche Differenz (1411 vs. 1888), in der der gegenwärtige Zustand der Poggenpuhls, die, wie der Onkel illusionslos konstatiert, „nicht mehr dran" sind, und die Historie von Macht und Niedergang der Quitzows aufeinandertreffen, oder präziser: im Modus der Verfehlung miteinander verschaltet sind. In der Zweizeitigkeit/strukturellen Nachträglichkeit der Szene betrachtet sich Geschichte immer schon von ihrem Ende – dem abgehalfterten Zustand der Poggenpuhls – her, wie sich zugleich „Gegenwart" von einem irreduzibel Vergangenen her wiederholt, je neu in Gang setzt.

Gerhart von Graevenitz spricht von der „doppelte[] Gegenwart" der Quitzows wie der Poggenpuhls in Fontanes Roman: „die ihrer vergegenwärtigten Geschichte und die ihres Zustands"[1]. Wie ich versuche zu zeigen, installiert Fontanes *mise en abyme* und die ihr inhärente Zweizeitigkeit eine Verdoppelung, welche Gegenwart suspendiert, mit der Logik von Präsenz bricht: Geschichte (nicht zuletzt die Geschichte der Poggenpuhls *via* der Geschichte der Quitzows) ‚vergegenwärtigt' sich im Zustand/nachträglichen Blick der Poggenpuhls, sprich: in ihrem vorbei, *passé*. Wo sich aber Geschichte einzig in ihrem *passé* ‚vergegenwärtigt', kann nicht mehr im präsenzlogischen Sinne von ‚Vergegenwärtigung' gesprochen werden. ‚Vergegenwärtigung' ist vielmehr szenischer Effekt von Abwesenheit. Fontanes *mise en abyme*, sowohl in räumlicher als auch in zeitlicher Hinsicht eine Szene ohne Boden, installiert eine – um einen anderen poetologischen Begriff aus den *Poggenpuhls* aufzunehmen und szenisch produktiv zu machen – „Doppelaussicht" (P 5): einen wechselseitig nachträglichen bzw. vorgängigen Blick eines irreduzibel Vergangenen in ein je noch ausstehendes Zukünftiges. Mit der Verschaltung von Vergangenem und Zukünftigem bewirkt Fontanes „Doppelaussicht" eine Spektralisierung der Szene, die jegliche Gegenwart suspendiert. Diese zweizeitige/spektrale Szene

1 Gerhart von Graevenitz, *Theodor Fontane: ängstliche Moderne. Über das Imaginäre*, Konstanz: Konstanz University Press 2014, 554. „[…] in den *Poggenpuhls* rücken […] die Quitzowschen und die modernen Berliner Zeiten ganz nah zusammen." (Ebd., 554). Zum „Ende der historischen Geschichtskultur" in den *Poggenpuhls* vgl. auch Uwe Hebekus, *Klios Medien. Die Geschichtskultur des 19. Jahrhunderts in der historischen Historie und bei Fontane*, Tübingen: Max Niemeyer 2003, 191-230.

ist nichts anderes als die Urszene der Moderne, der *andere Schauplatz* der Moderne, welche/r Realitätseffekte im Zeichen des *passé* zeitigt, Wirkliches als Double generiert.

Die zeitliche Differenzstruktur der Szene wird im Text noch über ein anderes Moment reflektiert, ja, installiert: Bereits auf der Bühne selbst finden sich allerlei Versatzstücke eines vom historischen Sujet aus betrachtet Zukünftigen: Da ist zum einen Manfred von Klessentin, ehemaliger Regimentskamerad Leos, der sich als einfaches „Bühnenmitglied" sein Brot verdient und mithin schauspielerische Auszehrung und Ende der Ära des Adels auf der Bühne selbst verkörpert – ein Schicksal, das, wie Manon mutmaßt, auch das Leos sein könnte. Zum anderen weist das Stück selbst sprachliche Anachronismen auf:

> „‚Sagt, Kinder'", so der Onkel nach der Aufführung, „‚was war das eigentlich mit dem berliner Jargon in dem Stück? Schon gleich als die Straußberger kamen und der Thorwart nach ihnen auslugte, ging es damit los. Und das alles so um 1411 herum.' ‚Ich denke mir,' sagte Therese, ‚der Dichter […] wird doch wohl seine Studien dazu gemacht haben. Vielleicht, daß er Wendungen und Ausdrücke, die dich verwundern, in alten Magistratsakten gefunden hat.' ‚Ach, Kind, das Berlinerische, das da gesprochen wird, das ist noch keine hundert Jahre alt und manches noch keine zwanzig.'" (P 49)

Der Berliner Jargon wird auch von der zeitgenössischen Kritik des Wildenbruchschen Stückes bemerkt, ja, nicht zuletzt für dessen großen Erfolg mit verantwortlich gemacht. Das Stück, so heißt es im *Führer durch das Theater der Jetztzeit* (1904), ist „reich an bewegten Volksszenen, und der Dichter scheute sich nicht, seinen Personen den Berliner Dialekt in den Mund zu legen, ja, er erzielt gerade dadurch mächtigere Wirkung"[1]. Auch die *Gartenlaube* erwähnt das Berlinerische als Teil des Erfolgs: „[…] wozu neben dem schönen Aufschwung einzelner dichterischer Szenen auch der Witz der Berliner Lokalposse beitrug, der es sich hier im mittelalterlichen Kostüm wohl sein ließ"[2]. Wenn der Onkel die zeitgenössische Berliner Schnauze im historischen Stück hervorhebt, ist er mithin nicht allein; gleichwohl ist es die dezidierte Markierung des Anachronismus in den Worten des Onkels, welche angesichts des Fontaneschen theatralen *settings* zugleich die eigene Position reflektiert. Wo die sich

1 Leo Melitz, *Der Schauspielführer. Führer durch das Theater der Jetztzeit*, Berlin: Globus 1904, 212.

2 Rudolf Hermann, „Deutsche Bühnenschriftsteller der Gegenwart", in: *Die Gartenlaube. Illustriertes Familienblatt*, 44, Leipzig: 1896, 171.

auf die Quitzows zurückprojizierenden Poggenpuhls auf ihre Vergangenheit zu blicken meinen, blickt die Gegenwart – in Gestalt des zeitgenössischen Berliner Jargons – auf sie zurück. Die Bühne zeigt nicht Geschichte/Vergangenheit, sondern reflektiert den projizierenden Blick, der – zumindest im Fall von Therese – die Wiederbelebung von einstigem Glanz und Größe sucht.

Interessant ist in diesem Zusammenhang auch die in der Kritik der *Gartenlaube* gewählte Formulierung, dass es sich „der Witz der Berliner Lokalposse [...] im mittelalterlichen Kostüm wohl sein ließ“[1], welche der strukurellen Anlage von Fontanes theatraler Szene korrespondiert. Historisches erscheint als Kostüm eines Zukünftigen, das sich einzig als Verkleidetes konstituiert und zugleich ein irreduzibel Vergangenes maskiert. Mit Blick auf die zweizeitige Szene der *Quitzow*-Aufführung im Blick der Poggenpuhls ließe sich sagen, dass hier die als Poggenpuhls kostümierten Quitzows auf die als Quitzows kostümierten Poggenpuhls treffen, wobei selbstredend nicht zu sagen ist, wer wer ist – je war oder gewesen sein wird. Fontanes „Doppelaussicht“ betreibt die wechselseitige Kostümierung, präziser: inszeniert die strukturelle Unhintergehbarkeit von Kostümierung für die ‚Vergegenwärtigung des Vergangenen‘ respektive Konstitution von ‚Gegenwart‘. Die heterochrone *mise en abyme* betreibt die radikale Aushöhlung von Repräsentation zugunsten irreduzibler Kostümierung: Verkleidung von Verkleidung, wie Deleuze mit Blick auf das *Theater der Wiederholung* sagen würde: „Tatsächlich ist die Wiederholung das, was sich verkleidet, indem es sich konstituiert, und sich nur insofern konstituiert, als es sich verkleidet. Sie liegt nicht unter den Masken, sondern bildet sich von einer Maske zur anderen [...]. Die Masken verdecken nichts, nur andere Masken.“[2]

Das Szenische in den *Poggenpuhls* beschränkt sich – wie gesagt – nicht auf die Theateraufführung, die über die Anlage der Szene ihrerseits bereits theatralen Raum und Erzählgeschehen ineinander blendet. Und so sei denn noch ein weiterer Schauplatz des Romangeschehens betrachtet: Berlin. Man würde den entscheidenden Punkt verfehlen, wenn man sagte, dass der Roman in Berlin spielt. Vielmehr stattet Fontane den Roman anhand von Berlin mit einem spezifischen Schauplatz aus. Die zweimalige Erwähnung Berlins in meinen Ausführungen lieferte bereits Versatzstücke dieses Schauplatzes: Zum einen ist Berlin Ort von poetischem *trash*, Fundgrube, sprich: Produktionsstätte von Finessen und rückt damit in eine zeitliche Dynamik des Wiederfindens ein; zum anderen betreibt die Berliner Schnauze in ihrem mangelnden Respekt vor

---

1 Ebd.

2 Deleuze, *Differenz und Wiederholung*, 34; zum Verhältnis von Wiederholung und Verkleidung vgl. auch ebd., 34f., 140f.

einem vermeintlich authentischen Historischen eine anachronistische Kostümierung. Die in beiden Aspekten anklingende Heterochronie des Schauplatzes findet sich auch in den Worten des Onkels wieder, der zur Begründung, warum er nicht bei der Familie in der Großgörschenstraße, sondern lieber im Hotel „Fürstenhof" am Potsdamer Platz wohnen will, folgende dezidiert szenische Beschreibung liefert:

> ‚[...] ich ziehe den Potsdamer Platz vor, weil da das meiste Leben ist. Und Leben ist nun 'mal das beste, was eine große Stadt hat. [...] Ich bin also wieder im ‚Fürstenhof' abgestiegen [...]. Und wenn ich mich da morgens ins Fenster lege, links und rechts ein Sofakissen unterm Arm und die frische Winterluft kommt so vom Hall'schen Thor her [...] und ich habe dann so Café Bellevue und Josty vor mir, Josty mit dem Glasvorbau, wo sie schon von früh an sitzen und Zeitungen lesen, und die Pferdebahnen und Omnibusse kommen von allen Seiten heran und es sieht aus, als ob sie jeden Augenblick ineinander fahren wollten, und Blumenmädchen dazwischen [...], und in all dem Lärm und Wirrwarr werden dann mit einemmale Extrablätter ausgerufen, so wie Feuerruf in alten Zeiten und mit einer Unkenstimme, als wäre wenigstens die Welt untergangangen' (P 44f.).

Einigermaßen unerwartet sind die Einsprengsel von alten Zeiten, Weltuntergang und Unkenstimme im Bild modernen Großstadtlebens. Dabei taucht das Untergegangene eben dort auf, wo das Neueste verkündet wird: in der Ausrufung der Extrablätter. Eine Stimme aus dem Jenseits, nach dem Weltuntergang, ist es – und also wohl ein Revenant –, die das Neueste verkündet – oder besser: prophezeit, denn dem Unken ist eine prophetische Dimension inhärent. In der Tat scheint die Unkenstimme längst Vergangenes und Zukünftiges kurzzuschließen – eine Stimme des „Einst", wie man mit Thomas Mann sagen könnte.[1] Spricht Fontane in einem Brief an seine Frau von

1 „Sprache des ‚Einst' in seinem Doppelsinn aus ‚Wie alles war' und ‚Wie alles sein wird'" (Thomas Mann, *Leiden und Größe Richard Wagners*, in: *Gesammelte Werke in dreizehn Bänden, Bd. IX: Reden und Aufsätze 1*, Frankfurt am Main: Fischer 1974, 363-426, hier: 372). „Was uns beschäftigt, ist nicht die bezifferbare Zeit. Es ist vielmehr ihre Aufhebung im Geheimnis der Vertauschung von Überlieferung und Prophezeiung, welche dem Worte ‚Einst' seinen Doppelsinn von Vergangenheit und Zukunft und damit seine Ladung potentieller Gegenwart verleiht." (Thomas Mann, *Joseph und seine Brüder*, in: *Gesammelte Werke in dreizehn Bänden, Bd. IV*, Frankfurt am Main: Fischer 1974, 32) „‚Einst' ist ein unumschränktes Wort und eines mit zwei Gesichtern; es blickt zurück, weit zurück, in feierlich dämmernde Fernen, und es blickt vorwärts, weit vorwärts in Fernen, nicht minder feierlich durch ihr Kommen-Sollen, als jene

„Unken-Prophetie"[1], attestiert er dem Unken andernorts Herkunft und Kenntnis aus ferner, längst vergangener Zeit.[2] Mit dem vom Onkel beschriebenen Schauplatz hat man es wieder mit einer zweizeitigen Szene, einer Szene von Nachträglichkeit zu tun: Das Neue/Zukünftige zeitigt sich als Wiederholung eines unvordenklich Vergangenen, gibt sich mit einer Stimme aus einer unvordenklich vergangenen Zeit kund, wie zugleich Unvordenklich-Vergangenes immer schon Wiederkehr eines Zukünftigen ist, erzeugt einzig im nachträglich-zukünftigen, sprich: prophetischen Laut. Die „Unken-Prophetie" erstreckt sich m.a.W. zugleich auf Zukünftiges wie Vergangenes. Wie nicht zuletzt von der Unkenstimme angezeigt, handelt es sich bei der Darstellung Berlins als Schauplatz der Moderne um eine unheimliche Szene/Szene des Unheimlichen. Über die paradoxe Verschränkung von unvordenklich Vergangenem und je noch ausstehendem Zukünftigem trägt der Schauplatz jene heterochron-spektralen Züge, wie ich sie bereits in Bezug auf die Theateraufführung der *Quitzows* diskutiert habe. Mit Berlin als Schauplatz/Urszene der Moderne geben Fontanes *Poggenpuhls* zugleich die *Moderne als Urszene* zu lesen – als einen *anderen Schauplatz*, der das Neue unkt und Wirkliches als gespenstisch-wiedergängernde Szenen-Effekte generiert.

Eine Finesse sei in diesem Zusammenhang noch kurz angesprochen: Auffällig ist die Nähe der Unkenstimme zu den Poggenpuhls: Die Unken, auch Feuerkröten, sind Froschlurche; das Unken der vergangen-zukünftige *sound* aus dem Froschtümpel, der sich bis in den Signifikanten „Tümpel" hinein auch im *Schach von Wuthenow* findet. „‚Es ist wohl möglich,' antwortete Victoire, [...] und horchte, während sie dies sagte, nach dem Tümpel hin, in dem das Musizieren der Unken immer lauter wurde."[3] „Poggenpuhl" nun aber heißt nichts anderes als „Froschtümpel". Handelt es sich bei den Poggenpuhls um ein Geschlecht von Unken? Wie immer bei den Finessen und dem Theater der Wiederholung wird man die Stimme der Unken noch einmal hören.

---

anderen durch ihr Gewesen-Sein" (Mann, *Joseph und seine Brüder*, in: *Gesammelte Werke in dreizehn Bänden, Bd. V*, Frankfurt am Main: Fischer 1974, 1555).

1 Theodor Fontane, „Brief an Emilie Fontane, 16. Mai 1870", in: *Werke, Schriften und Briefe, Abt. IV: Briefe, Bd. 2: 1860-1878*, München: Hanser 1979, 312-313, hier: 312.

2 „Und an deinen Ufern und an deinen Seen, /Was, stille Havel, sahst all du geschehn?!/Aus der Tiefe herauf die Unken klingen, – /Hunderttausend Wenden hier untergingen" (Theodor Fontane, „Havelland", in: *Große Brandenburger Ausgabe: Gedichte: Gedichte [Sammlung 1898], Aus den Sammlungen ausgeschiedene Gedichte*, Berlin: Aufbau 1995, 224-226, hier: 225).

3 Theodor Fontane, *Schach von Wuthenow. Erzählung aus der Zeit des Regiments „Gendarmes"*, in: *Große Brandenburger Ausgabe. Das erzählerische Werk, Bd. 6*, Berlin: Aufbau 1997, 40.

Nebenrollen und „kleine Existenzen": Roman des ‚Neben'

Die szenische Apparatur der *Poggenpuhls* erstreckt sich über den Schauplatz hinaus auch auf die Figuren. Die Rede von Spiel, Rolle, Theater ist allgegenwärtig: sei es in Thereses „Neigung, sich auf das Poggenpuhlsche hinauszuspielen" (P 75), in des Onkels Worten, dass man „das Spiel [immer, E.S.] in der Hand" (P 71) hat oder dass er ‚den Gemütlichen spiele'[1], sei es die „Rollenverteilung" (P 11) im Hause Poggenpuhl oder Leos „Komödie" („Ach, Leo, mache doch keine Komödie", P 26). Am prominentesten reflektiert der Text die Rollenhaftigkeit der Figuren und das Schauspiel des Lebens anhand von Manfred von Klessentin, Leos bereits erwähntem ehemaligen Regimentskameraden, den Leo nach der Theateraufführung beim Abendessen im Theaterrestaurant unverhofft ‚wiederfindet' („den hier so unerwartet Wiedergefundenen", P 50). Die Überraschung ist umso größer, als sich herausstellt, dass Manfred von Klessentin gar als Darsteller auf der Bühne wiederzufinden ist, denn dass der Adel zugleich Dargestelltes wie Darsteller ist, durchkreuzt die Erwartung ebenso wie die Logik der Repräsentation.[2] Wenig repräsentativ ist auch die Rolle, die er spielt: Nebenrollen sind das schauspielerische Metier Manfred von Klessentins. Der Dialog zwischen Onkel und Manfred von Klessentin gestaltet sich wie folgt:

> ‚[...] ich möchte beinahe wetten, Sie links im Parkett bemerkt zu haben, sechste oder siebente Reihe.'
>
> ‚Bedaure, Herr General; ich war dem Aktionsfeld um ein gut Teil näher ...'
>
> ‚Weiter vor?'
>
> ‚Ja, Herr General. Auf der Bühne selbst.'
>
> [...] ‚Da hat man Sie zu beglückwünschen, Herr von Klessentin. Hinter den Coulissen; à la bonne heure, so gut trifft es nicht jeder. [...]'
>
> ‚[...] Ich bin nämlich einfach Bühnenmitglied. Der Dietrich Schwalbe, dessen Sie sich vielleicht aus dem letzten Akt her entsinnen – auf dem Zettel steht Bannerträger' (P 51f.).[3]

Von Klessentins folgende Ausführungen über die Nebenrollen, die „kleinen Existenzen" auf der Bühne, korrespondieren aufs Deutlichste mit Fontanes

1 „[...] ich spiele den Gemütlichen und ich darf nicht 'mal sagen, daß sich solche Schauspielerei für einen General nicht paßte. Da giebt es noch ganz andre Nummern, die auch alle Komödie gespielt haben, Kaiser und Könige" (P 72).

2 Zu von Klessentin und der Beziehung zwischen Adel und Theater vgl. Müller-Kampel, *Theater-Leben*, 118-122.

3 Dass von Klessentin ausgerechnet als „Bannerträger" auftritt, steht in deutlichem humoristischen Kontrast zu Thereses Entschiedenheit, „die Poggenpuhlsche Fahne hochzuhalten" (P 9).

Wertschätzung des Kleinen, dem, wie dieser in einem Brief vom 24. Mai 1890 an Theodor Wolff schreibt, „das Kleinste das Liebste"[1] ist. Auch bei dem Onkel hat von Klessentin mit seiner Vorliebe fürs Kleine sofort einen Stein im Brett, wie Sophie ihrer Mutter zu berichten weiß: „[…] und wenn einer sagt: ‚ich bin fürs Kleine', der hat gleich sein Herz gewonnen" (P 69).

> „‚[…] in welchem Rollenfache'", so der Onkel zu von Kessentin, „‚hat man Sie denn eigentlich zu suchen? […]'
>
> ‚[…] im ganzen aber dürfen mich der Herr General immer nur da suchen, wo Sie Gruppen und Rubriken finden: Erster Bürger, zweiter Mörder, dritter Pappenheimer; so sind mir die Würfel gefallen. Speziell im Tell bin ich natürlich mit auf dem Rütli und habe da den Mondregenbogen und dann später das Alpenglühen dicht hinter mir. Trotzdem – ich habe bis jetzt immer nur den Meier von Sarnen und ein einziges Mal auch den Auf der Mauer gespielt und ich darf hinzusetzen, mein Ehrgeiz versteigt sich überhaupt nicht höher als bis zu Rösselmann. Ein schwacher Aufstieg. […] Und dann, Herr General, wie man mit Recht sagt, daß auch die kleinen Existenzen ihre großen Momente haben, so ganz besonders auch beim Theater. Da ist beinahe keiner unter den mir gleichgestellten Kollegen, der sich nicht sagte: ‚Ja, dieser Matkowsky! dieser Matkowsky spielt den Mortimer und den Prinzen in Calderons ‚Leben ein Traum', und er spielt beide gut, sehr gut; aber den Frießhardt (das ist, Verzeihung, der Kriegsknecht, der vor Geßlers Hut Wache steht) oder den Deveroux, der den Wallenstein mit der Partisane niederstößt, oder die Hexe im Faust oder […] die dritte Macbethhexe, *die* spiele ich, da bin ich ihm über, diesem Matkowsky'… Und solche glücklichen Momente habe ich auch.'" (P 54f.)
>
> „‚Der Zufall, ein glücklicher oder unglücklicher, hat es so gefügt, daß ich die ganze Reihe der Fallstaffschen Rekruten, also des sogenannten ‚Kanonenfutters', durchgespielt habe, mit Ausnahme des Schwächlich.'" (P 56)

Das Kleine ist nicht nur unscheinbar, es nimmt bei Fontane auch kollektive Form an. Nicht im Singular erscheint die Nebenrolle, sondern als Serie: Es sind „Gruppen und Rubriken", Aufzählungen („erste", „zweite", „dritte"), „ganze Reihen", „Kanonenfutter". Rollen, deren Namen man nicht kennt und die man nicht erinnert, sind sie doch unendlich substituierbar – Jedermann-in-Serie,

1 Fontane, „Brief an Theodor Wolff, 24. Mai 1890", 46.

wobei es gerade der Jedermann bzw. das Mittelmäßige („schwacher Aufstieg") ist, in welchem Fontane das Besondere verortet.[1]

Unspektakuläre Nebenrollen, „kleine Existenzen" sind *das* Figuren-Format von Fontanes Realismus des Alltäglichen – eines Realismus, der so wenig wie an großen Helden an großen Handlungen interessiert ist. Von hier erhellt auch die Anlage der *Poggenpuhls* als Roman, der – wie vielfach bemerkt wurde – einer Haupthandlung und Hauptfiguren entbehrt. In der Tat liefert der Roman mit der Todesanzeige für Eberhard Pogge von Poggenpuhls selbst den Theaterzettel seines Figurenpersonals. Neben Josephine „als Gattin" und Albertine „als Schwägerin" sind Wendelin, Leo, Therese, Sophie und Manon „als Neffen und Nichten" gelistet:

<table>
<tr>
<td>Wendelin Pogge von Poggenpuhl,
Premierleutnant im Grenadier-Reg.
von Trzebiatowski,
Leo Pogge von Poggenpuhl,
Sekondleutnant im Grenadier-Reg.
von Trzebiatowski,
Therese Pogge von Poggenpuhl,
Sophie Pogge von Poggenpuhl,
Manon Pogge von Poggenpuhl.</td>
<td>}</td>
<td>als
Neffen
und
Nichten. (P 115)</td>
</tr>
</table>

Das „als" markiert die Figuren als Rollen, sprich: ihre Theatralität. „Neffen und Nichten" fällt klar unter „Rubriken und Gruppen"; der kollektive Charakter ist zudem graphisch durch die geschwungene Klammer markiert, wie sie sich im Manuskript findet (siehe Abb. 3).

Mit dem Schwerpunkt auf dem letzten Drittel des Theaterzettels könnte die Präferenz für Nebenrollen nicht deutlicher sein. Überdies betreibt der Roman die Verabschiedung von Haupt- und Heldenrollen auf offensiv-humoristische Weise: Helden bzw. Väter, sofern sie überhaupt den Schauplatz betreten (was nicht wirklich geschieht), erscheinen nurmehr im Pulverqualm, ohne Rock, inmitten von Niederlagen oder werden gänzlich vergessen.[2]

1 Sophie fasst dies ihrer Mutter gegenüber so zusammen: „Er hat immer nur ganz kleine Rollen und nannte auch ein paar. Aber, was einen trösten kann, er setzte gleich hinzu, das mache keinen rechten Unterschied und die kleinen Rollen, auf die käm' es mitunter auch an, gerade so gut wie auf die großen" (P 69).

2 Von der Mutter ermahnt, den Vater nicht zu vergessen, beschließt Manon den Roman mit den Worten: „Ja, meinen Vater, den hatt' ich vergessen. Sonderbar, Väter werden fast immer vergessen. Ich werde mit Flora darüber sprechen. Die sagte auch 'mal so was" (P 121).

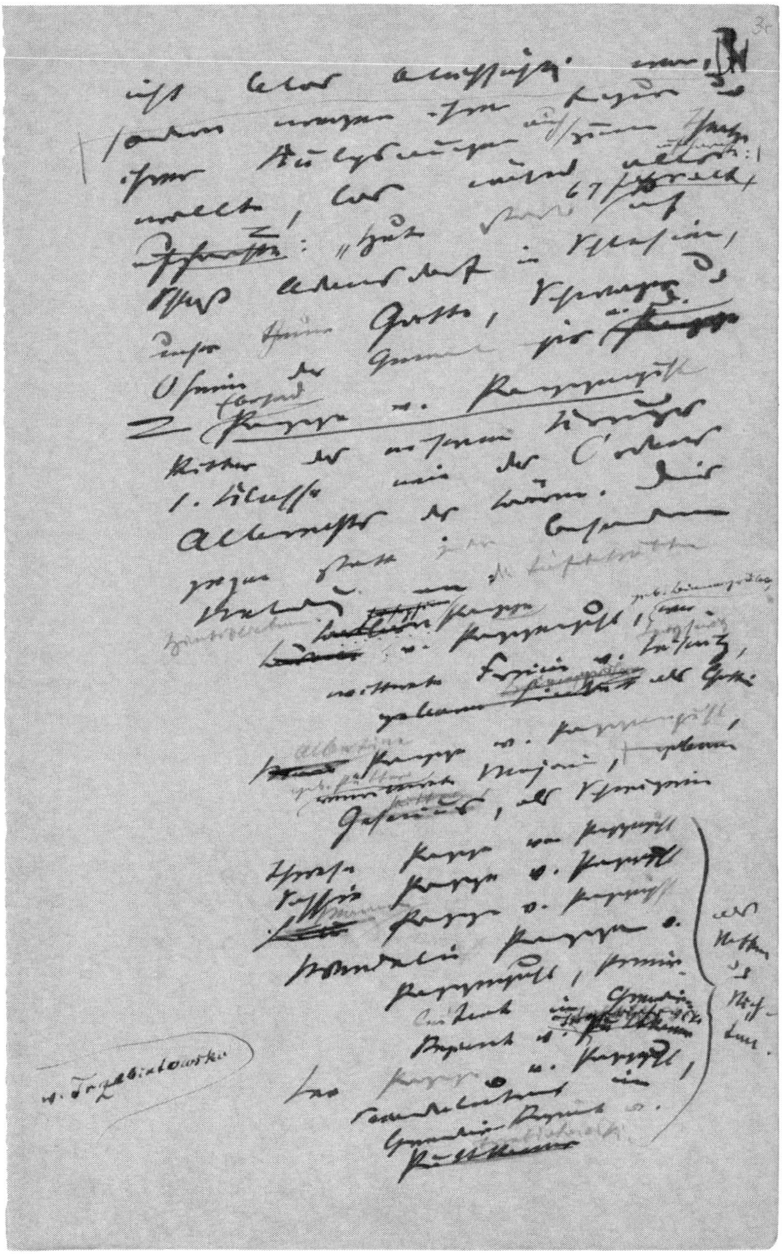

Abb. 3 Theodor Fontane, *Die Poggenpuhls*, Todesanzeige von Eberhard Poggenpuhl

Fontanes *Die Poggenpuhls* ist ein Roman der Nebenrollen, Nebenhandlungen, Nebenschauplätze, des Nebensächlichen. Mit dem „halb abschätzigen, halb wohlwollenden Etikett ‚Nebenwerk'"[1] belegt, ließen sich die *Poggenpuhls* im buchstäblichen Sinn als Neben-Werk, Werk des ‚Neben' bezeichnen: Im Sinne eines Realismus des Alltäglichen entwickelt Fontanes Roman eine Vielzahl poetologischer Modi des ‚Neben' – sei es die Aufmerksamkeit für „Nebensachen"[2] und nebensächliche Details (Finessen), seien es kollektive Figurenensembles (Nebenrollen), die seriell-sequentielle Komposition[3] oder das beiläufig-belanglose Nebenher von Handlungen, ja, seine vermeintliche Ereignis- und Handlungslosigkeit[4] – und bezieht aus ihnen seine, mit Thomas Mann gesprochen, „tapfere Modernität"[5].

Name als mise en abyme

Mit den Nebenrollen und der theatralen Figurenkonzeption in den *Poggenpuhls* kommt noch etwas anderes ins Spiel: der Name. Dieser erweist sich als privilegierter Schauplatz von Fontanes Theater der Wiederholung. Zwei Szenen sind hierfür besonders aufschlussreich: zum einen die Diskussion um den Künstlernamen von Manfred von Klessentin, zum anderen die bereits erwähnte Todesanzeige, welche die Namen der Poggenpuhlschen Familie auflistet und als Theaterzettel daherkommt.

Es bereitet dem Onkel einige Probleme, von Klessentins Namen auf dem Theaterzettel zu finden:

> ‚Aber was mich überrascht, ich habe den Zettel wenigstens dreimal durchstudiert und bin Ihrem Namen nicht begegnet …'

---

1 Richard Brinkmann, „Nachwort", in: Theodor Fontane, *Die Poggenpuhls*, Stuttgart: Reclam 1969, 119-126, hier: 119.

2 „[…] in meinen ganzen Schreibereien suche ich mich mit den sogenannten Hauptsachen immer schnell abzufinden, um bei den Nebensachen liebevoll, vielleicht *zu* liebevoll, verweilen zu können" (Fontane, „Brief an Theodor Wolff, 24. Mai 1890", 46).

3 Was ich hier als Poetik des ‚Neben' beschreibe, fasst Peter Demetz als „‚Dann' in seiner epischen Dominanz": „[…] die Organisation durch eine fortsetzbare Reihe von Szenen, die den bereits vollendeten Charakter in seinem Reichtum schrittweise offenbaren. […] das ‚Dann' in seiner epischen Dominanz" (Peter Demetz, *Formen des Realismus: Theodor Fontane. Kritische Untersuchungen*, München: Hanser 1964, 158). „An Stelle der dialektischen Spannung tritt die fortschreitende Nuancierung der Charaktere; die Bindung der Teile ist additiv, nicht steigernd. […] die Vorfälle entstehen […] ganz natürlich und die Handlung erweckt den Anschein, keine Handlung zu sein'" (ebd., 159).

4 „Stattdessen bietet Fontane ein ‚Nichts', dessen hervorstechendes Merkmal in der Ereignis- bzw. in der Belanglosigkeit aller Begebenheiten liegt. Die Geschichte, die der Roman erzählt, erschöpft sich in Alltäglichkeiten; ihre Höhe- und Wendepunkte dringen nie in die Sphäre des Romanhaft-Außergewöhnlichen vor" (Aust, „Theodor Fontane: *Die Poggenpuhls*", 215).

5 Mann, *Der alte Fontane*, 27.

> ‚Er fehlt auch, Herr General. Auf dem Zettel heiße ich einfach Herr Manfred, nach meinem Vornamen. Es ist das so Sitte. Manfred ist mein nom de guerre.'
>
> ‚Nom de guerre', lachte der Alte. ‚Vorzüglich. Ein Klessentin tritt aus der Armee und wird Schauspieler, und im selben Augenblick, wo er dem Kriegshandwerk entsagt, kriegt er einen nom de guerre. Ein Glück dabei, daß Sie solchen hübschen Vornamen hatten. Aber so hübsch er ist, ich möchte doch fragen dürfen, können nicht durch solche poetisch historischen Vornamen allerlei Komplikationen entstehen, können Sie nicht beispielsweise grade mit Manfred in eine gewisse Verlegenheit geraten?' (P 52)

Hierauf antwortet von Klessentin:

> ‚[...] so kann ich mir, was speziell meinen Namen angeht, eine solche Komplikation doch nur für *den* Fall denken, daß ich den Lord Byronschen Manfred zu spielen hätte. Dann würd' es freilich auf dem Zettel heißen müssen: ‚Manfred ... Herr Manfred', was – so viel muß ich zugeben – das Publikum einigermaßen stutzig machen und eine momentane Verwirrung heraufbeschwören könnte.' (P 52f.)

Die entsprechenden Überlegungen werden mit Blick auf Leo fortgeführt: „Und wir erleben es auch noch, daß wir nach dem Vorbilde von ‚Manfred ... Herr Manfred' auf dem Theaterzettel lesen: ‚Leo ... Herr Leo'." (P 57) „Und wenn nicht ein Wunder geschieht, [...] so lesen wir auch noch 'mal auf dem Theaterzettel: Herr Leo." (P 68)

Mit einiger Lust scheint die Unterhaltung gerade jene Situation von „Verwirrung" zu konstruieren, in welcher Rollenname und Name, Rolle und Person ununterscheidbar werden. Der Name wird als strukturell doppelt konzipiert, womit die Logik von Repräsentation zu Fall kommt und Kunst und Existenz, Theater und Wirklichkeit in ein wechselseitiges Spiel eintreten. Wenn von Klessentin konstatiert, „daß ‚Herr Manfred' kein großer Künstlername werden wird" (P 53f.), so wäre es – würde er den Lord Byronschen Manfred spielen – in der Tat der perfekte Name für Fontanes Theater der Wiederholung/des Wirklichen, insofern dieses Ästhetik und Existenz chiastisch miteinander verschaltet. Die Worte des Onkels „eigentlich ist ja doch jeder Schauspieler" (P 72) tragen der Verschränkung der Theatralisierung des Wirklichen mit den Wirklichkeitseffekten des Theatralen ihrerseits Rechnung.

Kommt es im Falle von von Klessentin nicht zu jener Situation von „Verwirrung", insofern dessen schauspielerisches Talent begrenzt, die Rolle des Manfred hingegen eine „Pyramidalrolle" (P 53) ist, so hält der Roman gleichwohl eine entsprechende Szene der Verwirrung bereit. Es ist die Todesanzeige für Eberhard Pogge von Poggenpuhl, mit der der Name „Poggenpuhl“ seinen theatralen Auftritt findet. Die Szene – eine Leseszene – ist dezidiert als theatrale Szene markiert. Hatte ich die theatrale Dimension der Todesanzeige bereits anhand des „als“ („als Gattin“, „als Schwägerin“, „als Neffen und Nichten“) angesprochen, welches die Rollenhaftigkeit der Figuren markiert, macht der Text diese Dimension zudem explizit: Die Todesanzeige wird als „dramatische[r] Vortrag“ (P 115) inszeniert.

> ‚Siehe auch die Todesanzeigen‘. Auf diese stürzte sich nun unser Nebelung sofort, und als er die schwarz umränderte Anzeige gefunden und mit einem gewissen Grinsen aufmerksam gelesen hatte, schob er das Blatt seiner vierzehnjährigen, mit ihren zwei Brüdern gerade beim Nachmittagskaffee sitzenden Tochter Agnes zu und sagte: ‚Da, Agnes, lies ’mal; das da, wo die dicken schwarzen Striche sind.‘ Und Agnes, die nicht bloß bleichsüchtig, sondern wegen ihrer Figur und ihrer Vorliebe für die ‚Jungfrau von Orleans‘ auch fürs Theater bestimmt war, las während alles aufhorchte:
>
>> Heute starb, 67 Jahre alt, auf Schloß Adamsdorf in Schlesien unser teurer Gatte, Schwager und Oheim, der Generalmajor a. D.
>>
>> *Eberhard Pogge von Poggenpuhl,*
>>
>> Ritter des Eisernen Kreuzes 1. Klasse wie des Ordens Albrechts des Bären. Dies zeigen statt jeder besonderen Meldung an die tiefbetrübten Hinterbliebenen
>>
>> Josephine Pogge von Poggenpuhl, geb. Bienengräber,
>> verwitwete Freiin von Leysewitz, als Gattin.
>> Albertine Pogge von Poggenpuhl, geb. Pütter,
>> verwitwete Majorin, als Schwägerin.
>> Wendelin Pogge von Poggenpuhl,
>> Premierleutnant im Grenadier-Reg.
>> von Trzebiatowski,
>> Leo Pogge von Poggenpuhl,
>> Sekondleutnant im Grenadier-Reg.
>> von Trzebiatowski,
>> Therese Pogge von Poggenpuhl,
>> Sophie Pogge von Poggenpuhl,
>> Manon Pogge von Poggenpuhl.
>> } als Neffen und Nichten.

> Agnes, deren etwas käseweißes Gesicht bei dem Vortrag all dieser Namen – nur den polnischen Regimentsnamen brachte sie nicht recht zustande – ganz rot geworden war, legte das Blatt aus der Hand, während der Alte mit breitem Behagen sagte: ‚Na, so was von Poggen; ich hör' es ordentlich quaken' (P 114f.).

Deklamiert wird die Todesanzeige-als-Theaterzettel. Der Theaterzettel selbst wird zum Stück, das mithin wesentlich aus Namen besteht, präzise gesagt: Es ist der Name, der hier seinen szenischen Auftritt hat. Fontane macht keinen Hehl aus seinem Stolz auf den Titel des Romans „Die Poggenpuhls": „ein Titel auf den ich stolz bin"[1]. Angesichts der prominenten Platzierung des Namens im Titel darf man wohl vermuten, dass Fontane sich auch am Namen „Poggenpuhl" delektiert – jedenfalls legt dies die exzessive Inszenierung des Namens in der Todesanzeigen-Szene nahe. Qua Deklamation der Todesanzeige, d.h. durch die Wiederholung des Namens wird der Name – und mit ihm die Logik der Repräsentation – buchstäblich und einem Edamer gleich ausgehöhlt: Die Szene erscheint als in sich verdoppelt: Agnes' Zitation der Namen wird zum Schauplatz einer anderen Deklamation: Der Name vollzieht seine ‚eigene' *performance*, fällt als *sound* ein: ein kollektives Quaken. Wer da quakt, sind – dies ein weiterer Überrest in Fontanes Realismus der Überreste – „Hinterbliebene[ ]" (P 114). Mit der *performance* des Namens im Zeichen des Todes vollzieht sich die spezifische Theatralisierung der Szene: als unheimliche Szene/*anderer Schauplatz*, auf dem die Unken wiederkehren: „‚Na, so was von Poggen; ich hör' es ordentlich quaken'" – wer hörte es hier nicht zugleich auch unken?

In der Unkenstimme der Poggenpuhls ertönt ein Hinterbliebenes – eine kollektive Stimme oder besser: ein *sound*, der vom Jenseits, vom Tod, einem irreduzibel Vergangenen kündet. Während Therese glaubt, im Zeichen des Todes – nämlich durch ein ihr als „Haupt- und Staatsaktion erscheinendes Begräbnis" – die „Repräsentation der Poggenpuhlschen Familie"[2] befestigen zu können, eröffnet der Text mit der Todesanzeige eine Szene gänzlich anderer Art: eine *mise en abyme*, in dem sich Poggenpuhls und Poggen buchstäblich verdoppeln und sich „Repräsentation" zu einem kollektiv wiedergängernden *sound* verflüchtigt. Mit dem Unken aus einer anderen Zeit tritt eine

---

1 Theodor Fontane, „Brief an Wilhelm Hertz, 14. Januar 1892", in: *Werke, Schriften und Briefe, IV, Bd. 4*, 177-178, hier: 177.

2 „[...] während sich Therese nur von einer Vorstellung beherrscht fühlte: von dem Gedanken an das ihr lediglich als eine Haupt- und Staatsaktion erscheinende Begräbnis. Sie [...] lebte [...] ganz dem Hochgefühle, daß die Repräsentation der Poggenpuhlschen Familie [...] einzig und allein auf ihr beruhte" (P 101).

gespenstische Dimension des Namens[1] – die spektrale Dimension des Namens als *anderer Schauplatz* – hervor, auf dem die seriellen Träger dieses Namens als Revenants/Gespenster, zwischen einem unvordenklich Vergangenen und einem je noch ausstehenden Zukünftigen agieren.

Roman-Gespenst: „Double Séance" des Wirklichen

Die Position, dass es sich bei den *Poggenpuhls* um einen Roman handele, in dem „nur noch", der Schein herrsche, genauer: das Sein dem Schein gewichen, das wirkliche Leben zugunsten der „theatralische[n] (Schein-)Existenz"[2] verabschiedet sei, ist in der Fontane-Forschung nicht selten anzutreffen. So schreibt etwa Hans-Heinrich Reuter – vielzitiert –: „Sie *sind* nicht mehr, sie *spielen* nur noch ihre ‚Rolle' vor einem Hintergrund von Entsagung, Verzicht und Resignation."[3] Walter Müller-Seidel schließt sich ihm an: „Aus der Lebensform einer Klasse ist das lebendige Leben entschwunden; es ist alles bloß noch Spiel, Rollenspiel, Schauspielerei und Komödie."[4] Demgegenüber schlägt meine Lektüre eine andere Richtung ein und hält es mehr mit Leo und dem Onkel, welche sagen: „Kinder, ich glaube beinahe, es ist alles Verstellung bei euch" (P 43) bzw. „eigentlich ist ja doch jeder Schauspieler" (P 72). Leistet die Rede vom „‚nur noch"/‚bloß noch" „Schein-statt-Leben" einer Onto-Logik, einer Logik von Präsenz, Vorschub, welche Sein und Schein in eine Opposition fasst und letzteres als sekundär erklärt, steht Fontanes Realismus der Überreste – wie ich anhand von Finessen, Stellen, Szenen und Namen gezeigt habe – einer solchen Logik gründlich fern. Wenn die Poggenpuhls ‚nicht mehr *sind*' (Reuter), dann, weil sie ‚noch nie *waren*'. Der Roman entwickelt keinen nostalgischen Blick zurück, sondern eine „Doppelaussicht" (P 5) der Moderne: Fontanes Theater der Wiederholung tritt nicht in Opposition zu Leben oder Existenz, sondern ist

---

1 Zur gespenstischen Dimension des Namens vgl. auch Riechel: „The questionable shape of the novel is therefore the investment of a name that has become a ghost of its former self. [...] For the Poggenpuhls of Pommersch-Stargard, of Hochkirch, Großgörschen, and Gravelotte, are now the Poggenpuhls of Großgörschen Street, Berlin, [...] mocked by the sarcastic doorkeeper and man of the people, Nebelung, who hears still a different meaning in the Poggenpuhl syllables: ‚Na, so was von Poggen; ich hör es ordentlich quaken'. From first to last, the Poggenpuhls are the Poggenpuhls are the Poggenpuhls, and the irony that springs from repetition is the narrator's method and intent" (Riechel, „‚Thou com'st in such a questionable shape'", 246f.).

2 Claudia Liebrand, *Das Ich und die anderen. Fontanes Figuren und ihre Selbstbilder*, Freiburg im Breisgau: Rombach 1990, 114.

3 Hans-Heinrich Reuter, *Fontane. Zweiter Band*, Berlin/Bayreuth/Zürich: Verlag der Nation 1995, 830.

4 Walter Müller-Seidel, *Fontane. Soziale Romankunst in Deutschland*, Stuttgart/Weimar: Metzler 1980, 421.

ausdrücklich ein *Theater des Wirklichen* – Urszene/*anderer Schauplatz*, die/der Wirkliches als strukturell doppeltes, zugleich unwiederbringlich wie je noch ausstehend, als nicht-präsentischen Wartestand, hervorbringt.

Dem „nur noch“/„bloß noch“ der Fontaneforschung ist mithin ein Wort des Onkels entgegenzusetzen: „eigentlich“. Bemerkenswerterweise ist es gerade das Wort „eigentlich“, über das Fontane – in durchaus dekonstruktiver Geste – jegliche Präsenzlogik verabschiedet. Gerhard Neumann, der das „eigentlich“ in anderen Texten Fontanes in den Blick nimmt, schreibt:

> Was bleibt [...] ist eine Realität kontaminiert aus ‚zitierten Authentizitäten‘. Das Wichtigste hierbei scheint mir aber zu sein, dass Fontane diese Struktur der Uneigentlichkeit nicht unbedingt ablehnt und verwirft [...], sondern als notwendige Bedingung der spätbürgerlichen Kultur [...] zur Kenntnis nimmt oder gar bejaht. Und zwar in der ihm eigentümlichen Form von Sätzen, die mit dem Wort ‚eigentlich‘ spielen, seine authentifizierende Kraft in Geltung setzen und gleichzeitig unterlaufen; auf das Wesen der Dinge und Verhältnisse verweisend und diese doch in ihrer Gültigkeit relativierend, als das Uneigentliche des Déjà-vu und Déjà-entendu, das im Imprévu, im Écouté den Schein von Authentizität immer von neuem erweckt. Es sind Sätze wie dieser: „Eigentlich sind wir doch alle Invaliden“ – so sagt es der Versicherungssekretär Schickedanz, der die Firma „Pluvius“ vertritt, im Stechlin. „Eigentlich war er doch einer unserer Besten“ – so sagt es der Schriftsteller Bülow über den zweifelhaften Gentleman Schach von Wuthenow im gleichnamigen Roman. „Eigentlich war es doch ein Musterpaar“ – so sagt es der alte Briest über Effi und Innstetten, als die Katastrophe von deren Beziehung längst eingetreten ist. Es gibt nichts anderes, so wollen diese Sätze sagen, als das Simulakrum, als das gefälschte Bild, als die stehende Redewendung, als das geflügelte Wort, als die stereotype Formel – sie sind das ‚Wirkliche‘.[1]

Hier einige Beispiele aus den *Poggenpuhls*: Der Edamer ist „eigentlich nur noch eine rote Schale“ (P 38). Finessen sind, was man findet, wo „eigentlich nichts mehr zu finden“ ist (P 38). Und die bereits zitierte Rede des Onkels: „eigentlich ist ja doch jeder Schauspieler“ (P 72).

Im spezifischen Gebrauch von „eigentlich“, seiner Kunst der Finessen und dem Theater der Wiederholung spürt Fontanes Realismus nicht nur den Wirklichkeitseffekt von Simulakren auf, sondern generiert er Wirkliches als Simulakrum bzw. Double.

1 Neumann, „Zitierte Authentizität“, 125.

Es sind Überreste, welche in Fontanes Realismus Wirklichkeit als Simulakrum generieren und damit zugleich als Rest zu lesen geben. Entsprechend der Reststruktur des Wirklichen ließe sich Leos Frage nach dem Edamer präzise als Frage nach dem Wirklichen lesen: „‚Is noch was da?'" (P 37)/‚Is noch was übrig?' Wo die „unnütze[n] Details"[1], die Barthes zufolge den Wirklichkeitseffekt hervorbringen, Reste sind, wo also Wirkliches sich aus Resten und als Rest generiert, sieht es sich mit einer spezifischen Zeitlichkeit und spektralen Dimension ausgestattet. Im Zeichen des Todes, des Jenseits, eines ‚Vorbei' und unvordenklich Vergangenen, das gleichwohl Zukünftiges als je Ausstehendes zeitigt, wird Wirkliches selbst zum Wiedergänger, zieht Unheimliches ins Alltägliche ein, findet sich der Realismus des Alltäglichen auf einem *anderen Schauplatz* wieder. Finessen, *haunted/haunting* Stellen, Unken – die „unnützen Details" in Fontanes *Poggenpuhls* – spannen das Wirkliche in die Dynamik eines Revenants ein. Der Roman *Die Poggenpuhls* – so Donald Carl Riechel – „seems the mere ghost of a novel"[2]. Man könnte auch sagen: Mit diesem Roman konzipiert Fontane „the novel as a ghost". „Double Séance" (Derrida) auch in diesem Sinne: Fontanes Realismus der Überreste zeugt wirkliche Gespenster; der unheimliche Schauplatz, auf dem diese ihren Auftritt haben, ist der Schauplatz der Moderne.

1 Barthes, „Der Wirklichkeitseffekt", 165.

2 Riechel, „‚Thou com'st in such a questionable shape'", 241.

Realismus des *nach*

Realismusforschung – so wird man sagen dürfen – tut sich nicht eben leicht mit den Gespenstern, die sich so zahlreich wie unverhohlen in der Literatur des Realismus tummeln. Dem Gespenstischen wird tendenziell kein oder allenfalls ein argwöhnisch umzirkelter Platz eingeräumt. Noch 1994 konnte Gero von Wilpert die Forschungsliteratur resümierend schreiben: „Entweder gibt es Gespenster, dann ist die Sache nicht realistisch, oder sie ist realistisch, aber dann gibt es keine Gespenster."[1] Claus-Michael Ort und – diesem folgend – Julia Neu[2] verweisen gespenstische Momente in die narrative Isolation: Diese stellen „unmotivierte[] Zeichen", „einen ‚semiotischen Überschuß'" dar, „der nur durch remotivierende Operationen abgebaut werden kann"[3]; das Gespenstische wird durch „Re-Motivierung zu bannen versucht".[4] Marianne Wünsch verweist es an die „Grenzen des Realismus"[5]. Erst neuere Ansätze, insbesondere die Arbeiten von Christian Begemann[6], erkennen dem Gespenstischen eine

1 Wilpert, *Die deutsche Gespenstergeschichte*, 303.

2 Ort, *Zeichen und Zeit*; Julia Neu, „‚Das klingt ja sonderbar, als ob es doch möglich wäre'. Fantastik als Herausforderung für den Realismus", in: Moritz Baßler (Hg.), *Entsagung und Routines. Aporien des Spätrealismus und Verfahren der frühen Moderne*, München/Berlin/New York/Boston: de Gruyter 2013, 130–150.

3 Ort, *Zeichen und Zeit*, 53.

4 Ebd.

5 Marianne Wünsch, „Experimente Storms an den Grenzen des Realismus: neue Realitäten in *Schweigen* und *Ein Bekenntnis*", in: *Schriften der Theodor-Storm-Gesellschaft*, 41, 1992, 13–23. Marianne Wünsch nimmt okkulte Phänomene im Realismus durchaus zur Kenntnis, betrachtet die entsprechenden Texte allerdings als „vereinzelt" und an den „Grenzen des realistischen Literatursystems", insofern sie „mit Strukturen experimentieren, die von diesem Literatursystem eigentlich ausgeschlossen werden und normalerweise erst im folgenden literarischen System, in den 1890ern sich allmählich konstituierenden Frühen Moderne thematisch werden." (Ebd., 13) Qua Reformulierung des Realismus anhand der Episteme von „Augengespenstern" und wahrgenommener Wirklichkeit zeigt meine Studie, dass eben das, was Wünsch als „vom Realismus Ausgeschlossenes" (ebd., 22) charakterisiert, konstitutiv für Wirklichkeit und mithin strukturelle Mitgift des Realismus ist. Aus einer solchen epistemologischen Perspektive erscheint der von Wünsch unterlegte Epochenbegriff unzureichend.

6 Vgl. die Diskussion von Begemanns Arbeiten in der Einleitung (bes. S. 8f., Fn 4) und in Kapitel IV/2 (bes. S. 254f., Fn 1). Die gespenstische Epistemologie des Realismus formuliert Begemann in Bezug auf das „soziale Imaginäre": „Realismus und Phantastik stehen keineswegs in dem gegenseitigen Ausschließungsverhältnis, das man bisher behauptet hat, sondern in dem eines wechselseitigen Einschlusses. Im Phantastischen kommt das soziale Imaginäre zur Sichtbarkeit." (Begemann, „Ein Spukhaus ist nie was Gewöhnliches …'", 240) In „Realismus und Phantastik" spricht Begemann von der „gespaltene[n] Moderne" (Begemann, „Realismus und Phantastik", 107) Theodor Storms: „Die phantastische Literatur verweist […] auf die Ungleichzeitigkeiten und Widersprüche in der Konstitutionsgeschichte der Moderne."

 | DOI:10.30965/9783846763667_007

grundlegende Bedeutung für die Literatur und Programmatik des Realismus zu, ohne allerdings die damit einhergehende radikal moderne Poetologie und Epistemologie des Realismus zu diskutieren. Eben dies hat das vorliegende Buch getan. Im Fokus auf die literarische Inszenierung von Wahrnehmung/wahrgenommener Wirklichkeit erweist sich das Gespenstische – Goethes „Augengespenster" wie die unheimlichen Wahrnehmungen bei Stifter, Fontane und Storm – als unheimlicher, produktiver Grund, welcher ein gespenstisches Wirkliches generiert. Im Zeichen des (Wahrnehmungs-)Gespenstes als Konstituens des Wirklichen entwickelt Realismus ein breites Spektrum literarischer Formen und poetologischer Verfahren: Formen von Serialität, Aggregate, Figuren von Wiederkehr und *déjà vu*, unheimliche Stellen, Nuancen, Rahmensprünge, Verfahren von Mimikry, *mise en abyme*-Strukturen und *andere Schauplätze*. Wie dem Inhaltsverzeichnis zu entnehmen, stellen diese poetologisch-formalen Aspekte – quer zur Bündelung der Lektüren qua Autorfunktion – die hintergründig-serielle Gliederung des Buches dar. Es sind diese Formen von Darstellung, welche die hier diskutierte realistische Literatur als Literatur der Moderne ausweisen. Die Gespenster des Realismus sind Gespenster der Moderne.[1] Gespenstisches ist dabei nicht Wiederkehr eines Verdrängten/Unabgegoltenen *in* der Moderne, findet nicht seinen Auftritt *auf* dem Schauplatz der Moderne, sondern konstituiert die Moderne als genuin gespenstischen, *anderen Schauplatz*, Urszene, welche „immer zu früh oder zu spät"[2] ist. Anders gesagt: Die Moderne selbst ist gespenstischer Effekt, in sich heterochron, zugleich irreduzibel nachträglich wie je noch ausstehend.[3]

(Ebd., 105) „Der Realismus, der sich […] der Darstellung der ‚Wirklichkeit' seiner Zeit verschreibt, zeigt zunächst gerade diese Situation in ihren inneren Spannungen und unter Einschluss des kulturellen Imaginären, zu dem das Unheimliche und Gespenstische als mehr oder minder misstrauisch beäugte Überlebsel gehören. Zugleich findet in dieser Verhandlung von Konzepten des Wirklichen eine poetologische Selbstereflexion statt, insofern der Realismus hier gewissermaßen seine eigene Geschäftsgrundlage zur Debatte stellt." (Ebd., 112) „‚Mimetisch-realistische' und ‚phantastische' Momente lassen sich in dieser Konstellation nicht mehr scharf voneinander trennen. Von der Wirklichkeit lässt sich vielleicht nicht anders erzählen als im Rückgriff auf das, was sie scheinbar von sich ausschließt" (ebd., 113).

1 Mit der Akzentuierung der Modernität der Gespenster des Realismus unterscheidet sich meine Lektüre auch von derjenigen Heinrich Deterings, welcher das Gespenstische als Überrest der Romantik betrachtet („‚Der realistische Geisterseher Storm'. Gespräch zwischen Heinrich Detering und Tilman Spreckelsen, moderiert von Christian Demandt", in: *Schriften der Theodor-Storm-Gesellschaft*, 63, 2014, 5–22, hier: 6f.).

2 Lacan, *Seminar XI: Die vier Grundbegriffe der Psychoanalyse*, 76.

3 Zum Gespenstischen der Moderne vgl. auch Jean-Michel Rabaté, *The Ghosts of Modernity*, Gainesville: University Press of Florida 1996.

Die Modernität der Gespenster des Realismus artikuliert sich in einer Präposition, die wohl wie keine sonst diese Arbeit durchzieht und die verschiedenen poetologischen Verfahren wie auch die Epistemologie des Realismus charakterisiert: Es ist die Präposition *nach.* Der Realismus, der sich im Zeichen des (Wahrnehmungs-)Gespenstes konstituiert, ist ein Realismus des *nach.* In seiner Studie mit gleichnamigem Titel bezeichnet Gerhard Richter *Afterness* als a „key figure in the thought and aesthetics of modernity“[1] und analysiert „the spectral reverberations of any act of following“[2], die „uncanny category“[3] von *Afterness.* Das *nach* motiviert auch die Anlage meiner Studie: Es setzt Goethe als Denker des *nach* an den ‚Anfang‘ und lotet das Nachleben dieses Denkens des *nach* im Realismus aus. Eine Schwierigkeit lässt sich dabei nicht von der Hand weisen: Diese betrifft das *nach* des *Nach*lebens. Wenn Goethes Vermächtnis für den Realismus u.a. in einem Denken des *nach* liegt, wenn es Goethesche Figuren des *nach* sind, die sich eines *Nach*lebens im Realismus erfreuen, hat man es wohl immer schon mit einer Heimsuchung des Realismus durch Goethe, durch „Goethe's spectre“[4], zu tun. Mit Avital Ronell gesprochen, wäre Realismus ein *uncanny* „Goethe-effect“[5], wesentlich *Nach*leben oder „*Nach*-denken“[6], ein *haunting thought,* das/der sich in verschiedenen Facetten des *nach* artikuliert.

Goethes Denken, so könnte man sagen, eruiert nahezu das gesamte Bedeutungsspektrum von *nach.* Die verschiedenen Bedeutungen von *nach,* die Grimms *Deutsches Wörterbuch* – mit häufigem Bezug auf Goethe – auflistet, umfassen etwa „räumlich: in der nähe, in die nähe, nahe“, „aus dem begriff der nähe entwickelt sich der des nicht ganz erreichten oder woran ein weniges fehlt: beinahe, nahezu, fast“, „nachfolge in raum und zeit. a) örtlich: hinterher, hinter, hinten. a tergo […] b) zeitlich: nachher, hernach, später“, Komposita

---

1 Gerhard Richter, *Afterness: Figures of Following in Modern Thought and Aesthetics,* New York: Columbia University Press 2011, Klappentext.

2 Ebd., 2.

3 Ebd., Klappentext.

4 Ronell, *Dictations: On Haunted Writing,* 4.

5 Ebd., xi.

6 „In reflecting upon the logic and the figure of afterness in modern discourse, we are prompted to reconceive a thinking of the after as a kind of after-thought or thinking-after, a *Nach-denken.* Our interrogation of the hyphen that both separates and connects *nach* and *denken* provokes a series of questions: What is meant when one thing is said to ‚follow‘ another? Does what follows mark a clear break with what comes before, or does is paradoxically perpetuate its predecessor by remaining bound to the concepts and conditions of that from which it was thought to have taken its leave? Is not the very act of breaking with, and then following upon, a way of retroactively constructing and consolidating that which, in the instance of being farewelled, has set into motion the very movement of following?“ (Richter, *Afterness,* 8).

wie „nachfolgen", „nachbild", „nachdenken", „die räumliche annäherung, bewegung, richtung nach oder zu einem ziele", „das ziel des schauenden, lauernden, erwartenden", „das ziel einer geistigen, durch ein verb, substantiv oder adjectiv ausgedrückten thätigkeit: bei *denken, fragen, forschen, wünschen, sehnen, begehren, streben, verbergen* u.s.w."[1]. Weiter führt das Grimmsche Wörterbuch den Begriff des „nachfolgens" auf, wobei es anmerkt, dass „die unterscheidung nach raum und zeit [...] nicht streng durchgeführt werden [kann], da in der räumlichen bedeutung oft schon eine zeitfolge angedeutet ist"[2]. Auch für die Bedeutung von „nach" als Supplement hat Goethe ein feines Sensorium, wie etwa seine „Nachträge" zur *Farbenlehre* zeigen.[3]

„Nach und nach" ist nicht nur eine beliebte Formulierung Goethes (wie im übrigen auch Stifters), sie ließe sich zudem als Formel für Goethes Epistemologie verstehen. Man denke nur an die im Goethe-Kapitel dieser Arbeit diskutierte Serialisierung des Versuchs, die Verfahren der Reihenbildung zur Untersuchung des Übergänglichen, das sich seinerseits als „nach und nach", serielle Struktur, darstellt. Es sind serielle Aufzeichnungsverfahren, die Goethe zum Studium des Übergänglichen entwickelt, sei es in Form des Präsens Partizip („sich aneinander reihend", W 230), das über die Verschränkung von Simultaneität und Sukzessivität dem methodischen Wahnsinn von Goethes „gegenständliche[m] Denken"[4] stattgibt, der Wolkentagebücher oder der Abschiedsstruktur des Schreibaktes, mit der alle Darstellung in der Zeitlichkeit des *nach* erscheint. „Adieu" – dies die häufig gebrauchte Abschiedsformel Goethes in seinen Reiseaufzeichnungen an Charlotte von Stein. Was sich im Zeichen des Übergänglichen vollzieht, ist die Dynamisierung des Seriellen, welche ein lineares *nach* und *nach* zugunsten von *Nach*träglichkeit verabschiedet. Als genuin Übergängliches installiert Goethes Denken das *nach* als immer schon vergangen wie noch ausstehend; Darstellung, Erkenntnis, Wahrnehmung treten in den Modus von Nachträglichkeit ein.

Die Nachträglichkeit von Erkenntnis hatte sich bereits im Aperçu des „Erlkönig", dem unvermittelten Zeitsprung in der letzten Zeile der Ballade („In seinen Armen das Kind war tot"), gezeigt. Akt von Transformation bewirkt das Aperçu die nachträgliche Verschiebung der Koordinaten, konstituiert es das Geschehen als immer schon entstelltes. Das „Gewahrwerden", die „Sinnesänderung"[5], wie es/sie sich im Aperçu vollzieht, weist Denken/Erkenntnis

---

1 Grimm, *Deutsches Wörterbuch*, Bd. 13, Sp. 9–16 („nach").

2 Ebd., Bd. 13, Sp. 12 („nach").

3 „nachtrag: *was nachgetragen wird, supplementum, additamentum, continuatio*" (ebd., Bd. 13, Sp. 206).

4 Vgl. Goethe, „Bedeutende Fördernis durch ein einziges geistreiches Wort", HM 595–599.

5 Goethe, *Dichtung und Wahrheit*, 726.

als szenischen Akt, Akt szenischer Verkehrung aus. Goethes Denken des *nach* impliziert nichts Geringeres als die gespenstische Verkehrung der Sinne/der Szene, das unheimliche Hervortreten eines *anderen Schauplatzes,* ist m.a.W. „uncanny thinking“[1].

Die Nachträglichkeit von Erkenntnis artikuliert sich auch andernorts bei Goethe, in einer Denk-Figur, die ihrerseits mit dem „Gewahrwerden“ verknüpft, zudem eine dezidiert gespenstische Dimension von Goethes Denken des *nach* zum Vorschein bringt. Es ist ausdrücklich ein „Gespenst“, ein *gespenstischer Gedanke,* welcher Goethe in Italien heimsucht:

> „Es ist ein wahres Unglück, wenn man von vielerlei Geistern verfolgt und versucht wird! Heute früh ging ich mit dem festen ruhigen Vorsatz, meine dichterischen Träume fortzusetzen, nach dem öffentlichen Garten, allein, eh ich michs versah, erhaschte mich ein anderes Gespenst, das mir schon diese Tage nachgeschlichen. [...] Im Angesicht so vielerlei neuen und erneuten Gebildes fiel mir die alte Grille wieder ein: ob ich nicht unter dieser Schar die Urpflanze entdecken könnte?“[2] „Wer an sich erfahren hat, was ein reichhaltiger Gedanke heißen will, [...] wird gestehen, was dadurch für eine leidenschaftliche Bewegung in unserm Geiste hervorgebracht werde, wie wir uns begeistert fühlen, indem wir alles dasjenige in Gesamtheit vorausahnen, was in der Folge sich mehr und mehr entwikeln, wozu das Entwickelte weiter führen soll. Dieses bedenkend wird man mir zugestehen, daß ich von einem solchen Gewahrwerden wie von einer Leidenschaft eingenommen und getrieben worden, und, wo nicht ausschließlich, doch durch alles übrige Leben hindurch mich damit beschäftigen müssen.“[3]

Der „reichhaltige Gedanke“ ist gespenstisches *Nach*denken, *Nach*wirken, ja, *Nach*leben: Er setzt die leidenschaftliche Bewegung, die Getrieben- und Eingenommenheit des Denkens in Gang und hält es im Fortgang des *nach.* Goethe belegt diesen *haunting thought* mit dem Ausdruck „Grille“. Eine „Grille“ – so heißt es in Goethes Aufzeichnung vom 8. September 1786 ausdrücklich – ist ein Gedanke, den man nicht loswird: „[...] und da ist mir eine Grille aufgestiegen, [...] die ich [...] nicht loswerden kann, wie man denn eben die Grillen

1 Vgl. Weber, *The Legend of Freud,* 1–31 (“Uncanny Thinking”).

2 Johann Wolfgang Goethe, *Italienische Reise* („Palermo, 17. April 1787“), in: *Sämtliche Werke. Briefe, Tagebücher und Gespräche Abt. I, Bd. 15/1: Italienische Reise. Teil I,* Frankfurt am Main: Deutscher Klassiker Verlag 1991, 285–286, hier: 285f.

3 Goethe, *Italienische Reise* („Störende Naturbetrachtung“), in: *Sämtliche Werke. Briefe, Tagebücher und Gespräche Abt. I, Bd. 15/1: Italienische Reise. Teil I,* 402–404, hier: 402f.

am wenigsten loswird. Ich sehe sie überall als wenn es eine Wahrheit wäre"[1]. Wirkung aus und als Nachträglichkeit („*fiel* mir die *alte* Grille *wieder ein*"), ist der „reichhaltige Gedanke" einer, der zugleich heimsucht wie sich unablässig fortzeugt, „vorausahn[t] [wittert, E.S.], was in der Folge sich mehr und mehr entwickeln, wozu das Entwickelte weiter führen soll." Als epistemologische Bedeutung von „Grille" führt das *Goethe-Wörterbuch* „(wunderlicher) Einfall, Gedanke; Narretei; wiss. oder ästhetische Idee, Hypothese"[2] an. So wenig wie das Gewahrwerden ist der grillenhafte Einfall eine einmalige Angelegenheit: Mit der „Grille", dem „reichhaltigem Gedanken" überführt Goethe den Einfall/die Hypothese vielmehr in eine serielle Dynamik/Zeitlichkeit des *nach*. Ja, die Wunderlichkeit/das Närrische des Einfalls mag nicht zuletzt der Zeitlichkeit des *nach* geschuldet sein: ein *Nach*-Gedanke, um nicht zu sagen: ein *Ur*gedanke – wie die „Urpflanze" selbst.

In der Tat zeichnet sich der Gedanke der Urpflanze durch seine serielle Entfaltung/Fortzeugung aus. Sie ist – so Goethe in einem Brief an Herder aus Neapel vom 17. Mai 1787 – „das einfachste [...], was nur *gedacht* werden kann" (Herv. E.S.):

> Ferner muß ich Dir vertrauen daß ich dem Geheimnis der Pflanzenzeugung und Organisation ganz nahe bin und daß es das einfachste ist was nur gedacht werden kann. [...] Den Hauptpunkt, wo der Keim steckt, habe ich ganz klar und zweifellos gefunden, alles Übrige seh' ich auch schon im Ganzen und nur noch einige Punkte müssen bestimmter werden. Die Urpflanze wird das wunderlichste Geschöpf von der Welt, um welches mich die Natur selbst beneiden soll. Mit diesem Modell und dem Schlüssel dazu, kann man alsdann noch Pflanzen in's Unendliche erfinden, die konsequent sein müssen, daß heißt: die, wenn sie auch nicht existieren, doch existieren könnten und nicht etwa malerische oder dichterische Schatten und Scheine sind, sondern eine innerliche Wahrheit und Notwendigkeit haben. Dasselbe Gesetz wird sich auf alles übrige Lebendige anwenden lassen.[3]

Es geht mir hier weniger um die Urpflanze, deren Kurzlebigkeit bzw. punktuelle Auftritte in Goethes Schriften und epistemologische Positionierung zwischen

1 Goethe, *Italienische Reise* („Auf dem Brenner, 8. September [1786], abends"), in: *Sämtliche Werke. Briefe, Tagebücher und Gespräche I. Abt., Bd. 15/1: Italienische Reise. Teil I*, 18–25, hier: 20.

2 *Goethe-Wörterbuch*, Bd. 4, Sp. 475–476 („Grille").

3 Goethe, *Italienische Reise* („*An Herder*, Neapel den 17. Mai 1787"), in: *Sämtliche Werke. Briefe, Tagebücher und Gespräche I. Abt., Bd. 15/1: Italienische Reise. Teil I*, 344–346, hier: 346.

Anschauung und Idee Eva Geulen[1] so einlässlich erörtert hat, als vielmehr um die Charakterisierung der Urpflanze als „Grille", genauer: „alte Grille", und also um die Frage, welche Einsichten in Goethes grillenhaftes Denken sich aus der Urpflanze gewinnen lassen. Da ist zum einen das Zusammendenken von Sukzessivität und Simultaneität, wie es in der Urpflanze statthat, und womit also auch die Grille (wie das bereits erwähnte Präsens Partizip) „eine Art Wahnsinn" im Goetheschen Denken markiert. Zum anderen wird man der Urpflanze eine Affinität zum Poetisch-Dichterischen nicht absprechen wollen: Das „wunderlichste", um nicht zu sagen ‚närrischste' „Geschöpf von der Welt", „um welches [...] die Natur selbst" Goethe „beneiden soll", verfügt über poetische Kraft und kann „Pflanzen ins Unendliche erfinden". Wäre Goethes „Grille" mithin poetisches Denken, und stünde sie damit in der Tradition dichterischer Grillenfängerei, wie sie Kant kritisiert[2], Goethe hingegen erkenntnistheoretisch profiliert? – Wirft die Urpflanze Licht auf die Grille, so im Gegenzuge auch die Grille auf die Urpflanze: Wenn die „alte Grille" als gespenstische Heimsuchung erscheint, als ein Gedanke, den man nicht „loswird", dann zeigt sich auch das *Ur-* der Urpflanze als Dynamik des *nach* – eine Dynamik, wie sie Freud wie kein anderer anhand der Nachträglichkeit der *Ur*szene herausgearbeitet hat.[3]

Inwiefern arbeitet Goethes Denken des *nach*, wie es sich im Gewahrwerden, in Grillen und gespenstischen Gedanken äußert, einer Epistemologie des Wirklichen zu? Tatsächlich ist es nicht zuletzt ein epistemologischer Begriff, den Goethe mit Blick auf seinen Realismus[4] gebraucht. Mit der Formulierung

---

1 Vgl. Eva Geulen, „Urpflanze (und Goethes *Hefte zur Morphologie*)", in: Michael Ott/Tobias Döring (Hg.), *Urworte. Zur Geschichte und Funktion erstbegründender Begriffe*, München: Fink 2012, 155–171.

2 Da die „*Grillenkrankheit*" „gar keinen bestimmten Sitz im Körper hat, und ein Geschöpf der Einbildungskraft ist", kann sie Kant zufolge „auch die *dichtende* heißen" (Immanuel Kant, *Der Streit der Fakultäten*, in: *Werke in sechs Bänden*, hg. von Wilhelm Weischedel, Bd. VI, Darmstadt: Wissenschaftliche Buchgesellschaft 1966, 261–393, hier: 378). Vgl. auch Horst Bredekamp, „Grillenfänge von Michelangelo bis Goethe", in: *Marburger Jahrbuch für Kunstwissenschaft*, 22, 1989, 169–180.

3 Vgl. Freud, *Aus der Geschichte einer infantilen Neurose*, 162f., 220.

4 Die Studien zu Goethes Begriff von Realität sind zahlreich, vgl. u.a. Hans Mayer, „Goethes Begriff der Realität", in: *Goethe. Viermonatsschrift der Goethe-Gesellschaft, neue Folge des Jahrbuchs* 18, 1956, 26–43; Wolfgang Schadewaldt, „Goethes Begriff der Realität", in: *Goethe. Viermonatsschrift der Goethe-Gesellschaft, neue Folge des Jahrbuchs* 18, 1956, 44–88; Hans-Jürgen Schings, *Zustimmung zur Welt: Goethe Studien*, Würzburg: Königshausen & Neumann 2011, bes. 343–355. Weitgehend unkommentiert ist hingegen Goethes „realistischer *Tic*" (Herv. E.S.) geblieben, den ich hier in epistemologischer Hinsicht lese. Ohne jeglichen Anspruch auf eine auch nur annähernd erschöpfende Lektüre von Goethes Realismus, stellt die hier vorgeschlagene Lesart den Versuch dar, in Konstellation mit literarischen Texten des Realismus Realismus im Sinne einer Epistemologie des *nach* zu charakterisieren.

„realistischer Tic" respondiert Goethe auf Schillers „antizipierende Kritik" an dem noch unfertigen Roman *Wilhelm Meisters Lehrjahre*, derzufolge die notwendige „Beziehung aller einzelnen Glieder des Romans" auf die philosophischen Begriffe „Lehrjahre" und „Meisterschaft" nicht klar genug, die „Idee der Meisterschaft" nicht hinreichend dargestellt ist.[1] Was Schiller als „Fehler" bezeichnet, schlägt Goethe seinem „realistischen Tic"[2] zu: Es ist Goethes „realistischer Tic", so Karin Schutjer, „which causes him to throw off the arithmetic between part and whole"[3]. Goethe schreibt:

> Es ist keine Frage, daß die scheinbaren, von mir ausgesprochenen Resultate viel beschränkter sind als der Inhalt des Werks, und ich komme mir vor wie einer, der, nachdem er viele und große Zahlen über einander gestellt, endlich mutwillig selbst Additionsfehler machte, um die letzte Summe, aus Gott weiß was für einer Grille, zu verringern.[4]

Der „realistische Tic", die Grille, steht im Dienste von Partikulärem und Kontingenz. Neben „fehlerhafte oder lächerliche Gewohnheit" führt Grimms *Deutsches Wörterbuch* für „Tic" die Bedeutung „wunderlicher Einfall", „Grille"[5] auf. Sollte Goethes Denken, dessen Dimensionen des *nach* ich hier aufgezeigt habe, dezidiert im Dienste einer Epistemologie des Realismus stehen? Und wenn ja, um was für ein Wirkliches handelt es sich dabei?

Es scheint, dass die Literatur des Realismus eben diese Fragen aufwirft und antritt, das Potential von Goethes Denken des *nach* poetologisch und

1 Friedrich Schiller, „Brief Schillers an Goethe, 8. Juli 1796", in: *Werke und Briefe in zwölf Bänden, Bd. 12, Briefe II: 1795–1805*, Frankfurt am Main: Suhrkamp 2002, 191–196, hier: 195.

2 Neben der hier von mir akzentuierten epistemologischen Dimension formuliert Goethe mit dem „realistischen Tic" einen ‚Realismus des Alltäglichen' (Auerbach): Der „realistische Tic" rückt „aus den Augen", zieht das Geringere dem Besseren, das Unbedeutende dem Bedeutenden, die „menschlichen Verkehrtheiten" den „bedeutenden Worte[n]" vor (Johann Wolfgang Goethe, „Brief an Friedrich Schiller, 9. Juli 1796" in: *Schillers Werke. Nationalausgabe, Bd. 36.I: Briefwechsel. Briefe an Schiller*, Weimar: Hermann Böhlaus Nachfolger 1972, 260–261, hier: 261). „Der Fehler, den Sie mit Recht bemerken, kommt […] aus einem gewissen realistischen Tic, durch den ich meine Existenz, meine Handlungen, meine Schriften den Menschen aus den Augen zu rücken behaglich finde. So werde ich immer gerne incognito reisen, das geringere Kleid vor dem bessern wählen, und, in der Unterredung mit Fremden oder Halbbekannten, den unbedeutendern Gegenstand oder doch den weniger bedeutenden Ausdruck vorziehen, […] und mich so, ich möchte sagen, zwischen mich selbst und zwischen meine eigene Erscheinung stellen" (ebd., 261).

3 Vgl. Karin Schutjer, *Narrating Community after Kant: Schiller, Goethe, and Hölderlin*, Detroit: Wayne State University Press 2001, 119–123 (A Realistic Tic).

4 Goethe, „Brief an Friedrich Schiller, 9. Juli 1796", 261.

5 Grimm, *Deutsches Wörterbuch*, Bd. 21, Sp. 479–480 („Tick").

epistemologisch auszuloten. Wie die vorliegende Studie zeigt, erfährt die spektrale Dimension des *nach*, das Moment von Nachträglichkeit, dabei eine Akzentuierung, entfaltet es sich in der Genese eines Gespenstisch-Wirklichen. Stifters Besessenheit mit dem *nach* ist augenfällig und zeigt sich nicht nur in der notorischen Serialität seiner Texte, sondern bis in die Titel hinein (*Nachsommer, Nachkommenschaften*). Storms Welt ist eine Welt der Wiedergänger, die im Zeichen von Heimsuchung und Nachträglichkeit steht, und auch Fontanes Wirkliches unterhält qua Reststruktur oder adverbialer Konstruktion des „beinah" eine so aparte wie grundlegende Beziehung zum *nach*.

Ließe sich der Realismus, insofern er sich als Realismus des *nach* artikuliert, als *Nach*leben von Goethes *after*thought/Denken des *nach* lesen? Als *Nach*leben des *nach* wäre ein solches Nachleben zweifellos ein gespenstischer Effekt. Derjenige der hier diskutierten Texte, welcher die Frage nach dem Nachleben am prominentesten in Szene setzt, ist sicherlich Stifters *Narrenburg*, und so mag die strukturelle Anlage dieser Erzählung dazu dienen, die hier konturierte Konstellation[1] von Goethe und der Literatur des Realismus abschließend zu reflektieren. *Die Narrenburg* entfaltet einen Realismus des *nach* in verschiedener Hinsicht: Sie produziert Grillen in Serie, verwandelt Leben grundsätzlich in *Nach*leben und versetzt alle Handlung, alles „Thun" (NB 412), in eine irreduzible Nachträglichkeit. Ist es dieses Spektrum, in welchem Goethes Denken des *nach* sein Nachleben im Realismus findet?

Das „lächerliche[] Fideicommiß" (NB 321) Hanns von Scharnasts, welches die Erbfolge für die Burg Rothenstein regelt, ist wesentlich närrischer Einfall, der sämtliche Nachkommen auf das *nach* verpflichtet. Wo der Erbe angehalten ist, sämtliche Lebensbeschreibungen seiner Vorfahren zu lesen sowie das eigene Leben vollständig aufzuzeichnen, tritt Nachkommenschaft in das *nach* der Schrift ein, genauer: wird Nachkommenschaft als gespenstische Transmission vom Lesen der Leben anderer ins Schreiben des ‚eigenen' generiert. Der lächerlich-närrische Einfall ist nichts anderes als das *nach* selbst, eine Grille, welche Nachkommenschaft allererst stiftet und in närrischer Weise fortzeugt. In derartiger Lesart mag der „Stifter", von dem es heißt, er „würde sich im Grabe umgekehrt haben" (NB 323), hätte er von dem Effekt seines Einfalls in Gestalt der *Narrenburg* – oder sagen wir lieber: von dem Nachleben des *nach* – Kenntnis erhalten, niemand anderes sein als Goethe.[2] Ist die Figur des „Stifters" ohnehin

1 Zur Theorie der Konstellation vgl. Andrea Krauß, *Lenz unter anderem. Aspekte einer Theorie der Konstellation*, Zürich: Diaphanes 2011, bes. 77–171 (Modelle der Konstellation).

2 Stifter selbst ist sich dieser Genealogie durchaus bewusst, wenn er sich als „kleinen Nachfolger" Goethes (Adalbert Stifter, „Brief an Gustav Heckenast, 5. Februar 1853", in: *Adalbert Stifters sämmtliche Werke, Bd. XVIII: Briefwechsel* 2, Prag: Calve 1918, 152–154, hier: 154) oder

eine Figur von Nachträglichkeit, so markiert Sifter sie überdies als dezidiert ‚untot'. Es ist Goethes Gespenst, das hier fortwirkt, nachträglich konstituiert und am ‚Nach-Leben' gehalten durch die Nachkommen, welche weniger das Erbe des Rothenstein als das Erbe des *nach* antreten: Stifter, Storm, Fontane – in ihrem je eigenen Stil Leser und Schreiber des *nach*. Eine „Narrenburg" entsteht wohl auch hier oder doch wenigstens: ein närrischer Realismus.

Die Erzählung inszeniert das Vermächtnis des *nach* ausdrücklich als *Nachleben*.[1] Das Leben des Nachkommen, so heißt es, ist „getrübt von dem *nach*ziehenden *After*leben eines Gestorbenen" (NB 411, Herv. E.S.). Stifters unnachahmlicher Ausdruck „Afterleben" artikuliert die strukturelle *Nach*träglichkeit des Lebens, seine gespenstische *Nach*-Kommenschaft im Zeichen der Schrift. Ja, sollte sich das Nachleben von Goethes Denken des *nach* buchstäblich als „Afterleben"/*Nachleben* der Schrift zeigen? In der Tat ist das bevorzugte Medium der realistischen Auslotung des *nach* die Schrift. Der Realismus setzt das Nachleben der Schrift, die Schrift als Nachleben des *nach*, verschiedentlich in Szene: sei es in der seriellen Aufschubstruktur bzw. dem gespenstischen Performativ der Schrift bei Stifter, in den Storms Rahmentechnik und Inschriften eingelagerten Zeitsprüngen oder den unheimlichen Schauplätzen der Schrift bei Fontane.

So gespenstisch der Realismus des *nach* ist, so närrisch ist er: Am Grillenhaften von Stifters Realismus wird man keinen Zweifel hegen. Noch die, „welche bisher ein stilles und manierliches Leben geführt hatten", so heißt es in der *Narrenburg*, „schlugen in dem Augenblicke um, als sie in den Besitz der verwetterten Burg kamen, und die Sache wurde immer ärger, je mehr Besitzer bereits gewesen waren, und mit je mehr Wust sich der neue den Kopf anfüllen mußte." (NB 322f.) Die Verpflichtung auf das *nach*, die proliferierende Dynamik der Schrift, setzt eine fröhliche Grillenproduktion in Gang. Nachkommenschaft

---

als einen „aus seiner Verwandtschaft" bezeichnet (Stifter, „Brief an Gustav Heckenast, 13. Mai 1854", 225).

1 Vgl. Gerhard Richter mit Blick auf Benjamins Ausführungen zum „Nachleben": „What ‚Nachleben' evokes is not merely a reconsideration of the historical but a repetition of understanding that gives what was presumed to have been understood over to historical understanding in ever-new and unpredictable ways. ‚Nachleben' therefore is a figure of a repetition that does not repeat, a living on and after that both remains attached to what came before and precisely through an analysis of that abiding yet often invisible attachment, departs from it in ever-new directions." (Richter, *Afterness*, 4) „[…] every encounter with an object or a thought also must be read in terms of what is no longer and what is not yet […] there can be no ‚Nachleben' […] that does not require us to learn to engage with absolute absence – either in the guise of the ‚no longer' or in the form of a nonanticipatable ‚not yet'. Thought here becomes a form of living on, a mode of survival in a world in which nothing ever is what is seems" (ebd., 4).

generiert sich als närrische Differenz. Grillen produzieren immer weitere Grillen, immer noch „mehr Wust", mit dem sich „der Kopf anfüllen mußte". Grillen bevölkern nicht nur Stifters Texte, sondern auch Storms und Fontanes Wirkliches. So hat etwa Marthes Uhr „die eigentümlichsten Grillen" (M 282) und schlägt „immer mitten in ihre [Marthes, E.S.] Gedanken hinein" (M 283). Wenn es in *Im Sonnenschein* über die Großmutter, welche den Duft der längst entfernten Buchsbaumrabatten wahrnimmt, heißt: „‚Die Frau hat wieder ihre Gedanken!'" (IS 361), so lassen sich diese Gedanken präzise im Sinne eines Denkens des *nach*, als *Nach*-Gedanken, lesen. Auch Fontanes Effi oder der alten Jeschke wird man den Hang zu Grillen nicht absprechen wollen. Ja, wenn man es in den *Poggenpuhls* „ordentlich quaken" hört, so ließe sich mit Blick auf den Realismus des *nach* bei Stifter, Storm und Fontane sagen: Man hört es ordentlich zirpen. Es mag nicht wundernehmen, dass sich Goethe, wo er sich qua Denken des *nach* als „Stifter" eines solch närrischen Realismus, einer solch närrischen Epistemologie des Wirklichen wiederfindet, „im Grabe" umkehrt. Oder wäre auch hier die Perspektive umzukehren? Hätte man es – im Zeichen von Nachträglichkeit – bei dem sich im Grabe umdrehenden „Stifter" Goethe immer schon mit einem närrischen Einfall/einer Grille des Realismus zu tun?

Das *nach* befällt nicht nur Denken und Leben, sondern auch alles „Thun": „[D]ie Gespenster all ihres [der Vorfahren, E.S.] Thuns", so Stifters *Narrenburg*, „trüben" (NB 412) Leben und Tun der Nachkommen. Jodok kommt der „Engel" seiner „schwersten That [...] aus den Pergamenten des rothen Felsensaales" (NB 411), sprich: aus der Schrift, zu; Tun sieht sich hin zu einem „was *es* durch mich that" verschoben (NB 410, Herv. E.S.). Die Suspendierung des Subjekts, Verabschiedung jeglichen ‚Täters hinter der Tat', hat sich in der Studie vielfach gezeigt: im „Dämon der Thaten" (NB 410)/des Erzählens in Stifters *Narrenburg*, im Fluch in *Aquis submersus* oder im „leise[n] Tanzen oder Musizieren", welches Effi vernimmt, „während doch niemand da ist" (EB 108f.). Nicht aber nur als Träger von Handlung, auch als Träger von Wahrnehmung wird das Subjekt verabschiedet. Wirklichkeit generiert sich in Wahrnehmungsaggregaten, Räumen des Trüben und Verfahren von Mimikry (Stifter), qua Wahrnehmungswerden des Milieus (Storm) oder in kollektiven Beobachtungsszenarien/einem Theater kontaminierter Blicke (Fontane).

Mit seinen Wahrnehmungsapparaten arbeitet der Realismus des *nach* an einer durchaus prekären Epistemologie des Wirklichen: Wirklichkeit erscheint als Reales, gespenstische Wiederkehr, Simulakrum. Es ist inbesondere das Epistemisch-Zweifelhafte – sei es in Form der Derealisation/des Wirklichkeitsentzugs bei Stifter, des Unheimlichen bei Storm oder von Verdacht bei Fontane –, das sich als Wirklichkeitseffekt geltend macht; im Zeichen der „schwankende[n] Gestalten" aus der *Zueignung* von Goethes *Faust* gesprochen: „Was ich besitze seh' ich wie im weiten, /Und was verschwand wird mir zu Wirklichkeiten."[1] –

Dass es sich hier um eine nachträgliche Lektüre Goethes handelt – Goethes Denken des *nach* gelesen durch dessen *Nach*leben im *nach* des Realismus –, sollte deutlich geworden sein. Ja, ein solches Nachleben ist es, welches die konstellative Anlage des Buches unterhält: Goethes Denken und die Literatur des Realismus ins Verhältnis des *nach* zu setzen, impliziert eine wechselseitige Nachträglichkeit, die jegliches Einflussdenken durchkreuzt: Anhand des *nach* eröffnet sich eine spektrale Konstellation, in der sich Goethe und Stifter in je nachträglicher Lektüre immer schon wechselseitig verschoben haben werden. Im Licht von Goethes Denken erscheint Realismus als Realismus des *nach*; zugleich lässt der Realismus des *nach* Goethes Denken als gespenstisches Denken hervortreten. Goethes „Afterleben" kehrt als Stifters „realistischer Tic"/ Grille wieder; Stifters *Narrenburg* sucht immer schon die Turmgesellschaft des *Wilhelm Meister* heim. Goethes Formulierung aus „Howards Ehrengedächtnis" „als ein Gespenst Gespenster bildend"[2] mag von daher als Aperçu zur Beschreibung des *Nach*lebens seines Denkens im Realismus, des Realismus als *Nachleben*, gelten: Wo ‚ein Gespenst Gespenster bildet', konstituiert sich Wirkliches als *Nach*wirken, gespenstischer Wirklichkeitseffekt.

„Es hat nie einen *scholar* gegeben", so Derrida in *Marx' Gespenster*, „der wirklich und als solcher mit Gespenstern zu tun gehabt hätte. [...] Es hat nie einen *scholar* gegeben, der als solcher nicht an die scharfe Trennung von Realem und Nicht-Realem geglaubt hätte, von Faktischem und Nicht-Faktischem, Lebendem und Nicht-Lebendem, [...] an die Opposition zwischen dem, was präsent ist, und dem, was es nicht ist"[3]. *Marx' Gespenster* endet mit der Aufforderung an den „‚Gelehrte[n]' der Zukunft"[4], dem Gespenst „das Wort zu lassen oder es ihm zurückzugeben"[5]. Dieser zukünftige *scholar* wäre

> in der Lage, jenseits der Opposition von Präsenz- und Nicht-Präsenz, Faktizität und Nicht-Faktizität, Leben und Nicht-Leben, die Möglichkeit des Gespensts zu denken, das Gespenst als Möglichkeit zu denken. Besser noch (oder schlimmer), er verstünde, das Wort an die Geister zu richten. Er wüßte, daß ein solches Ansprechen der Geister nicht nur bereits

1 Goethe, *Faust*, II, vv. 31–32.

2 Goethe, „Howards Ehrengedächtnis", 240.

3 Derrida, *Marx' Gespenster*, 29.

4 Ebd., 275.

5 Ebd., 276.

> möglich ist, sondern daß es zu aller Zeit, als solches, das Ansprechen, das Sichwenden an … im allgemeinen bedingt haben wird.[1]

Die vorliegende Untersuchung hat versucht, den Auftritten des Gespenstischen in der literarischen Wahrnehmung des Realismus beizuwohnen. Es ist ein *anderer Schauplatz,* der sich mit den Gespenstern des Realismus auftut: ein Schauplatz des „Un-Wissens"[2], auf dem sich mithin auch jede literaturwissenschaftliche Studie wiederfindet, die sich ihnen widmet.

1 Ebd., 30f.

2 Stockhammer, „Zur Theorie der Gespenster oder Die Un-Logik der Literatur", 37.

Abbildungsverzeichnis

Siglenverzeichnis

A Adalbert Stifter, *Aus dem bairischen Walde*, in: *Adalbert Stifters sämmtliche Werke, 2. Abt. Bd. XV: Vermischte Schriften 2*, Reichenberg: Kraus 1935, 319-353.

AS Theodor Storm, *Aquis submersus*, in: *Sämtliche Werke in vier Bänden, Bd. II: Novellen 1867-1880*, Frankfurt am Main: Deutscher Klassiker Verlag 1987, 378-455.

B Adalbert Stifter, *Bergkristall*, in: *Werke und Briefe. Historisch-Kritische Gesamtausgabe, Bd. 2,2: Bunte Steine. Buchfassungen*, Stuttgart: Kohlhammer 1982, 181-240.

C Theodor Storm, *Zur Chronik von Grieshuus*, in: *Sämtliche Werke in vier Bänden, Bd. III: Novellen 1881-1888*, Frankfurt am Main: Deutscher Klassiker Verlag 1988, 198-293.

EB Theodor Fontane, *Effi Briest*, in: *Große Brandenburger Ausgabe. Das erzählerische Werk, Bd. 15*, Berlin: Aufbau 1998.

F Johann Wolfgang Goethe, *Zur Farbenlehre*, in: FA I/23/1.

FA Johann Wolfgang Goethe, *Sämtliche Werke. Briefe, Tagebücher und Gespräche* (Frankfurter Ausgabe), 40 Bde., hg. von Friedmar Apel u.a., Frankfurt am Main: Deutscher Klassiker Verlag 1985-1999.

HM Johann Wolfgang Goethe, *Hefte zur Morphologie*, in: FA I/24.

HW Adalbert Stifter, *Der Hochwald*, in: *Werke und Briefe. Historisch-Kritische Gesamtausgabe, Bd. 1,4: Studien. Buchfassungen 1*, Stuttgart: Kohlhammer 1980, 209-318.

I Theodor Storm, *Immensee*, in: *Sämtliche Werke in vier Bänden, Bd. I: Gedichte, Novellen 1848-1867*, Frankfurt am Main: Deutscher Klassiker Verlag 1987, 295-328.

IS Theodor Storm, *Im Sonnenschein*, in: *Sämtliche Werke in vier Bänden, Bd. I: Gedichte, Novellen 1848-1867*, Frankfurt am Main: Deutscher Klassiker Verlag 1987, 349-362.

M Theodor Storm, *Marthe und ihre Uhr*, in: *Sämtliche Werke in vier Bänden, Bd. I: Gedichte, Novellen 1848-1867*, Frankfurt am Main: Deutscher Klassiker Verlag 1987, 281-287.

MU Adalbert Stifter, *Die Mappe meines Urgroßvaters*, in: *Werke und Briefe. Historisch-Kritische Gesamtausgabe, Bd. 1,5: Studien. Buchfassungen 2*, Stuttgart: Kohlhammer 1982, 9-234.

NB Adalbert Stifter, *Die Narrenburg* [Buchfassung], in: *Werke und Briefe. Historisch-Kritische Gesamtausgabe, Bd. 1,4: Studien. Buchfassungen 1*, Stuttgart: Kohlhammer 1980, 319-436.

NJ Adalbert Stifter, *Die Narrenburg* [Journalfassung], in: *Werke und Briefe. Historisch-Kritische Gesamtausgabe, Bd. 1,1: Studien. Journalfassungen 1*, Stuttgart: Kohlhammer 1978, 301-403.

NK Adalbert Stifter, *Nachkommenschaften*, in: *Werke und Briefe. Historisch-Kritische Gesamtausgabe, Bd. 3,2: Erzählungen*, Stuttgart: Kohlhammer 2003, 23-94.

P Theodor Fontane, *Die Poggenpuhls*, in: *Große Brandenburger Ausgabe. Das erzählerische Werk, Band 16*, Berlin: Aufbau 2006.

S Theodor Storm, *Der Schimmelreiter*, in: *Sämtliche Werke in vier Bänden, Bd. III: Novellen 1881-1888*, Frankfurt am Main: Deutscher Klassiker Verlag 1988, 634-755.

SP Johann Wolfgang Goethe, „Das Sehen in subjektiver Hinsicht, von Purkinje 1819", in: FA I/25, 817-827.

ST Adalbert Stifter, „Aussicht und Betrachtungen von der Spitze des St. Stephansturmes", in: *Werke und Briefe. Historisch-Kritische Gesamtausgabe, Bd. 9,1: Wien und die Wiener, in Bildern aus dem Leben*, Stuttgart: Kohlhammer 2005, V-XXI.

T Johann Wolfgang Goethe, „Der Ausdruck Trüb", in: FA I/25, 782-784.

UB Theodor Fontane, *Unterm Birnbaum*, in: *Große Brandenburger Ausgabe. Das erzählerische Werk, Bd. 8*, Berlin: Aufbau 1997.

V Johann Wolfgang Goethe, „Der Versuch als Vermittler von Objekt und Subjekt", in: FA I/25, 26-36.

W Johann Wolfgang Goethe, „Wolkengestalt nach Howard", in: FA I/25, 214-234.

Literaturverzeichnis

Ackermann, Inge, *Adalbert Stifters Studien. Untersuchungen zur Struktur*, Göttingen (Dissertation) 1960.

Adelung, Johann Christoph, *Grammatisch-kritisches Wörterbuch der Hochdeutschen Mundart*, Elektronische Volltext und Faksimile-Edition nach der Ausgabe letzter Hand, Leipzig 1793-1801: http://lexika.digitale-sammlungen.de/Adelung.

Agamben, Giorgio, *Das Sakrament der Sprache. Eine Archäologie des Eides* (*Homo Sacer II.3*), übers. von Stefanie Günthner, Frankfurt am Main: Suhrkamp 2010.

Agamben, Giorgio, *Homo sacer. Die souveräne Macht und das nackte Leben*, übers. von Hubert Thüring, Frankfurt am Main: Suhrkamp 2002.

Allert, Beate, „Hidden Aspects of Goethe's Writings on Color, Seeing, and Motion and their Significance for a Feminist Visual Theory", in: Laura Doyle (Hg.), *Bodies of Resistance: New Phenomenologies of Politics, Agency, and Culture*, Evanston: Northwestern University Press 2001.

Allert, Beate, „‚Trübe' as the Source of New Color Formation in Goethe's Late Works *Entoptische Farben* (1817-20) and *Chromatik* (1822)", in: *Goethe Yearbook*, Vol. 19, 2012, 29-47.

Arburg, Hans-Georg von, „Neues von der *Narrenburg*? Stifters Architekturen zwischen Historismus und Neuem Bauen", in: Michael Gamper/Karl Wagner (Hg.), *Figuren der Übertragung. Adalbert Stifter und das Wissen seiner Zeit*, Leipzig: Chronos 2009, 109-133.

Arndt, Christiane, *Abschied von der Wirklichkeit. Probleme bei der Darstellung von Realität im deutschsprachigen literarischen Realismus*, Freiburg im Breisgau/Berlin/Wien: Rombach 2009.

Arndt, Christiane, „‚Es ist nichts so fein gesponnen, 's kommt doch alles an die Sonnen' – Über das produktive Scheitern von Referentialität in Theodor Fontanes Novelle *Unterm Birnbaum*", in: *Fontane Blätter*, 77, 2004, 48-75.

Arnim, Achim von/Clemens Brentano, *Des Knaben Wunderhorn. Alte deutsche Lieder (1806), Teil I*, in: Clemens Brentano, *Sämtliche Werke und Briefe. Historisch-kritische Ausgabe*, veranstaltet vom Freien Deutschen Hochstift, hg. von Jürgen Behrens, Wolfgang Frühwald, Detlev Lüders, Bd. 6, hg. von Heinz Rölleke, Stuttgart/Berlin/Köln/Mainz: Kohlhammer 1975.

Aspetsberger, Friedbert, „Stifters Erzählung *Nachkommenschaften*", in: Sprachkunst, VI, 1975, 238-260.

Aspetsberger, Friedbert, „Stifters Tautologien", in: *VASILO*, 15, 1966, 23-44.

Assmann, Aleida, „Die Sprache der Dinge. Der lange Blick und die wilde Semiose", in: Hans Ulrich Gumbrecht/Karl Ludwig Pfeiffer (Hg.), *Materialität der Kommunikation*, Frankfurt am Main: Suhrkamp 1995, 237-251.

Auerbach, Erich, „Über die ernste Nachahmung des Alltäglichen", in: Karlheinz Barck/Martin Treml (Hg.), *Erich Auerbach. Geschichte und Aktualität eines europäischen Philologen*, Berlin: Kadmos 2007, 439-465.

Aust, Hugo, „Kulturelle Traditionen und Poetik", in: Christian Grawe/Helmuth Nürnberger (Hg.), *Fontane-Handbuch*, Stuttgart: Kröner 2000, 305-465.

Aust, Hugo, „Theodor Fontane: *Die Poggenpuhls*. Zu Gehalt und Funktion einer Romanform", in: ders. (Hg.), *Fontane aus heutiger Sicht. Analysen und Interpretationen seines Werks. Zehn Beiträge*, München: Nymphenburger Verlagshandlung 1980, 214-238.

Aust, Hugo, „*Unterm Birnbaum*", in: ders., *Theodor Fontane. Ein Studienbuch*, Tübingen/Basel: Francke 1998, 101-106.

Austin, John L., *How to do things with Words*, ed. by J.O. Urmson and Marina Sbisà, Cambridge, Mass.: Harvard University Press 1973.

Austin, John L., *Zur Theorie der Sprechakte* (*How to do things with Words*), deutsche Bearbeitung von Eike von Savigny, Stuttgart: Reclam 2010.

Bätschmann, Oskar, *Entfernung der Natur. Landschaftsmalerei 1750-1920*, Köln: DuMont 1989.

Balke, Friedrich, „Den Zufall denken. Das Problem der Aleatorik in der zeitgenössischen französischen Philosophie", in: Peter Gendolla/Thomas Kamphusmann (Hg.), *Die Künste des Zufalls*, Frankfurt am Main: Suhrkamp 1999, 48-76.

Barthes, Roland, „Der Wirklichkeitseffekt [L'effet de réel, 1968]", in: ders., *Das Rauschen der Sprache. Kritische Essays IV*, übers. von Dieter Hornig, Frankfurt am Main: Suhrkamp 2006, 164-172.

Barthes, Roland, „L'effet de réel", in: *Communications*, Vol. 11, 1, 1968, 84-89.

Baßler, Moritz/Bettina Gruber/Martina Wagner-Egelhaaf (Hg.), *Gespenster: Erscheinungen – Medien – Theorien*, Würzburg: Königshausen & Neumann 2005.

Becker, Sabina (Hg.), *Literatur im Jahrhundert des Auges: Realismus und Fotografie im bürgerlichen Zeitalter*, München: Edition Text + Kritik 2010.

Begemann, Christian, „Das Verhängnis der Schrift", in: Adalbert Stifter, *Die Narrenburg*, Salzburg/Wien: Residenz Verlag 1996, 121-143.

Begemann, Christian, *Die Welt der Zeichen: Stifter-Lektüre*, Stuttgart/Weimar: Metzler 1995.

Begemann, Christian, „‚Ein Spukhaus ist nie was Gewöhnliches ...'. Das Gespenst und das soziale Imaginäre in Fontanes *Effi Briest*", in: Peter Uwe Hohendahl/Ulrike Vedder (Hg.), *Herausforderungen des Realismus. Theodor Fontanes Gesellschaftsromane*, Freiburg im Breisgau/Berlin/Wien: Rombach 2018, 203-241.

Begemann, Christian, „Gespenster des Realismus. Poetologie – Epistemologie – Psychologie in Fontanes *Unterm Birnbaum*", in: Dirk Göttsche/Nicholas Saul (Hg.), *Realism and Romanticism in German Realism*, Bielefeld: Aisthesis 2013, 223-253.

Begemann, Christian, „Realismus und Phantastik“, in: Veronika Thanner/Joseph Vogl/Dorothea Walzer (Hg.), *Die Wirklichkeit des Realismus*, Paderborn: Fink 2018, 97-113.

Begemann, Christian, „Roderers Bilder – Hadlaubs Abschriften. Einige Überlegungen zu Mimesis und Wirklichkeitskonstitution im deutschsprachigen Realismus“, in: Sabine Schneider/Barbara Hunfeld (Hg.), *Die Dinge und die Zeichen. Dimensionen des Realistischen in der Erzählliteratur des 19. Jahrhunderts*, Würzburg: Königshausen & Neumann 2008, 25-41.

Begemann, Christian, „Spiegelscherben, Möwengeflatter. Poetik und Epistemologie des Realismus, bodenlose Mimesis und das Gespenst“, in: *Poetica* 46, 3-4, 2014, 412-438.

Begemann, Christian, „Wolken. Sprache. Goethe, Howard, die Wissenschaft und die Poesie“, in: Gerhard Neumann/David E. Wellbery (Hg.), *Die Gabe des Gedichts. Goethes Lyrik im Wechsel der Töne*, Freiburg im Breisgau/Berlin/Wien: Rombach 2008, 225-242.

Benjamin, Walter, *Das Kunstwerk im Zeitalter seiner technischen Reproduzierbarkeit* (Dritte Fassung), in: *Gesammelte Schriften, Band I.2: Abhandlungen*, hg. von Rolf Tiedemann und Hermann Schweppenhäuser, Frankfurt am Main: Suhrkamp 1974, 431-508.

Benjamin, Walter, *Das Passagen-Werk*, in: *Gesammelte Schriften, Band V/1*, hg. von Rolf Tiedemann und Hermann Schweppenhäuser, Frankfurt am Main: Suhrkamp 1982.

Benjamin, Walter, *Kleine Geschichte der Photographie*, in: *Gesammelte Schriften, Band II/1: Aufsätze, Essays, Vorträge*, hg. von Rolf Tiedemann und Hermann Schweppenhäuser, Frankfurt am Main: Suhrkamp 1991, 368-396.

Benjamin, Walter, „Stifter“, in: *Gesammelte Schriften, Band II.2: Aufsätze, Essays, Vorträge*, hg. von Rolf Tiedemann und Hermann Schweppenhäuser, Frankfurt am Main: Suhrkamp 1977, 608-610.

Berman, Russell, „*Effi Briest* and the End of Realism“, in: Todd Kontje (Hg.), *A Companion to German Realism, 1848-1900*, Rochester: Camden House 2002, 339-364.

Berz, Peter, „Die vier Verschiebungen des Blicks“, in: Claudia Blümle/Anne van der Heiden (Hg.), *Blickzähmung und Augentäuschung. Zu Jacques Lacans Bildtheorie*, Zürich/Berlin: Diaphanes 2005, 183-216.

Bez, Martin, *Goethes „Wilhelm Meisters Wanderjahre“: Aggregat, Archiv, Achivroman*, München/Berlin/New York: de Gruyter 2013.

Binczek, Natalie/Cornelia Epping-Jäger (Hg.), *Das Diktat. Phono-graphische Verfahren der Aufschreibung*, München: Fink 2015.

Birch Wagner, Nancy, *Goethe as Cultural Icon: Intertextual Encounters with Stifter and Fontane*, New York: Lang 1994.

Blättler, Christine, „Einleitung“, in: dies. (Hg.), *Kunst der Serie. Die Serie in den Künsten*, München: Fink 2010, 7-14.

Blättler, Christine, „Überlegungen zur Serialität als ästhetischem Begriff“, in: *Weimarer Beiträge*, 49, Vol. 4, 2003, 502-516.

Blechschmidt, Stefan, *Goethes lebendiges Archiv. Mensch – Morphologie – Geschichte*, Heidelberg: Winter 2009.

Block, Richard, „Scribbles from Italy: Cy Twombly's Experiment in Seeing Goethe See Language", in: Evelyn K. Moore/Patricia Anne Simpson (Hg.), *The Enlightened Eye: Goethe and Visual Culture*, Amsterdamer Beiträge zur Germanistik, 62, 2006, 289-309.

Böschenstein, Renate, „Die Ehre als Instrument des Masochismus in der deutschen Literatur des 18. und 19. Jahrhunderts", in: Johannes Cremerius/Wolfram Mauser/Carl Pietzcker/Frederick Wyatt (Hg.), *Masochismus in der Literatur*, Freiburger literaturpsychologische Gespräche, 7, 1988, 34-55.

Böschenstein, Renate, „Fontanes ‚Finessen'. Zu einem Methodenproblem der Analyse ‚realistischer' Texte", in: *Jahrbuch der Deutschen Schillergesellschaft*, 29, 1985, 532-535.

Boll, Karl Friedrich, „‚Das kleine italienische Motiv'. Anstoß zu Storms Novelle *Zur Chronik von Grieshuus*", in: *Schriften der Theodor-Storm-Gesellschaft*, 31, 1982, 47-72.

Boll, Karl Friedrich, „Das Problem der Zeit bei Theodor Storm", in: *Schriften der Theodor-Storm-Gesellschaft*, 18, 1969, 54-76.

Borgards, Roland, „Die Wissenschaft vom Auge und die Kunst des Sehens. Von Descartes zu Soemmerring, von Lessing zu A.W. Schlegel", in: Thomas Lange/Harald Neumeyer: *Kunst und Wissenschaft um 1800*, Würzburg: Königshausen & Neumann 2000, 39-62.

Bormann, Alexander von, „Erlkönig", in: Regine Otto/Bernd Witte (Hg.), *Goethe-Handbuch*, Stuttgart/Weimar: Metzler 1996, 212-217.

Braese, Stephan/Anne-Kathrin Reulecke (Hg.), *Realien des Realismus. Wissenschaft – Technik – Medien in Theodor Fontanes Erzählprosa*, Berlin: Vorwerk 8 2010.

Brandstetter, Gabriele, „Lever de Rideau – die Szene des Vorhangs", in: dies./Sibylle Peters (Hg.), *Szenen des Vorhangs – Schnittflächen der Künste*, Freiburg im Breisgau: Rombach 2008, 19-44.

Bredekamp, Horst, „Grillenfänge von Michelangelo bis Goethe", in: *Marburger Jahrbuch für Kunstwissenschaft*, 22, 1989, 169-180.

Breidbach, Angela, *Anschauungsraum bei Cézanne. Cézanne und Helmholtz*, München: Fink 2003.

Breuer, Dieter, „Unterwelten. Heines Proserpine und Fontanes Effi Briest", in: Mark H. Gelber/Jakob Hessing/Robert Jütte (Hg.), *Integration und Ausgrenzung: Studien zur deutsch-jüdischen Literatur- und Kulturgeschichte von der Frühen Neuzeit bis zur Gegenwart. Festschrift für Hans Otto Horch zum 65. Geburtstag*, Tübingen: Max Niemeyer 2009, 139-152.

Brewster, Sir David, *The Stereoscope: Its History, Theory, and Construction*, London: John Murray 1856.

Brinkmann, Richard, „Der angehaltene Moment'. Requisiten – Genre – Tableau bei Fontane", in: ders., *Wirklichkeiten. Essays zur Literatur*, Tübingen: Max Niemeyer 1982, 189-220.

Brinkmann, Richard, „Nachwort", in: Theodor Fontane, *Die Poggenpuhls*, Stuttgart: Reclam 1969, 119-126.

Bronfen, Elisabeth/Christiane Frey/David Martyn, „Vorwort", in: dies. (Hg.), *Noch einmal anders. Zu einer Poetik des Seriellen*, Berlin/Zürich: Diaphanes 2016, 7-15.

Brunner, Maria E., „*Effi Briest* von Theodor Fontane als Schule des Sehens", in: *Zeitschrift für Literaturwissenschaft und Linguistik*, Vol. 29, 3, September 1999, 143-153.

Brunner, Maria E. „Sehen und Erkennen in *Effi Briest*: Ist Wahrnehmung ‚ein zu weites Feld'?", in: *Seminar*, Vol. 36, 4, November 2000, 418-435.

Buch, Hans Christoph, *Ut pictura poesis: Die Beschreibungsliteratur und ihre Kritiker von Lessing bis Lukács*, München: Hanser 1972.

Büttner, Urs/Ines Theilen, „Phänomene der Atmosphäre. Zur Einleitung", in: dies. (Hg.), *Phänomene der Atmosphäre: Ein Kompendium literarischer Meteorologie*, Stuttgart: Metzler 2017, 1-25.

Butler, Judith, *Antigone's Claim: Kinship between Life and Death*, New York: Columbia University Press, 2000.

Caillois, Roger, *Méduse & Cie: Die Gottesanbeterin. Mimese und legendäre Psychasthenie*, übers. von Peter Geble, Berlin: Brinkmann & Bose 2007.

Calhoon, Kenneth S., „Alchemies of Distraction: James's *Portrait of a Lady and Fontane's Effi Briest*", in: *Arcadia*, Band 34, 1, 1999, 90-113.

Caruth, Cathy, *Unclaimed Experience. Trauma, Narrative and History*, Baltimore: Johns Hopkins University Press 1996.

Crary, Jonathan, „Die Modernisierung des Sehens", übers. von Wilfried Prantner, in: Herta Wolf (Hg.), *Paradigma Fotografie. Fotokritik am Ende des fotografischen Zeitalters*, Frankfurt am Main: Suhrkamp 2002, 67-81.

Crary, Jonathan, „Modernizing Vision", in: Hal Foster (Hg.), *Vision and Visuality*, Seattle: Bay Press 1988, 29-50.

Crary, Jonathan, *Techniken des Betrachters. Sehen und Moderne im 19. Jahrhundert*, übers. von Anne Vonderstein, Dresden/Basel: Verlag der Kunst 1996.

Crary, Jonathan, *Techniques of the Observer. On Vision and Modernity in the Nineteenth Century*, Cambridge, Mass./London: MIT Press 1992.

Deleuze, Gilles, *Die Falte. Leibniz und der Barock*, übers. von Ulrich Johannes Schneider, Frankfurt am Main: Suhrkamp 2000.

Deleuze, Gilles, *Differenz und Wiederholung*, übers. von Joseph Vogl, München: Fink 2007.

Deleuze, Gilles, *Logik des Sinns*, übers. von Bernhard Dieckmann, Frankfurt am Main: Suhrkamp 1993.

Deleuze, Gilles/Félix Guattari, *Tausend Plateaus*, übers. von Gabriele Ricke und Ronald Voullié, Berlin: Merve 2005.

Demetz, Peter, *Formen des Realismus: Theodor Fontane. Kritische Untersuchungen*, München: Hanser 1964.

Derrida, Jacques, „Die *zweifache Séance*", in: ders., *Dissemination*, hg. von Peter Engelmann, übers. von Hans-Dieter Gondek, Wien: Passagen 1995, 193-322.

Derrida, Jacques, „Freud und der Schauplatz der Schrift", in: ders., *Die Schrift und die Differenz*, übers. von Rodolphe Gasché, Frankfurt am Main: Suhrkamp 1972, 302-350.

Derrida, Jacques, *Marx' Gespenster. Der verschuldete Staat, die Trauerarbeit und die neue Internationale*, übers. von Susanne Lüdemann, Frankfurt am Main: Fischer 1995.

Derrida, Jacques, „The time is out of joint", trans. by Peggy Kamuf, in: Anselm Haverkamp (Hg.), *Deconstruction is/in America: A new sense of the political*, New York: New York University Press 1995, 14-38.

Detering, Heinrich/Tilman Spreckelsen, „‚Der realistische Geisterseher Storm'. Gespräch zwischen Heinrich Detering und Tilman Spreckelsen, moderiert von Christian Demandt", in: *Schriften der Theodor-Storm-Gesellschaft*, 63, 2014, 5-22.

Doane, Mary Ann, *The Emergence of Cinematic Time: Modernity, Contingency, the Archive*, Cambridge, Mass.: Harvard University Press 2002.

Domandl, Sepp, *Wiederholte Spiegelungen. Von Kant und Goethe zu Stifter. Ein Beitrag zur österreichischen Geistesgeschichte*, Linz: Oberösterreichischer Landesverlag 1982.

Dotzler, Bernhard J., „‚... diese ganze Geistertummelage': Thomas Mann, der alte Fontane und die jungen Medien", in: Eckhard Heftrich/Thomas Sprecher (Hg.), *Thomas-Mann-Jahrbuch*, Band 9, Frankfurt am Main: Klostermann 1996, 189-205.

Downing, Eric, *Double Exposures: Repetition and Realism in Nineteenth Century German Fiction*, Stanford: Stanford University Press 2000.

Downing, Eric, *The Chain of Things: Divinatory Magic and the Practice of Reading in German Literature and Thought, 1850-1940*, Ithaca, London: Cornell University Press 2018.

Drügh, Heinz, *Ästhetik der Beschreibung. Poetische und kulturelle Energie deskriptiver Texte (1700-2000)*, Tübingen: Francke 2006.

Eberhard, Johann August/Johann Gebhard Maaß/Johann Gottfried Gruber (Hg.), *Deutsche Synonymik, Zweiter Band K-Z*, Vierte Auflage, Leipzig: J.A. Barth 1853.

Ecker, Hans-Peter, „‚Darum muß dieses Bild vernichtet werden.' Über wissenschaftliche Sinnspiele und poetisch gestaltete Medienkonkurrenz am Beispiel von Stifters *Nachkommenschaften*", in: Hartmut Laufhütte/Karl Möseneder (Hg.), *Adalbert Stifter. Dichter und Maler, Denkmalpfleger und Schulmann. Neue Zugänge zu seinem Werk*, Tübingen: Max Niemeyer 1996, 508-523.

Engelhardt, Wolf von, *Goethe im Gespräch mit der Erde. Landschaft, Gesteine, Mineralien und Erdgeschichte in seinem Leben und Werk*, Weimar: Hermann Böhlaus Nachfolger 2003.

Enzinger, Moritz, *Adalbert Stifter im Urteil seiner Zeit*, Wien: Hermann Böhlaus Nachfolger 1968.

Falk, Johann Daniel, *Goethe aus näherm persönlichen Umgange dargestellt. Ein nachgelassenes Werk von Johannes Falk*, Leipzig: F.A. Brockhaus 1832.

Fasold, Regina, *Theodor Storm*, Stuttgart/Weimar: Metzler 1997.

Fischer, Franz, „Raum-Zeit-Struktur und Denkstörung in der Schizophrenie", in: *Zeitschrift für die gesamte Neurologie und Psychiatrie*, Band 124, 1930, 241-256.

Fischer, Franz, „Zeitstruktur und Schizophrenie", in: *Zeitschrift für die gesamte Neurologie und Psychiatrie*, Band 121, 1929, 544-574.

Fleming, Paul, *Exemplarity and Mediocrity. The Art of the Average from Bourgeois Tragedy to Realism*, Stanford: Stanford University Press 2008.

Fliedl, Konstanze, „Berg, Moor und Baum. Eine Lektüre der *Nachkommenschaften*", in: Alfred Doppler/Johannes John/Johann Lachinger/Hartmut Laufhütte (Hg.), *Stifter und die Stifterforschung im 21. Jahrhundert. Biographie – Wissenschaft – Poetik*, Tübingen: Max Niemeyer 2007, 261-282.

Förster, Eckart, *Die 25 Jahre der Philosophie: Eine systematische Rekonstruktion*, Frankfurt am Main: Vittorio Klostermann 2012.

Fontane, Theodor, „Brief an Emil Dominik, 14. Juli 1887", in: *Werke, Schriften und Briefe, Abt. IV, Briefe, Bd. 3*, hg. von Walter Keitel und Helmuth Nürnberger, München: Hanser 1980, 550-551.

Fontane, Theodor, „Brief an Elise Fontane, 12. Oktober 1873", in: *Werke, Schriften und Briefe, Abt. IV, Briefe, Bd. 2*, hg. von Otto Drude, München: Hanser 1979, 441-442.

Fontane, Theodor, „Brief an Elise Fontane, 13. Oktober 1873", in: ders., *Der Dichter über sein Werk, Bd. 1*, hg. von Richard Brinkmann, München: dtv 1977, 638-639.

Fontane, Theodor, „Brief an Emilie Fontane, 16. Mai 1870", in: *Werke, Schriften und Briefe, Abt. IV, Briefe, Bd. 2: 1860-1878*, hg. von Otto Drude, München: Hanser 1979, 312-313.

Fontane, Theodor, „Brief an Emilie Fontane, 14. Mai 1884", in: *Werke, Schriften und Briefe, Abt. IV, Briefe, Bd. 3*, hg. von Walter Keitel und Helmuth Nürnberger, München: Hanser 1980, 318-19.

Fontane, Theodor, „Brief an Georg Friedlaender, 6. Februar 1888", in: *Werke, Schriften und Briefe, Abt. IV, Briefe, Bd. 3*, hg. von Walter Keitel und Helmuth Nürnberger, München: Hanser 1980, 582-583.

Fontane, Theodor, „Brief an Georg Friedlaender 8. Juli 1894", in: *Briefe an Georg Friedlaender*, hg. von Kurt Schreinert, Heidelberg: Quelle & Meyer 1954, 350-353.

Fontane, Theodor, „Brief an Georg Friedlaender, 4. Januar 1897", in: ders., *Briefe an Georg Friedlaender*, hg. von Kurt Schreinert, Heidelberg: Quelle & Meyer 1954, 412-413.

Fontane, Theodor, „Brief an Wilhelm Hertz, 3. September 1863", in: ders., *Der Dichter über sein Werk, Bd. 2*, hg. von Richard Brinkmann, München: dtv 1977, 615.

Fontane, Theodor, „Brief an Wilhelm Hertz, 14. Januar 1892", in: *Werke, Schriften und Briefe, Abt. IV, Bd. 4*, hg. von Otto Drude und Helmuth Nürnberger, München: Hanser 1982, 177-178.

Fontane, Theodor, „Brief an Hans Hertz vom 2. März 1895", in: *Werke, Schriften und Briefe, Abt. IV, Bd. 4*, hg. von Otto Drude und Helmuth Nürnberger, München: Hanser 1982, 430-431.

Fontane, Theodor, „Brief an Adolf Hoffmann, Mai/Juni 1897", in: *Werke, Schriften und Briefe, Abt. IV, Bd. 4*, hg. von Otto Drude und Helmuth Nürnberger, München: Hanser 1982, 649-650.

Fontane, Theodor, „Brief an Heinrich Joseph Horwitz, 6. November 1896", in: *Werke, Schriften und Briefe, Abt. IV, Bd. 4*, hg. von Otto Drude und Helmuth Nürnberger, München: Hanser 1982, 607.

Fontane, Theodor, „Brief an Hermann Pantenius (Entwurf), Ende Februar 1891", in: *Werke, Schriften und Briefe, Abt. IV, Bd. 4*, hg. von Otto Drude und Helmuth Nürnberger, München: Hanser 1982, 105.

Fontane, Theodor, „Brief an Paul Schlenther, 13. Juni 1888", in: *Werke, Schriften und Briefe, Abt. IV, Briefe, Bd. 3*, hg. von Walter Keitel und Helmuth Nürnberger, München: Hanser 1980, 610-611.

Fontane, Theodor, „Brief an Paul Schlenther vom 11. November 1895", in: *Werke, Schriften und Briefe, Abt. IV, Bd. 4*, hg. von Otto Drude und Helmuth Nürnberger, München: Hanser 1982, 502.

Fontane, Theodor, „Brief an Sigmund Schott, 14. Februar 1897", in: *Werke, Schriften und Briefe, Abt. IV, Bd. 4*, hg. von Otto Drude und Helmuth Nürnberger, München: Hanser 1982, 635.

Fontane, Theodor, „Brief an Friedrich Spielhagen, 21. Februar 1896", in: *Fontanes Briefe in zwei Bänden, Bd. 2*, hg. von Gotthard Erler, Berlin: Aufbau 1968, 394-395.

Fontane, Theodor, „Brief an Joseph Viktor Widmann, 19. November 1895", in: *Werke, Schriften und Briefe, Abt. IV, Bd. 4*, hg. von Otto Drude und Helmuth Nürnberger, München: Hanser 1982, 506.

Fontane, Theodor, „Brief an Theodor Wolff, 24. Mai 1890", in: *Werke, Schriften und Briefe, Abt. IV, Bd. 4*, hg. von Otto Drude und Helmuth Nürnberger, München: Hanser 1982, 45-46.

Fontane, Theodor, *Die Poggenpuhls*, in: *Große Brandenburger Ausgabe. Das erzählerische Werk, Band 16*, hg. von Gabriele Radecke, Berlin: Aufbau 2006.

Fontane, Theodor, „*Effi Briest*, Roman von Theodor Fontane. I./VI.", in: *Deutsche Rundschau*, Bd. LXXXI, Oktober – Dezember 1894, 1-32.

Fontane, Theodor, *Effi Briest*, in: *Sämtliche Werke. Das erzählerische Werk, Band VII: Frau Jenny Treibel. Effi Briest*, hg. von Edgar Gross, München: Nymphenburger Verlagshandlung 1959.

Fontane, Theodor, *Effi Briest*, in: *Sämtliche Werke I: Romane, Erzählungen, Gedichte, Bd. 4*, hg. von Walter Keitel, München: Hanser 1963.

Fontane, Theodor, *Effi Briest*, in: *Romane und Erzählungen in acht Bänden, Band 7*, hg. von Peter Goldammer, Gotthard Erler, Anita Golz und Jürgen Jahn, Berlin/Weimar: Aufbau 1969.

Fontane, Theodor, *Effi Briest. Roman*, in: *Große Brandenburger Ausgabe. Das erzählerische Werk, Bd. 15*, hg. von Christine Hehle, Berlin: Aufbau 1998.

Fontane, Theodor, *Effi Briest*, in: *Sämtliche Romane, Erzählungen, Gedichte, Nachgelassenes, Band 4*, hg. von Walter Keitel und Helmuth Nürnberger, Darmstadt: Wissenschaftliche Buchgesellschaft 2002 (Lizenzausgabe, München: Hanser 1974).

Fontane, Theodor, *Effi Briest*, Berlin: Ullstein Taschenbuch, 15. Aufl. 2010 (Lizenzausgabe München: Nymphenburger Verlagshandlung 1979, Berlin: Ullstein 1994).

Fontane, Theodor, *Effi Briest. Erläuterungen und Dokumente*, hg. von Walter Schafarschik, Stuttgart: Reclam 1978.

Fontane, Theodor, *Effi Briest. Reclam XL: Text und Kontext*, hg. von Wolf Dieter Hellberg, Stuttgart: Reclam 2018.

Fontane, Theodor, „Ernst von Wildenbruch, *Die Quitzows* (9.11.1888)“, in: *Sämtliche Werke: Causerien über Theater, Bd. XXII/2*, hg. von Edgar Gross, München: Nymphenburger Verlagshandlung 1964, 578-584.

Fontane, Theodor, „Friedrich von Schiller, *Wallensteins Lager/Die Piccolomini/Wallensteins Tod*“, in: *Sämtliche Werke: Causerien über Theater, Bd. XXII/2*, hg. von Edgar Gross, München: Nymphenburger Verlagshandlung 1964, 481-485.

Fontane, Theodor, „Gustav Freytag, *Soll und Haben. Ein Roman in drei Bänden*“, in: *Sämtliche Werke: Literarische Essays und Studien, Bd. XXI/1*, hg. von Kurt Schreinert, München: Nymphenburger Verlagshandlung 1963, 214-230.

Fontane, Theodor, „Havelland“, in: *Große Brandenburger Ausgabe: Gedichte: Gedichte (Sammlung 1898), Aus den Sammlungen ausgeschiedene Gedichte*, hg. von Anita Golz und Joachim Krueger, Berlin: Aufbau 1995, 224-226.

Fontane, Theodor, *Havelland. Die Landschaft um Spandau, Potsdam, Brandenburg*, in: *Große Brandenburger Ausgabe: Wanderungen durch die Mark Brandenburg, Bd. 3*, hg. von Gotthard Erler und Rudolf Mingau, Berlin: Aufbau 1994.

Fontane, Theodor, „Johann Wolfgang Goethe, *Wilhelm Meisters Lehrjahre*“, in: *Sämtliche Werke: Literarische Essays und Studien, Bd. XXI/2*, hg. von Rainer Bachmann und Peter Bramböck, München: Nymphenburger Verlagshandlung 1974, 108-112.

Fontane, Theodor, „Le saison morte. Lancashire und Lord Stanley. Wer wird Primas? Nur nicht Deutsch“, *Neue Preußische Zeitung*, Nr. 229, 1.10.1862, in: Heide Streite-Buscher (Hg.), *Unechte Korrespondenzen 1860-1865*, München/Berlin/New York/Boston: de Gruyter 1996, 271.

Fontane, Theodor, „Quitzöwel“, in: *Fünf Schlösser. Altes und Neues aus der Mark Brandenburg*, in: *Große Brandenburger Ausgabe: Wanderungen durch die Mark Brandenburg, Bd. 5*, hg. von Gotthard Erler und Rudolf Mingau, Berlin: Aufbau 1994, 11-99.

Fontane, Theodor, *Schach von Wuthenow. Erzählung aus der Zeit des Regiments „Gendarmes“*, in: *Große Brandenburger Ausgabe. Das erzählerische Werk, Bd. 6*, hg. von Christine Hehle, Berlin: Aufbau 1997.

Fontane, Theodor, *Unterm Birnbaum*, in: *Große Brandenburger Ausgabe. Das erzählerische Werk, Bd. 8*, hg. von Christine Hehle, Berlin: Aufbau 1997.

Fontane, Theodor, *Von Zwanzig bis Dreißig*, in: *Große Brandenburger Ausgabe. Das autobiographische Werk, Bd. 3*, hg. von Gabriele Radecke und Heinrich Detering, Berlin: Aufbau 2014.

Foucault, Michel, „Andere Räume“, übers. von Walter Seitter, in: Karlheinz Barck/Peter Gente/Heidi Paris/Stefan Richter (Hg.), *Aisthesis. Wahrnehmung heute oder Perspektiven einer anderen Ästhetik*, Leipzig: Reclam 1992, 34-46.

Frei Gerlach, Franziska, „Die Macht der Körnlein. Stifters Sandformationen zwischen Materialität und Signifikation“, in: Sabine Schneider/Barbara Hunfeld (Hg.), *Die Dinge und die Zeichen*, Würzburg: Königshausen & Neumann 2008, 109-122.

Frei Gerlach, Franziska „Erosive Entschleunigung. Stifters Semiotisierung des Raums im Modus der Geologie“, in: Roland Berbig/Dirk Göttsche (Hg.), *Metropole, Provinz und Welt. Raum und Mobilität in der Literatur des Realismus*, München/Berlin/New York/Boston: de Gruyter 2013, 273-288.

Freud, Sigmund, *Aus der Geschichte einer infantilen Neurose* [„Der Wolfsmann“], in: *Studienausgabe, Bd. VIII: Zwei Kinderneurosen*, Frankfurt am Main: Fischer 1969, 125-231.

Freud, Sigmund, *Das Unheimliche*, in: *Studienausgabe, Bd. IV: Psychologische Schriften*, Frankfurt am Main: Fischer 1970, 241-274.

Freud, Sigmund, „Notiz über den ‚Wunderblock‘“, in: *Studienausgabe, Bd. III: Psychologie des Unbewussten*, Frankfurt am Main: Fischer 1975, 363-369.

Freund, Winfried, *Die Deutsche Ballade. Theorie, Analysen, Didaktik*, Paderborn: Ferdinand Schöningh 1978.

Friedrich, Gerhard, „*Unterm Birnbaum*. Der Mord des Abel Hradscheck“, in: Christian Grawe (Hg.), *Interpretationen. Fontanes Novellen und Romane*, Stuttgart: Reclam 1991, 113-134.

Friedrich, Peter/Manfred Schneider (Hg.), *Fatale Sprachen – Eid und Fluch in Literatur- und Rechtsgeschichte*, München: Fink 2009.

Frost, Sabine, *Whiteout: Schneefälle und Weißeinbrüche in der Literatur ab 1800*, Bielefeld: Transcript 2014.

Gann, Thomas/Marianne Schuller (Hg.), *Fleck, Glanz, Finsternis. Zur Poetik der Oberfläche bei Adalbert Stifter*, München: Fink 2017.

Gervinus, Georg Gottfried, *Geschichte der deutschen Dichtung, Bd. V*, 4. Aufl., Leipzig: Wilhelm Engelmann 1853.

Geulen, Eva, *Aus dem Leben der Form. Goethes Morphologie und die Nager*, Berlin: August 2016.

Geulen, Eva, „Depicting Description: Lukács and Stifter“, in: dies./Anette Schwarz (Hg.), *The Germanic Review, Sonderheft: Realismus*, Philadelphia 1998, 267-279.

Geulen, Eva, „Serialization in Goethe's Morphology“, in: *Compar(a)ison: An International Journal of Comparative Literature, Comparative Epistemologies of Literature*, 2, 2008, 53-70.

Geulen, Eva, „Stellen-Lese (Grillparzer, Goethe)“, in: *Modern Language Notes*, German Issue 116, 2001, 3, 475-501.

Geulen, Eva, „Urpflanze (und Goethes *Hefte zur Morphologie*)“, in: Michael Ott/Tobias Döring (Hg.), *Urworte. Zur Geschichte und Funktion erstbegründender Begriffe*, München: Fink 2012, 155-171.

Geulen, Eva, *Worthörig wider Willen. Darstellungsproblematik und Sprachreflexion in der Prosa Adalbert Stifters*, München: ludicium 1992.

Gill, Manfred, „Letschin in Fontanes Kriminalnovelle Unterm *Birnbaum*“, in: *Fontane Blätter*, 29, 1979, 414-427.

Gillespie, Gerald, „Space and Time Seen through Stifter's Telescope“, *The German Quarterly*, Vol. 37, 2, 1964, 120-130.

Ginzburg, Carlo, „Indizien: Morelli, Freud und Sherlock Holmes“, in: Umberto Eco/Thomas A. Sebeok (Hg.), *Der Zirkel oder Im Zeichen der Drei. Dupin, Holmes, Peirce*, München: Fink 1985, 125-179.

Goethe, Johann Wolfgang, „1786; Von Karlsbad nach Rom 3.9. – 19.10.1786, Fr d 8 Sept. Abends“, in: *Sämtliche Werke. Briefe, Tagebücher und Gespräche II. Abt., Bd. 3: Italien – Im Schatten der Revolution. 1786-1794*, hg. von Karl Eibl, Frankfurt am Main: Deutscher Klassiker Verlag 1991, 9-149.

Goethe, Johann Wolfgang, „An Caroline Herder“, in: *Sämtliche Werke nach Epochen seines Schaffens, Bd. 2.1: Erstes Weimarer Jahrzehnt 1775-1786*, hg. von Hartmut Reinhardt, München: Hanser 1987, 80.

Goethe, Johann Wolfgang, *Aus meinem Leben. Dichtung und Wahrheit*, in: *Sämtliche Werke nach Epochen seines Schaffens, Bd. 16*, hg. von Peter Sprengel, München: Hanser 1985.

Goethe, Johann Wolfgang, *Beiträge zur Optik*, in: *Goethe. Die Schriften zur Naturwissenschaft* (Leopoldina-Ausgabe), 1. Abteilung, Bd. 3, hg. von Rupprecht Matthaei, Weimar: Hermann Böhlaus Nachfolger 1951, 1-108.

Goethe, Johann Wolfgang, „Brief an Friedrich Schiller, 9. Juli 1796“, in: *Schillers Werke. Nationalausgabe, Bd. 36.I: Briefwechsel. Briefe an Schiller*, hg. von Norbert Oellers, Weimar: Hermann Böhlaus Nachfolger 1972, 260-261.

Goethe, Johann Wolfgang, „Brief an Charlotte von Stein, 9. Oktober 1779“, in: *Sämtliche Werke. Briefe, Tagebücher und Gespräche II. Abt., Bd. 29: Das erste Weimarer Jahrzehnt 1775-1786*, hg. von Hartmut Reinhardt, Frankfurt am Main: Deutscher Klassiker Verlag 1997, 199-203.

Goethe, Johann Wolfgang, *Briefe aus der Schweiz. Erste Abteilung*, in: *Sämtliche Werke. Briefe, Tagebücher und Gespräche I. Abt., Bd. 8: Werther/Wahlverwandtschaften*, hg. von Waltraud Wiethölter, Frankfurt am Main: Deutscher Klassiker Verlag 2006, 594-609.

Goethe, Johann Wolfgang, *Briefe aus der Schweiz. Zweite Abtheilung*, in: *Goethes Werke. Herausgegeben im Auftrage der Großherzogin Sophie von Sachsen. Abt. I, Bd. 19: Die Leiden des jungen Werther. Briefe aus der Schweiz*, Weimar: Böhlau 1899, 193-306.

Goethe, Johann Wolfgang, „Camarupa“, in: *Sämtliche Werke. Briefe, Tagebücher und Gespräche I. Abt., Bd. 25: Schriften zur Allgemeinen Naturlehre, Geologie und Mineralogie*, hg. von Wolf von Engelhardt und Manfred Wenzel, Frankfurt am Main: Deutscher Klassiker Verlag 1989, 199-205.

Goethe, Johann Wolfgang, „Das Auge“, in: *Sämtliche Werke. Briefe, Tagebücher und Gespräche I. Abt., Bd. 23/2: Schriften zur Farbenlehre 1790-1807*, hg. von Manfred Wenzel, Frankfurt am Main: Deutscher Klassiker Verlag 1991, 268-269.

Goethe, Johann Wolfgang, „Das Sehen in subjektiver Hinsicht, von Purkinje 1819“, in: *Sämtliche Werke. Briefe, Tagebücher und Gespräche I. Abt., Bd. 25: Schriften zur Allgemeinen Naturlehre, Geologie und Mineralogie*, hg. von Wolf von Engelhardt und Manfred Wenzel, Frankfurt am Main: Deutscher Klassiker Verlag 1989, 817-827.

Goethe, Johann Wolfgang, „Der Ausdruck Trüb“, in: *Sämtliche Werke. Briefe, Tagebücher und Gespräche I. Abt., Bd. 25: Schriften zur Allgemeinen Naturlehre, Geologie und Mineralogie*, hg. von Wolf von Engelhardt und Manfred Wenzel, Frankfurt am Main: Deutscher Klassiker Verlag 1989, 782-784.

Goethe, Johann Wolfgang, *Der Versuch als Vermittler von Objekt und Subjekt*, in: *Sämtliche Werke. Briefe, Tagebücher und Gespräche I. Abt., Bd. 25: Schriften zur Allgemeinen Naturlehre, Geologie und Mineralogie*, hg. von Wolf von Engelhardt und Manfred Wenzel, Frankfurt am Main: Deutscher Klassiker Verlag 1989, 26-36.

Goethe, Johann Wolfgang, *Die Fischerinn, ein Singspiel. Auf dem natürlichen Schauspiel zu Tiefurth vorgestellt*, Privatdruck von Anna Amalia, Weimar 1782.

Goethe, Johann Wolfgang, „Erlkönig“, in: *Goethes Schriften, Bd. 8: Vermischte Gedichte*, Leipzig: Göschen 1789, 157-158.

Goethe, Johann Wolfgang, „Erlkönig“, in: *Sämtliche Werke. Briefe, Tagebücher und Gespräche I. Abt., Bd. 1: Gedichte 1756-1799*, hg. von Karl Eibl, Frankfurt am Main: Deutscher Klassiker Verlag 1987, 303-304.

Goethe, Johann Wolfgang, *Faust. Eine Tragödie*, in: *Sämtliche Werke. Briefe, Tagebücher und Gespräche I. Abt., Bd. 7/1: Faust. Texte*, hg. von Albrecht Schöne, Frankfurt am Main: Deutscher Klassiker Verlag 1995, 9-464.

Goethe, Johann Wolfgang, „Gesang der Geister über den Wassern“, in: *Sämtliche Werke nach Epochen seines Schaffens, Bd. 2.1: Erstes Weimarer Jahrzehnt 1775-1786*, hg. von Hartmut Reinhardt, München: Hanser 1987, 576-577.

Goethe, Johann Wolfgang, *Hefte zur Morphologie*, in: *Sämtliche Werke. Briefe, Tagebücher und Gespräche I. Abt., Bd. 24: Goethes Schriften zur Morphologie*, hg. von Dorothea Kuhn, Frankfurt am Main: Deutscher Klassiker Verlag 1987.

Goethe, Johann Wolfgang, „Howards Ehrengedächtnis“, in: *Sämtliche Werke. Briefe, Tagebücher und Gespräche I. Abt., Bd. 25: Schriften zur Allgemeinen Naturlehre, Geologie und Mineralogie*, hg. von Wolf von Engelhardt und Manfred Wenzel, Frankfurt am Main: Deutscher Klassiker Verlag 1989, 238.

Goethe, Johann Wolfgang, *Italienische Reise*, in: *Sämtliche Werke. Briefe, Tagebücher und Gespräche Abt. I, Bd. 15/1: Italienische Reise. Teil I*, hg. von Christoph Michel und Hans-Georg Dewitz, Frankfurt am Main: Deutscher Klassiker Verlag 1991.

Goethe, Johann Wolfgang, „Luke Howard to Goethe. A biographical scetch“, in: *Sämtliche Werke. Briefe, Tagebücher und Gespräche I. Abt., Bd. 25: Schriften zur Allgemeinen Naturlehre, Geologie und Mineralogie*, hg. von Wolf von Engelhardt und Manfred Wenzel, Frankfurt am Main: Deutscher Klassiker Verlag 1989, 235-236.

Goethe, Johann Wolfgang, „[Nordlicht]“, in: *Sämtliche Werke. Briefe, Tagebücher und Gespräche I. Abt., Bd. 25: Schriften zur Allgemeinen Naturlehre, Geologie und Mineralogie*, hg. von Wolf von Engelhardt und Manfred Wenzel, Frankfurt am Main: Deutscher Klassiker Verlag 1989, 197-198.

Goethe, Johann Wolfgang, „[Notizen aus Italien]“, in: *Sämtliche Werke. Briefe, Tagebücher und Gespräche I. Abt., Bd. 24: Goethes Schriften zur Morphologie*, hg. von Dorothea Kuhn, Frankfurt am Main: Deutscher Klassiker Verlag 1987, 9-91.

Goethe, Johann Wolfgang, „Physiologe Farben“, in: ders., *Chromatik*, in: *Sämtliche Werke. Briefe, Tagebücher und Gespräche I. Abt., Bd. 25: Schriften zur Allgemeinen Naturlehre, Geologie und Mineralogie*, hg. von Wolf von Engelhardt und Manfred Wenzel, Frankfurt am Main: Deutscher Klassiker Verlag 1989, 741-746.

Goethe, Johann Wolfgang, „Tagebuch, 26. Februar 1780“, in: *Sämtliche Werke. Briefe, Tagebücher und Gespräche II. Abt., Bd. 29: Das erste Weimarer Jahrzehnt 1775-1786*, hg. von Hartmut Reinhardt, Frankfurt am Main: Deutscher Klassiker Verlag 1997, 245.

Goethe, Johann Wolfgang, „[Über die Ursache der Barometerschwankungen]“, in: *Sämtliche Werke. Briefe, Tagebücher und Gespräche I. Abt., Bd. 25: Schriften zur Allgemeinen Naturlehre, Geologie und Mineralogie*, hg. von Wolf von Engelhardt und Manfred Wenzel, Frankfurt am Main: Deutscher Klassiker Verlag 1989, 255-264.

Goethe, Johann Wolfgang, *Über Kunst und Altertum, Band V (1824-1826)*, in: *Sämtliche Werke. Briefe, Tagebücher und Gespräche I. Abt., Bd. 22: Ästhetische Schriften 1824-1832*, hg. von Annette Bohnenkamp, Frankfurt am Main: Deutscher Klassiker Verlag 1999, Frankfurt am Main: Deutscher Klassiker Verlag 1999, 9-290.

Goethe, Johann Wolfgang, „Versuch, die Elemente der Farbenlehre zu entdecken. Beiträge zur Optik. Viertes Stück [1793]“, in: *Sämtliche Werke. Briefe, Tagebücher und Gespräche I. Abt., Bd. 23/2: Schriften zur Farbenlehre 1790-1807*, hg. von Manfred Wenzel, Frankfurt am Main: Deutscher Klassiker Verlag 1991, 168-187.

Goethe, Johann Wolfgang, „Versuch, die Metamorphose der Pflanzen zu erklären", in: *Sämtliche Werke. Briefe, Tagebücher und Gespräche I. Abt., Bd. 24: Goethes Schriften zur Morphologie*, hg. von Dorothea Kuhn, Frankfurt am Main: Deutscher Klassiker Verlag 1987, 109-151.

Goethe, Johann Wolfgang, „Versuch einer Witterungslehre 1825", in: *Sämtliche Werke. Briefe, Tagebücher und Gespräche I. Abt., Bd. 25: Schriften zur Allgemeinen Naturlehre, Geologie und Mineralogie*, hg. von Wolf von Engelhardt und Manfred Wenzel, Frankfurt am Main: Deutscher Klassiker Verlag 1989, 274-300.

Goethe, Johann Wolfgang, „Wohl zu merken", in: *Sämtliche Werke. Briefe, Tagebücher und Gespräche I. Abt., Bd. 25: Schriften zur Allgemeinen Naturlehre, Geologie und Mineralogie*, hg. von Wolf von Engelhardt und Manfred Wenzel, Frankfurt am Main: Deutscher Klassiker Verlag 1989, 244.

Goethe, Johann Wolfgang, „Wolkengestalt nach Howard", in: *Sämtliche Werke. Briefe, Tagebücher und Gespräche I. Abt., Bd. 25: Schriften zur Allgemeinen Naturlehre, Geologie und Mineralogie*, hg. von Wolf von Engelhardt und Manfred Wenzel, Frankfurt am Main: Deutscher Klassiker Verlag 1989, 214-234.

Goethe, Johann Wolfgang, *Zur Farbenlehre*, in: *Sämtliche Werke. Briefe, Tagebücher und Gespräche I. Abt., Bd. 23/1*, hg. von Manfred Wenzel, Frankfurt am Main: Deutscher Klassiker Verlag 1991.

Goethe-Wörterbuch, hg. von der Berlin-Brandenburgischen Akademie der Wissenschaften, der Akademie der Wissenschaften in Göttingen und der Heidelberger Akademie der Wissenschaften, Stuttgart: Kohlhammer 1978ff.: http://woerterbuchnetz.de/cgi-bin/WBNetz/wbgui_py?sigle=GWB.

Goethes Briefe und Briefe an Goethe, hg. von Karl Robert Mandelkow, Hamburger Ausgabe in 6 Bänden, Bd. 4: Briefe der Jahre 1821-1832, München: Beck 1988.

Gombrich, Ernst H., *Art and Illusion: A Study in the Psychology of Pictoral Representation*, Princeton: Princeton University Press 1961.

Gottwald, Herwig, „Felsen, Steine, Mineralien. Wandlungen eines Motivs im Werk Adalbert Stifters", in: *Jahrbuch des Adalbert-Stifter-Instituts* 16, 2009, 71-81.

Graevenitz, Gerhart von, „Einleitung" in: ders. (Hg.), *Konzepte der Moderne. DFG-Symposion 1997. (Germanistische Symposien, Berichtsbände 20)*, Stuttgart/Weimar: Metzler 1999, 1-16.

Graevenitz, Gerhart von, „Memoria und Realismus. Erzählende Literatur in der deutschen ‚Bildungspresse' des 19. Jahrhunderts", in: Anselm Haverkamp/Renate Lachmann (Hg.), *Memoria – Erinnern und Vergessen. Poetik und Hermeneutik XV*, München: Fink 1993, 283-304.

Graevenitz, Gerhart von, *Theodor Fontane: ängstliche Moderne. Über das Imaginäre*, Konstanz: Konstanz University Press 2014.

Graevenitz, Gerhart von, „Wissen und Sehen", in: Lutz Danneberg (Hg.), *Wissen und Literatur im 19. Jahrhundert*, Tübingen: Max Niemeyer 2002, 147-190.

Grawe, Christian, *Theodor Fontanes Effi Briest*, Frankfurt am Main: Diesterweg 1985.

Greter, Heinz Eugen, *Fontanes Poetik*, Bern/Frankfurt am Main: Lang 1973.

Grimm, Jacob und Wilhelm, *Deutsches Wörterbuch*, 16 Bde. in 32 Teilbänden, Leipzig: Hirzel 1854-1961: http://woerterbuchnetz.de/cgi-bin/WBNetz/wbgui_py?sigle=DWB.

Groddeck, Wolfram, *Reden über Rhetorik. Zu einer Stilistik des Lesens*, Basel/Frankfurt am Main: Stroemfeld 1995.

Gumbrecht, Hans-Ulrich, *Stimmungen lesen. Über eine verdeckte Wirklichkeit der Literatur*, München: Hanser 2011.

Guthke, Karl S., „Fontanes ‚Finessen'. ‚Kunst' oder ‚Künstelei'?", in: *Jahrbuch der Deutschen Schillergesellschaft*, 26, 1982, 235-261.

Hahn, Marcus, „Stifters ‚Garten voll Gespenster': Epigonalität/‚Postmoderne', *Narrenburg/Nachkommenschaften*", in: Michael Minden/Martin Swales/Godela Weiss-Sussex (Hg.), *History, Text, Value. Essays on Adalbert Stifter. London Symposium 2003, Stifter-Haus Linz*, Bd. 11, 2006, 56-65.

Hamacher, Werner, „The Word ‚Wolke' – if it is one", in: *Studies in 20th Century Literature*, 11, 1, 1986, 133-161.

Hamacher, Werner, „Unlesbarkeit", in: Paul de Man, *Allegorien des Lesens*, Frankfurt am Main: Suhrkamp 1988, 7-26.

Hart, Heinrich, „Die realistische Bewegung. Ihr Ursprung, ihr Wesen, ihr Ziel", in: Erich Ruprecht (Hg.), *Literarische Manifeste des Naturalismus 1880-1892*, Stuttgart/Weimar: Metzler 1962, 147-154.

Hebbel, Friedrich, „Das Komma im Frack" in: *Werke, Bd. 3: Gedichte, Erzählungen, Schriften*, hg. von Gerhard Fricke, Werner Keller und Karl Pörnbacher, München: Hanser 1965, 684-687.

Hebbel, Friedrich, „Der Nachsommer", in: *Werke, Bd. 3: Gedichte, Erzählungen, Schriften*, hg. von Gerhard Fricke, Werner Keller und Karl Pörnbacher, München: Hanser 1965, 682-683.

Hebekus, Uwe, *Klios Medien. Die Geschichtskultur des 19. Jahrhunderts in der historischen Historie und bei Fontane*, Tübingen: Max Niemeyer 2003.

Hegel, Georg Wilhelm Friedrich, *Vorlesungen über die Ästhetik III, Werke, Bd. 15*, Frankfurt am Main: Suhrkamp 1993.

Hehle, Christine, „Täuschung und Selbsttäuschung", in: Theodor Fontane, *Unterm Birnbaum*, in: *Große Brandenburger Ausgabe. Das erzählerische Werk, Band 8*, hg. von Christine Hehle, Berlin: Aufbau 1997, 136-140.

Heidegger, Martin, „Adalbert Stifters ‚Eisgeschichte'", in: Daniel Bodmer (Hg.), *Wirkendes Wort*, Zürich: Schweizerische Bibliophilen-Gesellschaft 1964, 23-38.

Heidegger, Martin, *Die Grundbegriffe der Metaphysik: Welt, Endlichkeit, Einsamkeit*, Frankfurt am Main: Klostermann 1979.

Heine, Heinrich, „Ritter Olaf" (*Romanzen*), in: *Historisch-kritische Gesamtausgabe der Werke. Düsseldorfer Ausgabe*, hg. von Manfred Windfuhr, Bd. 2: Neue Gedichte, bearbeitet von Elisabeth Genton, Hamburg: Hoffmann & Campe 1983, 82-84.

Helmholtz, Hermann von, *Die Tatsachen in der Wahrnehmung*, Berlin: Hirschwald 1879.

Helmholtz, Hermann von, *Handbuch der physiologischen Optik*, Leipzig: Voss 1850.

Helmholtz, Hermann von, „Optisches über Malerei", in: *Populäre wissenschaftliche Vorträge*, Drittes Heft, Braunschweig: Vieweg 1876, 55-97.

Helmstetter, Rudolf, *Die Geburt des Realismus aus dem Dunst des Familienblattes. Theodor Fontane und die öffentlichkeitsgeschichtlichen Rahmenbedingungen des poetischen Realismus*, München: Fink 1997.

Hennig, John, „Perception and Deception in Goethe's ‚Erlkönig' and its sources", in: *Modern Language Quarterly*, 17, 3, 1956, 227-235.

Hennig, John, „Zu Goethes Gebrauch des Wortes ‚Gespenst'", in: *Deutsche Vierteljahrsschrift für Literaturwissenschaft und Geistesgeschichte* (*DVjs*), 28, 1954, 487-496.

Herder, Johann Gottfried, „Erlkönigs Tochter", in: *Werke in zehn Bänden, Bd. 3: Volkslieder, Übertragungen, Dichtungen*, hg. von Ulrich Gaier, Frankfurt am Main: Deutscher Klassiker Verlag 1990, 335-336.

Hermand, Jost, *Die literarische Formenwelt des Biedermeier*, Gießen: Schmitz 1958.

Hermann, Rudolf, „Deutsche Bühnenschriftsteller der Gegenwart", in: *Die Gartenlaube. Illustriertes Familienblatt*, 44, 1896, 171.

Heyse, Paul, „Brief an Theodor Storm, 26. November 1854", in: *Theodor Storm – Paul Heyse: Briefwechsel, Bd. I: 1853-1875. Kritische Ausgabe*, hg. von Clifford Albrecht Bernd, Berlin: Erich Schmidt Verlag 1969, 21-22.

Hoff, Dagmar von, „Krise der Wahrnehmung: Das Aufmerksamkeitsdispositiv bei Adalbert Stifter in *Die Mappe meines Urgroßvaters* in der *Studien*-Fassung", in: Michael Minden/Martin Swales/Godela Weiss-Sussex (Hg.), *History, Text, Value. Essays on Adalbert Stifter. London Symposium 2003, Stifter-Haus Linz*, Bd. 11, 2006, 98-105.

Hoffmann, Christoph, *Unter Beobachtung. Naturforschung in der Zeit der Sinnesapparate*, Göttingen: Wallstein 2006.

Holland, Jocelyn, „‚Eine Art Wahnsinn'. Intellektuelle Anschauung und Goethes Schriften zur Metamorphose", in: Sibylle Peters/Martin Jörg Schäfer (Hg.), *„Intellektuelle Anschauung". Figurationen von Evidenz zwischen Kunst und Wissen*, Bielefeld: transcript 2006, 79-92.

Holmes, Oliver Wendell, „The Stereoscope and the Stereograph", in: *The Atlantic Monthly*, Vol. 6, 1859, 738-748.

Holmes, Tove, *Literary Images: Viewing and Visuality in German Realism.* Unveröffentlichte Dissertation, Johns Hopkins University 2011.

Holzmann, Gabriela: *Schaulust und Verbrechen. Eine Geschichte des Krimis als Mediengeschichte* (*1850-1950*), Stuttgart/Weimar: Metzler 2001.

Horch, Hans Otto, „‚Das Schlechte […] mit demselben Vergnügen wie das Gute'. Über Theodor Fontanes Beziehung zu Heinrich Heine", in: *Heine Jahrbuch*, 18, 1979, 139-176.

Howard, Lukas, „Versuch einer Naturgeschichte und Physik der Wolken“, in: *Annalen der Physik*, Bd. 51, 1, 1815, 9, 1-48.

Jakobson, Roman, „Über den Realismus in der Kunst“, in: Jurij Striedter (Hg.), *Russischer Formalismus: Texte zur allgemeinen Literaturtheorie und zur Theorie der Prosa*, München: Fink 1994, 373-391.

Jaspers, Karl, *Allgemeine Psychopathologie*, Berlin/Heidelberg: Springer 1946.

John, Johannes, „‚Die wirkliche Wirklichkeit derselben …‘ Zur Problematik und Praxis der Emendationen in Adalbert Stifters Erzählung *Nachkommenschaften*“, in: *Jahrbuch der Jean-Paul-Gesellschaft*, 41, 2006, 205-220.

John, Johannes, „‚Übermalungen‘, Transkription, Emendation, Interpretation. Zur 17. Manuskriptseite von Adalbert Stifters Erzählung *Nachkommenschaften*“, in: Wolfgang Lukas/Rüdiger Nutt-Kofoth/Madleen Podewski (Hg.), *Text – Material – Medium. Zur Relevanz editorischer Dokumentationen für die literaturwissenschaftliche Interpretation*, München/Berlin/New York/Boston: de Gruyter 2014, 107-122.

Kafka, Franz, *Briefe an Milena*, Frankfurt am Main: Fischer 1986.

Kafka, Franz, *Ein Landarzt, in: Kritische Ausgabe: Drucke zu Lebzeiten*, hg. von Wolf Kittler, Hans-Gerd Koch und Gerhard Neumann, Frankfurt am Main: Fischer 1996, 252-261.

Kaiser, Herbert, „Tod, Erinnerung, Geschichte. Zur Kritik des historischen Bewußtseins in Meyers ‚Huttens letzte Tage‘ und Storms ‚Zur Chronik von Grieshuus‘“, in: *Der Deutschunterricht: Beiträge zu seiner Praxis und wissenschaftlichen Grundlegung*, 43, 4, 1991, 20-31.

Kant, Immanuel, *Der Streit der Fakultäten*, in: *Werke in sechs Bänden*, hg. von Wilhelm Weischedel, Bd. VI, Darmstadt: Wissenschaftliche Buchgesellschaft 1966, 261-393.

Kant, Immanuel, *Kritik der reinen Vernunft*, in: *Werke in sechs Bänden*, hg. von Wilhelm Weischedel, Bd. II, Darmstadt: Wissenschaftliche Buchgesellschaft 1966.

Köhler, Hartmut, „Aperçu“, in: *Historisches Wörterbuch der Rhetorik*, hg. von Gert Ueding, Bd. 1, Tübingen: Max Niemeyer 1992, Sp. 760-767.

Koschorke, Albrecht, „Das Mysterium des Realen in der Moderne“, in: ders./Helmut Lethen/Ludwig Jäger (Hg.), *Auf die Wirklichkeit zeigen. Zum Problem der Evidenz in den Kulturwissenschaften*, Frankfurt am Main: Campus 2015, 13-38.

Krauß, Andrea, *Lenz unter anderem. Aspekte einer Theorie der Konstellation*, Zürich: Diaphanes 2011.

Krauß, Andrea, „Linienführung. Ästhetisches Kalkül in Storms *Schimmelreiter*“, in: Elisabeth Strowick/Ulrike Vedder (Hg.), *Wirklichkeit und Wahrnehmung. Neue Perspektiven auf Theodor Storm*, Bern/Frankfurt am Main: Lang 2013, 149-168.

Krauss, Rosalind, *The Optical Unconscious*, Cambridge, Mass./London: MIT Press 1993.

Kremer, Detlef/Nikolaus Wegmann, „Wiederholungslektüre(n): Fontanes Effi Briest. Realismus des wirklichen Lebens oder realistischer Text?“, in: *Der Deutschunterricht.*

Themenheft: Neue Lesarten: Texte im Unterricht, hg. von Jürgen Förster, Heft 6, 1995, 56-75.

Küpper, Joachim, „Moderne, Romantik, Postmoderne. Bemerkungen zu Fontanes *Effi Briest*" in: *Literaturstrasse: Chinesisch-deutsches Jahrbuch für Sprache, Literatur und Kultur*, Bd. 9, 2008, 127-150.

Kuhn, Heribert, „Kommentar", in: Theodor Storm, *Der Schimmelreiter*, Frankfurt am Main: Suhrkamp 1999, 163-167.

Lacan, Jacques, „Das Spiegelstadium als Bildner der Ichfunktion", übers. von Peter Stehlin, in: *Schriften I*, hg. von Norbert Haas, Weinheim/Berlin: Quadriga 1991, 61-70.

Lacan, Jacques, „Le stade du miroir comme formateur de la fonction du je, telle qu'elle nous est révélée, dans l'expérience psychanalytique. Communication faite au XVIe Congrès international de psychanalyse, à Zurich le 17-07-1949", in: *Revue Française de Psychanalyse*, Vol. 13, 4, 1949, 449-455.

Lacan, Jacques, „*Review* of Eugene *Minkowski, Le temps vécu. Études phénoménologiques et psychopathologiques*", in: *Recherches Philosophiques*, 5, *1935-36*, 424-431.

Lacan, Jacques, *Seminar XI: Die vier Grundbegriffe der Psychoanalyse*, übers. von Norbert Haas, Weinheim/Berlin: Quadriga 1987.

Lacan, Jacques, „The Mirror Stage as Formative of the *I* Function as Revealed in Psychoanalytic Experience", in: *Écrits: The first complete edition in English*, trans. by Bruce Fink, New York/London: W.W. Norton 2006, 75-81.

Lämmert, Eberhard, *Bauformen des Erzählens*, Stuttgart/Weimar: Metzler 2004.

Lange, Wolfgang, *Die Nuance. Kunstgriff und Denkfigur*, München: Fink 2005.

Lausberg, Heinrich, *Handbuch der literarischen Rhetorik: eine Grundlegung der Literaturwissenschaft*, Stuttgart: Steiner 1990.

Liebrand, Claudia, *Das Ich und die anderen. Fontanes Figuren und ihre Selbstbilder*, Freiburg im Breisgau: Rombach 1990.

Lobsien, Eckhard, *Landschaft in Texten. Zur Geschichte und Phänomenologie der literarischen Beschreibung*, Stuttgart/Weimar: Metzler 1981.

Lukács, Georg, „Bürgerlichkeit und L'art pour l'art: Theodor Storm", in: ders., *Die Seele und die Formen*, Neuwied/Berlin: Luchterhand 1971, 82-116.

Lukács, Georg, „Erzählen oder Beschreiben?", in: ders., *Georg Lukács Werke. Probleme des Realismus I. Essays über Realismus*, Neuwied/Berlin: Luchterhand 1971, 197-242.

Mahlendorf, Ursula, „Stifters Absage an die Kunst?", in: Gerhart Hoffmeister (Hg.), *Goethezeit: Studien zur Erkenntnis und Rezeption Goethes und seiner Zeitgenossen: Festschrift für Stuart Atkins*, Bern: Francke 1981, 369-383.

Mainberger, Sabine, *Die Kunst des Aufzählens. Elemente einer Poetik des Enumerativen*, München/Berlin/New York/Boston: de Gruyter 2003.

de Man, Paul, *Allegorien des Lesens*, übers. von Werner Hamacher und Peter Krumme, Frankfurt am Main: Suhrkamp 1988.

Mann, Thomas, *Betrachtungen eines Unpolitischen*, in: *Große Kommentierte Frankfurter Ausgabe. Werke, Briefe, Tagebücher, Bd. 13.1*, Frankfurt am Main: Fischer 2009.

Mann, Thomas, „Brief an Fritz Strich, 27. November 1945“, in: ders., *Briefe 1937-1947*, hg. von Erika Mann, Frankfurt am Main: Fischer 1963, 458-459.

Mann, Thomas, „Das Ewig-Weibliche“, in: *Gesammelte Werke in dreizehn Bänden, Bd. XIII: Nachträge*, Frankfurt am Main: Fischer 1974, 383-388.

Mann, Thomas, „Der alte Fontane“, in: *Große kommentierte Frankfurter Ausgabe. Werke, Briefe, Tagebücher, Bd. 14, 1: Essays I, 1893-1914*, hg. von Heinrich Detering u.a., Frankfurt am Main: Fischer 2002, 245-274.

Mann, Thomas, *Der Zauberberg*, in: *Große kommentierte Frankfurter Ausgabe. Werke – Briefe – Tagebücher, Bd. 5.1*, hg. von Michael Neumann, Frankfurt am Main: Fischer 2002.

Mann, Thomas, *Joseph und seine Brüder*, in: *Gesammelte Werke in dreizehn Bänden, Bd. IV + V*, Frankfurt am Main: Fischer 1974.

Mann, Thomas, „Leiden und Größe Richard Wagners“, in: *Gesammelte Werke in dreizehn Bänden, Bd. IX: Reden und Aufsätze 1*, Frankfurt am Main: Fischer 1974, 363-426.

Mann, Thomas, „Theodor Storm“, in: *Gesammelte Werke in dreizehn Bänden, Bd. IX: Reden und Aufsätze 1*, Frankfurt am Main: Fischer 1975, 246-267.

Masanetz, Michael, „Vom Leben und Sterben des Königskindes. *Effi Briest* oder der Familienroman als analytisches Drama“, in: *Fontane-Blätter*, 72, 2001, 42-93.

Matala de Mazza, Ethel, „Spuk als Gerücht: ‚Theodor Storms Volkskunde‘“, in: Elisabeth Strowick/Ulrike Vedder (Hg.), *Wirklichkeit und Wahrnehmung. Neue Perspektiven auf Theodor Storm*, Bern/Frankfurt am Main: Lang 2013, 107-129.

Matt, Peter von, „Wetterleuchten der Moderne. Krisenzeichen des bürgerlichen Erzählens bei Keller und Fontane“, in: Ursula Amrain/Regina Dieterle (Hg.), *Gottfried Keller und Theodor Fontane. Vom Realismus zur Moderne*, München/Berlin/New York/Boston: de Gruyter 2008, 19-30.

Matussek, Peter (Hg.), *„Es ist das Höchste, wozu es der Mensch bringt“. Das Aperçu bei Goethe*, in: Akio Ogawa/Kazuhiko Tamura/Dieter Trauden (Hg.), *Wie alles sich zum Ganzen webt. Festschrift für Yoshito Takahashi zum 65. Geburtstag*, Tübingen: Stauffenburg 2010, 103-115.

Matussek, Peter, *Goethe und die Verzeitlichung der Natur*, München: Beck 1998.

Maurer, Kathrin, „‚Ich hatte dieses Ding nie so gesehen wie heute.‘ Zur Verunsicherung der Wahrnehmung in Adalbert Stifters Eisgeschichte“, *Colloquia Germanica*, Vol. 4, 1-2, 2010, 35-48.

Mayer, Hans, „Goethes Begriff der Realität“, in: *Goethe. Viermonatsschrift der Goethe-Gesellschaft, neue Folge des Jahrbuchs* 18, 1956, 26-43.

Mayer, Mathias, „Die Angst vor der Musik oder Statisches Erzählen“, in: Alfred Doppler/Johannes John/Johann Lachinger/Hartmut Laufhütte (Hg.), *Stifter und die*

Stifterforschung im 21. Jahrhundert. Biographie – Wissenschaft – Poetik, Tübingen: Max Niemeyer Verlag 2007, 201-212.

Meier, Albert, „‚Wie kommt ein Pferd nach Jevershallig?' Die Subversion des Realismus in Theodor Storms *Der Schimmelreiter*", in: Hans Krah/Claus-Michael Ort (Hg.), *Weltentwürfe in Literatur und Medien. Phantastische Wirklichkeiten – Realistische Imaginationen*, Kiel: Ludwig 2002, 167-179.

Meister, Carolin, „Einleitung. Das Gedächtnis des Auges", in: Werner Busch/Carolin Meister (Hg.), *Nachbilder. Das Gedächtnis des Auges in Kunst und Wissenschaft*, Zürich: Diaphanes 2011, 7-15.

Melitz, Leo, *Der Schauspielführer. Führer durch das Theater der Jetztzeit*, Berlin: Globus 1904.

Menzel, Julia, „‚Was sichtbar war, war gerade genug ...'. Theodor Fontanes Kriminalnovelle *Unterm Birnbaum* im Lektürekontext der Familienzeitschrift *Die Gartenlaube*", in: *Euphorion*, 107, 1, 2013, 105-124.

Mergenthaler, Volker, *Sehen schreiben – Schreiben sehen. Literatur und visuelle Wahrnehmung im Zusammenspiel*, Tübingen: Max Niemeyer 2002.

Meyer, Herman, „Raum und Zeit in Wilhelm Raabes Erzählkunst", in: *DVjs*, 27, 1953, 237-267.

Minden, Michael, „Stifter and the Postmodern Sublime", in: *JASILO*, 11, 2004, 9-21.

Minkowski, Eugène, *Die gelebte Zeit, Bd. II: Über den zeitlichen Aspekt psychopathologischer Phänomene*, übers. von Meinrad Perrez und Lucien Kayser, Salzburg: Otto Müller 1972.

Minkowski, Eugène, *Le temps vécu. Études phénoménologiques et psychopathologiques*, Paris/Neuchâtel: Delachaux & Niestlé 1968.

Mitchell, William J.T., *Picture Theory. Essay on Verbal and Visual Representation*, Chicago: University of Chicago Press 1994.

Mittenzwei, Ingrid, *Die Sprache als Thema. Untersuchungen zu Fontanes Gesellschaftsromanen*, Bad Homburg: Gehlen 1970.

Möseneder, Karl, „Stimmung und Erdleben. Adalbert Stifters Ikonologie der Landschaftsmalerei", in: Hartmut Laufhütte/Karl Möseneder (Hg.), *Adalbert Stifter. Dichter und Maler, Denkmalpfleger und Schulmann. Neue Zugänge zu seinem Werk*, Tübingen: Max Niemeyer 1996, 18-57.

Mülder-Bach, Inka, „‚Verjährung ist [...] etwas Prosaisches'. *Effi Briest* und das Gespenst der Geschichte", in: *DVjs*, 83, 2009, 619-642.

Müller, Johannes, *Handbuch der Physiologie des Menschen für Vorlesungen*, Bd. 2, Coblenz: Hölscher 1840.

Müller-Kampel, Beatrice, *Theater-Leben: Theater und Schauspiel in der Erzählprosa Theodor Fontanes*, Frankfurt am Main: Athenäum 1989.

Müller-Seidel, Walter, *Fontane. Soziale Romankunst in Deutschland*, Stuttgart/Weimar: Metzler 1980.

Müller-Tamm, Jutta, „‚Alles nicht zu Ende, alles falsch …' Allegorie und Erzählstruktur in Stifters ‚Narrenburg'", *Zeitschrift für Germanistik*, Neue Folge, Vol. 17, 3, 2007, 561-574.

Müller-Tamm, Jutta, „Augengespenster, Lügengeschichten und Gesichtswahrheiten. Zur Theorie des Sehens zwischen 1780 und 1830", in: Werner Busch (Hg.), *Verfeinertes Sehen. Optik und Farbe im 18. und frühen 19. Jahrhundert*, München: Oldenbourg 2008, 151-164.

Müller-Tamm, Jutta, „Die ‚Empirie des Subjektiven' bei Jan Evangelista Purkinje", in: Gabriele Dürbeck/Bettina Gockel (Hg.), *Wahrnehmung der Natur, Natur der Wahrnehmung*, Dresden: Verlag der Kunst 2011, 153-164.

Müller-Tamm, Jutta, „Farben, Sonne, Finsternis. Von Goethe zu Adalbert Stifter", in: *Goethe-Jahrbuch 125*, 2008, 165-173.

Müller-Tamm, Jutta, „Goethes Gespenster", in: Ute Holl/Claus Pias/Burkhardt Wolf (Hg.), *Gespenster des Wissens*, Zürich/Berlin: Diaphanes 2017, 277-281.

Muenzer, Clark S., „Fugitive Images and Visual Memory in Goethe's Discourse on Color", in: Evelyn K. Moore/Patricia Anne Simpson (Hg.), *The Enlightened Eye: Goethe and Visual Culture, Amsterdamer Beiträge zur Germanistik*, 62, 2007.

Nägele, Rainer, *Darstellbarkeit. Das Erscheinen des Verschwindens*, Basel/Weil am Rhein: Urs Engeler 2008.

Nancy, Jean-Luc, *The Birth to Presence*, trans. by Brian Holmes and others, Stanford: Stanford University Press 1993.

Neu, Julia, „‚Das klingt ja sonderbar, als ob es doch möglich wäre'. Fantastik als Herausforderung für den Realismus", in: Moritz Baßler (Hg.), *Entsagung und Routines. Aporien des Spätrealismus und Verfahren der frühen Moderne*, München/Berlin/New York/Boston: de Gruyter 2013, 130-150.

Neumann, Gerhard, „1820. Wolkenspuren. Goethes Erfindung der Poetik des Übergänglichen", in: Roland Borgards/Almuth Hammer/Christiane Holm (Hg.), *Kalender kleiner Innovationen – 50 Anfänge einer Moderne zwischen 1755 und 1856 – Für Günter Oesterle*, Würzburg: Königshausen & Neumann 2006, 303-317.

Neumann, Gerhard, „‚Eigentlich war es doch ein Musterpaar". Die trübe Passion der Effi Briest", in: Karl Heinz Götze/Ingrid Haag/Gerhard Neumann/Gert Sautermeister (Hg.), *Zur Literaturgeschichte der Liebe*, Würzburg: Königshausen & Neumann 2009, 221-240.

Neumann, Gerhard, „Zitierte Authentizität in Stifters Nachsommer und Fontanes *Effi Briest*. Hegel – Bergson – Barthes", in: Eva Horn/Bettine Menke/Christoph Menke (Hg.), *Literatur als Philosophie – Philosophie als Literatur*, München: Fink 2005, 105-126.

Niehaus, Michael, „Eine zwielichtige Angelegenheit: Fontanes *Unterm Birnbaum*", in: *Fontane Blätter*, 73, 2002, 44-70.

Nietzsche, Friedrich, *Die Philosophie im tragischen Zeitalter der Griechen, Fragment 1873*, in: *Kritische Studienausgabe, Bd. 1: Geburt der Tragödie, Unzeitgemäße Betrachtungen, Nachgelassene Schriften 1870-1873*, München/Berlin/New York/Boston: de Gruyter 1999.

Nietzsche, Friedrich, *Zur Genealogie der Moral*, in: *Kritische Studienausgabe, Bd. 5: Jenseits von Gut und Böse, Zur Genealogie der Moral*, München/Berlin/New York/Boston: de Gruyter 1999, 245-412.

Novotny, Fritz, „Adalbert Stifters *Nachkommenschaften* als Malernovelle", in: ders., *Über das „Elementare" in der Kunstgeschichte und andere Aufsätze*, Wien: Rosenbaum 1968, 90-91.

Novotny, Fritz, *Stifter als Maler*, Wien: Schroll 1947.

Ort, Claus-Michael, *Zeichen und Zeit. Probleme des literarischen Realismus*, Tübingen: Max Niemeyer 1998.

Oschmann, Dirk, „Absolute Darstellung. Zur Metapoetik von Stifters Nachkommenschaften", in: *Literaturwissenschaftliches Jahrbuch*, 50, 2009, 135-149.

Piechotta, Hans-Joachim, *Aleatorische Ordnung. Untersuchungen zu extremen literarischen Positionen in den Erzählungen und dem Roman „Witiko" von Adalbert Stifter*, Gießen: Schmitz 1981.

Pfotenhauer, Helmut, „Bild und Schrift. Zur Funktion von Medienwechseln in der realistischen Literatur: Stifter, Keller", in: Jürgen Barkhoff/Gilbert Carr/Roger Paulin (Hg.), *Das schwierige 19. Jahrhundert. Festschrift für Eda Sagarra*, Tübingen: Max Niemeyer 2000, 207-218.

Plachta, Bodo, „,Tatort' – Die Topographie eines Kriminalfalles in Theodor Fontanes *Unterm Birnbaum*", in: Hans-Peter Ecker/Michael Titzmann (Hg.), *Realismus-Studien. Hartmut Laufhütte zum 65. Geburtstag*, Würzburg: Ergon 2002, 167-181.

Plath, Nils, *Hier und anderswo. Zum Stellenlesen bei Franz Kafka, Samuel Beckett, Theodor W. Adorno und Jacques Derrida*, Berlin: Kadmos 2017.

Plett, Bettina, *Zur Kunst der Allusion. Formen literarischer Anspielungen in den Romanen Theodor Fontanes*, Köln/Wien: Böhlau 1986.

Plumpe, Gerhard, „An der Grenze des Realismus. Eine Anmerkung zu Adalbert Stifters *Nachkommenschaften* und Wilhelm Raabes *Der Dräumling*", in: *Jahrbuch der Raabe-Gesellschaft*, 1994, 70-84.

Plumpe, Gerhard, *Der tote Blick. Zum Diskurs der Photographie in der Zeit des Realismus*, München: Fink 1990.

Plumpe, Gerhard, „Roman", in: Edward McInnes/Gerhard Plumpe (Hg.), *Hansers Sozialgeschichte der deutschen Literatur vom 16. Jahrhundert bis zur Gegenwart, Bd. 6: Bürgerlicher Realismus und Gründerzeit 1848-1890*, München: Hanser 1996, 529-689.

Polheim, Karl Konrad (Hg.), „Die wirkliche Wirklichkeit. Adalbert Stifters *Nachkommenschaften* und das Problem seiner Kunstanschauung", in: Vincent Günther/

Helmut Koopmann/Peter Pütz (Hg.), *Untersuchungen zur Literatur als Geschichte: Festschrift für Benno von Wiese*, Berlin: Erich Schmidt 1973, 385-417.

Polheim, Karl Konrad, *Theorie und Kritik der Deutschen Novelle von Wieland bis Musil*, Tübingen: Max Niemeyer 1970.

Polubojarinova, Larissa, „Adalbert Stifters *Nachkommenschaften* und der Diskurs der Photographie", in: Alexander W. Belobratow (Hg.), *Österreichische Literatur: Zentrum und Peripherie*, Jahrbuch der Österreich-Bibliothek in St. Petersburg, Bd. 7, 2005-2006, 39-51.

Preisendanz, Wolfgang, „Die Erzählfunktion der Naturdarstellung bei Stifter", in: ders., *Wege des Realismus. Zur Poetik und Erzählkunst im 19. Jahrhundert*, München: Fink 1977, 92-103.

Preisendanz, Wolfgang, „Die verklärende Macht des Humors im Zeitroman Theodor Fontanes", in: ders. (Hg.), *Theodor Fontane*, Darmstadt: Wissenschaftliche Buchgesellschaft 1973, 286-328.

Preisendanz, Wolfgang, „Theodor Storm: Novellistik im Zeitalter des Romans", in: Brian Coghlan/Karl Ernst Laage (Hg.), *Theodor Storm und das neunzehnte Jahrhundert. Vorträge und Berichte des Internationalen Storm-Symposions aus Anlaß des 100. Todestages Theodor Storms*, Berlin: Erich Schmidt 1989, 12-17.

Purkyne, Jan Evangelista, *Beiträge zur Kenntnis des Sehens in subjectiver Hinsicht*, Prag: Clave 1819.

Purkyne, Jan Evangelista, (als: Jan Evangelista Purkinje), „Contributions to a Physiology of Vision" (Zusammenfassung von Charles Wheatstone), in: *Journal of the Royal Institution*, 1, 1830, 101-117, reprinted in: Nicholas J. Wade (Hg.), *Brewster and Wheatstone on Vision*, London/New York: Academic Press 1983, 248-262.

Quintilianus, Marcus Fabius, *Ausbildung des Redners, Zwölf Bücher*, hg. und übers. von Helmut Rahn, Darmstadt: Wissenschaftliche Buchgesellschaft 1972.

Quiring, Björn, *Shakespeares Fluch. Die Aporien ritueller Exklusion im Königsdrama der englischen Renaissance*, München: Fink 2009.

Rabaté, Jean-Michel, *The Ghosts of Modernity*, Gainesville: University Press of Florida 1996.

Rainer, Ulrike, „Effi Briest und das Motiv des Chinesen. Rolle und Darstellung in Fontanes Roman", in: *Zeitschrift für deutsche Philologie*, 191, 1983, 545-561.

Ranft, Gerhard, „Theodor Storms Briefe an Hermione von Preuschen", in: *Schriften der Theodor-Storm-Gesellschaft*, 22, 1973, 55-94.

Reinbeck, Georg von, „Einige Worte über die Theorie der Novelle", in: ders., *Situationen. Ein Novellenkranz. Nebst einigen Worten über die Theorie der Novelle*, Stuttgart: Beck und Fränkel 1841, XI-XXIV.

Reuter, Hans-Heinrich, *Fontane. Zweiter Band*, Berlin/Bayreuth/Zürich: Verlag der Nation 1995.

Rheinberger, Hans-Jörg, *Experimentalsysteme und epistemische Dinge. Eine Geschichte der Proteinsynthese im Reagenzglas*, Göttingen: Wallstein 2001.

Richter, Gerhard, *Afterness: Figures of Following in Modern Thought and Aesthetics*, New York: Columbia University Press 2011.

Rickels, Laurence A., „Stifter's *Nachkommenschaften*. The Problem of the Surname, the Problem of Painting", in: *MLN* 100, 3, 1985, 577-598.

Riechel, Donald Carl, „Adalbert Stifter as Landscape Painter: A View from Cézanne's Mont Sainte-Victoire", in: *Modern Austrian Literature*, Vol. 20, 1, 1987, 1-21.

Riechel, Donald Carl, „‚Thou com'st in such a questionable shape': Theodor Fontane's *Die Poggenpuhls*", in: Gerald Gillespie/Edgar Lohner (Hg.), *Herkommen und Erneuerung. Essays für Oskar Seidlin*, Tübingen: Max Niemeyer 1976, 241-255.

Rilke, Rainer Maria, „Über den jungen Dichter", in: Ernst Zinn (Hg.), *Sämtliche Werke, Bd. 6: Malte Laurids Brigge – Prosa 1906-1926*, Frankfurt am Main: Insel 1966, 1046-1055.

Rockenbach, Therese, *Theodor Storms Chroniknovellen. Eine Untersuchung über Quellen und Technik*, Braunschweig: Westermann 1916.

Ronell, Avital, *Dictations: On Haunted Writing*, Bloomington: Indiana University Press 1986.

Ryan, Judith, „The Chinese Ghost. Colonialism and Subaltern Speech in Fontane's *Effi Briest*", in: William Collins Donahue/Scott Deham (Hg.), *History and Literature. Essays in Honor af Karl S. Guthke*, Tübingen: Stauffenburg 2000, 367-384.

Sagarra, Eda, „Die Poggenpuhls. Roman", in: Christian Grawe/Helmuth Nürnberger (Hg.), *Fontane-Handbuch*, Stuttgart: Kröner 2000, 651-662.

Sagarra, Eda, „Die unerhörte Gewöhnlichkeit. Theodor Fontane: *Unterm Birnbaum* (1885)", in: Winfried Freund (Hg.), *Deutsche Novellen. Von der Klassik bis zur Gegenwart*, München: Fink 1993, 175-186.

Sagarra, Eda, „*Unterm Birnbaum*", in: Christian Grawe/Helmuth Nürnberger (Hg.), *Fontane-Handbuch*, Stuttgart: Kröner 2000, 554-563.

Sammern-Frankenegg, Fritz Rüdiger, *Perspektivische Strukturen einer Erinnerungsdichtung. Studien zur Deutung von Storms „Immensee"*, Stuttgart: Heinz 1976.

Schadewaldt, Wolfgang, „Goethes Begriff der Realität", in: *Goethe. Viermonatsschrift der Goethe-Gesellschaft, neue Folge des Jahrbuchs* 18, 1956, 44-88.

Scheffel, Michael, „Drama und Theater im Erzählwerk Theodor Fontanes", in: Horst Turk/Jean-Marie Valentin (Hg.), *Aspekte des politischen Theaters und Dramas von Calderon bis Georg Seidel: deutsch-französische Perspektiven*, Bern/Frankfurt am Main: Lang 1996, 201-227.

Scheffel, Michael, *Formen selbstreflexiven Erzählens. Eine Typologie und sechs exemplarische Analysen*, Tübingen: Max Niemeyer 1997.

Schickore, Jutta, „Eröffnung des Auges", in: Gabriele Dürbeck/Bettina Gockel (Hg.), *Wahrnehmung der Natur, Natur der Wahrnehmung*, Dresden: Verlag der Kunst 2011, 165-177.

Schieren, Jost, *Anschauende Urteilskraft. Methodische und philosophische Grundlagen von Goethes naturwissenschaftlichem Erkennen*, Düsseldorf/Bonn: Parerga 1998.

Schiffermüller, Isolde, *Buchstäblichkeit und Bildlichkeit bei Adalbert Stifter. Dekonstruktive Lektüren*, Innsbruck/Wien: Sturzflüge 1996.

Schillemeit, Jost, *Theodor Fontane. Geist und Kunst seines Alterswerkes*, Zürich: Atlantis 1961.

Schiller, Friedrich, „Brief an Goethe, 8. Juli 1796", in: *Werke und Briefe in zwölf Bänden, Bd. 12, Briefe II: 1795-1805*, hg. von Norbert Oellers, Frankfurt am Main: Suhrkamp 2002, 191-196.

Schimma, Sabine, *Blickbildungen. Ästhetik und Experiment in Goethes Farbstudien*, Wien/Köln/Weimar: Böhlau 2014.

Schings, Hans-Jürgen, *Zustimmung zur Welt: Goethe Studien*, Würzburg: Königshausen & Neumann 2011.

Schivelbusch, Wolfgang, *Geschichte der Eisenbahnreise: Zur Industrialisierung von Raum und Zeit im 19. Jahrhundert*, Frankfurt am Main: Fischer 2000.

Schlesinger, Claus-Michael, „Wolken: Zur Funktion und Geschichte diagrammatischer Darstellung in einer meteorologischen Skizze Goethes", in: Urs Büttner/Ines Theilen (Hg.), *Phänomene der Atmosphäre: Ein Kompendium literarischer Meteorologie*, Stuttgart: Metzler 2017, 319-328.

Schmitz-Emans, Monika, „Wiedergänger. Über Gespenstergeschichten als poetologische Texte", in: Kurt Röttgers/Monika Schmitz-Emans (Hg.), *Spiegel. Echo. Wiederholungen*, Essen: Die Blaue Eule 2008, 111-130.

Schneede, Uwe M./Christoph Heinrich (Hg.), *Monets Vermächtnis. Serie – Ordnung und Obsession* (Ausstellungskatalog, Hamburger Kunsthalle, 28. September 2001-20. Januar 2002), Ostfildern: Hatje Cantz 2001.

Schneider, Sabine, „Sehen in subjektiver Hinsicht? Goethes aporetisches Projekt einer ‚Kritik der Sinne' und seine Interferenzen zur Romantik", in: Helmut Pfotenhauer/Sabine Schneider (Hg.), *Nicht völlig Wachen und nicht ganz ein Traum. Die Halbschlafbilder in der Literatur*, Würzburg: Königshausen & Neumann 2006, 37-51.

Schnyder, Peter, „Die Dynamisierung des Statischen. Geologisches Wissen bei Goethe und Stifter", in: *Zeitschrift für Germanistik* NF 19, 2009, 540-555.

Schöne, Albrecht, „Über Goethes Wolkenlehre", in: *Jahrbuch der Akademie der Wissenschaften in Göttingen 1967*, 26-48.

Schott, Sigmund, „Die Poggenpuhls", in: *Beilage zur Allgemeinen Zeitung* (München), Nr. 34, 12. Februar 1897, 6.

Schuller, Marianne, *Moderne. Verluste.*, Frankfurt am Main: Stroemfeld 1997.

Schuller, Marianne, „Über Wolken. Zu Goethe", in: Georg Mein (Hg.), *Transmission. Übersetzung – Übertragung – Vermittlung/Traduction – Transfer – Méditation (Festschrift für André Michels)*, Berlin: Turia und Kant 2010, 249-259.

Schuster, Ingrid, „Exotik als Chiffre: Zum Chinesen in ‚Effi Briest'", *Wirkendes Wort*, 33, 1983, 111-125.

Schutjer, Karin, *Narrating Community after Kant: Schiller, Goethe, and Hölderlin*, Detroit: Wayne State University Press 2001.

Schwarz, Anette, „Social Subjects and Tragic Legacies: The Uncanny in Theodor Storm's *Der Schimmelreiter*", in: *The Germanic Review*, Vol. 73, 1998, 251-266.

Selge, Martin, *Adalbert Stifter. Poesie aus dem Geist der Naturwissenschaft*, Stuttgart: Kohlhammer 1976.

Shakespeare, William, *The Tragedy of Hamlet, Prince of Denmark*, in: *The Norton Shakespeare, based on the Oxford Edition*, New York: W.W. Norton 1997.

Silz, Walter, „Theodor Storm's ‚Schimmelreiter'", in: *PMLA*, Vol. 61, 3, 1946, 762-783.

Simon, Ralf, „Gespenster des Realismus. Moderne-Konstellationen in den Spätwerken von Raabe, Stifter und C. F. Meyer", in: Gerhard von Graevenitz (Hg.), *Konzepte der Moderne. DFG-Symposion 1997.* (*Germanistische Symposien, Berichtsbände 20*), Stuttgart/Weimar: Metzler 1999, 202-233.

Simon, Ralf, „Übergänge. Literarischer Realismus und ästhetische Moderne", in: Christian Begemann (Hg.), *Realismus. Epoche – Werke – Autoren*, Darmstadt: Wissenschaftliche Buchgesellschaft 2007, 207-223.

Simpson, James, „Freud and the Erl King", in: *Oxford German Studies*, 27, 1998, 30-63.

Spremberg, H., „Fontanes *Unterm Birnbaum*. Nach mündlicher Überlieferung und handschriftlichen Aufzeichnungen", in: *Brandenburg. Zeitschrift für Heimatkunde und Heimatpflege*, 6, 1928, H. 2, 6-30, teilweiser Wiederabdruck in: Theodor Fontane, *Romane und Erzählungen, Bd. 4*, Berlin: Aufbau 1969, 541-542.

Sprengel, Peter, *Geschichte der deutschsprachigen Literatur 1870-1900. Von der Reichsgründung bis zur Jahrhundertwende*, München: Beck 1998.

Stiegler, Bernd, *Philologie des Auges. Die photographische Entdeckung der Welt im 19. Jahrhundert*, München: Fink 2001.

Stifter, Adalbert, *Aus dem bairischen Walde*, in: *Adalbert Stifters sämmtliche Werke, 2. Abt., Bd. XV: Vermischte Schriften 2*, hg. von Gustav Wilhelm, Reichenberg: Kraus 1935, 319-353.

Stifter, Adalbert, „Aussicht und Betrachtungen von der Spitze des St. Stephansturmes", in: *Werke und Briefe. Historisch-Kritische Gesamtausgabe, Bd. 9,1: Wien und die Wiener, in Bildern aus dem Leben*, hg. von Johann Lachinger, Stuttgart: Kohlhammer 2005, V-XXI.

Stifter, Adalbert, *Bergkristall*, in: *Werke und Briefe. Historisch-Kritische Gesamtausgabe, Bd. 2,2: Bunte Steine. Buchfassungen*, hg. von Wolfgang Frühwald, Stuttgart: Kohlhammer 1982, 181-240.

Stifter, Adalbert, „Brief an Gustav Heckenast, 5. Februar 1853", in: *Adalbert Stifters sämmtliche Werke, Bd. XVIII: Briefwechsel 2*, Prag: Calve 1918, 152-154.

Stifter, Adalbert, „Brief an Gustav Heckenast, 13. Mai 1854", in: *Adalbert Stifters sämmtliche Werke, Bd. XVIII: Briefwechsel 2*, Prag: Calve 1918, 223-227.

Stifter, Adalbert, „Brief an Gustav Heckenast, 20. Juli 1857", in: *Adalbert Stifters sämmtliche Werke, Bd. XIX: Briefwechsel 3*, Reichenberg: Kraus 1929, 32-42.

Stifter, Adalbert, „Brief an Amalia Stifter, 23. Januar 1866", in: *Adalbert Stifters sämmtliche Werke, Bd. XXI: Briefwechsel 5*, Reichenberg: Kraus 1928, 137-141.

Stifter, Adalbert, „Brief an Amalia Stifter, 9. März 1866", in: *Adalbert Stifters sämmtliche Werke, Bd. XXI: Briefwechsel 5*, Reichenberg: Kraus 1928, 158-160.

Stifter, Adalbert, *Das Haidedorf*, in: *Werke und Briefe. Historisch-Kritische Gesamtausgabe, Bd. 1,4: Studien. Buchfassungen 1*, hg. von Helmut Bergner und Ulrich Dittmann, Stuttgart: Kohlhammer 1980, 173-207.

Stifter, Adalbert, *Der Condor*, in: *Werke und Briefe. Historisch-Kritische Gesamtausgabe, Bd. 1,1: Studien. Journalfassungen 1*, hg. von Helmut Bergner und Ulrich Dittmann, Stuttgart: Kohlhammer 1978, 9-31.

Stifter, Adalbert, *Der Condor*, in: *Werke und Briefe. Historisch-Kritische Gesamtausgabe, Bd. 1,4: Studien. Buchfassungen 1*, hg. von Helmut Bergner und Ulrich Dittmann, Stuttgart: Kohlhammer 1980, 15-41.

Stifter, Adalbert, *Der fromme Spruch*, 2. Fassung, in: *Werke und Briefe. Historisch-Kritische Gesamtausgabe, Bd. 3,2: Erzählungen*, hg. von Alfred Doppler und Wolfgang Frühwald, Stuttgart: Kohlhammer 2003, 177-361.

Stifter, Adalbert, *Der Hochwald*, in: *Werke und Briefe. Historisch-Kritische Gesamtausgabe, Bd. 1,4: Studien. Buchfassungen 1*, hg. von Helmut Bergner und Ulrich Dittmann, Stuttgart: Kohlhammer 1980, 209-318.

Stifter, Adalbert, *Die Mappe meines Urgroßvaters*, in: *Werke und Briefe. Historisch-Kritische Gesamtausgabe, Bd. 1,5: Studien. Buchfassungen 2*, hg. von Alfred Doppler und Wolfgang Frühwald, Stuttgart: Kohlhammer 1982, 9-234.

Stifter, Adalbert, *Die Narrenburg*, in: *Werke und Briefe. Historisch-Kritische Gesamtausgabe, Bd. 1,1: Studien. Journalfassungen 1*, hg. von Helmut Bergner und Ulrich Dittmann, Stuttgart: Kohlhammer 1978, 301-403.

Stifter, Adalbert, *Die Narrenburg*, in: *Werke und Briefe. Historisch-Kritische Gesamtausgabe, Bd. 1,4: Studien. Buchfassungen 1*, hg. von Helmut Bergner und Ulrich Dittmann, Stuttgart: Kohlhammer 1980, 319-436.

Stifter, Adalbert, *Granit*, in: *Werke und Briefe. Historisch-Kritische Gesamtausgabe, Bd. 2,2: Bunte Steine. Buchfassungen*, hg. von Wolfgang Frühwald, Stuttgart: Kohlhammer 1982, 21-60.

Stifter, Adalbert, *Nachkommenschaften* in: *Werke und Briefe. Historisch-Kritische Gesamtausgabe, Bd. 3,2: Erzählungen*, hg. von Alfred Doppler und Wolfgang Frühwald, Stuttgart: Kohlhammer 2003, 23-94.

Stifter, Adalbert, *Tagebuch über Malereiarbeiten* [Auszüge], in: *Adalbert Stifters sämmtliche Werke, Bd. XIV*, hg. von August Sauer, Prag: Calve 1901, 343-350.

Stifter, Adalbert, „Vorrede“, *Bunte Steine*, in: *Werke und Briefe. Historisch-Kritische Gesamtausgabe, Bd. 2,2: Bunte Steine. Buchfassungen*, hg. von Wolfgang Frühwald, Stuttgart: Kohlhammer 1982, 9-16.

Stifter, Adalbert, *Winterbriefe aus Kirchschlag*, in: *Werke und Briefe. Historisch-Kritische Gesamtausgabe, Bd. 8,2: Schriften. Schriften zu Politik und Bildung*, hg. von Werner M. Bauer, Stuttgart: Kohlhammer 2010, 318-344.

Stifter, Adalbert, *Witiko. Eine Erzählung*, in: *Werke und Briefe. Historisch-Kritische Gesamtausgabe, Bd. 5,1-5,3*, hg. von Alfred Doppler und Wolfgang Wiesmüller, Stuttgart: Kohlhammer 1984-1986.

Stockhammer, Robert, „‘Erlkönig‘: Dichter – Vater – Kind“, in: Bernd Witte (Hg.), *Gedichte von Johann Wolfgang Goethe*, Stuttgart: Reclam 1998, 96-108.

Stockhammer, Robert, „Zufälligkeitssinn. Adalbert Stifters Umgang mit der Kontingenz“, in: *Arcadia – International Journal for Literary Studies*, 39, 2004, 271-281.

Stockhammer, Robert, „Zur Theorie der Gespenster oder Die Un-Logik der Literatur“, in: Mario Grizelj (Hg.), *Der Schauer(roman). Diskurszusammenhänge – Funktionen – Formen*, Würzburg: Königshausen & Neumann 2010, 13-42.

Storm, Theodor, *Am Kamin*, in: *Sämtliche Werke in vier Bänden, Bd. IV: Märchen, Kleine Prosa*, hg. von Dieter Lohmeier, Frankfurt am Main, Deutscher Klassiker Verlag 1988, 52-78.

Storm, Theodor, *Aquis submersus*, in: *Sämtliche Werke in vier Bänden, Bd. II: Novellen 1867-1880*, hg. von Karl Ernst Laage, Frankfurt am Main: Deutscher Klassiker Verlag 1987, 378-455.

Storm, Theodor, *Auf dem Staatshof*, in: *Sämtliche Werke in vier Bänden, Bd. I: Gedichte, Novellen 1848-1867*, hg. von Dieter Lohmeier, Frankfurt am Main: Deutscher Klassiker Verlag 1987, 392-426.

Storm, Theodor, „Brief an Eduard Alberti, 12. März 1882“, in: *Briefe, Bd. 2*, Peter Goldammer, Berlin: Aufbau 1984, 243-247.

Storm, Theodor, „Brief an Hartmuth Brinkmann, 22. November 1850“, in: *Theodor Storm – Hartmuth und Laura Brinkmann: Briefwechsel. Kritische Ausgabe*, hg. von August Stahl, Berlin: Erich Schmidt 1986, 26-27.

Storm, Theodor, „Brief an Theodor Fontane, 2. November 1884“, in: *Theodor Storm – Theodor Fontane: Briefwechsel. Kritische Ausgabe*, hg. von Gabriele Radecke, Berlin: Erich Schmidt 2011, 144-145.

Storm, Theodor, „Brief an Paul Heyse, 15. November 1882“, in: *Theodor Storm – Paul Heyse: Briefwechsel, Bd. III: 1882-1888. Kritische Ausgabe*, hg. von Clifford Albrecht Bernd, Berlin: Erich Schmidt 1974, 36-37.

Storm, Theodor, „Brief an Paul Heyse vom 29. August 1886“, in: *Theodor Storm – Paul Heyse: Briefwechsel, Bd. III: 1882-1888. Kritische Ausgabe*, hg. von Clifford Albrecht Bernd, Berlin: Erich Schmidt 1974, 139-141.

Storm, Theodor, „Brief an Gottfried Keller, 4. August 1882“, in: *Theodor Storm – Gottfried Keller: Briefwechsel. Kritische Ausgabe*, hg. von Karl Ernst Laage, Berlin: Erich Schmidt 1992, 91-92.

Storm, Theodor, „Brief an Gottfried Keller, 13. September 1883“, in: *Theodor Storm – Gottfried Keller: Briefwechsel. Kritische Ausgabe*, hg. von Karl Ernst Laage, Berlin: Erich Schmidt 1992, 108-110.

Storm, Theodor, „Brief an Gottfried Keller, 10. November 1884“, in: *Theodor Storm – Gottfried Keller: Briefwechsel. Kritische Ausgabe*, hg. von Karl Ernst Laage, Berlin: Erich Schmidt 1992, 119-121.

Storm, Theodor, „Brief an Gottfried Keller, 7. August 1885“, in: *Theodor Storm – Gottfried Keller: Briefwechsel. Kritische Ausgabe*, hg. von Karl Ernst Laage, Berlin: Erich Schmidt 1992, 125-127.

Storm, Theodor, „Brief an Gottfried Keller, 12. Januar 1887“, in: *Theodor Storm – Gottfried Keller: Briefwechsel. Kritische Ausgabe*, hg. von Karl Ernst Laage, Berlin: Erich Schmidt 1992, 130-132.

Storm, Theodor, „Brief an Heinrich Schleiden, 9. November 1881“, in: *Theodor Storm – Heinrich Schleiden: Briefwechsel*, hg. von Peter Goldammer, Berlin: Erich Schmidt 1995, 25-26.

Storm, Theodor, „Brief an Erich Schmidt, 1. März 1882“, in: *Theodor Storm – Erich Schmidt: Briefwechsel. Kritische Ausgabe, Bd. II: 1880-1888*, hg. von Karl Ernst Laage, Berlin: Erich Schmidt 1976, 55-58.

Storm, Theodor, „Brief an Constanze Storm, 6. Juli 1862“, in: *Theodor Storm – Constanze Storm: Briefwechsel. Kritische Ausgabe*, hg. von Regina Fasold, Berlin: Erich Schmidt 2009, 212-214.

Storm, Theodor, *Der Schimmelreiter*, in: *Sämtliche Werke in vier Bänden, Bd. III: Novellen 1881-1888*, hg. von Karl Ernst Laage, Frankfurt am Main: Deutscher Klassiker Verlag 1988, 634-755.

Storm, Theodor, „Garten-Spuk“, in: *Sämtliche Werke in vier Bänden, Bd. I: Gedichte, Novellen 1848-1867*, hg. von Dieter Lohmeier, Frankfurt am Main: Deutscher Klassiker Verlag 1987, 71-74.

Storm, Theodor, *Im Sonnenschein*, in: *Sämtliche Werke in vier Bänden, Bd. I: Gedichte, Novellen 1848-1867*, hg. von Dieter Lohmeier, Frankfurt am Main: Deutscher Klassiker Verlag 1987, 349-362.

Storm, Theodor, „Immensee“ in: *Sämtliche Werke in vier Bänden, Bd. I: Gedichte, Novellen 1848-1867*, hg. von Dieter Lohmeier, Frankfurt am Main: Deutscher Klassiker Verlag 1987, 74.

Storm, Theodor, *Immensee*, in: *Sämtliche Werke in vier Bänden, Bd. I: Gedichte, Novellen 1848-1867*, hg. von Dieter Lohmeier, Frankfurt am Main: Deutscher Klassiker Verlag 1987, 295-328.

Storm, Theodor, *Marthe und ihre Uhr*, in: *Sämtliche Werke in vier Bänden, Bd. I: Gedichte, Novellen 1848-1867*, hg. von Dieter Lohmeier, Frankfurt am Main: Deutscher Klassiker Verlag 1987, 281-287.

Storm, Theodor, „Meine Erinnerungen an Eduard Mörike", in: *Briefwechsel, Bd. 6: Theodor Storm – Eduard Mörike; Theodor Storm – Margarethe Mörike*, hg. von Hildburg und Werner Kohlschmidt, Berlin: Erich Schmidt 1978, 142-156.

Storm, Theodor, *Neues Gespensterbuch. Beiträge zur Geschichte des Spuks*, hg. von Karl Ernst Laage, Frankfurt am Main: Insel 1991.

Storm, Theodor, „Noch einmal!", in: *Sämtliche Werke in vier Bänden, Bd. I: Gedichte, Novellen 1848-1867*, hg. von Dieter Lohmeier, Frankfurt am Main: Deutscher Klassiker Verlag 1987, 21.

Storm, Theodor, *Sommer-Geschichten und Lieder* [Vorwort], in: *Sämtliche Werke in vier Bänden, Bd. IV: Märchen, Kleine Prosa*, Frankfurt am Main: Deutscher Klassiker Verlag 1988, 377.

Storm, Theodor, *Zur Chronik von Grieshuus*, in: *Sämtliche Werke in vier Bänden, Bd. III: Novellen 1881-1888*, hg. von Karl Ernst Laage, Frankfurt am Main: Deutscher Klassiker Verlag 1988, 198-293.

Strowick, Elisabeth, „Curse and Modernity: A Brief Introduction", in: *MLN, Special Issue: Curse and Modernity*, Volume 131, Number 3, 2016, 571-578.

Strowick, Elisabeth, „Freuds Fluch", in: *MLN, Special Issue: Curse and Modernity*, Volume 131, Number 3, 2016, 679-700.

Strowick, Elisabeth, „‚Mit dem Bazillus is nicht zu spaßen'. Fontanes ‚Finessen' im Zeichen der Infektion", in: *Der Deutschunterricht* 5 (2003), 43-50.

Strowick, Elisabeth, „Poetological-Technical Operations: Representation of Motion in Adalbert Stifter", in: *Configurations*, Vol. 18, Number 3, Johns Hopkins University Press 2011, 273-289.

Strowick, Elisabeth, „Singularität des Aktes. Zur Performanz des Lesens", in: Marianne Schuller/Elisabeth Strowick (Hg.), *Singularitäten. Literatur – Wissenschaft – Verantwortung*, Freiburg im Breisgau/Berlin/Wien: Rombach 2001, 59-72.

Sykora, Katharina, *Das Phänomen des Seriellen in der Kunst. Aspekte einer künstlerischen Methode von Monet bis zur amerikanischen Pop Art*, Würzburg: Königshausen & Neumann 1983.

Tanzer, Harald, *Theodor Fontanes Berliner Doppelroman: „Die Poggenpuhls" und „Mathilde Möhring". Ein Erzählkunstwerk zwischen Tradition und Moderne*, Paderborn: Igel 1997.

Thanner, Veronika/Joseph Vogl/Dorothea Walzer (Hg.), *Die Wirklichkeit des Realismus*, Paderborn: Fink 2018.

Thanner, Veronika/Joseph Vogl/Dorothea Walzer, „Die Wirklichkeit des Realismus. Einleitung", in: dies. (Hg.), *Die Wirklichkeit des Realismus*, 9-15.

Theisohn, Philipp, „*Der Schimmelreiter*. Gespenstisches Erzählen“, in: Christoph Deupmann (Hg.), *Theodor Storm. Novellen*, Stuttgart: Reclam 2008, 104-125.

Theisohn, Philipp, „Erdbeeren. Ökologie und Mediologie der Idylle in Voß' *Luise* (1795) und Storms *Immensee* (1849)“, in: Sabine Schneider/Marie Drath (Hg.), *Prekäre Idyllen in der Erzählliteratur des deutschsprachigen Realismus*, Stuttgart/Weimar: Metzler 2017, 167-181.

Theisohn, Philipp, „Spökenkieken. Storm und das Wissen der Geister“, in: *Schriften der Theodor-Storm-Gesellschaft*, 63, 2014, 23-39.

Trower, Shelley, *Senses of Vibration: A History of the Pleasure and Pain of Sound*, New York/London: Continuum 2012.

Trunz, Erich, „Die Weltanschaulichen Gedichte“ (Herausgeberkommentar), in: Johann Wolfgang Goethe, *Hamburger Ausgabe in 14 Bänden, Bd. 2: Gedichte und Epen I*, München: dtv 1962.

Ueding, Gert, „Vermählung mit der Natur: zu Goethes ‚Erlkönig‘“, in: Gunter E. Grimm (Hg.), *Deutsche Balladen*, Stuttgart: Reclam 1988, 93-107.

Utz, Peter, *Das Auge und das Ohr im Text. Literarische Sinneswahrnehmung in der Goethezeit*, München: Fink 1990.

Utz, Peter, „Effi Briest, der Chinese und der Imperialismus. Eine ‚Geschichte‘ im geschichtlichen Kontext“, *Zeitschrift für deutsche Philologie*, 193, 1984, 212-225.

Vogel, Juliane, *Aus dem Grund. Auftrittsprotokolle zwischen Racine und Nietzsche*, Paderborn: Fink 2018.

Vogel, Juliane, „Mehlströme/Mahlströme. Weißeinbrüche in der Literatur des 19. Jahrhunderts“, in: Wolfgang Ullrich/Juliane Vogel (Hg.), *Weiß. Ein Grundkurs*, Frankfurt am Main: Fischer 2003, 167-192.

Vogel, Juliane, „‚Nebulistische Zeichnungen‘. Figur und Grund in Goethes Weimarer Dramen“, in: Gottfried Boehm und Matteo Burioni (Hg.), *Der Grund. Das Feld des Sichtbaren*, München: Fink 2012, 317-334.

Vogel, Juliane, „Prosa der Entfärbung. Stifters *Bunte Steine*“, in: Eva Eßlinger/Heide Volkening/Cornelia Zumbusch (Hg.), *Die Farben der Prosa*, Freiburg im Breisgau/Berlin/Wien: Rombach 2016, 65-78.

Vogl, Joseph, „Bemerkung über Goethes Empirismus“, in: Sabine Schimma/Joseph Vogl (Hg.), *Versuchsanordnungen 1800*, Zürich/Berlin: Diaphanes 2009, 113-123.

Vogl, Joseph, „Der Gedankenstrich bei Stifter“, in: Alexander Nebrig/Carlos Spoerhase (Hg.), *Die Poesie der Zeichensetzung: Studien zu Stilistik der Interpunktion, Zeitschrift für Germanistik* 25, 2012, 275-294.

Vogl, Joseph, „Wolkenbotschaft“, in: *Archiv für Mediengeschichte. Themenheft: Wolken*, 5, 2005, 69-79.

Wachelder, Joseph, „Nachbilder, Natur und Wahrnehmung“, in: Gabriele Dürbeck/Bettina Gockel (Hg.), *Wahrnehmung der Natur, Natur der Wahrnehmung*, Dresden: Verlag der Kunst 2011, 253-275.

Wagner, Lori, „Schick, Schichten, Geschichte. Geological theory in Stifters *Bunte Steine*“, in: *Jahrbuch des Adalbert-Stifter-Instituts*, 2, 1995, 17-41.

Wandrey, Conrad, *Theodor Fontane*, München: Beck 1919.

Ward, Mark G., „More than ‚Stammesverwandtschaft‘? On Tonio Kröger's Reading of ‚Immensee‘“, in: *German Life and Letters*, 36, 1983, 301-316.

Warnke, Gisela, „Spuk als Drehpunkt in Fontanes Effi Briest“, in: *Literatur für Leser*, 1, 1978, 214-242.

Webber, Andrew J., *The Doppelgänger: Double Visions in German Literature*, Oxford: Clarendon Press 1996.

Weber, Samuel, *The Legend of Freud*, Stanford: Stanford University Press 2000.

Weber, Samuel, *Theatricality as Medium*, New York: Fordham University Press 2004.

Wedekind, Martina, *Wiederholen – Beharren – Auslöschen. Zur Prosa Adalbert Stifters*, Heidelberg: Winter 2005.

Weigel, Sigrid, „Zur Dialektik von Generation und Geschlecht um 1800. Stifters *Narrenburg* als Schauplatz von Umbrüchen im genealogischen Denken“, in: Ohad Parnes/Ulrike Vedder/Sigrid Weigel/Stefan Willer (Hg.), *Generation: Zur Genealogie des Konzepts – Konzepte von Genealogie*, München: Fink 2005, 109-124.

Weissberg, Liliane, „Das starre Subjekt, das bewegliche Auge. Zur Geburt des ‚realistischen‘ Blicks“, in: Lutz Danneberg/Friedrich Vollhardt (Hg.), *Wissen in Literatur im 19. Jahrhundert*, Tübingen: Max Niemeyer 2002, 127-147.

Wellbery, David, „Stimmung“, in: *Ästhetische Grundbegriffe. Historisches Wörterbuch in sieben Bänden*, hg. von Karlheinz Barck u.a., Bd. 5, Stuttgart/Weimar: Metzler 2003, 703-733.

Wheatstone, Charles, „Contributions to the Physiology of Vision – Part the first. On some remarkable, and hitherto unobserved, phenomena of binocular vision [1838]“, in: Nicholas J. Wade (Hg.), *Brewster and Wheatstone on Vision*, London/New York: Academic Press 1983, 65-93.

Wierlacher, Alois, „Reinbecks Novellentheorie. Zur Situationsnovelle des 19. Jahrhunderts“, in: *Jahrbuch des Freien Deutschen Hochstifts*, 1971, 430-447.

Willer, Stefan, „Grenzenlose Zeit, schlingernder Grund. Genealogische Ordnungen in Stifters *Nachkommenschaften*“, in: Michael Gamper/Karl Wagner (Hg.), *Figuren der Übertragung. Adalbert Stifter und das Wissen seiner Zeit*, Zürich: Chronos 2009, 45-62.

Wilpert, Gero von, *Die deutsche Gespenstergeschichte. Motiv – Form – Entwicklung*, Stuttgart: Kröner 1994.

Wolf, Herta, „Optische Kammern und visuelle/virtuelle Räume“, in: Michael Wetzel/Herta Wolf (Hg.), *Der Entzug der Bilder*, München: Fink 1994, 79-102.

Wünsch, Marianne, „Experimente Storms an den Grenzen des Realismus: neue Realitäten in *Schweigen* und *Ein Bekenntnis*“, in: *Schriften der Theodor-Storm-Gesellschaft*, 41, 1992, 13-23.

Zons, Raimar, *Randgänge der Poetik*, Würzburg: Königshausen & Neumann 1985.